中世文化と浄土真宗

今井雅晴先生古稀記念
論文集編集委員会 編

思文閣出版

今井雅晴先生　近影

緒　言

自分自身では実感がないが、私は今年の八月三日に古稀を迎える。満七〇歳である。それを祝ってこのような古稀記念論文集を制作してくださった方々、論文をお寄せ下さった方々に、まず、心からのお礼を申しあげたい。現在、私は親鸞と妻恵信尼や家族の伝記、および中世の浄土真宗史に集中して研究を進めている。皆様のお許しを得て、ここにいたるまでの私の研究の軌跡を振り返ってみたい。

私は一八歳の時に東京教育大学文学部史学科日本史学専攻に入り、浄土真宗の一向一揆に関する卒業論文を書いて卒業した。その後、神奈川県の高校教員となり、さらに二六歳の時に東京教育大学大学院文学研究科日本史学専攻の修士課程に入って、鎌倉時代の念仏僧一遍の研究を始めた。四年後に博士課程に入り、さらに四年後、博士論文「時宗成立史の研究」をまとめて大学院を修了し、文学博士の学位を授与された。時宗とは一遍が始めた仏教の一宗派である。

三四歳、大学院修了と同時に、茨城大学人文学部に日本古代中世史担当の助教授として赴任した。以後、時宗と一遍の研究を引き続いて行い、あわせて鎌倉時代の武士たちの信仰を追い、さらには茨城県の中世を軸とした歴史を追及するという三本立ての研究態勢をしいた。また私は、茨城県が親鸞の四二歳からの約二〇年にわたる活動地域の中心であったという絶好の環境を得たことにもなっていた。そこで東国の親鸞と門弟たちのことについて、数年間の準備期間をもとにして四〇歳のころから論文を発表し始めた。

茨城大学で教授に昇任して間もなくの四五歳の時、初めてアメリカに渡り、半年間の研究生活を行なった。ここでアメリカの研究者の優れた日本研究を知ることができ、大いに影響を受けた。それは歴史学・宗教学・文学を総合的に考察する方法であり、およびその視点を現代の世界情勢から鍛えるという方法である。

以後、私は今日にいたるまでアメリカ、ヨーロッパ、アジア、そしてアフリカの大学や研究所を積極的に訪問し、また客員教授として招かれて講演・授業を行なってきた。この間、次代の世界を担う学生諸君と交流できたことも大きな喜びである。

五〇歳前後から、一遍研究やその他の仕事も入り続けていたけれど、私の意識としては親鸞とその家族の伝記と浄土真宗史の研究に集中するようになった。

五三歳の時に筑波大学歴史・人類学系に移り、学生の教育は第二学群日本語・日本文化学類を担当することになった（筑波大学は、教員の研究組織と学生の教育組織が別である。教員は複数の組織に籍を置いている）。この日本語・日本文化学類の卒業生が世界各地で日本語の先生として活躍しているので、そこを訪ねて現地の方々と交流できたこともありがたかった。

五七歳の時に筑波大学大学院の歴史・人類学研究科長に就任し、翌五八歳の時には日本語・日本語学類長に就任して六三歳の定年退職までその管理職の任にあった。

実をいえば、アメリカに渡った時から世界的な視野での研究に関心が増し、その活動に邪魔な大学行政の仕事には関わるまいと心を決めていた。間違いなく忙しい毎日となるからである。したがって管理職になった時は、「しまった、これで研究のスピードは大幅に遅れる、論文は書けなくなる」と思ったものである。「それなら、一般の方々向けのやさしい、分かりやすい内容の書物をたくさん作ろう、その時間は作れるだろう、同じく講演も行なおう」と考え直して、管理職の仕事と並行して、その合間にそれらを行なうように努めた。

幸い、研究のスピードは覚悟したほど遅れなかった。加えて一般向けの書物はたくさん出版することができた。いろいろ困難なことはあったが、学類長時代五年間はとてもおもしろかった。さまざまな種類の仕事ができたし、学生諸君を含めていろいろな人たちと接することができた。そのことは自分の研究を進める上で、その視点を磨くのに役立った。管理職への就任は、決して研究進展のマイナスではなかった。

また外国での修羅場も何度かくぐった。もうこんなことを経験したら日本での仕事などどんなことがあっても恐くもなんともない、という体験もした。いまだにそう思っている。これらのこともすべて研究と出版に生かしてきた。

六三歳で筑波大学を定年退職し、東京・西新橋に真宗文化センターという研究機関を設立してもらって所長に就任し、五年たった。関係者のご尽力でセンターは発展の時を迎えている。期待する若手（年齢にかかわらず）の人材も育ってきている。私はこれを心から待っていた。

私の研究の基本的立場は、歴史を現代に生かすこと、である。歴史上の事実を、その時代の社会的状況と住む人の常識を背景にし、史料価値を厳密に検討しつつ明らかにする。その事実の選択は、現代社会の課題をもとに行なう。その「現代社会」は常に進んでいくので課題も変化するから、そのことを忘れてはならないのである。

さて本書は、親鸞とその後の浄土真宗史に関わるテーマの研究論文をお寄せいただいて一冊としたものである。お寄せ下さった研究者は、日本国内のみならず、アメリカ、中国、台湾の方もおられる。それが本書の特色の第一である。論文の内容はさまざまであるが、全体を文化史の観点から分類して目次を立てた。親鸞と浄土真宗は日本の文化発展に大いに貢献して来たし、それはこれからも続くであろう、そして続けさせねばならないという観点からである。その観点が本書の第二の特色である。むろん、研究内容そのものに関わる見解はそれぞれの筆者によってさまざまである。統一されたものではないし、統一するつもりはさらさらない。

私としては、今日にいたるまでに研究上お世話になった方々のお名前をすべてあげてお礼を申し上げたいところである。しかしそうもいかないので、次の方々のみ、お名前をあげて謝意を表させていただきたいと思う。

まず大学院を修了する時に博士論文の主査を務めて下さった故・桜井徳太郎東京教育大学名誉教授、歴史学の何たるかを親身に教えて下さった中尾堯立正大学名誉教授、浄土真宗研究の目標として輝いておられる平松令三もと龍谷大学教授、浄土真宗研究に本格的に参入させて下さった梯實圓もと浄土真宗教学研究所所長、真宗研究の成果を次々に公にして下さった金松俊一もと真宗大谷派宗務所出版部部長。それから世界に目を開かせて下さった、故ウィリアム＝ラフルーア・ペンシルヴァニア大学教授（アメリカ）、マーティン＝コルカット・プリンストン大学教授（同）。

さらに本書編集委員会の山田雄司三重大学教授、阿部能久鎌倉市世界遺産登録推進担当学芸員、小山聡子二松学舎大学准教授、および出版を引き受けて下さった株式会社思文閣出版にはここであらためてお礼を申しあげたいと思う。


最後に私事にわたることを記すことをお許し願いたい。結婚以来まもなく四四年、常に私のことを案じ後押しをし続けてくれている妻元子に特に感謝の気持ちを表したい。私にとって「親鸞とその妻恵信尼」という研究テーマが成り立っている理由でもある。また娘宮本千鶴子と今井（玉田）澄子にも感謝をしたい。娘たちがいなければ、「親鸞と息子善鸞、娘覚信尼」という研究テーマは考えつきもしなかった。それだけでなく、家族があることにより研究に無限の広まりと深まりが与えられていることを実感している。

今後、本書に論文をお寄せ下さった方々とともに、さらに研究の道に進んでいきたい。

二〇一二年三月二三日

今井雅晴

三 親鸞の思想

四 親鸞とその家族

中世文化と浄土真宗

親鸞伝の新展開

今井雅晴

はじめに

浄土真宗教団諸派では、親鸞の大規模な年忌法要を五〇年ごとに行なってきた。昨年（二〇一一年）はその七五〇回忌にあたっていた。諸派では、数年以上前からそのための準備を始めた。親鸞の伝記研究も、教団内外で、あらためて注目されてきた。ただ歴史的な存在としての親鸞像と、歴史を超えて崇敬されてきた親鸞像とは、必ずしも同じではない。統一される必要もない。統一的に把握しようとすると無理が生じ、誤解も生じる。

筆者は双方を考慮しつつ、研究を進めてきた。本稿では主にその成果をもとにして、歴史的な存在としての親鸞像・親鸞伝が現段階でどの程度まで進んでいるかを包括的に示していく。また親鸞は家族や門弟の中で生き、宗教的境地を深めたのであるから、家族と門弟にも注目したい。(1)

一　京都の親鸞

(1)　親鸞の出身

親鸞は平安時代末期の承安三年（一一七三）に日野有範の長男として誕生した。藤原氏の末流である。一時期、親鸞は庶民の味方、その親鸞が貴族の生まれであるはずはない、貴族の出身であっては困るという雰囲気が研究者の間にもあった。しかし親鸞の宗教の歴史的意義は、師匠の法然と同様、宗教の階級性を取り払ったところにある。すべての人々を救うとするのが親鸞の念仏である。出身が貴族であろうと庶民であろうと問題ではない。

それに親鸞の父有範の朝廷での職は皇太后宮大進である（覚如『親鸞伝絵』および日野氏系図）。位でいえば、従六位上に過ぎないないから、下級貴族でしかない。もし〝庶民出身なのに貴族出身であると嘘をつきたい〟のだったら、〝親鸞は関白の息子だった〟というような高い身分の貴族出身とするだろう、父は皇太后宮大進としていることこそ、正直な告白、正しい伝えであるという意見がある。それが妥当であろう。

また親鸞の主著の『教行信証』の漢文の点の打ち方は日野家流であるという見方がある。当時の貴族の男性は六歳の時から漢文を叩き込まれた。まして日野家は儒学を家学とする家柄である[2]。家柄によって、多少、点の打ち方が異なっていたようである。後年の親鸞が日野家流の点の打ち方を使っているからには、『親鸞伝絵』や日野氏系図等と考え合わせて、親鸞は日野家出身として誤りあるまい。

（2） 比叡山の修行の評価

親鸞は九歳の時に出家した。養和元年（一一八一）のことである。のちに関白になった九条兼実の弟の慈円が戒師となって出家させたという。有範は前年の以仁王の乱に参加したという噂もあり、まして息子五人も含めて親子全員が出家という異様な状況に追い込まれた下級貴族である。慈円がその息子の戒師となってあげたかどうか、問題は残る。

出家の時の状況がどうであっても、親鸞が以後二九歳の時まで二〇年間、比叡山延暦寺で修行したには違いない。その二〇年間の様子はよく分からない。比叡山時代のことだけではないが、江戸時代になると親鸞の伝記を詳しく記した書物等が現れる。しかし、その扱いには慎重を期すべきである。江戸時代の人たちが親鸞をどう見ていたかを知る史料としては興味深いが、歴史上の親鸞を解明する史料としてはあまり使えない。なにせ親鸞が没してから四〇〇年以上経ってからの史料である。それらは、世人に信用してもらうために、有名な人が書いたものを写した、参考にしたと記されていることもあるのである。

長い間、親鸞は二〇年間の修行で悟りも得られなければ極楽往生の確証も得られなかった、それは比叡山での修行がよくなかったからだといわれてきた。しかしつい近年、そうではなくて親鸞が修行に失敗しただけのことであること、さらに、この二〇年の苦しい体験があったからこそ、のちの発展につながったのであるとする見解が現れた。まさにそのとおりであろう。二〇年の修行は、実に意味があったと評価すべきである(3)。

(3) 六角堂参籠の意味

恵信尼の書状によれば、親鸞は一〇〇日間の予定で京都・六角堂に参籠して後世の極楽往生を願った。なぜ六角堂だったかといえば、悩む修行者を導いてくれる存在として、六角堂の本尊観音菩薩は京都でもっとも権威があったからである。『梁塵秘抄』の中で、

観音験を見する寺　清水・石山　長谷のお山　粉河・近江なる彦根山　ま近く見ゆるは六角堂

と、当時の流行歌である今様に記されている(4)。

参籠して九五日目の暁、観音菩薩が出現して「そなた親鸞が前世からの因縁によって結婚することになったならば、自分がすばらしい女性となってそなたの妻となり、来るべきそなたの臨終に当たっては、手を執って極楽浄土に導いてあげよう」というお告げを与えられた。いわゆる「行者宿報の偈」である。ここに親鸞は極楽往生

への灯を得た。
暁というのは、ほぼ「寅の刻」と同時間帯で、外はまだ真っ暗である。この時間帯そこ神仏が出現して導きを下さると当時の人々は考えていた。親鸞が暁に観音から導きをもらったのは偶然ではない。また当時、阿弥陀仏の極楽浄土に往生したいのだったら、観音にお願いするのがよいとも考えられていた。(5)

親鸞の前に出現したのは聖徳太子という見解もあるけれど、親鸞の聖徳太子への崇敬心が強くなったのは彼の結婚以降であろう。在俗生活に仏道を生かす手本、としての聖徳太子である。後年の親鸞に聖徳太子への崇敬心があったのは確かである。それは親鸞が作成した多くの聖徳太子和讃を見れば明らかであるが、親鸞の和讃制作は、すべて七五歳以後である。そこに聖徳太子への崇敬心が強く表れているからといって、二九歳の親鸞にも同様にその心があったとするのは慎重であらねばならない。

観音菩薩のお告げをもらった親鸞は法然のもとを訪れた。お告げにはこれからどう生きるかについて具体的な方向が示されていたわけではない。それを求めて、親鸞は専修念仏に触れる決心をしたのである。

(4) 恵信尼との出会い

恵信尼の出身には、京都の貴族説と越後の豪族説があった。ところが第二次世界大戦後から近年にいたるまで、越後説が有力であった。今から考えれば、それは庶民の出身親鸞の妻が貴族の出身であっては困る、という観点からの立論であったとしか言いようがない。

しかし恵信尼は貴族の出身である。根拠は第一に、父の三善為教が越後権介であったことである。上から守・介・掾・目と四段階ある国司の職のうち、守と介は貴族がつくべき職である。鎌倉時代に入ると別の展開があるけれど、平安時代にはほとんど例外はない。為教は越後国府の在庁官人（国府に勤める豪族）であったと無理にこじつける必要はない。

また恵信尼自身の書状によって、恵信尼は法然の法座（吉水草庵）に通う親鸞を見ていることや、親鸞が法然から教えを受けたその場に同席していたことが分かる。(6) それに後年、恵信尼が日記をつけていたことについて、若いころ京都の貴族の家に奉公しそこで文字を習ったのであろうと、これも苦しい説明がされていた。また晩年、越後に住んだ恵信尼は、京都にいる覚信尼に「針を送ってください」と頼んでいる。文字と裁縫は、いずれも貴族の女性が幼いころに学ぶべきことであった。恵信尼が貴族の出身であると分かれば、いずれも簡単に説明がつくことである。

(5) 恵信尼との結婚

僧侶は不婬戒によって結婚が禁止されていた。正確には異性との性交渉が禁止されていた。むろん実際には多くの僧侶が不婬戒を破っていたのみならず、堂々と結婚生活を送っていた。親鸞も結婚したいと思いつつ、不婬戒を破ることができず、悩んでいた気配である。しかし六角堂の観音菩薩のお告げにより結婚に向かって進むことができた。

恵信尼の側はまた別である。当時、娘に結婚の最終許可を与えるのは父親だったので、恵信尼の結婚は三善為教の決断にかかっている。親鸞が僧侶で、その実家が破滅状態であるにもかかわらず、為教に許可を決断させたのは何だったのであろうか。それは系図上では父と推定される三善為康が、そのころでは珍しく信心の念仏を強調しており（『本朝新修往生伝』算博士三善為康の項）(7)、それが家の伝統になっていたと推定されることであろう。親鸞も法然門下で信心への思いを強くしていた。「信心」の一点によって、為教は娘の幸せを親鸞に託したのではないだろうか。

だからといって、生涯を通じての親鸞の妻が恵信尼だけとする必要はない。それが複数であったとしても、それは問題ではない。現代のような一夫一婦制とは違うのである。現代の制度や道徳観念で鎌倉時代の人たちの生活の全部を判断することはできない。

（6）法然のもとで

六角堂を出た親鸞は、法然のもとに一〇〇日間通ったという。庶民にも貴族にも人気を博した専修念仏というのは「念仏を称えれば極楽浄土に迎え摂ってくださる」という、とても簡単な教えである。それなのに親鸞はなぜ一〇〇日も通ったのか。それは、いくら挫折したとはいえ、親鸞の体には比叡山二〇年間の複雑な修行がしみついている。その修行と一八〇度異なる専修念仏の道に、そうたやすく入れたとは思えない。それに、法然のもとを訪れる前に、親鸞は専修念仏とは何たるものか知っていたはずである。

親鸞は法然その人の人間性に関心があったのではないだろうか。専修念仏を説く法然。しかし法然は一三歳の時から三〇年間比叡山に籠り、何万点もある一切経を何度も読破したという。それなのに、ただ念仏を、と説く法然。

毎日通いつめて、親鸞はしだいに法然の人間性に惹きつけられていったと思われる。その結果、自分の一生をかけて法然に従っていこうと心の底から思えたのであろう。親鸞よりちょうど四〇歳年上、法然も親鸞の能力と熱心さに注目して入門を許した。やがて『選択本願念仏集』を書写させたのである。親鸞三三歳の時であったという。

『親鸞伝絵』には、親鸞が「念仏は信心が大切か、行（回数）が大切か」と諸門弟を試したとか、「法然の信心と親鸞の信心と同じかどうか」と朋輩と論争したとかいう挿話がある。前者は信心、後者は同じと、いずれも親鸞が主張し、法然もそれに同意したという。新参者の親鸞には、そのようなことはできなかったろうとの意見もある。私は親鸞六年間の吉水草庵でのさまざまなできごとの中に、この二つこともあり得たろうと思う。それに、親鸞が吉水時代に信心の境地を深めつつあったことはこれらの挿話から判断できる。(8)

（7） 越後配流の理由

法然の専修念仏は京都で広まり、まず延暦寺が咎めた。法然は七か条の起請文を書き、門下二〇〇人近くに署名させてそれは治まった。ところが次には興福寺が朝廷に専修念仏者を訴え、その活動を禁止させるべきことを求めた。朝廷の貴族たちは念仏を禁止させたくはない。後世に極楽往生したいからである。念仏者を弾圧すればその報いがくるであろうと恐れた。しかし興福寺は藤原氏の氏寺であるし、その訴えも無視することはできない。

貴族たちが困惑して時間が経つうち、院政をしいていた後鳥羽上皇が熊野に参詣している間に、女官二人が念仏の会に出席し、感動して上皇に無断で出家してしまった。女官は後鳥羽上皇の愛人である。それを知った上皇は怒って関係の念仏僧四人を死罪、法然以下八人を流罪にした。親鸞もこの中にふくまれ、越後に流された。承元（建永）の法難である。

従来、この事件は次のように理解されてきた。専修念仏の教理は、南都六宗・平安二宗という既成仏教教団の教理を根本的に危機におとしいれる内容である。教団は朝廷と分かちがたく結びついてきた。従って専修念仏者の動きは国家体制をも危機におとしいれるものであり、それを危険視した朝廷と教団全体によって法然一派を弾圧した、という見方であった。

しかし近年、それとは異なる見解が現れた。興福寺では「既成仏教教団皆が専修念仏者を非難して騒いでいる」というけれど、その証拠は見当たらない。騒いでいるのは興福寺だけである、というものである。親鸞は、

のちに『教行信証』のなかで

主上・臣下法に背き、義に違し、忿りを成し怨みを結ぶ。茲に因て真宗興隆の太祖源空法師并に門徒数輩、罪科を考へず猥しく死罪に坐す

「後鳥羽上皇やその家来は、法律に背き、正しい方法を取らず、怒り恨んで処置した。そして法然と門下について、法的に妥当な判断をせず乱暴にも死刑にした」と後鳥羽上皇の行動を厳しく咎めている。

親鸞は、上皇が「法然の念仏は誤っている」と間違った判決を下した、と怒っているのではない。法律に基づいて裁判をしなかったとを咎めているのである。上皇の私刑であったと主張している。(9)

従来の「承元の法難」観は、いかにも法然・親鸞が国家転覆を謀っていたような印象を与えてきた。親鸞も、その後ずっと国家に抵抗し続け、権力者には一切協力しなかったという印象を与えてもきた。しかし実際には法然と親鸞にはそのような行動はまったく見られない。承元の法難でも、処罰されたのは布教に熱心な比較的若手の人たちである。その美声の念仏によって風紀が乱される、と感じた人たちがいたのは事実であろう。しかし法然の、多数いた年配の高弟たちはまったく処罰されていない。法然一派が全体として国家に危険な輩の集団であったなら、彼らこそ処罰されるべきであった。

親鸞の越後配流を、朝廷と既成仏教教団あわせての国家の弾圧による、という見方は再検討されるべきである。流された親鸞は不本意であったには違いないが、『親鸞伝絵』に、

大師聖人 源空 もし流刑に処せられたまはずば、われ又配所に赴かんや。もし我配所におもむかずば、何によりてか辺鄙の群類を化せむ。

「もし私親鸞が越後に行かなければ、いったい誰が僻地の人々を救ってあげられることだろうか」と決心したとあるように、その後に新しい展開があったことも間違いない。越後に流されなければ関東に行くこともなかった。(10)

二　越後の親鸞

(1)　越後での日常生活

承元二年(一二〇七)二月上旬、親鸞は越後に流された。妻の恵信尼も一緒だった。従来は、罪人が妻を同行させてもらえるはずはないと思いこまれていたが、それは誤りであった。そのことは『延喜式』に「妻妾を棄放せざるを得じ(妻は必ず連れていかなければならない)」とあることで確認できる。

その一か月前、朝廷の臨時の除目によって、伯父の日野宗業が越後権介に任命された[11]。宗業は甥が越後に流されるという情報を得て、その甥の生活を守るために越後国司に任命してくれるよう関係者に頼んだのであろう。逆に、越後国司の職を得てから、甥の流刑地を越後にしてくれるように頼んだということも考えられる。

伯父が越後国司であるということは、越後国府においては絶大な権威となる。親鸞夫婦は越後での生活は十分に保証されていた。国府の役人たちからも十分な敬意をもって扱われたはずである。それに親鸞は凶悪犯ではなく、高い教養と学識を持った貴族の出身であるし、その面からも尊敬されたと考えられる。

従来、親鸞は罪人として食うや食わずの生活、一日に籾と塩を規定分だけ与えられ、田に入って泥にまみれて働いた、とても大変だった、などといわれてきた。しかし田の仕事はそうたやすくはない。貴族で僧侶の親鸞が簡単にできることではない。それに親鸞はそのようなことはする必要がない。毎日の生活と身分は保証されていた。ただ京都と異なる生活は大変だった。では何が大変だったか。それは信仰生活である[12]。

(2)　越後での学びの生活

親鸞の二九歳から三五歳までの吉水草庵の学びの生活は、実に幸福だったといえよう。心から尊敬でき、信頼できる師匠。人生経験豊かな先輩たち。いずれからも適切な助言が受けられたであろう。また親しい同輩たち。時には見解の相違による葛藤もあったろうけれど、それも学びの生活を豊かにする。人間は葛藤の中で育つ。

しかし三五歳の時、いきなり師匠からも先輩・同輩からも切り離されて越後に送られ、そこでたった一人で学びの生活をしなければならなくなった。国府には国分寺その他の大寺院はあったが、そこの僧侶はどの程度親鸞の話し相手になったかどうか。なにせ専修念仏は時代の最先端を行く思想であるから、相手は質問されても困惑したであろう。

七年余りの越後滞在生活を経て、親鸞は念仏の境地を深め、他の人々にその念仏を伝えようとの決心を固めるまでにいたった。親鸞が目指したところは関東であった。建保二年（一二一四）、四二歳の親鸞には恵信尼との間に息子の信蓮房（数え四歳）とその上に娘の小黒女房（同じく七〜八歳）がいた。

三　関東の親鸞

（1）越後から関東への旅

従来、親鸞が関東へ聖の群れに混じって移動した、食事は行く先々の人たちに恵んでもらった、泊まる場所はそこここにある聖徳太子堂であった、などといわれてきた。

しかし、恵信尼は貴族の女性である。しかも幼児二人を抱えている。そんな心細い、苦しい、あてのない旅を承知するだろうか。また越後から常陸国にいたる道筋に、聖徳太子堂が建保二年までに建っていたという証拠はどこにもない。歴史的事実の究明はあくまでも確実な史料に基づかなければならないし、伝説と混同することはできない。(13)

親鸞は越後国府で善光寺聖になり、その信仰を広めるために関東へやってきて、まず常陸国で善光寺信仰を広めてまわり、五三歳の時に下野国高田へきたという意見もある。しかし、親鸞が越後国府で善光寺聖になった証拠はないし、常陸国でこの信仰を広めた形跡はまったくない。だいたい、親鸞と善光寺信仰の直接の結びつきを示す史料は、いわゆる善光寺和讃五首のみである。それも親鸞の自筆はなく、室町時代の蓮如の文明版『三帖和讃』によって初めて世に出たにしかすぎない。親鸞の和讃はどれもすばらしい内容であるが、この五首に限ってはそうでもない。親鸞善光寺聖説は再検討されるべきであろう。

関東で親鸞一家を迎えたのは、下野国中部・南部から常陸国笠間（稲田を含む）にかけての大豪族宇都宮頼綱と推定される。

（2） 常陸国の実際

従来、親鸞の関東での活動については、次のようなイメージで語られてきた。

①関東の荒野に孤独で一人立つ親鸞
②そこに住む人々は一文不知で無知蒙昧
③親鸞は人々に初めて念仏を伝えた
④親鸞は人里離れた稲田に住んだ

しかし実際のところ、これらのイメージは改められなければならない。①については、親鸞は一人ではなく、恵信尼や子どもたちがいた。法然の門弟たちも、関東に散在していた。上野国の大胡隆義・同実秀、薗田成家、下野国の宇都宮頼綱、武蔵国の熊谷直実、甘糟忠綱、相模国の北条政子らである。[14] それに鎌倉幕府の三大役所の一つ問注所の初代執事（長官）の三善康信は、系図をたどれば恵信尼の従兄であるし、その弟の三善康清は稲田から十数キロもない常陸国筑波郡に領地を持っていた。[15] では関東は荒野だったか？

親鸞の関東での住所は、小島草庵・大高山・稲田草庵・霞ケ浦草庵・大山草庵（以上、茨城県）、花見が岡草庵・三谷草庵・佐貫草庵・室八島草庵（以上、栃木県）などが伝えられてきた[16]。なかで親鸞がもっとも長く住んだのは常陸の稲田であったろう。それは、二四輩など初期の門弟の住所が、ほぼ稲田を中心とする半径四〇キロ圏内に入ることからも類推される。これは一日の行程である。親鸞は稲田を根拠地にしてじっくりと布教したのである。

『延喜式』によれば、全国六八か国を租税収入の多い順に大国・上国・中国・下国の四段階に分けてある。租税の基本は田の面積である。当然、租税が多ければその国全体の収入が多く豊かで、田の面積も広く、そこを耕す人口も多い、ということになる。そして常陸国は大国だった。常陸国の南の下総国も大国、上野国も大国、下野国は上国である。

また平安時代の『和名類聚抄』には、各国の田の面積が記されている。最も広いのは陸奥国である。ここは全体の面積が広いので全国一もうなずける。第二番目が常陸国なのである。なんと常陸国は豊かなところであった。そこはもう、荒野ではあるまい[17]。

「一文不知」については次のようにいえる。当時、文字を読めるのは貴族や僧侶・神官、一部の武士のみであった。それ以外の農民や漁民・山村民は読めないのが普通である。九州でも四国でも、京都でも同様であった。関東だけがあげつらわれるべきことではない。

一方、たとえば親鸞門弟二四輩は、ほとんどが常陸に住んでいた。彼らは、調査できる限り全員が武士出身である。農民などではない。そして二四輩は皆、親鸞の教えを理解できる教養ある人物であった、文字も読めたと考えるべきである。常陸国の人々は一文不知・無知蒙昧などではなく教養のある人も多かったということである（前掲②について）。

また念仏や法華経・観音信仰などは、それこそ日本中に広まっていた。関東でも同じである（前掲③について）。ただそれらは呪術や現世利益をもとにしているが、親鸞が伝えた念仏はそれとは異なるということである。

（3） 稲田の実際

稲田については、覚如の『親鸞伝絵』が長年にわたって誤解を与えてきた。そこには、

隠居したまふ。幽棲を占といへども道俗跡をたづね、蓬戸を閇といへども貴賤衢に溢る

「隠れるように住まわれた。ひっそりと生活をしていたが、僧侶・俗人が探し求めて来て、めったに開かないので雑草が生えてしまった門扉の前の道に、身分の上下の人たちが集まっていた」とある。稲田は寒村、親鸞は隠れ里に住んだと思われてきた。

覚如は『親鸞伝絵』を数え二六歳という若さで書き、その前年には『報恩講式』を著わした文筆に天才的能力を示した人物である。しかし誇張があったり、誤りがあったりするのはやむを得ない。それが稲田の場面についてもあてはまる。

実際のところ、稲田には南北にわたって街道が走っており、そこには大神駅（おおかみのうまや）があったのである。「駅」というのは、「宿」とも言い、江戸時代風にいえば宿場町である。ここでは定期的（おそらく月に三回）に市場が開かれるし、賑わっていた（前掲④）。

「大神」というのは稲田神社のことである。『延喜式』神名帳では全国の有力神社が四段階で把握してある。まず上から、大社・中社・小社である。大社の中でも特に勢力の大きい神社を名神大社とした。勢力が大きいというのは、領地が広く、神官や僧侶も多く、それを守る僧兵も多いということである。常陸国には七つの名神大社があった。そしてそこには関東一円に大勢力を張っていた鹿島神宮などと並んで稲田神社の名もある。

稲田は大神社の門前町であり、街道の宿場町であった。寒村ではなかった。そこに親鸞は住んだのである。地理的状況から判断すると、現在の笠間市稲田・西念寺がもとの稲田草庵の跡であると想定して、ほぼ誤りない。稲田神社の大鳥居まで三〜四〇〇メートルの位置である。なんと稲田草庵は稲田神社の境内、もしくは参道のすぐそばにあった(18)。

（4） 宇都宮頼綱一族

ところで親鸞一家はなぜ稲田に住んだのであろうか。従来はあてもなく旅をして、たどりついた稲田になんとなく住み始めたように思われていた。しかしいくら昔でも、一家四人が勝手に他人の土地に住めるわけがない。それに貴族の恵信尼と幼児二人の気持と生活について、親鸞が配慮しないはずがない。

『親鸞伝絵』にいうところの「笠間郡」は、本来は「新治郡」と称すべき地域である。新治郡は東西に横長の郡で、事実上三分割され、東を「新治東郡」と通称した。ここがのちに笠間郡と通称されるようになる。

この地域は、親鸞がくる九年前、下野国の宇都宮頼綱が国境を越えて占領したところである。そして弟の塩谷朝業に支配をまかせた。自身は鎌倉幕府の執権北条義時一家の内紛に巻き込まれたこともあり、出家して京都に上り法然の門弟となり、実信房蓮生という法名を与えられた。以後、頼綱は法然とその門下の熱心な後援者となり、嘉禄元年（一二二七）に比叡山の悪僧が東山の法然の墓を暴こうとした時には、大軍をもって法然の遺弟と遺骸を守り、嵯峨野に送り届けた人である。彼が若手の俊秀親鸞のことを知らなかったわけがない。頼綱は親鸞より五歳の年下である(19)。

その親鸞が関東を目指していることを聞き、頼綱は自分の領地に招いたのではないだろうか。あるいは親鸞から依頼したのかもしれないけれど、結果的には同じことである。

稲田郷の領主は、西念寺の伝えによれば二六歳の稲田頼重であった。頼綱の末弟とされる。すると稲田の場合、「頼綱の支配下の笠間郡の中の稲田郷」であるから、頼重が単独で支配権を振るえるわけではない。領主は上から頼綱→朝業→頼重となり、頼綱の威勢が下までおよぶ。鎌倉時代の武士団はそのようにして一族の団結を保っていた。(20)

親鸞一家が二六歳の小土豪（稲田の他に隣接する福原郷を領地としていた）の招きのみで未知の関東へ行くとは思われない。やはり宇都宮頼綱の招きとするべきであろう。

（5）『教行信証』執筆の参考文献

親鸞は元仁元年（一二二四）、五二歳の時、『教行信証』を書きあげた。その後も手を入れたが、一応の完成である。この書物は、正式名称を『顕浄土真実教行証文類』というように、「文類」という特色を持っている。これは、自分の考えを主張するため、多くの経典やその解説書から必要な文章を引き抜いて構成した書籍のことである。親鸞は、経典類からの抜き書きをメモにして京都から持ってきていたのだろうという。執筆にはさらに多くの仏教書を読まなければならない。その仏教書を親鸞はどこに求めたか。それは鹿島神宮の書籍であった、というのが従来の説であった。確かに鹿島神宮は大神社であるし、太平洋近くに位置し、常陸国では西国からの新しい書籍・文化がもっとも早く到着したところである。勉強家の親鸞はここに通って本を読んだと思われてきた。

しかし稲田から鹿島神宮までは直線距離で六〇キロもある。途中、山もあれば川もある。道はいつも真っ直ぐとは限らない。稲田を出たばかりのところでさえ、吾国山という高い山に行く手を遮られ、西に大きく迂回して低い板敷山を越えるルートを取らねばならない。結局のところ、稲田から鹿島までは二日の距離である。往復四日。鹿島神宮では本を探し、読み、メモを取るのに一日や二日では収まるまい。鹿島行きに一週間はかかるということである。数人の家族を抱えた親鸞が、そう気安く通える場所ではない。

一方、稲田神社であれば、もう自分の家の庭に図書館があるようなものである。当時の大神社はどこでも多くの僧侶を抱えていた。神道には独自の教義がほとんどなく、必要な場合には仏教の教理を借りた。そのために、ふだんから多くの僧侶を雇って研究させていたのである。仏教書はたくさんある。

稲田神社は宇都宮氏と上下関係にないが、争った形跡もない。新領主宇都宮の依頼があれば、喜んで親鸞に書籍を提供したに違いない。親鸞が長い間にわたって稲田に住んだのは、稲田神社に多数の仏教書があり、それを利用しやすかったからであろう。(21)

(6) 高田と虚空蔵菩薩

全国的にどこでもそうであるように、関東にはさまざまな信仰があった。その多くは各地域の環境と生活に結びついていた。鹿島地方では鹿島神宮の権威は絶大であったから、この地方に住む、のちに鹿島門徒と呼ばれた親鸞の門弟たちは、鹿島の神に対する敬意を保ちつつ念仏を称える生活となっていたはずである。そうでなければ生きていけない。

親鸞は五三歳の時、稲田草庵の背後の山々を西へ伝って下野国高田へ布教に入った、と栃木県真岡市・専修寺は伝える。路傍の石の上で夜を明かした親鸞に、明け方一人の少年が通りかかり、ここは昔釈迦が教えを説いた神聖な土地だからぜひ寺院を建立するようにと勧め、菩提樹の種と柳の小枝を与えた。名を聞く親鸞に、「私は明星天子」と答えて去った。親鸞が周囲の沼地に種を蒔き、枝を挿し、うとうととして目覚めると日は高く、菩提樹と柳は大木になっていたという。その地に建立したのが専修寺という。

明星天子は明星を神格化したもので、虚空蔵菩薩と同体とされる。虚空蔵は空中を取り仕切る菩薩として、北関東では大きな力を持っている（現在も）。この地方では落雷が多く、春から夏にかけて雹の被害も大きい。時にはこぶし大の氷の塊が落ちてきて、車庫の天井の波板に穴を開けることがある。これらの被害を防いでくれるのが虚空蔵である。

親鸞は虚空蔵信仰を持つ高田の人々の間に入り、話をつけて念仏を広めることを了承してもらった、というのがこの話の意味するところである。この後、親鸞は夢告によって信濃国善光寺へ赴き、高田に善光寺三尊像をもたらしたという。この話は、のちに伝わった善光寺信仰も高田の人々は受け入れ、親鸞と結びつけたということを意味する。(22)

なお今日の専修寺の南に三宮神社があって、高田の人々に崇敬されている。そこのご神体は、なんと虚空蔵菩薩である。いかに虚空蔵信仰が高田地方に根付いてきたかが分かる。

親鸞の伝統的信仰との葛藤は、山伏弁円とのいきさつも知られているし、(23)門弟たちについても、いくつか伝えられている。たとえば『親鸞伝絵』に示された大部平太郎、法名は真仏という武士などもその一例である。(24)さらには親鸞や恵信尼の日常生活の中から、その信仰生活の実際をさぐろうという研究も現れている。(25)先のことになるが、親鸞没後、関東ではどのような姿として示されていったかという研究も始まっている。(26)

四　ふたたび京都の親鸞

（1）　帰京の理由・家族を伴ったか

多くの門弟を育て、『教行信証』も書きあげた親鸞は六〇歳のころ京都に帰った。従来、何の目的で帰京したのか、家族はどうしたかということが話題となっていた。前者については、『教行信証』を完成させるためとか、法然の手紙類を集めて『西方指南抄』を編むためとか、いろいろなことがいわれてきた。

しかし当時の平均寿命は四二〜三歳と推定されている。誰も、親鸞本人でさえ、九〇年も生きるとは思わなかったに違いない。後世の人は「九〇年」と知っているので、あと三〇年もある、では何のために帰京するのかと考えてしまう。親鸞は還暦近くになって、ただ故郷に帰りたかっただけという説に、筆者は惹かれる。『親鸞伝絵』に親鸞が、

長安・洛陽の栖も跡をとどむるに嬾し

「京都の住所はあまり人に知られたくない」といったとあるのも、特に目標を持って帰った人の気持にはみえない。ちなみに『西方指南抄』の編者は親鸞ではなく、他の人であるという見方がすでに固まっている。

家族を伴ったかどうかについて。従来の説は、伴ったに違いない、なぜ家族を壊す必要があるのか、というものだった。しかし当時、男尊女卑の時代ではない。女性の家庭的・社会的権利は強く、妻は驚くほど自立していた。必ずしも夫の希望どおりに動きはしない。

それに親鸞六〇歳の時、小黒女房は二五〜六歳、信蓮房は二二歳。いずれも仕事があり、配偶者・子どももいる年代である。末の覚信尼は一〇歳、その上に息子有房と娘の高野女房がいる。すでに大人である。仕事・配偶者を棄てて父とともに京都へ行けと、親鸞が命じられるだろうか。親鸞の実家は破滅しているし、恵信尼の実家は兄妹の時代、どうかすれば甥・姪の時代である。越後行き以来二五年ぶりに戻る親鸞以下の大家族を誰が面倒をみてくれるだろうか。それに子どもたちにとって、京都は故郷ではない。ことばも違う。遊びに行くのではない。仕事も生活のめども立たないのに誰が行くだろうか[27]。

親鸞は一人で京都に旅立った。笠間市・西念寺の門を出た田んぼの中にある「見返り橋」――京都に向かって歩き始めた親鸞が、家族を懐かしんで振り返ったとする話は、言い伝えであるが、まさに真実を衝いていよう。

（2）　書籍の執筆

帰京後の親鸞は七五歳のころに『教行信証』の一応の完成をみると、堰を切ったように門弟向けの分かりやすい教義書の執筆を始めた。和讃を最初に書いたのは翌年七六歳の時である。「高僧和讃」と「浄土和讃」である。三年後には『唯信鈔文意』を執筆した。そして八二歳から八六歳までの五年間、なんと現在に残る真筆のうち八一％もの多数を書いたのである（書状を除く）。なかでも八三歳から八五歳までの三年間では六二％におよぶ。この数の計算は、大谷大学編『真宗年表』の記事をもとにした。数え方に多少の異論があろうが、大幅には違わないであろう。この時期の旺盛な執筆活動には何か原因があったのだろうか。それを述べる前に善鸞について見ていきたい。

（3）　善鸞の評価

善鸞義絶事件または善鸞異義事件といわれてきたできごとがある。信頼していた息子善鸞に背かれ、義絶せざるを得なかった、親鸞最晩年の悲劇とされる。親鸞が帰京して二〇年余り、関東で念仏の問題が起こった。親鸞は息子善鸞を使いとして送り、問題を鎮めさせようとした。しかし善鸞は、逆に間違った信仰を説き、父を誹謗することさえした。親鸞は驚き、悲しみ、善鸞を義絶した。実の息子に背かれた親鸞最晩年の悲劇とされてきた。善鸞に義絶のことを書き送った善鸞義絶状といわれる手紙と、善鸞は義絶したからもう相手にしないでくれ、と門弟代表ともいうべき性信に知らせた、義絶通告状といわれる手紙とがある。

しかし問題は、両書状ともに親鸞の真筆がないことである。いわゆる義絶状は、高田の顕智が事件の四九年後に写したものという。一通の手紙でありながら、前半は主に候文、後半はそうではないという矛盾がある。善鸞にとって恥となる書状を、なぜ半世紀ものちに写せたかという疑問もある。一方のいわゆる義絶通告状は室町時代の版本でしか伝わっていない。

　他方、事件後と推定される時期に、顕智が親鸞の住居を訪ねたところ、火鉢をはさんで親鸞と善鸞が親しげに話をしている場面に出会ったという話がある（『慕帰絵詞』『最須敬重絵詞』）。また後年、関東にきた覚如は、馬上の善鸞が「無碍光如来」の名号を首から下げてひたすら念仏を称えているのを見ている（『慕帰絵詞』）。これらは善鸞義絶説に疑問を呈するものである。

　それに、義絶したら善鸞はどうなるのか。阿弥陀仏の救いから漏れて地獄に堕ちるのか。そんな力は親鸞にはないし、阿弥陀仏はすべての人々を救うとした親鸞の考えにも反する。そんなことを親鸞は行なったか。では義絶とは何の意味があるのか。

　加えて、この事件について善鸞側の史料は皆無という大きな問題がある。いわば、一〇〇％の欠席裁判で善鸞を悪者にし続けて歴史研究として正しいのだろうか。少なくとも親鸞の真筆が出てこない限り、事態の解明は進まないはずである。

　よくよく考えてみたい。関東へ下った善鸞と、関東の門弟たちとどちらが正しく親鸞の教えを体現していたか。門弟たちは親鸞帰京後二〇年、地域の環境の中で念仏を育んできた。前述のように彼らが持っていたのは「念仏だけ」ではなかった。善鸞は昨日まで父善鸞の教えを受け、親鸞もこの男なら大丈夫ということで関東へ送ったのである。

　つまり門弟たちより善鸞の方が正しかったのである。ただ恐らくはまじめに父の指示どおりに行動しようとした善鸞は、門弟たちへの疑念をいちいち口にしたのだろう。面子を潰されて怒る門弟たち。関東をいっそう騒がせたには違いない。

　親《した》しかるべき息子さえ正しく指導できなかった自分。今までの信仰生活を間違っていなかったかどうか深刻な内省を迫られた。その内省の方法として、以前に執筆した書物をもう一度書き写し、また新たに思うところを書き下ろした。それが八〇代の多数の真筆の存在になったことは、義絶状が本物とする研究者と偽物とする研究者で一致している。

ということなら、親鸞の多数の著書が今日残っているのは善鸞の存在のお陰、ということになるのである。善鸞がいなければ、親鸞真筆の十分の八は存在しなかったことになる。

のちになって善鸞が関東の体験に基づき、このようにすれば関東で実際に布教できるのかと思い至り、やや異なる念仏信仰を説いたようである。だからといって、関東の門弟の誰が非難できるだろうか。だいたい、善鸞が関東へ下ったのは、念仏の問題が起きたからということであった。その問題はどうなったのか。この問題解明を研究者たちは忘れてしまっている。

善鸞悪人説はもう止めよう、というのが筆者の意見である(28)。

おわりに

本稿ではいくつかの話題をとりあげながら、歴史学観点から、いかに親鸞の伝記が新しい展開を示しているかを見てきた。親鸞伝の研究は、現代と将来の社会の要請に応えて、さらに研究を進めていきたいものである。

（1） 今井雅晴『親鸞とその家族』（自照社出版、一九九八年）・『親鸞と東国門徒』（吉川弘文館、一九九九年）・『親鸞の家族と門弟』（法藏館、二〇〇二年）・『親鸞と浄土真宗』（吉川弘文館、二〇〇三年）。

（2） 赤尾栄慶「カタチから見た坂東本『教行信証』」（『親鸞の水脈』一一、二〇一二年）。

（3） 上山大峻・今井雅晴監修『親鸞展』図録（講談社、二〇一一年）。

（4） 今井雅晴『親鸞と恵信尼』（自照社出版、二〇〇四年）。

（5）小山聡子『護法童子信仰の研究』（自照社出版、二〇〇三年）。
（6）前掲註（4）『親鸞と恵信尼』。
（7）今井雅晴「三善為康」（『自照同人』五四、二〇〇九年）。
（8）今井雅晴「歴史を知り、親鸞を知る③」（『三十九歳の親鸞聖人』自照社出版、二〇一〇年）。
（9）上横手雅敬「「建永の法難」について」（上横手雅敬編『鎌倉時代の権力と制度』思文閣出版、二〇〇八年）。
（10）今井雅晴「関東の親鸞シリーズ⑤」（『四十九歳の親鸞――承久の乱のころ――』真宗文化センタ――、二〇一一年）。
（11）平松令三『親鸞』（吉川弘文館、一九九八年）、今井雅晴「日野宗業」（『自照同人』五一、二〇〇九年）。
（12）今井雅晴「関東の親鸞シリーズ①」（『四十二歳の親鸞――越後出発から関東への道――』真宗文化センター、二〇〇九年）。
（13）同右。
（14）今井雅晴「大胡隆義」（『自照同人』六五、二〇一一年）・「宇都宮頼綱」（同六〇、二〇一〇年）・「熊谷直実」（同五九、二〇一〇年）・「北条政子」（同六六、二〇一一年）。
（15）今井雅晴「三善康信」（『自照同人』五六、二〇〇九年）・「三善康清」（同六四、二〇一一年）。
（16）今井雅晴『茨城と親鸞』（茨城新聞社、二〇〇八年）。
（17）今井雅晴「関東の親鸞シリーズ②」（『四十二歳の親鸞・続――関東の住所――』真宗文化センター、二〇〇九年）・「歴史を知り、親鸞を知る④」（『親鸞聖人　稲田草庵』自照社出版、二〇一一年）。
（18）前掲註（17）「歴史を知り、親鸞を知る④」。
（19）今井雅晴「宇都宮頼綱」（『自照同人』六〇、二〇一〇年）・「塩谷朝業」（同六一、二〇一〇年）。
（20）今井雅晴「稲田頼重」（『自照同人』六二、二〇一一年）。
（21）前掲註（17）「歴史を知り、親鸞を知る④」。
（22）今井雅晴「親鸞と高田」（『親鸞の水脈』二、二〇〇七年）・「下野と親鸞⑨　明星天子と般舟石」（『下野新聞』二〇一〇年五月二九日付）・「下野と親鸞⑭　如来堂と一光三尊仏像」（同二〇一〇年七月三日付）。
（23）長澤英明「板敷山大覚寺の伝説とその願い（上）」（『親鸞の水脈』七、二〇一〇年）。

(24) 山田雄司「平太郎熊野参詣説話の検討」（『親鸞の水脈』九、二〇一一年）。
(25) 小山聡子「鎌倉時代のまじないと病気治療」（『親鸞の水脈』七、二〇一〇年）・「『恵信尼文書』にみる恵信尼の極楽往生への不安」（同一〇、二〇一一年）。
(26) 飛田英世「合掌する真宗系僧形像」（『親鸞の水脈』九、二〇一一年）。
(27) 今井雅晴「親鸞聖人ものがたり三五　見返り橋」（『同朋新聞』六三七、二〇一〇年）・「親鸞聖人歴史紀行⑨　帰京後の活動」（『安穏』九、二〇一一年）。
(28) 今井雅晴「善鸞と浄土真宗(上)」（『年報日本史叢』一九九七、一九九七年）・『親鸞と如信』（自照社出版、二〇〇八年）・「善鸞(義絶事件)・如信について」（『宗學院論集』八三、二〇一一年）。

一

中世文化の中の浄土真宗

空海の御影とその儀礼環境——中世密教の視覚性と正統性の関連について——

阿部龍一

はじめに

いわゆる弘法大師信仰の隆盛とともにその「御影」も中世の仏教的肖像画類の中で重要な位置をしめていたと思われる。たとえば『八幡愚童訓』や『故事談』は、空海が入唐の折に船中に八幡神が空海に生き写しの僧形で示顕して自らが菩薩であることを示したが、その姿を空海が写して高雄山寺（神護寺）に納め、同寺が荒廃した後には鳥羽の宝蔵に保管された、とする伝承を伝えている。このような伝承は空海の画像が一宗派に限らず、宮中や顕密の社寺など中世社会のさまざまな分野で重要視され、また神祇の信仰とも深く関連を持っていたことを示唆している。それにもかかわらず、空海の御影を対象とした近代的研究はきわめて少なく、そのほとんどが空海の御影の起源を、東寺西院の御影供に代表されるような中世弘法大師信仰の隆盛によるものと唱えている。

本稿では聖教類中の空海の画像への言及に着目し、その密教儀礼との関連を探り、弘法大師の信仰が一般化する鎌倉初期以前にすでに御影が請雨法、瑜祇灌頂、伝法灌頂などの、宗教実践の文脈で盛んに使用されており、それが密教の法脈の形成に深くかかわっていた事実を明らかにする。

一　聖教中に見られる空海御影への言及

（1）　空海御影と請雨法

密教の聖教類で空海の御影に関連の深いものの代表例として、請雨法に関する次第と修法日記をあげることができる。仁海（九五一～一〇四六）は雨僧正として特に名を馳せているが、(1)その請雨法に空海の御影を用いていたことが知られている。醍醐寺三宝院の元海（一〇九三～一一五六）編とされる『厚造紙』には「請雨法日記」として仁海が長久四年（一〇四三）に神泉苑で執行した修法の記録を載せている。

長久四年天下亢旱。由茲公家請小野僧正年九十於神泉苑被修祈雨法。自五月八日始之。同十二日参向見其作法記之。池北邊子午借屋五間。東西有庇。四面並各上引張青幕。（中略）屋南端一間並庇阿闍梨宿所。北四間並西庇壇所。母屋之南大壇。次間護摩壇。次聖天壇。次十二天壇。庇四間通伴僧座。東庇通伴僧休息所云々。曼荼羅之南並奉懸大師御影。

この記述によると仁海は長久四年五月八日から修法を始めたが、「請雨法日記」の著者は同月一二日に神泉苑を訪れ仁海に修法の様子を記したとしている。池の北側に五間の規模で東西に庇のある施設を設け、母屋には南に大壇、その北側に護摩壇、聖天壇、十二天等がならび、庇は伴僧の控えの空間等につかわれていたという。空海の御影は大壇前の曼荼羅のすぐ南、つまり母屋でも神泉苑の池に最も近い場所に懸けられ、香華等が献じられていた。

醍醐寺経蔵や称名寺には数点の神泉苑での請雨法の指図が保存されている。図1の称名寺蔵の指図は、勝覚による永久五年の修法の様子を示しているが、これにより、『厚造紙』の請雨法の施設や支具の配置を確かめることが出来る。

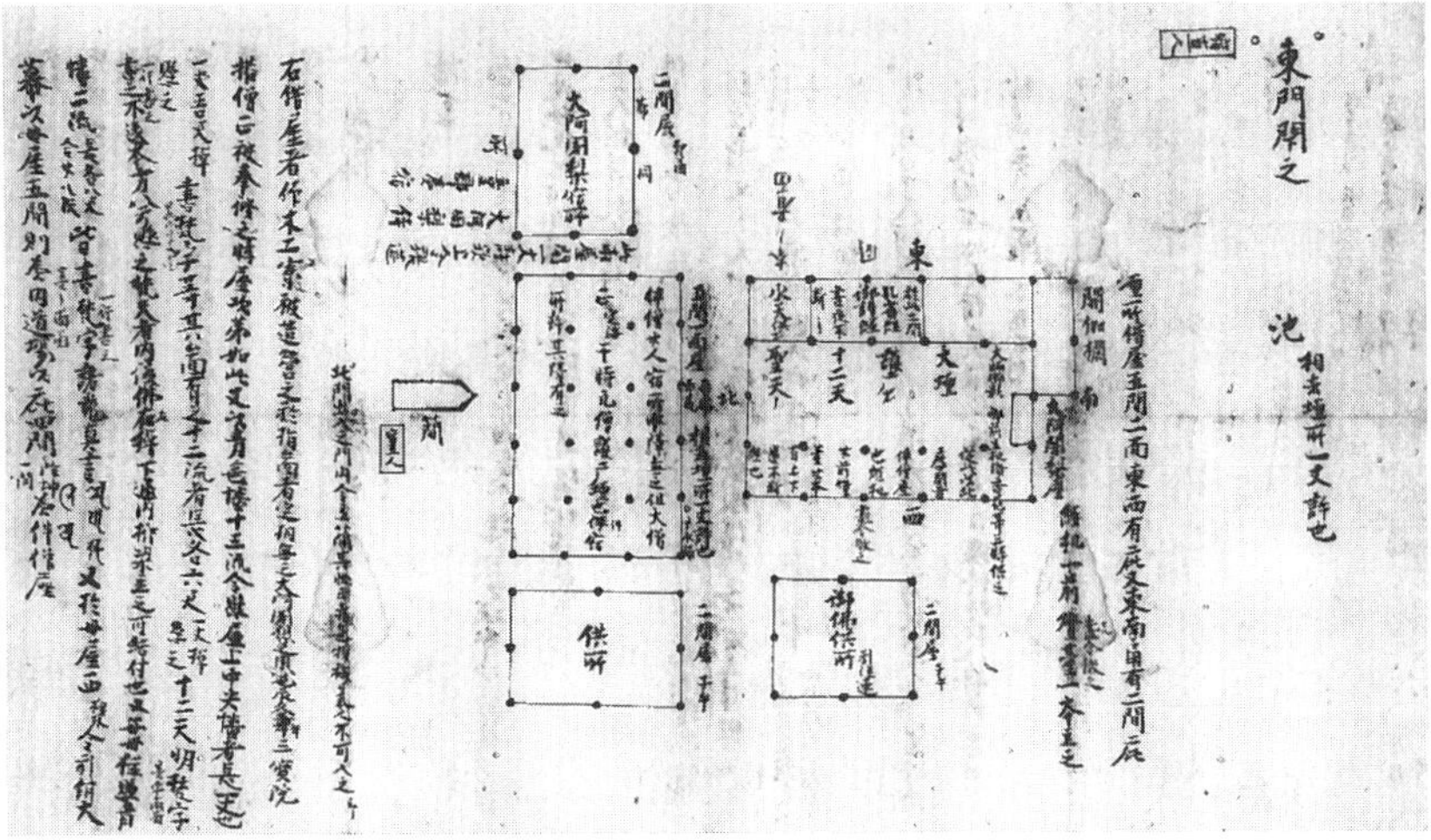

図１　神泉苑請雨法図（称名寺蔵／『金沢文庫資料全書　第９巻　寺院指図篇』86号）

五月一三日は幸い大雨が降ったので「請雨法日記」の筆者は祝辞を陳べるため仁海に会いにいったが、その折仁海は過去の大家でも成功をおさめることが難しかった請雨法を、神仏の感応を得てすでに四度も成功させることが出来たが、これはひとえに弘法大師の恩による所であると伝えている。

十三日天陰降大雨。仍為賀参向僧正。談云。上代人尚難降雨。然而仁海修此法既四箇度。毎度有感応。是大師御恩。[2]

『遺告二十五箇条』には空海が神泉苑の泉に棲む善如龍王の帰依を受けて請雨法を成功させ、それによって朝廷の帰依を受けた逸話が載せられている。また『日本紀略』には天長四年五月に空海が宮中で舎利法を修して旱魃を止めたことが詳しく記されている。空海の神泉苑での請雨法が功を奏し、それにより空海の力量が認められ、朝廷の庇護を得て密教が興隆に向かったという、空海の遺告類に記された逸話が仁海の時代には、密教僧の間でよく知られるようになっていたことをうかがわせる。[3]

根来寺の学僧、頼瑜（一二二六～一三〇四）の『秘抄問

答』は仁海が伝えた請雨法の血脈を紹介している。

小野僧正授成尊自筆雑記云血脈。弘法大師・真雅僧正・聖宝不雨・寛空不雨・元杲大僧都雨・元真僧都不雨・僧正仁海雨。番僧坐方上下十五口奉懸弘法大師御影。(4)

聖宝や寛空のように高名な僧が請雨に失敗したことをわざわざ記していることは興味深いが、それだけ請雨法の実践が大法で密教者の技量と正統性が厳しく試される機会であったことを物語っている。仁海は弟子の成尊に一五人の助成の僧の主な役割が弘法大師の御影への供養を絶やさないことと陳べている。ここでも仁海が空海の御影を掲げることでいわば空海の降臨を神泉苑にあおぎ、その視覚的効果によって自らの請雨法の有効性を保証しようとしたことは、『厚造紙』の記述の趣旨と一致する。(5)

請雨法に空海の御影を用いるべき旨は勝覚の『三宝院僧都祈雨日記』(『大正』七八巻、二六七頁下)や実運の『玄秘抄』三巻(『大正』七八巻、四〇一頁上)にも明記されている。また守覚の『秘抄』では仁海が請雨法で空海の御影を曼荼羅のすぐ南に懸けて修法を行ったことを記している(『大正』七八巻、五〇七頁中)。これらの記述は平安中期から院政期にかけてすでに空海の御影を儀礼に用いることと請雨法の成功とが強い関連を持っていることが、小野・広沢両流の違いを超えて認識されていたことを示している。

(2) 空海御影と伝法灌頂

請雨法で空海の御影を掲げ供養する儀礼行為が修法者の正統性と修法の有効性を保証するために重要な役割を果たしたのと同様のことが、伝法灌頂における八祖像中の空海像の意義についてもいえるであろう。『治承記』(正式名は『三宝院伝法灌頂私記』)は治承三年(一一七九)四月一二日に醍醐寺僧勝賢(一一三八〜一一九六)が寛昭のために三宝院灌頂堂で執行した伝法灌頂の勝賢自身による貴重な記録で、後世の小野三宝院流の伝法灌頂作法の基準を定めた重要な聖教である。勝賢は院政期から鎌倉初期への移行期に醍醐寺座主、東寺二長者、東大寺別当などを歴任した有力僧で、小野流の秘訣を守覚法親王へ授法した内容が『秘抄』にまとめられていることでも知られている。『治承記』には伝法灌頂における八祖像の役割を示す記述が数カ所に見いだされる。まず灌頂支具の設えについての以下の項目が注目される。

　一、仏供等事
　白飯十六杯　四色染仏供三十二杯赤黄青黒各八杯　已上両壇花足盛之
　白飯五十杯　菓子四十六杯
　已上祖師御影供等料花足盛之(6)

祖師の御影への仏供は白飯と菓子の両者が用意され、花足に盛られるべき旨が記されているから、御影への供養が両界曼荼羅を飾る両壇への供養と同様に周到に用意されるべきものであったことが理解できる。

祖師影に捧げられる儀礼は灌頂の中心的所作の最後の部分に記述されている。

　次印可　次可脱宝冠　次止讃声教授止之次以赤傘蓋覆新阿闍梨上。礼人大師了出堂。始自Ｖａｍ字金剛薩埵巡礼迄于善無畏Ａ字出堂正面礼堂着座。(7)

大阿闍梨は受者に印可を与え、受者は金剛薩埵の威儀に住すために着用した宝冠を脱ぐと、梵讃が止む。受者は新阿闍梨として小壇所を出て、教授阿闍梨に赤傘蓋をかざされつつ、大阿闍梨とともに堂内を巡り、伝法阿闍梨の影に礼拝をした後、内陣を正面から出堂して、礼堂に移り着座する。其の順序は金剛界を一字で象徴するヴァン字と金剛薩埵の影から始め、善無畏影と胎蔵曼荼羅を象徴するア字で完了すると記されている。

醍醐寺経蔵には治承三年（一一七九）の勝賢から寛昭への伝法灌頂の設営を示す一群の指図が保存されている（醍醐寺文書記録聖教類、第四一六函、一三六号）。そのうちの一図は三宝院灌頂堂内陣の祖師影の配置、大壇の

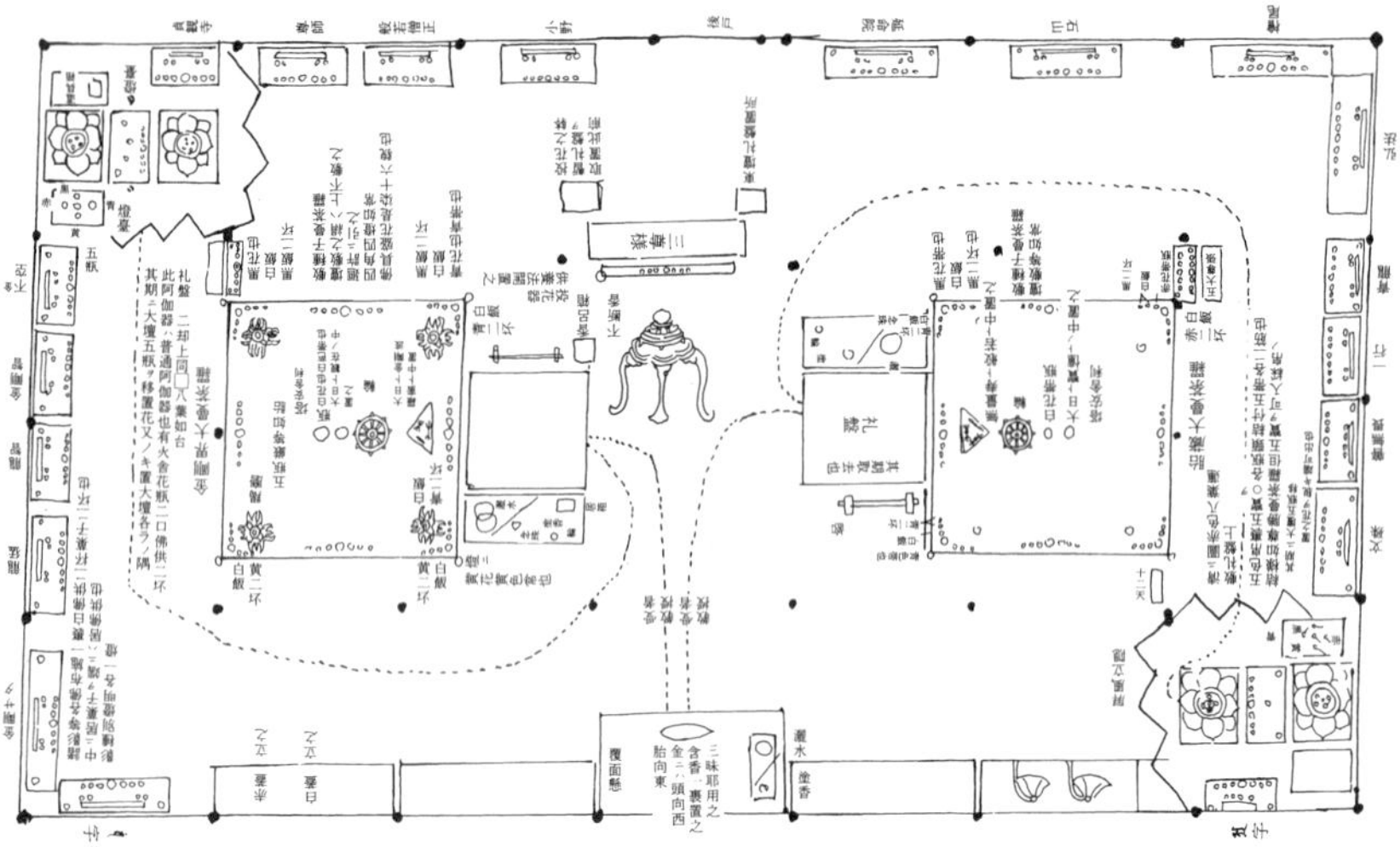

図2　三宝院灌頂堂指図（称名寺蔵／『金沢文庫資料全書　第9巻　寺院指図篇』1号）

準備、受者や教授阿闍梨の所作の手順等が書き込まれている（伝法灌頂三昧耶戒幷初夜後夜指図治承記也勝賢作）。つまりこの図が本来『治承記』に付随していたものであることが理解される。

この図を鎌倉時代に写した指図が称名寺に保存されている（図2）。この指図による祖師影の配置は『治承記』の記述とよく一致する。

この指図によると三宝院灌頂道場には八祖像に加え、ヴァン字とア字、金剛薩埵、文殊菩薩、空海の直弟子の実恵と真雅、さらに醍醐寺と小野流ゆかりの祖師の影などが掲げられていた。

・西壁（南から北へ）
金剛サタ　龍猛　龍智　金剛智　不空

・北壁（西から東へ）
真雅（貞観寺）　聖宝（尊師）　観寛（般若僧正）　仁海（小野）　元杲（延命院）　淳祐（石山）　実恵（檜尾）

・東壁（南から北へ）
文殊　善無畏　一行　恵果（青龍）　空海

（大師）

空海の御影は内陣の東北に位置しているが、以上の配置から真言七祖が伝え来った密教を日本の阿闍梨に橋渡しする役割を空海が果たしたことを視覚的に表現しているといえよう。

親快（一二一五〜一二七六）口伝、澄禅（一二二七〜一三〇七）編の『灌頂私記雑尋秘訣』は『治承記』の詳細な注釈書として知られているが、それによると実際に大阿闍梨、教授、受者（新阿闍梨）が礼拝を行うのは多くの祖師影のうち、八祖の御影のみであり、その所作は最も正式な「三礼」と規定されている。

大阿闍梨相具受者又至正面。其時教授赤蓋指覆受者。順礼八大師。先於正面礼之。次龍猛菩薩次第礼之東逆礼之。（中略）尋云。八祖等各々三礼歟。又一礼歟。仰云。各三度如法起居。(8)

『治承記』の指図によれば一七の祖師影が内陣に掲げられており、これにヴァン字とア字を加えると供養すべき「仏祖」の数は一九となる。澄禅は果たしてこの数が醍醐一門に共通するものかどうかを師に確かめている。

尋云。仏祖合有十九前。一切灌頂皆醍醐方如此数體供之耶。

仰云。不然。八祖為本。其外任意。両部大日懸之人在之。八祖是本矣。(9)

この問いに親快は八祖のみが基本であり、両部の大日如来の図を掲げる者もあるから、残りの祖師の荘厳は任意である、と答えている。つまり空海の図像が真言七祖像に加わったことで八祖像が祖師荘厳の根本となったことが知られる。この意味で空海の御影とその荘厳の配置は、七祖が印度から中国へ伝えた密教の法脈を実恵と真雅に授け、さらにそれが真雅から聖宝、観賢へ、さらに淳祐、元杲を経て仁海へと伝えられて小野流成立の源流が成立する上で空海が果たした決定的に重要な役割を視覚的に表現しているといえる。言い換えれば三宝院灌頂堂で伝法灌頂を執行する大阿闍梨は、自らの法脈を空海に遡ることで、その正統性を確認し、空海の御影の前でかつて空海が実恵と真雅に行ったのと同じ儀礼を実践することで、自身の伝法灌頂の有効性の保証を得るといえよう。

（3） 瑜祇灌頂と空海の御影

空海の画像にかかわる密教儀礼として今ひとつ重要なものに瑜祇灌頂があげられる。これは『瑜祇経』正式名は『金剛峯楼閣一切瑜伽瑜祇経』（『大正』一八巻、八六七番）に基づいて行われる、『大日経』五秘密曼荼羅品に説く以心灌頂に相当する最極秘の灌頂であり、伝法灌頂受法者中でも特に已達の者のみに許される伝授儀礼である。瑜祇灌頂は基本的には阿闍梨と受者が三昧に入り、瞑想の中ですべての所作を行う。その内でも中心的な所作は、受者が阿闍梨の身体を敷曼荼羅と観念し、その身体に曼荼羅諸尊を観想して投華得仏を行う行為である。一般に広沢流ではこの灌頂に支具を用いず、阿闍梨から受者への印信の伝達で完了する。これに対して中院流、勧修寺流、三宝院流実賢方、成賢方、意教方、頼賢方などでは実際に灌頂道場を荘厳し、大壇に空海の御影を敷曼荼羅にかえて敷き、空海の画像上に投華得仏の所作を行う。

宥快（一三四五～一四一六）口述、成雄編纂の『中院流事』は瑜祇灌頂を以下のように説明している。

・瑜祇灌頂事

師云。当流受瑜祇灌頂作法。此灌頂他門云一心灌頂云々。自門或云内作業灌頂理作業灌頂等。或云心灌頂也。凡此灌頂者為已達人。阿闍梨ハ大日。受者ハ金剛薩埵。観阿闍梨身為敷曼荼羅投花。（中略）問。爾者何阿闍梨身不為敷曼荼羅。常用大師御影歟。答。自元阿闍梨即大日故。大師用申又阿闍梨無隔故歟。但其時阿闍梨影有之者又可用之也。道範伝当山御影堂御影真如親王御筆瑜祇敷曼荼羅為也云々。（中略）

・道場荘厳事

懸八祖辨香華等。大壇又敷大師御影也。[10]

まず注目すべきは宥快が「道場荘厳事」で八祖の影を掲げ香華を備えるべき旨を記し、さらに大壇で空海の御影を敷曼荼羅にかえて用いることを明記している。つまり空海の画像は八祖の影の一つとして、また敷曼荼羅として、二点別々に用意されなければならない。なぜ大壇上に空海の御影を用いるかという問いに対して宥快は、この灌頂は「大日経」住心品以下に説く大日如来による金剛薩埵への灌頂の再現、あるいは「再演」であり、阿闍梨は大日如来そのものであるとする。常に空海の御影を用いるのは瑜祇灌頂を授ける阿闍梨がその理想態において、大日如来と一体となったと信じられていた空海と何ら隔たりがないはずだからと論じている。つまり中院流などで用いられた中央の大壇上に空海御影を敷き、さらにそれを八祖の影が取り囲むという設えは、密教を日本に伝えた伝法者として阿闍梨の正統性を保証する「高祖」としての立場と、空海が実践したものと同じ儀礼を執行することで、阿闍梨が一体となるべき修法者の理想形としての空海の立場との、空海の画像が持つ二重の意味を端的に示していると考えられる。また道範の口伝として紹介されている高野山御影堂に伝わる真如親王筆の空海の影像は本来瑜祇灌頂の敷曼荼羅に使うために整えられたとの説からも、この空海画像の意味の二重性を確認できる。

二　灌頂と空海の御影の創出——御影供をめぐって——

平安中期以降の聖教類中で空海の御影にどのような儀礼的役割が期待されているかが理解できたので、この節では空海の御影が創作された歴史的状況とその発展について考察して見たい。空海の御影がいつ製作され、密教儀礼に用いられるようになったかに関して、最もよく知られている資料は『東宝記』巻五に載る以下の項目であろう。

灌頂院御影供

一　始行事

長者補任云、延喜十年庚午長者観賢律師、三月初行東寺御影供云々、
東要記下云、延喜十年庚午三月二十一日、長者権少僧都観賢被始修東寺御影供、祭文紀中納言作之云々、嘉禎二年官符云、延喜年中、観賢僧正於　當寺灌頂之道場、新奠大師遺身之真影、尊師之儀、再盛如在之、礼永存云々、（以下略）[11]

観賢（八五三～九二五）は聖宝の優れた弟子として頭角を現し、延喜九年（九〇九）に東寺長者に任じられたのを皮切りに、僧綱の小僧都、大僧都、東大寺検校、醍醐寺座主、高野山座主を歴任した。この間、宇多天皇の庇護を得て空海を顕彰する運動を展開し、延喜二一年には「弘法大師」の謚号を下賜された。また退位出家後、寛平法皇となった宇多天皇の密教の師としても知られている。『東宝記』の記述によると観賢は東寺長者就任の翌年の延喜一〇年に初めて東寺灌頂院で御影供を修したとされている。

この『東宝記』の記述に基づいて先行研究の大半は、空海の御影の創出を平安後期以降の空海を超人的な修法者として信仰する「弘法大師」信仰の広がりと御影供の興隆を背景としたものと捉えている[12]。本稿ではすでに前節で空海の御影の儀礼での使用が、請雨、伝法灌頂、瑜祇灌頂等で、阿闍梨の正統性とその修法の有効性を視覚的に具現化する目的を持っていたと述べた。この視点から『東宝記』の記述が東寺で観賢によって始められた御影供が灌頂院で行われたとしている事実を重視して、御影の創出の問題を再考する。

すでに橋本初子氏が詳細に論じているように、東寺の歴史において二つの異なる御影供が行われた[13]。平安中期以降一三世紀までは灌頂院がその中心であったが、天福元年（一二三三）に長者親厳の発願で仏師康勝作の弘法大師木造座像を西院経蔵に安置した。延応二年（一二四〇）には四長者行遍が宣陽門院の寄進を得て西院で空海の座像を対象とする御影供を恒例として始め、長者覚教によって空海座像が西院北面に移された。これを機に灌

頂院の御影供は廃れ、西院が東寺で空海の御影を供養する法会の中心となる。西院は『東宝記』で空海が在世中に居所として使われていた建物であるとされ、本尊の不動明王は空海自身の護持仏であったといわれる[14]。もし空海の影像の製作が「弘法大師」に対する信仰に根ざすものならば、御影供ももともと西院で始められて、しかるべきと思われる。しかし実際には西院御影供は観賢が灌頂院で始行した御影供より三世紀も後に始まっている。以下では灌頂院での御影供での空海の影の扱いを一考し、空海の影像の創出は灌頂院の本来的機能である灌頂とそこで行われた御影供の儀礼的文脈において考察すべきことを提案する。

『東宝記』によれば灌頂院は空海の遺命をうけて実恵が創建して両界曼荼羅を安置したが、その後堂内の東、西、北の壁面に金剛薩埵の影像、八祖影像、さらに空海の弟子の実恵、真雅、宗叡の影が描かれ、その作者は会理（八五一～九三五）あるいは貞崇（八六六～九四四）であったといわれている[15]。延喜四年創建の仁和寺円堂の上障子にも三国の諸師の影が描かれていたから、東寺の灌頂院の祖師影も一〇世紀初頭には成立していたと思われる。『東宝記』の「延喜年中、観賢僧正當寺の灌頂之道場において、大師遺身の真影を新たに奠ず、尊師の儀、再び之れ在るが如く盛んなり」という記述は灌頂院内の祖師影の完成を機に御影供を始めた可能性を示唆するのではなかろうか。観賢がどのような所作で御影供を行ったかは現存する資料から知ることが出来ないが、守覚の『御記』にとりあげられた「御影供養法」の一節には以下の注目すべき記述がある。

此御影者法三御子筆也。此法諸師説説不同也。或以金大日為本尊。或弥勒如意輪愛染王等也。雖然般若寺僧正次第。誠以殊勝也。予以彼次第修之[16]。

これにより守覚の時代には空海の御影を供養するさまざまな法会が行われていたが、守覚は観賢の次第がことのほか優れており、自身はそれに基づいて御影供を修していると陳べている。また御影については平城太上天皇の第三子の真如親王の作であると明記しているので、守覚も三宝院流や中院流に流布した真如筆の御影が瑜祇灌頂の敷曼荼羅として製作されたとの説を知っていた可能性もある。

同じく守覚の編纂とされ、東寺長者が修する法会の要点をまとめた『東長儀』には灌頂院で行う御影供の説明が見いだされるから、『東長儀』の記載は観賢が始めに定めたという御影供の次第に該当すると考えることも可能であろう。

諸祖師前立机各一脚。供香華。居聖供八杯。菓子八杯。左右各立燈台一本挙燈明此内弘法大師宝前立加机一脚置御棒物[17]。

香華、白飯、菓子、燈明一対は各祖師影に用意されたが、空海の御影には別に机一脚を置き、「御棒物」を供えるとしてある。つまり灌頂院の御影供は空海のみへの供養ではなく、三国伝法の祖師に対して行われ、空海はそのうちの一人として扱われている。しかし空海像への供養については、単に宝物ではなく「御棒物」とわざわざ明記しているので、机一脚を加えて、空海ゆかりの宝物――おそらく恵果から授けられた舎利や金剛杵など――を供えて他の祖師と区別している。実際の祖師への礼拝の所作にも空海を伝法祖師の一人として顕彰するという意図が読み取れる。

振鈴以後諸僧拝祖師。

僧綱凡僧降床。金剛界年僧侶次第直進。胎蔵界年上臈経幔床前進。已下相従。拝西四祖。金剛薩埵。龍猛。龍智。金剛智。拝北一祖。不空上臈右廻過僧列前。下臈次第付其後。南行経南廂拝東四祖。善無畏。一行。恵果。弘法。拝北三祖檜尾。貞観寺。禅林寺。[18]。

『東長儀』の祖師への礼拝の所作の記述は『東宝記』に掲載される灌頂院の指図に示された祖師影荘厳の配置とよく一致する（図3）。

この指図では西壁に南から金剛薩埵、龍猛、龍智、金剛智の四図が、東壁には南から善無畏、一行、恵果、空海の四図が対称をなして位置し、北壁には東から実恵、真雅、宗叡、さらに不空の像が配置されている。醍醐寺

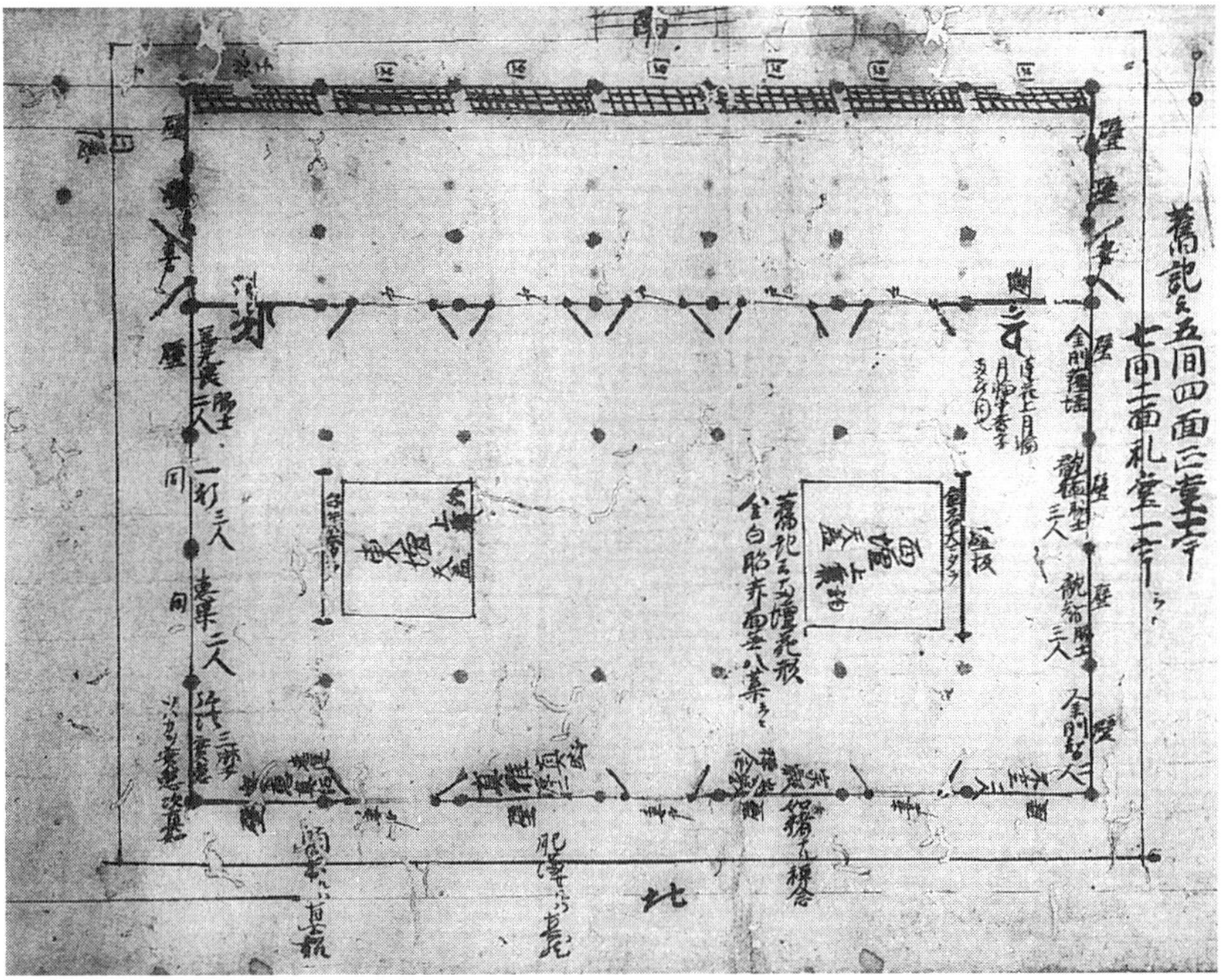

図３　『東宝記』巻二　灌頂院祖師影荘厳図（東寺蔵／註13橋本書より転載）

三宝院灌頂堂の指図同様に南壁にはヴァン字とア字が掲げられている。金剛薩埵以外の祖師影はそれぞれ二名あるいは三名の脇侍（「脇士」）を伴っていると記されていることが注目される。また空海、実恵、真雅、宗叡の画像については各二名の脇侍を実名であげ、それを区別するための注が加えられている。空海つまり「弘法」については下に「実恵」と「三御子」が並べて書かれ、注には「ソハカラ実恵次真如」とされるから、空海像のすぐ隣に実恵の像を、その次に真如の像が配されたことがわかる。これらの注は厳覚（一〇五六～一一二一）の口説を寛信（一〇八四～一一五三）が編集した『伝授集』の次の記述と一致するので、『東宝記』所載の灌頂院指図の阿闍梨荘厳の配置は、『東宝記』が成立する一四世紀より遥か以前から行われていた灌頂院での祖師荘厳の様子を伝えているものであることがわかる。

東寺灌頂堂　北壁

ソハカラ実恵　次真如　肥満真然　顕出真照　如猪禅念律師[19]

以上から観賢が始行した灌頂院御影供は八祖像を中心とした三国伝法の祖師のうち、日本に密教の法脈を伝えるのに最重要の役割を果たした空海を顕彰する法会であり、そのために他の祖師影も空海の影像と同様に供養と礼拝の対象となったことが理解される。この点で後世の空海の木造座像を中心とする西院の御影供とは一線を画していた。御影供がはじめ灌頂院で行われ、八祖の一人としての空海を供養する儀礼として成立したのは、空海の伝法者としての貢献に焦点が当てられていたからである。伝法を可能とする灌頂儀礼との深いつながりがあったからこそ、御影供が灌頂院で執行されたと考えられる。換言すれば、西院の木造座像とは対照的に、弘法大師信仰の拡大によって空海の画像が生まれたのではなく、前節で検討したように修法を執行する阿闍梨の正統性とその儀礼の有効性の根拠として、伝法者としての空海の視覚的表現が儀礼空間に求められたのが、空海の御影の創出の背景と考えるべきであろう。以上の考察からも、先に紹介した『中院流事』にある道範の口説で、高野山に伝来する真如親王筆の空海の御影が本来瑜祇灌頂の敷曼荼羅として製作されたとあることは注目される[20]。

三　空海の御影と密教伝法系譜の理論化

すでに検討した灌頂儀礼との関連から、空海の御影は真言七祖像を規範として製作されたと考えるのが妥当であろう[21]。この点は先行研究でも認められているが、空海の御影の創出と八祖像の成立を論じた研究のほとんどが、空海の影像が七祖像に加えられたことが、あたかも自然的発展のように捉えている。つまり空海将来の唐の五祖像（金剛智、不空、善無畏、一行、恵果）に弘仁一二年（八二一）に金剛智、善無畏像を手本として龍猛、龍智の二像が制作され真言七祖像となり、さらに空海没後に空海の御影が加えられて八祖像が一組の影像として完成したことが、当然の成り行きのように論じられている(22)。

しかし東寺の真言七祖像といわゆる八祖像の間には意匠の面のみで見ても明確な相違が存在する。真言七祖像は各画像を統一する意匠として飛白あるいは行書大字の名号を持ち、下辺には祖師の行状文が着賛されている。これに対し八祖像は浄宝上人本、室生寺本などの東寺七祖像の転写本系列の作品以外は、名号や行状を伴わないのが通常である。単独の画像としてよく知られている西新井総持寺の空海像、また高野山御影堂の御影を承安二年（一一七二）に移したという金剛寺の御影も名号、行状文を欠いている。また現存作品のうち最古の醍醐寺五重塔（天暦五年、九五一完成）内の八祖像として製作された空海像は板壁に描かれた壁画であり、東寺灌頂院の祖師影同様、絹地に描かれた掛幅の東寺真言七祖像の体裁との相違を示している。

つまり空海の画像が加えられたことで、他の七祖の視覚的表現や意義にも変化が生じたと見るべきではないだろうか。

他所で弘仁一二年の唐五祖像の修復と龍猛龍智二像の新調は翌年に空海が執行した平城太上天皇とその第三皇子の高岳親王、後の真如親王のための灌頂の大掛かりな準備の一環として行われ、史上初の太上天皇への灌頂は嵯峨天皇が平城上皇と和解するための重要な政策として朝廷の全面的な支持で実施されたと論じた。名号と行状の着賛は空海と嵯峨天皇の協力によって行われ、七祖像の成立は嵯峨天皇の平城上皇にたいする政策がその歴史的背景と密接に関わっている事を示した。同時に空海入唐中の中国では祖師影を灌頂に用いることが未だ定まらず、恵果は唐五祖像を一具の組物として空海に与えたのではなかったと示唆した(23)。

これらの歴史的背景に関連して、空海将来の唐五祖像の各祖師の関係を考える上でもっとも問題となるのは、一行と恵果の間に師資の関係が存在しないことである。つまり恵果は自らが受法したことはなくとも、大唐の密教を代表する人物の一人として、一行の影像を空海に与えたと考えられる。このため空海は七祖像下辺に付加した行状文で以下のような法脈を示し、善無畏は龍智の弟子、一行は金剛智の弟子として、いわば法脈の傍系に位置づけている。

［空海七祖行状文による金剛界法大悲胎蔵法両部相承系譜］

①大日如来—②金剛薩埵—③龍猛—④龍智—⑤金剛智—⑥不空—⑦恵果—⑧空海

つまり空海による密教相承説による「八祖」とは大日如来、金剛薩埵を初祖、第二祖とし、空海を八祖とするもので、善無畏と一行は含まれていない。善無畏と一行の除外は空海以降の密教者が相承の正統性を考える上でしばしば問題となったものと思われる。仁和寺僧で高野山の改革運動で知られる覚鑁（一〇九五〜一一四三）はこの点について次のように陳べている。

問。八大師中以善無畏並一行不入付法相承内。傍列其名意如可。答、今之案、彼両人同受両部大法、雖為密宗規模、依未伝彼且除之歟。又非嫡嫡相承入室瀉瓶故歟。謂無畏従龍智受胎随金剛智稟金剛界。一行受胎於無畏稟金於金智。各於一人師所未許両部師位。於自餘六祖者則不如是。皆嫡嫡相承具受両部大法、入室瀉瓶獨傳不二深秘。(24)

空海の相承説を全面的に認めた上で、覚鑁は善無畏と一行が金剛界法と胎蔵法を別の師から受けたこと、それによって金剛界法胎蔵法の両部を授法するに相応しい弟子を生み出すことが出来なかったことをあげ、その他の祖師は大日如来から嫡嫡と両部の法をつたえている事と、区別されるべき点であると指摘している。ただし覚鑁の記述はすでにこの時代に覚鑁とは異なった相承の理解が真言僧の間で行われていたことをうかがわせる。事実、醍醐寺を中心とする小野流では金剛界法と胎蔵法に別々の系譜を立てる、「不等葉説」が行われた。弘融編の『読遮要秘抄』（一三三二年成立）は小野の法流説を次のように紹介している。

金剛界法
（一）大日（二）金剛手（三）龍猛（四）龍智（五）金剛智（六）不空（七）恵果（八）弘法
胎蔵法
（一）大日（二）金剛手（三）達磨掬多（四）善無畏（五）玄超（六）恵果（七）弘法[25]

同書に載せられた仁海から資の成尊に与えられた印信にも両部不一致の相承に対する理解がよく示されている。
在昔大日如来開大悲胎蔵金剛秘密両部界会。授金剛薩埵。……数百歳之後授龍樹菩薩。如是伝受金剛秘密之道迄吾祖師根本大阿闍梨弘法大師八葉。今至余身第十五葉。大悲胎蔵之道第十四葉。伝授次第師資相承明鏡。当今余生年九旬。餘命不期。以去永祚二年四月二十五日明受大僧元杲灌頂印可。[26]

小野流の相承を論じた書では達磨掬多が実は龍智と同一人物であったとして、空海の相承説との対立矛盾を避けようとしている。[27]さらに小野流では「不可思議疏」にある、善無畏が「大日経」供養法を北天竺の金粟王塔の下で文殊菩薩から受法したという伝承を重視している。[28]

以上を考慮に入れて、先に検討した三宝院灌頂堂の指図を見直すと、そこに荘厳されている祖師図の間に三通りの相承の連絡を見いだせる。まず金剛界を表すヴァン字から金剛薩埵―龍猛―龍智―金剛智―不空―恵果と連絡する線であり、次に胎蔵法のア字から達磨掬多と同体の龍智をへて善無畏へと連なる線、さらに胎蔵曼荼羅の供養法の系譜を示す阿字―文殊―善無畏へと連なる線が認められる。これらはすべて恵果と空海を結ぶ線に収斂し、さらに空海から北壁の小野流の師へと流れてゆく。

三宝院灌頂堂の祖師図の関連の複雑さと対称をなすのが、仁和寺を中心とした広沢流の祖師荘厳法である。称名寺所蔵の指図の一つに、仁和寺慈尊院の法印最寛（一一三一～一二一〇）の所有した仁和寺観音院灌頂堂の指図（図4）があり、『紫金台御灌頂記』『北院御室灌頂記』など観音院で行われた伝法灌頂の記録からの引用が書

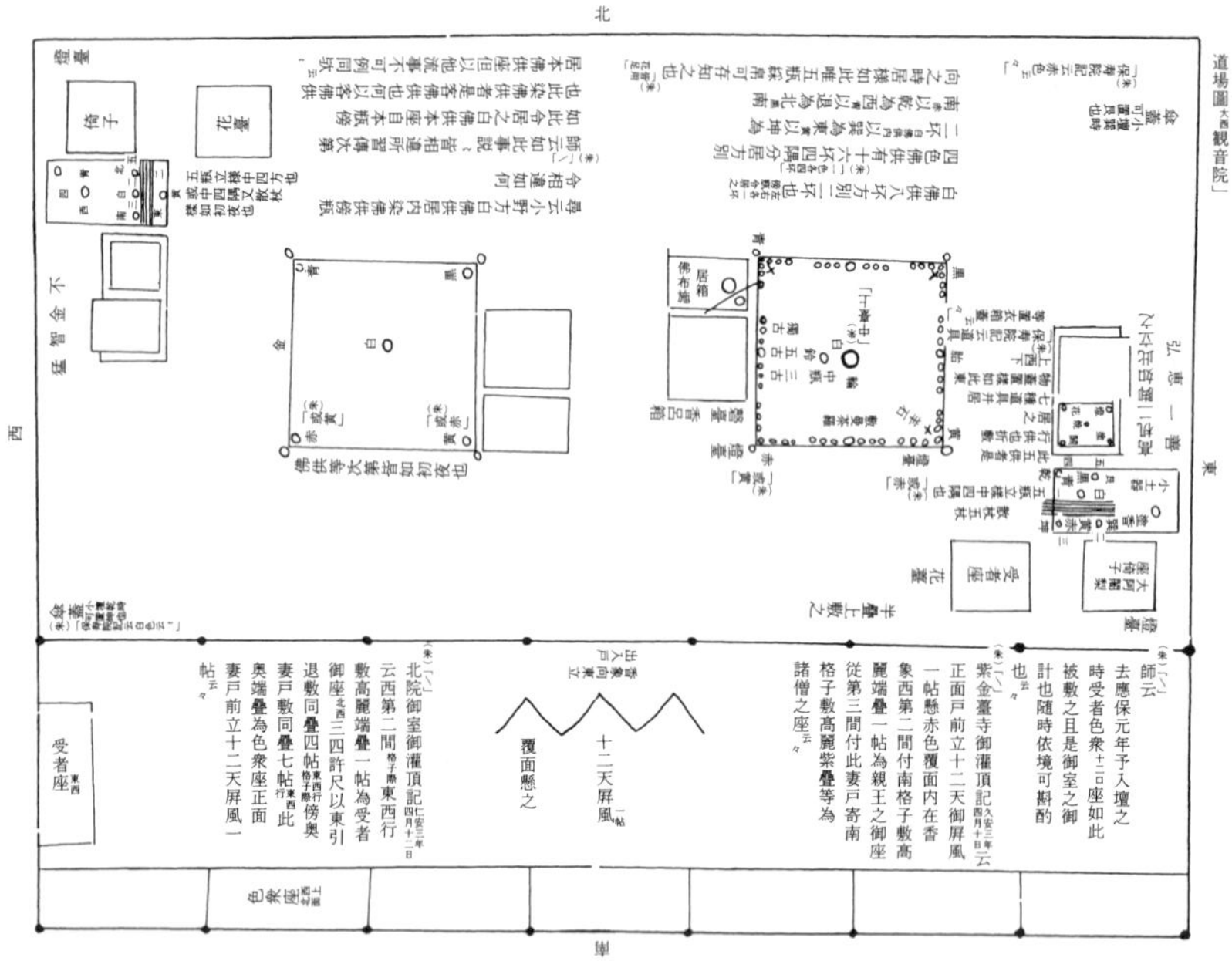

図4　仁和寺観音院灌頂堂伝法灌頂指図（称名寺蔵／『金沢文庫資料全書』第9巻　35号）

き込みとして添えられている。この図の祖師荘厳には三宝院や東寺の例のように、ヴァン字、ア字、金剛薩埵などの記入はなく、西には龍猛—龍智—金剛智—不空、東には対称をなして善無畏—一行—恵果—空海と明確な配置を示して、広沢流が空海の両部等葉説に忠実に伝法灌頂を執行していたことを示している。醍醐系の祖師荘厳の複雑さとは好対照をなし、一見単純で明解な相承系譜理解を示しているように思われるが、この配置自体からは善無畏、一行の傍系としての位置は読み取れず、先に見た覚鑁の説明にもかかわらず、両部等葉説を取る広沢流でもなぜ善無畏、一行の影像が八祖影の構成に使われ続けたのかという問いへの答えも見いだし得ない。

　以上から空海の影像を七祖像に加えるのは決して単純な作業ではなく、空海の御影を加えたことで、他の七祖間の付法系譜上の関連を再検討し付法の正統性を理論化する必要が生じたことが理解される。この過程での意見の相違が、小野流と広沢流の伝法灌頂での祖師影荘厳法の違いにも反映されているといえよう。つまり空海の御影が加わったことで七祖像の持つ付法系譜上の意味の理解も変化し複雑化していったといえよう。たとえば龍猛図ははたして金剛界と胎蔵法両部の相承者を表すのか、あるいは金剛界のみなのか、龍智像は達磨掬多と同一人物を描いているのかなど、空海の御影が加えられたことで他の祖師の画像の意義も多重化した。それは同時に空海の御影の持つ意義も多岐にわたるものとなったことを示している。

このことから、八祖像には行状文等の讃文を加えないことが一般化したのはむしろ当然ではないだろうか。本来八祖像は真言密教僧の正統性と統一性の根本を表現すべきものであるはずである。それに特定の讃文を加えることで祖師影の意味を一寺院や一流派のみのものに限定し、相承系譜の理解の相違を浮き彫りにして、寺院間や事相流派間の対立を深めてはかえって逆効果であろう。小野流と広沢流の理解の相違をこえた、画像のみで表現する意義の多様性と多重性が、八祖像の儀礼上の機能として好ましいものとして定着したと思われる。

この意味で、空海の御影として最も著名な作品の一つである東寺西院の談義本尊には讃文が着されていることは、注目すべきである。しかしこの讃文の内容は空海の行状を伝えるものではなく、空海没後六〇年以降に偽作された『遺告二十五箇条』からの引用文で構成される。嵯峨天皇から空海が東寺の給付を受け、空海が東寺を真言密教寺院の中枢に位置づけて密教を興隆させる意思を表明している部分、さらに真言の門徒は空海没後は東寺長者をより所として弥勒の下生を待つべき条などが選ばれている。『遺告二十五箇条』の本文には龍猛以下の伝法祖師の法脈を描いた部分や恵果からの授法について陳べている部分もあるが、それらが讃文に選ばれていないのは単なる偶然ではないであろう。

讃文を撰し揮毫したのは正和二年（一三一三）にこの御影を西院に施入した後宇多法皇（一二六七～一三二四）である。法皇が退位後、真言僧として小野・広沢両流を受法し、一時西院に阿闍梨として止住し、東寺の財政的基盤や機構を整えて、国家の法会を営む真言密教の中心寺院として再興しようと努めたことはよく知られている。つまり空海の御影は、法皇でさえもそれをどう意義づけるかによって、自らの法脈の正統性を裏付け、密教教団を統合する指導者の位置を確保し、自らの院政権力の強化を目指すために力を発揮したといえよう。(29)

(1) 仁海の請雨法が小野流形成に果たした役割については土屋恵「小野僧正仁海像の再検討」(『日本古代の政治と文化』吉川弘文館、一九八七年)、上島亨「仁海僧正による小野流の創始」(大本山随心院編『仁海』二〇〇五年)などに詳説されている。
(2) 『新修大正大蔵経』七八巻、二六七頁中。以下『大正』と略記する。
(3) 『弘法大師全集』第二輯、七八五頁。『日本紀略』天長四年五月辛巳条。
(4) 『大正』七九巻、三九七頁下。
(5) 『大正』七八巻、二六七頁上・中・下。
(6) 『大正』七八巻、四一五頁上。
(7) 『大正』七八巻、四二〇頁中。
(8) 『真言宗全書』二七巻、二六八頁上、中。
(9) 『真言宗全書』二七巻、一六四頁上、中。
(10) 『大正』七八巻、九〇九頁下~九〇一頁上。
(11) 『続々群書類従』一二巻、九五頁下。
(12) 百橋明穂「祖師信仰の広がり」(『図説日本の仏教』二巻、新潮社、一九八八年)、浜田隆「弘法大師像の成立と展開」(『密教美術大観』四巻、朝日新聞社、一九八三年)など。
(13) 橋本初子『中世東寺と弘法大師信仰』(思文閣出版、一九九〇年)第一章、第一節。
(14) 『続々群書類従』一二巻、五八頁下。
(15) 『続々群書類従』一二巻、二五頁下、二七頁下。

(16)『大正』七八巻、六二頁下〜六三頁上。
(17)『続群書類従』二六輯下、四六一頁上。
(18)『続群書類従』二六輯下、四六三頁上。
(19)『大正』七八巻、二五七頁下。
(20)空海の御影と灌頂儀礼の関連をよく示す資料の一つとして、金沢文庫蔵『二十二巻本表白集』中の「祖師影供養」がある。「五宮御灌頂御祈、於北院被理趣三昧之次、八大師供養表白」というただし書きと本文の叙述から、久安三年（一一四七）に仁和寺北院で覚法親王が鳥羽天皇第五皇子の覚性法親王に伝法灌頂を授けるおりに、八祖の影像を新調し（禅定親王、無限叡慮、高於高天、有余懇志、厚於厚地、図八祖影像）、その開眼供養の法会を毎日一座八日間にわたって修した（限八箇日之間、毎日開一尊蓮眼、毎座修理趣三昧）ときの表白を集めたことが本文から知られる。阿部泰郎他編『守覚法親王と仁和寺御流の文献学的研究――資料編』（勉誠社、二〇〇〇年）、四八六頁以下。
(21)いわゆる真如様とされる空海像は七祖像と同様牀座に坐る姿で、右手に金剛杵を左手に数珠を持つ。七祖像のうち龍猛像は金剛杵を、金剛智は数珠を持つ姿で描かれているので、それらを空海の御影の先例と考えられる。また右手首を返し胸の前に金剛杵を所作は、東寺灌頂院、三宝院灌頂堂などで祖師影とともに掲げられた金剛薩埵の所作と一致する。美術史の立場からは、牀座の背もたれのないものを八祖様、背もたれのあるものを真如様として区別しているが、神護寺の八祖像の空海御影のように、背もたれをもつ牀座に座した八祖像の一つとしての空海像も存在するので、本論の立場からは、真如様と八祖様との区別は有益なものとは思われない。
(22)前掲註(12)百橋論文。前掲註(12)浜田論文。松本郁代『中世王権と即位灌頂』（森話社、二〇〇五年）第二部、第七章、第一節など。
(23)拙論「平安初期天皇の政権交替と灌頂儀礼」（サムエル・C・モース、根本誠二編『奈良南都仏教の伝統と革新』勉誠出版、二〇一〇年）。
(24)『興教大師全集』下巻、一四一五頁。
(25)『大日本仏教全書』五二巻、三五頁上。
(26)『大日本仏教全書』五二巻、三四頁上。

(27) 栄海は『儼避羅抄』で龍智掬多同人説を次のように述べている。

龍智掬多既是同人也。称両祖各別伝来。不可成鉾楯。於金智無畏以下血脈。有両箇之伝。一者両部一流。無異途之伝。所謂自龍猛以降。至恵果不二秘密更無異論。二者両部各別。金界者不空相伝。胎蔵者玄超相伝。無畏金智相承異。其趣所載恵果行状円行将来也。故知於恵果相伝。元自有両伝。其中恵果和尚。以両部一流嫡嫡相伝。授高祖大師。以両部各別相承。伝義操法潤等。故天台慈覚智証。東寺宗叡僧正相伝。皆両部各別也。依之東寺前後之相承。(『大日本仏教全書』五二巻、一八七頁下)

(28) 『大正』三九巻、七九頁中。

(29) 後宇多法皇と東寺の関係については永村眞「寺院と天皇」(石上英一他編『講座前近代の天皇』第三巻、青木書店、一九九三年)、藤井雅子「後宇多法皇と御法流」(『史艸』三七、一九九六年)に詳しい。後宇多法皇の宗教政策については横山祐人「仁和寺の大覚寺」(前掲註20阿部他編書)に詳説されている。

穢と不浄をめぐる神と仏

山田雄司

はじめに

日本の歴史上、穢《ケガレ》に関する事象は重要な論点であり、歴史学・文学・宗教学・人類学・社会学・民俗学など、さまざまな側面から研究が行われてきた。そして、穢は古代から現代まで形を変えながら伝えられ、その有用性とともにさまざまな問題も生み出してきた。

穢についての定義は研究者によって異なっているが、おおむね、時間・空間・物体・身体・行為などが清浄ではなく汚れて悪しき状態となっていることをさす用語とされており、そうした状態を忌避しようとした結果、社会的観念として定着していったとされる。

穢については、さかのぼれば『古事記』(1)上巻神代に見られる以下の記事で知られる。神世七代の最後に登場したイザナギとイザナミは大八洲国をはじめさまざまな神を産んだ後、火神カグツチを産んだことによりイザナミは神避《かむさ》りて黄泉の国に赴いた。イザナギがそれを追って黄泉国に行って面会を求めても、すでに黄泉戸喫《よもつへぐい》をしてしまったとして会ってくれなかった。見てはいけないといわれていたイザナギは禁を犯してイザナミを見ると、体には蛆がたかっており、あまりの姿に怖くなったイザナギは走って逃れ、黄泉比良坂でイザナギが大岩で道を塞いで会えなくしてしまう。そこで、

是以伊邪那伎大神詔、吾者到二於伊那志許米上志許米岐此九字以音。穢国一而在祁理。此二字以音。故、吾者為二御身之禊一而、到二坐竺紫日向之橘小門之阿波岐此三字以音。原一而、禊祓也。

（返り点は筆者、以下同）

とあるように、黄泉の国は「いなしこめしこめき穢国《きたなきくに》（穢繁国《きたなきしきくに》）」であって、そこを訪れたイザナギは「御身の禊《みそぎ》」をして身を清めなければならないと言い、筑紫日向の橘の小門の阿波岐原で禊祓《みそぎはらえ》をしたとする。

『古事記』ではもう一か所、死と関連して穢が登場する。国譲りの段のアメワカヒコの葬儀の場面で、弔いにやってきたアヂシキタカヒコネが死んだアメワカヒコが復活したかと見間違われたことに怒り、「何吾比二穢死人一」といって喪屋を破壊したことを記している。

これらの記事からは、死と関連して穢が認識され忌避されていたこと、また穢に接したときには禊によって身を清めなければいけないとされていたことがわかる。記紀においては「穢」の使用方法が一定していないことから、記紀神話に記される穢のあり方がそのまま律令期の穢の規定につながったと単純に結論づけることはできない。けれども基底を流れる思想となったとはいえよう(2)。

その後、律令の導入にあたり、中国からの影響も受けながら、弘仁式・貞観式を経て発展し、『延喜式』神祇臨時祭式に全九条として規定されたものが穢に関しての以降の基準となった。そして神道においては清浄が尊ばれ、正反対の穢は厳格に忌避され、禊や祓などが行われたのであった。

一方、仏教においては、不浄観という考え方があり、それは淫欲をとどめるために身の不浄を観ずる観法のことで、五種不浄と九想観からなる(3)。五種不浄は生処不浄（胎児として生活する胎内が臭穢に満ちていて不浄であること）、種子不浄（父母の淫欲の業火の結果として生じる身種が不浄であること）、自性不浄（足より頭までこ

の身は不浄が充満していて、いかなる衣服、燥浴、食物をもってしても浄めることができないこと）、自相不浄（この身は常に九孔より不浄物を流出していること）、究竟不浄（死後、膖脹・爛壊し、はては白骨となり、一切の死屍の中で人身は最も不浄であること）の五つからなり、生命の発生から死後に白骨となるまでのすべてが不浄だとする。九想観は人間の死から白骨に至るまでの相を観想することで、肉体の汚らわしさを観想して煩悩・欲望を取り除こうとするものである(4)。そしてこの世を穢土ととらえ、肉体を穢身ととらえたのであった。

本稿においては、神道的穢がどのような変遷をたどって成立し、それが仏教にいかなる影響を与え、それをうけて仏教では不浄がどのように受けとめられ克服されていったのかという点について考える。

一　清浄を尊ぶ神と仏

神社においては清浄が重視され、穢が徹底的に排除された。『類聚三代格』(5)冒頭には以下の聖武天皇による詔を載せる。

詔。攘レ災招レ福。必馮二幽冥一。敬レ神尊レ仏。清浄為レ先。今聞。諸国神祇社内。多有三穢臭及放二雑畜一。敬神之礼。豈如レ是乎。宜下国司長官自執二幣帛一。慎致二清掃一常為中歳事上。

神亀二年七月廿日

この詔は『続日本紀』(6)神亀二年（七二五）七月一七日条にもほぼ同文を載せる。『類聚三代格』の詔は「敬神尊仏」のために清浄第一であることを謳っているものの、その後の記述は神社に対するものであることから、この詔は神社に対して出されたものといえる。一方、『続日本紀』では「慎致清掃常為歳事」の後に、「又諸寺院限、勅加二掃浄一、仍令三僧尼読二金光明経一。若無二此経一者、便転二最勝王経一、令二国家平安一也」の文言が付け加わっており、こちらは寺院に関する詔だったといえる。寺院の場合も清浄が求められ、寺々には「浄人」がいて清掃に当たっていた。[7]

寺院を清浄にすべきことは、『続日本紀』霊亀二年（七一六）五月庚寅（一五日）条に収載される元正天皇詔にも見られ、「崇二飾法蔵一、粛敬為レ本、営二修仏廟一、清浄為レ先」「或房舎不レ脩、馬牛群聚、門庭荒廃、荊棘弥生。遂使下無上尊像永蒙二塵穢一、甚深法蔵不上レ免二風雨一。多歴二年代一、絶無二構成一」のように、仏廟を営修して清浄であることを求めている。神も仏も神社および寺院が清浄な状態でないと威力を発揮できず、国家や人民を護持することが不可能となってしまうと考えられていた。この段階では、まだ神社と寺院で用いられる「穢」に差異はなく、「穢」は汚く汚《けが》らわしいものという意味で用いられているようである。

こうしたあり方に変化が訪れたのは八世紀末から九世紀はじめにかけてであった。早良親王の「怨霊」と関連して『日本紀略』[8]延暦一一年（七九二）六月庚子（一七日）条には以下の記述がある。[9]

勅去延暦九年、令下二淡路国一宛二其〔某〕親王崇道天皇守冢一烟一、兼随近郡司専中当其事上、而不レ存二警衛一、致レ令レ有レ祟、自今以後、冢下置レ隍、勿レ使二濫穢一

桓武天皇は延暦九年の勅により、淡路国に命じて早良親王の守冢を一烟置き、郡司に守衛を専当させたが、管理をしっかり行わなかったために祟りが起こったので、これより後は冢のまわりにからぼりを掘り、「濫穢」させないように命じる記事である。

『喪葬令』[10]先皇陵条に「凡先皇陵。置二陵戸一令レ守。非二陵戸一令レ守者。十年一替。兆域内。不レ得二葬埋及耕牧樵採一」とあるように、天皇陵には陵戸が置かれて管理されるか、もしくは陵戸でなく公民に管理させる場合は、一〇年ごとに変わるよう規定している。また、陵墓およびその周辺は「兆域」として一般住民の埋葬や牛馬飼育、木の伐採などを禁じている。これは、そのような汚穢が陵墓に伝染すると、陵墓が祟りを起こすと考えられていたからである。

陵墓には陵霊がとどまっていると考えられており、『職員令』諸陵司条に「諸陵司。正一人。掌。祭二陵霊一。喪葬・凶礼。諸陵。及陵戸名籍事」とある。諸陵司は陵墓にとどまる陵霊を祭るのを職務としていた。祭とは、一二月に行われる荷前奉幣のことであるが、祭祀はそれだけにとどまらず、種々の目的に応じて不定期的に臨時奉幣が行われた。「陵霊」に関しては、桓武朝になって早良親王をはじめとする怨霊の祟りが天皇・皇太子の病いや火災等のかたちで発現したと認識されたため、祟りの主の「陵墓」を整備し手厚く祀ることでこれを鎮めようとし、「陵墓」と特定「陵霊」すなわち「陵」主の霊との不即不離の関係が常態として確立したとされる(11)。

そして、「穢」に神祇特有な意味が見出される初見は『続日本後紀』承和三年（八三六）九月丁丑（一一日）条だとされている(12)。

遣下二左兵庫頭従五位上岡野王等於伊勢大神宮一、申中今月九日宮中有レ穢、神嘗幣帛、不レ得二奉献一之状上、

宮中の穢によって伊勢神宮神嘗祭への奉幣が中止となっており、ここに記される「穢」は『延喜式』で規定されている「穢」と同様の意味をもつものと考えられる。神社で忌避される穢には、動物の死など神社境内で発生する場合と、穢れた人物が境内に参入するという外部からもたらされる場合とがあるが、両者とも排除され、万一神社が穢となった場合には、その対応についてはマニュアル化されていた。それは神が穢に触れると祟りを起こし、疫病発生や戦乱勃興など被害が社会全体にも広がると考えられていたからである。その点で、「怨霊」と化した早良親王の陵霊のとどまる陵墓は祟りやすく、実際に穢の伝染により祟りが発生し、こうした現象に先導されるかたちで神社においても穢に触れると神が祟ると考えられていったのではないだろうか。それがさらに一一世紀になると、怪異が発生して軒廊御卜が行われたさいに「神事違例穢気不浄」が占断されて奉幣がなされるようになっていった(13)。

穢の忌避は、神社とともに天皇においても要求された。時代は降るが、長享二年（一四八八）四月一六日吉田

兼倶注進状案には以下のような記述がある。[14]

御所中可レ被レ定二浄穢之分別一哉否事。神祇式義解云。穢悪者不浄之物。鬼神之所レ悪也。以二清浄一為レ先之条往代之通規也。　大内之時者。以三不浄之殿舎有二何ヶ日之穢物一。日限之間不レ可二出入一之由。至二其所一被レ立レ札者乎。

内裏が穢となった場合は、不浄の殿舎が何日間の穢なのか、そこに札を立てて示して人の出入りを禁ずる旨記されている。天皇が穢に接触すると不予となったり社会に大きな影響を与えたりすると考えられていたため極度に恐れられた。

また穢は仏教にも影響を与えた。『小右記』[15]万寿元年（一〇二四）三月二日条には、法成寺僧房の板敷の下から子供の死体が見つかったので三〇日の穢となり、一〇日に予定していた法会が停止となったことが記されている。

或云、禅室（藤原道長）有二死穢一、御堂会延引云々、両宰相（藤原経通・資平）来、右兵衛督（経通）云、法成寺僧房板敷下有二死兒一、犬喫入云々、仍有二卅日穢一、十日御堂会停止者、

穢思想の拡大により、寺でも穢が発生した場合それを忌むことになっていったようである。またある人物が穢となった場合、神社参詣を慎むのは当然だが、寺院を訪れることも忌避された。[16]

二　『今昔物語集』に見る「穢」

穢は「神道」に発するものであるが、これが拡大して仏教においても穢が意識されていった。この点に関して、『今昔物語集』[17]を素材に検討していく。[18]

巻一六「参長谷男、依観音助得富語第二十八」には、ある青侍が長谷寺に参詣して観音の前で、「我レ身貧ク

シテ一塵ノ便無シ。若シ此ノ世ニ此クテ可止クハ、此ノ御前ニシテ干死ニ死ナム。若シ自然ラ少ノ便ヲモ可与給クハ、其ノ由ヲ夢ニ示シ給へ。不然ラム限リハ更ニ不罷出ジ」といって仏前にひれ伏したところ、寺の僧たちはこれを見て、「此ハ何ナル者ノ此テハ候フゾ。見レバ物食フ所有トモ不見ズ。若絶入ナバ、寺ニ穢出来ナムトス。誰ヲ師トハ為ゾ」と答えたことが記されている。寺の僧侶たちは、寺に穢が生じることを恐れていたのである。

また、『今昔物語集』巻二九「摂津国来小屋寺盗鐘語十七」では、摂津国小屋寺(昆陽寺)という寺に、年八〇あまりの法師が来て宿を乞うたため、住持は鐘堂に宿して鐘搥の法師のかわりに鐘をつくことを認めた。そして二夜ほどこの老法師が鐘をついたが、その次の日、鐘搥の法師がやってきて、鐘をついているのはどのような法師か見たいと思って鐘堂をのぞいてみると、老法師は死んでいた。そこで御堂の住持のもとへ行って「老法師が死んでしまった。どうしたらよいだろうか」とあわてていったところ、住持は驚いて鐘堂に行って、「戸ヲ細目ニ開テ臨ケバ」、老法師は本当に死んでいた。そのため、「戸ヲ引立テ」住持の僧は寺の僧にこのことを告げると、「由無キ老法師ヲ宿シテ、寺ニ穢ヲ出シツル大徳カナ」とみな立腹した。「然レドモ、今ハ甲斐無シ。郷ノ者共ヲ催シテ取テ棄サセヨ」といって郷の者たちを呼び寄せたが、「御社ノ祭近ク成ニタルニハ、何デ可穢キゾ」といって、死人に手を掛けようとする者は一人もなかった。

すると、年三〇ほどの男が二人、行方不明の父親を探しているとしてやってきて、鐘堂の下に入って遺骸を確認し、さめざめと泣いた。そして夜になって四、五〇人ほどの人を連れてきて、老法師を運びだそうとするときに、武具を背負っている者も多数いた。僧房は鐘堂から遠く離れていたので、法師を運び出すときに出て見る人もなかった。「皆恐テ、房ノ戸共ヲ差シテ籠テ聞ケバ」、後の山の麓の松原で終夜念仏を唱え鉦《かね》を叩いて明朝までに葬った。「寺ノ僧共、其ノ後、此ノ法師ノ死タル鐘堂ノ当リニ、惣テ寄ル者無シ。然レバ、穢ノ間三十日ハ、鐘搥モ寄テ不搥ズ」という状態で、三〇日経つと鐘搥の法師が鐘堂の下を掃こうと思って行って見てみると、大鐘がなくなっていた。さては老法師を葬ったのは、なんと鐘を盗もうとして謀ったことよと思って、寺の僧たちは郷の者どもを多く連れて彼の松原に行ってみると、大きな松の木を鐘に切り懸けて焼いたので、銅の屑がところどころに散っていた。誰の仕業かわからないのでこのまま終わってしまい、これをきっかけに寺の鐘がなくなってしまったという。

この説話で興味深いのは、僧侶であっても穢となることを恐れ、戸をわずかに開けただけで死骸を見ようとしたり、自らが死骸を取り捨てることなく、郷の者たちにまかせている点である。しかし、まかされた郷の者たちも、郷の祭が近いので穢れては祭に携わることができないと拒否した。神社は穢に触れてはいけないということは民衆にとっても当然のこととされていた。そして、『延喜式』の規定通り、鐘堂は死穢のケガレとして、三〇日間閉鎖されて、鐘をつくこともなかった。このときに鐘が盗み出されるのだが、この説話の評語は「然レバ、万ノ事ヲバ、現ニト思ユル事也ト云フトモ、不見知ザラム者ノセム事ヲバ、尚吉ク思ヒ廻シテ可疑キ也トナム語リ伝ヘタルトヤ」のように、知らない者がすることには思いをめぐらして疑ってかかれとなっており、僧侶が穢にとらわれている間に鐘が盗まれてしまったということが嘲笑の的となっているのではないことに注意したい。僧侶であっても穢の規定を遵守することが当然と考えられていたのだった。

一方、『今昔物語集』には逆に穢よりも慈悲を優先する人物の姿が見受けられる。巻二〇「下毛野敦行、従我門出死人語第四十四」では、右近将監下毛野敦行という近衛の舎人が、年をとって法師となって西京の家に住んでいたところ、隣人が亡くなったので弔いのためにその家の門に行き、その子と会って話したところ、その子は死人を外に出そうと思うが、この家の門が極めて悪い方角に当たっており、だからといってどうしようもなく、方角が悪くともこの門から出そうと語ったところ、敦行はそれはよくないことだとして、故人は事に触れて自分に情けを懸けてくれた人なので、自分の家の垣根を壊して出すよう話した。敦行はこのことを家に戻って家人に話したところ、自分の家の門から隣人の死骸の車を出す人などいるものかと否定された。敦行は「物ヲ忌ミ□キ者、命短ク子孫無シ。物忌ヲ不為ヌ物ノ、吉ク命ヲ持チ子孫栄ユ。只、人ハ恩ヲ思ヒ知テ、身不顧ズ恩ヲ報ズルヲゾ人トハ云フ。天道モ其ヲゾ哀ビ給フラム。彼ノ死人、生タリシ時キ、事ニ触レテ我ニ情ケ有キ。何ニシテカ其ノ恩ヲ不報ザラム。由無シ事ナ不云ソ」のように一蹴して、自邸の檜垣を壊させてそこから死人の車を出させた。その後このことは世に聞こえ、ありがたく慈悲広大な心だと賞賛した。そして天道もこれを哀れんだのか、敦行は九〇歳の天寿を全うし、その子孫も栄えたという。

このときに敦行がいった言葉として、物忌を厳重に行う者は命短く、子孫を得ることもないのに対して、物忌をしない者はよく命を長らえて子孫も栄えている、人は恩を思い知り、身を顧みずに恩に報いるのを「人」というのであり、天道もそれを哀れんでいるのであろう、彼の死人は生きていたときに事有るごとに私に情けをかけてくれたのであり、どうしてその恩に報いないことができようかと述べ、物忌など形式的にすぎず意味がないことを主張している。そして、そうした形式的な物忌よりも慈悲が重要であることを述べている。貴族や神官・僧侶には穢観念が浸透している中、そうした束縛にとらわれずに「人」としての道の方が重要だとして実際に行動に移している人物がいて、それが『今昔物語集』に収録されていることは大きな意味を持つ。

個人的には穢にとらわれず、物忌をしない人もいたことがわかるが、一方、神社においては厳格に守られており、個々の神社ではそれぞれの禁忌が設定され、それを鎌倉時代初期にまとめたのが『諸社禁忌』であった[19]。ここからは、『延喜式』に規定されるような一律的な穢に対する物忌が守られなくなる傾向が出てきた一方、各神社においてはそれぞれの実態に符合した規定を設けて守ろうとしているする有様を読みとることができる。

三　慈悲行を優先する神

鎌倉時代になると、物忌より慈悲行を優先する神のあり方が明確となってくる。慶安四年板本『発心集』[20]第四「詣二日吉社一僧、取二奇死人一事」には、以下の話が収載されている。

ある法師が京から日吉社に百日詣をしていた。八〇余日となったある日、日吉へ行く途中の大津で、人目もはばからず若い女が泣いているのに出会ったので、どうして泣いているのか尋ねると、女は「御姿ヲ見奉ルニ、物詣シ給人ニコソ。コト更ヱナンキコユマジキ」といったので、憚るべきとは思いながらも哀れみのあまりねんごろに尋ねると、自らの母が今朝亡くなったので、野辺送りをするにしても寡《やもめ》なので助けてくれる人はなく、近隣の人々は「神ノ事シゲキワタリナレバ、誠ニハイカヾハシ侍ラン」と誰も助けてくれない。僧はこれを見て、「神ハ人ヲ哀ミ給フ故ニ、濁ル世ニ跡ヲタレ給ヘリ。是ヲ聞ナガラ、争カ無レ情スギン」ということで葬送を行ってあげた。そして、「サテモ八十余日参リタリツルヲ徒ニナシテ、休ミナンコソ口惜ケレ。我、此事、名利ノ為ニモセズ。只マイリテ神ノ御チカヒノ様ヲモシラン。生レ死ヌルケガラヒハ、イハヾカリノイマシメニテコソアラメ」と強く思って、暁方に水を浴びて日吉へ向かった。日吉に着くと、十禅師権現が巫に憑依して、「我モトヨリ神ニ非ズ。アハレミノ余リニ、跡ヲタレタリ。人ニ信ヲオコサセンガ為ナレバ、物ヲイムコトモ又、カリノ方便ナリ。サトリアラン人ハ、ヲノヅカラシリヌベシ。タヾ、此事人ニカタルナ。愚ナル者ハ、ナンヂガ憐ノスグレタルニヨリ、制スル事ヲバシラズ」と語ったという。

ここで興味深い点は、女が僧に対して、物詣の人であるようだから母親が亡くなったことを知らせないでおこうとしたことである。寺社参詣のさいには穢れた状態で参詣することはできないので、それを避けようとしたのである。そして、日吉社に近く神事も多い地域ということで穢となるのを恐れて誰も葬送に手を貸してくれない中、この僧は百日詣が無になってしまうことも厭わず、生まれ死ぬ穢はいわば仮の禁制だとして日吉社に参詣すると、山王七社のうちの一つ十禅師の神が巫に託宣して、我はもともと神ではなく、憐れみのあまりに垂迹神となったのであり、人に信心を起こすためならば物忌することは仮の方便であって本質的ではなく、本質は慈悲行であることを主張し、僧のあり方を肯定している。

そして、神自身が「このことは人に語るな」と述べたことになっており、外見上の穢は忌避しなくてもよく、重要なのは心の清浄性であるとする考え方の萌芽が見られることは注意すべき点である。この一文は五巻本の神宮文庫本にはなく、八巻本の慶安四年板本に見られる。そして、『沙石集』巻一に吉野の神のこととして、『八幡愚童訓』乙には石清水のこととして同類の説話が見られるが、これらの『発心集』より成立の遅れる説話では「このことは人に語るな」という一文が見られないことから、神は一三世紀初頭のころから物忌よりも慈悲行を優先し始めると解されている[21]。

一方、『発心集』では物忌が重要であるとする話もある。神宮文庫本『発心集』巻四「侍従大納言ノ家ニ、山王不浄ノ咎メノ事」に以下の話が語られている[22]。侍従大納言成通が病いとなったため堪秀已講という僧が祈禱に訪れたところ、「不浄ナル事ノ有レバ、其ヲ咎メ」るために十禅師の神が現れた。それに対して堪秀は「何ノ経文ニカ、物忌セヨト、説レタル。諸法ハ浄不浄無トコソ、侍ルニ、カク由シ無キ事ヲ咎メテ、人ヲ悩給フ事、太ダアタラヌ事也」といったのに対し、十禅師は「ワ僧ハ学生トシテ、カクナマザカシキ事ヲバ云フカ。我ハ、諸ノ聖教ニ皆文字毎ニ、物忌セヨトノミ、説レタルト見ルハ。ワ僧ノ学文ハ、文ノ内ヲバ見ヌカ」のように反論し、さらに「衆生ヲ助ケンガ為ニ跡ヲ垂タレドモ、猶生死ヲバ忌メト禁メタル也」と述べ、堪秀に対して死を厭わないことを謳っている経文を出すように迫った。堪秀はこれに屈服し、「今ヨリハ我レ物忌仕ラン」のように物忌をすることを誓った。そして最後に、「物忌無シト、云ハ、仏ノ内証文ノ内ヲ極メヌ人ノ申シ事也」のように、物忌をしなくてよいというようなことを唱えている人は、仏教の深奥を理解していないとしている。

この話では、最終的には物忌が必要だという結論なのだが、逆にいえば、物忌をしない人が現れてきており、そうしたあり方に対して伝統的立場から否定しようとする力も強かったことを示していよう。

それが弘安六年（一二八三）成立の『沙石集』[23]になると、神は穢を忌避せず、慈悲行を優先するということを明確に示している。「神明慈悲ヲ貴給事」では、三輪の上人常観坊という人物が、吉野へ行く途中で母を亡くしてどうにもできずさめざめと泣く三人の子供に逢ったため、遺骸を野辺に捨てて弔いをしてあげた。そのため吉野への参詣をやめて三輪へ戻ろうとしたが、身がすくんで動くことができなかった。これは神罰かとたいそう驚いたが、試みに吉野の方へ向かって歩いてみると、まったく煩いがなかった。しかし、参詣するのはさすがに気が引けたので、遥か隔てた木の下で念誦し法施を奉っていたところ、巫がやってきて「我ハ物ヲバ忌マヌゾ。慈悲ヲコソ貴クスレ」といって僧の袖を引っ張って拝殿へと引き入れたことを記している。

また、性蓮房という上人が母の遺骨を持って高野山に参るついでに熱田社社頭に宿しようとしたところ、皆そのことを知って宿を貸さなかった。すると大宮司の夢に、大明神の御使という神官がやってきて、「今夜大事の客人があるのでよくよくもてなせ」ということなので、骨を持っていたので参詣することはできないとする僧に、「私ニ忌奉ルニ及バズ」として招き入れた。

こうした事例をうけて、「只心清クハ、身モ汚レジ」のように、形式的外見的な穢は問題ではなく、心の清らかさが重要であると説いている。常観坊の場合、自らが所属する三輪の神は穢を拒否しているのに対し、吉野の神は受け入れていることから、神にも穢を納受するようになってきている神と、まだ拒否している神とがある段階であることがわかる。また、常観坊・性蓮房ともに物忌を守ろうとしているのに対し、神の方がそれを受け入れようとしており、神の慈悲深さを強調する結果となっている。

そして、『沙石集』では以上の説話に引き続き、「神明慈悲ト智恵ト有人ヲ貴給事」「和光ノ利益甚深ナル事」「神明道心ヲ貴ビ給フ事」のように展開し、慈悲行を優先する神のあり方が明示されている。

物忌に対する認識が軟化する一方、それに抗して厳格に維持しようとする考え方もある。一四世紀初頭に成立した考えられる『八幡愚童訓[24]』乙本「不浄事」では、神がなぜ不浄を嫌うのかということが端的に述べられている。

右御託宣に、神護景雲三年七月十一日、「吾神道とあらはれて深く不浄を差別する故は、吾不浄のもの無道の者をみれば、吾心倦《モノウク》成て相を見ざる也」。「我人五辛肉食せず、女の穢汙おの〱三日七日、死穢は三十三日、生穢は二七日也」とぞありし。香椎の宮には聖母の月水の御時いらせ給ふ所とて、別の御殿をつくり御さわり屋と名付たり。神明なを我身をいまれ給ふ。況凡夫の不浄つゝしまざらんや。

八幡大菩薩の託宣によれば、不浄の者は無道の者と同義であって、不浄に接すると神の心が物憂くなり神としての力を発揮できなくなるという。そして、香椎宮の神功皇后すら自らの血の穢を忌むように、神でさえも我が身を忌むのであるから、凡夫にあっては不浄を慎むのは当然であるという文言から『八幡愚童訓』は始まっている。そして、女犯の穢や産穢についての事例をあげた後、以下のことを記している。

加様に不浄をいみ給ふを、御託宣に、「汙穢不浄を嫌はず、諂曲《てんごく》不実をきらふ」とあれば、婬欲死穢はくるしからぬ事也とて、はゞからぬたぐひ多き事、神慮尤恐るべし。「諂曲不実を嫌なり」と告給をば都て改めず、汙穢不浄をくるしみあるまじと申様、前後相違の詞也。内心は清浄正直なれ共、外相にゆきふれの汙《けがれ》、利益の為に大慈悲に住ていさゝか不浄にあらんこそ、今の霊詫の本意なるに任て浄穢をわかぬ者どもは、唯畜生にことならず。

八幡大菩薩の託宣に「汙穢不浄を嫌はず、諂曲不実をきらふ」とあるのをいいことに、淫欲・死穢はかまわないと解釈して恐れずに参拝する輩が多いことは、まことに神をも恐れぬ行為である。内心は清浄・正直であっても穢に触れたり神の大慈悲に安住して不浄となったりすることは、浄と穢を分けることのない者であって、それは畜生と異ならないのだと、穢に関する認識がゆるみがちになっていることを厳しく戒めていることは注目される。

この点に関しては、鎌倉初期から仏教説話に現れる穢れを容認する慈悲の神という観念・言説と、神社を基盤とする中世社会における穢れ忌避の強固な持続という実態は、全く同時代における平行現象だったと解されており[25]、そのとおりだと思われる。

僧侶・寺院側は穢を容認して、慈悲行を優先する神として認識していくのに対し、神官・神社側は穢の制度を厳格に維持しようとし、その結果が『諸社禁忌』として現れたとみなすことができよう。また、日本全国の神の中でも『発心集』に記す日吉社の十禅師の神が現れて慈悲の神であることを示した例が最も古いと判断されることは故なしとしない。その背景には、天台宗の中での穢に対する認識の変化があったのではないだろうか。以下、天台僧の中でも穢を容認していった浄土教諸宗における認識について考えてみたい。

四　浄土教における不浄認識

先にあげた『八幡愚童訓』の不浄に関する解釈は、本願寺第三世覚如の息である存覚の『諸神本懐集[26]』では全く違うように解釈されていることは興味深い。

邪幣オバウクベカラズ。汙穢不浄ノ身オバキラハズ。タヾ諂曲不実ノコヽロヲイム。タトヒ千日ノシメヲカクトモ、邪見ノカドニハノゾムベカラズ。タトヒ二親ノ重服ナリトイフトモ、慈悲ノイヘニハ、ハナルベカラズトノタマヘリ。余社ノ神明マタコレニナズラヘテシリヌベシ。サレバ、タトヒ清浄ノ身ナリトイフトモ、ソノコヽロ邪見ナラバ神ハウケタマフベカラズ。タトヒ不浄ノヒトナリトモ、コヽロニ慈悲アラバ、カミハコレヲマモリタマフベシトミヘタリ。

すなわち、『八幡愚童訓』では、「汙穢不浄を嫌はず、諂曲不実をきらふ」という文言から穢を考慮せずに参詣する輩が多いことを否定しているのに対し、『諸神本懐集』では形式的な物忌は無意味であり、慈悲の心こそ重要であるというように、価値観が大きく転換していることがわかる。

こうした不浄を問題としないあり方については、浄土教とのかかわりが指摘されている。[27] 法然の『百四十五箇条問答』[28]では、「七歳の子しに《死》て、いみ《忌》なしと申候はいかに」に対して「仏教にはいみといふ事なし、世俗に申したらんやうに」と答え、「産のいみいくか《幾日》にて候ぞ、又いみもいくかにて候ぞ」に対しては、「仏教には、いみといふ事候はず、世間には産は七日、又三十日と申けに候。いみも五十日と申す、御心に候」と答え、「月のはゝかりのあひた、神のれう《料》に、経はくるしく候ましきか」の問には、「神やはゝかるらん、仏法にはいます、陰陽師にとはせ給へ」と答えるなど、神であったり世俗においては忌みということがあるが、仏教では忌まないのだと述べている。

さらに日本における不浄を許す言説としては、源信の『往生要集』[29]巻下に、「今勧二念仏一非三是遮二余種種妙行一。只是男女貴賤。不レ簡二行住坐臥一。不レ論二時処諸縁一。修レ之不レ難」とあることや、永観の『往生拾因』[30]に、「又不レ簡二身浄不浄一。不レ論二心専不専一。称名不レ絶必得二往生一」とあることがあげられている。[31]

また、首楞厳院で二十五人の僧が極楽往生を希求して結成された念仏結社二十五三昧会の発願文である慶滋保胤『横川首楞厳院二十五三昧起請』[32]には、「遂莫レ厭二離臭穢不浄一」とあるように、念仏は死穢を問題にしなかった。[33]

種々の往生伝においても「浄穢を論ぜず」に弥陀の宝号を唱えたり『法華経』を読誦した例を載せている。[34] 往生伝に登場する「浄穢を論ぜず」に往生を遂げた人物は、備中国吉備津宮神人だったり散位従五位下である人物だったりして、これらは庶民や中・下級貴族・神人らであって、高僧や上流貴族たちではないことから、物忌を厳格に守ることができない人でも往生ができるのだというように、実態が先にあってそれを肯定的に認めようと理論体系が構築されていったのだろう。

こうした不浄をはばからない念仏者のあり方に対して、旧仏教側からは『興福寺奏上』や『山門奏上』において、肉を食し穢気に触れ、不浄を忌まずに参社するとして批判の対象となったことは周知の事実である。

以上のように、顕密体制下にある仏教諸派においては穢を遠ざけ、不浄であることを忌み嫌うのに対し、浄土教諸宗では身の不浄は問題にされず、儀礼的な禁忌は否定された。しかし、不浄という概念自体がなくなったわけではない。『諸神本懐集』には以下の記述がある。

フカク生死ノケガレヲイムハ、生死ノ輪廻ヲイトフイマシメナリ。ツネニアユミヲハコバシムルハ、勤行精進ヲス、ムルコ、ロナリ。シカレバ、ホカニハ生死ヲイムヲモテ、ソノ儀トスレドモ、ウチニハ生死ヲイトフヲモテ本懐トス。ウヘニハ潔斎ヲ精進トスレドモ、シタニハ仏法ヲ行ズルヲモテ精進トス。

これによれば、生死の穢を忌むことの本質は生死の輪廻を厭うことであり、外見的には潔斎することを精進としているけれども、仏法を行ずることが精進なのであるとしている。

こうした考え方の淵源は『沙石集』に求めることができる。巻第一「太神宮御事」では、伊勢神宮においては出産のさいも死の時も五〇日の忌みとなることをあげて、「生ヲモ死ヲモ忌トイフハ、愚ニ苦キ流転生死ノ妄業ヲ造ズシテ、賢ク妙ナル仏法ヲ修行シ、浄土菩提ヲ願ヘト也」と述べている。

もともと神道における穢と仏教での不浄とは別のものであったが、右の史料においては穢を忌むことが生死の輪廻を厭うことと結びつけられていることが重要である。一四世紀初頭にこうした言説が集中的にあらわれ、

〈不浄〉から「厭(欣)」への転換、さらに輪廻観への脱皮は、それを足場としてさらに「無常観」への高次的飛躍を遂げたのであった[35]。そして、仏教においては浄土教が隆盛していく一方、神道においては「中世神道論」が形成され、物忌のもつ意味について再認識されていった。

おわりに

以上、「穢」に対する認識がどのように変化し、神道と仏教それぞれにおいていかに対応していったのか考察した。そこでは、双方がそれぞれ影響を与えながらも独自の方向を目指して問題を解決しようとしていったことを読みとることができよう。

一遍が熊野本宮に参詣したときに、熊野権現から「信不信をえらはす浄不浄をきらはす、その札をくはるへし」との託宣を示されたことは、一遍の思想に大きな影響を与え、その後の遊行を決定づけた。また、親鸞の教えを深く信奉していた平太郎が精進をせずに熊野詣を行ったとき、平太郎の夢に熊野権現が現れてそれをとがめたが、親鸞聖人はそれに対して「善信か訓によりて念仏する者」であるといったところ、権現は敬屈の礼を現して重ねて述べることはなかったという[36]。こうしたことからも、不浄の問題は中世の宗教者にとって大きな課題であったことがわかる。

人間が生活していく中で、汚らわしい、汚い現象は生じざるを得ない。しかし、何をもって汚いとするのか、そしてそれを汚いと認定したさいに、どのようにして清浄な状態に復元するのかといった点については、さまざまな対応を考えることができる。汚らわしいことを「穢」ととらえた日本の古代社会において、それを克服していくことは宗教上の大問題であり、国家の維持のためかつ個人の魂の救済のためにも真摯な対応が求められていた。その結果が如上の神道・仏教による対応となったのである。

（1）倉野憲司・武田祐吉校注『古事記・祝詞』〈日本古典文学大系〉（岩波書店、一九五八年）。
（2）古代の穢に関しては多数の論考があるが、代表的な論考として、岡田重精『斎忌の世界』（国書刊行会、一九八九年）、山本幸司『穢と大祓』（平凡社、一九九二年）、三橋正『日本古代神祇制度の形成と展開』（法藏館、二〇一〇年）などがあげられる。
（3）廣田哲通「不浄観説話の背景」（『女子大文学　国文篇』三四、一九八三年）。
（4）山本聡美・西山美香編『九相図資料集成』岩田書院、二〇〇九年）。
（5）『新訂増補国史大系』。
（6）青木和夫ほか校注『続日本紀』〈新日本古典文学大系〉（岩波書店、一九九〇年）。
（7）『続日本紀』天平一七年五月甲子（七日）条。
（8）『日本紀略』〈新訂増補国史大系〉（吉川弘文館、二〇〇〇年）。
（9）早良親王の怨霊に関しては、山田雄司「怨霊への対処――早良親王の場合を中心として――」（『身延論叢』一六、二〇一一年）を参照されたい。
（10）井上光貞校注『律令』〈日本思想大系〉（岩波書店、一九七六年）。
（11）田中聡「「陵墓」にみる「天皇」の形成と変質――古代から中世へ――」（日本史研究会・京都民科歴史部会編『「陵墓」からみた日本史』青木書店、一九九五年）。
（12）三橋正「穢規定の成立」（前掲註2三橋書、初出一九八九年）。
（13）山田雄司「怪異と穢との間――寛喜二年石清水八幡宮落骨事件――」（東アジア恠異学会編『怪異学の技法』臨川書店、二〇〇三年）。
（14）『続左丞抄』第二〈新訂増補国史大系〉所収。
（15）『小右記』は〈大日本古記録〉による。
（16）『小右記』天元元年正月一八日条・天元五年二月一八日条・正暦元年一〇月一七日条などからは、清水寺・長谷寺等諸寺院への参詣が憚られたことがわかる。
（17）『今昔物語集』は岩波書店刊新日本古典文学大系本を用いた。

(18) この問題に関しては、渡辺貞麿「生死と神祇――物忌をしなくなる神――」(『仏教文学の周縁』和泉書院、一九九四年、初出一九八八年)で検討されており、大変有益である。また『今昔物語集』の穢については、高橋貢「『今昔物語集』における「不浄」「穢」の意味するもの」(『国文学研究』九二、一九八七年)、中根千絵「『今昔物語集』における身の不浄と心の不浄」(『説話文学研究』三二、一九九七年)などに詳しい。
(19) 『諸社禁忌』については、三橋正「『諸社禁忌』について」(前掲註2三橋書、初出二〇〇九年)に詳しい。
(20) 慶安四年板本・神宮文庫本とも、大曾根章介・久保田淳編『鴨長明全集』(貴重本刊行会、二〇〇〇年)所収。
(21) 渡辺貞麿「和光同塵・中世文学のなかの神々」(前掲註18渡辺書、初出一九九〇年)。
(22) 流布本発心集(八巻)と異本発心集(五巻)の日吉山王説話に関する異同については、山口真琴「異本発心集神明説話をめぐる諸問題」(『国文学攷』九二、一九八一年)に詳しい。
(23) 渡邊綱也校注『沙石集』〈日本古典文学大系〉(岩波書店、一九六六年)。
(24) 桜井徳太郎・萩原龍夫・宮田登校注『寺社縁起』〈日本思想大系〉(岩波書店、一九七五年)。
(25) 船田淳一「中世死穢説話小考」(『国語国文』七六―一一、二〇〇七年)。
(26) 大隅和雄校注『中世神道論』〈日本思想大系〉(岩波書店、一九七七年)。
(27) 池見澄隆「禁忌と念仏」(『中世の精神世界』人文書院、一九八五年、初出一九七二年)。
(28) 石井教道編『昭和新修法然上人全集』(平樂寺書店、一九七四年)。
(29) 石田瑞麿校注『源信』〈原典日本仏教の思想〉(岩波書店、一九九一年)。
(30) 『大正新脩大蔵経』一二六八三。
(31) 敬西房信瑞『広疑瑞決集』〈国文東方仏教叢書〉。
(32) 『大正新脩大蔵経』一二七二四。
(33) 松下みどり「時衆における神祇と女人――「浄不浄をきらはず」をめぐって――」(砂川博編『一遍聖絵と時衆』岩田書院、二〇〇九年)。
(34) 『拾遺往生伝』藤井久任の条。
(35) 池見澄隆「〈不浄〉の軌跡」(前掲註27池見書、初出一九七一年)。

(36) 平太郎熊野参詣説話については、山田雄司「平太郎熊野参詣説話の検討」(『親鸞の水脈』九、二〇一一年)を参照されたい。

覚如と呪術信仰――治病と臨終に対する姿勢をめぐって――

小山聡子

はじめに

鎌倉時代は、呪術信仰が盛んな時代であった。そのような中、のちに浄土真宗の開祖とされた親鸞は、呪術による極楽往生を否定した。親鸞は、末法の世における他力信心の重要性を説き、信心を獲得した時に正定聚の位を得て往生することが決定する、とした。親鸞の説いた教えは、呪術が常識とされた時代において、どのように説かれ、いかに受け入れられたのだろうか。

まず、親鸞の著作では、呪術による極楽往生は否定されている一方で、必ずしも呪術の効果そのものについては否定されていない。[1] また親鸞自身、他力の重要性を門弟に説きつつも、はからずも自力の行為をしてしまうこともあり、他力の信心を得ることの難解さを痛感していた。[2] すなわち、他力の信心を得ることは、親鸞にとってさえ難解だったのである。したがって、親鸞の家族や門弟にとっては、なおさらのことだったはずである。

たとえば、親鸞の妻恵信尼の信仰には、自力の要素を確認することができる。[3] また、親鸞の長男善鸞は、親鸞の代理として東国で布教するにあたり、呪術を用いていた。[4] さらに、親鸞に寄り添いその最後を看取った末娘覚信尼は、親鸞の死の床に来迎の奇瑞が見られなかったことを不安に感じ、その不安な思いを恵信尼に打ち明けたと考えられる。[5]親鸞の門弟の信仰も、親鸞のそれと必ずしも同一ではなかった。たとえば、高田門徒は善光寺如来を信奉しており、横曾根門徒は真言宗の信仰とも深く関わり、鹿島門徒は親鸞の信仰と鹿島信仰とを融合させていた。[6]要するに、親鸞の説いた他力の信心は、親鸞にとっても、さらには親鸞の教えを直接に受けた家族や門弟にとっても、得ることが実に難解だったのである。

それでは、親鸞の子どもの世代よりもさらに後では、どうだったのであろうか。本稿では、親鸞の曾孫覚如（一二七〇～一三五一）の信仰について論じていきたい。覚如は、大谷廟堂を本願寺として寺院化し、その実質的な開祖となった人物である。覚如は、親鸞が説いた教えの中でも、とりわけ信心正因、称名報恩、平生業成を強調し、親鸞の教説こそが法然の教学の正統であることを主張した。[7]ただし、その一方で覚如は、顕密諸宗や浄土宗諸派と広く交流も持っていた。覚如は呪術についてどのように考えていたのであろうか。覚如の信仰について論じることは、浄土真宗史研究においてもはなはだ重要である。

本稿では、覚如の信仰について法然や親鸞の信仰との関係を概観した上で、覚如の治病や臨終に対する考え方を検討していきたい。なぜならば、治病や臨終に対する考え方には、個々人の信仰が強く表れ、かつ呪術などの自力信仰に対する距離も反映される傾向にあるからである。このようなことから、覚如の治病や臨終に対する考え方を通して、覚如への呪術信仰の影響について考察していく。

一　法然・親鸞の信仰と覚如の信仰

覚如は、五歳の時に多念義の長楽寺流の系譜をひく澄海に師事して以降、禅と日蓮の系統以外のほとんどの仏教諸宗で学び、交流を持った。具体的に述べると、覚如は、一八歳の時に伯父の如信から真宗の教えを聞いた後も、西山義の彰空や一念義の勝縁から教えを受け、長男存覚を園城寺や南都寺院で修学させるなど、顕密諸宗や浄土門との交流を続けていたのである。[8]山田雅教氏は、覚如は、権門勢家との結びつきを得るために顕密諸宗と関わりを持ち、修学のために浄土宗諸派の人々と交流したことを指摘している。[9]

さて、覚如は、永仁三年（一二九五）に『親鸞聖人伝絵』を制作し、親鸞が法然の教えを正しく相承していることを強調した。さらに覚如は、『口伝鈔』（一三三一年成立）では親鸞―如信―覚如の血脈相承を、『改邪鈔』（一三三七年成立）では法然―親鸞―如信の三代伝持を主張し、三代伝持の法統が覚如に伝えられたとして自らの正統性を示した。[10]覚如は、親鸞の説いた他力信心の重要性を主張した。また覚如は、親鸞と同様に、臨終時の念仏の重視を否定し、臨終時の奇瑞の有無を問題にする必要はないことを説いた。

しかし、すでに先行研究で指摘されているように、覚如の信仰には、法然や親鸞のそれとは異なる点も多くある。たとえば覚如は、浄土宗の一派である一念義を修学した影響から、一念業成を強調した。[11]さらに覚如による宿善の強調は、浄土宗西山派の影響によるものであり、自力の教えとして理解される危険性をはらんでいる。[12]また、覚如は、親鸞を阿弥陀仏の化身として直接的な帰依の対象としていた。[13]さらには、覚如の信仰には、親鸞が重視した還相の思想は希薄である。[14]

その上、覚如は、『慕帰絵詞』巻八第一段によると、大原の迎講にも結縁のために赴いている。[15]なお、『慕帰絵詞』は、覚如の没年に覚如の次男従覚が、覚如の門弟乗専の発起により制作した覚如の伝記絵巻である。

迎講結縁のために大原の別業へ越侍りしに勝林院五坊に尋ゆきてしはらく休息しけり。この五坊といふは、池上阿闍梨の御旧跡、顕真座主の発起にて楞厳院安楽の谷をこゝにうつして真安楽となつけられけるとそ。[16]

迎講は、観想念仏を行なうための天台宗の儀礼である。覚如は、迎講に行ったついでに、天台宗の僧侶との交流も深めている。

また、覚如は、追善供養についての考え方でも親鸞とは異なっていた。そもそも、親鸞は、追善供養を否定していた。たとえば『歎異抄』第五には、次のように親鸞が述べたと記されている。

親鸞ハ父母ノ孝養ノタメトテ、一返ニテモ念仏マフシタルコトイマタサフラハス。ソノユヘハ、一切ノ有情ハミナモテ世々生々ノ父母兄弟ナリ、イツレモくコノ順次生ニ仏ニナリテタスケサフラウヘキナリ。ワカチカラニテハケム善ニテモサフラハ、コソ、念仏ヲ廻向ソテ父母ヲモタスケサフラハメ。タ、自力ヲステ、、イソキサトリヲヒラキナハ、六道・四生ノアヒタ、イツレノ業苦ニシツメリトモ、神通方便ヲモテ、マツ有縁ヲ度スヘキナリト云々(17)。

親鸞は、他力の信心を得ることにより極楽往生することができ、極楽往生した後には六道でさまよう縁のある人々を救うことができるとした。それゆえ親鸞は、自力念仏によって追善することを否定している。

一方、覚如は、『最須敬重絵詞』第六巻第二一段に、伯父如信のために自力の行為である追善供養を行なったことが記されている(18)。ちなみに『最須敬重絵詞』は、覚如がこの世を去った翌年に『慕帰絵詞』の補作として門弟乗専が制作した覚如の伝記であり、基本的に覚如が生前に乗専に語ったことをもとに制作された。したがって、その記述は信頼すべきものである(19)。

ソノ年秋ノ比ハシメテ聞給ケレハ、ソノ時ヲ入滅ノ忌辰ニ擬シテ、五旬ノ徂景ヲカソヘ、百日ノ光陰ヲ勘テ、一々ノ追善ヲ修シ、懇々ノ精誠ヲ抽給ケリ(20)。

『最須敬重絵詞』には、覚如が生前に乗専に語った事柄が書かれている。したがって、追善供養を行なったことは、覚如が乗専に語った事柄だと考えられる。なお、覚如は、『最須敬重絵詞』第六巻第二三段によると、如信のためだけではなく、覚恵のためにも追善供養を行なっている。このように、追善供養に対する考え方も、親鸞と覚如とでは異なるのである。

さらに、覚如の長男存覚の生涯について記されている『存覚一期記』の文保元年（一三一七）条には、以下のようにある。

大上御夫婦・予・奈有密々参二詣天王寺・住吉等へ一。[21]

ここでは、覚如夫妻と存覚、その妻奈有の四人は、密かに観音菩薩を本尊とする四天王寺や住吉社などに参詣したとされている。「密々」とあることから、覚如と存覚は、神祇不拝を主張した親鸞の教えとは異なる行動を取っていることを十分に自覚していたことになる。[22]覚如は、親鸞の教えを理解した上で、このような行動を取ったのである。

以上のように、覚如は、三代伝持を主張して法然や親鸞の信仰を自らが継承していることを強調しつつも、必ずしも法然や親鸞と同一の信仰を持ってはいなかった。すなわち覚如は、その著作で、親鸞が説いた他力の信心の重要性を強く主張しつつも、実際には徹底した他力の信仰を持ってはおらず、随所に自力の要素が見られる信仰を持っていたのである。

二　治病に対する覚如の姿勢

それでは、覚如は、どの程度、呪術信仰の影響を受けていたのであろうか。治病や臨終に対する姿勢には、それぞれの信仰や呪術信仰との距離が反映される傾向にある。そこで以下、覚如が治病や臨終についてどのように考え、いかにして対処していたのか、という点について検討していくことにする。本節では、覚如の治病に対する姿勢について考察する。

まず、『拾遺古徳伝』に記された治病について検討していく。『拾遺古徳伝』は、正安三年（一三〇一）、鹿島門徒の長井導信の要請を受け、『法然上人伝法絵』と琳阿本『法然聖人伝絵』を参照して覚如が制作した伝記である。[23]『拾遺古徳伝』とは、法然に関する伝記で洩れている重要な箇所を補って制作した伝記、という意味である。長井導信は、親鸞の信仰を理解する手段の一つとして、法然の信仰を理解しようとし、覚如に法然の伝記を制作するよう依頼したのである。『拾遺古徳伝』は、覚如や東国の真宗門徒の立場から記された法然の伝記である。[24]

『拾遺古徳伝』巻第六第三段には、法然が瘧病を患った時のことが書かれている。法然に帰依していた九条兼実は、善導の御影を法然の枕元に置かせ、同じく瘧病を患っていた聖覚に唱導を行なうように命じた。

タツノ一点ニ説法ハシマリテヒツシノ剋ニコトヲハリヌ。聖人ナラヒニ導師即座ニ瘧病平復ス。（中略）大師ノ御影前ニ異香薫ス、尋常ノニホヒニアラサリケリ、コトノ体厳重ナリ。僧都ノイハク、故法印澄憲ハアメヲクタシテ名ヲアク聖覚ハコノコト奇特ナリトソ、トキノヒト不思議ノオモヒヲナシケリ。[25]

法然および聖覚の病は、聖覚が善導の御影の前で唱導を行なったことにより、たちどころに治った。善導の御影からは異香が漂った、とされている。この時の聖覚の唱導は、かつて故法印澄憲が行ない功を奏した雨乞いの祈禱と並べて賞賛されている。

本来の親鸞の教えでは、呪術による治病は自力によるものであることから否定されていたはずである。しかし、聖覚が行なった治病は、呪術によるものである。[26]東国の門弟は、『拾遺古徳伝』から法然の教えを、さらには親鸞の教えを学ぼうとしていた。東国の門弟は、『拾遺古徳伝』に呪術による治病についての逸話が含められていれば、呪術による治病を行なって良いと判断してしまうことになる。なぜ『拾遺古徳伝』には、あえて呪術による治病の逸話が入れられているのであろうか。この点については、覚如の治病に対する考え方が反映されていると考えられる。

そこで、『最須敬重絵詞』第五巻第一七段に記された覚如の治病についての考え方を検討していきたい。『最須敬重絵詞』第五巻第一七段には、正応三年（一二九〇）、覚如と覚恵が親鸞の遺跡を巡拝するために東国へ下向し、覚如が病に倒れたことが記されている。その見舞いに訪れた善鸞は、符による治病を行なおうとした。すると覚如は、以下のような態度をとった。

病者コ、ロノ中ニ領納ノ思ナカリケレハ、面ノ上ニ不受ノ色アラハレタリ。サリナカラ事ヲ病患ノ朦昧ニ寄テ、シラヌ由ニテ取タマハス。厳親枕ニソフテ座シ給ケルカ、本人辞遁ノ気ヲハ見給ナカラ、片腹痛トヤ思給ケン、ソレ〳〵ト勧ラル。信上人、又ソハニテ取継テ、ヤカテ手ニワタシ給ケルホトニ、サノミノカレカタクテ、ノムヨシニテ手ノ中ニカクシ、クチノウチヘハイレタマハサリケリ。イツハリノミ給ケシキ、カノ大徳モミトカメ給ケルニヤ、ワカ符術ヲカロシメテモチヰラレサルヨシ、後日ニツフヤキ給ケルトソ。サテ大徳カヘラレテノチニ、符ヲ受用ナカリツル所存ハイカニト桑門タツネ給ケレハ、コタヘ給ケルハ、名号不思議ノ功徳ヲ案シ、護念増上縁ノ勝益ヲ思ニハ、マメヤカニ鬼魅ノナス所ノ病ナラハ、オホカタハ念仏者ノコレニヲカサレン事ハ本意ナラス。コレ行者ノ信心ノイマタイタラサルユヘカ、シカラスハ、ウクル所ノヤマヒ瘴煙ノタクヒニアラサルカ。モシ風寒ノナヤマストコロナラハ良薬ヲモテ、治スヘシ、モシ疫神ノナストコロナラハ仏力ヲモテ伏スヘシ。イカテカ無上大利ノ名号ヲタモチナカラ、ツタナク浅近幻惑ノ呪術ヲモチヰンヤトコタヘ給ケリ。ソノ、チ信力ヲヌキイテ、称名ヲコタリ給ハサリケルニ、病累程ナク平復シ、心神本ノコトク安泰ニソ成給ケル[27]。

覚如は、覚恵（厳親）や如信（信上人）に、善鸞（大徳）の符を飲むように勧められたので符を受け取ったものの、口に入れたふりをして手の中に隠し、飲まなかった。後日、覚如は、覚恵に対して、符を飲まなかった理由を語った。覚如は、念仏者が鬼や物気によって病になることは本意ではなく、そのような原因によって病気になったのであれば、信心が足りなかったということになる、とした。さらに覚如は、もし風寒による病であるのならば薬によって治すべきであり、もし疫神による病なのであれば仏力によって疫神を伏すべきである、と述べた。覚如は、どうして名号をたもっていながら、浅はかで人を惑わす呪術に頼って病気を治そうとするだろうか、といったのである。

この史料によると、覚如は、疫病は「仏力」によって治すことができる、と考えていたことになる。鎌倉時代には、疫病は、諸社への奉幣や陰陽師による鬼気祭、四角四堺祭、さらには寺院における経典読誦、転読、薬師法（薬師護摩）などによって対処されていた。(28)覚如のいう「仏」がいかなる仏なのかは判然としない。(29)ただし、「伏すべし」という表現は、覚如が護摩修法（調伏法）によって疫病の治療をすることが可能であると考えていたことを示している。これは、いわゆる呪術による治療である。すなわちこのような病気治療方法は、主に天台宗や真言宗を中心に行なわれていたものである。

一方、覚如は、善鸞が行なう符術については、「ツタナク浅近幻惑ノ呪術」と軽視して、拒否した。なぜ覚如は、修法も符術もともに呪術であるにもかかわらず、修法による治病は肯定し、符術による治病は否定したのであろうか。(30)この点については、修法と符術では用いていた階層が異なる点が考えられる。というのは、修法は、主に貴族や上級武士が病気治療のための手段として用いていた。それに対して、治病のための符術は、貴族や上級武士によっても用いられていた事例を確認することができるものの僅かである。(31)このような方法は、主に中下級武士や庶民によって受け入れられていた方法であったと考えられる。(32)覚如は、上級貴族と頻繁に交流を重ね、貴族的な意識を持っていた人物である。(33)このようなことによって覚如は、符術を信用に足るものではないとして拒否したのではないだろうか。

病気治療に対する覚如の考え方は、『最須敬重絵詞』第五巻第一三段にも確認することができる。ここには、覚恵が瘻という病を患った時のことが記されている。

厳親桑門ハ正安ノハシメツカタ、五十有余ノ比ヨリ瘻トイフ病ニワツラヒ給ケルカ、種々ノ療養ヲクハヘラレケルモ指タル験ナク、又ウチタエテ寝食ヲ忌給マテノ事ハナシ。イツトナク心ヨカラヌ事ナリケルヲ、発病ヨリコノカタ臨終マテ、首尾八九年ノ間上綱治療ノ術ヲキハメ看病ノ忠ヲツクシテ、聊モ増アルトキハ、別離ノチカツケルカトテ愁歎ノ涙ニムセヒ、スコシモ減カトミユルオリハ、殊ナル悦ノキタレル様ニ安堵ノ思ヲソナサレケル(34)。

史料中の「厳親桑門」は覚恵、「上綱」は覚如のことである。覚如は、八年から九年の間、病に苦しむ覚恵のためにあらゆる治療を施し看病した。覚如は、覚恵の病気が悪化すると別離の時が近づいたのかと涙にむせび、快方に向かうと喜び安堵したのであった。瘻は、首に腫れ物ができ、死につながる病であった(35)。結局、徳治二年（一三〇七）、覚恵は長い間患った瘻の悪化により、息を引き取った。

『最須敬重絵詞』第五巻第一七段および第一三段から、覚如は、病気になった場合には積極的に治療を行なうべきであり、その病気の原因によって治療方法を選ぶべきだ、とする考えを持っていたことが明らかである。さらに覚如は、神仏への祈禱による治病の効果を認め、疫病にかかった場合には修法を行なうべきだとしている。ただし、このような覚如の考えは、法然や親鸞のそれとは大きく異なっている。

まず法然は、神仏への祈禱によって病気が平癒するという考え方を否定しており、病を受けることは宿業によるものである、という考えを持っていた(36)。法然は、もしも祈ることにより病気が治り延命できるというのであれば、この世で病気になる者も死ぬ者はいないはずであるとし、神仏への祈禱による治病を否定したのである(37)。ちなみに法然は、病に倒れた時に、服薬や灸などの医療行為は受けていた(38)。

さらに親鸞の治病に対する考え方は、『恵信尼文書』第五通に記されている。そこには、親鸞が風邪をこじらせた時に、一切の看病を拒んだことが記されている。もちろん親鸞が服薬などの医療を受けた形跡も見られない。

親鸞は、治病のための自力の行為を拒んだのである。[39]このような親鸞の考え方は、『恵信尼文書』以外の史料でも確認することができる。

たとえば、『末燈鈔』第一四書簡に着目したい。同書簡は、正嘉元年（一二五七）頃の一〇月二九日、親鸞の門弟蓮位が同じく門弟慶信に送ったものである。この書簡は、慶信に送られる前に親鸞の前で読み上げられており、その内容に間違いはないと親鸞が述べた、とされるものである。そこには、慶信の父覚信坊が東国から京へ上る途中で病気になったことが記されている。

くにをたちて、ひといちと申ししとき、病みいだして候ひしかども、同行達は、帰れなむど申し候ひしかども、「死するほどのことならば、帰るとも死し、とどまるとも死し候はむず。またやまひはやみ候はば、帰るともやみ、とどまるともやみ候はむず。おなじくはみもとにてこそ終り候はば終り候はめ、とぞんじて参りて候ふなり」と御ものがたり候ひしなり。この御信心まことにめでたくおぼえ候ふ。[40]

覚信坊は、死ぬほどの病気であるのならば東国へ戻っても死ぬし、治る病気であるのならば東国へ帰っても治り、この場所にとどまっても治るのだとし、どうせ命が終わるのであれば親鸞の傍らで死を迎えたいといって上京した。この書簡では、覚信坊のこのような姿勢が賞賛されている。すなわち覚信坊は、自力で延命しようとはせず、他力に任せたのである。親鸞の臨終の様子については、それを直接的に伝える史料がないので明確にすることはできない。ただし親鸞は、風邪を患った時にも頑なに一切の看病や治療を拒否したことから、臨終時にもそのような姿勢を示したのではないかと考えられる。[41]

要するに法然と親鸞は、神仏への祈禱による治病を否定していた。法然と親鸞による治病に対する姿勢は、覚如のそれとは大きく異なっていたといえる。

三　臨終に対する覚如の姿勢

本節では、覚如が臨終にさいしてどのように行動していたのか、ということについて検討していく。

覚如は、『執持抄』（嘉暦元＝一三二六年成立）で、個々人の臨終の有り様は宿業によって定まっているとしている。

一切衆生ノアリサマ、過去ノ業因マチ〳〵ナリ。マタ死ノ縁無量ナリ。病ニヲカサレテ死スルモノアリ、剣ニアタリテ死スルモノアリ、水ニヲホレテ死スルモノアリ、火ニヤケテ死スルモノアリ、乃至寝死スルモノアリ、酒狂シテ死スルタクヒアリ。コレミナ先世ノ業因ナリ、サラニノカルヘキニアラス(42)。

このような覚如の思想は、覚如自身の臨終時にも反映された。『最須敬重絵詞』第七巻第二七段には、覚如の臨終時の様子について以下のようにある。

十七日ノ夕ヨリイサ、カ嵐気ノ身ニシミテコ、チノ例ナラスオホユルトノタマヒケレトモ、カリソメノ風痺ニコソト、人ハイタクオトロキタテマツラヌニ、ヤカテウチフシ給テ、今度ハ最後ナリ命終チカキニアリトテ、口ニ余言ヲマシヘスタ、仏号ヲ称念シ、コ、ロ他念ニワタラスヒトヘニ仏恩ヲ念報シ給。カクテソノ夜アケニケレハ、看病ノ人々相談シ、医師ヲ招テ病相ヲミタテマツラシメ、随分ノ療養ヲモクハヘタテマツラント申合ラレケルヲ、病者聞給テ、ユメ〳〵ソノ儀アルヘカラス、命ハ定業カキリアレハ薬ヲモテ延ヘカラス。タトヒソノ術アリトモワカモトムル所ニアラス、岸上ノチカツクコトヲマツ。病ハ苦痛ノ身ヲセムルナケレハ、何ノ療治ヲカトフラハン。タトヒ又ソノクルシミアリトモイク程カアラン、刹那ニスツヘキ穢土ノ業報ナリトテ、カタク制シ給ケレハ、チカラナクソノ沙汰ヲモヤメラレケリ(43)。

体調を崩した覚如は、これが最期だと感じ、余言を交えずひたすらに報謝の念仏を行なった。看病の人々が医師を招こうとしたところ、覚如は医師を招かないようにといった(44)。覚如は、命の長さは宿業によってすでに決まっているのであるから薬による延命をしてはいけないという考えを示し、医療を受けることを拒んだのである。

覚如は、治病のための医療および祈禱については積極的に肯定した一方で、死期や死に様は宿業によるとし、自らの臨終時においてもその考えを貫いた。ところが覚如は、父覚恵が重篤な病を患ったさいには、自らの臨終時とは異なる態度をとっていた。

前に示した『最須敬重絵詞』第五巻第二三段には、瘻を患った覚恵を看病していた覚如の様子について「聊モ増アルトキハ、別離ノチカツケルカトテ愁歎ノ涙ニムセヒ、スコシモ減カトミユルオリハ、殊ナル悦ノキタレル様ニ安堵ノ思ヲソナサレケル」とされている。要するに覚如は、父が死につながる重病を患った時には、命の長さは宿業によって決まっているから延命してはいけない、という態度はとらなかったのである。それどころか覚如は、覚恵の病状に一喜一憂し、なんとしても病気が治るようにとの切実な思いによってその回復を願い、あらゆる医療を施したのであった。すなわち覚如は、「命ハ定業カキリアレハ薬ヲモテ延ヘカラス」や「クルシミアリトモイク程カアラン、刹那ニスツヘキ穢土ノ業報ナリ」という言葉とは裏腹の、真摯に父の回復を願う実に人間らしい行動をとったのであった。しかし結局のところ、覚恵は、覚如の願いもむなしく、瘻の悪化により息を引き取った。

覚恵の患った瘻は、死につながる可能性がある病であった。その上、覚如は、「別離ノチカツケルカトテ愁歎ノ涙ニムセヒ」という記述から、覚恵の長い闘病生活の間にその死を覚悟した瞬間もあったことになる。それにもかかわらず覚如は、発病から臨終にいたるまで「治療ノ術ヲキハメ」た。すなわち覚如は、覚恵の病床時および臨終時において、命の長さは宿業によって定まったものであるとする考えに基づく行動を取ってはいない。

覚恵の死は徳治二年（一三〇七）のことであり、覚如の死は観応二年（一三五一）である。つまり覚如の死は、覚恵の死から、四五年近くも後のことになる。したがって、病や臨終に対する覚如の考え方が、その間に変化したということは十分に考えられる。しかし前述したように、『最須敬重絵詞』には、覚如が弟子乗専に語った事柄が書きとどめられている。もしも覚如が、覚恵の病床時および臨終時における自らの行動が誤っていたと考えたのであれば、そのように乗専に告げたはずである。さらに、もしも覚如がそのように告げたのならば、その旨が『最須敬重絵詞』に記されるか、もしくは覚恵の臨終時における覚如の対応については省略されるはずである。つまり、医療による延命を否定する覚如の考え方は、必ずしも実際の行動に一貫したかたちでは反映されていなかったといえる。その上、覚如は、そのことについて特に問題視していなかったのではないかと考えられる。

それでは、臨終時に医療を拒否するという覚如の考え方は、親鸞の影響によるものなのであろうか。実は、臨終時の医療を否定することは、親鸞や覚如のみに見られることではない。

たとえば、浄土宗第三祖良忠（一一九九～一二八七）は、善導の『臨終正念訣』をもとに『看病用心鈔』を撰述し、臨終時の医療を否定している。良忠のこのような主張は、臨終時の医療を否定する点では、覚如の主張と一致する。(45) また、時宗の他阿上人や解阿弥陀仏も、臨終時の医療を否定していた。(46) さらには、夢窓疎石や虎関師錬をはじめとする禅僧も、老いは自然であるという考え方により、延命のための医薬を不必要であるとしていた。(47)このように、臨終時における医療を否定する覚如の姿勢は、必ずしも親鸞の思想の影響によるものであるとはいえず、当時において特殊であるともいえないのである。

おわりに

以上、本稿では、覚如の信仰について法然・親鸞の信仰との関係を概観した上で、覚如の治病や臨終に対する考え方について検討した。以下、その成果をまとめることにする。

覚如は、その著作において、信心正因、称名報恩、平生業成の重要性を強調する一方で、実際には結縁のために迎講に赴き、父や伯父のための追善供養を行なうなど、自力の信仰の影響を受けていた。さらに覚如は、神祇不拝を主張した親鸞の教えを理解しながらも、密かに住吉社などへ参詣に赴いていた。要するに覚如は、三代伝持を主張し、正統な継承者として自らを位置づけながらも、実際の生活上では阿弥陀仏以外の仏菩薩や神祇をも信仰の対象としていたのであった。本稿では、まず、以上のことを指摘した。

また本稿では、覚如は治病のために服薬や修法を行なうことを積極的に肯定していた点を明らかにした。つまり覚如は、貴族社会や聖道門で一般的であったこれらの方法で病気治療を行なっていたのである。しかし覚如は、善鸞の符術による治病については、いかがわしい呪術であるとして受けることを拒否した。覚如は、修法による治病は行なうべきであるとする考えを持っていたことから、呪術であることを理由に符術を否定したのではない。符術による治病は、主に庶民層を対象に行なわれていたので、貴族意識を持っていた覚如の目には、いかがわしいものとして映ったのではないだろうか。

さらに、臨終に対する覚如の姿勢について検討した。覚如は、病そのものを宿業によるものであるとはしなかったものの、死期や死に様については宿業によるものだとして、自らの臨終時にも一切の医療を拒否した。ただし覚如は、父覚恵が死にいたる重病を患った時には、はなはだ狼狽してあらゆる治療を施し、死期は宿業によるものであるとする姿勢は示していなかった。したがって、死期は宿業によるものだとする覚如の考え方は、必ずしも実際の行動に一貫したかたちでは反映されていなかったといえる。

覚如の治病や臨終に対する考え方は、法然や親鸞のそれと同一ではない。法然は、病は宿業によるものであるとし、服薬などの医療は受けていたものの、祈禱を行なうことには意味を見いださなかった。親鸞は、病気治療のための一切の医療を拒否し、死期についても自力の行為を差し挟んで左右することを否定した。

すなわち覚如の治病に対する考え方は、呪術を肯定する点において、法然や親鸞のそれとは大きく異なっている。覚如の治病観には、当時の貴族社会や聖道門におけるそれの影響が非常に大きいのである。さらに、覚如の臨終に対する考え方も、必ずしも親鸞の思想の影響によるものだとはいえない。その上、父覚恵の発病から臨終にいたるまでの覚如の行為は、貴族社会や聖道門のそれと多くの点で共通している。

興味深いことに、覚如は、『口伝鈔』「凡夫往生の事」で以下のように述べている。

聖道の性相世に流布するを、なにとなく耳にふれならひたるゆへ歟、おほくこれにふせかれて真宗別途の他力をうたかふこと、かつは無明に痴惑せられたるゆへなり、かつは明師にあはさるかいたすところなり。(48)

すなわち覚如は、聖道門の自力の教えが世間に流布し、その教えに何とはなしに耳慣れているからか、多くの場合、他力の教えを疑う傾向にあるとしている。覚如は、その理由については、真の道理に背く無知に惑わされているからであり、かつ他力の教えを心得た師に出会わなかったからであるとする。

覚如によるこの言葉は、他力の教えがなかなか世間一般に広まらず、あいかわらず自力の信仰が習慣とされていたことを示している。覚如は、呪術信仰が常識とされていた社会の中で、他力の教えを説いた。ところが、覚如の信仰や行動には、呪術信仰の影響を認めることができる。覚如は、自らが法然や親鸞の正統な継承者であることを主張して他力の教えをその著作で説いてはいたものの、実際には必ずしもそこに見えるような信仰を持ってはいなかったのである。著作での主張と実際の生活における信仰にずれが見える人物は、覚如のみではない。たとえば、覚如の長男存覚にも、同様のことがいえる。(49)

他力の教えは、呪術信仰が当然とされた時代において、なかなか受け入れられなかった。親鸞やその子どもたちの世代においても、一貫して他力に頼ることは難解であり、さらにのちの覚如の時代でも至難の業だったのである。本稿では、覚如を現在の視点から理想化して論じるのではなく、時代の中に位置づけて論じた。

（1）拙稿「親鸞の来迎観と呪術観――覚信尼における親鸞の信仰の受容を通して――」（山本隆志編『日本中世政治文化論の射程』思文閣出版、二〇一二年）。

（2）拙稿「親鸞の他力念仏と門弟の信仰」（『日本歴史』六六六、二〇〇三年）。

（3）今井雅晴「越後における晩年の恵信尼」（『史境』四四、二〇〇二年）。拙稿「『恵信尼文書』にみる恵信尼の極楽往生への不安――死装束としての小袖をめぐって――」（『親鸞の水脈』一〇、二〇一一年）。

（4）拙稿「東国における善鸞の信仰と布教活動」（『史境』六一、二〇一〇年）。

（5）『恵信尼文書』第三通からは、覚信尼が親鸞の極楽往生について不安を抱いたことを読み取れる。

（6）門弟の信仰については、今井雅晴『親鸞と東国門徒』（吉川弘文館、一九九九年）や、今井雅晴『親鸞の家族と門弟』（法藏館、二〇〇二年）に詳しい。

（7）普賢晃寿『中世真宗教学の展開』（永田文昌堂、一九九四年）五六～九六頁。

（8）①山田雅教「初期本願寺教団における顕密諸宗との交流――覚如と存覚の修学を基にして――」（『仏教史研究』二七、一九九〇年）。②山田雅教「初期本願寺における浄土宗諸派との交流」（三崎良周編『日本・中国　仏教思想とその展開』山喜房書林、一九九二年）。また、重松明久『覚如』（吉川弘文館、一九六四年）一一～一三頁では、覚如の思想には一念義の影響が濃いことが指摘されている。忍関崇「初期本願寺における真宗信仰の変質について」（福間光超先生還暦記念会編『真宗史論叢』永田文昌堂、一九九三年）では、覚如の浄土観は源信以来の浄土教の影響を強く受けていることが述べられている。さらに③山田雅教「初期本願寺における法要儀礼――覚如を中心として――」（『教学研究所紀要』三、一九九五年）では、覚如が天台宗の儀礼に関心を持っていた、とされている。

（9）前掲註（8）山田①②論文。

（10）前掲註（8）重松書。井上鋭夫『本願寺』（講談社、二〇〇八年）八〇・八一頁など。

（11）前掲註（8）重松書、一二三頁。

（12）同右、一二七頁。

（13）同右、一一一頁。

（14）藤村研之「本願寺教団の成立と往生信仰の変容について」（前掲註8福間光超先生還暦記念会編書）。前掲註（8）忍関論文。
(15)『慕帰絵詞』巻九第一段には、天橋立の迎講に赴いたことが記されている。
(16)石田充之・千葉乗隆編『真宗史料集成』第一巻（同朋舎、一九七四年）九一九頁。
(17)同右、五〇三頁。
(18)覚如は、三代伝持（法然―親鸞―如信）を強調していた。それゆえ覚如は、如信を、法然や親鸞の教えを正しく継承した人物として位置づけていたことになる。したがって、覚如は、如信が極楽往生を遂げたことを信じていたはずである。それにもかかわらず、覚如は、如信の追善供養を行なった。これは、覚如が、親族の死後には追善供養を行なうべきであるという世間一般の常識にとらわれていたことを示している。
(19)遠藤一「中世真宗における死の作法」（信仰の造形的表現研究委員会編『真宗重宝聚英』第一〇巻、二〇〇六年）。
(20)前掲註(16)石田・千葉編書、九五〇頁。
(21)同右、八七二頁。
(22)親鸞は、阿弥陀仏以外の神仏に帰依する必要はない、としていた。親鸞の神祇不拝については、山田雄司「親鸞における神と鬼神」（『親鸞の水脈』三、二〇〇八年）に詳しい。
(23)梅津三郎『絵巻物残欠の譜』（角川書店、一九七〇年）。米倉迪夫「琳阿本『法然上人伝絵』について」（『美術研究』三二四、一九八三年）。
(24)今井雅晴「浄土真宗史料としての『拾遺古徳伝絵』」（『古文書研究』四三、一九九六年）。
(25)前掲註(16)石田・千葉編書、五六九頁。同様の話は、醍醐本『法然上人伝記』「一期物語」にも見える。
(26)梶村昇「法然上人の病気と初期法然教団の対応――醍醐本『法然上人伝記』研究より――」（『浄土宗学研究』二八、二〇〇一年）では、聖覚による唱導は、九条兼実の案出した浄土教的祈禱であり、法然の意図とは距離のあるものであったことが指摘されている。
(27)前掲註(16)石田・千葉編書、九四四頁。
(28)服部敏良『鎌倉時代医学史の研究』（吉川弘文館、一九六四年）八一～八四頁。
(29)病気治療の時には、不動法や不動明王を中尊とする五壇法を行なうことが一般的である。

(30)『最須敬重絵詞』には、覚如が符を飲まなかったことについて、「一流ノ行儀ニアラサレハ、ソノ時カノ符ヲウケタマハサリケル信心の堅強ナル程モアラハレ、師訓ヲ憶持シタマフ至モタフトクコソオホユレ」とある。『最須敬重絵詞』を制作した乗専は、符による治病は親鸞の教えとは異なることから覚如が拒んだとしている。しかしそうであれば、疫病治療のための修法も親鸞の教えとは違うことになる。したがって覚如は、「一流ノ行儀」と異なることを理由に符を飲まなかったのではない。

(31) たとえば、『中院一品記』暦応二年(一三三九)七月一三日条には、医師和気覚種が符術によって治療をしたことが記されている。ただし、ここで行なわれた符術が、符を飲むものなのか、壁に懸けるものなのかは明らかではない。

(32) 山田邦明「鶴岡遍照院頼印と鎌倉府」(『関東学院大学文学部紀要』五八、一九九〇年)。前掲註(4)拙稿。

(33) 山田雅教「初期本願寺における公家との交流」(『仏教史学研究』三八―二、一九九五年)。覚如は、『親鸞聖人伝絵』の冒頭で、親鸞が貴族階級の出身であることを強調した。このような点にも、覚如の自己認識が表れているといえる。

(34) 前掲註(16)石田・千葉編書、九五〇・九五一頁。

(35) たとえば『栄華物語』巻三九「布引の滝」には、藤原能長が長年痩を患い、息を引き取ったことが語られている。

(36) 法然は、北条政子宛ての書簡である『浄土宗略抄』「鎌倉二位の禅尼へ進ぜられし書」に、このことをしたためている(前掲註26梶村論文)。拙稿「『恵信尼文書』第五通にみる親鸞の病気と経典読誦」(『二松学舎大学人文論叢』八五、二〇一〇年)。

(37) 法然は、呪術による治病を否定していたものの、九条兼実らに依頼されてしばしば病人への授戒を行なっていた。法然は、念仏が最も重要であり、念仏の助けになる助業であれば認める、という立場を取ったのである。この点については、乾文雄「藤原兼実と法然」(『大谷大学大学院研究紀要』一九、二〇〇二年)を参照。

(38) 建久九年(一一九八)四月二六日付「津戸三郎へつかはす御返事」。

(39) 前掲註(36)拙稿。

(40) 伊藤博之校注『新潮日本古典集成　歎異抄・三帖和讃』(新潮社、一九八一年)一一五頁。

(41) 覚如が制作した『親鸞聖人伝絵』には、親鸞の臨終の様子について「自爾以来口に世事をましへす、たゝ仏恩のふかくことをのふ、声に余言をあらはさす、もはら称名たゆることなし。しかうして同第八日午時頭北面西右脇に臥給て、つゐに念仏の息たえましましをはりぬ」とあるのみである。

(42) 前掲註(16)石田・千葉編書、六二九頁。これと同様のことは、『口伝鈔』「信のうへの称名の事」や「一念にてたりぬとしりて、多念をはけむへしといふ事」にも見える。

(43) 同右、九五八・九五九頁。

(44) 『最須敬重絵詞』第七巻第二七段には、覚如が医師の診察を拒否したにもかかわらず、周囲の者は覚如の容態を心配し、結局はひそかに医師を招いたことが記されている。また、『慕帰絵詞』第一〇巻第二段には、「おほよすこのたひは今生のはてなるへし、あへて療医の沙汰あるへからすと示せとも、さてしもあるへきならねは、あくる十九日の払暁に医師を召請するに脈道も存の外にや指下にもあたりけむ。なむるところの良薬も験なく侍れは、面々たゝあきれはてゝ瞻り仰くよりほかの事そなき」とある。『慕帰絵詞』では結局、周囲の人々は医師を呼び、覚如に薬を飲ませたとされており、看病の僧侶が火鉢で薬湯を暖め、稚児が薬を差し出す様子が描かれている。

(45) ただし、覚如と良忠では、臨終時の医療を否定する理由については異なっていた。良忠は、生への執着が往生の障害につながることを理由に、臨終時の医療を否定している。

(46) 新村拓『死と病と看護の社会史』(法政大学出版局、一九八九年)一五〇・一五一頁。

(47) 同右、一五四頁。

(48) 前掲註(16)石田・千葉編書、六三六頁。

(49) 拙稿「存覚と自力信仰」(『日本歴史』七六五、二〇一二年)。

真宗三尊考

飛田英世

はじめに

今日、真宗の本尊といえば阿弥陀如来独尊を意味する。ただし、本稿では、蓮如がいうところの「他流には『名号よりは絵像、絵像よりは木像』というなり。当流には『木像よりは絵像、絵像よりは名号』というなり」(『蓮如上人御一代記聞書』)のような、本尊の形状・材質について言及、検討することはない。後述するように、あくまで、門徒が礼拝する本尊が、原初的に阿弥陀如来独尊だったのか、という認識について若干の見直しを企図するものである。

まず、今日の真宗における本尊観であるが、真宗十派の憲法ともいうべき「宗制」「宗憲」をみると、「阿弥陀如来一仏」を本尊とする旨が記される。脇侍たる観音菩薩・勢至菩薩はともなわない、阿弥陀如来独尊のかたちである。そして、それに対して、聖徳太子・七高僧・宗祖および伝灯歴代宗主(門主)の影像も安置されるが、こちらは「教法(正法)弘通」の恩(恩徳)を謝(報謝)するために安置されるのである。そのため、真宗寺院においては、大概、本堂の余間に安置されている点からも、本尊との相違がうかがわれる。真宗における信仰とは阿弥陀如来それのみへの信仰だけである。そして、聖徳太子などは、阿弥陀如来への信仰に導いてくれた偉大なる先徳であり、その先徳たちへの報謝の念が重要となるのである。ともすれば混同しがちな信仰と報謝をあえて分別する必要があるのだろう。

しかし、真宗が初期真宗の段階であったころにおいて、門徒たちは、普遍的に信仰と報謝を明確に分別していただろうか。つきつめれば、この段階まで、信仰を「阿弥陀如来一仏」、つまり阿弥陀如来独尊に特化し、さらに聖徳太子など先徳たちに対しては、報謝だけですませたのだろうか。たとえば、親鸞同様に法然の法脈を受け継ぐ西蓮社了誉聖冏は、永和三年（一三七七）に著わしたその著書『鹿島問答』で次のように述べている。

第九　一仏とは阿弥陀也、二菩薩とは観音・勢至等也、然るに当世人を見るに、慭《なまじ》いに浄土宗の行人と号しながら、観音・勢至等も雑行と云いて堅くこれを誡め、結句、十人に八九人は新堂を建立するに、阿弥陀ヲサヘ背クマテコソ無ケレトモ、本尊たるに奉らず専ら太子を以て本尊と安置す

この著書は、聖冏が鹿島社内の安居寺に寄寓したさい、漏聞した翁と嫗の問答を書き留めたかたちをとるが、その内容のでどころは、場所をわざわざ鹿島社境内にしているところからみて、鹿島郡に由来するであろう。そうすると、ここに登場する「浄土宗の行人」とは、親鸞の直弟子・順信が率いた鹿島門徒の系統にある人びととみるべきである。彼らは、観音菩薩・勢至菩薩への信仰は「雑行」だからと堅く誡めながら、一〇人中八～九人は、実際にはそれとは反対に「阿弥陀」に背かないまでも、阿弥陀如来像を本尊としないで、聖徳太子像を本尊としてしまっている、と聖冏はみなした。

法然の弟子のうち、聖光房弁長の法脈（鎮西義）にある聖冏は、同じく法然の弟子である親鸞の法脈に対して懐疑的だったとみられる。そこで発生した異義を正すのが、この著書の役割だったのだろうが、ここに聖徳太子を阿弥陀如来より優先して信仰する鹿島門徒の姿を見つけることができる。

また、真宗高田派は、その宗制において「わが宗派の本尊は、阿弥陀如来一仏である。下野専修寺（本寺専修寺、栃木県真岡市高田に所在）に限り、宗祖感得の一光三尊阿弥陀如来を本尊とする」とある。親鸞が夢告によって信濃善光寺に赴き、ここより一光三尊の阿弥陀如来を請来して安置したことにより、下野専修寺は始まるという。確かに、現在の真宗高田派の宗制でも、下野専修寺に限られるとはいえ、真宗にて観音菩薩・勢至菩薩をも内包する三尊形式の阿弥陀如来が、初期真宗の伝統に基づいて受容されてきたわけである。

以上、阿弥陀如来独尊（「阿弥陀一仏」）に限定されない初期真宗の信仰のかたちは存在しているのであり、その意義は決して小さくない。この点を拠り所に、阿弥陀如来に対する信仰を根幹としつつも、独尊形式だけに囚われない、つまり阿弥陀如来三尊形式の信仰が、ある程度の一般化をもって受容されていたのではないか、その可能性を思索することは、決して突飛でないはずである。

実際、三尊形式の阿弥陀如来像に関しては、やはり特別な関心が払われてきた。愛知県岡崎市・妙源寺所蔵の三幅一鋪の『九字名号ならびに三朝浄土教祖師先徳念仏相承図』(1)は、親鸞在世中に、その弟子の真仏によって制作された、という。親鸞自身やその直弟子にとって三尊形式は許容される信仰対象であったことになるだろう。また、長野県木曽郡上松町・東野阿弥陀堂の絹本著色『阿弥陀如来・太子先徳連坐像』(2)、勢至菩薩・天竺震旦先徳連坐図側（右幅＝向かって左）を失しているものの、中尊の阿弥陀如来像は一三世紀中葉の制作とされること、左幅（向かって右）には、「本願寺親鸞聖人」「□如信法師」「□覚如」とあり、本願寺の法脈（三代伝持）に拠るものであること、また、上松町が中世の小木曽荘域にあり、ここは真仏の出身である真壁氏（常陸国真壁郡の国人領主）の所領であったことから、初期真宗段階の関東の門徒との関係が指摘された。

以上の点から本稿の主題は、真宗の本尊＝阿弥陀如来独尊というかたちが、初期真宗の段階には未だ固定されていない点を考えていくことにある。この点への関心は、かつて筆者が親鸞に関する展示を企画し(3)、その過程で本尊を「阿弥陀如来一仏」に限定しない、つまり阿弥陀如来独尊だけを本尊として信仰の対象とはしない事例と向き合った、という体験が大きく作用している。そこから、改めて真宗の本尊観、それに関係する人びとの心性について、茨城県の事例をもって述べていくこととする。

一　願牛寺　阿弥陀三尊像

願牛寺は常総市蔵持に所在する。北下総の飯沼（近世以来の干拓により水田化）に連なる古間木沼《ふるまぎ》（水田化）を臨む、大高山と称する台地上に位置する。『二十四輩順拝図会』所収の寺伝では、下総国岡田郡の城主、稲葉伊予守勝重の招きにより、越後国から当地に赴き、勝重の帰依を受けて（親鸞より一心房の房号を授けられる）、大高山（常総市蔵持字石塔）に一宇を建立したことに始まるという（寺号は牛が建築資材を運んだ故事に因むという）。

図1　絹本著色阿弥陀三尊像
（常総市・願牛寺所蔵）

本像は絹本著色、全体として剥落・破損が著しく、また後世の補筆も少なくないが、制作は一三世紀後半の鎌倉時代とみられる。蓮華座の前には香炉と二輪の生花を挿した花瓶が置かれる。三軀ともいずれも真向きであり、肥瘦のない細い墨線で輪郭が描かれる（図1）。

中尊は二重円光を背にし、説法印を結ぶ。朱色の法衣には、截金状の麻の葉文が施される。蓮華座の框には繧繝の彩色がある。阿弥陀如来・観音菩薩・地蔵菩薩という明確な儀軌のない三尊形式との指摘もあるが[4]、両菩薩が戴いた宝冠の色彩が剝がれたため、特に左（向かって右）の菩薩の頭部輪郭が丸くみえるだけで、本質的には阿弥陀如来と観音菩薩・勢至菩薩との阿弥陀三尊形式と見ておきたい。

観音菩薩・勢至菩薩は、ともに円光を背にし、衲衣のはだけた胸元には瓔珞が描かれる。それぞれ両手で蓮華茎を捧げ持ち、直立の姿勢をとる。つまり、両菩薩とも蓮華台も持たなければ、両膝を屈する姿勢もとらないため、臨終にさいしての来迎を示すものではないだろう。画面上部の左（向かって右）には「〔　　〕無他方便」、右（向かって左）には「〔　　〕佛得生極楽」とあり、これは『往生要集』巻下「四　観経云　極重悪人无他方便　唯称念佛得生極楽」からの引用とみられるが、書体・書風からして後世の追筆である。

さて、古間木沼が連なる飯沼の南部が、豊田荘加納飯沼となるようで、ここが親鸞の弟子・性信が率いた横曽根門徒の拠点となる。なお、『大谷遺跡録』巻二「竜宮寺ノ旧跡」には、「仁治元年仲春の比、性信房飯沼倉持（蔵持）村ニ竜宮寺ト云ヲ起立セリ（後略）」とあり、性信が活動拠点のひとつとした竜宮寺を開いたとされる。また、同じく「高柳山東弘寺記」では、親鸞の直弟子・善性も大高山に東弘寺を開いたという（現在は常総市大房に所在する）。また、同地からは一四世紀代の板碑六基、および小型の五輪塔も多数出土している（小字石塔の由来であろう）。信仰のかたちは別として、聖地としての観がある。

このように、大高山は、寺院縁起の範疇であるが、性信・善性という親鸞の弟子が活動拠点を構えた場所になる。そして、実際にも板碑や五輪塔も検出されるなど、密教的な色彩のある信仰の場でもあった。

二　円福寺　阿弥陀三尊立像

全国的にも稀少な（唯一か）真宗系木造阿弥陀三尊立像である（図２）。中尊の像内墨書銘には、「神宿（村）」「恩愛寺」とある。現在は茨城町鳥羽田・円福寺（天台宗）の本尊である。寛文三年（一六六三）に水戸藩が作成した真言宗『開基帳』の鳥羽田村・龍含寺（神宿村・真照寺門徒）の項において、「（前略）中興造立徳治貳年丁未ニ、相模入道平貞時・相模守平師時、御取立ヲ以京都ニ奉造立、醍醐三宝院門徒・内大臣僧正、開現芸《ママ》供養被遊御立被成候（後略）」とあり、そして大正年間、瀧含寺の廃絶にともない円福寺に入った。そのため、造立の動機において、円福寺と関わるわけではない。ただし、龍含寺は真言宗であり、神宿村・恩愛寺の宗派は不明でも、同村・真照寺も真言宗である。そうすると、恩愛寺も密教系と見た方が自然である。横曽根門徒と真言宗との関係は意外に親密な部分が多いのは、今井雅晴氏(5)の指摘する通りである。

さて、中尊の来迎印を結ぶ阿弥陀如来立像は、部材の矧ぎ付け箇所も少ない一木造に近い技法であり、大粒の螺髪、生身の人間に相似する面相などが特徴的である。両脇侍はともに小振りの面相に、頭部の華冠が印象的である。左脇（向かって右）の観音菩薩は両手で蓮華茎を捧げ持ち、右脇（向かって左）の勢至菩薩は腹前で合掌する。これらの脇侍も蓮華座を持たず、あるいは両膝も屈折していない。つまり、来迎の姿勢

図２　木造阿弥陀三尊立像
（茨城町・円福寺所蔵）

ではなく、阿弥陀如来とともに並立するかたちである。

この脇侍の直立する姿勢、および両肩から両上膊部に掛かる天衣が、その下端において省略される手法から、善光寺式阿弥陀三尊像を意識しているとの指摘がある(6)。

次に、中尊の像内墨書銘、あるいは同じく両足の枘の墨書銘をみると、徳治二年（一三〇七）一一月一八日に造立され、続く正和四年（一三一五）四月中旬に、しかも、「常州鹿嶋郡神宿（現茨城町神宿）之内龍□山・恩愛寺」にて修復されていたと記されている。つまり、瀧含寺に入る以前は、鹿島郡神宿村・恩愛寺に安置されていた可能性がある。

併せて、この造立事業の主体者もみられる。総指揮たる「本願聖人」と資金調達の中心「大勧進」が「能一」、「供養導師」が「性雲」、制作実務の中心「大仏師」が「信性」とある。そして、この事業の目的が「証智比丘尼」の供養であった。

まず、この主体者のうち、「性雲」は例えば『常陸光明寺本親鸞聖人門侶交名』から、横曽根門徒を率いた性信の弟子であり、さらに、供養される「証智比丘尼」も、この門侶交名から性信の弟子である（性信の娘ともいわれる）ことがわかる。そうすると、「能一」「信性」もおのずと横曽根門徒と見なして大過ないであろう。

詳細は別稿で考察したが(7)、この三尊像の造立と修復には、所謂「唯善事件」において、唯善派と覚恵・覚如派の対立抗争が投影されているとみられる。つまり、唯善を支持する一部の横曽根門徒が得宗領鹿島郡神宿村に進出して、徳治二年と正和四年の二度、造立と修復を実行した。ちょうど、京都では唯善が大谷廟堂から覚恵・覚如を放逐した時期（徳治二年）、および覚如から存覚へ大谷廟堂留守職が譲渡された時期（正和四年）に合致している。すなわち、この造立と修復こそ、それら京都での動向に合せて、一部の横曽根門徒が、覚如支持派の筆頭ともいえる鹿島郡鳥栖村の鹿島門徒（無量寿寺）に対して起こした、唯善の存在を強烈に見せつける示威行為《デモンストレーション》と捉えることができよう。神宿村は鳥栖村から直線で一〇キロ程度と比較的近く、この示威行為の舞台としては最適であった。

いずれにしても、かれら横曽根門徒が善光寺式阿弥陀三尊像を意識したような三尊形式をなぜ採用したのであろうか。その理由は詳らかにできない。少なくとも、善光寺信仰を受容したのは高田門徒だけではない、という点は指摘すべきであろう。

それはともかく、この像の造立された時期の仏像で興味深いのが、埼玉県行田市・長福寺（真言宗）の木造阿弥陀如来座像である。この像は像内銘から正慶二年（一三三三）に「武蔵国騎西郡糯田郷六角堂(8)」に安置すべき阿弥陀如来像として造立され、その「大勧進」となったのが「大檀那沙門唯信」であった。この「唯信」は、同県加須市・龍蔵寺の阿弥陀如来立像の像内銘にある「永仁元」年（一二九三）の年号とともにある「大勧進性信御門弟別当唯信（花押）(9)」との関連が注目される。両像制作の間には四〇年もの時間差が横たわるものの、同一人物の青年期と壮年期の活動とすれば、ともに「唯信」とみなせる。北武蔵地域に展開した性信の弟子、および横曾根門徒として造仏活動に携わったことだろう。

そして、長福寺の阿弥陀如来座像がその像名からわかる通り、真宗系阿弥陀如来像としては異例の座像であり、しかも両手で結ぶ印も摂取不捨印ではなく定印である。円福寺・阿弥陀三尊立像とともに、横曽根門徒は親鸞の教義に則さない阿弥陀如来を選択したことにもなるかもしれない。しかし、実態からすれば、六～一〇字にいたる名号、あるいは阿弥陀如来独尊が真宗固有の本尊という観念が、初期真宗段階で必ずしも普遍性を持たなかったことにもなろう。

図3　絹本著色阿弥陀・聖徳太子・善導大師立像（小美玉市・喜八阿弥陀堂所蔵）

三　喜八阿弥陀堂　阿弥陀・聖徳太子・善導大師立像

小美玉市与沢の個人宅の敷地内に喜八阿弥陀堂が位置する。水戸藩の地誌『水府志料』「紅葉組與澤村」の項には「親鸞堂（中略）上人（親鸞）より授かりし物なりとて、今喜八が家に、阿彌陀繪、聖徳太子像、善導大師像三幅を藏せり。ともに上人の眞筆也と申傳ふ」とある。三間四面の入母屋造の仏堂であり、一八世紀前半ころの建築様式をみせる。そして、道場、仏庵の佇まいを彷彿させるなど、寺格化以前の真宗の布教拠点をさぐる遺構でもあろう。そして、三幅一舗の本像をみると、いずれも絹本著色であり、制作年代は三幅とも、親鸞の在世期よりは降り、一五世紀後半から一六世紀前半とみなされる（図3）。

中尊幅の阿弥陀如来像は蓮座に直立する。

背後には二重の光円、そこから放たれる四八条の光芒が描かれ、上部と左右にそって一二の菩薩が配される。法衣には截金状文様が施される。

右幅（向かって左）は、「聖徳太子勝鬘経講讃図」である。「散華」の舞う庭を臨む殿舎、その濡れ縁付近で、三五歳の聖徳太子が袍に袈裟を付け、冕冠を被り、左手で麈尾を執り、高台を前に坐し『勝鬘経』を講じている。それを六侍臣が聴講する。その人物名を記した色紙形は、銘の判読が可能な者が「小野妹子大臣」「日羅聖人」「恵慈法師」だけである。ほかに、ほとんど消えかかっているものの人偏（亻）のみが僅かに残る色紙型が一箇所ある。その点も踏まえて、また他の六侍臣の図を参考に推測も加えると、太子の右手の脇より左回りに「（阿佐太子）（人偏が確認されるもの）」「日羅聖人」「（蘇我馬子）」「（学哥）」「恵慈法師」「小野妹子大臣」になるとみられる。

左幅（向かって右）は、善導大師立像である。赤色の内着の上には、表地を輪宝文、裏地を雷文とする覆肩衣と裙を付け、同じく輪宝文のある袈裟を偏袒右肩に掛けて直立する。両手は合掌して、顔はやや上向き加減で、虚空に視線を送るような仕草で称名念仏する。その口からは、瑞雲に乗った阿弥陀仏が示現する。この構図は例えば京都・知恩院蔵の善導大師像と同じ様相である。上部には両脇に唐草文のある別紙が付され、その讃銘には善導著『往生礼讃』より「若我成仏十方衆生／称我名号下至十聲／若不生者不取正覚／彼仏今現在世成仏／当知本誓重願不虚／衆生称念必得往生」と「南无阿弥陀仏」が記されている。あたかも『御伝鈔』第五段には「おなじき（建仁）二年、閏七月下旬第九日、真影の銘は真筆をもつて、〈南無阿弥陀仏〉と〈若我成仏十方衆生　称我名号下至十声　若不生者不取正覚　彼仏今現在成仏　当知本誓重願不虚　衆生称念必得往生〉の真文とを書かしめたまひ」とあり、ちょうど親鸞（当時は綽空）が法然の肖像を描く許可を得、描いた肖像に法然手ずからこの一文を認めた場面を彷彿とさせる（それが「選択集相伝御影」という[10]）。

右幅・左幅の懸用のかたちは現在のものである。そうすると、左幅の善導大師立像は、全く何もない空間に向いていることとなり、不自然な観がある。なんらかの然るべき理由があり、現在の懸用のかたちになったと思うが、ここでも詳細は後述するものの、聖徳太子を観音菩薩、善導大師を勢至菩薩とするならば、本来は右幅と左幅が逆だったと思われる。

四　阿弥陀寺　十字名号・聖徳太子立像・法然上人座像

那珂市額田南郷の阿弥陀寺は、親鸞の弟子、定信房の開基という。[11]『大谷遺跡録』巻三「小壺山阿弥陀寺記」によると、「(前略) 始メ那珂郡 (那珂西郡) 大山ニ一宇ヲ構エテ、数代ノ後粟村ト云所ヘ寺ヲ移シ、後又額田ニ来ル」とあり、前身は建保二年 (一二一四) に那珂西郡大山村において親鸞が開いた大山草庵という。「大山」は現在の東茨城郡城里町阿波山、「粟村」は同町粟である。この那珂川・久慈川にはさまれた地域に展開したのが大山門徒である。そして、大山草庵から阿弥陀寺へと寺格を有することとなり、現地へは額田城主小野崎氏の招請による移転とされる。

この三幅一鋪の各幅は、いずれも紙本著色である。中尊幅は繧繝の色彩のある蓮座に乗る十字名号「帰命盡十方无㝵光如来」であり、全体から三本一組の細い光芒が、三六組として放たれる。書体・書風からして一六世紀代の作とみられる (図4)。

右幅 (向かって左) は、法然上人座像である。左上に「南无阿弥陀仏」「親鸞 (花押)」と二行にわたる銘文がある。親鸞筆画である点を、意図的に表象しているのだろう。法然は曲彖に坐して、やや前方にかがむが、視線 (黒眼) は斜め上方に向けられる。両手で念珠を繰り、足下に置かれた台の上に沓を脱ぐ。白の法衣をまとい、梅花文を散らした袈裟を掛ける。頭部は、法然像の典型のひとつである扁平な頭頂部を成す。制作は一七世紀以

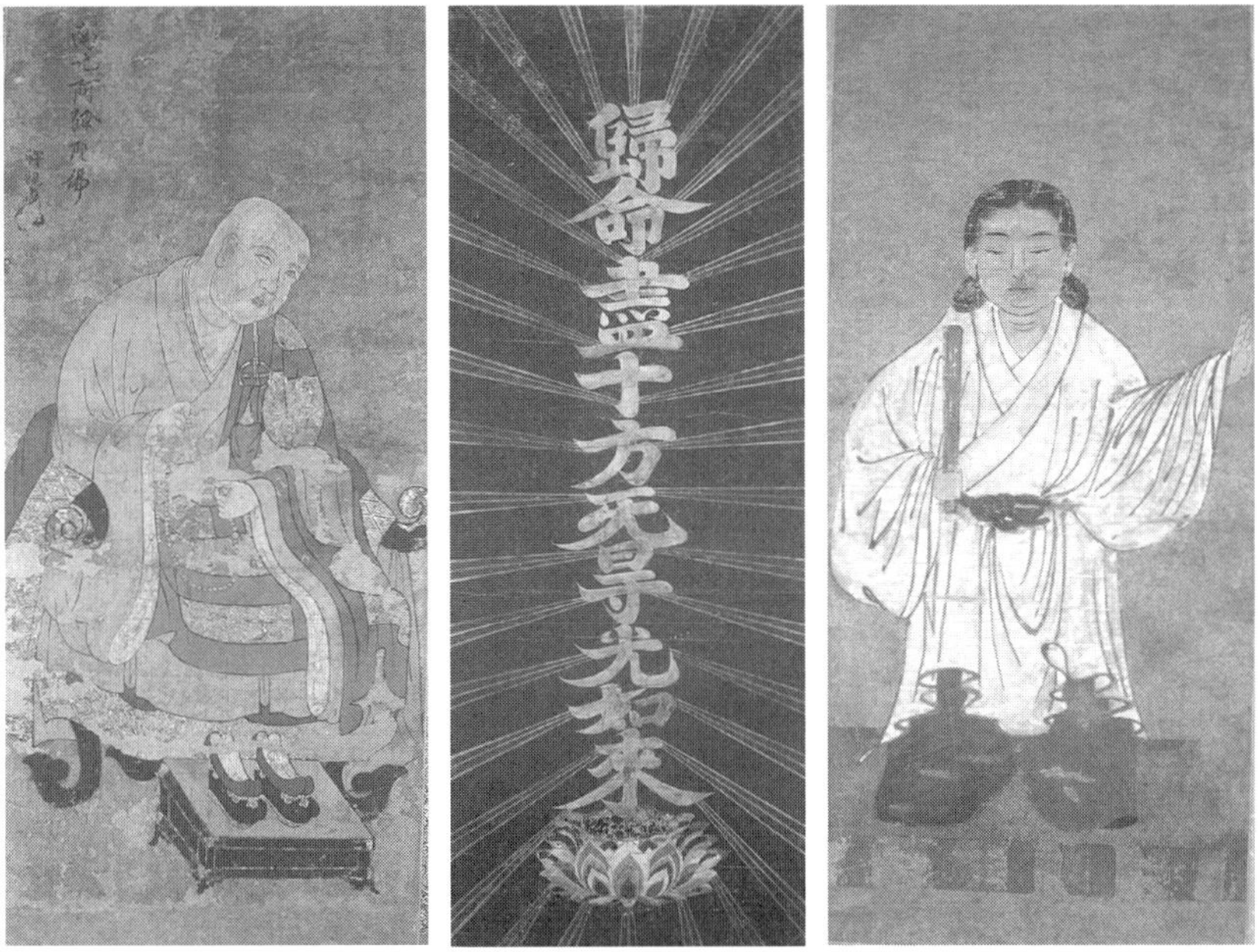

図4　紙本著色十字名号・聖徳太子立像・法然上人座像（那珂市・阿弥陀寺所蔵）

降であり、従って、名号と親鸞の署名・花押も後筆である。

左幅（向かって右）は、繧繝縁の上畳に直立する童子形の聖徳太子である。美豆良に結われた髪、緋色の上袴を付け、白い法衣を緋色の帯で結ぶ。右手で笏を構え、左手を横に伸ばしている。こちらも、制作年代は右幅と同時期、一七世紀以降とみられる。

なお、この法然の像容は、那珂市瓜連・常福寺（浄土宗、前記の聖冏が二世を勤めた）所蔵の法然上人座像（鎌倉時代作）と類似する。また、この像のような、曲彖に坐して、やや前方にかがみ、足下に沓を脱ぐ姿勢をとる法然像こそ、中世の真宗のなかで成立したという[12]。確かに、先徳連坐図において、親鸞など和朝の僧たちは、おおむね上畳に坐しているなかで、法然のみ曲彖に坐している姿を目にする。ちなみに、前記、常福寺本は、元禄六年（一六九三）に前水戸藩主・徳川光圀によって他より施入されたものである。それ以前は、真宗寺院（あるいは親鸞の法脈を嗣ぐ庵・道場）に安置されていた可能性もあるだろう。

五　考察　観音・聖徳太子と勢至・善導・法然

前者の願牛寺・円福寺の二事例は、画像・影像の相違はあるとしても、いずれも阿弥陀如来像を中尊とし、脇侍に観音菩薩・勢至菩薩を配する阿弥陀三尊像である。一方、後者の喜八阿弥陀堂・阿弥陀寺の二事例は、中尊こそ阿弥陀如来像（名号幅）であるが、脇侍が観音菩薩・勢至菩薩ではなく、善導・法然、そして聖徳太子である。この後者の二事例こそ、真宗の本尊観を明らかにするうえで、正面から検討されねばならない課題である。

前述したように、聖徳太子を観音菩薩に擬する信仰は、平安時代にはみられた。法隆寺聖霊院には、天仁年間（一一〇八～一一一〇）に造立された冕冠を被り、両手で笏を持って結跏趺坐する聖徳太子像が安置されるが、その像内には白鳳期に鋳造された銅造救世観音立像が納められている[13]。ちょうど救世観音立像の頭部が、太子像の口許に位置するため、太子の言葉はそのまま観音の言葉とも思える。

その観音＝聖徳太子説は親鸞をも魅了したようである。恵信尼文書にもある通り、観音菩薩を安置する「六角堂に百日籠もらせ給いて、後世を祈られ給けるに、九十五日の暁、聖徳太子の文を結びて、示現に与らせ給いて候ければ……」とあるように、観音霊場の六角堂（頂法寺）にて聖徳太子と邂逅するという信仰的体験をしている。

そうした由来が真宗系の太子像に反映しているわけであり、その点から喜八阿弥陀堂の聖徳太子像を考えてみたい。太子の伝記たる『聖徳太子伝暦』推古天皇一四年（六〇六）には「秋七月。天皇、詔して太子に曰く、諸仏の所説、諸経、竟に演す、然れと勝鬘経、未だ具せず、（中略）天皇、答して勅す、試みに諸名僧大徳に講せしめ、其の妙義を問ふ、太子受けて天皇に請く、其の儀、僧の如し、三日に而して竟んぬ」（読み下し）とあり、推古天皇の勅命により、「諸名僧大徳」に対して、太子があたかも僧になったように『勝鬘経』を講じたという。

ただし、この条だけでは観音との相似性は認められない。しかし、喜八阿弥陀堂の右幅「聖徳太子勝鬘経講讃図」のように、侍臣が複数配される点に注意する必要がある。前述のように、一部推測を含むものの、この六人は「阿佐太子」「日羅聖人」「蘇我馬子」「学哥」「恵慈法師」「小野妹子大臣」とみられる。真宗系聖徳太子像のうち、太子と複数侍臣の組成《ユニット》は、前述の妙源寺本のような一六歳教養太子像と、この三五歳「聖徳太子勝鬘経講讃図」だけである。しかも、喜八阿弥陀堂の右幅「聖徳太子勝鬘経講讃図」は六人もの侍臣を配する。六人は複数配される太子の侍臣のなかでは最も多い。しかも、その事例がさまざまな光明本尊・先徳連坐図の一要素となる場合が多いなかで、単独の懸用幅は、喜八阿弥陀堂の事例以外において寡聞にして知ることがない。

ただし、この六人が一堂に会して「諸名僧大徳」の一画を構成することはなかった。『聖徳太子伝暦』によると、日羅は敏達天皇一四年（五八五）に来朝した倭系百済人であり、一二歳の太子を救世観音として景仰した。同じく阿佐太子も推古天皇五年（五九七）、百済の威徳王の命で来朝し、二四歳の太子を救世観音として景仰した。他の四人も、仏教者・聖者としての太子と深く関わる人びとであるが、津田徹英氏が指摘するように、超時間的にこの二名が加入することで、太子＝観音の面が強調されるわけである。(14)

その文脈で見ると、前述した阿弥陀寺本の聖徳太子が笏を持つ姿は、一見すると三〇歳摂政太子像が典型的とされるが、こちらは冠を戴く大人になった姿であり、本像のような童子形で表現されると似つかわしくなくなる。すなわち、本像は『聖徳太子伝暦』でいえば、日羅をして「（太子一二歳）敬礼救世観音大菩薩伝灯東方粟散王」といわしめた姿とみる。

一方、法然、あるいは善導が勢至菩薩に擬せられる背景を考えてみたい。

まず、広く周知されている通り、法然は勢至菩薩の生まれ変わりという意識が、少なくとも法然没後まもない時期からあった。まず、『法然上人行状絵図』一巻より「そもそも上人（法然）は、美作国久米の南条稲岡庄の人なり。（中略）秦氏（法然の母）なやむ事なくして男子を産む。（中略）所生の小児、字を勢至と号す。竹馬に鞭をあぐる齢より、その性賢くして成人のごとし（以下略）」とある。幼名を勢至（勢至丸）とするなど、行状絵図を著わすにあたり、のちに「智慧第一」と称讃された法然の学識を、過去にまでさかのぼって表現しているようでもある。

それでも、『恵信尼消息』第三通の所謂「下妻の夢」の場面では、「あの光はかりにてわたらせ給ふは、あれこそ、法然上人にてわたらせ給へ、勢至菩薩にてわたらせ給うそかし」（適宜漢字変換）とあるように、現実に法然と面識があり、さらには昵懇でもあったとみられる恵信尼は、心底において法然を勢至菩薩に擬して崇敬していたのである。

ちなみに、親鸞自身の勢至菩薩観も興味深い。『正像末和讃』において、「弥陀・観音・大勢至、大願のふねに乗じてぞ、生死のうみにうかみつつ、有情をよばうてのせたまふ」「無碍光仏のみことには、未来の有情利せんとて、大勢至菩薩に、智慧の念仏さづけしむ」「濁世の有情をあはれみて、勢至念仏すすめしむ、信心のひとを摂取して、浄土に帰入せしめけり」とある。ここからうかがえるに、親鸞は勢至菩薩によって念仏の道に向かわされたことになり、それは親鸞が法然によって専修念仏の道に入ったことと重なる。このように、親鸞は法然の向こうに勢至菩薩を見いだし、勢至菩薩による念仏への導きを師の法然の恩徳と捉えたのである。阿弥陀寺本の法然上人座像は、まさに勢至菩薩を法然に仮託した姿といえよう。

そして、最後が喜八阿弥陀堂の善導大師像である。善導自身は、真宗において、先徳念仏相承図（晨旦）の一人であるが、単独で表現されるのは、喜八阿弥陀堂以外では確認できないと思われる（浄土宗知恩院などの例は別)。

法然が専修念仏の道に入ったのは、善導著『観経疏』に出会ったことからといわれる。法然著『選択本願念仏集』には、「静かに以ってみれば、善導の観経の疏は、これ西方の指南、行者の目足なり。しかれば則ち西方の行人、必ずすべからく珍敬すべし。なかんづくに、毎夜に夢の中に僧あつて、玄義を指授す」(読み下し)とあり、さらに同著において『偏依善導一師』とまで言い切っている。つまり、喜八阿弥陀堂の善導大師像は、本来なら勢至菩薩を法然に擬すべきを、それを超えて法然が、「偏に善導一師に依る」と言い切るほど、絶大に崇敬した善導に置き換えたことになろう。ただし、それをこの懸用幅を描いた者、依頼した者の過度な論理の飛躍とも受け取れる。つまり、善導を勢至菩薩に擬する思想、信仰は聞かれないのである。しかし、先徳念仏相承図でも晨旦の箇所に善導が描かれている以上、法然の向こうに善導を見いだすのは論理的である。

おわりに

おわりにさいして、①教義面、②「人格」から「仏」への昇格、③地域性、その三点から真宗三尊の意義について考察し、本稿のまとめとしたい。

まず、①について、親鸞にとっての観音菩薩は、聖徳太子の姿を通して師となる法然のもとに導いただけなのか、勢至菩薩は専修念仏に導いただけなのか。これだけでは親鸞の個人的宗教体験の色彩が強く、門徒に対して信仰へと敷衍させるには、十分な説得力と成り得るのかは疑問である。つまり、経典の裏付けが存在することを証明できるのか、ということである。

存覚(一二九〇~一三七三)の著書『弁述名体鈔』では、「マツ勢至菩薩ハ弥陀如来ノ右脇ノ弟子ナリ、弥陀ノ慈悲ヲツカサトルヲ観音トナツケ、弥陀ノ知恵(智慧)ヲツカサトルヲ勢至ト号ス、カルカユエニ、十方世界ニ念仏三昧ノヒロマルコトハ、コレ勢至ノチカラナリ、カルカユヘニ、首楞厳経ニハ念仏ノヒトヲ摂シテ浄土ニ帰セシムトトケリ源空聖人モ、スナハチ勢至ノ化身ナリトシメシタマフ」とある。親鸞の玄孫たる存覚が、親鸞の思想を寸分違わず継承したかは別として、勢至菩薩の智慧のはたらきを、『首楞厳経』をもって説明している。

そして、ここで存覚は観音菩薩の慈悲のはたらきの根拠を提示していないものの、それは『法華経』第二五品（観音経）が説く「慈心」「慈意」「慈眼」、つまり観音菩薩の慈悲に重ねているのであろう。通常、『法華経』の説く法華一乗思想は、親鸞の教義からすれば自力難行の「聖道門」であり、自身の提唱する他力易行の「浄土門」とは相反する、と捉えられがちである。しかし、「如何なる者も成仏せしむる」という点では、法華一乗思想も親鸞の思想とは共通であり、なによりも親鸞が比叡山で修学していた前提がある以上、敢えて謳わなくとも、親鸞は法華一乗思想を充分に咀嚼していたとみられる。

もちろん、なにより親鸞にとっての根本経典は『浄土三部経』であり、そのなかでも、とりわけ親鸞が重視した『観無量寿経』において、「真身観」とともに「観音観」が説かれ、この「勢至観」も説かれている。こうしてみると、真宗の三尊形式とは、親鸞の経験主義だけに依拠するのではなく、経典を根幹としていることが明らかになるのである。

それらの経典に依拠すれば、願牛寺・円福寺の三尊形式は、まさに親鸞が経典の研鑽から生み出した教義に基づくかたちである。しかも、中尊が座像であったり（願牛寺）、二事例とも脇侍が臨終する者を迎えに行くための来迎の姿勢をとらず、直立しているなど、来迎を否定する親鸞の阿弥陀如来観にも合致する。ここに、横曽根門徒が親鸞から相承した阿弥陀如来観・阿弥陀三尊観が反映しているともいえよう。

次に、②「人格」から「仏」への昇格の観点からみた三尊の有り様である。喜八阿弥陀堂・阿弥陀寺の二事例になると、聖徳太子が観音菩薩、善導・法然が勢至菩薩に擬せられての三尊形式となる。前述の通り、わざわざ聖徳太子の向こうに観音菩薩を、善導・法然の向こうに勢至菩薩を想定する、迂遠的な手法を採るのだろうか。つまり、直接的に両菩薩を表象・具象しないのであろうか。

まず、聖徳太子への信仰を改めてみておきたい。津田徹英氏は真宗門徒が聖徳太子に寄せる信仰心とは、『正像末和讃』「皇太子聖徳奉讃」にある「仏智不思議の誓願を、聖徳皇のめぐみにて、正定聚に帰入して、補処の弥勒のごとくなり」「聖徳皇のあはれみて、仏智不思議の誓願に、すすめいれしめたまひてぞ、住正定聚の身となれる」などとあるように、阿弥陀如来の誓願「正定聚」へと帰入させる、という太子の示した「めぐみ」「あはれみ」に依拠するという。(15) これが「慈心」「慈意」「慈眼」とする観音菩薩の慈悲とも重なるとみることもできる。前述したように、鎮西義の聖冏が訝《いぶか》しく感じた、聖徳太子を阿弥陀如来よりも優先して本尊とする真宗門徒の行為についても、それはこの文脈をもって理解されるべきである。つまり、慈悲の図像化・視覚化が優先であり、像容それ自体は特に気を配るものではなかった、と判断される。そうすると、勢至菩薩に求めるべきは智慧の図像化・視覚化であった。そこには勢至菩薩像であれ、善導・法然の像であれ、特に意に介さないという見方もありうるだろう。

そして、③地域性との関連である。前述の通り、願牛寺・円福寺の三尊形式は、初期の横曽根門徒の採用したものである。行田市・長福寺の阿弥陀如来座像の事例にもあるように、北下総から武蔵に展開した性信の系譜の門徒たち、つまり一四世紀前半期の横曽根門徒は、阿弥陀如来の独尊かつ立像だけに固執しなかったといえる。その傾向は、関東中央部から関東東部、つまり鹿島郡に進出した一派にも受け継がれたのである。

さらに、喜八阿弥陀堂・阿弥陀寺の位置する二地域の場合である。これらに共通するのは、法然の影響のある初期真宗の展開した地域でも、とりわけ法然の色彩が濃厚なところである。法然を前提とした親鸞という捉え方でもある。(16) これらの地域に親鸞の教義が広まるうえで、法然を前提とするのが、最重要事項だったのではあるまいか。その意識が、大山門徒の地域に、瓜連・常福寺が核となって鎮西義が進出してくる基盤となる。また前述したように、聖冏が鹿島社に赴いて、『鹿島問答』を執筆する動機ともなるだろう。あるいは、聖冏は鹿島郡内、特に鹿島社近辺に鎮西義の寺院を設ける意図があったのかもしれない。また、大山門徒ゆかりの寺院のなかには、室町~江戸期においても、法然を描いた仏画を制作していたところもある。[17]そして、その親鸞の向こう側にある法然への思慕や崇敬がさらに進み、ついには法然の向こう側にいる善導をも取り込んだとみられる。「智慧第一」の法然と、その法然が絶大に崇敬した善導は、法然の智慧の根源でもある。

以上、茨城県内に残る真宗三尊の信仰対象について、三つの観点から総括してみた。これらを異端・混乱と捉える向きもあるだろう。しかし、経典に依拠した行為であり、決して不自然な形態ではない。現在の教義を普遍的と断定せず、多様な信仰のかたちに、改めて注目すべきと考える。

（1）平松令三編『真宗重宝聚英』第二巻・光明本尊（同朋舎メディアプラン、一九八八年）、安藤章仁「三河妙源寺における真宗文化財について」（『印度学仏教学研究』八八、一九九六年）、津田徹英「光明本尊考」（『美術研究』三七八、二〇〇三年）、早島有毅「九字名号を中尊とした三幅一舗の本尊の成立意義――岡崎市妙源寺蔵本を中心素材にして――」『藤女子大学紀要』Ⅰ―四四、二〇〇七年）、津田徹英「親鸞の本尊観」（『日本の美術四八八・中世真宗の美術』、至文堂、二〇〇六年）。

（2）祢津宗伸「木曾谷東野阿弥陀堂初期真宗本尊に関する考察――如信・覚如の描かれた和朝先徳連坐影像と常陸国真壁郡との関係――」（『同朋大学佛教文化研究所紀要』二五、二〇〇五年）、津田徹英「コラム5　長野・東野阿弥陀堂伝来「聖徳太子ならびに和朝先徳連坐図」」（前掲註1『日本の美術』四八八）。

（3）茨城県立歴史館特別展図録『親鸞――茨城滞在20年の軌跡――』（二〇一〇年）。

（4）『石下町史』より第二編第五章、後藤道雄「石下の仏像・仏画」（石下町史編さん委員会、一九八八年）。

（5）今井雅晴①「横曾根報恩寺の成立と性信・証智」（『地方史研究』二〇六、一九八七年）、同②「平頼綱とその周辺の信仰」（『仏教史学』三四―二、一九九一年）。のちに①②ともに「横曾根門徒の研究」と改題のうえ、同著『親鸞と東国門徒』（吉川弘文館、一九九九年）に収載。
（6）植野英夫「鎌倉後期南北朝期における横曽根門徒の動向」（『茨城県史研究』五八、一九八七年）、後藤道雄・今井雅晴「茨城・円福寺の阿弥陀三尊像について――初期真宗在銘木像の一例――」（『MUSEUM』四五六、一九八九年）。
（7）拙稿「鎌倉後期北下総を中心とする真宗の展開――親鸞没後の門徒の動向を探って――」（『茨城県立歴史館報』三八、二〇一一年）。
（8）『新編埼玉県史　資料編9　中世5　金石文・奥書』より「第一章第一節20」（埼玉県、一九八九年）。
（9）同右「第一章第一節12」。
（10）津田徹英「コラム2　真宗の法然像」（前掲註1『日本の美術』四八八）。
（11）今井雅晴「常陸大山の親鸞と真宗門徒」（『茨城県史研究』六七、一九九一年）。のちに「大山門徒の研究」と改題のうえ、前掲註（5）『親鸞と東国門徒』に収載。
（12）前掲註（10）津田コラム参照。
（13）法隆寺監修『法隆寺金堂・聖霊院内陣と「四騎獅子狩文錦」』（朝日新聞社、一九九五年）。
（14）津田徹英「中世における聖徳太子像の受容とその意義」（『密教図像』一六、一九九七年）、同「親鸞晩年の聖徳太子観と東国真宗門徒の太子造像」（『日本仏教綜合研究』二、二〇〇三年）。
（15）同右参照。
（16）前掲註（11）今井論文参照。
（17）常陸大宮市石沢・常弘寺所蔵「絹本著色和朝先徳連坐図」（一五世紀制作）では、上部に曲象に座す法然を描き、その下より互いに向き合う二列六段の僧侶（法然の弟子たち）を描く。つくば市大曽根・常福寺（かつて、現在の常陸大宮市八田に所在したという）所蔵の「紙本著色法然上人坐像（御衿掛の御影）」（一八世紀以降の制作）は、所謂「選択集相伝御影」と同様の姿勢で描かれている（前掲註3参照）。江戸時代以降の制作のものを含めれば、茨城県内の真宗寺院でも、法然像は比較的多く所蔵されていると思われる。

〔引用資料〕

『蓮如上人御一代記聞書』(『真宗大系』第二九巻、真宗典籍刊行会編、国書刊行会、一九七五年)
真宗各派の宗制・宗憲(『日本仏教基礎講座五　浄土真宗』雄山閣出版、一九七九年)
『鹿島問答』(『破邪顕正義』)(『続群書類従』第三三輯上・雑部、続群書類従完成会、一九五八年)
『二十四輩順拝図会』『大谷遺跡録』(『真宗史料集成』第八巻　寺誌・遺跡、同朋舎、一九七四年)
『往生要集』(石田瑞麿訳注、岩波書店、一九四九年)
『常陸光明寺本親鸞聖人門侶交名』(『親鸞聖人行実』教学研究所編、東本願寺、二〇〇八年)
『水府志料』(『茨城県史料　近世地誌編』茨城県史編さん近世史第一部会編　茨城県、一九六八年)
『往生礼讃』(『浄土宗全書』第四巻・震旦祖釈三、浄土宗開宗八百年記念慶讃準備局、山喜房仏書林、一九七〇年)
『聖徳太子伝暦』(『続群書類従』第八輯上・伝部、続群書類従完成会、一九五八年)
『法然上人絵伝』上・下(大橋俊雄校注、岩波書店、二〇〇二年)
『恵信尼消息』(『墨美』二三七・恵信尼文書、墨美社、一九七四年)
『弁述名体鈔』(『真宗史料集成』第一巻　親鸞と初期教団　石田充之・千葉乗隆編、同朋舎、一九七四年)
『法華経』上中下(坂本幸男・岩本裕訳注、岩波書店、一九七六年)
『存覺上人一期記』(『存覺上人一期記　存覺上人袖日記』龍谷大学善本叢書三、同朋舎、一九八二年)
『浄土三部経』下　観無量寿経・阿弥陀経(中村元・紀野一義・早島鏡正訳注、岩波書店、一九九〇年)
『正像末和讃』(『聖典セミナー　三帖和讃Ⅲ　正像末和讃』浅井正海編著、本願寺出版社、二〇〇四年)

〔謝辞〕　今回の執筆にあたり、稲葉眞弘氏(願牛寺)、本田純道氏(円福寺)、長島宣明氏(喜八阿弥陀堂)、大山定信氏(阿弥陀寺)には、貴重な御寺宝・御宝物の調査、および写真の掲載を快諾していただきました。末筆ながら記して御礼申し上げます。

二

法然から親鸞へ

建永の法難と九条兼実——法然伝の検討を通して——

平　雅行

はじめに

本稿は法然伝を中心的素材としながら、建永の法難で九条兼実が果たした役割を再確認することを目的とする。私がこの作業が必要だと考えた理由は二つある。第一は、上横手雅敬氏より、建永の法難をめぐる史料的な裏づけが十分でないと批判されたことである。[1] 拙論への批判については、とりあえず応答したものの、[2] 氏が指摘するように、専修念仏に関する史料的な検討が、全般的になお不十分であることは否めない。第二は、史料分析を進めてゆくなかで、『法然上人行状絵図』（以下、『四十八巻伝』と略称）をはじめとする法然伝が、予想以上に史料的価値の高いことを実感したことにある。もちろん、こうした伝記史料には荒唐無稽な記事も多く、玉石混淆であることは確かである。しかし慎重な史料操作によって、その中から「玉」を取り出す作業は、史料の闕を補う意味においても、十分積極的な意義があると考えた。[3]

私が特にこの感を強くしたのは、頭光踏蓮の記事である。元久二年（一二〇五）四月、九条兼実が月輪殿の庭で法然を見送っていると、法然が宙に浮かんで蓮華を踏んで歩み、その頭から光の放たれるのがみえた。驚いた兼実が、横にいた藤原隆信たちに「あれを見たか」と尋ねたが、皆みえなかったと答えた。この神秘体験によって兼実は、法然に対する帰依をいっそう深めた、という。この話は『四十八巻伝』や『本朝祖師伝記絵詞(四巻伝)』『法然上人絵(弘願本)』『法然上人絵伝(琳阿本)』『法然上人伝記(九巻伝)』(以下、『四巻伝』『弘願本』『琳阿本』『九巻伝』と略称)『拾遺古徳伝』などのほか、『源空聖人私日記』にもみえる。[4] ただし、『源空聖人私日記』『拾遺古徳伝』は、「或日」「或時」と記すだけで、日時を明示していない。

とはいえ、藤原隆信は元久二年二月二七日に死没しているので、[5] これが同年四月の出来事であるはずがない。内容的にもあまりに神秘的であるため、この記事を荒唐無稽な説話と一蹴することもできる。しかしここで注目したいのは、兼実のそばで藤原隆信とともに控えていた、もう一人の人物である。『四十八巻伝』は「中納言阿闍梨尋玄号二本蓮房一」と記し、『弘願本』『琳阿本』『拾遺古徳伝』『九巻伝』もほぼ同内容である。この尋玄が法然伝に登場するのは、この箇所だけである。彼はいかなる人物なのか。

『尊卑分脈』によれば、尋玄は日野氏の出身であり、日野中納言兼光の甥にあたる。父は日野別当であった覚玄律師である。建仁元年(一二〇一)天台座主に還補された慈円が拝堂登山をした折、参会僧綱二〇名のうちに尋玄の名が見える。また、『拾玉集』には慈円が「尋玄にかはりて」詠んだ「雪の十首」が収載されており、尋玄が一時期、慈円の側近であったことがわかる。[6] 延暦寺での記事はこれのみであるが、『三長記』に尋玄が何度か登場する。「参二法性寺殿一、以二尋玄闍梨一、雖レ申二雑事一、御不例殊不快」「参二九条殿一、以二尋玄阿闍梨一、尋二申雑事等一」「参二九条殿一、以二尋玄阿闍梨一、申二大将殿御随身所始間事一」「参二九条殿一、以二尋玄阿闍梨一、申二雑事等一」とあるように、[7] 建永元年(一二〇六)七・八月に、尋玄は九条兼実の取り次ぎ役をしている。おそらく兼実が出家した段階で、慈円と兼実との相談により、慈円の側近であった尋玄が九条兼実に仕えるようになったのであろう。頭光踏蓮の記事は元久二年四月のことではありえないが、ほぼその時期に尋玄が九条兼実に近侍していたのは歴史的事実である。まったく無名ともいうべき尋玄の名が記されている点において、法然伝には貴重な歴史情報が含まれている。法然伝の記事から信憑性の高いものを改めて検出すること、これが本稿の課題である。

一　法然の配流

まず最初に、建永の法難の概要を述べておこう[8]。元久元年（一二〇四）延暦寺で弾圧の動きが起きたため、法然は活動の自粛を誓約する七箇条制誡を定めて、弟子一九〇名に署名させた。しかし元久二年一〇月、興福寺は専修念仏の弾圧を求める奏状を提出した。朝廷は弾圧を認めなかったが、興福寺はそれに反発し、①法然・安楽・住蓮・幸西・行空らの処罰、②「念仏宗」「専修」の語の禁止を求めて、朝廷と再交渉した。しかし、後鳥羽院は弾圧には慎重であった。事態がこのまま収束するかに思われたその時、「密通事件」が発覚する。後鳥羽院の熊野詣の留守中に、法然の弟子安楽・住蓮たちと院の女房との「密通事件」が起き、それが露顕した。怒りにかられた後鳥羽院は、建永二年（一二〇七）正月二四日に専修念仏を禁止する方針を固め、二月二八日に「五箇条」の太政官符を下した。専修念仏の禁止が宣布され、法然・親鸞・行空・澄西・浄聞房・好学房の六名が流罪となった。幸西と証空の二名は、慈円が身柄を預かって流罪を免れている。また、安楽・住蓮・性願・善綽の四名はこれより前に、後鳥羽院によって私的に処刑された。

以上が建永の法難の経緯である。この事件と九条兼実との関わりを考える際、重要なのは建永二年二月一〇日の使者派遣である。『明月記』同日条によれば、

今朝、兼時朝臣為二入道殿（九条兼実）御使一参、相二具専修僧一云々、専非二可レ被レ申事一歟、骨鯁之御本性、猶以如レ此、

とある。九条兼実が家司である源兼時を後鳥羽院のもとに派遣している。では、九条兼実は何を要請したのか。『明月記』はその内容を記していないが、①藤原定家が「このような要請はしない方がよいが、兼実が頑固一徹

なので仕方がない」と述べていること、②使者兼時が「専修僧」を引き連れて参上していること、③九条兼実が一貫して法然の有力な庇護者であったことからして、これが穏便な措置を求めたものであったことは疑いない。

では、この要請に効果はあったのか。そう考えてよい。何よりも、法然の流罪先が土佐国になった。流罪先が土佐国であったことは、諸史料から明らかである。『皇帝紀抄』は「源空上人号二法然房一配二流土佐国一」と記し、『歴代皇紀』も「僧源空配二流土佐国一」と述べている。(9) 中でも重要なのが、『四十八巻伝』巻三五に収録する次の記事である。

太政官符　土佐国

流人藤井元彦

右、正三位行権中納言兼右衛門督藤原朝臣隆衡宣、奉レ勅、件の人ハ二月廿八日事につミして、かの国に配流、しかるを、おもふところあるによりて、ことにめしかへさしむ、但よろしく畿の内に居住して、洛中に往還する事なかるへし者、国よろしく承知して、宣によりてこれをゝこなへ、符到奉行、

承元々年十二月八日　左大史小槻宿禰

権右中弁藤原朝臣

これは『四十八巻伝』の独自史料である。(10) 流罪から九か月後の承元元年一一月二九日に、後鳥羽御願の最勝四天王院供養が行われ、それにともなう恩赦で法然の畿内還住が認められた。それを配流先の土佐国に伝えた官符である。この太政官符は、漢文が書き下し文に改められていること、弁官・史の署判が日付の前でないなど、いくつか難点はある。しかし注目すべきは、上卿である「正三位行権中納言兼右衛門督藤原朝臣隆衡」の記載である。藤原隆衡（一一七二～一二五四）は最終的には正二位権大納言にまで昇任した人物であるが、『公卿補任』によれば、隆衡が「正三位」「権中納言」「右衛門督」を兼ねていたのは、承元元年一〇月二九日から承元三年正月一

三日のわずか一年三か月に過ぎない。承元元年一二月八日時点での彼の官位が正確に記されている。この官符の信憑性は疑いがたい。

となれば、法然を土佐国に領送することを命じた『四十八巻伝』巻三三所収の官符も、その信頼性が増すことになる。

太政官符　　土佐国司
流人藤井の元彦
使左衛門の府生清原武次従二人
門部二人　　従各一人
右、流人元彦を領送のために、くだんらの人をさして、発遣くたんのことし、国よろしく承知して、例によりて、これをこなへ、路次の国、またよろしく食柒具馬参疋をたまふへし、符到奉行、
建永二年二月廿八日　　右大史中原朝臣判
左少弁藤原朝臣

この官符も『四十八巻伝』の独自史料である。一方、ほぼ同時期に、流罪人を佐渡国に領送するよう命じた官符が『三長記』建永元年（一二〇六）九月一八日条に収載されている。

太政官符　佐渡国司
流人藤原公定
使左衛門少志清原遠安従参人
門部弐人　　従各一人
右、為レ領ニ送流人藤原公定一、差ニ件等人一発遣如レ件、国宜承知、依レ例行レ之、路次之国、亦宜レ給ニ食馬柒具

馬三疋一、符到奉行、

同弁　　　　　　　　　　同史

建永元年九月十八日

二つの太政官符を比較すると、『四十八巻伝』の官符は弁官・史の署判の位置が誤っていることや、書き下し文に改められている等の瑕疵があるが、内容的にはまったく問題がない。つまり『四十八巻伝』に収載されている二通の太政官符は信頼できるものであり、法然が土佐に流罪になったことは明らかである。

では、法然の流罪先が土佐であったことに、どのような意味があるのか。実は土佐は九条兼実の知行国であった。もともと九条家の知行国は越後と讃岐国であった。ところが元久三年（一二〇六）三月七日に九条良経が三八歳の若さで亡くなると、兼実は知行国の交換を願い出る。『三長記』同年四月三日条に次のようにある。

聞書到来、以二越後讃岐一、被レ申二替土左一、入道殿《(九条兼実)》御計也、抑故殿《(九条良経)》御事、上皇《(後鳥羽)》殊御悲嘆、彼両国御一忌之間、不レ可レ及二沙汰一歟、讃州忽可二飛《(乱)》行一之由、依レ有二其聞一、入道殿令二申替一給也、

後鳥羽院は、良経の一周忌まで両国をそのままにしておこうと考えていた。しかし、当主の死没により讃岐の知行が乱れる怖れが大きかったため、九条兼実は越後・讃岐の両国と土佐国とを交換することを申請し、この日の臨時除目でそれが認められた。つまり土佐国は法難時点において九条兼実の知行国であり、土佐の罪人を管理する最高責任者が兼実であった。後鳥羽院は法然を流罪にすることは譲らなかったが、流罪先を土佐にすることによって、流罪先での法然の管理を九条兼実に一任した。後鳥羽院は兼実の要請に対して、一定の配慮を示したのである。

では、流罪になった法然に対し、兼実は具体的にどのような措置を講じたのか。法然は実際には土佐に赴かなかった。四国での法然の滞在先について、『四十八巻伝』は「讃岐国小松庄」、『四巻伝』は「讃岐国少松御庄」、

『弘願本』『琳阿本』『九巻伝』も「讃岐国小松の庄」とする。そして、流罪先が変更になった経緯を次のように述べる。[11]

遠流の時ことさら九条殿《兼実》の御沙汰にて、土佐へハ代官をつかはして、上人《法然》をハわか所領讃岐におきまいらせ給ける（『弘願本』）

禅定殿下《九条兼実》、土佐国まではあまりにはるかなる程なり、わが知行の国なればとて讃岐国へぞうつしたてまつられける（『四十八巻伝』巻三四）

土佐国までハ、あまりに心元なし、我知行の国なれはとて、讃岐国へうつし奉る（『九巻伝』）

土佐があまりに遠いうえ、土佐は兼実の知行国でもある。融通を利かすことができるとして、兼実は法然を土佐に赴かせることなく、讃岐の小松庄に滞在させたという。

私はこれらの記事は蓋然性が高いと思う。第一に、土佐は実際に九条兼実の知行国であった。そして当時の囚人預置制度のもとでは、[12]流罪人を管理する預かり人の裁量権はかなり大きかった。法然の安置先を内々に讃岐に変えることは、その裁量権ギリギリのことであり、あり得ない措置ではない。また嘉禄の法難でも、毛利入道西阿は隆寛を自分の所領にかくまい、その弟子を代官として流罪先に遣わしている。[13]『弘願本』の記事にあるような、流罪先への「代官」派遣は他でも確認できるのである。

第二に、兼実は法然を讃岐国小松庄に迎えているが、この小松庄は九条家の荘園であった。元久元年（一二〇四）四月、兼実から娘の宜秋門院への譲状に「讃岐国小松庄」がみえているし、その後、小松庄は宜秋門院から九条道家へと伝領された。[14]法然の流罪時に兼実が小松庄を領有していたことは明らかである。法然が讃岐国小松庄に滞在した、との法然伝の記事は信頼してよい。

小括すれば、建永二年二月一〇日、穏便な処置を求めた九条兼実に対し、後鳥羽院は法然の流罪先を兼実の知行国である土佐にすることで一定の配慮を示した。その結果、九条兼実は法然を土佐に赴かせず、讃岐にあった九条家領小松庄に法然を迎えるという柔軟な措置をとることができた。

二　法然の勝尾寺逗留

次に検討すべきは、法然の勝尾寺寄留である。最勝四天王院供養の大赦によって、承元元年（一二〇七）一二月八日、「よろしく畿の内に居住して、洛中に往還する事なかるへし」との太政官符が下された。そこで法然は讃岐を出立して、摂津の勝尾寺に移る。そして、承元五年一一月一七日に帰洛を許されるまで、ほぼ四年近く勝尾寺に滞在した。では、なぜ法然の逗留先が勝尾寺であったのか。残念ながらこの点について、先行研究は明らかにすることができていない。

勝尾寺は開成皇子の開創伝承をもつ古刹である。山林修行の聖地としてつとに名高く、元慶四年（八八〇）には清和太上天皇が行幸している。承平五年（九三五）の総持寺資財帳には「別院」として「勝尾山寺壱処」とあり、藤原山蔭が創建した摂津総持寺の別院となっていたことが分かる。そして総持寺は平安末より実寛―弁雅―円基―慈禅と、延暦寺の浄土寺門跡で伝領されたし、勝尾寺も鎌倉後期には浄土寺門跡の支配下にあった。とはいえ、勝尾寺と浄土寺門跡との関係が、どこまでさかのぼるのかは明確ではない。浄土寺門跡が勝尾寺に関わった初見史料は文永三年（一二六六）であり、これ以後、外院・美河原・高山の三か荘をめぐって、勝尾寺と浄土寺門跡が争うことになる。(15)つまるところ、法然が勝尾寺に滞在した鎌倉初期に、勝尾寺をだれが管領していたのか、判然としない。

では、法然はなぜ勝尾寺に逗留することになったのか。そこで注意されるのが、平安末にかなり高位の僧侶が慈徳寺領味舌《ました》庄の佃を勝尾寺に寄進した事実である。(16)

奉二施入一

在摂津国味舌庄内田壱町事

右、件田者、彼庄佃也、然依レ有二思処一、限二永代一所レ奉レ施二入勝尾寺御仏供料一也、雖二霊験掲焉之地一、全無二仏聖燈之計事一、雖下不レ及二絹塵一、不上レ足二供仏一、件所為二彼寺之麓一、施入頗有二便宜一故也、且又仏聖既期二未来際一、観音之守護、定現当無レ誤歟者、永以所レ奉二施入一如レ件、

仁安三年正月廿二日

法眼和尚位在判

勝尾寺が「霊験掲焉之地」であるにもかかわらず、「仏聖燈之計」のないことを歎いて、仁安三年（一一六八）に「法眼和尚位」なる人物が、勝尾寺の麓にある味舌庄の佃一町を「仏供料」として寄進し、本尊観音による現当二世安穏を願っている。この関連史料が勝尾寺文書に六点あり、それらを整理すると次のようになる[17]。（a）仁安三年に「法眼和尚位」が慈徳寺領味舌庄佃一町を勝尾寺に寄進した。この人物はのちに「故　法印御房」と呼ばれている。（b）「妙香院僧正」が佃に関する御教書を発給しており、この人物が施入主（本家）としての地位を継承した。（c）その地位はさらに「本覚院僧正」に継承され、彼は仁治三年（一二四二）に「本願寄進状」を再確認する御教書を発している。残念なことに『箕面市史』『平安遺文』『鎌倉遺文』は、これらの人物が誰であるのか、特定することができていない。

まず、味舌庄の佃を寄進した（a）「法眼和尚位」は、尊忠なる人物である。『門葉記』巻一三四「寺院四」によれば、慈徳寺は「妙香院管領寺院」であった。また、『山門堂舎記』によれば、長寛二年（一一六四）正月四日の太政官牒によって「法眼和尚位尊忠」が妙香院検校職に補任されており、仁安三年の寄進当時、この尊忠が妙香院検校であったことが分かる。事実、『尊卑分脈』には藤原忠通の息尊忠として「山、権僧正、相命法印入室、

俊堯僧正資、妙香院、号慈徳寺、母源盛経女」との記事をのせる。また、『華頂要略』諸門跡伝の妙香院の項をみると、尊忠権僧正として「号慈徳寺、始諱兼忠、関白忠通公息、母源盛経女、相命入室、俊堯僧正弟子」とする。(18) 慈徳寺領の佃を寄進した「法眼和尚位」が、尊忠であったことは間違いない。尊忠は妙香院・本覚院・慈徳寺・最勝金剛院を相承するとともに、元慶寺座主・法成寺権別当などを歴任している。恐らく妙香院検校兼慈徳寺検校という立場から、尊忠は慈徳寺領味舌庄の佃一町を勝尾寺に寄進したのであろう。

この尊忠から妙香院・本覚院や慈徳寺検校等を譲られたのが良快であるので、(19)（b）「妙香院僧正」は良快を指す。さらに良快の弟子の良禅は、嘉禎四年（一二三八）より本覚院を名乗り、また同年に権僧正に補任されているので、(20)（c）「本覚院僧正」は良禅ということになる。つまり、慈徳寺領味舌庄の知行権は尊忠―良快―良禅と継承された。ところで、『門葉記』巻一四二「雑決三」の「妙香院山務」をみると、一〇世紀末に尋禅によって創始された妙香院は、

（法印）相命――（慈徳寺法印）尊忠――良快――慈源――慈禅――慈実

と伝領されている。そして実際、天福元年（一二三三）慈源への良快譲状には、青蓮院門跡や妙香院検校とともに慈徳寺検校職があがっている。また建長四年（一二五二）慈禅に対する慈源譲状にも妙香院・慈徳寺検校職がみえているので、味舌庄の知行権は上記の形で伝領されたことになる。(21) しかもこのうち慈禅は妙香院とともに浄土寺門跡を兼帯した人物であり、この慈禅から浄土寺門跡は勝尾寺との関わりを鮮明にする。

ところが、この相承には本覚院僧正良禅の名がみえない。この点をどのように考えればよいのだろうか。同じく『門葉記』巻一四二の「本覚院山務」によれば、

（本覚院法印）相命――（慈徳寺法印）尊忠（法性寺関白息）――（飯室、座主大僧正）良快――（本覚院大僧正）良禅（太政大臣良平公息）――（座主、岡屋大僧正）最源（同息）――（座主大僧正）源恵（大納言頼経卿子）

とあり、良禅は良快から本覚院を相承している。ところで良快は天福元年八月に青蓮院門跡を一五歳の慈源に譲ると、まもなく青蓮院本坊を退去して妙香院や横川飯室谷に隠居し、仁治三年一二月に死没している。良禅が良快の臨終にも立ち会っていることからすれば(22)、次の経緯が考えられる。①慈源は天福元年に良快から青蓮院門跡を相承したが、慈源は師の良快に対し、隠居料として妙香院の管領を認めた。②良快は晩年、九条家一門であるとともに、側近の弟子でもある本覚院良禅に慈徳寺の管領を委ねた。そのため仁治三年八月に本覚院僧正良禅御教書が勝尾寺にくだされた。③同年一二月の良快の死没により、妙香院・慈徳寺の知行権は慈源に戻され、建長四年に慈源から慈禅に譲られた。

以上、説明が煩雑になったが、尊忠が慈徳寺の所領の一部を、仁安三年に勝尾寺の仏聖料として寄進し、その後もその保全に心を配っていたことを確認しておきたい。

勝尾寺に対する尊忠の貢献はこれにとどまらない。勝尾寺文書によれば、建久三年（一一九二）の春念仏は、「妙香院法印御房《（尊忠）》」の下向にあわせて三月一三日に始行したという(23)。勝尾寺は元暦元年（一一八四）一ノ谷合戦の前哨戦で焼き払われたため、文治から建久年間に再建活動を進めていた。尊忠がそれにどのように協力をしたのか、具体的なことは不明である。しかし、勝尾寺の年中行事である春念仏の開始を尊忠の下向にあわせていることは、尊忠の貢献が佃一町の寄進にとどまらないものであったことを示唆している。このように平安末から鎌倉初期にかけて、尊忠は勝尾寺に対し、さまざまな支援をしていた。

実は、この尊忠は九条兼実の異母弟である。もっとも九条兼実の兄弟は数多く、近衛家や松殿家など兄弟間でも摂関の地位をめぐる権力闘争が熾烈であったため、兄弟というだけではその親密さをはかることができない。しかし尊忠は母親を異にするとはいえ、九条家一門として行動していた。兼実や「法印《（慈円）》・大将《（良通）》・中将《（良経）》」らと一緒に父忠通の墓所に参っているし、忠通の周忌では九条家一門と仏事を聴聞し、皇嘉門院の月忌でも兼実とともに

図1　九条兼実・尊忠らの略系図

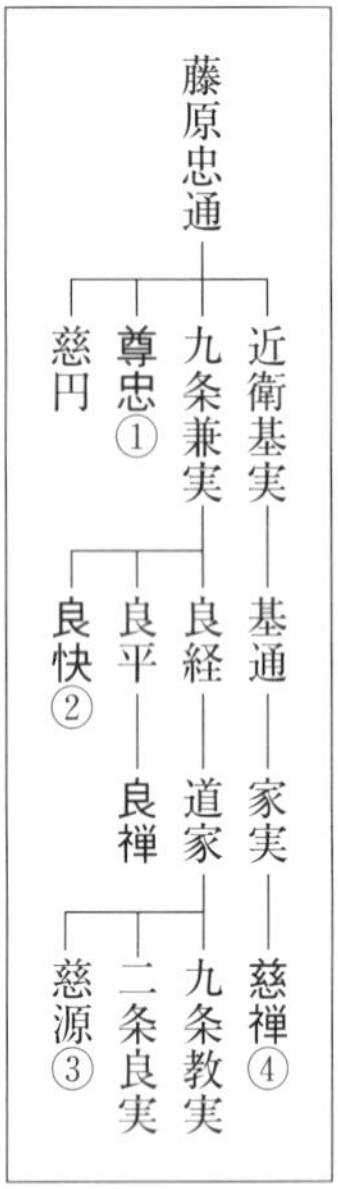

注：①～④は妙香院門跡の相承者、太字は勝尾寺文書に登場する僧侶。

参列している。(24) 九条兼実の息良通が亡くなると、兼実・慈円・良通母・良通室らと写経したし、その月忌でも兼実・慈円など「親昵」の者とともに法華経三十品を書写している。(25) このように尊忠は九条家一門として活動していた。兼実の日記『玉葉』には尊忠の記事が五〇回にわたって登場する。関係者の系図を図示すれば、図1のようになる。

寿永三年（一一八四）の「僧綱補任」少僧都の項に「尊忠山、殿、卅五、廿七」とあるので、尊忠は久安六年（一一五〇）に生まれたことになる。また、建保元年（一二一三）六月三日に亡くなった。(26) 九条兼実（一一四九～一二〇七）より一歳年下の異母弟であり、慈円（一一五五～一二二五）より五歳年上の異母兄ということになる。

尊忠は九条兼実から祈禱・仏事も依頼されている。皇嘉門院追善の如法経供養表白をつとめたし、九条堂での法華三昧や如法読誦にも招請された。また九条家の尊勝陀羅尼供養では導師をつとめたし、兼実から毎日の舎利供養も依頼されている。このほか兼実息のために月蝕祈禱を行うなど、(27) 尊忠は世間・出世間の両面にわたって、九条兼実ときわめて近しい関係にあった。法然の勝尾寺滞在に、尊忠が関わったことは疑いあるまい。

法然伝にはその傍証となる記事もある。法然が勝尾寺に移ったころ、勝尾寺に一切経がないことを聞いて、法然は自分が所持している一切経を勝尾寺に奉納した。そこで住僧たちは聖覚を屈請してその開題供養を行った、という。この話は『四十八巻伝』だけでなく、『四巻伝』『琳阿本』『拾遺古徳伝』『九巻伝』『知恩伝』など法然諸伝にみえるが、(28) なかでも『琳阿本』は次のように述べる。

当山に一切経ましまさゝるよし聞召ければ、上人所持の経論をわたし給ふに、寺内の老若上下七十余人を遣ハして、さかむかへに上人の弟子、殿法印御房、古﨟の住侶等、花を散し、香をたき、盖をさしてむかへたてまつる、住侶各随喜悦誉して法印聖覚を唱導として、開題讃嘆の詞に云、（下略）

住僧七十余人で一切経を移送したが、その坂迎えの儀式として、法然の弟子や古老の住侶とともに「殿法印御房」らが焼香・散華し、傘をさしかけて一切経を歓迎したという。そして法然伝のなかで『琳阿本』と『知恩伝』のみ、「殿法印御房」「殿法印」の名がみえる。「殿法印」とは、法印の位をもつ殿下（摂政・関白）の息をいう。そして実際、尊忠はこの当時、法印の地位にあり、また彼は殿下・藤原忠通の息でもある。ただし、浄土寺門跡の円基（一一八六〜一二三八）も当時の官位は法印であり、彼の父近衛基通は摂関に就いているので、円基も当時「殿法印御房」と呼ばれた可能性がある。(29) とはいえ平安末・鎌倉初期の時点で、浄土寺門跡が勝尾寺に関わった史料が確認できないし、円基と法然との間に何の接点もない。「殿法印御房」は尊忠と判断してよかろう。

このように尊忠は、勝尾寺への積極的な支援者であり、九条兼実の弟であり、また法然の勝尾寺一切経奉納にも関与した。法然の勝尾寺滞在は尊忠の差配によると考えてよい。

では、尊忠はなぜ法然を庇護したのか。兄兼実に対する配慮であることは容易に予想がつくが、重要なのは九条兼実の臨終である。法然が流罪となって一か月あまり後に、九条兼実は死没する。それに関し慈円は、「法然ガ事ナドナゲ《歎》キテ、其建永二年ノ四月五日、久シク病ニネテ起居モ心ニカナハズ、臨終ハヨ《良》クテウセ《失》ニケリ」と述べている。(30) この筆致からして、慈円は九条兼実の臨終に立ち会ったと考えるべきだろう。慈円が語るように兼実は、「法然ガ事ナドナゲ《歎》キテ」死んでいった。とすれば、尊忠もまた臨終間近かな兼実から「法然ガ事」の歎きを聞かされたはずである。兼実が慈円や尊忠に「法然ガ事」を歎いたということは、後事を彼らに託したことを意味している。それに応えたのが法然の勝尾寺滞在である。

慈円や尊忠にとって、法然の保護は九条兼実の遺言そのものである。彼らが法然に対してどのような感懐を懐いていようとも、法然の面倒をみるのは、兼実の遺志に添うものであった。こうして尊忠の庇護のもと、法然は勝尾寺に滞在することになる。

三　法然と慈円・良快

次に、慈円・良快と法然たちとの関係について検討したい。慈円に関しては、①建永の法難での身柄預かりと、②法然の大谷房の差配である。まず、前者から考えよう。

『歎異抄』に「幸西成覚房、善恵房二人、同遠流ニサタマル、シカルニ無動寺之善題大僧正（慈円）、コレヲ申アツカルト云々」とある。[31]建永の法難では幸西と証空も遠流の予定であったが、慈円の預かりによって二人は流罪をまぬがれた。なぜ慈円は二人の身柄を預かったのだろうか。このうち証空については、のちに慈円の臨終善知識になっていることもあり、[32]一応の説明はつく。しかし、幸西はどうであろうか。彼は法然門下において最も急進派の人物であったうえ、延暦寺の出身という以外に慈円とのつながりは確認できない。

そもそも慈円は専修念仏に好意的ではない。『愚管抄』は、法然について「往生〳〵ト云ナシテ人アツマリケレド、サルタシカ（確）ナル事モナシ」と冷淡な書きぶりであるし、「コレハ昨今マデシリビキ（尻引）ヲシテ、猶ソノ魚鳥女犯ノ専修ハ大方エトヾ（止）メラレヌニヤ」と「魚鳥女犯ノ専修」に批判的である。また法然門下が阿弥陀号を付けていることについても、「順魔」の惑乱によるものと断じている。[33]また、『門葉記』巻九三「勤行四」の懺法院十五尊釈に

　抑当世僧侶、称二専修念仏之行者、決定往生之業因一、捨二真言止観之行業一、専二魚食女犯之放逸一云々、事既起

レ自二弥陀之教一、今更儲二此重罪之業一、如来之照見如何、諸仏之方便如何、或諸宗訴二公家一、々々誡二悪人一、雖レ然全無二対治之実一、弥有二造罪之悲一云々、誠是濁世迷惑之非常、末代難治之悪縁也、此事争不レ啓二弥陀如来一哉、故無二作善之行法之席、為二一切衆生一、述二発露懺悔短旨一者也、

とある。この懺法院十五尊釈は青蓮院の洛中本坊である大懺法院の長日勤行に関わるもので、先の一節はその阿弥陀釈の末尾に付されている。この長日勤行を定めたのが慈円であり、十五尊釈も慈円の手になるものと考えられる(34)。慈円はここで、「魚食女犯之放逸」が「如来之照見」に背くものだとした。そして、「諸宗」が朝廷に専修念仏の弾圧を訴え、朝廷が「悪人」を誡めたが、まったく「対治之実」がないと歎いている。

このように慈円は、専修念仏に批判的であった。幸西たちの身柄を自発的に預かったとは考えられない。とすれば、二人の預かりは同母兄兼実の要請と考える以外にない。慈円は天台座主を四度つとめるなど、中世延暦寺を代表する人物であるが、彼が権力を確立するうえで九条兼実が果たした役割は極めて大きい。青蓮院門跡の相承、全玄からの伝法灌頂、最初の天台座主就任、これらはいずれも兄兼実の配慮の賜物であった。思想信条の如何にかかわらず、慈円が兼実の恩義に報いるのは当然のことである。九条兼実が二人の身柄預かりを慈円に依頼し、それを後鳥羽院に申し出ることによって、後鳥羽がそれを了解したのだろう。

実際、このころ慈円と後鳥羽院との関係はきわめて良好であった。法然らの処分は建永二年二月二八日に決まるが、同年二月二〇日より慈円は後鳥羽院御所で七仏薬師法を修していた。同じく院御所で七月五日に北斗法、八月三〇日に不動法を修し、一一月二九日の最勝四天王院供養では呪願をつとめている(35)。こうした親密さを背景として、同年一一月、後鳥羽院は四天王寺を園城寺から切り離して慈円を別当に補任したし、翌年には後鳥羽院の息・朝仁親王（のちの道覚入道親王）を慈円のもとに入室させた。九条兼実は、こうした慈円と後鳥羽院との緊密な関係を見据えて、慈円の預かりという形をとることで証空・幸西の二人を救おうとしたのである。建永二

年二月一〇日、兼実が後鳥羽に穏便な処置を求めて使者を派遣したことについて先に触れたが、こうしてみると、その時の要請内容に、これが含まれていた可能性も十分にある。

慈円に関するもう一つの問題は、大谷房についてである。承元五年（一二一一）一一月に法然・親鸞らの流罪が赦免され、法然が勝尾寺から帰洛した。『四十八巻伝』巻三六によれば、その時、「慈鎮和尚の御沙汰として、大谷の禅房に居住せしめたまふ」とあり、慈円の差配によって法然が大谷禅房に居住するようになった、という。『四巻伝』『琳阿本』『拾遺古徳伝』『九巻伝』も同様の記事を載せている。[36]ただし、これに関しては、その裏付けをとることはまったくできない。しかし、臨終間近かな兼実から法然のことを託されたと考えられること、また慈円が兼実の要請で証空・幸西の身柄を預かった事実、そして異母弟の尊忠が兼実の遺志にこたえて、勝尾寺寄留を手配したことからすれば、京都大谷の住坊を慈円が差配した可能性は十分にある。この記事は信用してよいと考える。

小括すると、慈円は専修念仏に批判的であったが、兄兼実の要請に応じて証空・幸西の身柄を預かり、さらに兄兼実の遺志を尊重して法然の大谷住坊の差配を行ったのである。

最後に、嘉禄の法難での良快の動きについて検討したい。『選択集』をめぐる論争をきっかけにして、嘉禄三年（一二二七）六月、延暦寺が大谷の法然廟を襲撃した。朝廷は改めて全国に専修念仏の禁止令を布達し、①幸西・隆寛・空阿弥陀仏の三名を遠流、②余党四六名を追放、③『選択集』とその印板を焚書処分にした。また、朝廷の要請によって、この時から鎌倉幕府が専修念仏の弾圧に全面協力することになる。[37]これが嘉禄の法難の概要であるが、『四十八巻伝』巻四二によれば、六月二二日に延暦寺が大谷の法然廟を破却しようとしたため、その夜、法然門下が良快と今後の対応を協議している。

その夜法蓮房、覚阿弥陀仏等、妙香院の僧正良快、月輪殿御息の禅室に参じて、この事しばらくしづまれりといふとも、山門のいきどほりなをむなしからじ、はやく改葬すべきよしを申入るゝに、この儀もともよろしかるべしと仰られければ、やがてこよひ、人しづまりてのち、ひそかに御棺の石の櫃の蓋をひらくに、面像いけるがごとくして、異香芬馥せり。

法蓮房信空らが「延暦寺の憤りの深さからすれば、法然の遺骸を別の場所に改葬した方がよいと思う」と相談したところ、良快がそれに賛成したので、その夜のうちに洛西嵯峨に移し、さらに二八日夜に広隆寺に移送したという。法然の改葬そのものは『百錬抄』に「於二遺骨一者、門弟等偸堀出、渡二他所一云々」とあり、法然諸伝にもみえているので事実と考えてよい(38)。問題は良快との相談である。良快とのやりとりを記すのは『四十八巻伝』のほか、『拾遺古徳伝』『九巻伝』だけである。この記事は信用してよいのだろうか。

良快について『四十八巻伝』は「妙香院の僧正良快、月輪殿御息」と記すが、この時の良快はむしろ青蓮院の門主であった。良快はもともと妙香院を拠点としていた。承久の乱によって道覚（後鳥羽院息）の青蓮院継承が不可能となったため、良快が青蓮院を兼帯することになったのである。さて、法然伝によれば、延暦寺大衆が法然廟を襲撃する一方、延暦寺の最有力門跡の良快が改葬をめぐって法然門下と相談している。このようなことは、あり得るのだろうか。私は、この記事の蓋然性は高いと思う。

第一に、延暦寺のような巨大組織となると、意見の分裂は珍しいことではない。意見対立のあげく、大衆が天台座主の住坊を襲撃する事件さえ幾度も起きている。また、正和元年（一三一二）に親鸞門徒が大谷影堂に専修寺の額を掲げたとき、座主公什はそれに好意的であったが、山門大衆が強硬に反対したため、結局額を撤去している(39)。このように座主や門跡の意向と、延暦寺大衆の動きが乖離することは珍しくない。

第二に、この良快（一一八五～一二四二）は九条兼実の息である。尊忠の入室の弟子であり、尊忠から妙香院・本覚院・慈徳寺等を相承した。顕教の師は石泉院覚什で、密教は慈円から伝法灌頂をうけている。兼実が亡くなった建永二年には二三歳であった。兼実が「法然ガ事ナドナゲ（歎）キテ」死んでいった以上、良快もまた法然のことを託されたはずである。法然門下の庇護は良快にとっても、父兼実の遺志そのものであった。

第三に、良快は嘉禄の法難の際に法然門下を擁護する発言をしている。『明月記』嘉禄三年七月六日条に次のようにある。

山門之訴強盛、可レ振二神輿一之由、頻以騒動之間、今日雅親卿参陣、左大弁（家光）参二結政一、張本隆寛本山僧、律師、空阿弥陀仏、成覚（幸西）等流罪云々、（中略）善恵房（証空）上人宇津宮（頼綱）随逐之師也山門訴訟、入二其数一之由聞レ之、周章書二誓状一且進二公家一、妙香院（良快）又披陳給云々、吉水前大僧正（慈円）帰依、為二臨終善知識一、以レ之為二証拠一云々、

これによれば、①延暦寺の訴えによって、専修念仏の張本である隆寛・空阿弥陀仏・幸西が流罪に決した、②延暦寺が求める流罪交名には証空も入っていたが、その噂を聞きつけて、証空はあわてて起請文を朝廷に提出した、③良快は「証空を臨終の善知識にするなど、慈円は証空に深く帰依していた」と述べて、証空を弁護したという。このように良快は九条兼実の遺児であり、慈円・尊忠の甥であり弟子であったうえ、実際に嘉禄の法難では証空の弁護を行っている。このことからすれば、法然伝が語るように、良快が信空たちから法然の改葬を相談されることは十分な蓋然性があり、事実と考えてよいだろう。

以上、法然伝を中心的素材としながら、九条兼実と建永の法難について検討してきた。明らかになったことは決して多いわけではないが、①九条兼実が弾圧後の法然たちにも大きな影響を及ぼしていたこと、②法然伝の記事は玉石混淆とはいえ、そのなかには他ではうかがえない貴重な情報が含まれていることを、改めて確認することができた。法然伝の歴史学的検討は、今後もさらに進められる必要があるだろう。

（1）　上横手雅敬「『建永の法難』について」（『鎌倉時代の権力と制度』思文閣出版、二〇〇八年）。

（2）拙稿「建永の法難と『教行信証』後序」（『真宗教学研究』三一、二〇一〇年）。

（3）ちなみに、松尾剛次氏は拙著『歴史のなかに見る親鸞』への書評で、次のように述べた（『図書新聞』二〇一一年七月二日号）。近年の歴史学は、「確実な史料のみでの歴史叙述を目指」す、かつてのような「近代主義的な」実証主義歴史学を乗り越え、「偽文書、伝承・神話など疑わしい史料」も活用するようになってきた。しかし、平の方法は「近年のそうした成果に対して完全に逆行している」とし、「平氏にとっては、たとえば網野史学などは、歴史学者の矜持を捨てたものなのだろうか」と。

もとより私は、史料の博捜に支えられた網野善彦氏の業績に深い敬意を懐いてきたし、本稿でも述べたように、伝承史料の活用はむしろ積極的に進めるべきであると考えている。とはいえ、偽文書や伝承史料の活用は実証主義歴史学の深化の所産なのであって、実証の否定ではない。ましてや、実証の放棄であってはならない。遺憾なことに、松尾氏の『親鸞再考』（日本放送出版協会、二〇一〇年）には史料批判といえるものが、ほぼ皆無である。伝承史料への無批判な依存という点で、本書は近代歴史学以前に退行しており、「歴史学者の矜持を捨てたもの」と評さざるを得ない。私はこれまで松尾氏と意見を異にすることが多かったが、しかしそれはあくまで研究者同士の学説上の対立であった。今回の氏の著作が、到底そのレベルに達していないことが、私には残念である。

（4）『法然上人伝の成立史的研究』（知恩院、一九六二年）五七頁。

（5）『大日本史料』四―八―四五六頁。

（6）『尊卑分脈』一―一三〇頁、『門葉記』巻一八四（『大正新脩大蔵経　図像部一二』六七〇頁）、『拾玉集』第四（『新編国歌大観』三―七一二頁）。

（7）『三長記』建永元年七月三日条・七月一四日条・七月二〇日条・八月三日条。

（8）建永の法難については、拙稿「建永の法難について」（『日本中世の社会と仏教』塙書房、一九九二年）、同「親鸞の配流と奏状」（『親鸞門流の世界』法藏館、二〇〇八年）、および前掲註（2）拙稿を参照されたい。

（9）『皇帝紀抄』（『群書類従』三―三八五頁）、『歴代皇紀』（『改訂史籍集覧』一八―一三九頁）。

（10）前掲註（4）『法然上人伝の成立史的研究』二五七頁。なお『四巻伝』『弘願本』『琳阿本』『拾遺古徳伝』『九巻伝』は、召還を命じる官宣旨を載せるが、これについては信憑性の確定はできない。

(11) 前掲註(4)『法然上人伝の成立史的研究』二五三頁・二四五頁。
(12) 石川晶康「鎌倉幕府検断法における『預』について」(『国史学』九一、一九七三年)、海津一朗「中世社会における『囚人預置』慣行」(『日本史研究』二八八、一九八六年)、上杉和彦「中世成立期刑罰論ノート」(『日本中世法体系成立史論』、校倉書房、一九九六年)。
(13) 『四十八巻伝』巻四四と『九巻伝』に、弟子を代官として流罪先に派遣した旨がみえる(前掲註4『法然上人伝の成立史的研究』三三〇頁)。
(14) 元久元年四月二三日「九条兼実置文」(『鎌倉遺文』一四四八号)、建長二年一一月日「九条道家惣処分状」(『同』七二五〇号)。
(15) 『箕面市史』第一巻(一九六四年)、康治二年一〇月一五日「太政官牒案」(『箕面市史 史料編一』八号)、治承五年六月六日「太政官牒案」(『同』一三号)、暦仁元年一二月三日「太政官符案」(『同』一四二号)、文永三年九月十六日「浄土寺門跡慈禅御教書」(『同』二四一号)。
(16) 仁安三年正月二二日「尊忠法眼田地寄進状案」(『箕面市史 史料編一』一一号)。
(17) 仁安三年七月一六日「妙香院検校尊忠房政所下文案」(『箕面市史 史料編一』一三号)、承安五年三月三〇日「妙香院検校尊忠房政所下文案」(『同』一八号)、年月日欠「勝尾寺住僧等解案」(『同』一九号)、年欠四月二七日「妙香院良快御教書案」(『同』一四号)、仁治三年八月八日「本覚院良禅御教書」(『同』一六〇号)。
(18) 『門葉記』巻一三四(『大正新脩大蔵経 図像部一二』三一九頁)、『山門堂舎記』(『群書類従』二四─四九七頁)、『尊卑分脈』一─八五頁、『華頂要略』諸門跡伝(『大日本史料』四─一一─五八六頁)。なお、『門葉記』巻一四〇「雑決一」に収載する「妙香院庄園目録」には「一 慈徳寺領 摂津国味舌庄、年貢七十余石」とする。
(19) 元久元年正月二五日「尊忠法印譲状案」(『鎌倉遺文』五〇四六〇号)。この史料は未来年号であるなどの難があるが、「権大僧都良快」と記している。良快は建仁三年一一月二〇日に権大僧都に補され、元久元年五月一五日に法印に叙されているので、彼が権大僧都であったのはその半年間だけである。その期間の僧官位が正確に記されている点からして、この文書の内容は信頼に値する。良快については拙稿「青蓮院の門跡相論と鎌倉幕府」(『延暦寺と中世社会』法藏館、二〇〇四年)を参照。

(20)『大日本史料』五―一一―六七九頁・五―一二―一〇二頁。また拙稿「鎌倉山門派の成立と展開」（『大阪大学大学院文学研究科紀要』四〇、二〇〇〇年）を参照。
(21)天福元年八月八日「良快寺院房舎等譲状」（『鎌倉遺文』四五四八号）、『華頂要略』門主伝補遺（『大日本仏教全書』一二八―四一二頁）
(22)『大日本史料』五―一五―五五四頁
(23)建久二年三月二二日「勝尾寺下番現在衆交名」（『箕面市史　史料編一』三三一号）
(24)『玉葉』元暦元年一一月三十日条、文治四年二月一九日条。皇嘉門院月忌への参列は『玉葉』養和二年五月五日条、寿永元年六月五日条・七月五日条・八月五日条・一〇月五日条。
(25)『玉葉』文治四年四月八日条、建久二年六月二〇日条。
(26)「僧綱補任残闕」（『大日本仏教全書』一一一―八七頁）、『明月記』建保元年六月一〇日条。
(27)『玉葉』養和二年四月一四日条・三月二三日条、文治四年八月三日条、建久五年二月一二日条・七月一九日条、元暦二年三月一五日条。
(28)前掲註（4）『法然上人伝の成立史的研究』二五九頁、『知恩伝』（井川定慶編『法然上人伝全集』七六〇頁、法然上人伝全集刊行会、一九五二年）。
(29)円基は建仁元年五月に法印に叙され（『天台座主記』）、承元四年三月に法印から権僧正に昇任している（『大日本史料』四―一〇―七七八頁）。なお円基の事蹟の概要については『大日本史料』五―一一―九三九頁を参照。
(30)『愚管抄』（日本古典文学大系本、二九六頁）。
(31)『歎異抄』（『真宗史料集成』一―五一一頁）。
(32)『明月記』嘉禄三年七月三日条。
(33)前掲註（30）『愚管抄』二九五頁。
(34)『門葉記』巻九三（『大正新脩大蔵経　図像部一二』二六頁）。本史料については、善裕昭「中世山門史料と善導」（『日本仏教の形成と展開』法藏館、二〇〇二年）を参照。
(35)『門葉記』巻一二八「門主行状一」（『大正新脩大蔵経　図像部一二』二四二頁）。

（36）前掲註（4）『法然上人伝の成立史的研究』二六八頁。
（37）拙稿「嘉禄の法難と安居院聖覚」（前掲註8『日本中世の社会と仏教』）。
（38）『百錬抄』嘉禄三年六月二四日条、前掲註（4）『法然上人伝の成立史的研究』三〇六頁。
（39）座主坊の襲撃は、永保元年六月、寛治七年八月、長治元年八月、天仁三年四月、保安三年八月、長寛二年一〇月、寿永三年正月の七度である（『天台座主記』）。『存覚一期記』二三歳正和元年条（『存覚上人一期記　存覚上人袖日記』竜谷大学善本叢書三、同朋舎出版、一九八二年）。

親鸞の「転入」の解釈学（要旨）

ヒロタ・デニス

日本の仏教思想の歴史において、親鸞は、きわめて革新的な人物の一人に数えられる。ところが、当の親鸞自身は、その生涯を通じて、みずからを法然の忠実な弟子であると語っていた。忠実な弟子として、ただただ、師法然の教えを明らかにし、それを伝道することのみを求めたというのである。このように、親鸞の独創性についての見解が一致しないことを、我々としては、どのように理解すべきなのだろうか。

この点については、親鸞個人の謙遜や、あるいは、異なる時代における、革新ということに関する価値認識の相違といった要因もあろう。しかし、ここでいう、親鸞の独創性に関する見解の不一致は、単に、そういった事柄にはとどまらない。親鸞の姿勢は、ただ単純に、法然の『選択本願念仏集』に記された立論を拡張することや、あるいは、スコラ学的な議論を通じて、法然の教えについての、なおいっそうの立脚点を探求するといったことでは、師のたてた念仏道の意義、その肝要を伝達するという目標が達せられることはなかっただろう、ということである。本質的な問題は、法然のラディカルな論理やその率直な結論を把握する、あるいは、それらをさらに詳しく解明するということにはなかった。親鸞も主張するように、法然の言葉を真剣に読む人間ならば、その言葉が「諭り易し」、つまり、容易に了解されることは、理解していたはずである。

むしろ、親鸞の見解において欠かすことができなかったのは、法然のメッセージの核心にあるという、すっかり変容させられた、仏道に対する理解を伝達するということであった。法然と出会った際に、親鸞が師の言葉のうちに聞いたものや、そして、親鸞がみずからの著作で読者に伝えようとしたものは、まさしく、この仏道理解であった。その上で、この法然の認識の核心部分を明らかにするにあたっては、法然の立論を拡張することは必要ではなく、そのかわりに、親鸞が結論づけるには、革新的な様式の解説が必要ということであった。

そういうわけで、親鸞の法然に対する忠実さの強調は、次のことを示す。すなわち、親鸞が教える「浄土真宗」（浄土仏教の真実の理解）とは、当の親鸞自身の見解においては、彼が法然から学んだものに教理的な補正を施すこと、あるいは、同じく、教理的に発展させるといったことではない、ということである。むしろ親鸞における、浄土仏教思想の主要な発達とは、根本的に解釈学的である。その発達は、念仏者が教義を通じて法へと関与する際の、その関わり方と関係している。このような理由もあって、それには、水平的次元、および垂直的次元と便宜的に称して差し支えないものの両方が含まれる。水平的次元は、第一に論弁的であり、概念的であり、そして、時間的なものでもある。対する垂直的次元は、発出的であり、非概念的でもあり、そして無時間あるいは全時間的である。親鸞の関心は、この二つの次元にいちどきに作用する、それらの同時的な、あるいは、両方を融合させた理解にある。

（英文は六四二～六一五頁）

悲しき学び

田村晃徳

はじめに

「人は生まれながらにして知ることを欲する」という格言を待つことなく、人は知を求めてやまない。それは知は生と密接に連関しているからである。詳細を省いて述べてしまえば、知ることは世界という外界の理解であり、外界の理解は自身という内面の理解である。その知のあり方はもちろん双方向的であるから、自身の理解が世界の理解へとつながる循環構造となる。その知を体系的に獲得することを学びと言い、学問というのだろう。それは仏教においても当然該当する。仏教は「三学」という言葉があるように、学びから始まる。「三学」という学びの質については後述にゆずるが、いずれにせよ仏教と「学び」はその初発から不可分なのである。それは当然、浄土真宗にも該当するはずである。

ところが浄土真宗と学び、あるいは学問の関係を考察するさいに、次の言葉は問題を提起してくれる。

一体、真宗という宗旨は念佛を称えてお浄土へ参る、ただそれだけである。それだけの宗旨に、果して学問などする必要があるのであるか。こういう疑問を文政に関係ある、或る人が起したそうである。(1)

近代において、浄土真宗の教義を深化させた一人である金子大栄は、右のように著書で述べている。ここには、真宗を考える上で看過できない問いがある。浄土真宗に学問は必要なのか――右の文章における問いは、このように表現できるだろう。これは浄土真宗には学問、学びは必要ではないという見解が可能であることを示している。それは、金子の文章にあるように、念仏のみで浄土真宗は完結するのであり、それ以外の要素は必要ないという見解だろう。この見解を突き詰めていけば、学問は当然不要のものとなる。確かに、阿弥陀の本願により救われるのが浄土真宗の根幹であり、念仏もそのためにあるのだから、そのような見解も一理あるであろう。しかし、その見解を取るとき一つの疑問も残る。それは『教行信証』をはじめ、さまざまな著書として結実した親鸞の学問は何だったのか、という疑問である。

この小論では浄土真宗を「学」ぶとはどのようなことなのかについて論じる。そのさいに『教行信証』「後序」の記述をもとに論を進めていく。それを通じ、法然の学問観、そして解脱坊貞慶について論じることが中心となる。その理由はのちに明らかにするが、親鸞の学問観を考察する手がかりには、両者の検討が不可欠なのである。それに付随して当時の学びの状況を親鸞が如何に見ていたのかを論じる。法然の仏教観を通じて、浄土教における学問のあり方を論述していく。全体的には学問の質を「悲しき学び」という言葉で考察していきたい。

一　仏教を学ぶ者

(1)　興福寺の学徒

人は念仏のみで救われる――これが浄土真宗の根幹である。「念仏成仏これ真宗」との言葉が示すように、念仏により十方衆生は救済され、また「真実の行信に帰命」する者を「摂取して捨てたまわず」と誓ったのが阿弥陀仏である(2)。つまり浄土真宗とは念仏により、阿弥陀仏に救われていく事実を言い、帰命する衆生を救ってやまないのが阿弥陀という仏なのである。

しかし、このような仏教理解に大きな疑問、さらには非難が集中したのも、また周知の事実である。その代表として「興福寺奏状」（以下「奏状」）をあげることには異論がないであろう。解脱坊貞慶を中心として起草されたとする「奏状」は、思想的にも歴史的にも重要な位置づけを持つ文書である。だが、今はその点については触れず、文書の持つ意味を別の点から考察してみたい。それは『教行信証』における記述についてである。

『教行信証』の「後序」は親鸞の著作全体の中でも独自である。それは親鸞が自分の辿ってきた道、歴程を述べているからである。親鸞が自身の経歴について述べることが少ないことはよく知られている。故に、親鸞の人生については現在でも不明な点が多い(3)。その「後序」の文章でさえも、歴程とはいえ、自身の信仰において重要な点のみを書いているわけであるから、通常の自伝ではない。しかし、いずれにせよ「後序」の記述を読むことは、親鸞が現在の自身にいたるまでの理由ならびに事由を示している点で貴重なのである。

「奏状」については次のように記されている。長い引用となるが、該当箇所を含む「後序」の文章を掲げてみたい。

竊に以みれば、聖道の諸教は行証久しく廃れ、浄土の真宗は証道今盛りなり。しかるに諸寺の釈門、教に昏くして真仮の門戸を知らず、洛都の儒林、行に迷うて邪正の道路を弁うることなし。ここをもって興福寺の学徒、太上天皇諱尊成、今上諱為仁聖暦・承元丁の卯の歳、仲春上旬の候に奏達す。主上臣下、法に背き義に違し、忿を成し怨みを結ぶ。これに因って真宗興隆の大祖源空法師、ならびに門徒数輩、罪科を考えず、猥りがわしく死罪に坐す(4)。

右の文章で「興福寺の学徒」が「奏達」したのが「奏状」なのは間違いない。ただ、この表記は重要な論点も含んでいる。一つは親鸞が「奏状」が出された全体像をどれほど把握していたのか、という点である。何故ならば「奏状」は自らが語るように「八宗同心の訴訟」[5]、つまり倶舎・成実・律・法相・三論・華厳・天台・真言の諸宗による「前代未聞」の訴えであった。つまり、ここで親鸞が「奏状」を「興福寺の学徒」としていることは歴史的には正確ではない。もちろん、「奏状」は興福寺の解脱坊貞慶が中心となり起草したのであるから、親鸞はその事実を念頭に置いている可能性もある。しかし、そうであるにせよ「興福寺の学徒」という表記が貞慶個人を指しているのか、それとも「八宗」と呼ばれるいわゆる旧仏教全体をその表記に託しているのかは不明である。歴史的状況からいえば、当時貞慶は笠置に隠遁していた。ただ隠遁とはいえ、交流を断絶していたわけではなく、仏教界や政界とも関係は続いていた[6]。貞慶が如何なる理由で「奏状」起草の中心人物となったのかについての経緯は不明である。しかし「八宗」において、換言すれば当時の仏教界において興福寺、または貞慶が有していた位置については、十分に認識できよう[7]。

ただ今回の小論の論点に即せば、より重要な点は別にある。それは「興福寺の学徒」という表記そのものである。

興福寺の僧について「学徒」と呼ぶこと自体は当然であろう。興福寺と学問の関係では維摩会がまずあげられる。藤原鎌足が病床に伏したことにその始まりをもつ維摩会が、時を下った平安時代には諸宗の僧侶たちの研学竪義の場となった。それは宮中御斎会、薬師寺の最勝会とともに「三会」と呼称されるにいたる。維摩会の講師となることは僧綱に任命される前提であり、南都で学僧として成功する第一歩であった[8]。貞慶も研学竪義を遂業し（二八歳）、その後、維摩会講師をつとめる（三二歳）。以上の事実からも興福寺そのもの、あるいは貞慶をもって「学徒」と呼ぶことは至極当然であろう。

しかし『教行信証』「後序」における「学徒」とは、右のようないわば事実のみを内包した平面的な表記ではないだろう。そこには先述したように「学徒」＝仏教を学ぶ者という原義的な意味が強く込められているのではないか。つまり、何故仏教を学ぶ者が「奏状」という行為に出たのか、さらにいえば何故そのような行為に行き着いてしまったのか、という問いが込められているのである。「後序」の文章を見れば分かるように、親鸞は「奏状」提出の意味を重視している。それは法然や自身が流罪となる一大要因と見ているのであった。「主上臣下、法に背き義に違し、忿を成し怨みを結ぶ」の一文は親鸞の「奏状」への視点を語るものであろう。そのような問いは次のようにも表現できる。一体、学僧と呼ばれる者たちはどのような仏教の学びをしているのか、と。これは当然、仏教の学問とは如何にあるべきか、という問いに帰着する。ここに親鸞が学問をどのように見ていたかについて考察する視角が与えられるのである。

その点について考察するには、親鸞が旧仏教、いわゆる「聖道門」仏教をどのように見ていたかについての確認がいる。それには「後序」の文章に則していくことが、考察の道筋である。つまり、「ここをもって興福寺の学徒(中略)奏達す」という表現を注視することが必要なのである。「ここをもって」とは、前段の文章を、つまり「聖道の諸教は行証久しく廃れ、浄土の真宗は証道いま盛りなり」や、「諸寺の釈門、教に昏くして真仮の門戸を知らず」を承けていることは明白である。つまり、それ以前の記述に親鸞の「聖道門」観が示されているのである。「学徒」の学びを考えるにはその記述の考察が必要なのだが、ここでは別の確認を行いたい。それは法然の学びである。

(2) 法然の「悲しき」学び

親鸞の学びを考える上で、まず確認しなければならないのは法然の存在である。これは一見遠回りのようであるが、親鸞の学問観、さらには仏教観を考察する上で重要である。日本中世と浄土真宗というテーマを考えるときに、浄土真宗=親鸞の思想とはならない。何故ならば周知の通り、親鸞は浄土真宗とは法然により興されたことを述べているからだ。先に見た「真宗興隆の大祖源空法師」という呼称からも明らかであるが、その他にもいくつも確認できる。

智慧光のちからより
本師源空あらわれて
浄土真宗をひらきつつ
選択本願のべたまう

善導源信すすむとも
本師源空ひろめずは
片州濁世のともがらは
いかでか真宗をさとらまし(9)

これらは「高僧和讃」からの文章である。親鸞が法然をどのように見ていたのかが、端的に表現されていよう。真宗史をひもとけば分かるように、浄土真宗という名称はいわゆる宗派の名称としては用いられていなかった(10)。そこでは「一向宗」という名称が用いられていたのである。そのような事実からしても、ここで親鸞が法然について「浄土真宗」をひらいたとしていることは重要であろう。つまり、浄土真宗とは法然により開かれ、広められた「真実の浄土の教え」だと親鸞は見ていたのだ。

さらに親鸞にとっての法然を考察する上で注意すべきは『選択本願念仏集』の位置づけである。これもよく知られているとおり、法然は『選択集』を限られた門弟にのみ書写を許可していた。そのうちの一名が親鸞なのであるが、『教行信証』「後序」には次のように述べていたことが注意される。

『選択本願念仏集』は、禅定博陸月輪殿兼実　法名円照の教命に依って撰集せしむるところなり。真宗の簡要、念仏の奥義、これに摂在せり。見る者諭り易し。誠にこれ、希有最勝の華文、無上甚深の宝典なり。[11]

『選択集』とは如何なる書か。それは親鸞が端的に答えるように「真宗簡要念仏奥義」が「摂在」している書物である。ならば、『選択集』がどのように学びや仏教の課題を見ているかについて確認することが肝要であろう。『選択集』の著者、法然は学問をどのようにとらえていたのか。その点の考察を試みたい。

釈尊により示された真理の習得、つまり仏教の習得において学が本来不可分であることはいうまでもない。それは先述したように「三学」として表現されていた。すなわち戒・定・慧の習得が仏教の覚りへの階梯では最初にして、最重要なのである。改めて注意されるのは、これらが「学」として名付けられている点だろう。ここでいわれている学は当然知的理解を意味しているのではない。それは実践していく性質、換言すれば知的理解に終始する静的なものではなく、覚りのために学ぶ、いわば動的な性質を持つのである。このように、仏教と学とは本来結びつきのあるものであり、逆にいえばこの三学の習得が仏教習得の条件ともなるのである。

しかし、三学がそのような性質を有することは、ある一人の僧に深刻な問いを与えた。いうまでもなく法然である。比叡に登り、研鑽を重ねてきた法然は優秀な僧として高い評価を得ていた。智慧の象徴である「勢至」をその幼名に与えられていたとされることからも分かるように、法然の智慧は相当なものであった。伝によれば「聖道諸宗の教門にあきらか」であり、天台や華厳の高僧が「宏才をほむ」るほどであった。そのような点も含めて「智慧第一の法然坊」という称号が宗派を超え、定着した評価だったことは容易に理解できる。しかし、そのような名声は法然を喜ばせることはなかった。それは次の述懐に表れている。

おほよそ仏教おほしといえども、所詮戒定慧の三学をばすぎず。(中略)しかるにわがこの身は、戒行にをいて一戒をもたもたず、禅定にをいて、一もこれをえず。[12]

仏教の学びとは「三学をばすぎ」ない。そして仏教の学びが解脱のためであることを思うとき、三学を修することは覚りのはじめにして、最重要の位置を持つことも当然だろう。逆にいえば法然の告白のように戒も禅定もできないことが、何を示すかは明瞭である。それは仏教による救いを絶望せざるを得ないことを意味するのである。

かなしきかな、かなしきかな、いかゞせん、いかゞせむ。こゝに我等ごときはすでに戒定慧の三学の器にあらず。この三学のほかに、我心に相応する法門ありや、我身に堪たる修行あるやと、よろづの智者にもとめ、諸の学者に、とふらひしに、をしうる人もなく、しめす輩もなし(13)。

ここに法然の「悲しみ」がある。その「悲しみ」は救われない悲しみである。他者からは「智慧第一」という評価を得ていても、その実は「三学」という学びはどれ一つとして成就できない自身である。学びによって、この身は何とかなるという気持ちもあったのかもしれない。教を学び、高僧に道を尋ねれば、迷いからの度脱も可能であろうという期待も持っていたかもしれない。それ故に実際に、智者に教えを請うても、道が開けない悲しみはより一層深刻であったに相違ない。その学びは悲しみのもとに行われざるを得ないのである。

この三学のほかに、我心に相応する法門ありや、我身に堪えたる修行やあると、よろづの智者にもとめ、諸の学者に、とふらひしに、をしふる人もなく、しめす輩もなし(14)。

法然の学問観、ひいては仏教観を考察するにあたり、この「悲しみ」は看過できないであろう。一五にして比叡に入った法然は、数十年以上の年月を仏教の学びに費やしてきた。伝承によれば『一切経』を五遍読むこともあった。もちろん、それは知的関心ではなく、解脱への要求が法然を学びへと動かしていたに相違ない。そうであるからこそ、自分は仏教では救われないのではないかという思いに気づいたときの絶望感は想像さえするのが困難である。私たちは法然の「悲しみ」の深さを思わねばならない。そこで見えてきたものは何か。それは自身の偽らざる姿である。それは「愚」であり「凡夫」にすぎない姿であった。法然の魂の履歴は次のように続くと、伝は語る。

然間なげき〳〵経蔵にいり、かなしみ〳〵聖教にむかひて、手自ひらき見しに善導和尚の観経の疏の、一心専念弥陀名号、行住坐臥不問時節、久近念々不捨者、是名正定之業、順彼仏願故。といふ文を見得てのち、我等がごとくの、無智の身は偏にこの文をあふぎ、専このことはりをたのみて、念々不捨の称名を修して、決定往生の業因に備べし、たゞ善導の遺教を信ずるのみにあらず、又あつく弥陀の弘誓に順ぜり、順彼仏願故の文ふかく魂にそみ、心にとゞめたるなり[15]

悲しみつつ聖教に向かうという、いわば「悲しき」学び。その絶望を携えた学びの先に、法然が見たものが善導の一文であり、「無智の身」としての自分であった。しかし、逆説的ではあるが、絶望の先に見えてきた「無智の身」としての自身こそが、救われていく自身の発見でもあったのだ。阿弥陀の本願は、そのような我々、いわば「愚」としての我々を救う。この気づき故に、おそらく何度も読んでいたはずであろう善導の一文が「ふかく魂にそむ」こととなったのに相違ない。ならば、この言葉は先の「悲しみ」とともに読まれねばならないだろう。深き悲しみ故に、喜びも深くなったのである。この善導の一文により法然は回心した。

これによりて承安五年の春、生年四十三たちどころに余行をすてゝ、一向に念仏に帰し給ひにけり[16]

ここで気をつけねばならないのは「無智の身」だから、阿弥陀に救われるしかないという、いわば卑下的な見方ではないことだろう。「無智の身」、つまり「愚」である自身であるからこそ、阿弥陀に救われることができるのだ、という価値観の根底的変化、まさに「転依」であり「回心」であったのだ。法然が浄土宗を明らかにしたのも、まさにそのような「凡夫」故に浄土に往生できることを示すためであった。

われ浄土宗をたつる心は、凡夫の報土に、むまるることを、しめさんがためなり[17]。

ここには二つの視点が含まれている。一つは誰のための仏教か、である。救われるべき対象は誰かと表現できよう。第二には、我々自身は何者か、という視点だ。当然、一と二の視点は交差し、重複する。しかし、この二点は重ならない場合も多である。何故ならば我々は自分は何者かでありたいという欲求、つまり凡夫である自身を拒否する本能があるからだ。

二　時代と学び

（1）浄土の学び——念仏のみ

それでは法然はどのようにして、それまでの学びに区切りをつけたのか。換言すれば浄土の学びはそれまでの学びと何が異なるのか。親鸞により「真宗の簡要」とされた『選択集』冒頭の文を確認したい。

『安楽集』の上に云く。「問うて曰く。一切衆生に皆仏性あり、遠劫より以来、まさに多仏にあうべし。何によりてか今に至るまでなお自ら生死に輪廻して、火宅を出でざるや。答えて曰く。大乗の聖教に依るに、まことに二種の勝法を得て、以て生死を排ざるによりてなり。ここを以て火宅を出でず。何者をか二とする。一にはいわく聖道、二にはいわく往生浄土なり。その聖道の一種は今の時証しがたし。一には大聖去ること遙遠なり。二には理深く解微なるによる。

道綽の『安楽集』から『選択集』の記述が始まることに改めて注意したい。「二門章」と呼ばれる第一章は、「衆生には仏性があるのに、なぜ迷いから離れられないのか」という問いから始まる。この問いは法然の「悲しみ」を思うとき、決して他人事ではないことが理解できる。過去の体験がこの問いを冒頭に置いた一つの要因であろう。人が迷いから脱するには「二種の勝法」によるしかない。それは「聖道」と「往生浄土」の二つの教えである。いわゆる「聖道門」と「浄土門」であるが、前者によって「証」を得る、つまり「火宅を出」ることはできない。何故ならば釈尊がはるか以前に亡くなっていること、そして「聖道門」の教えが「理深く解微」であるからだとする。つまり、ここで「聖道門」と衆生を隔てるものは時代と人間、換言すれば時と機の問題なのである。末法が問われているのである。

末法とは行証不能の時代である。このことは常識である。しかし、その常識に落とし穴がある。それは末法を歴史「観」として認識することだ。確かに一つの歴史観ではある。だが、重要なのは「末法」を時代の修辞句としてはならないことだ。歴史観をどこまで自己認識の問題として、つまり「行証かなわぬ」(『正像末和讃』)自身として体得できるかが、如何なる仏教を学び、また如何に仏教を学ぶかの分水嶺となる。末法観については後述するが、いずれにせよ行も証もできないという認識がなければ、法然の仏教に共感は不可能である。念仏のみでいいという法然の論こそが戯論となってしまうだろう。

それでは末法においては何をたのむべきなのか。それはいうまでもなく念仏申すことにより、十方衆生を救うとした、阿弥陀の本願である。何故、阿弥陀は本願において念仏を選んだのか。法然は『選択集』の「本願章」で次のように述べる。

一には勝劣の義。二には難易の義。(中略)故に知りぬ。念仏は易きが故に一切に通じ、所行は難きが故に諸機に通ぜざることを。然ればすなわち一切衆生をして平等に往生せしめんがために難を捨て易を取りて本願としたまうか。もしそれ造像起塔を本願となしたまはば、すなわち貧窮困乏の類は定んで往生の望みを絶たん。然るに富貴の者は少なく、貧賤の者は甚だ多し。もし智慧高才を以て本願となしたまはば、愚鈍下智の者は定んで往生の望みを絶たん。然るに智慧の者は少なく、愚痴の者は甚だ多し(18)

右の文章は何故他の行ではなく念仏のみが本願として選ばれたのか、についての見解である。この他にも「多聞多見」「持戒持律」などがあげられていた。この点からも推察できる通り、法然が右にあげているのは現実の状況を反映しているのであろう。「造像起塔」や「持戒自律」が救済要件となるならば、そこからこぼれる者が多数いる。それは智慧においても同様である。つまり、それらが本願となれば「摂取不捨」とはならないのである。故に、「摂取不捨」となるべく本願は「勝」であり「易」である念仏を本願として選んだ。法然の学びは、この点に行き着いたのである。

しかしこのような法然の「念仏のみ」という姿勢は、いくつかの波紋を呼ぶこととなる。一つは思想面、もう一つは行動面であった。前者の思想面については「奏状」が代表としてあげられるだろう。後者の行動面については、「奏状」の提出をはじめとする、一連の法難、さらには浄土宗門下についても見られる。まず前者から検討していこう。九箇条にわたり法然の教えを批判する「奏状」は、その目的を冒頭に掲げていた。

殊に天裁を蒙り、永く沙門源空勧むるところの専修念仏の宗義を糺改せられんことを請ふの状。

右、謹んで案内を考ふるに一の沙門あり、世に法然と号す。念仏の宗を立てて、専修の行を勧む。その詞、古師に似たりと雖も、その心、多く本説に乖けり。ほぼその過を勘ふるに、略して九箇条あり[19]

九箇条にわたり法然の誤りをあげるのだが、何よりも「天裁」「糺改」などの強い言葉が目にとまる。興福寺は以前にも争いの調停を求める啓状を源頼朝に提出したことがある。世俗の権力を用いることにより、興福寺の影響力を増大させるという体質があったのだろう[20]。九箇条のいずれもが興味深く、かつ重要な論点をはらんでいるが、ここでは念仏観について確認、考察していこう。

「奏状」では第七に「念仏を誤る失」をあげていた。

第七に念仏を誤る失

先づ所念の仏において名あり体あり。その体の中に事あり理あり。次に能念の相について、或いは口称あり、或いは心念あり。（中略）浅深重重、前は劣、後は勝なり。しからば、口に名号を唱ふるは、観にあらず、定にあらず、是れ念仏の中の麁なり浅なり。（中略）ここに専修、此のごときの難を蒙らんの時、万事を顧みず、ただ一言に答へん、「是れ弥陀の本願四十八あり、念仏往生は第十八の願なり」と。何ぞ爾許の大願を隠して、ただ一種を以て本願と号せんや。(21)

「奏状」がいわんとすることは明らかである。それは念仏への批判なのではなく、「口称」つまり「称名念仏」への批判なのである。何故称名念仏が誤りなのか。それは「劣」であり、「観」「定」ではないことだ。そのような「劣」である「口称」のみを弥陀が本願とするはずがない、これが「奏状」の見解であった。この「口称」念仏を否定する背景には、「奏状」が指摘する仏教の原義的側面のみならず、「勝」なる行を好み、さらにはそのような行を実践することができるという、自身への確信があるとはいえないだろうか。しかし、そのような念仏観が法然の見解と正反対であることは言を俟たない。法然が称名念仏を「勝」かつ「易」としているのは、あらゆる者を救うという願いこそが、阿弥陀の本願であるからだ。言葉を足せば末法という行証がかなわない時代において、人々が救済される教えこそが本願であるという認識なのである。つまり、両者の見解に根本的に差異が生じるのは、歴史観、あるいは人間観に起因するのである。

それでは「奏状」起草の中心であった貞慶の歴史観・人間観はどのようなものであったのか。(22)まず、前者については時代を末法であるとは把捉していなかった。貞慶は当代を「像法之末」と認識していた。いうまでもなく「像法」であるならば教行ある時代である。つまり釈尊の教えを行じることは可能であるということである。さらに人間観についてはどうであろうか。貞慶はさまざまな仏に対して信仰を抱いていたことはよく知られている。そのような信仰を可能とさせる人間観、仏教でいう機根観はどのようなものであったのか。それは人間の機根はそれぞれ異なるという見解であった。故に、何がその人にとって往生を可能とさせる行なのかは、それぞれに異なるのである。時代観と人間観が重なることは当然である。法然と貞慶の見解の相違はその点からも理解できるのだ。

確かに「奏状」で貞慶が指摘する点は正当でもある。念仏とは原義では貞慶のいう通り「定」としてあった。また、「奏状」では浄土についても糺改している。それを読めば「学徒」である貞慶にふさわしく、『観無量寿経』や曇鸞・道綽・善導らを引き、それぞれが「所行往生、盛んに許すところなり」と反論している。[23]つまり貞慶は反論の仕方として、念仏・浄土の重要性は理解しつつ、それに対する法然の宗義に反対しているのである。

このように見解が分かれるのは、先に触れたように両者の時代観・人間観の差異によるのであろう。両者の『観無量寿経』の読み方をはじめとした経典観も重要なテーマとなる。しかし、貞慶の浄土観については、法然の次の言葉が本質を突いていよう。

　上人或時かたりてのたまはく、われ浄土宗をたつる心は、凡夫の報土に、むまるゝことを、しめさんがためなり。（中略）もし法相によれば、浄土を判ずる事ふかしといへども凡夫の往生をゆるさず。諸宗の所談、ことなりといへども、すべて、凡夫報土にむまるゝことを、ゆるさゞるゆへに、善導の釈義によりて、浄土宗をたつるとき、すなはち凡夫報土にむまるゝ事あらはるゝなり。[24]

最早多くの説明は要しないだろう。貞慶の属する法相宗をはじめ、聖道諸宗の浄土観が端的に述べられている。それは、如何に浄土を大切に述べようとも「凡夫の往生をゆるさざる」教えなのである。そのような理解は『選択集』の印象的な言葉を用いれば、往生浄土を「傍らに」[25]明かす教えであるにすぎない。凡夫往生とは傍らに扱われるべき問いではないのだ。

一方、貞慶は旧仏教の改革者であったことも指摘されている。[26]当時の興福寺は徐々に変質していった時代であった。一つには世俗的勢力の興福寺に対する支配である。それに併行して、世俗的身分制も導入されていき、貴族出身者のみが出世できるようになっていった。また、学問をめぐる状況でも同様である。興福寺の維摩会の形骸化である。維摩会の竪義論議の問答内容が、先に当事者に知らされていたことが知られている。そのような中、興福寺の僧侶たちが堕落していくのは当然であった。そのような状況を変えるために、貞慶は著作活動をはじめとして、法相宗復興のためさまざまに活動したのである。「奏状」起草にも「八宗」復興への願いがあるのかもしれない。

さらに注意を惹かれるのは、法然、あるいは親鸞と同様に貞慶もまた自身を「愚」と認識していた点である。『愚迷発心集』を読めば分かるように、そこには愚かな自分を見つめる貞慶の目がある。

悲しいかな、名利の毒薬を幻化の身中に服して、空しく二世を殄さんこと。愚なるかな、恩愛の繋縛を迷乱の心上に結んで、徒に一期を送らんこと。(27)

貞慶の見た自身とは「名利の毒薬」を宿し、「恩愛の繋縛」に迷う、悲しくも愚かな存在であった。少々意外にも思われるが貞慶は自分を「常没の凡夫」であるともしていた。ここには旧仏教の中心である碩学としての貞慶はない。そこに映るのは法然や親鸞と同じく、「愚者」として自分を見る一個人としての貞慶である。その点だけを見れば、三者はともに「愚」という共通の地平に立っていた、ともいえよう。「悲しみ」を繰り返し吐露する『愚迷発心集』を読むとき、真摯な求道者としての貞慶が見えてもくる。

しかし、それならば、なおのこと問われねばならない。何故自身を「愚」と見つめ、悲しき存在であることを知っていた貞慶は、「前代未聞」である「八宗同心の訴訟」を起こし、「源空ならびに弟子」に「罪科」(28)を求めるような行為にいたったのか。『教行信証』に「学徒」と呼ばれる者たちは、どのような学びをしたことによって、このような行為にいたったのかと。(29)学びと生き方の相関関係の強度がここでは問いとなるのだ。

私たちは宗教の問題は内面的な問題であると考える。それは信＝心であり、心は内面的なものである、という一連の理解に由来するのであろう。しかし信は内面に沈静する静的なものではない。その人がどのような信を得ているのか。それはその人の行動、ひいては生き様として顕わになることを法然や貞慶から学ぶことができるのだろう。

それでは法然にとって学問とは何を知るためにあったのか。それには次の言葉が参考となる。

聖道門ノ修行ハ、智慧ヲキワメテ生死ヲハナレ、浄土門ノ修行ハ、愚痴ニカヘリテ極楽ニムマルト(30)

右の「修行」に学びを含めることも可能だろう。学びとは何かを知るためにある。それでは浄土門においては何を学ぶのか。その点を示すのが右の言葉である。自身は「愚」であり「凡夫」であることを知るのである。これは実に逆説的である。本来、知の増大が自身の生に有効であると思うからこそ、人は学ぶのである。それは「智者」を目指す学問である。だが、法然の人生を鑑みるとき、問われるべきは、実はそのような学問観なのかもしれない。私たちは智者となることを目指すとき、知識の獲得自体を目標としてしまう。それが仏教の学びとなるときには、知識の多寡を救済の条件としてしまうのである。先に引用した『選択集』「本願章」の文章はそのことを如実に示している。

法然の学びとはどのようなものであったのか。それは学びの積み重ねが自分を覚りへと導くという、いわば足し算の学びではなかったと表現できよう。足し算の学びではなく、自身は現に救われていることを知る、あえていえば零に帰る学びであったのだ。ここに学びの質が異なっているのは、容易に理解できよう。先述の如く、善導の文により法然は回心した。回心とは自身が根本的に翻ったことに他ならない。それは学びの方向性を変えるのも、また当然であろう。簡潔にまとめれば「救いの条件としての学び」から、「救いの確信の学び」へと変わったのである。「愚」のままに、ただ念仏する。それ故に阿弥陀に救済されることの知が浄土門の学びなのである。本願による救いが学びの出発点であり、同時に帰結点でもあるのだ。

(3) 親鸞の「悲しみ」

このような法然の視点を親鸞も聞いていただろう。そしてそれは親鸞を終生にわたる支えとなったのである。

故法然聖人は「浄土宗のひとは愚者になりて往生す」と候しことを、たしかにうけたまはり候しうへに、ものもおぼえぬあさましき人々のまいりたるを御覧じては、往生必定すべしとて、えませたまひしをみまいらせ候き。(31)

これは『末燈鈔』の一文である。注意したいのは、この手紙が書かれたのが、文応元年(一二六〇)、親鸞八八歳であったことだ。親鸞が「後序」に書いているように、「奏状」や建永の法難により、法然と別れたのが三五歳。右の手紙が書かれるまで五三年の歳月を経ても、なお親鸞には法然の教えが生きていた。親鸞が右の手紙の二年後に生涯を閉じることを思えば、法然の言葉がどれだけ支えとなってきたのかについて想像がつく。親鸞は浄土真宗の開祖であるという認識は、親鸞個人の意識にはおそらくそぐわない。親鸞とは浄土真宗を学ぶ一人なのであった。

紙幅も迫ってきたので、詳論は別に譲るしかないが、親鸞が「聖道門」仏教をいかに見ていたのかについては『教行信証』「後序」の冒頭につきる。

竊に以みれば、聖道の諸教は行証久しく廃れ、浄土の真宗は証道以盛りなり。(32)

この言葉の意味は次の和讃を参照するとき、より明確になるだろう。

像末五濁の世となりて
釈迦の遺教かくれしむ
弥陀の悲願はひろまりて
念仏往生さかりなり(33)

末法という世において、「聖道門」の仏教的生命力はない、という断言がこれらの文章からは容易に理解できよう。「行証久廃」とはこれ以上ない謂いである。そのような文言を承けつつ「興福寺学徒」の文言は出てくる。この文章の流れが意味するところの推察は困難ではない。仏教の学徒といえる内実を本当に有しているのか、という意が含まれているのだ。さらに言葉を費やせば「行証久廃」の具体的顕現が「奏状」であり、弾圧であったのだろう。彼らが学んでいるのは本当に仏教といえるのか。その問いについて親鸞は『愚禿悲歎述懐』で次のように述べていた。

五濁増のしるしには
このよの道俗ことごとく
外儀は仏教のすがたにて
内心外道を帰敬せり(34)

仏教を敬うと言いながらも、実は外道を信じている。「聖道門」にとってこれ以上痛烈な批判はない。しかし、この最早仏教ではないという断言は批判ではあっても、非難ではないことには十分注意されねばならない。何故ならば和讃の題号が示す通り、ここには親鸞の「悲歎」＝悲しみが表明されているからだ。その悲しみは仏教の本来性が喪失されていることへと向けられている。そのような仏教の学びでよいのか。「後序」の「興福寺学徒」にはそのような意味が含まれているのだろう。そうであるならば『歎異抄』第二条で語られる「ゆゆしき学生」という言葉も、これら『教行信証』をふまえつつ考えねばならない。

しかし、法然の教え、つまり「念仏によって、愚かな我らは阿弥陀に救われる」という教えが波紋をよんだのは、実は「聖道門」に対してだけではない。法然の教えを信じると称する門弟たちにも、救済の喜びと同時に混乱、あるいは多数の異議を生み出したのだ。

浄土宗の義みなかはりておはしましあふてさふらふひと〴〵も聖人の御弟子にてさふらへども、やう〳〵に義をもいひかへなどして、身もまどひ、ひとをもまどはかしあふてさふらふめり。あさましきことにてさふらふなり[35]。

法然聖人の御弟子のなかにも、われはゆゝしき学生などとおもひあひたるひと〴〵も、この世にはみなやう〳〵に法文をいひかへて、身もまどひ、ひとをもまどはして、わづらひあふてさふらふめり[36]。

右の文章からは、法然の教えが変質していったことへの、親鸞の歎きが聞こえてくる。「やうやうに法文」を言いかえながらも、自分を「ゆゆしき学生」と呼んで憚らない。そのような態度は何に起因するのか。親鸞は他の消息で次のように指摘していた。

なによりも聖教のをしへをもしらず、また浄土宗のまことのそこをもしらずして、不可思議の放逸無慚のものどものなかに、悪はおもふさまにふるまふべしとおほせられさふらふなるこそ、かへす〴〵あるべくもさふらはず[37]。

悪人こそが救われるという教えを逆手に取り、悪業を行う。これらは何故起こるのか。それは親鸞によれば「聖教のをしへ」を知らず「浄土宗のまこと」を知らないからである。つまり、学びがこれらの問題が起こる一因なのだ。看過できないのは「ゆゝしき学生」という表現である。これはいうまでもなく『歎異抄』で親鸞が「聖道門」に対して語っていた言葉である。「聖道門」は仏教を学んでいても、実はそうではなかった。いわば「悲しき学び」であったが、実は全く同様に表現できる現象が、浄土門下にも起こっていたのだ。つまり学びの形骸化＝「悲しき学び」という地平では「聖道門」「浄土門」は同類なのである。何故このような現象が起こるのか。その根本的原因についてはまた別に論じなくてはならない。

おわりに

今回の小論では『教行信証』「後序」の中心人物である法然・貞慶を論じてきた。法然・貞慶ともに時代に名を残す僧侶である。それぞれの立場から真実の仏教はかくあるべし、という信念の下に行動をしてきた。しかし、その行動を形成する学びの質に差異があったことを論じてきたのである。

しかし、親鸞自身の学問、学びについては論じることができなかった。親鸞の学びを論じるさいには、法然との関係はもちろんだが、知と信の関係や、『教行信証』における問答についての考察が求められる。また、親鸞における悲しみ＝「悲歎」も重要な論点である。親鸞にとり、学び、そして知とはどのように理解されていたか。それはまた別の機会に譲りたい。

（1）金子大栄『真宗学序説』（文栄堂、一九六六年）一一頁。

（2）『定本教行信証』（法藏館、以下『定本』と略記。なお原漢文の文章は今回の論では全て書き下しに改めた）六八頁。

（3）例えば親鸞は比叡山で二〇年修行する間、どのような地位にあったのかという問題である。「恵心尼文書」によれば「堂僧」とあることから、親鸞は「常行三昧堂」で常行三昧をつとめていたとされるのが一般的である。しかし「堂僧」とは常行三昧堂に限定されないことを松尾剛次は指摘している。松尾によれば、法華三昧堂の僧であった可能性もあるという（松尾剛次『山をおりた親鸞　都を捨てた道元　中世の都市と遁世』法藏館、二〇〇九年、三九～四〇頁）。

（4）『定本』三八〇頁。

（5）鎌田茂雄・田中久夫校注『日本思想体系十五　鎌倉旧仏教』（岩波書店、一九七一年、以下『鎌倉旧仏教』と略記）四一頁。

（6）たとえば建久九年（一一九八）には和泉国司平宗信が興福寺の寺領で問題を起こしたため、宗信の流罪を要求して蜂起した。その間、興福寺の衆徒は源頼朝に啓状を送り、朝政への口入を要求している（泉谷康夫『興福寺』吉川弘文館、一九九七年、一一一頁)。また興福寺貫首(二〇一一年一〇月現在)である多川俊映はこれを「興福寺課状」として、貞慶が執筆したと記している。(多川俊映『貞慶『愚迷発心集』を読む 心の闇を見つめる』春秋社、二〇〇四年、二一頁)。ちなみに一一九八年とは法然が『選択本願念仏集』を撰述した年である。のちの「奏状」提出を考えると、『選択集』の撰述と同年に権力者に啓状を送っている点に、数年後の両者の対立が予期されているようにも思われてならない。

(7) 多川は貞慶が「現実の興福寺教学そのもの」であると同時に「南都の教界のど真ん中にいた」人物であったと述べている(同右二二頁)。

(8) 前掲註(6)泉谷書三一頁。

(9) 『定本親鸞聖人全集』(法藏館、以下『定親全』と略記)第二巻、一二七〜一二八頁。

(10) 「真宗」という語の使用例は多数あげることができる。例えば『選択集』を論難した明恵も、その著作『摧邪輪』で「念仏の真宗」と述べている。ここでの真宗とは、念仏の真実の教えという意味であろう(『鎌倉旧仏教』四四頁)。

(11) 『定本』三八二頁。

(12) 井川定慶編集『法然上人伝全集』(法然上人伝刊行会、一九五二年)二五頁。

(13) 同右、二二六頁。

(14) 同右。

(15) 同右。

(16) 同右、二一四頁。

(17) 同右、二一七頁。

(18) 『真宗聖教全書』(大八木興業文堂、一九四一年、以下『真聖全』と略記)第一巻、九四三〜九四四頁。

(19) 『鎌倉旧仏教』三三二頁。

(20) 前掲註(6)参照。

(21) 『鎌倉旧仏教』三八頁。

(22) この一連の指摘は平雅之の論に負うところが大きい。平雅行『日本中世の社会と仏教』(塙書房、一九九二年)一二六頁「貞慶の末法・末代観」参照。
(23)『鎌倉旧仏教』三六頁。
(24)『法然上人伝全集』二七頁。
(25)『真聖全』第一巻、九三二頁。
(26)前掲註(6)泉谷書三七頁以降。
(27)『鎌倉旧仏教』一九頁。
(28)『鎌倉旧仏教』四一～四二頁。
(29)この点について平氏の指摘が参考になる。平氏は顕密仏教が仏法の多元性を認める者同士には寛容だが、専修念仏のように多元性を否定するものには暴力をもって抑圧するという不寛容さがあったことを指摘している(前掲註22平書一九二頁)。
(30)『昭和新修　法然上人全集』(一九五五年、平樂寺書店)四七三頁。
(31)『定親全』第三巻和文・書簡篇、七五頁。
(32)『定本』三八〇頁。
(33)『定親全』第二巻和讃・漢文篇、一六七頁。
(34)同右、二一一頁。
(35)同右第三巻、一一〇頁。
(36)同右、一一四～一一五頁。
(37)同右、一〇〇頁。

親鸞と良忠——その教化と教説——

永村　眞

はじめに

法然により立宗された「浄土宗」であるが、時代と伝播した地域によって多様な表情をもつことになる。今日に伝わる浄土宗と真宗は、法然を共通の祖師と仰ぐとはいえ、大きく異なる教学・法儀の姿を示す。

すでに法然は「没後遺誡」(『黒谷上人語燈録』)に、「普告予遺弟等、予之没後各宜別住、不須共居一所、共居雖似和合、而又恐起闘諍、不如閑居静処、独行念仏也」と記し、その没後に門弟が「共居」することをとどめ、各々が「別住」して「独行念仏」ずるよう誡めたという。その理由は、一念・多念をめぐる論争にも見られる、門弟相互の「闘諍」であり、すでに法然の生前から門弟集団の中でのさまざまな対立があった。東大寺戒壇院の凝然は「三国仏法伝通縁起」で、「空公門人、各立徒属、義途極多、破立無窮」と述べ、法然門下は個々に弟子を擁して独自の教えを説いており、最早まとまりなど存在しないと評している。また「観経玄義分聴聞抄」(金沢文庫保管)によれば、「諸行本願義」を唱える九品寺覚明上人(長西)に対して、小坂善恵上人(証空)・長楽寺隆寛律師・筑紫聖光上人(弁長)は「諸行非本願」を主張する。このように「浄土宗」において最も基本的な概念をめぐる理解に大きな差異をのこしたまま、法然の「没後」に、その門弟が各自の認識のもとで教化を進めていたわけである。[1]

さて鎌倉中期の東国における「浄土宗」の伝播に重要な役割を果たした法然の門葉として、常陸・下野を中心に教化を進めた親鸞と、聖光上人弁長の弟子で鎌倉を拠点とした良忠の存在がある。親鸞は建保二年（一二一四）頃に常陸に居を占め、嘉禎元年（一二三五）頃に常陸を離れて帰洛した後、弘長二年（一二六二）に世寿九〇で示寂する。[2]一方、良忠は建長二年（一二五〇）頃に下総国に拠点を置き、常陸・下野を教化した後、正嘉二年（一二五八）頃に鎌倉に入り蓮華寺・光明寺に住持して、弘安一〇年（一二八七）に世寿八九で示寂した（『本朝高僧伝』第十六）。この両者が東国において直接に接触をもつことはなかったが、親鸞は帰洛後も東国門徒への教化を継続しており、特に門徒の不審に対して親鸞が送った自筆の消息・法語が、高田専修寺に伝来する。[3]

東国において「浄土宗」の教化に重要な役割を果たした親鸞と良忠であるが、その著述を一覧する限り、聖道・浄土両門への姿勢に大きな違いが見られる。親鸞の撰述にかかる著述としては、「顕浄土真実教行証文類」（教行信証）・「浄土文類聚鈔」等、経論からの抄出に基づき専修念仏に関わる教説を述べる文類を始め、「観無量寿経集註」・「唯信鈔文意」・「一念多念文意」等の註釈類、さらに「浄土和讃」・「浄土高僧和讃」・「正像末和讃」等、教えを平易に説いた和讃や、東国の門徒に送った消息・法語が伝来する。[4]一方、良忠の著述であるが、道綽撰述の「安楽集」や善導撰述の「観経疏」を註釈した「安楽集私記」・「玄義分聞書」・「定善義聞書」を始め、法然・弁長の著述の疏釈が極めて多く、祖師・先師の教説の継承に腐心した姿がうかがわれる。[5]両者の手になる著述が浄土門に関わる内容で占められたことは首肯できるが、良忠に「倶舎論宗要集」・「釈摩訶衍論聞書」（神奈川県立金沢文庫保管）という聖道門の著述が見られることには注目したい。[6]

親鸞と良忠の教説にいかなる本質的な違いがあるか即断は容易ではないが、著述という視点から見れば、いずれも祖師の教説の継承を意図しているものの、視野を浄土門に定めた親鸞に対して、良忠は浄土門のみならず聖道門にも目配りをしており、先行する経論や教説を受容する姿勢に大きな違いがあるように思われる。

そこで本論では、親鸞と良忠がいかなる認識をもって「浄土宗」の継承と発展を図ったのかを、各々の教化と教説に注目し比較検討することにしたい。

一　親鸞と良忠との対照

帰洛した親鸞が東国門徒に消息・法語を送り教えを説いていた時代、良忠は下総・常陸・下野から鎌倉に教線を広げており、両者の教化を受けた双方の門徒が、常陸・下野において接触をもった可能性は高い。そこで親鸞と良忠が各々の門徒に語った教説の内容が他方に伝わるなかで、他方を意識した教えが説かれたことは確かであろう。建長三年（一二五一）閏九月二〇日の「親鸞法語」（「末燈鈔」[7]）の中で親鸞は、

> 正念トイフニツキテ二アリ、一ニハ定心ノ行人ノ正念、二ハ散心ノ行人ノ正念アルヘシ、コノ二ノ正念ハ他力ノナカノ自力ノ正念ナリ、定散ノ善ハ諸行往生ノコトハニオサマルナリ、コノ善ハ他力ノナカノ自力ノ善ナリ、コノ自力ノ行人ハ、来迎ヲマタスシテハ、辺地・胎生・懈慢界マテモムマルヘカラス、コノユヘニ第十九ノ誓願ニ、モロ〳〵ノ善ヲシテ浄土ニ回向シテ往生セントネカフ人ノ臨終ニハ、ワレ現シテムカヘントチカヒタマヘリ、臨終ヲマツコト、来迎往生ヲタノムトイフコトハ、コノ定心・散心ノ行者ノイフコトナリ、（中略）浄土宗ノナカニ真アリ、仮アリ、真トイフハ選択本願ナリ、仮トイフハ定・散二善ナリ、選択本願ハ浄土真宗ナリ、定・散二善ハ方便仮門ナリ、浄土真宗ハ大乗ノ中ノ至極ナリ、方便仮門ノ中ニマタ大小権実ノ教アリ、

として、たとえ念仏によるとしても、「定心」と「散心」による「善」根は「諸行往生」を実現する因であり、

「定心ノ行人」と「散心ノ行人」の「正念」は「他力ノナカノ自力ノ正念」に過ぎないとする。「定」は自らの観念により、「散」はその行善により「往生」の実現を図ることであり、他力から距離をもつ態度であることはいうまでもない。そして「定心・散心」の善による「行人」は、「来迎」によって「極楽」ではなく「辺地・胎生・懈慢界」に往生することになるが、この「他力ノナカノ自力」の「行者」のために阿弥陀如来の第十九願があると説く。このように「浄土宗」のもとで称名念仏により往生を願う行者にも、他力の中の他力と、他力の中の自力があるとする。また行者の信心の根源にある「浄土宗」に「真」と「仮」があり、「定・散二善」は「仮」(「方便仮門」)にとどまり、「撰択本願」による「真」(「浄土真宗」)こそが「大乗ノ中ノ至極」ということを強調する。親鸞は法然が立宗した「浄土宗」に階層を付け、自らが説く教えを「撰択本願」に基づく「浄土真宗」として優位に、他の法然門葉の教説は「他力ノナカノ自力」である「方便仮門」として劣位に置き、区別の明確化を図った。また同じく、

来迎ハ諸行往生ニアリ、自力ノ行者ナルカユヘニ、臨終トイフコトハ、諸行往生ノヒトニイフヘシ、イマタ真実ノ信心ヲヱサルカユヘナリ、マタ十悪・五逆ノ罪人〔ノ〕ヲハシメテ善知識ニアフテ、ス、メラル、トキニイフコトナリ、真実信心ノ行人ハ、摂取不捨ノユヘニ、正定聚ノクラヰニ、信心ノサタマルトキ住ス、コノユヘニ臨終ヲマツコトナシ、来迎ヲタノムコトナシ、信心ノサタマルトキニ往生ハサタマルナリ、来迎ノ儀式ヲマタス、

として、「自力ノ行者」による「諸行往生」は、「臨終」・「来迎」を期する必要があるが、「真実ノ信心」を得た念仏行者は、その「信心」が定まった時点で「摂取不捨」・「正定聚」を得る、つまり往生を確約されるわけで、もはや「臨終」・「来迎」を待つ必要はないと断言する。このように親鸞が説く「真実ノ信心」を得て「他力」を達成した行者は、その時点で往生が確定し、「諸行往生」により「来迎」を期する「自力」の行者とは異なる次

元に立つと説き、自らの教えが往生実現に果たす優越性を強調する。

この親鸞の教説に対して、良忠はまったく異なる認識をもっていた。親鸞が他力故に往生の因とはなり得ないとした定・散二善を、良忠は「浄土宗要集」巻一(8)第四で、

問、何名要門・弘願耶、答、要門者定・散二善、即往生之行因也、故文云、廻斯二行、弘願者弥陀本願、即往生之勝縁也、故文云、為増上縁、是則因縁和合得往生果也、尋云、定・散二善乗弘願者、乗何願耶、答、惣而乗摂凡夫之願、別而言之、諸行乗来迎願、念仏乗十八・十九両願也、先師云、序題是一経大意故、要門・弘願亦可顕経元意、是故弘願惣雖成諸行強縁、探大師（善導）意、以第十八可為其要也云云、問、定・散皆乗弘願者、以諸行可名弘願行耶、答、不爾、祖師云、若有人問定・散往生之時、皆乗弘願耶、答、云然也、若有人問定・散諸行皆弘願行耶、答云不然云云、

と説く。まず「定・散二善」は「往生之行因」に他ならず、行者の「二行」（二善）という「因」と「弥陀本願」という「縁」が「和合」することにより「往生果」が得られるとする。ただし「定・散二善」による「諸行」は、「弘願」つまり阿弥陀の本願（「来迎願」）によって往生の因となり得るが、「十八・十九」願に基づく念仏とは位相を異にする。阿弥陀の「弘願」により「諸行」が往生の「強縁」となり得たとしても、善導の説によるならば「第十八願」に基づく念仏こそが本願の「行」であると説く。そして「定・散」の「諸行」は阿弥陀の本願の「行」となり得るかという問いに対して、それはあり得ないと説く。これは良忠の師である弁長も、「定・散二善」の「諸行」により往生を遂げるのは、あくまで阿弥陀の「弘願」に基づくものであるが、「定・散諸行」自体は「弘願行」にはなり得ないとする。このように良忠は、「定・散二善」を、あくまで阿弥陀の本願によって往生の因と認めていることは確かである。

「浄土宗」の教説をいかに認識するか、法然の門葉には重要な課題であり、しかも基本的な要語・概念に関わ

る統一的な見解がないことは、前述の親鸞と良忠の認識の隔たりを見ても明らかであろう。それ故に自らの教説を布弘させるために、他の「浄土宗」諸師との区別を明確にする教えが説かれたことも納得できる。そして親鸞の教説を耳にしたであろう良忠は、これに批判を加える。

正嘉二年（一二五八）に良忠は「浄土宗行者用意問答」(9)を述し、その「自力他力事」において、

問云、念仏ニ自力・他力ト云コトハ、何様ナルヘキソヤ、

答云、先師上人、故上人ノ御義ヲ伝ヘテ云、自力ト云ハ聖道門ナリ、自ノ三学ノ力ヲ憑テ出離ヲ求ムル故ナリ、他力ト云ハ浄土門ナリ、浄土ヲ求ムル人ハ、ミナ自ノ機分ハ出離スルニ能ハスト知テ、仏ノ他力ヲ憑ム故ナリ、爾ルニ近代ノ末学、浄土ノ行ニ自力・他力ト云コトヲ立テ、念仏ニモ又自力・他力ヲ分別シ、或ハ定・散二善ヲ自力トシ、念仏ヲ他力トストイヘリ、故上人ハ仰セラレサリシ義ナリ、況ヤ自力ノ念仏ハ辺地ノ業トナルト云コト、全ク聞サリシ事ナリ云云、コノ相伝ヲ以テ彼新義ヲハ意得ヘク候、但シ義ヲ以テ委シク論スル時ハ、タトヒ念仏ヲ申ストモ、或ハ念ノ意ヲ悟ラスハ往生カナフマシト思ヒ、或ハ我申ス念仏ハ功積リ徳累リタレハ目出タキ念仏ナリ、定テ人ノ念仏ニハ勝リタルラント思ヒテ、仏力ノ不思議ヲハ信セヌ心根ニナリタランハ、実ニ本願ニ違フヘシト思フヘシ、

と説く。この問答の冒頭で、良忠は法然より弁長に伝えられた「自力」・「他力」について基本的な認識を明記する。つまり「自力」とは「自ノ三学ノ力」により「出離」を図ろうとの「聖道門」による仏道修行の姿勢であり、「他力」は自らの「機分」では「出離」できぬと知り「仏」を憑みとする「浄土門」の姿勢である。ところが「近代ノ末学」が、「故上人」（法然）が説くことのない「新義」により教化を行っており、これに対して良忠は厳しい批判を向けた。その「新義」とは、「浄土ノ行ニ自力・他力」があり、「念仏ニモ又自力・他力」を「分別」する、「定・散二善ヲ自力」とし、「自力ノ念仏ハ辺地ノ業」とする等々の主張である。この「近代ノ末学」

の具体的な名は掲げられないが、その独特の内容からして親鸞であることは明らかであろう。そして良忠の親鸞に対する批判の論拠は、法然から弁長に継承された「浄土宗」の「御義」には語られぬという一事に帰する。その「御義」によれば、「念仏」の「念」の真意を理解し、「仏力」が人間の思惟の及ばぬものであることを信じ、さらに教化によって心得た「念仏」が、他の行者の「念仏」を越える「功」・「徳」を持つと確信することこそ、阿弥陀如来の「本願」に遵うと説く。この一文には、良忠が祖師・先師の教えの枠を意識した自らの教説の正当性を主張し、その教えに依る「念仏」は阿弥陀の「本願」に順う「目出タキ念仏」であると強調する確固とした自信が読み取れよう。

この良忠の批判が親鸞の耳に届いたか否かは明らかではないが、これらの文言の中に親鸞と良忠の「浄土宗」をめぐる認識の違いのみならず、宗祖法然の教説を継承する姿勢の違いと、自らの教説により教化を進める共通した姿を読み取ることができよう。

二　教化の姿

親鸞と良忠は、宗祖法然を「本師聖人」・「故上人」と呼び、各々がその教説の正統な継承者であると主張した。しかし祖師の教説を継承するにあたり、両者の姿勢には大きな違いが見られたことは前述の通りである。

親鸞は法然の手になる「撰択本願念仏集」を「真宗簡要」・「念仏奥義」と評価した上で、その教えに基づいて「鈔真宗詮」し「摭浄土要」うことにより「教行信証」を撰述した。その「至心信楽之願」・「正定聚之機」を説く巻三（信巻）に、「菩提心」について次の記述がある。

就菩提心有二種、一者竪、二者横、又就竪復有二種、一者竪超、二者竪出、竪超・竪出、明権実・顕蜜・大少之教、歴劫迂迴之菩提心、自力金剛心、菩薩大心也、亦就横復有二種、一者横超、二者横出、横出者、正

雑・定散、他力中之自力菩提心也、横超者、斯乃願力廻向之信楽、是曰願作仏心、願作仏心即是横大菩提心、是名横超金剛心也、

まず「菩提心」に「竪」・「横」の二種があり、さらに各々が「竪超」・「竪出」、「横超」・「横出」に細分される。この中で「竪超」・「竪出」は、権教・実教、顕教・密教、大乗・小乗の仏法に基づく「自力金剛心」であることから、「竪」は自力の聖道門の意となる。次に「横出」は「正雑」・「定散」による「他力中之自力」の菩提心、「横超」は「願力廻向之信楽」・「願作仏心」、つまり阿弥陀の本願により「仏」になろうと願う心であり、これこそ他力真実の信心であり、「横」が他力の浄土門を示すことはいうまでもない。ここで「他力中之自力」に「定散」が含まれており、この認識に裏付けられて「他力ノナカノ自力」という法語の表現が生まれたと考えられる。さらに「他力中之自力」の対極に、他力のなかの他力としての、「至心信楽之願」のもとで「正定聚」に住する「横超菩提心」がある。

「教行信証」等に掲げられる教説のもとで、教化のための個性的な表現を生み出した親鸞の能力は特筆すべきであろう。たとえば和讃の類は、まさに親鸞の門徒への語りを象徴する著述であるが、さらに個々の門徒や門徒集団のもつ多様な不審に対応した消息・法語のなかにも、その表現能力は遺憾なく発揮された。前掲の親鸞法語における、「真実信心ノ行人ハ、摂取不捨ノユヘニ、正定聚ノクラヰニ、信心ノサタマルトキ住ス、コノユヘニ臨終ヲマツコトナシ、来迎ヲタノムコトナシ、信心ノサタマルトキニ往生ハサタマルナリ」とあるように、「真実信心」を持てば「臨終」・「来迎」を期する必要はないという表現は、他の「浄土宗」諸師の教えとの間に明確な一線を引くもので、門徒側にとっても納得しやすい個性的な語り口といえよう。

同じ趣旨で、「まことの信心をえたる人は、すてに仏にならせ給へき御みとなりておはしますゆへに、如来とひとしき人と、経にとかれ候なり、（中略）真実信心をえたる人をは、如来とひとしとおおせられて候也」（専修

寺蔵「浄信房宛親鸞消息」）との一文にみられる、「真実信心」により「摂取不捨」・「正定聚」の立場を得た行者は、もはや「仏」・「如来」に等しいという表現は、それを聴く門徒に大きな衝撃とともに信心への強い自信を与えたことであろう。

また親鸞は、極楽往生を実現するための念仏、その基底にある信心、この両者の内実と相互の関係について、極めて平易な表現で語る。専修寺蔵の建長八年（一二五六）五月二八日「覚信房宛親鸞消息」に、

信の一念、行の一念、ふたつなれとも、信をはなれ《（離）》たる行もなし、行の一念をはなれたる信の一念もなし、そのゆへハ、行と申ハ、本願の名号をひとこゑとなえてわうしやう《（往生）》すと申ことをきゝて、ひとこゑ《（一声）》をもとなへ、もしハ十念をもせんハ行なり、この御ちかいをきゝて、うたかふこゝろのすこしもなきを、信の一念と申セは、信と行とふたつときけとも、行をひとこゑするときゝてうたかはねハ、行をはなれたる信ハなしときゝて候、又信はなれたる行なしとおほしめすへく候、これみなミた《（弥陀）》の御ちかいと申ことをこゝろうへし、

として、「行」（念仏）と「信」（信心）の意味を定めた上で、その両者が等価であると説く。すなわち「わうしやう」（往生）の術との教えを聞き、「本願の名号」を実際に「ひとこゑ」でも「十念」（十度）でも唱えることこそが「行」であり、この術の前提にある阿弥陀の「御ちかい」（誓願）を疑わぬ心こそが「信」であるとする。しかも疑いも持たずに「ひとこゑ」でも念仏を唱える行為は、まさに「信」と「行」が一体であることを示し、これは阿弥陀の「御ちかい」によると説く。それ故に「信をはなれたる行もなし、行の一念をはなれたる信の一念もなし」との端的な表現が生まれたわけである。

この教化の表現であるが、「信の一念」は、「教行信証」巻三に「言一念者、信心无二心故、曰一念、是名一心、一心則清浄報土真因也」とあるように、「一念」を極楽往生の「真因」とし、また「夫按真実信楽、信楽有一念、一念者斯顕信楽開発時剋之極促、彰広大難思慶心也」として、往生を願う「信楽」（信心）の「一念」、つまり真

実信心は、即時に往生を悟らせようとの阿弥陀の慈悲とする。また同書の巻二に、「凡就往相廻向行・信、行則有一念、亦信有一念、言行之一念者、謂就称名偏数、顕開撰択易行至極」として、「称名」の「偏数」を重ねることにより阿弥陀の「撰択」した「易行」の真髄を示すことこそ「行の一念」であるとし、「信の一念」と「行の一念」によって「往相廻向」が実現するわけである。親鸞の教化の言葉は、おおむね「教行信証」等の聖教に記される要語を用いたもので、それらを平易な表現のなかに配しながら語りを進める。親鸞の教えは、その説法を聞き、消息・法語を読む門徒の琴線に触れる表現をとり、平易に説かれたところに際だった特徴が見られるのである。

さて一方、東国で教化を展開した良忠の教化であるが、明らかに親鸞のそれとは異なる姿をとる。すなわち親鸞が東国門徒に送った消息・法語に類した教化の痕跡は、良忠には見出し難いのである。良忠には、「一向称名行者振舞之事」以下一七か条を掲げた「浄土宗行者用意問答」や、「念仏行者必三心具スヘキ事」を始め六か条からなる「浄土大意抄目録」など、念仏行者に対して修行の指針や制誡を掲げた著述が見られるが、門徒がいだく不審に答えた消息等は伝わっていない。そして良忠の教化を語るものとして、祖師聖教の疏釈と講説・談義の「聞書」があげられる。

良忠の師弁長撰述にかかる「浄土宗要集」は、その奥書に、「嘉禎三年丁酉四月廿日午刻終也、於天福寺終功、御口筆也、但草案文体狼藉也、後可書直、同聞衆、専阿、持願房、敬蓮社、信称房、執筆然阿」とあるように、筑紫天福寺において、嘉禎三年（一二三七）四月に弁長の「口筆」について、資の良忠がその「稟書」を終えている。いわゆる「聞書」に類する本書は、弁長による講説の内容を良忠が「草案文体狼藉」ながら「執筆」したもので、その場には「同聞衆」が列座していた。この「口筆」された本書は、寛政九年（一七九七）版本の校正凡例に、「凡伝書中称口筆者、謂其書以秘蔵故、初不聴披閲全編、師先分題、口授文義、即令受者随筆之也、記主此集編末書、云然阿執筆、亦唯随口授筆本鈔文耳」と記されており、単に弁長の講説を良忠が筆記しただけではなく、「宗要六巻」に掲げられる「八十題」の題ごとに、師が「文義」を「口授」し、それを「受者」が筆記したもので、まさに師資間における伝授の中で生まれた聖教であると理解されていた。

その冒頭には、「浄土三部経事」との「題」(算題)のもとで、まず「問、善導和尚意、立浄土宗明往生極楽行、爾者引何経為本経、立浄土宗可云乎」との「問」が掲げられ、問答が交わされるなかで本「題」をめぐり、主に浄土三部経を中心に、「浄土宗」において「正依」とする「本経」の理解が語られる。ところで「浄土宗要集」の要点を良忠がまとめた「師御口筆」の「浄土宗要集聴書」が、文応元年(一二六〇)に撰述された。本書は「浄土宗要集」の全八十題の構成に対応し、まず「三部経之事」として、「此算題意趣、浄土正依経者、説往生説念仏之経、為正依経、如法華経・薬師経者、雖説往生、不説念仏、如般舟経者、雖説念仏、不説往生、此三部経、二倶説之、爰以為正依経也」とあるように、弁長の所説の要諦を踏まえながらも、別の視点からの検討がなされている。このように良忠は師弁長の教説を、大枠では尊重しながらも、自分なりに理解を深め継承しようとする姿勢をもっていたことは間違いない。

ここで弁長・良忠の師資の手になる「浄土宗要集」・「浄土宗要集聴書」が、いずれも両師の「口筆」によるもの、つまり講説の「聞書」として生まれたことは前述の通りである。この講説の場、その場が果たす「念仏行者」への経説の伝授という役割こそが、両師による教化の一つの姿であったことは注目される。この講説・問答は、奈良・平安時代より南都・北嶺においてとられた重要な修学方法であり、教説の理解をより深化させることが目指された。その場では、しばしば講説やそれにともなう問答の内容が筆録され、これが「聞書」という聖教となったわけである。

たとえば、建長六年(一二五四)から同七年にかけて、良忠は「観経疏」の「定善義」について講説を行った。

神奈川県立金沢文庫保管の「定善義聞書」奥書によれば、

建長七年丁卯二月六日読了、中間日数三十六日、除闕日八日之定也、同聞衆五十人、能化心然阿《（良忠）》弥陀仏、生年五十七也、抑此定善義者、建長六年十二月廿日ニ被談始、□聖依年始歳末忩劇等、不会九日、是則同正月四日已後、値水想観終之時也、良聖生年二十二歳、闕日八日者、所謂十二月二十九日、晦日、正月十二日、同十五日、同廿二・廿三日、同廿八日是也、談処下総国匝瑳郡飯塚御庄内松崎郷福岡村也、

として、下総国松崎郷の「談処」（談所）において、「日数三十六日」にわたり、「同聞衆五十人」を集め、「能化」として良忠が逐条を「読」みかつ「談」じており、講説とその内容をめぐる談義がなされたことが知られる。なお本書は、講説・談義の内容を、良忠の資良聖が筆録したものである。つまり弁長の講説を良忠が筆録し、ついで良忠の講説・談義を良聖が筆録しており、講説という教化の場とともに、「聞書」という聖教作成の方法も継承されたわけである。

良忠が鎌倉光明寺において、多くの「念仏行者」への説法を行ったことは確かであろうが、その具体的な内容を知る術はない。しかし「浄土宗行者用意問答」等に見える門徒への姿勢、また「浄土宗要集聴書」や「定善義聞書」等の聖教から、良忠の教化が南都・北嶺では一般的な講説・問答という方法をとり、そこに個性的な視点は見られるものの、祖師・先師の経説をいかに正確に理解し、その教えを深めるかというところに重点を置いていたことは確かである。少なくとも親鸞が独自の語句を用い、平易な表現をとって門徒に自説を語る姿とは異なるものを、良忠に見ることができよう。この両者の教化方法における相違は、一つに教化対象の違いに起因すると思われる。

つまり親鸞は東国門徒がいだく素朴な疑問に答えるために、平易な表現と独自の教説を象徴する要語を配した消息・法語を送った。さらに、より踏み込んだ不審については、「唯信鈔、自力他力ノ文、後世モノカタリノ

キ、カキ、一念多念ノ証文、唯信鈔ノ文意、一念多念ノ文意、コレラヲ御覧シナカラ、慈信カ法文ニヨリテ」(「親鸞聖人血脈文集」)とあるように、聖覚・隆寛の聖教とそれらを親鸞が註釈した「文意」、さらには自らが撰述した「法文」の参照を勧めている。このように親鸞は、幅広い東国門徒の念仏への理解に対応し、多様な方法によって教化を進めたわけである。

一方、良忠の教化の対象は、浄土経典の知見を共有できる法躰の「浄土宗行者」が中心であり、これに鎌倉において外護を受けた北条氏一門等が加わるが、明らかに親鸞とは異なり、自ずからその教化の方法と内容が異なることも納得できる。そして祖師・先師の教えを尊重し継承しながら、講説・問答の場においてその教説をより深めることにより、「我申ス念仏ハ功積リ徳累リタレハ目出タキ念仏ナリ」との自信に満ちた教化の姿勢が生まれたと理解したい。

三　教説の特質——他力と自力——

親鸞と良忠はいずれも法然の教説を継承すると確信し、その教説を独自の解釈のもとで発展させており、そこに各々の個性的な教説が生まれた。

親鸞は「摂取不捨」・「正定聚」を保証する「真実信心」について、専修寺蔵の「しんふつの御房」宛消息に、たつねおほせられて候摂取不捨の事ハ、般舟三昧行道往生讃と申におほせられて候を、みまいらせ候へハ、釈迦如来・弥陀仏、われらか慈悲の父母にて、さま〳〵の方便にて我等か无上信心をハひらきおこさせ給と候へハ、まことの信心のさたまる事ハ、釈迦・弥陀の御はからいとみえて候、(中略)摂取のうへにハ、ともかくも行者のはからいあるへからす候、浄土へ往生するまてハ、不退のくらゐにておハしまし候へハ、正定聚のくらゐとなつけておハします事にて候なり、まことの信心をハ、釈迦如来・弥陀如来二尊の御はからいにて発起せしめ給候とみえて候へハ、信心のさたまると申ハ、摂取にあつかる時にて候なり、その、ちハ正定聚のくらゐにて、まことに浄土へむまる、まてハ候へしとみえ候なり、ともかくも行者のはからいをちりはかりもあるへからす候へハこそ、他力と申事にて候へ、

と説く。この消息は、真仏から親鸞への「摂取不捨」をめぐる疑問に答えたものである。まず善導撰述の「般舟三昧行道往生讃」により、釈迦・阿弥陀がさまざまな「方便」を与えることにより、凡夫は「无上信心」・「まことの信心」を得る以上、その「信心」はあくまで両仏の「御はからい」によるものとする。この「御はからい」とは、「行者ノハカラヒニアラ」ぬ「弥陀仏ノ御チカヒ」によるもので、「他力ニハ義ナキヲ義トストシルへシ」（専修寺蔵「獲得名号自然法爾御書」）と記される、「義ナキ」つまり「行者ノハカラヒ」を否定したところに、親鸞の説く「他力」がある。

この「御はからい」により「まことの信心」を得た行者は、「摂取不捨」・「正定聚」の位におり、最終的に浄土に往生を果たすことになる。そして凡夫が「真実信心」をもつこと自体が、釈迦・阿弥陀の「御はからい」であり、そこには凡夫自身の「はからい」など微塵も存在しない。つまり信心から往生まですべてが「御はからい」によるもので、信心をもつ契機すらも「他力」であると説き、自力が介在することを全面的に否定する。「定・散二善」により、つまり行者の意思によって往生を果たそうと考え、その術として念仏を唱えること自体、親鸞の認識による限り自力であり、素朴な信心のきっかけも「御はからい」によるとし、これこそが「他力」であると説くわけである。

浄土往生を意図する菩提心から自力を排除しようとの親鸞の教説は、阿弥陀の他力により穢土から浄土への往生を遂げる往相廻向と、成仏した後に浄土から穢土へ利他のために戻る還相廻向が結節して、論理的には初めて完結する。往相廻向と還相廻向が連結することにより、凡夫が菩提心を抱き往生を果たすまで、すべてが阿弥陀

の「御はからい」によることになり、もはや自力が介在する余地はなくなるわけである。

ところで「真実信心ウル人は、即定聚ノカスニ入ル、不退ノ位ニ入」るとする親鸞の教えを象徴する「摂取不捨」・「正定聚」について、下野高田の慶信から疑問が寄せられた（専修寺蔵「慶信不審申文」）。これは「専修ノ人ノ中ニ、アル人心得チカエテ候ヤラン、信心ヨロコフ人ヲ、如来トヒトシト同行達ノタマフハ、自力ナリ、真言ニカタヨリタリト申候ナル」とあるように、専修念仏の行者のなかに、「如来トヒトシ」という「正定聚」の立場を得るための真実信心は、「自力」であり、また「真言」密教における即身成仏に似ているとの批判をめぐる疑問であった。この不審に対して、親鸞は自らに近侍する蓮位の副状の中で、次のように答えさせた。すなわち、

マタノホリテ候シ人々、クニ、論シマフストテ、アルイハ弥勒トヒトシトマフシ候人々候ヨシヲマフシ候シカハ、シルシオホせラレテ候フミノ候、シルシマイラセ候也、御覧アクヘク候、マタ弥勒トヒトシト候ハ、弥勒ハ等覚ノ分ナリ、コレハ因位ノ分ナリ、（中略）コレハ自力修行ノヤウナリ、ワレラハ信心決定ノ凡夫、クラヰ正定聚ノクラヰナリ、コレハ因位ナリ、コレ等覚ノ分ナリ、カレハ自力也、コレハ他力ナリ、自他ノカワリコソ候ヘトモ、因位ノクラヰハヒトシトイフナリ、

として、「如来トヒトシ」・「弥勒トヒトシ」という教えに対する、「自力」・「真言」に偏るとの批判について、それに関わる親鸞の「フミ」を記し下すとともに、「弥勒」は自力の修行により「因位の分」（修行中の身）ながら、「等覚」つまり菩薩の頂点に達しているとする。また密教による即身成仏も自力により実現される。

一方、親鸞の教えにより「信心決定ノ凡夫」である「ワレラ」は、すでに「正定聚ノクラヰ」を得ており、これも「因位」にあると説く。「弥勒」も「ワレラ」も「因位」にはあるが、前者は「自力」、後者は「他力」によるものであると断言する。慶信は、「如来ニヒトシ」との教えをめぐる「自力」・「真言ニカタヨリ」との批判に

ついて教えを請うたが、親鸞はその批判の内容を全面的に否定した。すなわち生きながらにして「如来ニヒトシ」という「正定聚」の立場は、「自力」ではなく「他力」による「因位」であり、自ずから「自力」による即身成仏とも異なることになる。このように「自力」を全面的に否定し、「他力」への依拠を強調する親鸞の教えは、法然による「浄土宗」の教えの純化・徹底化と評価できるわけで、自らの修行の中から「他力ノナカノ自力」、さらには「自力」による「聖道門」を完全に否定し去るという強い意思に他ならない。

この親鸞の念仏修行の姿勢に対して、同じ「浄土宗」に連なる良忠は別の一面を示す。まず良忠師の弁長は、その著「徹選択本願念仏集」(10)のなかで、

沙門某甲、昔学聖道門之時、聊習伝彼浄仏国土成就衆生之義、今入浄土門之後、又相承此選択本願念仏往生之義、以二師之相伝見聖教之諸文、其義更以不違教文、単聖道門人、単浄土門人、不可知之、聖道・浄土兼学之人可知之、自得此意、披一切大乗経、見一切大乗論、随喜之涙難禁、此則聖教之源底也、法門之奥蔵也、仏菩薩之秘術也、

と語る。すなわち自らの修学を振り返り、「聖道門」の中に「彼浄仏国土成就衆生之義」を学び、さらに「浄土門」に入ってからは「選択本願念仏往生之義」を相承したが、両門の教えはいずれも「聖教之諸門」に見られ、その「教文」に遵うとする。しかしこの教えは「単聖道」・「単浄土」の人には理解しがたく、「披一切大乗経、見一切大乗論」る「聖道・浄土兼学」の人のみが知ることができるわけで、「聖道」・「浄土」にわたる「大乗」経論は、「聖教之源底」・「法門之奥蔵」・「仏菩薩之秘術」であると説く。すなわち「聖道・浄土兼学之人」が「選択本願念仏往生之義」を正しく理解できるとする弁長の主張は、「聖道」・「自力」を全面的に否定する親鸞との間に、埋めがたい溝があったことは確かであろう。

この弁長は、「法然上人以浄土宗之義伝弁阿(弁長)、今又弁阿以相承之義幷私勘文徹撰択集、譲与沙門然阿(良忠)畢」とし

て、嘉禎三年(一二三七)にその教説と「徹撰択集」を良忠に伝え、正統な法流「口決」の継承者とした(「末代念仏授手印」)。師弁長の教説を相承した良忠は、自ら先述した「撰択伝弘決疑鈔」巻一の「第一聖道・浄土二門篇」において、

問、二門同顕仏性、何捨一門取一門乎、　答、取捨者用否意也、謂用此之時、取此捨彼、用彼之時、取彼捨此、今任集意、対末法機、捨聖道門取浄土門也、故集下云、願生浄土、随寿長短、一形即至位階不退、与此修道一万劫斉功、諸仏子等何不思量、不捨難求易也、

として、「選択本願念仏集」の「意」により、聖道・浄土「二門」が「仏性」を表現する以上、いずれかを取捨するのではなく、あくまで「末法機」に対応して選択すべきであると説く。「末法」と衆生の「機」に応じて、聖道と浄土の「二門」を選択すべきであり、択一ではないという良忠の教説には、その師弁長による「聖道・浄土兼学」への積極的な評価は見られぬものの、明らかに自力の聖道門を「願生浄土」の方法として認めており、自力を完全に否定する親鸞と対照的であることは明らかである。少なくとも弁長から良忠に継承された教説のなかに、「末法」における往生に聖道・浄土「両門」を併存を認めていることは注目すべきことである。

この認識のもとで、聞書ながら「倶舎論宗要集」・「釈摩訶衍論聞書」等の聖道門の著述が生まれたことも肯けよう。さらに良忠資の良暁による、「初於浄土宗無所学之志、(中略)予相伝浄土法門可学之由教訓之間、(中略)浄土章疏幷明王院相伝釈摩訶衍論十巻、以慈行鈔愍重被授畢」(「述聞制文」[11])との回顧に見られるように、浄土・聖道両門にわたる修学形態が相承されたのである。

親鸞と良忠の往生をめぐる教説において、自力の全面的な否定を掲げた親鸞の教えとは対照的に、自力・聖道門の介在を容認するところに良忠の教えの一つの特質を見いだすことができよう。

おわりに

法然が立宗した「浄土宗」の教説をいかに継承し教化を展開するかが、その門葉にとって重要な課題となる。祖師の教説を相承する姿勢を保ちながらも、その教説の祖述にとどまらず、新たな解釈と表現のもとで「浄土宗」の継承と発展が図られた。このような法然門葉の中で、東国における教化を通して「浄土真宗」の教説を形づくった親鸞と、浄土宗の本流をなす弁長の嫡弟として鎌倉を中心に教化を展開した良忠に注目し、両者の教説・教化を比較するなかで、法然の「浄土宗」がいかに分化を遂げ継承されたのか、その一端を検討した。

まず親鸞であるが、帰洛した後も、東国に生まれた門徒集団に対し著作や消息・法語を送り教化を継続するなかで、独自の教説の発展を図った。その教説の特徴としては、やはり自力の全面的な否定、ひいては聖道門の否定でもあった。また自らの教えを他力の中の他力とし、法然門葉の諸師による教えを「他力ノナカノ自力」として対照させ、自らの正当性を強調した。また門徒への語りは独特の平易な表現を用い、「真実信心をえたる人をは、如来とひとし」等の表現は、親鸞の教えにしたがって念仏修行を行う門徒に強い自信を与えたことであろう。念仏をめぐり多様な理解をもつ多くの東国門徒がいだいた、さまざまな信心への疑問や不安を聞き、これに対応した親鸞であればこそ、独自の教説を理解させるための個性的で平易な要語・表現を生み出し、これを駆使したのであろう。

一方、良忠にとって教化の対象は、その多くが法躰の念仏行者であったと思われ、その教えを記した聞書は、教説と教化の内容を具体的に語る。祖師・先師の教えを忠実に継承するという基本的な姿勢のもとで、良忠は談義・問答を通して自らの教説の深化を図るとともに、自らを「他力ノナカノ自力」とする親鸞の評価に対して、「故上人ハ仰セラレサリシ義」として真正面から反論を加えた。また念仏修行の基本的な姿勢について、自力を完全に否定する親鸞に対して、自力である聖道門もまた往生の因となり得ると主張した。

親鸞と良忠との対照的な教説からも明らかな通り、法然の門葉は「浄土宗」における最も基本的な概念について統一的な理解を持つこともなく、「各揚浄教、互恣弘通、倶立門葉、横竪伝燈」(「浄土法門源流章」)として、個々に「浄教」を掲げながらも、各々が「恣」いままに「弘通」を進めたわけである。法然から門葉が分派を遂げ、専修念仏を主柱とする教説が幅広く展開するなかで、中世仏教の一側面が形作られたことは確かである。いずれにしても「浄土宗」が最も初期的な分流をとげる段階で、その教説をめぐり大きな溝が生まれ、さらには次元を異にする教説が併存するなかで、冒頭で述べた弁長・良忠を祖師と仰ぐ浄土宗(鎮西派)と、親鸞を祖師とする真宗、その各々の教説・法儀に大きな隔たりが生まれたことも納得できよう。

(1) 法然とその門下の理解については、坪井俊映「良忠上人の浄土教学における念仏と諸行——特に法然上人門下と良忠上人——」(良忠上人研究会編『良忠上人研究』大本山光明寺、一九八六年)参照。
(2) 『二宮町史』史料編(原始・古代中世)。
(3) 文化庁美術学芸課編『専修寺聖教目録』(二〇〇八年)。
(4) 恵谷隆戒『浄土宗第三祖　然阿良忠上人伝の新研究』(金尾文淵堂、一九三四年、国書刊行会、一九八四年)。
(5) 『真宗史料集成』第一(同朋舎、一九七四年)。
(6) 前掲注(1)。
(7) 加賀真成寺旧蔵版本。
(8) 慶安版本。
(9) 延宝四年版本。
(10) 『浄土宗全書』巻七。
(11) 『浄土宗全書』巻十一。

法然の残影――覚如と存覚のあいだに――

市川浩史

はじめに

浄土真宗において、祖師親鸞からの「三代伝持」を称した本願寺の覚如（文永七＝一二七〇～正平六・観応二＝一三五一）は親鸞を称賛することに意を用いた。それはたんに、真宗の法灯が親鸞の墓所に起源をもつ大谷廟堂から発展した本願寺にのみ伝持されているという主張をなすのみならず、本願寺自身のみが祖師親鸞の血脈の相承者でもあるという独自の立場を闡明するものであったと思われる。そこで覚如は祖師親鸞を顕彰するための法会である報恩講を創始したり、多くの著作をなしたりしている。伝記としての『本願寺聖人伝絵』（以下『御伝鈔』）、親鸞の言行を記録した『口伝鈔』、報恩講の次第・式文としての『報恩講私記』を著わすなど、その顕彰の業は多岐にわたっている。

さらに覚如は法然の伝記として正安三年（一三〇一）に『拾遺古徳伝』九巻をさえ編集している。浄土真宗の覚如が浄土宗の祖である法然の伝記を編むということは、親鸞自身が自らの浄土信仰の相承の系譜として法然を含む三国七高僧を設定したことを考えれば全く不自然なことではないが、すでに浄土真宗という宗派がそれなりに成立した後のことであることを考慮すれば、たしかに注目を引くことではある。法然の伝記は知恩院の周辺で種々述作されている。[1] さらにまた初期の真宗教団やその寺院において法然の伝記を題材にした掛幅絵伝などが多数制作、所持され、それらがおそらくは絵解きなどの伝道活動に資したであろうことはよく知られている。したがって『拾遺古徳伝』も基本的にはその一環として捉えるべきなのだが、制作の動機あるいは背景として、初期真宗教団のなかでの本願寺派の位置づけの向上を目指していた覚如の意図に基づいてなされたものであることを考えると、たんなる信仰心とか祖師親鸞の師である法然への讃仰、といったことだけでは説明しきれない何かがあると考えられはしないか。また、その法然讃仰に讃仰だけでは評価しきれない何かがありはしないだろうか。その何かについて考察することが本稿の課題である。

一　『拾遺古徳伝』の問題

覚如による法然の伝記である『拾遺古徳伝』の伝本のうち、残存状態が完全なものは瓜連常福寺所蔵写本であり、より古態の本が鳥栖無量寿寺所蔵写本（三二枚の残闕）である。この二つの写本には絵も残存している。これの他に一部残存本の西脇家所蔵写本、西本願寺所蔵写本がある。[2]『拾遺古徳伝』は、覚如の長子存覚の『存覚一期記』によれば、正安三年（一三〇一）の冬に鹿島門徒の長井道信の要請によって覚如が九巻本として著わしたもの、と伝えている。常福寺本の成立が元亨三年（一三二三）、無量寿寺本がそれよりも前、とされる。[3] いずれにしても長井道信が覚如に詞の執筆を依頼して十数年ほどで絵伝自体も成立していたことがわかる。以下、より完全に残っている常福寺本（『真宗聖教全書』三所収）によって考察を進めたい。

本稿でとりあげてみたい箇所は、巻四第一段である。この部分は、平家による焼き討ちで南都が灰燼に帰したあと、東大寺が復興されるにいたるころを扱っている。東大寺大勧進を勤めた俊乗房重源が入宋、のち帰国する。

法然が東大寺開眼供養の導師を勤仕することになり、ある時法然が説法をすることになった。曰く「念仏にあらざれば浄土に生じ難し、況や末代に至ってをや、いわんや凡夫においてをや」と続けると聴聞の僧綱以下悪僧等、随喜せざるはなし、という状況であった。当寺の僧侶たちはこの行事に先立って瑞夢を見た、と伝える。そのあとに「次に三部経に付たる事」として無量寿経、観無量寿経、阿弥陀経の一節に関するコメントを付している。この部分、『昭和新修法然上人全集』（平楽寺書店、一九五五年）には法然の著作『三部経釈』として収載されているが、その注記として「瓜蓮（ママ）常福寺蔵拾遺古徳伝巻四、此三部経釈ハ上記所載本ト大ニ異ナル故ニ別出ス」とある[4]。つまり『昭和新修法然上人全集』は、法然に「三部経釈」なる著作があって、それが『拾遺古徳伝』にそのまま全文が引用されている、と考えているようである。当該部分を詳細に見てみると、「三部経釈」とされている箇所、すなわち無量寿経の注釈部分、ついで無量寿経、法事讃、無量寿経の一節の引用あとの観無量寿経の注釈部分、さらに阿弥陀経の注釈部分が続いている。

　無量寿経の注釈部分では、冒頭に「将に此の経を釈せんとするに大意釈名入文判釈三門有り[5]」とあって、以下大意、題目（釈名）、入文判釈と続いている。入文判釈の途中に「第十八念仏往生願、二意有り。出離生死は是れ抜苦也、往生極楽は是れ与楽也……」の第一八願を説明する部分に、「次に別して女人に約して発願して云く」以下のいわゆる女人往生を説く一節が続いている。

　題目では、無量寿経の本文を型通りに序分・正宗分・流通分に三分している。ただ、この部分は法然の真作と考えられている『無量寿経釈』の当該部分とはもちろん趣旨は同じであるが、その表記が微妙に異なっている。たとえば流通分とされる箇所の冒頭は正確には「仏語弥勒、其有得聞仏名号」であるのだが、法然の『無量寿経釈』では「仏語」を省いて「其有……」と表記している。このあと、『無量寿経釈』では、正宗分のなかでもとりわけ四十八願についての詳細な解説などが説かれて「第十八念仏往生願、二意有り……」「次に別して女人に……」と続いているのだが、『拾遺古徳伝』の当該部分では、経典の本文を三分した直後に『無量寿経釈』においては「別して女人に……」の後に記述されている「弥陀如来、本菩薩道を行ずる之時、檀を修して劫海を送る経に云く……万行具足」の一連の文章が挿入されて「第十八念仏往生願、二意有り……」に続いている。そして「別して女人に……」の一節を以て無量寿経の注釈が終わっている。

観無量寿経の注釈部分では、型通りの本文の三分を示したあと、「若念仏者、当知此人、是人中分陀利華、観世音菩薩、大勢至菩薩、為其勝友、当坐道場生諸仏家」および「仏告阿難、汝好持是語、持是語者、即是持無量寿仏名」の本文とその箇所に関する善導の観無量寿経疏の文章を引用しているだけである。一般論として、観無量寿経を語るならば何としても欠くことのできないはずである、韋提希夫人と阿闍世の物語や一三の観想などについての言及は一切ない。

阿弥陀経の注釈部分では、無量寿経・観無量寿経の場合よりさらに簡略化され、極楽の依正の荘厳について述べ、経や善導の法事讃の本文を一、二引用しているだけである。

すなわち、これらのことからつぎのことが分かる。『拾遺古徳伝』中の「三経に付たる事」のうち、無量寿経部分は、法然の（真作視されている）『無量寿経釈』の一部を順序を替えて引用している、観無量寿経部分および阿弥陀経部分では経の本文や善導の注釈を一、二引用していたのである。

『拾遺古徳伝』中の「三経に付たる事」は右のようであったのだが、それではこのことは何を意味しているのであろうか。法然の伝記中にこうした複雑な操作をした筆者覚如は、法然の伝記という本来の趣旨のもとで、おそらくこれら三経の注釈部分を法然自身によるものとして位置づける意図をもっていた。『拾遺古徳伝』巻四第一段は、俊乗房重源の勧進によって再建された東大寺において「こき墨染の衣に高野ひがさきつゝ、いとこともなげなる體にて入堂」し「禮盤にのぼりて、やがて説法」をはじめた「聖人」（法然）の説法に数百人の僧侶が

「随喜渇仰きはまりな」い様子を描写している箇所であり、その直後に「三部経」の（部分的な）注釈が書き付けられている。こうした文脈をみれば、この三部経の注釈が（法然）「聖人」による権威あるもの、とする覚如の執筆意図は明確である。

右において最も大きな問題は無量寿経のとりあげ方である。『拾遺古徳伝』中の法然は、無量寿経を説くにあたり、一応いわゆる「第十八念仏往生願」に関して概説的に述べたあと、いきなり「別して女人に約して発願して云く」と『無量寿経釈』と同じ内容に言及している。つまり、『拾遺古徳伝』としては、法然が無量寿経においては「女人に約して発願」することが最も重要な教説であると教えている、と伝えているのである。もちろん客観的に、いわゆる法蔵菩薩の四八願中に女人往生を説くとされる第三五願も含まれているのは紛れも無い事実ではあるが、浄土信仰の歴史のなかでは第一八願こそが最も重要な願のひとつであると考えられ、「王本願」とさえ称されてきている。また、親鸞においては彼自身の決定的な宗教経験であるいわゆる「三願転入」に関わる願として第一九願、第二〇願そして第一八願の三願こそが重要であるという教理がかたちづくられている。しかるに覚如は（法然）「聖人」が無量寿経の教説のなかで（第三五願に基づく）女人往生の教えをことさらに重要なものと考えたということである。

法然といわゆる女人往生の教説についてはすでに「法然の思想にもし良さがあるとすれば、女性に対して女人往生のようないかがわしい教えを説かなかった点である。そして『無量寿経釈』の女人往生論が古代以来の変成男子説に基づいていることからすれば、その女人往生論も新思想というよりは顕密仏教の残滓であり、法然の思想の基調は、女人往生をとりたてて語らなかった事にあると言ってよかろう。同じことは親鸞についても言える」[6]「『無量寿経釈』女人往生論を法然の基本思想とするのは妥当ではない」[7]という評価が固まっているように思われる。しかし覚如はそうは考えず、女人往生の教えを法然の教えのなかで最重要のものとして位置づけたのである。

それでは「三部経釈」の「別して女人に約して発願して云く」は何をいおうとしているのであろうか。

二　「別して女人に約して発願して云く」

冒頭に無量寿経所説の法蔵菩薩の四八の誓願のうち、第三五願を抜き出している。正確には「設我得仏、十方無量不可思議諸仏世界、其有女人、聞我名字、歓喜信楽、発菩提心、厭悪女身、寿終之後、復為女像者、不取正覚」である。このなかの「十方無量不可思議諸仏世界」が脱落して引用されている。ここにみられる思想は、基本的には周知の妙法蓮華経巻第五提婆達多品（第一二）の「変成男子」と同巧異句で、女性が女性の身体をもっている限り成仏（あるいは往生）が困難なので、一旦男子の身体に変化して成仏（往生）を期す・期せよ、というものである。

この第三五願について、「三部経釈」は一応疑問を呈する。それは、第一八願も第二〇願も男女に共通して往生、来迎引摂に言及していて、過不足ないように思えるのになぜ、ことさらにこの第三五を立てるのか、というものである。その理由、背景について以下、勘えている。結論としては女性・女身の「障」があまりにも重大であるために、女性・女身が成仏あるいは往生に関して徹底的に嫌悪、疎外されるという点を力説し、しかるにそのような悪条件に対して弥陀の第三五の誓願が絶大な力を発揮する、という論点である。この結論を導くために詳細な議論を展開しているのであるが、おそらく引用者である覚如にとって最大の理論的援護者となったのは、このなかの「天親菩薩往生論」の一節、および善導の第三五願についての『観念法門』に展開されている解釈の一節であると思われる。なぜならば、天親（世親）の『往生論』や善導の『観念法門』などの諸著作は、法然も親鸞もともにきわめて重要な先行書として高く位置づけていたからである。覚如の祖師親鸞は天親の『往生論』

やそれについての注釈である曇鸞の『往生論註』にきわめて多くを負っていたし、法然も「偏へに善導一師に依る」としばしば自らいったほど善導の思想には深く傾倒していた。

さて、この天親の『往生論』と善導の『観念法門』は何を述べていたのであろうか。それは前者は「云女人及根闕、二乗種不生、同根毀敗種遠絶往生之望」、後者は「乃由弥陀大願力故、女人称仏名号、正命終時、即転女身得成男子、弥陀摂手、菩薩扶身、坐宝花上随仏往生、入仏大会、証悟無生。又一切女人、若不因弥陀名願力者、千劫万劫恒河沙等劫、終不可転女身。或有道俗、云女身不得生浄土者、此是妄説也。不可信也」である。このうちの前者は正確には『往生論』[8]の当該箇所に数回繰り返される「大乗善根界等無譏嫌名女人及根闕二乗種不生」に基づいている。

ただ、注目すべきは、『往生論』の本文は、語法的に正しくは「大乗善根界等、女人及根闕二乗種不生と名づくるを譏り嫌ふこと無し」と読むことである。すなわち『往生論』の文脈は、大乗善根界では「女人及び根闕二乗種不生」であってもそれを拒否することなく救い摂《と》り「衆生願ひ楽ふ所、一切能く満足」させる、というところにあったのである。『無量寿経釈』および「三部経釈」そしてこれを引用した覚如は、敢えて天親菩薩は「女人及び……」は弥陀の救済から漏れるという正反対の意味でこれを解釈引用、記述したのである。もとの『無量寿経釈』から読み取るべき法然自身の執筆時点での思想をどのように評価するか、は今は措いて、かかる意味内容をもつ一節を覚如が法然曰く、として肯定的に引用したのである。それも、浄土真宗にとって最も重要な典籍の一つである『往生論』の読みを誤ったまま、である。こうした女性観が語られる大状況としては「女人救済思想の深化を意味しているというよりは、むしろ女性差別感が一層深まり、それが庶民社会にまで浸透してきていたこと[9]」があるだろう。

『往生論』のあとに引用された善導の『観念法門』の一節は、単純な変成男子の考えかたを祖述しているにすぎない。

さらに「三部経釈」のなかの『無量寿経釈』部分には、「先づ比叡山は……伝教大師……」や「高野山は……弘法大師……」と両山・両大師を手放しで称賛する箇所があるが、これは平論文で指摘されているように、法然が説法したのが東大寺の僧侶の前であったことによるものであって、こうした点を過大評価すべきではない。が、このような文章を覚如が引用したとなると話は別である。覚如は、「本願寺三代伝持」なる観念を創作し、自身を親鸞の曾孫であること、そしてそれと同時に法然、親鸞以来の専修念仏の法灯を自らが正当に継承している唯一の存在であることを深く恃み外に向かっても主張した。しかし、彼の現実の行動には、この点を鑑みた際、首を傾げざるを得ないことがあったことも事実である。

三　覚如、そして存覚の言行

覚如の長子存覚（正応三＝一二九〇～文中二・応安六＝一三七三）が晩年に自らの来し方について口述し、それを子の綱厳が筆記した『存覚上人一期記』には、必要に応じて存覚自身のみならず父親の覚如らの言動も記録されている。

存覚――本願寺の出としてすでに真宗教学の権威に擬されていたのであるが――は、縁の深かった仏光寺の堂供養の導師に招かれ「聖道の出仕の儀式」として執り行ったり（『存覚上人一期記』による、以下同じ。元徳二年、四八歳時）、妻の生家である木部錦織寺の慈空の口入によって信貴山鎮守の講式の草稿を執筆したり（貞和四年、五九歳時）したことがあった。これらの行動はいかにも〈専修念仏〉者らしからぬ言動であった[10]。

しかし、こうした言動はなにも後世父覚如から義絶されることになる、トラブル含みの存覚だけではなくその父覚如自身にも見られた。それは文保元年（一三一七）八月のことである。この時、覚如夫妻と存覚・奈有夫妻の四人で「密々」に摂津の四天王寺・住吉社等に参詣した。〈専修念仏〉の中心たろうとした覚如・存覚らが住吉社などを参詣することの意味がよく了解されていただけに彼らは「密々」に動いたと思われる。

また『慕帰絵詞』には、和歌をたしなんだ覚如が著名な和歌の神であった紀州和歌の浦の玉津嶋明神に詣でたという記事もある。特に年紀は記されていないが、「玉津嶋明神にまいりて先法施をさゝげて後に詠吟にをよび」一〇首を奉ったとある。(11) 少なくともこうした言動からわかることは、彼ら本願寺の人々の観念的な「思想」はそれとしても、体質はその「思想」とは別の次元にあったということであろう。そうした体質をもったまま〈専修念仏〉の「思想」の主体を担ったのである。そして興味深いことに、こうした点がしばしば指摘される存覚のみならずその父の覚如も同様な体質をもっていたということである。このような〈専修念仏〉者らしからぬ言動はおそらく、存覚の思想形成についていえば、浄土宗西山義や密教を修学したことに基づいていたのであろうが、覚如の場合にはどうであろうか。

一般論として、初期真宗においては、本願寺などに属して中心的な役割を果たす僧侶たちが浄土教学のみならず「余乗」、とりわけ唯識や華厳などの南都教学を修学していたことはよく知られている。(12) そうであるとすれば、覚如や存覚が〈余乗〉を修学したとしてもそれが覚如に独自なこととはいえない。そうすると問題は、覚如や存覚の思想形成に関わる何がその〈専修念仏〉者らしからぬ言動を演出し、さらにそれと法然をいかに位置づけるかに関係していたのか、ということになる。

覚如は、親鸞の伝記を主題にした伝絵である『口伝鈔』(下、一、真宗所立の報身如来、所宗通途の三身を開出する事)において、法然の説として浄土三部経についてつぎのように述べている。

いはゆる三経の説時といふに『大無量寿経』は法の真実あるところをときあらはして対機はみな権機なり。『観無量寿経』は機の真実なるところをあらはせり。これすなはち実機なり。いはゆる五障の女人韋提をもて、対機として、とおく末世の女人悪人にひとしむるなり。『小阿弥陀経』はさきの機法の真実をあらはす二経を合説して「不可以少善根福徳因縁得生彼国」と等とける無上大利の名願を一日七日の執持名号にむすびとゞめて、こゝを証誠する諸仏の実語を顕説せり。(13)

無量寿経は機（人について）の真実、観無量寿経は法（教えについて）の真実、そして阿弥陀経は機法（人と教えとについて）の真実をあらわした経典であるというのだが、ここで興味深いのは観無量寿経の位置づけである。もちろん、この考えかたは法然の著作からは導かれない説であるのだが、観無量寿経に説かれる韋提希夫人を、五障を備えた罪深い「対機」（法を説く対象）として、さらに末々代までの女人、悪人の代表的な存在として位置付けるというものである。女人往生に関して法然自身が踏み込まなかった段階、すなわち、末々の時代までも女人は悪人とともに「五障」にまみれた存在であるとすること、釈迦の導きによって阿弥陀仏の救いにまみえたはずの韋提希夫人を「五障の女人」ということは、法然が言及しなかった説である。覚如はかくして法然称賛のあまり、女人往生に関してここまで独自に踏み込んでしまった。

さらに存覚は、その名も『女人往生聞書』なる著作において、法然のまえに「女人あまた」来た際に、あらためて法然が、女人の身は五障を具足しているので、弥陀の名号を唱えて女身を変じて男子となり、往生を遂げるべきことを教え、その座の女人たちが「慙愧のたもとをしぼり、随喜のなみだをながし」た、と伝えた。そこで存覚曰く、

『大経』の四十八願には、まづ女人往生の願をたて、別してこれをすくひ、つぎに『観経』には、韋提希夫人を正機として、これがために念仏往生のみちをとき、つぎに『阿弥陀経』には、「善男子、善女人」とつらねて、念仏の機男女にわたることをあらはせり。されば如来の慈悲は惣じて一切の衆生にかうぶらしむれども、ことに女人をもてさきとし、浄土の機縁はあまねく十方の群類にわたるといへども、もはら女人をも

て本とせり。このゆへに天竺、震旦、わが朝、三国のあひだに弥陀を念ずる女人、往生をとげ阿鞞跋致の菩薩となること、伝記等にのせてかずをしらず。(14)

である。覚如による三経の位置づけが、その主題が機と法のいずれか、という点にあったのに対して、存覚の位置づけはこれと異なる。それは、法然の『無量寿経釈』が「別して女人に約して……」と述べたごとく、まず無量寿経の第三五願についていう。弥陀の四八願のなかに女人のために特別にこの三五願を立てた、そして観無量寿経では韋提希夫人を正機として念仏往生の教えを説き、ついで阿弥陀経では、救いにあたって特に障害のなかった「善男子」としての男子とともに、すでに救いに入れられることになった「善」女人をも並列してみせた。

『存覚法語』でも同様のことを指摘することができる。それはつぎの二つの話題に見られる。(15)まずひとつは、正治二年四月十二日、京都の羅城門の跡から掘り出された巨大な石に書かれていた銘文を法然が正確に読み解いたという話である。そのなかの「大同二年仲春十九日執筆嵯峨帝国母」の「国母」を法然が「在世の韋提の再誕なり」と正しく解釈した、という。(16)つぎは、法然の禅房に貴人と思われる女人が訪ねてきて、法然の説法を聴聞した。不思議に思ったある弟子が彼女が帰る際に後をつけたところ、賀茂の河原のあたりで姿を見失ってしまった。仔細を聞いた法然は、「それこそ韋提希夫人よ、賀茂の大明神にてましますなり」と答えたという。(17)「存覚はこれらの話の直前で女人往生について触れており、それに関連して韋提希夫人に関したことという文脈での話が引き合いに出されている」(18)。すなわち、存覚においては、女人往生といえば法然の説、と一義的に連想されるほど、法然と女人往生の説とが結びついていたといえるのである。また覚如においても同様で、『無量寿経釈』のうち、とりわけ「別して女人に約して……」の箇所を最重要視していた。これらのことから、覚如・存覚の父子のあいだでは、女人往生の説と法然という存在とが不可離のものとして認識されていたことがわかる。

四　覚如像のなかで

覚如歿後にその伝記が著わされている。次子従覚（永仁三＝一二九五～正平一五・延文五＝一三六〇）が死歿直後に著わした『慕帰絵詞』と乗専（永仁三＝一二九五～正平八・文和三＝一三五三）がそれと同じ時期に制作した『最須敬重絵詞』である。両者とも『御伝鈔』や『拾遺古徳伝』などと比べても特段の独自性は感じられないが、一点だけ特筆すべきことがある。それは覚如が和歌に秀でていたと記していることである。もちろん法然や親鸞の伝記が彼らの作歌活動について全く言及していないわけではないが、覚如の場合にその和歌を収載しているのは特徴的といえる。

覚如の家集は現存していない『閑窓集』と伝えるが、その作品のある程度のものが『慕帰絵詞』に引用されている。法然と和歌に関して『最須敬重絵詞』は、

抑やまとうたは世俗文字の業として狂言綺語の一なれども、権化の大士もみなこれにたづさわり、上古の先賢もまたすてず、聖徳太子の片岡山の詠を製し、伝教大師の我立杣のことばをのこされしをはじめとして、仏道をもとむる人おほくこれをもはらにせり。されば黒谷聖人もあながちにこゝろを花月にかけ給ことはなかりけめども、事にふれおりにしたがひて一吟一詠の言をのこし給事も、あまた侍めり。

と言及し、法然の作として「極楽へつとめてはやく出たゝばみのをはりにはまいりつきなん」の歌を紹介している[19]。『最須敬重絵詞』は覚如自身の和歌については歿する前日に作ったという二首など数首だけを載せているにすぎないが、和歌を詠むことは「権化の大士」や「黒谷聖人」法然に由来すると述べて、覚如の作歌活動を宗教的な立場から正当化している。

さて、覚如の和歌とはいかなる意味をもっていたものであろうか。『慕帰絵詞』には少なからぬ数の和歌が収

載されていて、特にその後半はあたかも和歌物語のような様相さえ漂っている。これらはすべて『閑窓集』からの引用であるとしているものである。

祖師親鸞は日野氏の出身であるとされるがほとんど自身の出自について述べなかった。しかし、その曾孫の覚如は親鸞とは全く異なる血統の意識をもっていたようである。覚如が好んだ和歌さえ、おそらく個人の実存的・文学的ないとなみではなく、「藤の末葉」（藤原氏の末裔）としてのそれ、であった。それは『閑窓集』の奥書に記したという。

かずならで風の情もくらき身にひかりをゆるせ玉津嶋姫

をみれば明らかであろう。今となっては藤氏としての栄光を持っていない「かずなら」ぬ自分ではあるが、どうか我が身に「ひかりをゆるせ」、歌の神である玉津嶋姫よ、と覚如は祈ったのである。しかし、この祈りは空しくなって久しい。そこで「新なる霊神」北野天神に祈りを捧げようとした。

曩祖相公有国卿「幼少児童皆聴取、子孫永作廟門塵」と詩をつくりて北野聖廟にたてまつりけるに、朝廷につかへけむ家をいで、仏道におもむく身となりにたれば、藤の末葉の片枝までも、いまはをよびがたく、荊の下露の一したゝりともいひがたきに、さすがなを朽ざる曩古のことのはをしたひて新なる霊神によみてまいらせけるとて

わすれじなきけとをしへし二葉より十代にかゝれるやどの藤波入閑窓集[20]

辛うじて「藤の末葉の片枝」たる家の祖日野有国を唯一の支えとして「朝廷につかへけむ家」を出て「仏道におもむく身」である覚如が藤「氏」・日野「家」への帰属意識を「新なる霊神」である北野天神に祈り、確認するのである。また「元亨初年沽洗（三月のこと――引用者註）九日」、北野天満宮で法楽詩歌の法会が催された。そこに出た覚如は「春日陪北野聖廟同賦春色属松擂」と題して次の漢詩を詠んだ。

宜矣双松蒼翠影　載陽春色属沙擩　巫山景気霞籠夕　伍廟瞻望花発天
明徳月朧仙樹下　霊威風暖瑞籬前　意端願素神垂愍　祖跡未忘陪宴筵[21]

このなかで注目すべきは末句であろう。高貴な宴席に陪したという「祖跡」を忘れず、どうか神よ、愍を垂れたまえ、という祈りを見て取ることができる。さらにおもしろいことに長子存覚も同様の思いをもっていたらしい。同じ席で存覚が詠んだ中に、

つかへけむ跡こそたゆれゆふだすきかくるたのみはいまもかはらず[22]

があった。日野の祖がかつて朝廷に仕えたという嗣業は今は絶えた。が、それをどうにかして「かくる」思いは「いまもかはらず」。したがって末裔日野俊光が大納言になった時、「華祝」を添えて覚如が贈った歌が、

のぼるべきわが家きみのくらゐ山はるのひかりの日野ぞかゞやく[23]

であった。「わが家」は高い「くらゐ」に「のぼるべき」なのだ、今それが俊光卿によって実現された、と手放しで称賛している。

こうした歌や詩を詠んだ覚如は、そして存覚も、もはや専修念仏の師親鸞の法灯を継承する者として、というよりむしろ「藤波」日野氏の末裔であった。実はこの点は、法然を、ある意味で〈超える〉ことであった。なぜならば、法然は藤氏のような貴顕の出ではなかったからである。とすれば覚如が法然を『拾遺古徳伝』などを著わすことによって称賛したことは何を意味していたのであろうか。覚如や存覚は、たしかに法然、そして親鸞と継承されてきた正統的な専修念仏の後継者たらんとした。さらに「三代伝持」の意識が意味するように、彼らは祖師親鸞の他ならぬ血脈の相伝者でもあった。彼ら本願寺を創始し、伝承、発展させてゆく使命を帯びた一族の人々は、歴史のなかで仏法とともに血脈をも伝えるという独特の課題を背負っていた。彼らが親鸞の師法然を称賛するとき、ただ称賛するだけでは親鸞や自らの「血」はその埒外に置かれることになる。かくして覚如、そし

て存覚の親鸞や法然を称賛する行為には複雑きわまりない要素がからんでいたのである。

おわりに

前に、存覚の思想について、神祇という親鸞が積極的に説かなかった問題を敢えてとりあげることで、これ以上の踏み込むことのないように一定の歯止めをなした、と評価したことがあった[24]。いまこの評価を変更するつもりはないが、女人往生という、一見〈魅力的〉な思想に存覚、そして覚如も囚われたことは事実である。おそらくそれは平論文に指摘されるように、女性差別観がさらに深化する時代的状況にあったことによる。

その女人往生説と法然とが覚如や存覚の思惟のなかでは不離の関係にあった。覚如が自らの本願寺の教派的立場を強固にしようとする際、そのような法然の影を見た。しかし、覚如も長子存覚も法然とは違って、「藤波」の子であるという自意識を強くもった。この自意識はいわば真宗の原理主義的な考えかたとは共存し得ないはずであるが、それは「家」の論理ないし意識によって裏づけられ、したたかであった。覚如や存覚は独自なありかたで祖師の師法然の残影を間違いなく見たのだが、それは果たして本来の法然の姿を映しているものであったか。

(1) 代表的作品である『法然上人行状絵図』(四十八巻伝)は一四世紀初頭には描かれるにいたっている。

(2) 相澤正彦「無量寿寺本拾遺古徳伝絵について――知恩院本四十八巻伝の絵師と関連して――」(『古美術』七三、一九八五年)。
なお、無量寿寺本拾遺古徳伝については、『拾遺古徳伝絵』(茨城県鉾田町史編さん委員会編、鉾田町)に詳しく紹介されている。そしてこの書に収められている今井雅晴「拾遺古徳伝の成立とその背景」が要を得ていて、理解に資する。

(3) 前掲註(2)相澤論文。

(4) 一五八頁。

(5) 私に読み下した(以下も同じ)。

（6）平雅行「顕密仏教と女性」（『日本中世の社会と仏教』塙書房、一九九二年、初出は一九八九年）。なお、平氏は『無量寿経釈』が重源の請によって法然が、女性の前ではなく、東大寺の僧侶たちの前でその「女人結界」を揶揄して浄土三部経を講じた記録である、という「限定的性格」を考慮すべきだ、と付け加え、さらに後の『逆修説法』や『選択本願念仏集』ではこの女人成仏についての一節を削除していることを指摘している。
（7）平「女人往生論の歴史的評価をめぐって」（同右、初出は一九八九年）。
（8）『大正新脩大蔵経』巻四六、一三三一頁。
（9）前掲註（6）平論文。
（10）市川「権社と実社――存覚の神祇――」（『群馬県立女子大学紀要』三一、二〇一〇年）。
（11）『真宗聖教全書』三、七九二頁。
（12）永村眞「真宗と余乗――存覚の著述を通して――」（『日本女子大学大学院文学研究科紀要』一六、二〇〇九年）。
（13）『真宗聖教全書』三、二二五頁。
（14）同右、一一七頁。
（15）山田雅教「唱導僧としての存覚」（『東洋の思想と宗教』一八、二〇〇一年）による。
（16）『真宗聖教全書』三、三七二頁。
（17）同右、三七三頁。
（18）前掲註（15）山田論文。
（19）『真宗聖教全書』三、八五九頁。
（20）同右、七八七頁。
（21）同右、七八九頁。
（22）同右、七九〇頁。
（23）同右、八〇六頁。
（24）市川「存覚の「内なる三国」」（『日本中世の光と影――「内なる三国」の思想――』ぺりかん社、一九九九年）および前掲註（10）市川論文。

三

親鸞の思想

『教行信証』の不思議さの読解(その一)

――「化身土」の「弁正論」の引用について――

張　偉

はじめに

『教行信証』は重層的な不思議さを持つ世界である。その不思議さが「顕彰隠蜜」[1]という親鸞自身の言葉にうかがえる。『教行信証』の深い意味は、八〇〇年来、異なる時代、異なる民族、異なる人生体験を持つ人々に出会い、豊かな読者群を生み出しながらその時々、さまざまな意味を産出してきた。

親鸞の自筆で書かれた『教行信証』という書物は、生き物のように、いたるところに親鸞の心血が行きわたっている。その一つの句点も、文字の一画も、生命体そのものの構成部分であり、全体として、不可分的に、総合的に深層的な意味を伝えている。一見、「誤」と見えるところも、その誤を誤のまま受け止めるとき、一層強く伝えられるメッセージがある。あるいは大いなる真実に出会っている親鸞の心の働きが、現世での〝理性的〟な正誤の判断を破り、より大切なメッセージを伝えている場合もある。

たとえば、「顕彰隠蜜」という言葉の中の「蜜」という文字は、「密を蜜と誤った」(星野元豊)といわれ、『真宗聖典』においても「密」に訂正された。意味論的には、確かに「密」の方が正しい。ところが、一見間違ったような「蜜」という文字は、聴覚と視覚へと重層的なメッセージを同時に伝えている。音声で「密」という意味を持ちながら、「蜜」という文字の視覚的な効果によって甘美の味をも伝えている。それは、親鸞が「顕彰隠蜜」の中に味わった甘露のようなものを読者の感覚に伝えていると思える。

このようなメッセージに出会うたびに、筆者は、今まで通用している実証的・合理的・哲学的な方法では、『教行信証』の深層部にはなかなか到達しないと痛感した。それと同時に、今までこの書物を対象化し、「研究」し、『教行信証』を研究者自身の文化的な器に入れて図るという研究姿勢を反省しなければならないとも思う。このようにして、解釈される『教行信証』の世界は、研究者自身の哲学や価値観に組み直され、研究者の主観性というフィルターをかけられるものになってしまう。何よりも、危険なのは『教行信証』の生体が分割され、生き物として機能することを疎外するのではないかと思われるのである。

こういう危惧を抱き、筆者はまず作品との関係の中で、自身が『教行信証』に内包される存在として読解を試みる。親鸞自筆の『教行信証』の一つの句点、文字の一画をも変更せずに、そのままを受け入れて、向こう側から送られるメッセージの受信体として、『教行信証』の深層的な意味を解明していこうと思う。

また、『教行信証』の中で『観無量寿経』の「顕彰隠蜜」をあきらかにする、「化身土」の巻はとりわけ「顕彰隠蜜」という特徴を持っていると思う。本論は「化身土」の巻に引用された法琳の「弁正論」（『真宗聖教全書』一九三〜二〇〇頁）について論を展開していく。

まずは、「弁正論」という書物の歴史背景をふまえて「弁正論」の引用の特徴についてふれていきたいと思う。

一　「弁正論」の社会的背景と引用の特徴

「弁正論」は唐高祖の時代、道士李仲卿・劉進喜の仏教を貶す『十異・九迷論』『顕正論』に反論するため、法琳が著わしたということは、数多くの先学が指摘された通りであるが、この裏には大きな社会的背景がある。それは中国における千年以上にわたる仏教対道教のトラブル・論争の問題である。

その論争は、権力闘争や民族間の矛盾に関わり、支配権力の参与するところとなる。支配権力の意向が組織の存亡につながることから、仏教と道教の論争は、皇帝の支持を得るための競い合いを強いられてきた。

唐の時代は両教の論争の山場だったともいえる。唐王朝は、老子の李姓を唐室の李姓に結びつけ、老子を唐室の祖とする説を採用した。そこで、優位に立つ道教は、宮廷の勢威を利用して、いっそう仏教を脅かし、仏教をつぶそうとした。仏教が必死に抵抗したが、それは困難を極めるのである。法琳はこの争いの最先端に立っていたのである。

こうした時代背景のもとに成立した「弁正論」は、功利性・世俗性・攻撃性を帯びて、「忠君」の姿勢、皇帝の機嫌を取ろうとする態度に終始している。

『弁証論』の内容は、私たちが現代の感覚で読むと荒唐無稽としか思えないようなことが書いてあります。なぜ法琳が命かけてこのような議論をしなければならなかったのか、理解に苦しみます。（中略）この右か左かということへのこだわりはどういう意味があるか、正直なところよくわかりません(2)。

と指摘された通りに、「弁正論」の内容それ自体は荒唐無稽である。命をかけてこのような議論をする法琳の姿勢、右か左かということへのこだわりは、当時の論争の世俗性を表している。

ここで法琳という人間についてふれておかなければならないことがある。法琳が時代の渦に巻き込まれ、仏教と道教の論争の最前線に押し出され、仏教側の代表として、仏教を守る立場に立たされたものの、正確な仏教理論を身につけていなかったのは事実である。中国の伝統文化の中にどっぷり浸った法琳は、心身ともに中国での支配思想である儒教に染められており、著わされた『弁正論』の立場は、仏教の基本的な理念からも、親鸞の思想からも、大きくずれているのである。彼が論の反論として用いた武器は、中国の伝統文化の中から随意に拾ってきたものであるが、その根底に据えられていたのは儒教思想である。ところで、この「弁正論」を引用するとき、親鸞は大幅にそれを読み替えた。この「弁正論」の引用が他の経典の引用と違う点は、読み替えられた部分が多かったところにある。「あまりにも違いが甚だしくて」「二〇〇か所の違い」と、藤場俊基氏も指摘されたが（『顕浄土方便化身土文類の研究――「弁正論」』〔文栄堂、一九九一年〕において具体的な個所を丁寧に整理している）、筆者の調査によれば、二六〇〇字ぐらいの引用文に、句点・読点の読み替えを含んで、二五〇か所が読み替えられていることになる。そればかりでなく、読み替えによって、内容に大きな影響をおよぼし、文脈的な転換、次元的な意味の異なりをもたらす個所が多い。このような「弁正論」の引用については、今日まで諸説紛紛ある。たとえば、

①外道と仏教の真偽結判には好個の証文である[3]

②正しく外執を遮し[4]

③「弁正論」が仏教に対する非難を破斥しているところから、これを引いて外道を批判する証拠とされたものである[5]。

④つまらないものが多い。（中略）写誤は親鸞の年齢の能力によるところ多い。（中略）特に教義的に大きな影響のない個所であるとすれば老耄の不注意は加えるであろう。私は『弁正論』の写誤は親鸞の年齢の能力によるところが多いと思う[6]。

⑤一見わけがわからない一つ一つの引文の中にも必ず親鸞の言いたいことが的確に言い現わされている文言があるはずなのです。（中略）テキストの状態が非常に混乱しているように見える。（中略）『弁正論』のテキストの混乱は絶対に単なる写し間違えという程度の話ではありません。（中略）教義的に大きな影響のない

個所であるとする見解にも賛成できません。(7)

などの見解がある。『教行信証』中の「弁正論」引用文の状態が混乱・錯綜していることは、よく指摘されているが、筆者が引用文をすべて原文に当てはめたうえで考察したところによれば、飛躍や順序を変えているところがあるという点でいえば、錯綜とはいえるが決して混乱ではない。一見混乱のように見える引用文は強靭な論理性によってまとめられている。一本の赤糸のような芯がすべての引用文を貫いている(のちに詳しく論じる)。

親鸞が読み替えた文は、独自の論理性を持つ、原文とはまったく違う意味合いになり、あるいは違う方向へと文脈を転換される。つまり、法琳の原文と親鸞が引用した「弁正論」は一つのテキストでありながら、次元的に異なる、異なる方向性をもつ二つの文脈が流れている二つのテキストでもある。

異なる二つの文脈を使い分けせずにとらえようとするところに、二つのテキストにそれぞれ読解の困難さや混乱をもたらす、このことが今までの研究の問題点ではないかと思う。こういう問題をも踏まえて、筆者は、今までの研究を手がかりに、親鸞の引用文と法琳の「弁正論」を異なる文脈としてとらえて、二つのテキストの本来の意味を忠実に考察しながら、読み替えによって生じるメッセージを読み取ることを試みたい。

二 「諂曲」→「諂典」

「化身土」巻に引用されたのは、全八巻の「弁証論」中の第六巻(十喩篇第五答傅道士十異・九箴篇第六・気為道本篇第七)、第七巻(信毀交道篇第八・品藻衆書篇第九)、第八巻(出道偽謬篇第十)の内容である。(8)

まず、最初に引用された「十喩篇」(内十喩で傅道士の外十異に答え)の中の第七喩の内容を見よう。

外七異曰。老君初生周代晩適流沙不測始終莫知方所釈迦生於西国終彼提河弟子捉胸群胡大叫。

内七喩曰。老子生於頼郷、葬於槐里、詳乎秦佚之弔、責在遁天之形。瞿曇出彼王宮、隠慈鵠樹。伝乎漢明之世、秘在蘭台之書。開士曰。荘子内篇云。老聃死秦佚弔焉、三号而出。弟子怪問、非夫子之徒歟。秦佚曰。向吾入見少者哭之如哭其父、老者哭之如哭其子。古者謂之遁天之形。始以為其人也。而今非也。遁者隠也、天者免縛也、形者身也。言始以老子為免縛形之仙、今則非也。嗟其諂典取人之情、故不免死、非我友。乃至(9)

ここには仏教と道教のもっとも根本的分岐点―生死の問題がある。傅道士の論は、釈迦は西国で弟子が叫ぶ中で亡くなったのであるが、老子は亡くなった時間がわからないと。

法琳は、『荘子・内篇』を引用して老子にも死の記述があると示す。もっとも、『荘子・内篇』の引用と言いながら、実は忠実なものではない。『荘子・内篇』の原文は次の通りである。

老聃死。秦失弔之、三号而出。弟子曰、非夫子之友邪。曰、然。然則弔焉若此可乎。曰、然。始也、吾以為其人也。而今非也。向吾入而弔焉、有老者哭之如哭其子、少者哭之如哭其母。彼其所以會之、必有不蘄言而言、不蘄哭而哭者。是遁天倍情、忘其所受。古者謂之遁天之刑。適来、夫子時也。適去、夫子順也。安時而処順、哀楽不能入也。(10)

老聃死す。秦佚之を弔し、三たび号して出づ。弟子曰く、夫子の友に非ざるか、と。曰く、然りと。然らば則ち焉を弔すること此の若くにして可ならんか、と。曰く、然り。始め、吾以て其の人と為せり。而るに今は非なり。向に吾入りて焉を弔するに、老者之を哭すること其の子を哭するが如く、少者之を哭すること其の母を哭するが如きあり。彼其の之に會する所以、必ず言ふを蘄めずして言ひ、哭するを蘄めずして哭する者有り。是れ天を遁れ、情に倍き、其の受くる所を忘るるなり。古者之を天を遁るる刑と謂へり。適々來るは、夫子時なるなり。適々去るは、夫子順なるなり。時に安んじて順に處らば、哀樂入る能はざるなり。(11)

原文は、老子を弔問する人への批判であり、老子を先生と呼び、老子を貶《けな》す意味はない。しかし、法琳は、「刑」という文字を「形」に変え（中国語で「刑」と「形」の発音が同じである）、語順を前後転倒したうえ、

「遁者隠也。天者免縛也。形者身也。言始以老子為免縛形之仙、今則非也。嗟其諂曲取人之情、故不免死。非我友」という原文にない言葉を入れる。見ての通り、論理的に違う方向へと文脈を変えた。つまり、法琳は老子の人格を貶すために荘子の文の内容を改竄したのである。

親鸞の引用文に注目すべき個所があることは、すでに藤場氏の前掲書に指摘されている。引用文の「嗟其諂典取人之情」という文は法琳の原文では、「嗟其諂曲取人之情」とある。つまり、法琳の「曲」が親鸞の引用文では「典」という文字になっている。また「典」の右に「テン」、左に「フミ」の訓が付けてある。これについて、今まで次のような受け止めがある。

①「諂典」は原文には「諂曲」とあり、「典」は「曲」の写誤。したがって「諂曲」として解釈(12)

②「典」は「曲」の写し間違い(13)

③その諂曲して人の情を取る(14)

以上の見解は「曲」が「典」になることを写し間違いとして理解している。それに対して、次のような指摘もある。

④わざわざ左右に訓を付けていることから考えて、これはかなり意図的な訓み換えだと判断してもいいのではないか(15)

この指摘を踏まえてさらに追及してみよう。「諂曲」の「諂」の意味は、わざとへりくだって言葉を使って相手を穴に落とすことであり、「曲」は自分の意志を曲げることである。すなわち、「諂曲」は一つの言葉であり、個人の人格を貶して評価する用語である。法琳はそれを使って老子の人格を貶すのである。親鸞がつかった「諂典」は一つの言葉ではなく、「諂う典」という意味合いになる。この一字の変更に親鸞の立場がうかがえる。親鸞は法琳の老子への人格の侮辱に共鳴しない。あるいは関心がないと考えられる。親鸞の矛の標的は、「文」であり「典」である。はっきりいえば、それは「不老不死」「神仙思想」を強調する道士の文章であり、その文章の理論根拠である道教の経典なのである。つまり、もともと法琳が老子という人間を標的にする矛の先を、傅道士の「十異」の文へと、さらにその文の根拠になる道教の経典という理論体系へと向かわせる。この一字の変更によって、老子個人を攻撃するような老子批判が道教の思想・理論体系に対する批判へと転換されることになる。批判のレベルが高められたといえよう。

四　巨孝→臣孝・不匱(不遺)→富貴

次は、「十喩篇」の中の第十喩の内容を見よう。親鸞の引用文は次の通りである。

外論曰。老君作範、唯孝唯忠、救世度人、極慈極愛、是以声教永伝、百王不改、玄風長被、万古无差。所以治国治家、常然、揩式。釈教棄義棄親、不仁不孝。闍王殺父翻説無愆、調達射(射)兄无間得罪。以此導凡、更為長悪。用斯範世、何能生善。此逆順之異十也。内喩曰。義乃道徳所卑、礼生忠信之薄。瓆仁譏於匹婦、大孝存乎不遺。然対凶歌咲、乖中夏之容、臨喪扣盆、非華俗之訓。〔原壌母死騎棺而弗譏吁桑死吁貢弔四子相視歌而孔子時助祭而咲荘子妻死扣盆而歌也〕故教之以孝、所以敬天下之為人父也。教之以忠、敬天下之為人君也。化周万国乃眀(明)辟之至仁形于四海実聖王之臣孝。

(句読点は『真宗聖教全書』による、[16]〔　〕内は原文二行割書)

道士は、王舎城の悲劇をとりあげる。その中で、父を殺した阿闍世王に無罪と説き、弓で兄を射る提婆達多は、無間地獄に陥る罪を得たという。つまり、仏教の論理が罪と罰の釣り合いが取れないものだと仏教を非難するのである。

王舎城の悲劇の中では、阿闍世王が父殺しという五逆の罪を犯し、そのため無間地獄に陥る罪を得たが、縁によって救われ、無罪になる過程に、仏教の最も大切な教えが据えられているが、道士はその肝心な過程を省略して、短絡的に因と果を結び、仏教を貶すのである。経典の真意を理解しなかった法琳は道士を論破することができず、道士の矛先を避けて、ひたすらみずからの「仁」と「孝」についての論を展開していく。法琳の文の意味について藤場氏は次のように指摘する。

この文言の下敷きになっている典拠は老荘思想の根本聖典「老子」の中にあります。(中略)法琳は、道教側に反論するに際し、相手側の聖典であるはずの書物を根拠として用いているわけです[17]。

氏が指摘した通りに、法琳の言文が『老子』の言葉を使っている。しかし、よく読めば、『老子』の中のもっとも肝心な内容が法琳の文書では省略されていることが分かる。法琳に用いられた『老子』はそのままの『老子』ではなく、法琳の都合によって裁断された『老子』である。法琳に用いられた『老子』の原文は次の通りである。

大道廢有仁義、知恵出有大偽。六親不和有孝慈、国家昏乱有忠臣[18]。(『老子』上篇第十八章)
大道廃《すた》れて仁義有り。智慧出《い》でて大偽《たいぎ》有り。六親和せずして孝慈あり。国家昏乱《こんらん》して貞臣《ていしん》有り[19]。

老子は、「道」を永遠不変、絶対、自然《じねん》、無限という一極に置き、その対極に仁・義・知・孝・忠という儒教の倫理道徳を位置づけた。ここで、老子は儒教思想を意識して、明白にそれに対立する立場を示している。つまり、老子においては、儒教の倫理道徳が無徳という現実に応じて生じるものであり、社会秩序を維持するために、無徳である人間を拘束するために作ったものである。それらを相対的な人為的な偽善的なものとして根底から否定する。

法琳は老子に批判の的にされた儒教倫理道徳の中から「義」「礼」だけを出して批判の的にし、「孝」に「聖王之巨孝」と「聖王」という連体修飾語を加え、「孝」を皇帝のものとして大げさに評価する。また、老子が「道」を無条件に肯定すると同時に、儒教倫理道徳の核心である「仁」を無条件に批判するのに対して、法琳は、「瑣仁」と「明辟之至仁」という両極に置き、「仁」をも皇帝のものとしてそれに「至高」と最大級の評価を与えた。

ここで特に注目したいのは、「瑣仁譏於匹婦（卑近な仁は世俗的な女に議論されるものである）」の「瑣仁」と「明辟之至仁（明哲な君主の至極な仁）」の「至仁」という「仁」の連体修飾語の使い方なのである。連体修飾語の使用によって「仁」への批判が条件づけられることになる。したがって、批判の標的が「瑣仁」（卑近、高尚ではない仁）であり、「仁」そのものではない。さらに皇帝の「至仁」と、「仁」に「至極」という意味の「至」という連体修飾語の使いによって、皇帝の「仁」を無上・最高と、極端なほどまで肯定することになる。このようにして、法琳の文には、皇帝の「仁」が至高無上という超えられないものになってしまう。この「仁」についての文を親鸞は次のように読みかえる。

化周万国乃明辟之至。仁形于四海実聖王之臣孝[20]。

化、万国に周し、すなわち明辟の至れるなり。仁、四海に形る、実に聖王の臣孝なり[21]。

ごらんの通り、この特別な訓読と読み替えによって、もともと「至」という連体修飾語で「仁」を修飾するという「至仁」の表現は、親鸞の文の中で、「至」と「仁」が分離される。「至」と「仁」のセットになった修飾語と被修飾語という関係が解体される。また、「至仁」という表現の中で至高無上という意味合いの「至」は到達点を示す意味合いの「至れる」となる。このようにして、法琳に無上・最高という頂点に置かれた皇帝の「仁」を頂点から移し離す。その「仁」に超える可能性を与え、「仁」を超えるものが存在する空間が空けられることになる。

また、「形」と「刑」についてである。「四海に刑する」。その形という字は刑罰の刑が正しい。「四海に刑する」は、実は聖王の巨孝なり」(22)と福永光司氏が指摘されている。経典においては、文章の中で「刑」→「形」という注を入れているのであるが、法琳の文の文脈からみれば、福永氏の指摘される通り、原文においては刑が正しい。しかし、親鸞は「刑」と「形」の間に「形」を選び、また、わざわざ注意を喚起する「アラハス」という振り仮名をつけている。刑《のり》というのは規範となる枠、典型の型と同じ。動詞の場合では、枠の外に出ないようによく取り締まる。法琳が皇帝の「孝」を四海に広げて倫理道徳の規範にすることを強調する。親鸞の引用においての「四海に形す」は、人間の計らいで作った皇帝の「孝」を形のあるものというレベルに限定する意味合いになる。

法琳は『老子』を根拠にしているようにみえるが、その『老子』は儒教思想に移植された『老子』である。法琳は『老子』の文言の言葉を『礼記』の文に取り込む。『礼記』の「祭義第二十四」に次のような文がある（『礼記』は「五経」の一つで、周末から漢代にいたる礼についての儒者の説を集録したものである。儒教の礼の形式と心を説く、儒教の思想の集大成といわれる）。

『礼記』の原文は次の通りである。

孝有三。小孝用力、中孝用勞、大孝不匱。思慈愛忘勞、可謂用力矣。尊仁安義、可謂中孝用勞矣。博施備物、可謂不匱矣。(23)

孝に三有り。小孝は力《ちから》を用《もち》ひ、中孝は勞を用《もち》ひ、大孝は匱《とぼ》しからず。慈愛を思《おも》ひて、勞を忘るるは、力を用ふと謂ふ可し。仁を尊び義に安ずるは、勞を用ふと謂ふ可し。博く施して物を備ふるは、匱《とぼ》しからずと謂ふ可し。(24)

『礼記』は孝を小・中・大と三つのレベルに分け、大孝は不匱という。すなわち、「大孝」がもっとも高いレベルの「孝」だという。ここでの「大孝不匱」の意味は、わが父母に対して孝行を施すのみならず、豊かで無限に広がる孝行である。そのような「大孝」は遍在して、尽きることがない。「大孝」は「仁・義・礼・智・信」という倫理道徳を踏まえて提出されたより高いレベルの儒教道徳観である。

法琳は、接ぎ木の形で、『老子』の木の「花」（言葉）を『礼記』の木の根幹（思想主張）へ移す。似て非であるといえるような、言葉を見れば、『老子』の文のようであるが、実際に主張された思想は『礼記』のものである。

法琳は『礼記』の立場に立って、「大孝不匱」を肯定し、人民に孝行を教え、それを以て、天下のすべての人の父を敬うと主張しながら、「明辟」という修飾語を使うことによって、皇帝を賛美する意味を表す。このような表現は他にも数多くあり、皇帝への賛美は「弁正論」の行間に流露している。「大孝」という言葉は『弁正論』の他所にも使われている。いずれも肯定の意味合いである。親鸞の特別な訓読と読み替えによって、文脈がまったく異なる論理的な展開になるのである。法琳の主張と異なる方向へと読者を導いていくことになる。

他にも、いくつかの注目すべき読み替えの個所がある。

一つ目は、「巨孝」「臣孝」というところである。法琳の原文では、「巨孝」であり、親鸞では「臣孝」である。聖典には「巨孝」と書いてある。「巨孝」が「臣孝」になっていることについては、今までの研究によって次のように指摘されている。

①「四海に刑する」。その形という字は刑罰の刑が正しい。「四海に刑するは、実は聖王の巨孝なり。「臣」という字になっているのは。誤写である(25)」。

②「臣孝」は原文には「巨孝」となる。写誤であろう(26)。

③まことに聖王の巨孝なり(27)

④実に聖王の巨孝なり(28)

⑤聖王の臣が忠孝を尽くすからに他ならない(29)

⑥坂東本では「巨」ではなく、「臣」という字になっていまして、実に聖王の臣、孝なり。と訓むべき加点が付いている。(30)

この中で、①〜④は「巨孝」が「臣孝」になっていることが誤写だと考えられ、⑤と⑥は「臣孝」として受け止めている。これらの研究を踏まえて考えよう。親鸞がわざわざ「しん」という振り仮名を付けているところから考えれば、誤写だとは考えられない。この一字の変更によって次元的に違う意味合いをもたらし、法琳に「巨大」化された皇帝の「巨孝」は「臣孝」という君臣関係の枠に収められることになる。

二つ目は、「不遺」と「不匱」である。まずは、「不匱」という言葉は、親鸞の自筆においては「不遺」になるところに注目してみたい。経典の法琳の原文においては「不遺」となるが、それは注で、錯誤として「不匱」に訂正された。しかし親鸞が引用するとき、自筆で丁寧に「不遺」と書き、「フキ」という振り仮名をつけた。「大孝不匱」の「匱」は乏しい、中が空っぽになっているさま。語源の意味は、中空の大きな箱である。匚で周囲を囲んで、中空になった箱。「不匱」とは、内実が豊か、尽きることがない。「不匱」と「不遺」は反対語になっている。「不匱」は尽きない、永遠に残るという意味合いを持っている。「不遺」は残らないという意味合いである。この読み換えによって、「大孝」を仏教の無常観に収め、その移り変わる本質を示しているのである。すなわち、「大孝」は悪いものではないが、あくまでも人間の計らいで作った倫理道徳である。それは定かなものではなく、縁によって生じ、縁によって移り変わり、縁によって消えていくものである。法琳が大袈裟に褒めるほどのものではないと。

次には、「不遺」に「フキ」という振り仮名を付けたところについて考察してみる。「不匱」はもともと一つの言葉ではなく、匱しという形容詞に「不」という否定の助動詞を付け、「匱しからず」と訓読すべきである。「不遺」ならば、残らないという意味合いである。しかし、親鸞は「不遺」という漢字を書きながら、「不匱」の毒音である「フキ」という振り仮名をつける。結局、文字の意味と音声の意味がずれている。しかしこの「ずれ」には、新たな意味合いが生じてくる。次のような受け止めを見てみよう。

①大孝は金持ちを温存する[31]

②大きな仁慈は富貴を求めるためのものである[32]

③大孝は富貴のものである[33]

これらの解釈に見られるように、そもそも「富貴」とは全然つながりのない「大孝不遺」の「不遺」という言葉であるが、ここで「富貴」という意味合いが生じてくる。それは、親鸞から読者への直接的なメッセージとしてではなく、親鸞の振り仮名の付け方によって、日本人の感覚の中からこのような意味合いを喚起するものである。つまり、親鸞の振り仮名付けは音声効果（フキ）によって「大孝」と富貴を結ばせ、法琳によって無限大までに昇格された「大孝」という言葉の意味合いを世間の利益「富貴」に格下げする仕掛けになっているのである。こうして、親鸞の読み方は無理に読ませるところがあるので、読みづらい文脈になり、理解の困難さをもたらしたが、方向づける言葉の枠組みによって文脈の方向を転換させた。解釈者はそこに「理解に苦しい」と嘆きながら、言葉が提示する方向へと読みとり、多岐の解釈を施していく。

親鸞の読み替えにおいては、「ふき」という振り仮名と「不遺」という漢字は不一致になる。従来、二者択一の受け止め方で、「ふき」という振り仮名を根拠にして、文字の「不遺」を誤写として「不匱」に訂正された。しかし、不一致であればこそ、一つの言葉が二重のメッセージを同時に伝えることが可能になる。つまり、この「不一致」は「不匱《フキ》」という音声効果と「不遺」という文字がもっている意味を同時に生かし、聴覚に「大孝」を世間の利益「富貴」という響きを与えると同時に、視覚に「不遺」（残らない）という文字の意味合いを伝え、

「大孝」の本質を示すことになる。

このようにして、親鸞は法琳の文章を引用しながら、法琳によって無限にまで過大評価された「孝」と「仁」を人間の計らいのレベルに引き下ろし、「孝」と「仁」の本質と限界を指摘することになる。

数多くの読み替えによって成り立った「化身土」の中での「弁正論」は、法琳の原文の文脈とは大きくずれている。厳格な漢文の翻訳の視点から見れば、文法的な過ちが多い。ところが、なぜ、あえて漢文の翻訳に守るべき基準である文法的な過ちを犯してこのように読み替えるのか。親鸞にはより大きな、大切な基準があるからである。その基準は次の文の中にある。

「自然」といふは、「自」はおのづからといふ、行者のはからひにあらず、「然」といふは、しからしむといふことばなり。しからしむといふは、行者のはからひにあらず、如来のちかひにてあるがゆゑに法爾といふ。「法爾」といふは、この如来の御ちかひなるがゆゑに、しからしむるを法爾といふなり。法爾はこの御ちかひなりけるゆゑに、およそ行者のはからひのなきをもつて、この法の徳のゆゑにしからしむといふなり。すべて、ひとのはじめてはからはざるなり。このゆゑに、義なきを義とすとしるべしとなり。「自然」といふは、もとよりしからしむるといふことばなり。(34)

この文の中の「義なきを義とす」という言葉は親鸞の読み替えの基準になると思う。前半の「義なき」の「義」は、人間の計らいのレベルの「義」を意味する。この「義」は、人間の計らいのレベルの意味であり、二元対立的な思考によって意味づける義である。このレベルの義は、有限であり有形であり、移り変わるものである。後半の「義とす」の「義」は、そういう二元対立的な心理の構造を超える如来の智恵の働きという「義」である。この義は、無形、無限、永遠、不変である。

この次元的に異なる二つの「義」は、「化身土」においての「弁正論」の読み替えの基準であり、如来の智慧の働きという「義」は引用文を貫く赤い糸になる。この赤い糸こそ、「弁正論」という一つのテキストの中で、親鸞の引用文を法琳の原文とは一線を画した高次的なものにしているのである。

五　法琳の人生と「弁正論」の位置づけ

以上の考察によれば、親鸞は法琳の「弁正論」を特別なテキストとして引用したと考えられる。では、なぜ親鸞は『教行信証』に執拗に「弁正論」を引用しているのか。それは深刻な人間存在の矛盾を抱えている法琳の人生に手がかりがあると思う。

法琳は幼少時代に出家して「博研儒釋百家之学、特精三論（龍樹著）[35]」、二三歳「昼則承侮仏経。夜則吟覧俗典」と、青渓山で隠居生活を送る。二九歳「着黄巾道服」、道教に入る。「琳素通荘老談吐清奇。道俗服其精華」「風韵閑雅韜徳潜形」といわれ、法琳は老荘思想に精通し、気品があるので道教の人にも、世間の人にも敬服されていた。その後、法琳はあらためて仏門に入る。それはちょうど仏教と道教の激しい論争の時期であった。法琳はその論争に巻き込まれ、仏教側の先鋒になり、仏教が勝ち残るために必死に戦った。

唐の高祖時代（六二一）、道士傅奕は富国利民の策として、廃仏をすべき十一条の意見を上書した。

至武徳四年、有太史令傅奕先是黄巾深忌佛法、上廢法事者十有一条、云釋経誕言妖事隱。損國破家未聞益世。請胡佛邪教退還天竺。凡是沙門放歸桑梓。則家國昌大、李孔之教行焉[36]。

高祖はこの意見に動かされ、沙汰仏教の詔を下そうとした。高祖の詔は政権交代のため、実行されなかったが、法琳の努力も甲斐があったようである。

遂得釈門重敞琳寔其功[37]。

その後、法琳は太宗の信頼を得て、太宗によって作られた龍田寺の住職に任命された。一二年間、皇帝の傘の下で、「従容山服詠歌林野」という優雅な暮らしを送る。六三九年、道士秦世英が法琳を嫉妬し、法琳の「弁正論」に皇室を謗《そし》り、皇帝の祖先である老子を貶《けな》す箇所があると、太宗に讒言した。太宗は「弁正論」を読むと、その中に確かに不敬罪に問われるような個所がいくつもある。それが太宗の逆鱗に触れた。太宗は激怒した。枷をはめられた法琳が弁解すると、太宗は「お前は『弁正論』に、観音様を念ずる者は刃に臨んでも傷をつけずと書いた。今、お前を死刑に処す。ただし、七日の猶予をあたえよう。七日間観音様を称えてみよ。七日の後、処刑する。その時お前の身をもって刃を試してみよう。お前が書いたものが真実かどうか証明されるだろう」といって、法琳を監獄に入れた。監獄に入れられた法琳は「外纏桎梏内迫刑期。水火交懐。仰訴無路」(38)と、どうすることもできず、七日間を過ごした。七日目、処刑の前に、皇帝に「観音様を唱えたか」と聞かれると、法琳は「七日の間、ひたすら陛下だけを念じました」と答えた。「なぜか」と聞かれた法琳は皇帝の威徳を讃え、褒める言葉を尽くして、最後に「陛下の高徳は菩薩と同じ、陛下はすなわち観音様です」といった。その法琳の言葉に、太宗は心を和らげて、死刑を流罪に変更した。法琳は流罪地に行く道中において病いにかかり、死した。六九歳、優雅、従容と生き、仏法を守るために傲然と戦い、人々に敬愛された法琳からすれば、この出来事は、残念な最期だとしか言いようがない。

「続高僧伝」で法琳の護法の功を称賛するため、その最期についての描写は、褒美の言葉を付け、話の内容も護法の意味で割引かれ、潤色されたようであるが、それにしても、法琳の言葉の内容を具体的に読んでいると、阿諛と受け止めざるを得ない。酸味をも味わえるこの滑稽な寸劇には、優雅、従容として生き、仏法を守るために堂々と戦い、みんなに敬愛された姿と、最後は皇帝に媚びる「諂曲」の姿、一人の法琳の二つの姿は強烈なコントラストになっている。

そこに、「政治と宗教のからみ、王法と仏法の兼ね合いの難しさ」(39)があり、支配権力を前にして、個人的な努力の無力さが感じられるが、法琳の人生に現れた強烈なコントラストは、最も深層的な、普遍的で難解な人生の矛盾を孕んでいる。法琳と同じ時期の仏教徒である慧実は護法のため、あえて公然と皇帝に「不伏此理。万刃之下甘心受罪[40]」と言い、最後まで妥協せずに、杖たたきの刑を受けた後に亡くなった。「万刃之下」におかれても屈せずに自己の主張を貫いた慧実に比べると、「一刃の刑」の脅しに、阿諛奉迎に一変した法琳が「委瑣卑微の代表[41]」と非難されるのも理の通りであろう。しかし、二者択一の中で「卑」と「亢」という二元対立の中の一極を強いられた二人は、鳥瞰的な視点から見れば、いずれも、どうしようもない惨めな人間存在の姿である。

親鸞は、法琳を二元対立の渦にもがいている煩悩具足の衆生の一人として見ているのであろう。このような衆生を救済するため、阿弥陀如来が十九願を発したことを、親鸞が善導の『観経疏』を通して、『観無量寿経』に「顕彰隠蜜」の「蜜意」（密意）として読みとり、「化身土」において開顕しているのではないかと思う。道教との論争の中で、仏教側の代表者の姿をしながら、真実の教えに恵まれないまま人生を送り、「外現賢善精進之相内懐虚仮[42]」といわれるように、外は堂々と護法として戦う相を現ずるに、内には皇帝に媚びて、私利私欲を図る虚仮《こけ》を抱いた法琳。親鸞はこのような法琳を高みから見下ろすのではなく、十九願に救われるものの代表として、「化身土」に入れられるのではないか。『教行信証』の語り手は「義なきを義とす」という次元的に異なる二つの「義」においての、二重のまなざしで法琳を見ている。生身の人間として、親鸞は、深刻な人生の矛盾を抱えながら、惨めな最期を迎えた法琳の苦しみや悩みを共有し、時代の嵐に巻き込まれ、命をかけて道教と仏教の論争に取りかかり、人間らしい法琳の戦いを護法の功績として認める。一方、大なる真実に出会った親鸞は如来の智恵に照らされ、二元対立の渦にもがいている罪悪煩悩としての法琳の本質も見逃していない。

「化身土」の中での「弁正論」は、異なる方向へ流れていっていく二つのテキストである。法琳の「弁正論」は人間の計らいのレベルで展開されていくのに対して、親鸞によって読み替えされる「弁正論」は自然法爾にそって流れていく。親鸞の読み替え作業は、二つのテキストをつなげるように機能している。それらの読み替えは、航路標識の灯台のように、人間の計らいを超える世界を提示し、法琳をその世界へ導くように案内している。それらの読み替えはまた、大いなるまなざしから読者への〃目配せ〃のようなものでもある。それは、常に人間の計らいを超えるまなざしの視点を提示している。その大いなるまなざしからの〃目配せ〃に反応する読者は無意識的にも潜在化した方向づけを得て、法琳とともに、親鸞が提示された方向へと導かれる。

おわりに

『教行信証』に引用された「弁正論」の文と本来の法琳の文は大きくずれている。そのずれについて理解する手がかりは、言葉としてなにも残していない。そこには、親鸞が直面した矛盾がうかがえる。それは、親鸞が出会った大いなる真実の言葉の意味を超える無限性と、その真実を伝える言葉の意味の有限性との矛盾である。それを誠実に真実を伝えようとする親鸞は、いい加減な言葉で無理に表現しようとはせずに、無言のままに残している。しかし、生き物としての『教行信証』は語り続け、豊かな読者の群を産出し続けている。二つのテキストのずれている空間は、無限な受け止めを可能とする力を秘めている。それは問いかけを生み出す場となり、これからも〃目配せ〃に出会う人々によって深く受け止められていくであろう。

(1) 『真宗聖教全書』二、一四七頁。
(2) 藤場俊基『親鸞の『教行信証』を読み解くV　化身上巻(後)』、明石書店、二〇〇一年。
(3) 山辺習学・赤沼智義『教行信証講義』(平樂寺書店、一九八三年)。
(4) 住田智見『教行信証之研究』(住田智見著作集・第一巻、法藏館、一九八七年)。
(5) 高木昭良『教行信証の意訳と解説』(永田文昌堂、一九七五年)。

(6) 星野元豊『講解　教行信証』(法藏館、一九八三年)。
(7) 前掲註(2)藤場書。
(8)『弁正論』(大正大蔵経・第五十二巻、四八九～五五〇頁)。
(9)『真宗聖教全書』二、一九五頁。
(10) 陳鼓應注譯『莊子今注今譯』(中国古典名著譯注叢書、中華書局、二〇〇九年)。
(11) 阿部吉雄等『老子・荘子上』(新訳漢文大系7、明治書院、一九六六年)。
(12) 前掲註(6)『講解　教行信証』。
(13) 福永光司講述・九州教学研究所編『弁正論講義―教行信証化身土巻末』(九教研叢書、二〇〇三年)。
(14) 浄土真宗教学研究所・浄土真宗聖典編纂委員会『浄土真宗聖典』(本願寺出版社、一九九八年)。
(15) 前掲註(2)『親鸞の「教行信証」を読み解くV』。
(16)『真宗聖教全書』二、一九六頁。
(17) 前掲註(2)『親鸞の『教行信証』を読み解くV』。
(18)『老子』上篇第十八章。
(19) 前掲註(11)『老子・荘子上』。
(20) 大谷派宗務所『国寶　顕浄土真實教行信證文類影印本』(一九五六年)。
(21)『真宗聖教全書』二、一九五頁。
(22) 前掲註(13)『弁正論講義』。
(23) 竹内照夫『礼記』中(新訳漢文大系28、明治書院、一九七九年)。
(25) 前掲註(13)『弁正論講義』。
(26) 前掲註(6)『講解　教行信証』。
(27) 前掲註(14)『浄土真宗聖典』。
(28) 同右。
(29) 前掲註(5)『教行信証の意訳と解釈』。

(30) 前掲註（2）『親鸞の『教行信証』を読み解くV』。
(31) 同右。
(32) 前掲註（5）『教行信証の意訳と解釈』。
(33) 池田勇諦など『教行信証全書』第三巻（四季社、二〇〇〇年）。
(34) 『真宗聖教全書』二、六六三頁。
(35) 「続高僧伝」（大正大蔵経・第五十巻、六三五〜七頁）。
(36) 同右、六三六頁。
(37) 同右、六三七頁。
(38) 大正大蔵経・第五十巻、六三八頁。
(39) 藤善真澄『隋唐時代の仏教と社会』（白帝社、二〇〇四年）。
(40) 「続高僧伝」「慧実伝」（大正大蔵経・第五十巻、六三五頁）。
(41) 張暁敏など『道教十日談』（安徽出版社、一九九四年）。
(42) 『真宗聖教全書』一、五一頁。

親鸞の聖徳太子観

佐藤弘夫

はじめに

親鸞の思想形成において、聖徳太子の果たした役割は大きい。親鸞は正嘉元年（一二五七）、聖徳太子の伝記を記した『上宮太子御記』という書物を書写している。その巻末には、磯長にある聖徳太子廟に太子自身が書き残したとされる一文（「廟崛偈」）が収められている。「廟崛偈」の一部を抜粋した、「三骨一廟文」といわれる親鸞の真蹟も現存している。

親鸞は二九歳のときに京都の六角堂に参籠して夢告を受け、それが法然と巡り合う契機となった。六角堂は聖徳太子建立という言い伝えのある建物であり、親鸞の意識からすれば法然との邂逅も聖徳太子の導きによるものだった。また、親鸞は晩年には聖徳太子を題材にした複数の和讃を執筆している。

親鸞の聖徳太子への傾倒は、しばしば「聖徳太子信仰」という言葉で表現されてきた。これに対し、近年遠藤美保子氏は、親鸞の聖徳太子信仰は、後年真宗教団の伸長にともなって形成された真宗と太子信仰の関係を祖師親鸞まで遡って適用したものであり、親鸞自身には「信仰」とよぶことのできるほどの太子への帰依はなかったことを論じられた（1）。遠藤氏の指摘は、安易に親鸞における「～信仰」といった表現を用いてきた既存の研究に対する重要な問題提起であるが、それを「信仰」とよぶことはできなくても、やはり親鸞が聖徳太子に対して強い関心をいだき続けていたことは否定できない事実である。

親鸞は末代の念仏の行者だれもが往生できる唯一の道として、阿弥陀如来が選び取った本願念仏を宣揚した。阿弥陀如来と行者のあいだの一切の介在を排した、専一の信仰の道を求めていた。その親鸞において、阿弥陀仏の本願念仏に対するひたむきな帰依と、所詮は一人の俗人にすぎない聖徳太子への傾倒は、いかなる関わりをもって共存していたのであろうか。

聖徳太子は親鸞にとってだけでなく、平安時代の後期から多くの人々の崇敬の対象となっていた。太子信仰の熱は、親鸞の時代にはピークを迎えていた。そうであるとすれば、中世に流行した聖徳太子信仰の流れに親鸞を位置づけることによって、そこを切り口として、親鸞の思想的達成とその信仰の独自性を浮かび上がらせることができるのではなかろうか。

本論は以上のような視点から、同時代のコンテクストのなかで、親鸞における聖徳太子の意義を考えてみようとするものである。

一　聖徳太子信仰の高揚

聖徳太子を普通の人間とは異なる存在と捉える表現は、すでに『日本書紀』にみられる。以後、聖徳太子の神格化は、平安時代中期に出現する『聖徳太子伝略』において一つの完成された形を示すことになる。しかし、聖徳太子に対する信仰が大衆レベルに浸透していくのは、もう少し時代が下った一一世紀のことだった。

聖徳太子が建立したとされる法隆寺は、平安時代の後半になると堂舎の倒壊が相次ぎ、危機的な状況を迎える。

衰えた寺を再興する切り札として登場したのが聖徳太子だった。治暦五年（一〇六九）に、東院絵伝の太子絵伝が完成する。保安二年（一一二一）には、顚倒した東室の再建にあたって南端の三房が改造され、聖徳太子を祀る聖霊院が誕生した。そのなかには、新たに造られた太子像が納められ、官寺の殻を脱ぎ捨てた法隆寺は、大衆的な聖徳太子信仰の拠点としての性格を強めていくのである。

聖徳太子ゆかりの寺院として法隆寺と並ぶ歴史を誇る四天王寺では、寛弘四年（一〇〇七）、聖徳太子が書き残したとされる一巻の書物が発見された。「四天王寺御手印縁起」である。発見の直前に偽作されたと考えられるこの縁起には、四天王寺の財政基盤である所領支配が、周辺住民の抵抗と国郡司の侵略によって崩壊の危機に陥っている様子が描かれる。(2) その上で、そうした状況を放置すれば仏法王法相依相即の原理に従って、やがては国家の崩壊につながると主張する。逆に崇敬の心を起こして「一香一花」を捧げ、「一塊一塵」でもこの寺に施入することがあれば「一浄土の縁を結ぶ」ことになると述べ、人々に結縁を勧めるのである。

四天王寺・法隆寺とともに、聖徳太子建立の七寺の一つとされる広隆寺でも、久安元年（一一四五）の火災からの復興過程で、聖徳太子信仰が導入された。永万元年（一一六五）の再興の供養願文では、回廊内に聖徳太子像を安置し、上宮王院と号したという記述がある。(3) それをうけて、建長三年（一二五一）には、中観上人によって聖徳太子像を安置する桂宮院が建立されている。

聖徳太子由来の古寺での相次ぐ太子信仰の宣揚は、なにを目的にしたものだったのだろうか。それを考える際のキーワードが「浄土信仰」だった。

法隆寺の聖霊院に安置された聖徳太子坐像には内刳が施され、納入品が籠められているが、最大のものは蓬萊山形の台座の上に安置された小ぶりな観音菩薩像である。これは聖徳太子が救世観音の化身であることを端的に表現したものであり、衆生の救済者・浄土へ引接者としての聖徳太子を強調する目的でなされた仕掛けだった。

三寺のなかで、浄土信仰の痕跡をもっとも濃厚に残しているのが四天王寺である。先にあげた「四天王寺御手印縁起」でも、この寺への結縁が浄土への近道であることが強調されていた。『梁塵秘抄』の、「極楽浄土の東門は　難波の海にぞ対へたる　転法輪所の西門に　念仏する人参れとて」[4]という歌にみられるように、海に面した四天王寺の西門は極楽の東門にあたるという信仰が生まれ、平安後期には多数の念仏者が参集するようになった。三好為康の『後拾遺往生伝』(巻下)では隆暹という僧が天王寺の聖霊院に参籠して、「順次往生の可否」を祈願し、往生のお墨付きをえたことが記されている。[5]

聖徳太子信仰と浄土信仰との結びつきは、冒頭で触れた磯長の聖徳太子廟にも顕著にみられる。この太子廟は中世には、聖徳太子とその母穴穂部間人皇后、妻の膳部菩岐々美郎女の三人の棺が合葬された「三骨一廟」の霊地とされ、それが阿弥陀三尊になぞらえられて多数の信仰者を集めた。『後拾遺往生伝』巻上には、四天王寺西門で念仏を修していた永暹という行者が、聖徳太子の墓前で最後を迎えることを望んだため、弟子たちがそこに運んで首尾よく往生を遂げたという話が収められている。[6]『古事談』には、天喜二年(一〇五四)に、太子廟の近辺の土中から聖徳太子の未来記(「太子御記文」)が発見されたことが記されている。[7]この年は入末法第一年目と信じられた永承七年の二年後のことであり、末世意識が広がるなかで大衆に向けて聖徳太子信仰を宣揚しようとする、廟所関係者の意図をうかがうことができる。

二　浄土信仰と聖徳太子

聖徳太子ゆかりの地での太子信仰の高揚は、なにに由来するものであろうか。また聖徳太子が浄土信仰と結びつくのはなぜであろうか。それを考える手がかりとなるものが、聖徳太子の廟所に伝えられた「廟崛偈」である。[8]「大慈大悲本誓願　愍念有情如一子」という句ではじまるこの聖徳太子の偈文は、「救世観世音」である太子が慈悲の心をもって衆生を救いとるため、仏法興隆を目的として、西方浄土を離れてこの「片州」に誕生したと記す。浄土からこの世界に化現したのは太子だけでなく、その母は「西方教主弥陀尊」、妻は「大勢至」であった。この三人の本地である根本の真如は本来一つであり、それが応現にあたっては三身の形を取った……。

「廟崛偈」はこのように述べたあと、この娑婆世界での化縁が尽きたので、いま西方浄土に帰還すること、ただし末世の有情を済度するために「父母所生の血肉の身」をこの「廟崛」に留めること、この廟は「三骨一廟三尊位」を示すものであり、一度でもこの地を訪れたものは悪趣を離れて「往生極楽世界」が確定すること、を順次説いていくのである。

この偈は「三骨一廟」の霊地としての聖徳太子墓を支える、思想的な根拠を提供するものだった。西方浄土の弥陀三尊は末世の衆生を憐れんで娑婆世界に垂迹し、化縁が尽きたいまも、その肉体をこの地に留めて浄土と現世をつなぐ役割を果たし続けている。それゆえ、極楽往生を願う者がこの廟所を訪れて祈りを捧げることによって、その念願は確実に成就する――「廟崛偈」はこう主張するのである。

末代の救済主としての聖徳太子のイメージが肥大化するなかで、廟に眠る聖徳太子もただの骨ではないという見方が広まった。鎌倉時代に顕真が著した『聖徳太子伝私記』は、正暦五年（九九四）に廟崛内に不法に侵入した者があったため、被害の実態を確認すべく法隆寺三綱の康仁らが廟に立ち入ったときの様子を記している。(9)その結果については、二つの棺があって、そのうちの一方に髑髏が一個だけあったという説と、三つの棺の一つに、聖徳太子が生きているときと同じ様子で横たわっていたという説の二つが併記されており、顕真は後者を「正説」と断じている。聖徳太子は死後も、まさに「血肉の身」をこの世に留めているのである。

中世における聖徳太子信仰の高揚は、浄土信仰が流行をみせる時代思潮のなかで、西方浄土の観音菩薩の垂迹である太子を彼岸への案内人とする認識を踏まえたものだった。その波動は、聖徳太子の遺体を安置すると信じられた磯長の太子廟はもとより、太子像を安置する聖徳太子ゆかりの寺、法隆寺・四天王寺・広隆寺などにも及んでいたのである。

いま私は、浄土への案内人としての聖徳太子のイメージの拡大を論じたが、中世においてそうした役割を与えられた人物は太子ひとりに留まらなかった。聖徳太子と並ぶ代表的な聖人信仰の対象として、弘法大師空海がいる。

承和二年(八三五)、空海はみずからが開創した高野山で死を迎えた。その遺体は今日の奥の院に葬られたが、やがて空海は入定したまま奥の院で弥勒の下生をまっているのだ、という伝説が生まれる。いわゆる弘法大師入定信仰である。(10) 延喜二一年(九二一)には観賢という僧が、弘法大師の諡号宣下の勅許を奉じて廟所に詣で、石室を開いて、生前と同じ姿をした空海と対面したという(『高野春秋編年輯録』(11))。『栄華物語』にも、藤原道長が高野山参詣の折に、眠るがごとき大師入定の様子をまのあたりにした様子が記されている。(12)

一二世紀ごろから、高野山はもう一度その性格を転換する。『一遍聖絵』では、弘法大師が他界の仏の化現であるとされ、一遍は「九品浄土」(極楽浄土)の縁を結ぶためにそこに分け入ったと説かれる。(13)『一言芳談』では、高野山奥の院に参籠した重源が、深夜空海の廟所から響く念仏の声を聞いたというエピソードが記される。(14) 密教的な曼荼羅世界としてイメージされていた高野山が、一転して奥の院を中核とする浄土信仰の拠点化していくのである。その担い手は「高野聖」とよばれる一群の行者たちであり、彼らは浄土信仰を通じて四天王寺とも密接な関係をもっていた。(15)

強烈な彼岸憧憬の時代思潮。それを背景とした、彼岸世界との仲介者としての聖人信仰。そした聖人の所在地(霊場)への参詣・参籠の流行——中世の聖徳太子信仰と弘法大師信仰には、このような共通の構造をみてとることができる。聖徳太子も弘法大師も普通の人間ではなく、末代の衆生を引接するためにこの世に出現した浄土の仏菩薩と信じられていた。そして彼岸への引接者としての聖人信仰は、他にも伝教大師最澄、慈覚大師円仁、聖武天皇、菅原道真など、多くの人物に及んでいたのである(16)。

二　親鸞と聖徳太子

これまで検討してきたような中世の聖徳太子信仰の主流と対比したとき、親鸞の聖徳太子観の特色はどこに見出すことができるのであろうか。まず確認しておくべきことは、「廟崛偈」の引用から知られるように、親鸞が聖徳太子を彼岸からの垂迹と捉える同時代の常識を決して拒否していなかったことである。

三重県の専修寺に、親鸞作とされる「三夢記」とよばれる文書が伝来している。そこには六角堂の「行者女犯偈」の他に、建久二年（一一九一、一九歳）の磯長聖徳太子廟と正治二年（一二〇〇、二八歳）の二つの夢告が収められている。このうち磯長の夢告では、聖徳太子が親鸞に対して次のような言葉を告げたという。

我三尊化塵沙界　日域大乗相応地　諦聴諦聴我教令
汝命根応十余歳　命終速入清浄土　善信善信真菩薩(17)

これまでこの「三夢記」については、真作説に立つ古田武彦氏とそれを批判する山田雅教氏等との間で論争が戦わされた(18)。ここではその真偽そのものの論証には立ち入らないが、私は青年期の親鸞が聖徳太子廟を実際に訪れ、そこに参籠した可能性はかなり高いと考えている。

親鸞の妻である恵信尼の消息によれば、親鸞の六角堂参籠は「後世を祈」ってのものであった(19)。若き親鸞の最大の関心は死後の救済の問題だったのであり、それは同時代の大方の人々にも共通することだった。この問題に思い悩んだ親鸞は浄土往生を願う当時の人々がしたように、仏菩薩の垂迹と信じられた聖徳太子ゆかりの聖地に参詣し、みずからの後世を祈ったのである。

先に述べたように、磯長の太子廟では一一世紀後半から彼岸への案内者としての聖徳太子信仰が高揚し、四天王寺とともに浄土信仰のメッカとなっていた。多くの人々がここを訪れて浄土往生を願った。比叡山で堂僧を務めていた親鸞も当時の時代思潮を承けて若くして浄土信仰の道に入り、真の救済の道を模索して、彼岸との回路と信じられた霊場をめぐり歩いたと考えられる。

その際留意すべき点は、恵信尼が夫親鸞の六角堂参籠について、「聖徳太子の文を結びて、示現にあづからせ給て候ければ[20]」と述べていることである。この「聖徳太子の文」になにを宛てるかは古来さまざまな説があるが、古田武彦氏が指摘されるように、これを「女犯の偈文」と解釈することは、聖徳太子とこの偈文に直接の関係を見出せないだけに困難であるといわざるをえない[21]。親鸞はこの参籠にあたって、新たにえた「女犯の偈文」とは別の、聖徳太子に関わるなんらかの偈をあらかじめ保持していたと考えるべきであろう。それを「三夢記」の磯長の夢告そのものとみるかどうかは別として、親鸞と聖徳太子の深い関わりは六角堂以前に遡るものだったのである。

その関係の始発は、「廟崛偈」の書写やそれにもとづく「三骨一廟文」の製作など親鸞と磯長との密接な関係を考えると、聖徳太子廟であったと考えるのが自然であろう。「廟崛偈」の書写も、その扱いの重さを考えると他の文書からの単なる転写ではなく、実際に太子廟に参詣したときの書写だった可能性は高い。

生涯にわたる親鸞の聖徳太子崇敬の出発点は、青年期における太子廟への参詣にあった。そこでえた信仰体験に始まる、真の浄土信仰を求めての精神的彷徨の果てに、親鸞は聖徳太子ゆかりの六角堂で法然のもとに通じる道を発見することができた。かくして親鸞の胸中に、みずからを正信の道に導いた恩人として、聖徳太子の存在が深く刻み込まれることになったのである。

親鸞が彼岸の仏菩薩の垂迹と考えた人物は聖徳太子だけではなかった。なによりもその師である法然がそうだった。六角堂への参籠を記した恵信尼の書簡は、そのエピソードに続いて、彼女が常陸の下妻幸井郷にいたときにみた夢の内容を詳しく述べている。堂の前に鳥居のような横に渡したものがあって、そこに二体の仏が掛けてあったが、そのうちの一体は勢至菩薩の法然、もう一体が観音菩薩である親鸞であったというものである。のちに恵信尼は、この夢の法然に関わる部分だけを親鸞に告げた。それに対し、「夢には品別あまたある中に、これぞ実夢にてある。上人をば、所々に勢至菩薩の化身と、夢にも見まいらする事あまたありと申」[22]という返答があったという。

法然自身『選択本願念仏集』において、善導が弥陀の化身であるゆえに、その教えは「弥陀の直説」なのだと主張している[23]。また法然の「夢想記」には、彼が半金色の善導と対面したことが記されている[24]。法然の教団において、仏が人間の姿を取って出現して人を導くという現象は、まったく違和感なく受容されていたのである。

三　親鸞の化身観の特質

親鸞とその師法然が特定の聖人を垂迹と認識していたとすれば、それは彼らの信仰の基本骨格のなかにどのように位置づけられていたのであろうか。

法然の確立した信仰体系は、〈選択本願念仏説〉とよばれる。阿弥陀仏の選択した専修念仏こそが、真実の浄土に往生できる唯一の方法であるとする思想である。法然はその主著である『選択本願念仏集』において、阿弥陀仏は末法のあらゆる人々を平等に救い取るために、「難行」である作善や学問や戒律などではなく「易行」である称名念仏を選び取って、本願として我々に与えてくれた、と説いている。「念仏は易きが故に一切に通ず。諸行は難きが故に諸機に通ぜず」[25]という認識が法然の基本的立場だった。したがって衆生は、だれもが念仏を唱えることによって、弥陀の本願に乗じて等しく極楽浄土に往生できるのである。

法然は末法の救済主として阿弥陀仏一仏を大きくクローズアップした。そして衆生は一切の仲介を排し、称名念仏一行を通じて、弥陀に直接帰依していくべきことを主張したのである。

法然の選択本願念仏説はその救済構造のなかに、垂迹の聖人の占める位置、その果たすべき役割がない。法然はこと極楽往生の行に関しては、あらゆる雑多な修業をすべて排して、それを称名念仏の一行に純化した。往生を願っての聖人への祈願も、法然によれば弥陀の本意に背くものでしかなかった。

親鸞もそうした論理を全面的に継承していた。『歎異抄』には、「専修念仏のともがらの、我弟子、人の弟子といふ相論のさふらふらんこと、もてのほかの子細なり。親鸞は弟子一人ももたずさふらふ」[26]という有名な言葉がある。親鸞が目指したのは、すべての念仏行者が一切の仲介者を排して、救済主としての阿弥陀仏と直接向き合うような信仰のあり方だった。親鸞は行者の信が成就するとき、弥陀の命が直接行者の心中に注ぎ込まれると考えていた。仲介者の排除という姿勢は、勢至菩薩の化身である法然についても例外ではなかった。親鸞の救済論において、法然はその果たすべき役割を与えられていないのである。

〈選択本願念仏説〉のもっとも重要な特色は、当時の人々が浄土信仰において不可欠の役割を果たすと信じていた垂迹などの仲介者を、救済の体系から完全に除外した理論を構築した点にあった。衆生—垂迹—本地という重層構造をもつ当時の常識的な救済理論に対し、法然と親鸞は衆生が垂迹を飛び越えて、直接本地に帰依する論理を提示したのである。

親鸞が師法然の教えを継承して、その救済論に垂迹の占める位置を定めなかったとすれば、彼における聖徳太子の尊重はいかに解釈されるべきなのであろうか。親鸞にとって、聖徳太子とはどのような存在だったのだろうか。改めて親鸞が聖徳太子をどのように描写しているかをみていくことにしたい。

まずあげておきたいのは、真蹟の断簡と、親鸞生存中に真仏が書写した古書本を残す『皇太子聖徳奉讃』の冒頭の言葉である。

日本国帰命聖徳太子　仏法弘興《ひろくひろめたまふと》の恩ふかし

有情救済《たすけすくわせたまふと》の慈悲ひろし　奉讃不退《ほめたてまつることおこたらされとなり》ならしめよ[27]

親鸞はここで聖徳太子への「帰命」を勧めるが、その理由は聖徳太子が「有情救済の慈悲」にもとづき、「仏法興隆」を推進した恩人だからだった。聖徳太子の功績を日本における仏法興隆に求める立場は、親鸞において一貫していた。先にみたように、親鸞にとっては、彼が法然と巡り合って専修念仏の道に進むことができたのも、観音菩薩の垂迹である聖徳太子の導きによるものだった。

親鸞は、自身が聖徳太子の「有情救済の慈悲」によって救い取られた人間だったことを強く自覚していた。聖徳太子の存在なくして、正信の念仏者としての親鸞はありえなかった。浄土への案内者としての聖徳太子という見方は、彼の信仰体験に深く根ざした信念だった。それは、『正像末法和讃』の、「上宮太子方便し　和国の有情をあわれみて　如来の悲願弘宣せり　慶喜奉讃せしむべし」という言葉にも知られるように、親鸞において生涯を貫いて保持されるのである。[28]

しかし、他方で親鸞は、人々が聖徳太子を直接の信仰対象とすることはけっして認めなかった。親鸞は『皇太子聖徳奉讃』において、聖徳太子に「帰命」（身命を投げ出しての帰依）するという強い言葉を用いながらも、「ほめたてまつることおこたらされとなり」と、太子の衆生救済の行為を賛嘆すべきという表現で言い換えている。六角堂の夢告まで、親鸞にとって聖徳太子は救済者としての信仰の対象だった。ひとたび専修念仏の道に帰入して以降は、尊敬すべき浄土への先達とみなされることになったのである。

親鸞の時代の浄土信仰にあって、一般的にその役割を重視されていた存在は彼岸の本地ではなく、衆生が日常的に接する垂迹の方だった。鎌倉時代の説話集『沙石集』は、「本地垂迹その体同じけれども、機に臨む利益、しばらく勝劣あるべし」という言葉の後、釈迦が役の行者のいる吉野山に蔵王権現として出現したエピソードを記し、さらに次のように述べている。

わが国の風儀、神明はあらたに賞罰ある故に、信敬を厚し、仏菩薩は理に相応して、とほき益はありといへども、和光の方便よりも穏かなる儘に、愚なる人は信をたつる事すくなし。諸仏の利益も、苦みある者、偏に重くす。されば愚癡の族を利益する方便こそ、実に深き慈悲の色、濃なる善巧の形なれば、青き事は藍より出て藍より青きがごとく、貴き事は仏より出て仏より貴きは、只和光神明の利益なるをや（巻一）[29]。

時と場所に応じて、人々を導くのにもっともふさわしい姿をとって出現する垂迹を救済の主体と仰ぐこうした立場と対比したとき、往生のプロセスに垂迹を介在させない親鸞の立場はいっそう際だってみえる。

親鸞における聖人の意義を考えるときもう一つ重要な点は、親鸞が崇敬に値すると考えていた聖人が、「末法」の「五濁悪世」である現実世界に化現し衆生を彼岸に導くことを使命とした、聖徳太子・源信・法然など浄土信仰に関わりのある人物に限定されていたことである。卓越した聖人や祖師を仏菩薩の垂迹・化現とみなす見方は、中世ではきわめて一般的なものであった。徳の高い僧、験力を身に具えた行者のなかには、生前から垂迹として崇拝された人物もいた。叡尊は同時代の人々から「濁世末代の生身仏」とよばれた（「後伏見天皇贈僧叡尊菩薩号勅」[30]）。『源平盛衰記』には、重源と貞慶がそれぞれ「生身の釈迦」、「生身の観音」であるという話が掲載されている（巻二五）[31]。また北条重時は、その人物の善し悪しを論ずることなく、一切の僧侶を無条件に「生身のほとけ」と拝むよう勧めている（「極楽寺殿御消息」[32]）。

しかし、親鸞には同時代の多様な垂迹に対する言及は一切みられない。彼がとりあげその役割を褒め称えた者は過去の人間、しかも浄土信仰の正統な系譜に連なる人物に限定されていた。親鸞は極楽浄土へ人々を誘うことに貢献した限られた人物を垂迹として認める一方、その役割を彼岸と現世との取り持ち役に限定しようとしたのである。

四　排除される垂迹

私はここまで、親鸞の特色が、聖人を直接的な帰依の対象とする浄土信仰の否定にあったことを論じた。そうした態度は、当時聖人とならんで広く垂迹と認定されていた神祇についても看取しうる。

中世において、神もまた聖人と同じく、彼岸の仏菩薩が衆生救済のためにこの世の出現した存在と信じられていた。神のいる社壇はこの世の浄土であり、同時に彼岸への通路だった。そのため神社に詣でて往生を祈ることは、中世においてはきわめて一般的な行為だった。『発心集』には、神が「現世のもろもろの望み」を叶えてくれるのはあくまで方便であり、「無悪不造」の衆生の「出離生死」こそが垂迹としての神の本懐である、という言葉がある。[33]衆生を浄土に引接することが神の究極の目的であるという見方が、広く中世人に共有されていたのである。

しかし、親鸞はこうした認識を受入れなかった。神祇を直接礼拝することに否定的な立場は、すでに法然の、「されは念仏を信して往生をねかふ人、ことさらに悪魔をはらはんために、よろつのほとけかみにいのりをもし、つゝしみをもする事は、なしかはあるへき」（『浄土宗略抄』[34]）といった言葉にうかがうことができる。

親鸞の場合、神祇不拝の立場はより明確であった。『教行信証』化身土巻では、『涅槃経』の「仏に帰依せば、終にまたその余のもろもろの天神に帰依せざれ」[35]という文をはじめ、さまざまな経典や古典を引用して鬼神への帰依や崇拝を批判している。親鸞は和讃においても、繰り返し神祇不拝を説いた。

かなしきかなや道俗の　良時吉日えらばしめ
天神地祇をあがめつつ　卜筮祭祀をつとめとす

かなしきかなやこのごろの　和国の道俗みなともに
仏教の威儀をこと、して　天地の鬼神を尊敬す（『正像末法和讃』）(36)

法然と親鸞が明確な神祇不拝を主張しえたのは、聖人や神々などの垂迹を排除した救済体系を構築したことによるものだった。極楽浄土への往生という究極の目的実現のためには本仏の本願に帰依することが重要なのであり、垂迹に祈ることはまかりならぬという論理だった。

ただし聖人の場合と違って、親鸞は神を仏菩薩の垂迹として認めることはなかった。そのため、聖人のように、神を浄土への案内人と捉えようとはしなかった。代わって、彼が神の役割として承認したのはただ一点、念仏行者の守護だけだった。

天神地祇はことごとく　善鬼神となづけたり
これらの善神みなともに　念仏のひとをまもるなり（『浄土和讃』「現世利益和讃」）(37)

今日法然・親鸞の思想の特色として、彼らが本地垂迹の教説を受け入れなかった点を指摘するものがある。確かに、法然や親鸞の教説には明確に本地垂迹を説いたものはない。ただし、彼らは浄土信仰を唱導した一群の聖人が仏の権化であることは認めていた。しかし、極楽浄土への往生に関しては、聖人たちは果たすべきなんの役割ももたなかった。彼らは本仏である弥陀に衆生を結縁させるという点に存在意義があるのであり、人が正信に到達した段階で、その役割は終了してしまった。また当時聖人と同様に垂迹と信じられていた神祇に関しては、それを垂迹と認めることさえなく、その役割を行者の守護に限定した。

法然や親鸞の信仰の画期的な意義は、当時常識とされていた本地垂迹説を斥けたことにあるのではない。当時浄土往生に不可欠の役割を担っていると信じられていた垂迹を救済のシステムから完全に排除した、その独自の信仰体系の樹立にこそ存するのである。

おわりに

親鸞の信仰の特色は、同時代において救済に不可欠の役割を果たすと信じられていた聖人や神などの垂迹を、救済の体系から完全に排除した理論を構築した点にあった。親鸞は師法然の立場を継承し、末法の救済主として阿弥陀仏一仏を大きくクローズアップした。その上で衆生は一切の仲介を排して、本願の念仏一行を通じてどこまでも弥陀に直接帰依していくべきことを主張した。衆生―垂迹―本地というコスモロジーと、垂迹を不可欠の仲介者とみなす当時の常識的な救済理論に対し、親鸞は衆生が垂迹を飛び越えて、直接本地に帰依する論理を提示したのである。

ただし親鸞は、専修念仏への帰入後も、垂迹自体の存在意義を否定することはなかった。法然や善導など一部の聖人を彼岸の仏菩薩の垂迹とみなし、彼岸との橋渡し役としてのその役割を肯定した。聖徳太子もその一人だった。親鸞はみずからを本願の念仏に導いた恩人として聖徳太子を認識していたゆえに、太子への深い感謝を繰り返し表明することになったのである。しかし、こと究極の救済＝往生の次元となると、話はまったく別だった。聖人や神はそこから完全に排除された。それは聖徳太子についても例外ではなかったのである。

ここで一つ疑問が生じる。親鸞の宗教の意義が垂迹を経由しない救済理論の構築にあったとするならば、彼が日常的に礼拝していた仏像やみずから制作した文字マンダラをどのように解釈すべきなのであろうか。仏像やマンダラも、当時は彼岸との橋渡しをする垂迹と信じられていたものである。

これは簡単に結論を出せるような問題でないが、衆生救済の原理的構図において、親鸞がそこに垂迹の機能する余地を残していなかったことはやはり重要である。他方、浄土往生の条件から造像ははっきりと排除されている。これは垂迹を救済体系に取り込み、それを往生実現のための不可欠の要素と位置づける同時代の一般的な理論とは、明確に一線を画する立場である。

もう一つ重要なことは、親鸞には、仏像・マンダラのある周辺の空間をこの世の浄土として神秘化するという発想がまったく見られないことである。彼の生きた時代は列島の津々浦々に垂迹の鎮座する霊場が成立し、そこへの参詣と参籠が全盛をきわめていた時期だった。磯長の太子廟や高野山はその代表だった。しかし、本願念仏帰入後の親鸞にはそうした発想は皆無である。親鸞にとってもっとも重要な課題は、この世の行者と彼岸の阿弥陀仏をいかに正しく結びつけるかという問題であり、仏像・聖人・神祇はこの関係性の構築と保全に貢献する場合に限って、その役割を認められていたのである。

親鸞における聖人観は、その死後教団において大きな転換を遂げる。親鸞は死後肖像が製作されて、大谷の本廟に祀られた（『親鸞上人絵伝』）。みずからが彼岸の仏の世界と衆生を取次ぐ特権的地位を占めることを拒否していた親鸞は、彼自身が救済をもたらす聖なる存在として堂舎に安置され、教団における庶民信仰の中心的対象となっていくのである。(38)

（1）遠藤美保子「親鸞本人に聖徳太子信仰はあったか」（『日本宗教文化史研究』一二―二、二〇〇八年）。

（2）田中文英「一一・一二世紀における浄土教の展開」（『ヒストリア』五四、一九七〇年）。

（3）「広隆寺来由起」（『大日本仏教全書』「寺誌叢書」三）。

（4）日本古典文学全集『梁塵秘抄』、一三〇頁。

（5）日本思想大系『往生伝　法華験記』、六六八頁。

（6）同右、六四九頁。
（7）新日本古典文学大系『古事談　続古事談』、四六六頁。
（8）小野一之「聖徳太子墓の展開と叡福寺の成立」（『日本史研究』三四二、一九九一年）。
（9）『続々群書類従』一七、九三頁。
（10）橋本初子『中世東寺と弘法大師信仰』（思文閣出版、一九九〇年）。
（11）『高野春秋編年輯録』、四五頁。
（12）日本古典文学大系『栄花物語』、四五五頁。
（13）日本古典文学大系『仮名法語集』、一八五頁。
（14）『時宗全書』、六頁。
（15）五来重『増補高野聖』（角川選書、一九七五年）。
（16）佐藤弘夫『起請文の精神史』（講談社選書メチエ、二〇〇六年）。
（17）古田武彦『親鸞思想――その史料批判――』（冨山房、一九七五年）所収の写真とテクストによる。
（18）前掲註(17)古田書。山田雅教「伝親鸞作『三夢記』の真偽について」（『高田学報』七五、一九八六年）など。
（19）日本古典文学大系『親鸞集　日蓮集』、二一九頁。
（20）同右、二一九頁。
（21）古田武彦「若き親鸞の思想」（前掲註17古田書）。
（22）日本古典文学大系『親鸞集　日蓮集』、二二〇頁。
（23）石井教道編『昭和新修法然上人全集』（平樂寺書店）、三四九頁。
（24）同右、八六二頁。
（25）同右、三二〇頁。
（26）日本古典文学大系『親鸞集　日蓮集』、一九六頁。
（27）『定本親鸞聖人全集』二、和讃編、二二九頁。
（28）同右、一五三頁。

(29) 日本古典文学大系『沙石集』、六七頁。
(30) 新訂増補国史大系『本朝文集』、四二二頁。
(31) 『新訂源平盛衰記』（新人物往来社）、二〇六頁。
(32) 小澤富夫編『増補改訂武家家訓・遺訓集成』（ぺりかん社、二〇〇三年）三七頁。
(33) 日本古典集成『方丈記　発心集』、三八四頁。
(34) 『昭和新修法然上人全集』、六〇四頁。
(35) 『定本親鸞聖人全集』一、三二七頁。
(36) 『定本親鸞聖人全集』二、和讃編、二一一～一三頁。
(37) 同右、六六頁。
(38) 佐藤弘夫「「蒙古の調伏者」日蓮像の形成」（『仏教美術研究上野記念財団助成研究会報告書』三七、二〇一〇年）。

親鸞における臨終行儀の否定（要旨）

ジャクリン・ストーン

中世日本仏教界では、いわゆる臨終正念がとても重視されていた。心を正して仏を観想し、念仏を唱えながら死を迎える人だけが生死輪廻の苦しみを永遠に避け、阿弥陀仏の極楽浄土に往生する事が出来ると広く信じられていた。人間の最後の行為は平生より一〇〇倍ほどの力があり、最後の念によって来世が決まるだろうと考えられていたので、どんな悪人でさえ死に臨んだ時に念仏を唱えられたら救われ、逆に善根を多く積んだ人でも死の瞬間に妄想や雑念が起こった場合、悪道に堕ちるとされていた。そういう意味で臨終正念の思想は、一方で無限の希望を与え、一方で深刻な不安をもたらした。自分の死に様をコントロールしようとするため、臨終行儀という、最後の時に行われる特別な作法が宗派を超えて発展した。

浄土真宗の開祖・親鸞（一一七三～一二六二）は例外として著しい。親鸞にとって臨終作法を通して自分の死後の行方を左右させようとすることは、師匠である法然（一一三三～一二一二）より学んだ他力精神に反する行為になる。親鸞は、人間はいつ救われるのかというと、阿弥陀仏が極楽浄土へ導くために迎えに来る臨終の時ではなく、自力的な計らいを完全に捨てて自分の救済のすべてを阿弥陀に任せようとするその瞬間にこそ、阿弥陀仏の悲願に摂取不捨される、と教えた。その絶対他力の立場から臨終行儀の必要を専ら否定した。親鸞のような態度は、専修念仏者の中でも、非常に稀であった。専修念仏運動を開始した法然自身は、口称念仏を末法悪世に唯一の救済方法として絶対化して平生念仏と臨終念仏との力の相違を否定し、臨終行儀の儀礼的要素も必ずしも必要ないとした。ただ、念仏は絶対とみなされたからこそ、最後の時に念仏を唱えない人は往生できないという考え方は法然およびその主な弟子の教訓に一つの傾向として残った。

親鸞の場合は、絶対化されたのは口称念仏より他力精神そのものであるので、人間の死に様は良くあれ悪くあれ阿弥陀の本願に対する信心が定まりさえすれば必ず往生できる、と主張したのである。本稿は、親鸞の立場を、中世浄土思想の源流、そして法然と法然の影響を受けたいくつかの専修念仏の提唱者と比較しながら、親鸞の臨終行儀、臨終正念の否定を彼の他力の論理を最大限まで推し進めた結論として追求する。最後に、親鸞の弟子たちの中では、師の臨終行儀の否定はどれほど受け入れられたのかという問題について言及する。

（英文は六一四～五九六頁）

「二河白道の譬喩」伝播の鳥瞰的考察

山本浩信

はじめに

「二河白道の譬喩」（以下、二河譬と略す）は、中国の浄土教家・善導が『観経疏』「散善義」の回向発願心釈に説いたもので、一人の旅人（念仏者）が、群賊・悪獣に追いかけられながらも、釈尊の発遣の声と阿弥陀仏の招喚の声にしたがって、水と火の河を渡りきるという譬えである。

この「二河譬」は、称名念仏による往生浄土の道が、善導の心象スケッチのように描かれたもので、日本では、中世において、法然をはじめ、その門下の多くがこの譬喩に影響を受け、それぞれの立場で受容し、図像化もされ、近世江戸期には説教本の主題ともなった。そして、現代においても、多くの人々を魅了してやまない譬喩である。本稿は、この二河譬が伝播する様相を鳥瞰するものである。

さて、この二河譬についての研究をふりかえると、次のように分類することができる。

ⓐ善導における二河譬の成立とその背景

ⓑ二河譬を受容した各高僧の様態

ⓒ絵画・説教本・他宗教との比較、心理学・儀礼論における考察
二河譬に関する研究は多岐にわたるが、本稿では、善導・法然・親鸞を中心として考察する。

一　善導における二河譬の成立とその背景

まず、二河譬とはどのような譬えかを示しておきたい。善導は『観経疏』「散善義」の回向発願心釈にこの譬えを示し、自ら解釈を加えている。原文は次の通りである。

また一切の往生人等にまうさく、いまさらに行者のために一の譬喩を説きて、信心を守護して、もつて外邪異見の難を防がん。何者かこれなるや。たとへば、人ありて西に向かひて百千の里を行かんと欲するがごとし。忽然として中路に二の河あるを見る。一にはこれ火の河、南にあり。二にはこれ水の河、北にあり。二河おのおの闊さ百歩、おのおの深くして底なし。南北辺なし。まさしく水火の中間に一の白道あり。闊さ四五寸ばかりなるべし。この道東の岸より西の岸に至るに、また長さ百歩、その水の波浪交はり過ぎて道を湿し、その火炎また来りて道を焼く。水火あひ交はりて、つねにして休息することなし。この人すでに空曠のはるかなる処に至るに、さらに人物なし。多く群賊・悪獣ありて、この人の単独なるを見て、競ひ来りて殺さんと欲す。この人死を怖れてただちに走りて西に向かふに、忽然としてこの大河を見て、すなはちみづから念言す。「この河は南北に辺畔を見ず。中間に一の白道を見るも、きはめてこれ狭小なり。二の岸あひ去ること近しといへども、なによりてか行くべき。今日さだめて死すること疑はず。まさしく到り回らんと欲すれば、群賊・悪獣漸々に来り逼む。まさしく南北に避り走らんと欲すれば、悪獣・毒虫競ひ来りてわれに向かふ。まさしく西に向かひて道を尋ねて去かんと欲すれば、またおそらくはこの水火の二河に堕せん」と。時に当りて惶怖することまたいふべからず。すなはちみづから思念す。「われいま回らばまた死せ

ん。住まらばまた死せん。去かばまた死せん。一種として死を勉れずは、われむしろこの道を尋ねて前に向かひて去かん。すでにこの道あり。かならず度るべし」と。

この念をなす時、東の岸にたちまち人の勧む声を聞く。「なんぢ、ただ決定してこの道を尋ねて行け、かならず死の難なからん。もし住まらば、すなはち死せん」と。また西の岸の上に人ありて喚ばひていはく、「なんぢ一心正念にしてただちに来れ。われよくなんぢを護らん。すべて水火の難に堕することを畏れざれ」と。この人すでにここに遣はし、かしこに喚ばふを聞きて、すなはちみづから身心を正当にして、決定して道を尋ねてただちに進みて、疑怯退心を生ぜず。あるいは行くこと一分二分するに、東の岸に群賊等喚ばひていはく、「なんぢ、回り来れ。この道嶮悪にして過ぐることを得ず。かならず死すること疑はず。われらすべて悪心をもつてあひ向かふことなし」と。この人喚ばふ声を聞くといへどもまた回顧せず。一心にただちに進みて道を念じて行けば、須臾にすなはち西の岸に到りて、永くもろもろの難を離る。善友あひ見えて慶楽すること已むことなし。これはこれ喩へなり。

善導はこの譬喩に次のように自ら解釈を加えている。

「東の岸」＝「この娑婆の火宅」

「西の岸」＝「極楽の宝国」

「群賊・悪獣詐り親しむ」＝「衆生の六根・六識・六塵・五陰・四大」

「無人空迥の沢」＝「つねに悪友に随ひて真の善知識に値はざる」

「水火二河」＝「衆生の貪愛は水のごとく、瞋憎は火のごとくなる」

「中間の白道四五寸」＝「衆生の貪瞋煩悩のなかに、よく清浄の願往生心を生ずるに喩ふ。すなはち貪瞋強きによるがゆゑに、すなはち水火のごとしと喩ふ。善心微なるがゆゑに、白道のごとしと喩ふ」

「水波つねに道を湿す」＝「愛心つねに起りて、よく善心を染汚する」

「火炎つねに道を焼く」＝「瞋嫌の心よく功徳の法財を焼く」

「人道の上を行きてただちに西に向かふ」＝「もろもろの行業を回してただちに西方に向かふ」

「東の岸に人の声の勧め遣はすを聞きて、道を尋ねてただちに西に進む」＝「釈迦すでに滅したまひて、後の人見たてまつらざれども、なほ教法ありて尋ぬべきに喩ふ。すなはちこれを声のごとし」

「あるいは行くこと一分二分するに群賊等喚ばひ回す」＝「別解・別行・悪見人等妄りに見解を説きてたがひにあひ惑乱し、およびみづから罪を造りて退失する」

「西の岸の上に人ありて喚ばふ」＝「弥陀の願意」

「須臾に西の岸に到りて善友あひ見えて喜ぶ」＝「衆生久しく生死に沈みて、曠劫より輪廻し、迷倒してみづから纏ひて、解脱するに由なし。仰ぎて釈迦発遣して指して西方に向かはしめたまふことを蒙り、また弥陀悲心をもつて招喚したまふによりて、いま二尊（釈尊・阿弥陀仏）の意に信順して、水火の二河を顧みず、念々に遺るることなく、かの願力の道に乗じて、捨命以後かの国に生ずることを得て、仏とあひ見えて慶喜することなんぞ極まらんといふ」　（『七祖註釈版』四六六～四七〇頁、『七祖原典版』五二八～五三二頁）

さて、この二河譬の説かれた目的は、冒頭に、「また一切の往生人等にまうさく、いまさらに行者のために一の譬喩を説きて、信心を守護して、もつて外邪異見の難を防がん」といわれるように、念仏者の信心を守護して、善導当時の聖道門仏教の学僧たちによる謗難をふせぐためと示されている。善導当時の歴史的状況になぞらえると、摂論学派の流れを汲む学僧、慧遠・吉蔵・智顗といった聖道門諸師たちが、念仏を別時意とみなし、阿弥陀仏の浄土を程度の低い応土と見、煩悩を具足した凡夫の往生を認めないとして、念仏往生説の真意を理解せず、批判を行っていたという背景がある。それに対して、善導は、凡夫が願と行を具足した念仏によって、阿弥陀仏の報土に往生することができるという「凡夫入報」の意を『観経疏』によって明らかにしたのであった。具体的には、譬えに示される「群賊」が「別解・別行・悪見人等妄りに見解を説きてたがひにあひ惑乱し、およびみづから罪を造りて退失するに喩ふ」と解釈されているところの内容が聖道門仏教の諸師に相当する。

この譬喩は一体何にもとづくものであるのかについては、先行の研究によって、『略論安楽浄土義』（『真聖全』一・五四～五五頁）、『涅槃経』（『大正蔵』一二・四九九上）、『法華経』（『大正蔵』九・一二・中）、『大智度論』（『大正蔵』二五・三三一・中）、『雑阿含経』（『大正蔵』二・三一六・下～三一七・上）、といった類似の経典が考えられているが、

しかし、これは単に類似の譬えが他にもあり、善導がそれらにヒントを得たかもしれないというだけであって、二河白道の譬えそのものは、あくまでも善導自身の独自な構想によることはいうまでもない。この譬えは、浄土往生の信心を守り、それによって外からのよこしまな異なった所説による非難を防ぐためだと記されているが、そこには善導自身の深い人間省察にもとづく信の体験がうかがわれる。

（藤田宏達『人類の知的遺産一八』講談社、一九八五年、一五七～八頁）

したがって二河譬は、これらの諸譬喩を素材としてかりながら、『観経』の玄底を流れる凡夫救済の仏意を体得した大師の深い信体験を、巧妙にたとえあらわされたものである。

（梯實圓『白道をゆく』永田文昌堂、一九七八年、二四六～二五九頁）

といわれるように、素材は各種経典に見出されるとしても、あくまで善導自身の独自な構想によるものであり、そこには、『観経』の底に流れる凡夫救済の仏意を体得した、善導自身の深い人間省察にもとづく信の体験がうかがわれる譬喩といいえる。

『観経疏』の「序題門」では、釈尊は定善と散善による聖道門仏教の教えを、対して阿弥陀仏は弘願の教えを説いたとして、釈尊と阿弥陀仏がそれぞれに教えを説いたといわれるが、釈尊の正意は、定善・散善の教えを捨てて、本願の念仏を勧めたことにより、二尊が一致して念仏の教えを勧めているといわれている。

「序題門」の結びで、

仰ぎておもんみれば、釈迦はこの方より発遣し、弥陀はすなはちかの国より来迎したまふ。かしこに喚ばひここに遣はす、あに去かざるべけんや。（『七祖註釈版』三〇一頁、『七祖原典版』三三九頁）

といわれているのは、「二河譬」で、東の岸で発遣する釈尊と、西の岸から招喚する阿弥陀仏の二尊が一致して、本願念仏の教えを勧めるさまにつながるものと考えられる。

このような『観経』の凡夫救済の玄意を汲んで表されたのが二河白道の譬喩である。

二　法然とその門弟における二河譬の受容――特に親鸞について――

つづいて、場面は日本の中世鎌倉へと移る。「偏依善導」といわれるように、念仏往生の教えを説く善導に傾倒した法然は、その著『選択本願念仏集』三心章で、二河譬の全文を引用している。詳しい註釈はないが、その私釈で、「一切の別解・別行・異学・異見と言うは、これ聖道門の解行学見を指すなり」（『七祖註釈版』一二四八頁、『七祖原典版』一三八七頁）と述べている。これを明恵は『摧邪輪』で、聖道門を群賊悪獣に喩えるものとして厳しく非難している（『鎌倉旧仏教』岩波書店、一九七一年、三七五頁）。善導と法然は、中国の唐代・日本の中世鎌倉と、場所と時代が違っても、聖道門仏教と対峙するという同様の状況が存していたことが、二河譬を解釈した法然の短い言葉からうかがわれる。

善導の二河譬を受容した法然の門弟たちもまた、この二河譬をそれぞれの立場から受け止めている。法然の門弟において、その受け止め方の基本的な立場の相違が見られる。それは、善導の『散善義』の回向発願心釈に説かれる二河譬が、『観経』の三心（至誠心・深心・回向発願心）のどこに据わりがあるかについての相違である。おおむね、西山派証空、鎮西派良忠は、回向発願心を主とする譬喩と見ている。これに対して、親鸞は深心の譬喩と見たとみなされている（杉紫朗『二河譬の三家観』興教書院、一九二八年）。

ここでは特に、親鸞における二河譬の受容についてうかがう。浄土真宗の宗祖である親鸞は、諸著作において二河譬を解釈している。①『教行信証』「信巻」、②『愚禿鈔』、③『浄土文類聚鈔』、④『一念多念文意』、⑤『高僧和讃』において解釈し、また⑥消息においては、異義が惹起していた関東の門弟に二河譬を写与しこれを勧めている。

親鸞の二河譬理解の特色として、まず第一にあげられるのは、『観経』の三心の深心の釈として理解したことである。証空や良忠が、回向発願心を釈したものと理解したこととは異なる。

まず①『教行信証』「信巻」の大信釈で、『観経』の至誠心・深信・回向発願心を解釈した善導の文を引用するなかに、二河譬が置かれている。親鸞の引用は二河譬全文の引用であり、二河譬をどのように理解したかは、続く、三一問答・法義釈の欲生釈で知られる。そこで親鸞は、二河譬の「白道四、五寸」と善導の釈文「能生清浄願心」について自釈を施している（『註釈版』二四三頁〜、『原典版』三〇五頁〜）。

なお、その引用の前には、回向発願心釈の、「また回向発願して生るるものは、かならず決定真実心のなかに回向したまへる願を須ゐて得生の想をなせ。この心深く信ぜること金剛のごとくなるによつて、一切の異見・異学・別解・別行の人等のために動乱破壊せられず。ただこれ決定して一心に捉つて正直に進んで、かの人の語を聞くことを得ざれ。すなはち進退の心ありて怯弱を生じ、回顧すれば、道に落ちてすなはち往生の大益を失するなり」の文を引用している。回向発願心を、阿弥陀仏の真実の心にもとづいて回向された、その浄土に生まれることが間違いないと安堵する心と理解し、その心を深く信じる信は、金剛のように固く、一切の異見・異学・別解・別行の人等に惑わされないとして、その信を守護するために二河譬が説かれたとして、親鸞は深心を守護する譬えとして二河譬を受容していることが知られる。

「須」の字を「すべからく〜すべし」と訓まず、「もちいる」と訓むのは、親鸞の漢文訓読の特徴の一つであるが、ここでは、回向発願心を行者の側から起こす心ではなく、阿弥陀仏の真実の心によって、他力回向の信心を得て間違いなく往生できるという思いであり、その心を深く信ずる心が深心と示されている。二河譬が、回向発願心の釈中にありながら、深心を解釈した譬喩であることがわかる。

この引用の後に、二河譬の「白道」について、白とは、阿弥陀仏が因位の法蔵菩薩のときにあらゆる行のなかから選び取った清らかな、また衆生が浄土に往生するために回向された清らかな行(南無阿弥陀仏)であると、阿弥陀仏から回向された清らかなという意味で白を解釈し、白道とは、第十八願による唯一真実の「本願一実の直道」であり、この上ないすぐれたさとりを開くすぐれた道「大般涅槃、無上の大道」とする。

また、白道の白は黒に対するもので、「黒」とは、「無明煩悩の黒業、二乗・人・天の雑善」、つまり無明に汚れた行であり、声聞や縁覚、人間や天人が修める煩悩の混じった善であるとして、偽・仮の教法について解釈が及んでいる。さらに、白道の幅の「四、五寸」とは、「衆生の四大五蘊に譬ふるなり」と衆生の心身を構成している四大(地・水・火・風)・五蘊(色・受・想・行・識)に譬えたものとする。この「四・五寸」についての理解は、罪悪深重の凡夫が本願力回向の信心によって救済されることを顕わした親鸞ならではの解釈で、煩悩成就の凡夫のまっただ中に、本願力回向の金剛の信心が恵まれるということを表した典型的な解釈といえる。なお、証空は、白道とは、自力を捨てて他力に帰する、衆生の示観(他力)領解の心であり、「四・五寸」は、往生が決定した上にそなわる四修(長時修・恭敬修・無余修・無間修)と五念(礼拝・讃嘆・作願・観察・回向)と理解している（観経疏自筆御鈔、散善義巻一、『西山叢書』第二巻、一九五頁。杉岡孝紀「宗教体験としての二河白道の譬喩」『真宗学』一二三・一二四合併号、二〇一一年）。

このように、『教行信証』信巻には、二河譬が全文引用されるが、特に三一問答・法義釈の欲生釈には、本願力回向の清らかな行・南無阿弥陀仏が、煩悩成就の凡夫に恵まれるという親鸞の特徴的な理解が見られる。

つづいて②『愚禿鈔』「下巻」では、『観経』三心の回向発願心釈の後に、二河譬（および善導の釈文）について、譬喩の最初から順に言葉を抽出して解釈を行っている。具体的には、「百歩」「群賊・悪獣」「つねに悪友に随ふ」「〈無人空迥の沢〉といふは、悪友なり。真の善知識に値はざるなり」「白道四五寸」「能生清浄願往生心」「あるいは行くこと一分二分す」「悪見人等」「また、西の岸の上に、人ありて喚ばうていはく、〈なんぢ一心に正念にしてただちに来れ、われよくなんぢを護らん〉」「念道」「慶楽」「仰いで釈迦発遣して、指へて西方に向かへたまふことを蒙る」「また弥陀の悲心招喚したまふによる」「いま二尊の意に信順して、水火二河を顧みず、念々に遺ることなく、かの願力の道に乗ず」（『註釈版』五三五頁～、『原典版』六七〇頁～）という句になる。

特に特徴的な解釈をあげると、「群賊」を「定散自力の人なり」、「悪友」を「雑毒虚仮の人」、「悪見人等」を「憍慢・懈怠・邪見・疑心の人なり」と述べて、それらの内容を、法然には見られない、疑心の自力の者と見なしていることが知られる。また、「六度万行、定散＝自力小善の白路」（仮）、「六趣、四生、二十五有。十二類生の黒悪道」（偽）と解釈している点があげられる。そこには、法然には見られない、仮と偽の教法を踏まえた解釈の広がりを見ることができる。

さらに、この二河譬でも最も重要な句にあたる、阿弥陀仏の誓願に相当する「なんぢ一心に正念にしてただちに来れ、われよくなんぢを護らん」の句について、「なんぢ」とは、阿弥陀仏から呼びかけられた「必定の菩薩＝正定聚」であり、「一心」は信心、「正念」は選択本願の行信であると述べている。この「なんぢ一心に正念にしてただちに来れ、われよくなんぢを護らん」の短い一句のなかには、阿弥陀仏の本願力回向による救済のすべてが集約されており、阿弥陀仏から回向された選択本願の行信である信心と念仏を身に得た者は、阿弥陀仏の浄土に生まれて仏となることが定まった正定聚の身となることが示されている。

つづいて③『浄土文類聚鈔』では、『大経』の三心（至心・信楽・欲生）を「三心みなこれ大悲回向心なるがゆゑに、清浄真実にして疑蓋雑はることなし。ゆゑに一心なり」と結んだ後に、二河譬の解釈が続く。善導の「散善義」から、

「西の岸の上に人ありて喚ばひていはく、〈なんぢ一心に正念にしてただちに来れ、われよくなんぢを護らん。すべて水火の難に堕せんことを畏れざれ〉」（七祖四六七頁）と。また「〈中間の白道〉といふは、すなはち貪瞋煩悩のなかに、よく清浄願往生の心を生ぜしむるに喩ふ。仰いで釈迦の発遣を蒙り、また弥陀の招喚したまふによりて、水火二河を顧みず、かの願力の道に乗ず」（七祖四六八頁）

を引用して、善導の「能生清浄願心」を「凡夫自力の心にあらず、大悲回向の心」と示し、「一心正念」の「正念」は称名・念仏であり、「一心」は「信心・深心・堅固深心……金剛心……」と転釈している。ここでは親鸞は、善導の二河譬から、〈なんぢ一心に正念にしてただちに来れ、われよくなんぢを護らん……〉という阿弥陀仏の招喚の声と水火二河の中間に伸びる「白道」に注目し、白道は、貪欲（水の河）・瞋恚（火の河）を持つ煩悩成就の凡夫の心に、阿弥陀仏の大悲の心から、清らかな信が恵まれている、本願力回向の信をあらわすのが白道であると示している。

さらに『大経』と『観経』の三心の一異を問うて、両経の三心は一であり、「散善義」回向発願心釈の「この心深信せることなほ金剛のごとし」（七祖四六四頁）を引いて、「一心はこれ信心なり、専念はすなはち正業なり。一心のなかに至誠・回向の二心を摂在せり」と『観経』の三心は一心（深心）におさまるという、親鸞の『観

経』の三心に対する基本的な立場を示している（『註釈版』四九三頁〜、『原典版』六二五頁〜）。

このように『浄土文類聚鈔』では、二河譬のなか、阿弥陀仏の招喚の声と白道、および善導の「能生清浄願心」という釈文に着目し、それらは、煩悩成就の凡夫に恵まれる本願力回向の信を示していることが知られる。

つづいて④『一念多念文意』では、二河譬に関して、善導の『法事讃』の「致使凡夫念即生」を解釈して、次のように述べている。

「凡夫」といふは、無明煩悩われらが身にみちみちて、欲もおほく、いかり、はらだち、そねみ、ねたむこころおほくひまなくして、臨終の一念にいたるまで、とどまらず、きえず、たえずと、水火二河のたとへにあらはれたり。かかるあさましきわれら、願力の白道を一分二分やうやうづつあゆみゆけば、無礙光仏のひかりの御こころにをさめとりたまふがゆゑに、かならず安楽浄土へいたれば、弥陀如来とおなじく、かの正覚の華に化生して大般涅槃のさとりをひらかしむるをむねとせしむべしとなり。これを「致使凡夫念即生」と申すなり。二河のたとへに、「一分二分ゆく」といふは、一年二年すぎゆくにたとへたるなり。諸仏出世の直説、如来成道の素懐は、凡夫は弥陀の本願を念ぜしめて即生するをむねとすべしとなり。

（『註釈版』六九三頁、『原典版』七九一頁）

「凡夫」は無明煩悩が身に満ち、臨終までとどまることなく消えないことは二河譬に示されてある通りで、そのようなあさましいわれらも、願力の白道を歩む身となれば、阿弥陀仏の心光に摂め取られて正定聚の位に就いているので、必ず浄土に生まれて大般涅槃のさとりを得ると述べている。白道を歩む身となることは、煩悩を成就した凡夫が、阿弥陀仏の摂取不捨のはたらきに包まれて、必ず浄土に往生して仏となるべき身と定まるということであり、本願力回向の信をめぐまれた凡夫が現生で正定聚の位につくという親鸞の思想の基本的なあり方を顕わしているのが、この二河譬であると親鸞は受け止めたことが知られる。

さらに、⑤『高僧和讃』には、二河譬に関して次の和讃がある。

善導大師証をこひ　定散二心をひるがへし　貪瞋二河の譬喩をとき　弘願の信心守護せしむ

「善導が、十方諸仏の証明を請うて『観経疏』を著し、定善・散善の心を翻して、二河譬を説いて、弘願の信心を守護された」と親鸞は詠っている(『註釈版』五九〇頁、『原典版』七一五頁)。『観経』には、定善・散善の教法が説かれているが、弘願(第十八願)の信心を守護しているのが、二河白道の譬喩であると受け止めていることが知られる。

最後に、⑥『消息』にも二河譬に言及しているものがある(『親鸞聖人御消息』第十三通、第三十三通)。第三十三通(『御消息集(広本)』第十一・『御消息集(略本)』第六、『註釈版』七九六頁、『原典版』八四六頁)では、親鸞の晩年、関東の門弟の間において異義が惹起するなかで、『唯信鈔』『後世物語聞書』『自力他力事』の内容とともに、二河譬の譬えを、各地の人びとに写与していた事実が確認される。しかし、「力を尽して書き送ったのに、親鸞を「偏頗あるもの(えこひいきする者)」と言う噂が出るほどに、教えに対する正しい理解やそれを伝える自らへの信頼が得られていないのは、実に心の痛むところである」と述べている。

また、第十三通(真蹟および『末灯鈔』十四通、『註釈版』七六〇頁、『原典版』八四六頁)は、門弟である慶信の質問状に、親鸞が直接、加筆訂正を施し、余白に簡単な返事を書き入れて、手紙を仲介した蓮位の添え状とともに送り返したものであるが、蓮位の添え状には、慶信の父・覚信房が、「死ぬほどの重い病気なら、帰っても死に、ここにとどまっても死ぬでしょう。……どうせ同じことであれば、命を終えるのなら聖人のもとで終えたいと思ってやってきました」といって、病気を押して、親鸞のもとへ上洛し、往生の素懐を遂げたことが感慨を込めて記されている。その述懐は、二河譬の三定死を彷彿とさせる内容であり、死を前に恐れもたじろぎもせず、二尊の意に従って、白道を歩んだ門弟の姿がそこにある。

第三十三通は、二河譬などで示される教えが、関東の人々に受け入れられていない状況を歎く消息であるが、第十三通は、二河譬に描かれた三定死になぞらえて、晩年の覚信房の力強い念仏者としての姿が描かれている。いずれにしても二河譬は、真実の念仏者のあり方を表している譬喩であったといえる。

以上、親鸞の諸著作に二河譬に関するものが見られるが、親鸞は、二河譬を本願力回向の信心を顕わす真実の喩えとみなし、特に、「なんぢ一心に正念にしてただちに来たれ、われよくなんぢを護らん」の句、「白道四、五寸」、善導の「能生清浄願往生心」に特に注目しながら、門弟にも勧めていたことが知られる。

三　二河白道図について

日本の浄土教絵画では、当麻曼荼羅や阿弥陀来迎図、そして二河白道図が多く描かれた。二河白道図は、善導の説く二河譬を絵画化したものであるが、善導自身がこの二河白道を絵画としてあらわした形跡はなく、中国にも遺品は存在しない。二河白道図は、日本の浄土宗ではじめて絵画化されたものである（藤田宏達前掲書、一六八頁）。

さて、法然の曾孫弟子・証空の孫弟子にあたる西山派の流れを汲む一遍は、三三歳のとき、善光寺参籠の折、二河の本尊を感得して図し、十一不二の信念を得て、開宗の基礎を得たとする。

『一遍聖絵』巻一第四段には、

同年秋のころ、余州窪寺といふところに、青苔緑羅の幽地をうちはらい、松門紫戸の閑室をかまへ、東壁にこの二河の本尊をかけ、交衆をとどめて、ひとり経行し、万事をなげすてて、もはら称名す、

（日本の絵巻二〇『一遍上人絵伝』中央公論社、一九八八年、三七五頁）

とあるように、一遍は二河の本尊を東壁に掛けて、もっぱら称名念仏をしたという。そして、身命を仏法にささ

げ、遊行へと旅立った。

一遍は、「中路の白道は南無阿弥陀仏なり。水火の二河は我等がこころなり。二河にをかされぬは名号なり」（『一遍上人語録』下二二）と水火の河の中間の白道は、衆生の貪欲と瞋恚の心におかされない南無阿弥陀仏の名号であると理解している。また『一遍聖絵』に示されたように、二河譬を「本尊」とみなしたのは、そこに描写されている阿弥陀仏と釈迦仏に関心があったからであろうといわれる（今井雅晴『捨聖　一遍』歴史文化ライブラリー、吉川弘文館、一九九九年、五六頁）。

日本の中世において、一三世紀から一四世紀にかけて成立し、浄土系の教団によって用いられた二河譬の絵画としては、①京都・光明寺本、②奈良・薬師寺本、③クリーヴランド美術館本、④奈良国立博物館本、⑤愛知・宝池清丸本、⑥シアトル美術館本、⑦兵庫・香雪美術館本、⑧京都・清凉寺本、⑨静岡・平野美術館本、⑩島根・万福寺本といったものがある。なかでも、時宗で用いられる系統が、一三・一四世紀の成立にかかる二河白道図のなかでは、特異な位置にあり、⑩の万福寺本や清浄光寺本には、説話画としてよりも、釈迦と阿弥陀をあらわした尊像としての比重の高いものであることもすでに指摘されている（加藤善朗「一遍における二河白道図――絵画と儀礼とのかかわり――」『密教図像』一九、二〇〇〇年、四五頁）。

なお、加藤氏は、「仏画は絵解きの〈場〉の必然から引用され生成する。つまり、絵は絵の上に展開するのではなく、説話に付属して意味付けされ、意味を伴って引用されると考えるからである」として、「講讃」（絵画を前提とした絵解き法会）という視点から展開したものとされる。であるから、二河譬も、絵解き法会を前提としたものとして製作されたものといえる。また、絵画化された二河白道図を見ると、日本の中世ならではの特色が見て取れるが、詳細については、先行の研究にゆずりたい。

四　よび声の一句に救済の体系を見た親鸞

「宗教とは、人間の究極的関心を表出し、かつ喚起するところの体系である」（松本滋『宗教心理学』東京大学出版会、一九七九年、四二頁）という定義がある。これは松本氏が、岸本英夫氏の定義やポール・ティリッヒの研究を承けて述べたものである。「人間の究極的関心」ということを、人間が潜在的に持っている「生死出離の要求」と置き換えることができるならば、二河譬には、「人間の究極的関心」としての「生死出離の要求」とその応答としての究極的な依りどころ（本願）による救済、の構造が体系的に表出されている。それはまた同時にこの譬喩に接するものを喚起する内容でもある。二河譬には、私の置かれている苦悩のありようと、その苦悩を超える道が、浄土往生という道、仏のよび声への信順という形で、体系的にかつ象徴的に描かれている。

体系性という点から、親鸞の二河譬解釈を見るときに注目されるのが、『愚禿鈔』における「なんぢ一心に正念にしてただちに来たれ、われよくなんぢを護らん」の句の解釈である。

この句は、東の岸で釈尊が発遣することに対して、阿弥陀仏が西の岸から大悲の心をもって招喚する声である。善導は、「極楽の宝国」たる西の岸から「なんぢ一心に正念にしてただちに来たれ、われよくなんぢを護らん」と喚びかける声を「弥陀の願意」と示し、これを親鸞は『愚禿鈔』で「阿弥陀如来の誓願」と示した。「阿弥陀如来の誓願」とは具体的には、阿弥陀仏の本願（第十八願）を指すものである。親鸞は、さらにその言葉自体を分解して解釈し、このよび声の一句に救済体系の全体を見ている。

親鸞は『愚禿鈔』で、「汝」「一心」「正念」「直」「来」「我」「能」「護」と逐次解釈する。

「汝」について親鸞は、「汝」を、「必定の菩薩」（龍樹『十住毘婆沙論』「易行品」）、「入正定聚之数」（曇鸞『往生論註』）、「希有人・最勝人・妙好人・好人、上上人・真仏弟子」（善導「散善義」）と示す。「汝」とは、本願文に「十方衆生」と呼ばれている「汝」であり、阿弥陀仏の本願において、救いの決定した正定聚の位にある者である。そのことを、「必ず救う。汝は必定の菩薩である」という呼びかけのうちに信知するのである。

「一心」「正念」について、『愚禿鈔』では「「一心」の言は、真実の信心なり。「正念」の言は、選択摂取の本願なり、また第一希有の行なり、金剛不壊の心なり」、『文類聚鈔』では、善導の「能生清浄願往生心」を、凡夫自力の心でなく、大悲回向の心と示して、「正念」は称名・念仏であり、「一心」は「信心・深心・堅固深心……金剛心……」と転釈している。本願文でいえば、「至心信楽欲生我国」は「一心」、「乃至十念」が「正念」にあたる。「一心」とは、疑いなく勅命に信順する心である。「正念」とは、仏の名を称える念仏のことである。念仏は阿弥陀仏が本願で選択した行であり、必定の菩薩に恵まれる涅槃の浄土へみちびくはたらきをそなえた希有の行であり、その行のいわれを疑いなく聞く心を金剛不壊の心と示している。要するに、呼びかけのうちに信心と念仏があるということは、「ふたごころなく本願を信じて、称名せよ」というよび声に応じて、衆生の信心と念仏があること、つまり本願力回向の信心と念仏を示すものである。

「直」については、回り道の方便の教えを捨て、本願他力の教えに帰すという諸仏出世の直説を顕す阿弥陀仏の心であるとしている。諸仏出世の本懐は真実教たる『大経』にあることが示されることによって、諸仏を代表する釈尊と阿弥陀仏の二尊一致の様子がうかがわれる。続く「来」は、釈尊がこの娑婆世界から「去れ」「往け」と発遣する声(教説)に対して、阿弥陀仏が「来たれ」と招喚する声である。

「我」について、「我」は、本願文で「設我得仏~若不生者不取正覚」と衆生の往生を自己のさとりの内容とする阿弥陀仏である。「尽十方無礙光如来」「不可思議光仏」ともいわれる阿弥陀仏は、衆生の貪欲・瞋恚を障りとしない、人間の思慮を超えた光の仏である。

「能」については、願力のすぐれたはたらきは、衆生の煩悩に妨げられることなく、能く救うことができるが、願力を疑う者はその救いを享受することはできない。そのさまを「疑心の人」と示している。「護」については、「護る」という言葉には、本願を信じて念仏する者を摂め取って捨てないという、阿弥陀仏が衆生を救済する意志とはたらきが顕わされている。

このように親鸞の解釈によって、二河譬には、阿弥陀仏の招喚の声・救済意志とはたらきのうちに、信心、念仏、摂取不捨の利益としての正定聚（往生成仏が定まった者）という衆生救済の要素が体系的に表されていることが顕らかとなっている。

結びにかえて

善導の二河譬は、実に解釈の幅を持つ譬喩である。法然の門弟たちは、それぞれの立場でこれを受容した。その一人でもある親鸞もまた二河譬を受容した。もともと善導の二河譬自体が、救済の体系性を持っていたから、ということもできよう。親鸞は、煩悩成就の凡夫が本願力回向の信心によって救済されるという法義の上で、二河譬を受容し、著作においてその意味を明らかにし、門弟にも勧めた。

また、近代の真宗説教の主題でも二河譬が取り扱われることが多く（武藤幸久「武藤コレクション説教本リスト」『節談説教』創刊号、二〇〇八年）、現代にまで、この二河譬は語り継がれている。語り継がれる理由を考えてみると、称名念仏による救いの全体が「物語」として記されている点にあると考えられる。この「物語」に接する者は、救われている自己を「物語」の中に見出すことができる。苦悩にあえぐ者、苦悩を苦悩とも思わず煩悩にあけくれている者にも、人生と自己の真相とそこからの解放の道を教える。つまり、接する者を喚起し、目覚めをもたらす機能がこの譬喩にはあるように思われる。

仏陀釈尊が示した「生老病死」「愛別離苦」「怨憎会苦」「五蘊盛苦」「求不得苦」の「人生苦」の様相を目の当

たりにさせ、そこからの救いの道（親鸞にあっては「生死いづべき道」）が、称名念仏による往生浄土の道にあることを、この二河譬は接する者に教えてくれている。時代は変わっても、いつの時代も語り継がれていくのがこの二河白道の譬えである。

田辺元の『懺悔道としての哲学』における親鸞解釈

末木文美士

一　近代的親鸞解釈の形成と問題

今日の親鸞解釈が、じつはきわめて近代的な発想のもとに形成されてきていることが、最近次第に明らかになりつつある[1]。近代において、親鸞はいわば日本仏教の花形であった。日本仏教、そればかりでなく、仏教の最高峰の思想家が親鸞であり、釈迦仏が仏法を説いたその根本精神は、親鸞によって明らかにされた、というような解釈が、真宗の教学者のみならず、一般の仏教研究者の間でも、それほど抵抗なく受け入れられてきた。

近代の日本仏教は、ある意味では真宗をモデルとして形成されてきたところがある。明治初期に本願寺派の島地黙雷が信教の自由を確立して、近代的な仏教のもとを作ったということは、よく知られている。島地は、大教院を通して宗教を統合しようとする国家政策に反対し、宗教はあくまで内面的な「心」に関するものであり、したがって、外面的な「形」に関わる政治は、宗教に立ち入ることはできないとして、そこに信教の自由が確立されたといわれる。

このような宗教の理解は、今日では一見当然のように見えるが、実際にはそうはいえない。近世の仏教は単に

「心」の問題ではなく、寺檀制度をもとにした社会制度の問題でもあった。個人の信仰をいう前に、はじめから家と仏寺との関係は決められており、その構造の中に生まれることになる。そのような構造は、近代になっても必ずしも大きく変わったわけではなく、葬式仏教の定着の中で、仏教は個人の信仰よりも家の問題であり続けた(2)。島地らによって導入された近代的な宗教観は、明らかにキリスト教、それもプロテスタント系のキリスト教をモデルにしていて、日本の実情に合致したものではなかった。

そのような状況にあって、真宗は日本の仏教諸宗の中では近代的な宗教観をもっとも受容しやすい宗派であった。真宗は蓮如が教団を巨大化して以来、近世においても信心を重視し、近代的な「心」の問題としての信仰を受け入れやすかった。そもそも、仏教界にあって近代的宗教観を先頭に立って形成した島地は、真宗の人であった。いわば、近代の仏教はキリスト教をモデルとして、いち早くそれに対応できた真宗がリードする形で進められたということができる。

真宗が優位に立ったのは、別の面においても指摘することができる。明治五年（一八七二）に、僧侶の肉食妻帯蓄髪が許可され、僧侶が職業として世俗社会の中に組み込まれることになる。とりわけ妻帯は仏教教団のあり方を一変させる大きな問題であったが、真宗においては近世以前において実行されていた。その点で、近代の仏教は僧侶制度の点でも真宗がリードして、あえていえば、仏教界全体が真宗化したといってもよいほどである。しかも、真宗は教団としても日本仏教の中で最大規模を誇っており、政治力・経済力・宣伝力・人的資源などの点でも抜群であった。

こうした状況で、真宗の開祖親鸞が、他の祖師に先駆けて、日本を代表する仏教者として注目されるようになったのは、当然ともいえよう。清沢満之やその門下によって近代的な教学の基礎が築かれ、また、従来秘書扱いされていた『歎異抄』が宣伝されるようになった。『歎異抄』中心の親鸞像は、倉田百三の『出家とその弟子』によって通俗化して、普及することになった。(3) それは、近代の個人中心主義が形成されていく過程で、キリスト教的な発想に引かれながら、キリスト教に入り込めない若い知識人を吸収することになった。さらに昭和になると、社会主義からの転向者を受け入れる役割も果たすことになった。

さらに、歴史研究においても、親鸞は仏教史の中の最高峰的な扱いをされるようになった。いわゆる鎌倉新仏教中心史観は、実際には浄土教中心史観ともいえるもので、新仏教、とりわけ法然から親鸞へとつながる浄土教を宗教改革と類比的に捉えることで、その近代性に光を当てるものであった。彼らの浄土教は、個人信仰中心主義とともに、密教的呪術や神仏習合を否定して信仰を合理化、純粋化したものとして捉えられ、あたかもカトリック教会に対するプロテスタントの反抗と同類に考えられた。さらに、戦後の進歩史観の中で、権力から弾圧を受けたというところがかえって評価され、反体制的で民衆的な宗教として、進歩的知識人の支持を得ることになった。

このような動向は今日次第に変わりつつある。黒田俊雄氏による顕密体制論の提唱以後、新仏教よりも顕密仏教すなわち旧仏教の研究のほうが急速に進展し、大きな成果をあげている。それに対して、親鸞の研究は必ずしも大きく進展していない。新仏教中心時代の最高水準を示す赤松俊秀氏の『親鸞』(4) は相変わらず乗り越えられていない。その中で、中央中心の史観に対して、東国を中心として見直すことを求める今井雅晴氏の研究など、(5) 今後につながる重要な成果が見られる。

二〇一〇年頃になって、七五〇年遠忌を記念する出版が続く中で、ようやく少し新しい方向が見られるようになってきた。(6) 伝記に関しては、従来の『伝絵』中心の親鸞像に対して、高田派系の『正明伝』の再検討が大きな課題となってきた。(7) また、伝記の内容の前に、まず各種の伝記がどのように形成されていったかを検討した塩谷菊美氏の研究も注目される。(8) 思想面では、『歎異抄』中心から『教行信証』を中心に親鸞の思想を解明しようという方向が顕著になってきた(9)。

おそらく今後の親鸞研究は、親鸞だけを突出した近代的な思想家として評価するのではなく、『教行信証』を中心としながら、親鸞の思想をもう一度中世の時代の中に戻し、法然門下や、さらに仏教界一般の動向と関連させながら解明していくことが必要となるであろう。

その一方で、もう一度近代の親鸞解釈を見直し、従来の近代的解釈の枠に収まりきらない新しい可能性を見出していく作業も必要とされる。本稿では、このような観点から、哲学者田辺元の『懺悔道としての哲学』(一九四六年)をとりあげ、その中の親鸞解釈、浄土教解釈を検討してみたい。田辺においては、真宗の教理から自由な立場で、かなり大胆な親鸞解釈を示しており、そこには今日参考にすべきところが少なくないと考えられる。

二　田辺元の生涯と思想展開

田辺元(一八八五～一九六二)は、西田幾多郎の後継者として名高いが、その哲学に関しては、西田の影に隠れて、その独自性が十分に評価されているとはいえない。田辺というと、「種の論理」が名高いが、それは西田哲学の修正という意味を持つものであった。田辺の独創的な哲学は、その後の『懺悔道としての哲学』や「死の哲学」に結実する。西田が従来の哲学の枠の中で、独自の論理を極限まで展開したのに対して、田辺は既成の哲学の枠自体に疑問を呈し、いわば哲学の脱構築を図る。それだけに、時代に先駆けていすぎたところがあり、その本当の評価はこれからである。

田辺は第一高等学校理科から東京帝国大学理科大学数学科に入学。その後、文科大学哲学科に転科、卒業している。東北帝国大学理科大学の講師から、一九一九年西田の招聘により京都帝国大学文学部哲学科助教授に就任。一九二八年に西田が定年退職した後、哲学科の中核となるが、まもなく西田批判に進み、そこから「種の論理」

を生み出した。「種の論理」は、民族を「種」として位置づけ、それを超える「類」として理性的な人類的な国家の立場を置くことによって、一方で民族の特性を無視するマルクス主義に対抗し、他方では民族主義の暴走を抑えようという、きわめて実践的な志向を持つものであった。しかし、戦争の進展の中で、現実の国家をそのまま肯定することになる危険性を持っていた。実際、田辺は哲学科の主任教授として戦争遂行の講演をしばしば行ない、学生たちを戦場に送り出した。

その自己矛盾から、それまでの自らの哲学に疑問を抱くようになり、それが「懺悔道」へと結実することになった。一九四四年、定年前の最後の年の講義は「懺悔道」であり、『懺悔道としての哲学』（一九四六）はその講義をもとに執筆された。一九四五年、京都帝国大学を定年退官後は、軽井沢に居を定め、一九六二年に亡くなるまでその地を離れなかった。一九五一年には妻ちよが死去。それを一つの契機として、「死の哲学」が構想され、それに関する論文は、一九五七〜五八年に執筆されている。

以上のように、田辺の哲学思想は、初期には科学哲学からカント、ヘーゲルなどに進んだが、その独創性が発揮されたのは「種の論理」以後であり、それが破綻したところで「懺悔道」へと展開し、その後の宗教哲学の模索の中で、最後に「死の哲学」に結実するという流れで考えることができる。

「死の哲学」については、これまでしばしば論じてきたが[10]、田辺の最終的な到達点なので、ここで簡単に触れておきたい。前述のように、「死の哲学」の一つの契機となったのは妻の死であった。しかし、個人的なできごとだけでなく、現代を「死の時代」と見て、「生の哲学」に代わる「死の哲学」が構想されなければならないという、危機的な時代認識が根底にあった。「死の時代」とは「原子力の時代」であり、それは、広島・長崎の原爆のみならず、一九五四年にアメリカの核実験によって被曝した第五福竜丸事件が念頭にあったと思われる。核戦争による人類絶滅の可能性を念頭におきつつ形成された哲学が「死の哲学」であった。それはまた、哲学史的には「生の存在学」の立場に立つハイデガーと対決しつつ、「死の弁証法」の系譜を見直すという意味を持つものであり、西洋の哲学史の再構築をも意図するものである。このように、「死の哲学」には、(1)個人的な体験、(2)時代の課題、(3)哲学史の再解釈という三重の意図が重層している。

田辺の「死の哲学」の核心は、死の問題を「死者」の問題として捉えたところにある。それまでの哲学が、死をすべて自己の死の問題として論じていたのに対して、新たに死者との関係として捉えなおそうとしたのである。確かに自己の死は経験できないが、他者の死は、生きていれば必ず経験することであり、死者とどのような関係を結ぶかが問われなければならない。田辺は、そのような死者と生者の間の関係を「実存協同」と呼ぶ。それは、もちろん実体的な霊魂が実在するか否かというのとは、まったく違う問題である。そうではなく、他者としての死者にどのように対するか、という問題である。

田辺は死者と生者の「実存協同」の例として、『碧巌録』第五十五則の道吾と漸源の話をあげる。師の道吾は弟子の漸源を指導して、生死を明らめさせようとするが、漸源は理解できない。道吾の死後、ようやく悟った漸源は、師が死後もずっと自分を指導し続けていたことを知り、師に感謝する、という話である。

このように、死者と生者とは生死を越えて協同性を発揮することができる。死者は生者に対して復活する。田辺がキリスト教と仏教の間を揺れながら、最終的に仏教の立場を取るのは、この故である[11]。キリスト教では、死して復活するのはキリストだけである。しかし、道吾と漸源の場合に見られるように、仏教ではもっと広く師と弟子との関係にも死―復活はありうる。死んでも生者を導こうとする広大の慈悲を持つのが大乗の菩薩である。田辺は、「死の哲学」において仏教の中でも浄土教よりも禅に近づく。浄土教の場合、法蔵菩薩＝阿弥陀仏が特別視されるのに対して、禅では師と弟子との関係が一般的に成立するからである。

以上のような「死の哲学」にいたる前の段階に展開されたのが、「懺悔道」である。もちろん、「懺悔道」が考えなければならない。

「死の哲学」の前段階として、それに吸収されてしまうというわけではなく、それ独自の意義を持つものとして

三　『懺悔道としての哲学』とその禅・浄土観

『懺悔道としての哲学』は、全八章からなる。そのうち、第一、二章は哲学としての「懺悔道」を正面から論じたものである。それについては、別稿で考察したので、[12]ここでは略して、概略のみ述べる。哲学は従来理性の営為と考えられてきた。カントは理性自身によって理性の限界を見定める「理性批判」を展開したが、それはまだ、批判する理性への信頼を残していた。その理性への信頼を疑い、理性によって理性が完全に粉砕される事態にいたらなければならない。それを田辺は「絶対批判」と呼ぶ。絶対批判によって自力の哲学が瓦解し、「無」に堕ちて行くとともに、そこで他力によって転換され、生へと復活する。「大非即大悲」といわれるように、大非（大いなる否定）は大悲の救済に結びつく。否定の往相は、肯定の還相となる。このように、それは純粋に哲学的な問題であると同時に、その発想のもとには戦時下の自らの行為への懺悔があり、また、そこには親鸞に触発された宗教意識が顕著である。

第三〜五章は、この絶対批判としての「懺悔道」から出てくる応用的な問題を論ずる。ここでは、第一、二章を支えていた宗教的な問題がかなり正面から問題とされてくる。直接親鸞を扱うのは、第六、七章であるが、第三〜五章で扱われた問題もきわめて重要なところがある。以下、特に仏教に論究している箇所をとりあげ、検討を加えておきたい。

第三章「絶対批判と歴史性との聯関」では、時間と歴史の問題がとりあげられる。懺悔は過去の行為と関係しながら、未来へと向かう。それは、超時間、超歴史ではなく、また、直線的に展開する時間でもない。「未来は

過去に媒介せられると同時に、過去がかえって未来に媒介せられるという循環」（一七八頁）が必要とされる。浄土教的にいえば、過去の法蔵菩薩の救済の本願の成就が、現在の衆生の上に現われ、未来の往生を保証するという形で、過去・現在・未来が集約されることになる。時間は単純に流れるものではなく、常に過去が取り戻されることで、未来への進展が生まれるのである。[13]

第四章「懺悔道と自由論との比較」では、「懺悔道」の立場から哲学の自由論の問題を論ずるが、そこで特に注目されるのは、禅の問題をとりあげていることである。「懺悔道」は親鸞の浄土教と関係が深いことは当然であるが、その立場から、禅の自由はどのように見られるのであろうか。田辺は、ひとまず禅を「賢聖」の智者の道であって、愚者には不可能なものとするが、それで終らせるわけではない。「現成公案」として「一切の現実が公案となるのであるから、必ずしも公案禅の方法に依ることなくして公案は随処に存する。現実に身を処する倫理的実践は、必然に公案に逢着し、良心の繊鋭は必ず二律背反に直面せしめられ、その極自己放棄の懺悔に到る外無い」（二一八頁）と、禅もまた懺悔に結びついていくことを示している。それ故、「懺悔を公案とする懺悔道は正に念仏禅と称せられるべき」（二二〇頁）ものとされる。

さらにそこでは、懺悔に徹して還相へと帰還した実践について、次のような注目すべき文言が見られる。

我々の限定せられた自己も、無の媒介たる限り空有として存在し、更に積極的に無の大悲に協力する菩薩存在として還相せしめられまた還相する限り、自らの報謝行を営み、無の大悲に対する感恩を表するのである。（二四二頁）

ここでは、還相のあり方が「菩薩」としての「報謝行」として捉えられている。これは、「無の大悲」の他力のはたらきを主張する点で浄土教的であるとともに、特定の仏ではなく、「無の大悲」として普遍化することで、法蔵菩薩＝阿弥陀仏に特化する浄土教に限定せず、禅をも含む大乗仏教全般の基本を明らかにする面を持っている。後者の方向は、後に「死の哲学」において継承され、展開されていくことになる。

第五章「懺悔道の絶対媒介性」もまた、浄土教と禅に通底する構造を、「絶対媒介性」というところに求めている。禅では、「山是山水是水」「飢而喫困而眠」「平常心是道」など、自然のままでよしとする思想が展開し、親鸞もまた「自然法爾」を説く。その点で、「実際救済せられ解脱せる人間にとっては一切が赦され認められて居る」（二五三頁）といわれるのももっともである。しかし、だからといって、あるがままで何でもよいというわけではない。「いわゆる「そのまま」とは実は普通の意味における「そのまま」ではない。かかる無媒介なる肯定ではなく、かえって否定に媒介せられた、絶対否定における一切の転換復活をいうのである」（二五四頁）。

それでは、否定の媒介とはどのようなものであろうか。田辺はそれを「根源悪」と呼ぶ。それは、「あくまで媒介存在として独立性を保ち、不断に自己の自己孤立化を全体に対して主張する悪への傾向」（二五五頁）である。すなわち、全体の中に解消できない差別性こそが根源悪だというのである。しかし、そもそも迷悟の差別がなければ、悟りへ向うという「仏教の主動機」（二五六頁）そのものが成り立たなくなる。それ故、「根源悪」である差別が否定的媒介として不可欠である。したがって、あるがままの境地といっても、「決して善悪の差別を脱したものでなく倫理を媒介として含まぬものということはできぬ」（二五六頁）。「根源悪」が逆説的に倫理を成り立たせることになる。

ところで、このように考えると、どこまでも差別的なものが付きまとい、それを超えることができないかのように思われる。それを乗り超えるのは、徹底的な否定性である「死」を媒介にする以外にない。ここに、死の問題、そして死後の問題の考察が不可欠となる。死は、この頃から田辺にとってきわめて大きな問題となり、やがて「死の哲学」に結実することになる。ところが、死の問題に立ち入るに当たって、田辺は重大な告白をしている。

科学を重んずる私にとっては、浄土も天国と同じく信ずる能わざるものであり、またそこにおける身体無き魂の死後存続も、信ずべからざるものである。その象徴的意味はかえって現在の歴史における還相的人類連帯性にあるものと解せられる。実際救済に摂取せられた衆生が、その死後においてその信仰思想行動を以て順次後続の衆生に対し教化の機縁となり、その救済に対し絶対大悲の媒介となるという還相の観念こそ、救済の証とすべき深い意味を有するものというべきであろう。（二五八〜二五九頁）

この言い方はいささか難解であるが、晩年の「死の哲学」にもつながる田辺の「死」に対する根本的な視点を示している。ここでは、死者が浄土や天国で「身体無き魂」として存続することが否定的に考えられている。死後の問題は、他方世界ではなく、「現在の歴史における還相的人類連帯性」において考えられなければならない。すなわち、この世界と異なる浄土という場に安閑といるわけではなく、死後、この歴史的世界に還相し、そこに「人類的連帯性」を結ぶと考えられるのである。その「人類的連帯性」は、「順次後続の衆生に対し教化の機縁となり、その救済に対し絶対大悲の媒介となる」ことによって実現される。それが還相である。

これは、親鸞解釈としても必ずしも不当ではないであろう。親鸞においても、浄土は死者の楽園として構想されているわけではない。『教行信証』証巻においては、必至滅度の願に基づいて、往生するものは弥陀と同じ涅槃に達し、そこから還相回向が展開されることになっている。還相回向は、弥陀と一体になって、後続の衆生に対して救済のはたらきを示すことに他ならない。そうとすれば、田辺の理解は親鸞解釈として、きわめて重要な視点を示していると見ることができる。

ところで、ここに大きな難関がある。それは、この「死後」というのは、実際に死んでみなければ、何もわからないということである。現世においてはあくまで正定聚に達しているという以上にはいたらないのであり、そこに「人間の中間存在性」（二五八頁）としての限界が示されている。この難問は、本書以後も田辺を苦しめ、次のように告白している。

一度死ねば再び生を恢復することは不可能なるものと思惟せられ、死ほど厳粛にして犯しがたきもの人生にないとさへ考へられるところから、斯かる一般に畏怖せられるものを、あたかも之を超越し、自由にそれを取扱ひ得るものであるかの如くに、それを拈弄するのは、全く偽善であり軽薄であり、不誠実であり、不真面目であるといふ慚ぢらひを自ら感ずるのである。(14)

死に直面することは可能としても、死を体験することはできない。それをあたかも実現可能のように軽々しく論じることは偽善でしかない。それならばどうしたらよいのか。この問題に対して、自己の死ではなく、他者の死に直面して、「死者」との関係へと問題を転化するところに、最晩年の「死の哲学」が展開されることになる。本書から「死の哲学」へは、ある意味では一歩に過ぎないが、その一歩は発想をまったく逆転させる無限大の一歩でもあった。

四　『懺悔道としての哲学』の親鸞解釈――三願転入と倫理――

『懺悔道としての哲学』の中で、親鸞を直接扱っているのは、第六章「親鸞の三願転入説と懺悔道の絶対還相観」、並びに第七章「親鸞の『教行信証』三心釈における懺悔道」である。その後、第八章「懺悔道の展望としての宗教的社会観」は、懺悔道の立場からの社会実践的な問題へと展開しており、親鸞解釈と密接に関係する。ここでは、第六章を中心に考察し、第七章は簡略にして、第八章に説き及びたい。

第六章では、『教行信証』化身土巻の三願転入の問題を中心に取り扱う。三願転入は、第十九願の諸行往生(『観無量寿経』)、第二十願の自力念仏(『阿弥陀経』)を経て、第十八願の他力念仏(『無量寿経』)にいたる過程を、自らの体験として語った一段である。

こゝをもて愚禿釈の鸞、論主の解義をあふぎ、宗師の勧化によりて、ひさしく万行諸善の仮門を出で、、ながく双樹林下の往生をはなる。善本徳本の真門に廻入して、ひとへに難思往生の心をおこしき。しかるにいまことに方便の真門を出で、、選択の願海に転入せり。すみやかに難思往生の心をはなれて、難思議往生をとげんとおもふ。果遂のちかひ、まことに由あるかな。こゝにひさしく願海にいりて、ふかく仏恩をしれり。至徳を報謝せんがために、真宗の簡要をひろふて、つねに不可思議の徳海を称念す。いよ〳〵これを喜愛し、ことにこれを頂戴するなり。(15)

しかし、田辺がとりあげる三願転入は、この一段に限らず、化身土巻前半をなす三願の関係全体の議論を指している。ここでも田辺の用法に従う。田辺が、『教行信証』の中でも化身土巻の三願転入に注目したのは、田辺が指導した教え子の武内義範が、『教行信証の哲学』(一九四一年)を著わしたことに触発されたものであろう。武内は、ヘーゲルの『精神現象学』を応用して化身土巻の三願転入を解釈しようとした。『教行信証』は、真仏土巻までと化身土巻の二つに分けられるが、両者の関係は、「ヘーゲルの「論理学」と「精神現象学」との関係に相応するところがある(16)」。化身土巻を、精神の発展段階を述べたものとして、ヘーゲルの『精神現象学』に較べ、それ以前の巻の体系的な叙述と対照させるのは、今村仁司氏にも見られるところで(17)、常識的にも理解しやすい。

武内の解釈で注目されるのは、第二十願と第十八願の関係である。「第十八願の精神はただ一度第二十願から転入して第十八願となってしまうのではなく、第十八願は絶えず第二十願を自己疎外によって成立せしめつつ、またさらにそれを消滅契機として否定し、第十八願に転入せしめ続けねばならない(18)」のである。すなわち、単純に第十九願→第二十願→第十八願と進むのではなく、第二十願の自力と第十八願の他力との間には、往復的な緊張関係があるのである。

田辺は、武内によって示された第二十願と第十八願の関係に、さらに第十九願をも加えて、三願の間に流動的な往復転換の運動を見る。三願は単純に自力諸行、自力念仏、他力念仏というのではなく、もう一歩立ち入って考える必要がある。第十九願は「自力努力の立場」（三二〇頁）であり、倫理的な立場である。たとえ念仏でも完全に自力努力の立場に立とうとする限り、第十九願に属する。それに対して、第二十願は「諸善の根柢諸徳の本源としての絶対に対する自覚」（同）が生じた段階であるが、それが「思想観念に止ま」（三二一頁）るものである。第十九願は、三心の中では未来に関わる廻向発願心に相当する（三二二頁）。それに対して、第二十願は、「自力念仏の矛盾概念たることの懺悔に転じ、過去の妄念として至心に転換せらるる」（三二三頁）のであるから、過去と関わる至心（至誠心）に当たる。その両者が第十八願の現在の信心（信楽、深心）に転入するというのである。

このように見るならば、第二十願は懺悔を通して第十八願へと転ずる一方、第十九願に転落する可能性もある。なぜならば、「たとい念仏の行といえども、自力に発する限り、実は絶対無の転換たる意味を有せずして、相対の自己肯定となり、自然法爾たる不廻向の廻向でなく自力廻向となるからである」（三二五頁）。それゆえ、「第二十願は正に自己矛盾的内容を有し、特に否定的弁証法的たるのである」（同）といわれるように、第二十願は不安定な中間的性格を持っている。

三願の関係を整理すると、次のようになろう。

第十九願	⇕	第二十願	⇕	第十八願
欲生（廻向発願心）		至心（至誠心）		信楽（深心）
未来		過去		現在

なお、三心と時間の問題に関しては、第七章で詳しく扱われている。

田辺の三願転入論がもうひとつ深められているのは、そこに往相・還相論が重層していることである。往相・還相は、『教行信証』においては、二種廻向として論じられる。すなわち、教巻の冒頭に、「〔つ〕つしんで浄土真宗を案ずるに、二種の廻向あり。一には往相、二には還相なり。往相の廻向について、真実の教行信証あり[19]」といわれており、教・行・信・証の途中までが往相廻向とされ、証巻の途中になってはじめて、「二には還相廻向といふは、すなはちこれ利他教化地の益なり。すなわちこれ必至補処の願よりいでたり[20]」といわれている。その還相廻向は、浄土に往生して無上涅槃を証してから、衆生救済のはたらきを示すことと解されている。往相・還相ともに、如来の力によるのであるから、廻向の主体は弥陀ということができる。

これがもともとの往相・還相であるが、田辺はそれをさらに広げて、「懺悔道」の根本的な構造に関わる概念として用いる。

> 如来大悲の願が法蔵菩薩因位の修業に媒介せられるとする浄土教の思想そのものが、すでに全体として如来廻向の還相性を根柢とするのであって、如来における自己内還相即往相ともいうべき循環性が、衆生の救済における往相即還相というべき事態を成立せしめると考えなければならない。（三二九頁）

わかりにくい言い方だが、もっとも根源にあるのは如来の還相廻向であり、そのはたらきは、如来から還相として出発して衆生の往相にはたらき、如来自身に戻るのであるから、「自己内還相即往相」ということになる。その根源の中で、はじめて衆生が往相として如来にいたり、そこから還相として衆生界にはたらくことが可能となる。それは、「往相即還相」として成り立つ。図示すると上のようになろう。

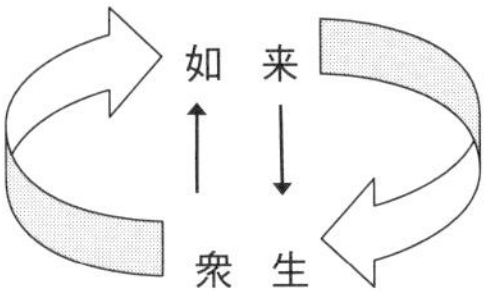

図1

外側の太い矢印が如来の還相・往相であり、それを根拠として、内側の直線で示した衆生の往相・還相が成り立つのである。前者は還相からはじまり、後者は往相からはじまる。前者の如来の還相に関しては、「絶対還相性」という言い方もされている。すなわち、「如来の絶対媒介性は絶対還相性として現世衆生界に還帰し、それが衆生の行信を媒介として、往相廻向を成立せしめる」（三三〇頁）というのである。

ところで、先の引用で、「如来大悲の願が法蔵菩薩因位の修業に媒介せられる」というのは、どういう意味であろうか。法蔵菩薩の修業成就を待って始めて如来の大悲がはたらくようになったというのではなく、如来の大悲は法蔵菩薩よりも根源的なのである。親鸞の言葉を使えば、「法性法身」的なはたらきといってよい。田辺の言い方でいえば、「無即愛」などといわれるものである。その「絶対還相性は大悲として直接にはたらくのではなくして、釈迦如来その他の仏の還相廻向を媒介として実現せられるのである」（三三二頁）。その点からいえば、法蔵菩薩＝阿弥陀仏もまた、「諸仏の一に外ならないのであって、その現成は歴史的因縁に由る還相である」（同）と見るべきである。

そうなると、浄土教は一般仏教の中に解消されることにならないか。田辺はそれでよいという。逆に、阿弥陀仏の唯一性にこだわると、仏教を逸脱してしまう危険があると見る。すなわち、そうなると、「浄土真宗は基督教に酷似する有神論となり、神話の樊籠を脱することができない」（同）というのである。これは、近代の親鸞解釈のキリスト教化に対する鋭い指摘といわなければならない。そのような観点に立った上で、「如来はもと無始以来の過去における法蔵菩薩の因位の修業を媒介とすることに依って、衆生済度を行う」（三三五頁）というのである。法蔵菩薩＝阿弥陀仏は、「方便法身」的、あるいは報身的に機能すると見ることができる。

このように見るならば、如来は単独ではなく、「仏々相承交讃の協同態」（三三五頁）とか「唯仏与仏の協同態」（三三六頁）とかいうべきであり、さらには、「衆生の往生成仏はただ如来の転換に媒介せられたる諸仏衆生の協同態においてのみ可能」（三三七頁）ともいわれるのである。他力の「絶対還相性」の中に立ち入ることで、衆生は「唯仏与仏」の世界に参与していくことになる。

ここで、三願転入に戻ることにしよう。仏の「絶対還相性」がはたらいているならば、そこで第十九願が除外される所以はない。「第十九願の自力諸功徳行も、それが懺悔に媒介せられ第十八願の信心に摂せられて自然法爾の行に転ぜられる限り、如来の絶対還相の内容となる」（三三九頁）といわれることになる。

このような見方は、『教行信証』解釈としてはやや無理があり、また真宗の教義からすれば否定されるかもしれない。田辺自身、「懺悔道は必ずしも浄土仏教の固有なる形式や伝統に従うものではない」（三四二頁）として、教理の伝統の枠に縛られず、その思想の自由な展開を認めている。しかし、理論的には十分に成り立ちうるものであり、親鸞に関しても応用的な解釈として、認めることは可能と思われる。

少なくとも、それを認めないと、念仏以外の行為はすべて否定されてしまう。だが、それこそ人は念仏のみでは生きられない。労働し、食事をし、睡眠をとる、というような日常行為がすべて自力として否定されたら、生きていくことができなくなるであろう。あるいは、それは往生とは無関係の、どうでもよいこととされたら、一種のアナーキズムかニヒリズムに陥る他ないであろう。そうではなく、それらの行為すべてに仏の還相の力がはたらき、すべての行為が他力の念仏となるように努めるべきではないだろうか。「南無阿弥陀仏」を唱えることだけが念仏とはいえないのではあるまいか。むしろ、すべての行為が「南無阿弥陀仏」になるようにすべきではないだろうか。妙好人とはそのような人であったように思われる。

あるいは、西山義の行門・観門・弘願の見方も参考にされてよいであろう。[21] 証空によると、自力諸行（行門）もまた、弥陀の弘願に帰するならば、弘願を照らし出すはたらきを持つようになるという。それが観門である。

行門――聖道門自力修行の立場。

観門――弘願に帰した上での定散諸門。弘願を照らし出すはたらきをする（能詮）。

弘願――第十八願の念仏。観門によって照し出される（所詮）。

この見方では、諸行も生きてくる。親鸞の場合も、このような理解をすることは、必ずしも無理とはいえないのではないか。親鸞は、法然と一緒ならば地獄に行ってもよいといった。それならば、仮に第十九願に従って真仏土に生まれず、化身土に生まれることになったとしても、恐れる必要はないように思われる。今後検討を要する問題である。

田辺が第十九願を重視するのは、倫理を重視するからである。[22]『懺悔道としての哲学』第八章は、まさしく懺悔道の他力の立場から、どのようにして社会倫理が可能かを論じている。

絶対他力の媒介たる自力は、他力に媒介せられて救済に入り絶対無の媒介としての空有に転ぜられると同時に（往相）、更に絶対が他の相対立する相対を救済する媒介となり、それはその限り絶対に協力しなければならぬ（還相）。（四一一頁）

ここでは、往相から還相への転換は、必ずしも死を媒介としていない。他力が他者の救済へと向けてはたらくのであれば、その他力に協力せずに自己の救済に固執するならば、それは他力を無視した自力への転落でしかないであろう。

そうなれば、法蔵菩薩＝阿弥陀仏は、還相する救済者であるとともに、別の面からいえば、我々衆生の先達であり、模範であるともいえよう。すなわち、「自ら衆生と同種の行を行じて衆生を指導し、衆生をして自らに学ばしめ倣わしめることによってこれを教化することが、衆生を引上げて仏の境涯に入らしめんとする救済作用」（四〇九頁）だというのである。我々は、法蔵菩薩の後を追って菩薩として進み、「自ら往相的に救われて後、さらに他の後進相対者の指導教化に還相するといわなければならぬ」（四一二頁）のである。それは、「単なる先後でもなく単なる平等でもない兄弟的関係」（四一四頁）である。田辺はここに新しい社会倫理の可能性を見る。

「民衆は資本主義的市民社会の自由と社会主義の平等とを綜合する兄弟性（友愛）を以て相結ばるべきものである」（四一六頁）といわれるのである。

はたして田辺のいうような形での倫理が可能であるかどうかは疑問があるが、少なくとも、親鸞の思想を根底に置いたとき、決してその思想は無倫理や倫理否定ではなく、そこから倫理が出てくる可能性は十分に考えられるといわなければならない。

（1）拙稿「近代的親鸞像を超えて」（『白道』一三、真宗大谷派金沢教区教学研究所、二〇一一年）。
（2）拙著『日本仏教の可能性』（春秋社、二〇〇六年。新潮文庫、二〇一一年）他参照。
（3）拙稿「迷走する親鸞――『出家とその弟子』考――」（『季刊日本思想史』七五、二〇〇九年）。
（4）赤松俊秀『親鸞』（吉川弘文館、一九六一年）。
（5）今井雅晴『親鸞と東国門徒』（吉川弘文館、一九九九年）他。
（6）拙稿「近代的親鸞像を超えて」（『宗教と現代がわかる本２０１１』平凡社、二〇一一年）。
（7）松尾剛次『親鸞再考』（ＮＨＫブックス、二〇一〇年）。
（8）塩谷菊美『語られた親鸞』（法藏館、二〇一一年）。
（9）今村仁司『親鸞と学的精神』（岩波書店、二〇〇九年）、山折哲雄『『教行信証』を読む』（岩波新書、二〇一〇年）。
（10）拙著『他者／死者／私』（岩波書店、二〇〇七年）、第三章など。
（11）氷見潔氏は、田辺晩年の宗教哲学の展開を、念仏門的段階（『懺悔道』）、キリスト教的段階（『実存と愛と実践』など）、菩薩道的段階（「死の哲学」）に分ける。氷見『田辺哲学研究』（北樹出版、一九九〇年）。
（12）拙稿「田辺元『懺悔道としての哲学』をめぐって」（『奥田聖應先生斯学50周年記念論集』同論集刊行会、二〇一二年予定）。
（13）『懺悔道としての哲学』は、『田辺元全集』第九巻に収録するが、ここでは、参照しやすさを考え、藤田正勝編『懺悔道としての哲学』（岩波文庫、二〇一〇年）を用い、引用に際してはその頁数を本文中に示す。

(14) 田辺『実存と愛と実践』(『田辺元全集』九)、四〇九頁。
(15) 述べ書き本による。金子大栄校訂『教行信証』(岩波文庫、一九四七年)、三六九〜三七〇頁。
(16) 武内義範『教行信証の哲学』(新装版、法藏館、二〇〇二年)、一〇頁。
(17) 前掲註(9)今村書、四二頁。拙稿「今村親鸞学をどう受け止めるか」(『無限洞』六、二〇一〇年) 参照。
(18) 武内前掲書、五六頁。
(19) 前掲註(15)『教行信証』、二九頁。
(20) 同右、二五〇頁。
(21) 証空『観経疏大意』による。拙著『鎌倉仏教形成論』(法藏館、一九九八年)、一九三頁参照。
(22) ちなみに、今村仁司氏も親鸞から社会倫理を引き出そうと努めており、『教行信証』に「自利利他同時構造」を見、究極的に「覚者共同体」を理想視している。前掲註(9)今村書、並びに、前掲註(17)拙稿参照。

四

親鸞とその家族

浄土真宗における恵信尼について（要旨）

ジェームズ・C・ドビンズ

日本の歴史において恵信尼（一一八二～一二六八？）は、主として浄土真宗の宗祖である親鸞（一一七三～一二六二）の妻として知られている。一九二一年、西本願寺の書庫の整理をしていた真宗史学者の鷲尾教導（一八七五～一九二八）が、恵信尼の手紙を見つけた。今日「恵信尼文書」あるいは「恵信尼消息」として知られている、重要な史料である。

恵信尼の手紙は、親鸞の生涯におけるいくつかの歴史的事実を伝える、現代の親鸞伝の標準的な史料となっている。その上、恵信尼の手紙は、恵信尼自身についての多くの識見を得る史料ともいえる。もしこの手紙が現存していなければ、恵信尼は日本女性のステレオタイプ的な理想である「良妻賢母」といえるような人物として理解されていたであろう。つまり、夫である親鸞に献身的で、その教えを敬い、宗教活動を支え、子供たちの面倒をしっかりみて、慎み深い――一言でいうなら、真宗における伝統的な坊守の典型とされていたと考えられるのである。実際、このような恵信尼像は、今日の日本に広くみられるものだと思う。しかし、彼女の手紙に基づけば、もう一つの恵信尼像が浮かんでくる。それは彼女が非凡で、独立した女性であり、才覚のある人物であったということである。

本論文は、出来るだけ親鸞中心ではなく、むしろ恵信尼の立場からその事情を検討しようと試みた。そこで本論文では、恵信尼の手紙を出発点として、恵信尼の生涯、浄土観、結婚、そして親鸞との宗教的な関係などを考察した。

（英文は五九五～五七六頁）

恵信尼と同時代を生きた三善氏

樋川智美

親鸞の妻として知られる恵信尼には、建長八年（一二五六）から文永五年（一二六八）までの間に書かれた消息一〇通が現存する。これらの消息は、晩年の恵信尼が、自らが居住する越後から遠く離れた京都に住む末娘覚信尼に向けて書いたものである。そこには親鸞の六角堂参籠のことや、流罪が解かれ越後から常陸にいたるまでの様子、二人の間に生まれた子供たちとその家族のこと、恵信尼が晩年過ごした越後での生活などが記されている。生前、ほとんど自らのことには触れなかった親鸞の実像を知るための、大変貴重な史料でもある。

承元元年（一二〇七）に起きた承元の法難によって、親鸞は越後に流罪となった。その後、主著『教行信証』を著し、関東に多くの門徒を有するまでになったが、この頃の親鸞をもっとも近くで見、物理的にも精神的にも支えていた人物は、その間生活を共にした妻、恵信尼であったろう。

『本願寺系図』は、恵信尼の出自を「兵衛大輔三善為教女」と伝えている。この為教は、『玉葉』治承二年（一一七八）正月二七日条に「三善為則」と見える人物と同一であると考えられる。恵信尼が三善為則の娘であることは、「為教」「為則」ともに「ためのり」と読めることから、ほぼ間違いないと思われる（以下為教と記す）。しかしながら、父為教に関する史料が少ないこと、さらには、恵信尼と親鸞との婚姻の時期が越後流罪前であるのか、後なのかが明らかではないため、従来、恵信尼の出自について、「越後国に基盤を持つ地方豪族三善氏の出身である」という説と、「京都の貴族三善氏出身である」という説との両方が存在した。近年、親鸞像の見直しおよび恵信尼が書いた消息の内容を通して、後者の説が有力となっている。

さらには、親鸞と恵信尼が越後から常陸へと移住した背景の一つに、恵信尼の父為教が九条家の家司であったことがあげられる。当時、九条家が所有した荘園の一つである常陸国小鶴荘を通じて、実家・三善氏からの支援を受けやすい環境が、常陸国稲田郷に居住した恵信尼にあったためだと考えられている(1)。小鶴荘は、九条兼実から彼の娘である宜秋門院に伝領された。九条兼実と宜秋門院は、いずれも親鸞の師である法然に帰依している。

本論では恵信尼が属した三善氏が、当時の社会の中でどのような地位を占めていたかを見ていくことによって、三善氏を出自とする恵信尼の存在について、改めて考えていきたい。

一　平安中期から鎌倉期にかけての三善氏

平安から鎌倉時代にかけての著名な三善姓を名乗る人物としては、延喜一四年(九一四)醍醐天皇の命により一二条からなる政治意見書「意見封事十二条」を提出した三善清行、院政期に『拾遺往生伝』・『朝野群載』などを著した三善為康、そして母が源頼朝の乳母の妹であった関係から鎌倉に下向し、鎌倉幕府初代問注所執事となった三善康信などがあげられるであろう。

三善氏は平安中期以降、小槻氏とともに大学寮の算博士を世襲してきた一族でありながら(2)、現存する『尊卑分脈』中に三善氏に関する系譜はなく、また多くの氏族の系譜を所収する『群書類従系図部集』には、「三善氏系図(原本闕)」と記載されている。

この『群書類従系図部集』に収録されなかった「三善氏系図」は、所功氏によって「擬似本の存在を知りながら、その難点を見ぬき、敢えて正式には収録しなかった慎重な見識のあらわれであって、これこそが「三善氏系図」未収の意味にほかならない」と評され、『群書類従』編纂時には擬似本とされた『諸家系図纂』所収「南家系図」が、氏の校合により「三善氏系図」として『続群書類従』中に収録されている(3)。

一方、鎌倉幕府初代問注所執事の三善康信について詳細な研究を行った三島義教氏が、『近世防長諸家系図綜覧』所収「椙社家系図」をもとに、「為康―康光―康信」と続く、康信の系譜、父子関係を明らかにしている(4)。しかし、三善氏全体については、なかなか確実性がある系譜に乏しいのが現状である。

平安中期以降の三善氏を見る上で欠かせない人物は、前にもあげた三善為康である。三善為康については、『本朝新修往生伝』に次のように伝えられている。

三善為康は、越中国射水郡の出身で、本姓は射水姓であったという。治暦三年（一〇六七）に京都に上り、算博士三善為長に師事し弟子となった。算道に通じるだけでなく、紀伝も兼学していた。堀川院の時、算術に優れたため、算博士に任じられたとされる。また、幼少の頃より観音を信仰し、如意輪大呪（陀羅尼）を誦えていた。五〇歳以後は、日々一万遍の念仏を唱えていたという。

承徳二年（一〇九八）八月四日、為康は四九歳の時、阿弥陀仏の来迎を夢に見た。翌康和元年九月一三日に天王寺に参籠し、念仏の行を行うこと九日にして、念仏が百万遍に達すると、舎利三粒が出現したという。

為康は算道だけではなく、紀伝も兼学し、平安時代の詩文・宣旨・官符・書札などを類別して編纂した『朝野群載』のほか、さまざまな事象を記した辞書『掌中歴』『懐中歴』を執筆した。加えて、自らがその「序文」に記載しているように、阿弥陀夢想や舎利出現という体験を通して、名聞利養のためではなく、ただ結縁・勧進のために『拾遺往生伝』『後拾遺往生伝』を記したのである。そこには、為康の朝廷での実務官としての姿と、熱心な念仏者としての姿を見ることができる。

ところで、為康は本来三善姓ではなく、異姓である射水氏の出身であった。学問にすぐれた人物であったため、三善為長の養子となり、算博士の職を継いだ。

三善為康が編集した『朝野群載』所収の「三善為長諸国権介申文」（寛治二年〈一〇八八〉一二月二五日）を見ると、「当道（＝算道）博士兼二任権守介一並改二任要国一例」の中に、為長の「祖父茂明」および「親父雅頼」の名が確認できる。また同じく『朝野群載』所収の「三善雅仲諸国権介申文」（康和二年〈一一〇〇〉三月二六日）中には「親父為長」との記載が見える。これらの史料からは、

茂明――雅頼――為長――雅仲

という、算博士三善氏の系譜を確認することができる。

康和二年段階で、為康の養父為長の実子雅仲が算博士を継承している。ところが、実子ではなく、養子に迎えられた三善為康も、永久元年（一一一三）七月には算博士に任じられていることが『除目大成抄』「算博士重兼国例」に見えることから、為康は、この雅仲のあとを受け、算博士に就任したといえる。

また『小右記』万寿四年（一〇二七）一月五日条には、外記三善為時の父として雅頼の名が見え、為康の養父である為長には為時という兄弟がいたことが確認できる。

三善為長の養子として算博士の職を継承した為康のあとを受けて算博士になった行康について、『本朝新修往生伝』は、「猶子行康」と記している。行康の出自については明らかではない。先にあげた『近世防長諸家系図総覧』所収「椙杜家系図」によると、為康には実子康光がいる。為康から算博士を継いだ行康が実子ではなく「猶子」であるという記載が見えるということは、為康の養父である為長が、為康を養子にして算博士の職を譲ったのと同様のことが、為康から行康の代にも行われたことの証左である。

行康以降の三善氏については、『続群書類従』所収「外記補任」により、次の通り父子関係を確認することが

できる。

行康――行衡――長衡――行明

長衡の子として、『続群書類従』所収「三善氏系図」は、雅衡と行径を載せている。そのうち、行径については、外記、六位史および国司補任者の中にその名を見出すことができない。『平戸記』寛元二年（一二四四）正月五日条に従五位上に任じられた「三善行経、策、」と見える人物と考えられる。もう一方の雅衡は、『平戸記』仁治元年（一二四〇）一一月一二日条に、従四位上に叙されたことが見え、この時点で行経よりも位階が上位であったことがわかる。雅衡は、長衡のあとに算博士となっている。

雅衡について、所功氏は「『作者部類』には「雅衡父宣衡文章生、従五位下」とある。おそらく長衡は、実子の行明や行経が算道を修得しないので、宣衡から雅衡を養子にもらいうけたのであろう」と述べている(5)。

一方、長衡の実子と見られる人物として、『明月記』寛喜三年（一二三一）正月七日条に「三善光衡」、同じく『明月記』同年正月八日条には、「光衡、馬助、長衡子、」と記される光衡があげられる。この光衡は、貞永元年（一二三二）の記述と推定される「右馬権助三善光衡請文(6)」に「右馬権助光衡奉」とあることからも、光衡は三善姓であり、かつ長衡の実子と考えられる。

恵信尼の父為教については、系図や当時の史料上に、その系譜を示すものが見られない。だが、名前に「為」の字を持つこと、三善為長や為康と同じく「越後介」に任官していることより、為康の系譜につながる人物であろうと考えられる。

為教は『玉葉』治承二年（一一七八）正月二七日条に、

越後介正六位上平朝臣定俊、停二従三位平朝臣盛子去年臨時給三善為則一改任、

とあり、前年に越後介に任官されるものの、一年足らずで改任されていることが確認できる。その際、為教の後

任として越後介となったのは平定俊であった。平定俊は、治承二年一二月に平盛子の「臨時給」で、越後介から肥後権介に任官している。その直後、肥後権介は治承三年（一一七九）一月一八日に改任され、新たに安倍成種が任官している(7)。平定俊の任官・改任の状況から見ると、少なくとも、治承元年以降の越後介の任官には、平清盛の娘で関白藤原基実室となった平盛子が関与していると考えられる。

当時の史料の中で、三善為教の存在が唯一確認できるのは、この『玉葉』の記事のみである。為教は九条家の家司であったと考えられている。しかしながら、為教の越後介解任には平盛子が関係している。為教の越後介任官から解官にいたるまでの間にあたる安元三年六月（この年の八月に治承に改元）に、鹿ヶ谷事件が起きている。この鹿ヶ谷事件に関連し、院の近臣として平家討滅の陰謀に加わり備前国に流刑となった藤原成親を父に持つ親実が、越後守を解官された(8)。このことから、その前後の時期に越後介となっていた為教も、少なからず一時的にその影響をうけ、解任された可能性があるのではないだろうか。

恵信尼の生年は、文永元年（一二六四）五月一三日の消息に、「ことしは八十三になり候か」と記載していることから、寿永元年（一一八二）となる。恵信尼が誕生した頃、社会は治承・寿永の内乱の最中にあった。当時、父為教の置かれた状況については、史料がないため明らかではない。『本願寺系図』には為教が「兵部大輔」の官職にあったことが記載されている。上国越後国の次官「介」の官位相当は従六位上、一方、兵部省の次官である「大輔」の官位相当は正五位下である。つまり、為教は越後介解官後、さらに上位の官である「兵部大輔」に任官されたと考えられる。

ところで、平安中期から鎌倉期にかけての三善氏を、外記・六位史・国司への任官を中心に見ると章末の表1のようになる。この間に、三善氏からは、三四人の外記、四〇人の六位史、五六人の国司就任者を出している。このうち、三善氏からの外記就任者に関して見ると、三三人中一〇人が名前に「為」の字を持っている一方、建仁二年（一二〇二）から翌三年まで外記に就任した為俊を最後に、名前に「為」の字を有する三善氏の外記補任が見られなくなっている。

同じ平安中期から鎌倉期にかけて、「為」の字を有していても、外記に補任されることのなかった人物として、阿波介となった為忠、美作少掾となった為兼、六位史となった為信、そして越後介となった恵信尼の父為教などの例はある。しかし、三善為俊までの三善氏のうち、「為」の字を名前に持つものの外記補任率は、三善氏からの外記就任者のおよそ三分の一に及び、非常に高い。

この時期の三善氏に詳細な系譜がないため、互いに雅頼の子として兄弟であることが確認できる為時と為長、そして為長の養子である為康以外の三善氏たちが、実際どのような血縁関係を持っていたのかは不明である。だが筆者は、為時、為長、為康の子孫として、「為」を通字に用いて血縁関係を構築し、外記職を世襲していたのではないかと考える。三善氏の場合、実子だけでなく、養子にも算博士の継承を行ったため、家系がより複雑になったといえるであろう。

『職原抄』には、紀伝・明経・明法・算道からなる「四道」のうちで、算道が最も下位に位置づけられ、雅衡によって再興されるまで、「算道者当初尤《モ》微々也」と記されている。そのような算道の状況も、三善氏の系譜をわかりにくくしている一因と思われる。

そのような三善氏の一族の中で、為教は何らかの理由で、外記への就任を逃してしまった人物ではないかと考える。

二　三善氏の系譜から見る恵信尼像

恵信尼の消息には、自らが以前に娘覚信尼に出した書状の内容を、三〇年以上前の自分の日記を確認しながら訂正している記載が見られる。これによれば、恵信尼は長年日記を付けており、それを常陸から晩年生活した越後にいたるまでも所持し、大切に保管していた様子がうかがえる。

三善氏の多くが就いた外記という職務は、太政官の文書作成、先例の考勘、恒例・臨時の公事儀式をつかさどっている。同じく三善氏が多数務めた六位史も、ほぼ同様の職務であった。それぞれの職務を果たすため、加えて先例の確認のためにも、記録の作成と保管というものが大事であった。平安末期に藤原通憲によって編纂された『本朝世紀』が、外記日記や外記官人の私日記を中心にまとめられたものであることからも、外記たちが日々記録を作成・保管していたことがうかがえる。推測だが、恵信尼も三善氏のそうしたお家柄を受け継いでいたのかもしれない。

恵信尼と同様に、為康の系譜に連なる三善康信も、記録ないし日記を非常に大切にしていた。康信は、父康光が外記を務め、自らは六位史になっている。承元二年（一二〇八）一月一六日条の『吾妻鏡』によると、この日、三善康信の自宅が火災となり将軍の文籍・雑務文書とともに康信の母方にあたると考えられている散位倫兼の日記以下、累代の文書が消失してしまったことが記されている。その時、康信は、落涙するほど歎き、心身呆然としていた様子が伝えられている。康信の孫康有には『建治三年記』があり、そして康有の子時連は『永仁三年記』を残しており、代々日記・記録を作成していたものと考えられる。

その一方で、恵信尼は、自らが記しているように、夫亡き後、今まで特に伝えていなかった生前の親鸞はこんな人物であったということを、心の内に留めてほしいとの思いで、娘覚信尼に消息をしたためている。

おそらく、外記を多数輩出し、記録の作成と保管の重要性を十分に認識している三善氏に出自を持つ恵信尼は、長年日々の出来事を日記に記録し、保管した。だから、晩年になり、過去の出来事の日付から内容にいたるまで比類の正確さをもって娘覚信尼に伝えることができたといえよう。

三善氏からは、算博士や外記などの朝廷の官職に就いたり、摂関家などの有力貴族の家司・家人になった者も見られる。たとえば長寛二年（一一六四）に関白藤原基実家文殿に奉仕した三善良康と三善成重がいる[9]。また保元元年（一一五六）の時点で関白藤原忠通の所司としてその名が見え[10]、寿永三年（一一八四）には摂政藤原基通の使者として関東に下向した三善信成もいる[11]。さらに藤原忠親が、自らの日記である『山槐記』に「余家人也」と記載した三善尚光[12]・三善行衡[13]らも、その例である。

九条家の家司であったと考えられる恵信尼の父為教との関係から見ても、同じく三善姓を名乗る仲親が、建久元年（一一九〇）四月二六日、九条兼実の娘で当時後鳥羽天皇の女御であった任子の中宮立后の際、中宮少属に任じられている[14]。その後仲親は、正治二年（一二〇〇）六月二八日には、宜秋門院となった任子の院司となり[15]、建仁三年（一二〇三）一〇月には越後目代となっている[16]。これは、承元元年（一二〇七）に承元の法難で親鸞が越後国に流罪となる四年前にあたる。

宜秋門院は、父九条兼実より常陸国小鶴荘、小栗御厨、越後国白河荘などを伝領された[17]。安貞二年（一二二七）六月　日「宜秋門院庁下文」では、越後国白河荘預所の相伝を認めている[18]。

話は前後するが、承元の法難に際し、親鸞の叔父日野宗業は、親鸞の越後国流罪に先んじて越後介に就任している。流罪先の親鸞を庇護するためと考えられている。そのような中で、仲親がいつ頃まで越後目代であったのかは明らかにはできないが、親鸞の師である法然に帰依した宜秋門院の中宮職・院司を務め、越後目代ともなった仲親の存在は、同じ三善姓の恵信尼と九条家を結びつけていくうえで、大きな意味を持つと考える。

次に、親鸞が流罪を解かれた後、恵信尼とともに向かった常陸国と三善氏との関係を見ていきたい。外記に補任され、後に造東大寺次官にもなった三善清信が、建久六年（一一九五）に常陸国三宮吉田社領の預所を務めていたことが確認できる[19]。清信の官歴を見ると、仁安二年（一一六七）正月に西市佑・算准得業生となり[20]、承安元年（一一七一）一二月に右少史と六位史に叙され[21]、安元二年（一一七六）一月に周防介に任じられている[22]。清信の系譜は明らかではないが、彼が算得業生の職にあったことから、算博士三善氏の系譜につながる人物であったと考えられる。清信以降も吉田社領の預所として、三善姓を名乗る人物が見られることから、清信の子孫に同職が受け継がれたと考える[23]。

また、三善康信の弟康清が、文治二年（一一八六）に常陸国真壁荘預所に任じられ、真壁郡竹来郷の中に得永名（現茨城県桜川市）を設定し開発を進めている。弘安五年（一二八二）には康清の子孫と思われる「行定亡母三善氏」の名が『鎌倉遺文』正和元年（一三一二）七月二三日「関東下知状写」（鹿島大禰宜家文書）に見られる[24]。この竹来郷は親鸞が居住した常陸国稲田郷から、国道五〇号で二〇キロ程のところに位置している。康清も為康の孫にあたる。為教も同じく為康の系統であると考えられることから、稲田郷に住んだ恵信尼にとって、地理的に近いところに近親者である康清一族が所領を持っていたといえる。

もう一つ、念仏者であった為康以降の三善氏の信仰という点について考えてみたい。恵信尼の父為教とほぼ同時代を生きた三善為清という人物がいる。滋賀県西勝寺の阿弥陀如来立像の内部で発見された建仁三年（一二〇三）の銘がある造内納入品の中から、

建仁参年十二月八日
為往生極楽所志
如件
願主進士三善
為清
万阿弥陀仏

（花押）

同女

為二引摂結縁

衆一

清澄朝臣

と書かれた願文が発見されている。[25]

この願文には、三善為清が重源の創始に係る阿弥陀仏の名号を持っていることに加え、恵信尼と同世代と考えられる為清の娘の存在も見える。これらのことから、三善為清だけではなく、その娘もまた、阿弥陀仏を信仰し、念仏を唱えることにより極楽往生を願っていたことがうかがえる。三善為清の系譜も、系図上では明らかではない。為清の官歴は、仁安三年（一一六八）に権少外記に任じられ、[26]その後治承三年（一一七九）には日向権介に補任されている。[27]「為」字を持つことから、為清もまた為長、為康の系譜に連なる人物の一人と見ることができるであろう。

恵信尼は、晩年、娘覚信尼にあてた消息のなかで「かまへて御念仏申させ給て、ごくらくへ、まいりあはせ給べし」と記している。恵信尼もまた、念仏による極楽往生を望むものの一人であり、そこには、為康に加え、為清とその娘との共通性を見い出すことができるのである。

三　三善長衡と三善康信との関係

鎌倉期に三善氏の中心となったのは、算博士を世襲し、かつ西園寺家の家司でもあった三善長衡と、鎌倉幕府初代問注所執事となった三善康信である。両者の系譜を示したのが図1である。

三善長衡は、寿永二年（一一八三）に少外記に補任され、以後外記として朝廷の実務官僚の役割を果たすともに、算博士の職を世襲した。その一方で、長衡は建永元年（一二〇六）に摂政近衛家実の文殿衆として名を連ね、[28]後に西園寺家に家司別当として仕えた。[29]その死去を伝える『平戸記』寛元二年（一二四四）三月二六日条には、

伝聞、長衡法師昨日入滅七十七、云々、算道之長也、相国禅門専一無双之者也、陶朱之類也、無常之理誠難レ遁事歟、可哀々々、

と見え、長衡が西園寺公経にとって専一無双の存在であり、春秋時代の越王勾践の功臣范蠡にたとえられている。この范蠡とは、会稽の戦に敗れた勾践を助けて呉王夫差に復讐を遂げさせ、後に野に下り、巨万の富を得、陶朱公と称された人物である。龍粛氏はこの長衡について、「公経が豪奢を極めたのは、その権勢によったことは勿論であったが、同時に理財の長者を家司として、その権勢に任せて、思うがままにその鬼才を振わせたことによったものと思う」と記している。[30]

公経と長衡の関係に戻るが、承久の乱が勃発した際、西園寺公経の使者として、長衡が、京都守護であった伊賀光季に後鳥羽院側の不穏な動きを伝えている。[31]また、『吾妻鏡』承久三年（一二二一）五月一九日条を見ると、同月一四日に公経、実氏父子が後鳥羽院側によって弓場殿に監禁された後、長衡は翌一五日に鎌倉へ向けて飛脚を飛ばし、伊賀光季の誅殺そして北条義時追討の宣旨が五畿七道に下されたことを、いち早く伝えていることがわかる。

当時、三善康信は、老衰のため自宅に引き籠もっていた。その康信が北条政子に招かれて相談を受け、次のように答えている。[32]

（前略）善信云。関東安否。此時至極訖。擬レ廻二群議一者。凡慮之所レ覃。而発二遣軍兵於京都一事。尤庶幾之

図1　三善氏系図

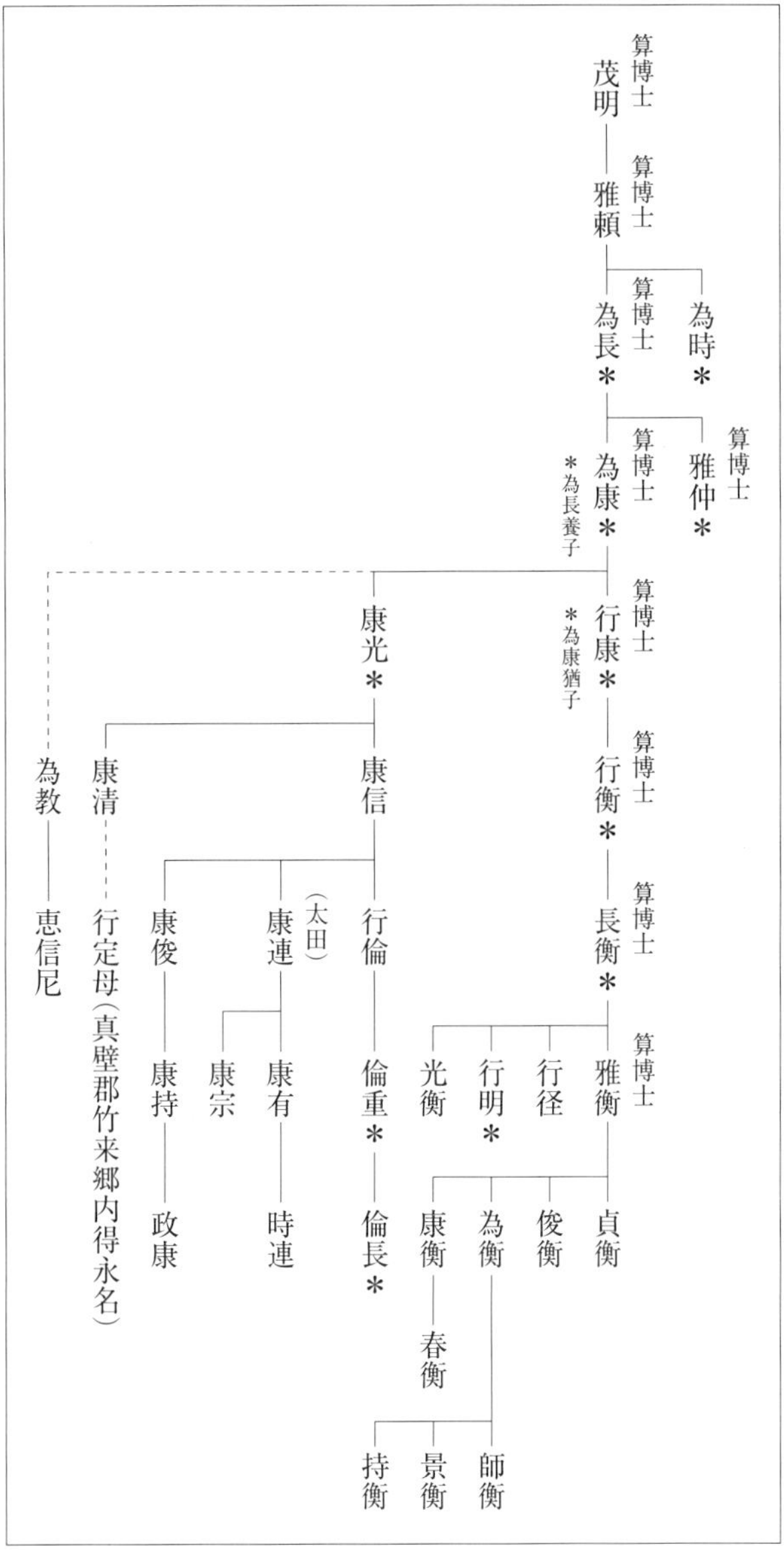

註1　続群書類従所収『三善氏系図』・『近世防長諸家系図綜覧』・『群書類従』所収「関東評定衆伝」・『続群書類従』所収「外記補任」により作成。
2　＊印は外記補任したものを示す。
3　現存する史料から、系譜を明らかにできないものについて破線で表示。

処。経二日数一之条。頗可レ謂二懈緩一。大将軍一人者先可レ被二進発一歟者。

ここには、鎌倉幕府が最も大変な局面に陥るなか、この先の幕府の有様を決する重大な判断を促す三善康信の言葉が記されている。京都での実務官僚としての経験、そして問注所執事として幕府を支えてきた経歴等に裏付けられた、朝廷・幕府間の明確な情勢分析よる発言であったろう。その背景には、朝廷と幕府のパイプ役となっていた西園寺家の家司としての長衡の存在も大きかったのではないだろうか。あるいは、幕府に長衡の使者が到着すると同時に、病に伏した康信の元にも、京都の情勢が長衡からもたらされた可能性もある。

では、当時の康信と長衡の関係は、どのようなものであっただろうか。

『吾妻鏡』建久二年（一一九一）一月一五日条の源頼朝政所吉書始を伝える記事には、問注所執事の三善康信、康信の弟で公事奉行人の康清、および三善姓を名乗る宣衡の名が見える。この宣衡は、所功氏が、三善長衡の子とされる雅衡の実父ではないかと指摘した人物である。当時宣衡は文書生の官職を持ち、幕府内でも文史として職務を遂行している。『吾妻鏡』では、宣衡の活動が、元久元年（一二〇四）まで確認できる。

また、長衡の子光衡の名も、承久元年（一二一九）に九条道家の子三寅（後、鎌倉幕府四代将軍となる九条頼経）が幕府側の要望で鎌倉へ下向した際の随行として『吾妻鏡』に見える。九条頼経の母が西園寺公経女であること、そして光衡の父長衡が西園寺家家司であることから、随行したのであろう。

嘉禄元年（一二二五）一二月二〇日には、九条頼経の移徒の従者としてその名が見えることから、光衡は承久元年の頼経の下向以降、少なくとも嘉禄元年までは、鎌倉の地にて九条頼経に近仕したと考えられる。この間、光衡と康信、そして康信の子たちとの直接的な交流などは『吾妻鏡』中では確認できないが、ともに鎌倉の地にあり、同族同士でもあることから、接点はあると考えられる。特に承久の乱が起きた時、光衡は頼経に近仕し鎌倉の地にあったと考えられ、長衡—光衡—康信のラインでの情報網が構築されていた可能性がある。

『群書類従』所収の「中原氏系図」および『系図纂要』所収の「中原氏系図」によると、三善康信女が中原師重室となり、その間に師兼が生まれる。そして師兼室となったのが、三善長衡女であり、その間には、師為・師顕・師藤・師夏の四人が生まれている。このうち、師為が正応二年（一二八九）に七〇歳で没していることから、その生年が承久二年（一二二〇）であると考えられる。よって、承久の乱前の時期に、康信と長衡とは中原氏を通じて、姻戚関係を有していることにもなる。

その中原氏と親鸞・恵信尼との関係を見ると、三善康信女を室とした師重の従兄弟にあたる人物に、承元の法難の折、法然の弟子で斬首された安楽（俗名中原師広）がいる。

また、『慕帰絵』に、親鸞の曾孫にあたる覚如の母として「周防権守中原なにがし」と記されている。さらには、『葉黄記』を典拠とする『鎌倉遺文』所収寛元四年（一二四六）一一月一〇日「後深草院宣旨[33]」、同年一二月二四日「中原章行勘文[34]」、加えて宝治元年（一二四七）三月二日「中原師光勘文[35]」、同年六月八日「後深草院宣旨[36]」には、いずれも「掃部頭兼大外記周防権守中原朝臣師光」の名を見ることができる。

『外記補任』でこの時期に大外記となった師光を見ると、師兼の兄弟に該当者がいる。師兼の兄弟師光である。この師光は、父師重の兄師綱の子師季の養子となっている。『外記補任』によれば、師光は寛元二年（一二四四）に大外記に任じられている。『平戸記』同年一〇月一四日条では、「掃部頭兼大外記越中権守」と記す。加えて、『平戸記』寛元三年正月一三日条に見える同日の除目において「周防権守」に補任されていることが確認できる。

『群書類従』所収「中原氏系図」では、師光の国司任官歴を「越中守」と伝えるのみであったが、先の『平戸記』の記事により、周防権守への任官も確認できる。よって、覚如の母として『慕帰絵』に記される「周防権守中原なにがし」とは、この師光の娘にあたるといえる。

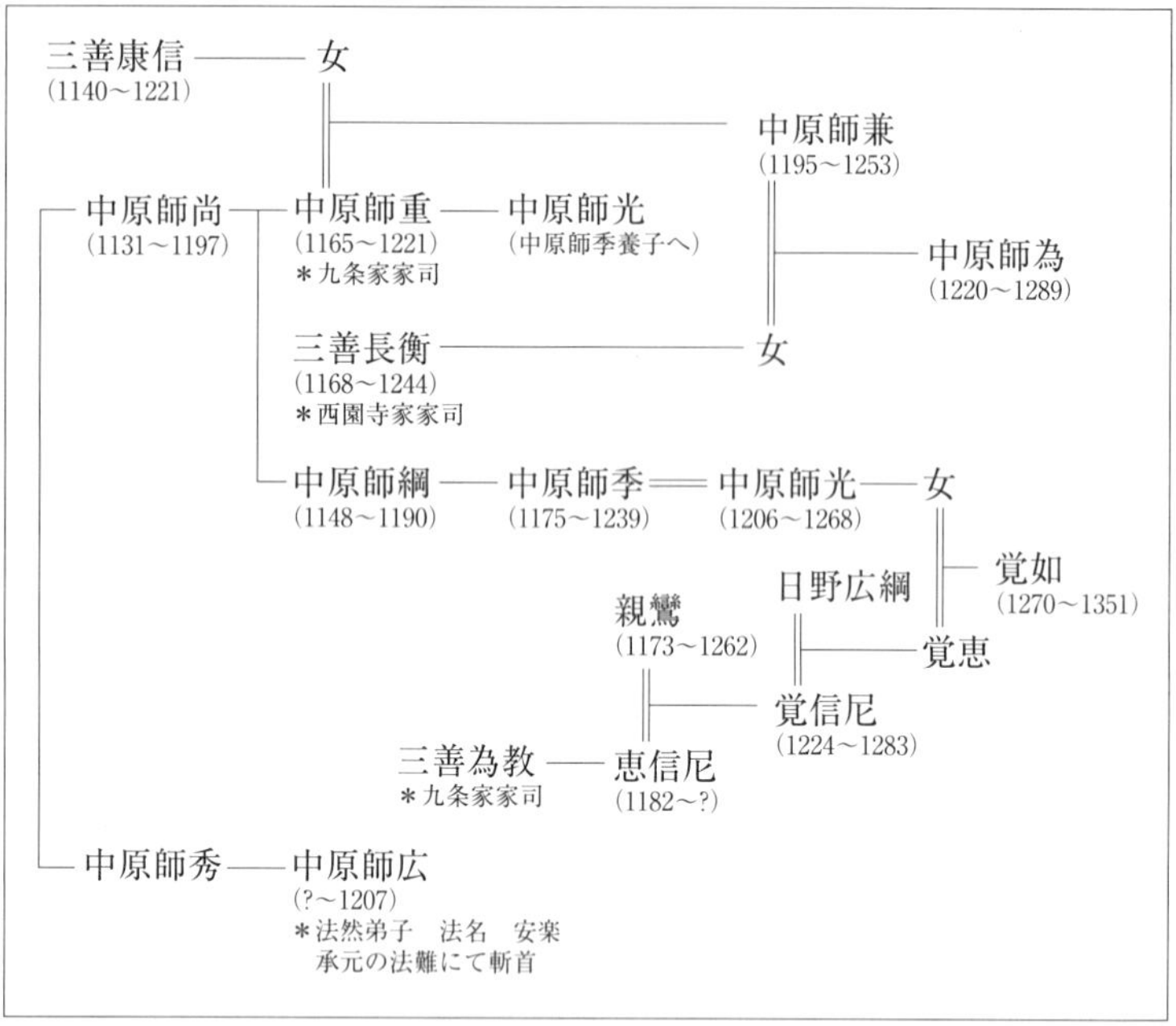

図2　三善氏・中原氏との婚姻関係

以上の婚姻関係を整理したものが図2である。三善康信・長衡と婚姻関係を有した中原氏から、親鸞の末娘である覚信尼の孫にあたる覚如の母が出ている。覚信尼の没年は弘安六年（一二八三）、一方覚如の生年は文永七年（一二七〇）である。覚如が、覚信尼の生存中に誕生していることを考えると、覚如父母の婚姻は覚信尼の意図するところでもあったといえるのではないだろうか。康信・長衡の両系の三善氏と深く結びついていた中原氏一族との婚姻関係は、覚信尼が母である恵信尼の出自である三善氏を意識して構築したことも考えられるのである。

四　末娘覚信尼をめぐる京都での環境

『尊卑分脈』には、恵信尼の末娘である覚信尼の注記として、「太政大臣通光公家女房、右兵衛督局云々」と記され、覚信尼が太政大臣源（久我）通光の家女房であったことがわかる。親鸞が京都に帰洛したのは、貞永元年（一二三二）から嘉禎二年（一二三六）と考えられ、元仁元年（一二二四）に生まれた覚信尼が九～一三歳の頃である。恵信尼消息に見られる子供たちのうち、信連房、益方、小黒女房らは、恵信尼が所領を持ち、晩年を過ごした越後国「とびたのまき」周辺に居住している。

一方、恵信尼の末子である覚信尼は、父親鸞とともに京都にあり、久我家で女房奉公をし、かつ父の叔父にあたる日野範光の孫日野広綱と婚姻している。父が日野氏の出身であるので、日野広綱との婚姻が成立したと考えられる。日野広綱との間に覚恵が誕生するものの、覚恵が七歳のとき広綱と死別し、その後、小野宮禅念に再嫁し唯善が誕生している。

この小野宮禅念については、『慕帰絵』に、

（前略）鎌倉の唯禅房と号せしは、中院少将具親朝臣孫、禅念房真弟也。（後略）

と見える。また『慕帰絵』中に見える具親は、『明月記』承元元年（一二〇七）三月一八日条に「小野宮少将」、同年三月三〇日条に「具親少将」と出てくる人物と考えられる。よって、覚信尼と禅念房の間に生まれた唯善は、『慕帰絵』の文章から、この小野宮少将とも称した具親の孫にあたることがわかる。『尊卑分脈』には、具親の子として北条重時女との間に生まれた輔通と、生母不明の輔時が確認できる。禅念房にあたる人物については不明であるが、小野宮姓を継承していることから、具親の子である可能性は高い。

小野宮禅念の父と考えられる具親については、『玉葉』建久八年（一一九七）三月二〇日条に、

（前略）以二能登国一中将猶子源具親、師光入道子云々、

とあり、能登守に九条兼実の子中将良輔の猶子となっていた具親の名が見える。

源具親が九条家の猶子となっているということは注目される。九条家の家司であったと考えられている為教を

父に持つ恵信尼、そして九条兼実とその娘である宜秋門院が帰依した法然の弟子であった親鸞にとって、小野宮禅念の父と考えられる源具親は、九条家というネットワークのなかで同時代を生きた存在であったといえるであろう。

覚信尼は常陸国で生まれ育っている。自身の兄弟たちのように、親鸞帰洛後、恵信尼とともに越後国に行き、その地で結婚し地方で生活していく選択もあったはずである。しかし覚信尼は、京都での生活を望み、しかも京都で父親鸞の下で生活するのではなく、久我家へ女房として出仕する。

恵信尼が娘覚信尼への消息に記した「ちくぜん」の名は、自らの女房名であると考えられている。母である恵信尼に、父為教（覚信尼には母方の祖父）が家司として仕えた九条家への女房としての出仕経験があり、それを知る覚信尼が自ら京都での出仕を希望したのではないかと考えられる。

覚信尼の久我家への出仕がいつ頃のことであるかは不明である。だが、常陸国おける親鸞の庇護者であったと考えられる宇都宮頼綱の娘が、覚信尼が出仕した久我通光の同母弟通方の子通成に嫁ぎ、仁治二年（一二四一）に通頼を生んでいる。また通頼の同母に西園寺公衡・永福門院・昭訓門院らの母となった源顕子がいる。『公衡公記』には、公衡が外祖母にあたる宇都宮頼綱女とも交流している様子が伝えられている[37]。

通成の父通方の妻は一条能保女であり、通成はこの女性を母に持つ。一条能保には、他に西園寺公経と九条良経に嫁した二人の娘がいる。このうち公経には三善長衡が家司に、また九条良経の同母にあたる宜秋門院には三善仲親が院司に、さらには九条家には恵信尼の父三善為教が家司として仕えていた。

一方、親鸞の庇護者であった宇都宮頼綱には、他に藤原定家の子為家に嫁した女性がおり、安貞元年（一二二七）京極為教を生んでいる。後にこの京極為教に、三善長衡の子雅衡の女（長衡の孫女）が嫁し、建長六年（一二五四）に京極為兼を生んでいる。藤原定家自身は西園寺公経の姉妹にあたる人物を妻としており、西園寺家との強いつながりをもっている。

なお、西園寺家と天皇家との婚姻関係の形成に伴い、西園寺家の家司であった三善氏からは、鎌倉後期、雅衡の孫の代になると、宮中に入り後深草院、伏見院の皇子を産む者も出た。三善氏が西園寺家の家司の家系であることから、同氏の娘たちが、主人である西園寺家の娘たちの入内に伴い、宮中に入った結果ではないかと考える。以上の婚姻関係をまとめたものが図3である。京都における覚信尼は、西園寺家の家司であった三善氏、そして鎌倉幕府御家人であり親鸞の庇護者でもあった宇都宮氏らが形成する婚姻関係と人的結び付きの中で、久我家への出仕を果たしたといえよう。

文永元年（一二六四）五月一三日の恵信尼の消息には、

（前略）なにこともいきて候時は、つねに申うけたまはりたくこそ、おほえ候へとも、はる〳〵と、くものよそなるやうにて候事、まめやかに、おやこのちきりもなきやうにてこそ、おほえ候へ、ことにはおとこにておはしまし候へは、いとをしきことに、思まいらせて候しかとも、みまいらするまてこそ、候はさらめ、つねに申うけたまはる事たにも候はぬ事、よに心くるしくおほえ候、（後略）

とあり、また文永五年（一二六八）三月一二日に書かれた消息には、

（前略）上のきんたちの御事も、よにうけ給りたくおほえ候、あはれこのよにて、いまいちとみまいらせ、又みへまいらする事候へき、わか身はこくらくへたゝいまにまいり候はむすれ、なに事もくらからすみそなはしまいらすへく候へは、かまへて御念仏申させ給て、こくらくへまいりあはせ給へし、（後略）

と記されている。いずれも、恵信尼が越後国から遠く離れた京都に暮らす娘覚信尼に思いを馳せてのものである。先の消息には、「自分が生きているうちはいつもこころを通わせていたいと思っているが、遙か彼方のくものように離れているので、こまやかに親子の情を交わすことはできない。いとおしく思っているが、逢うことはでき

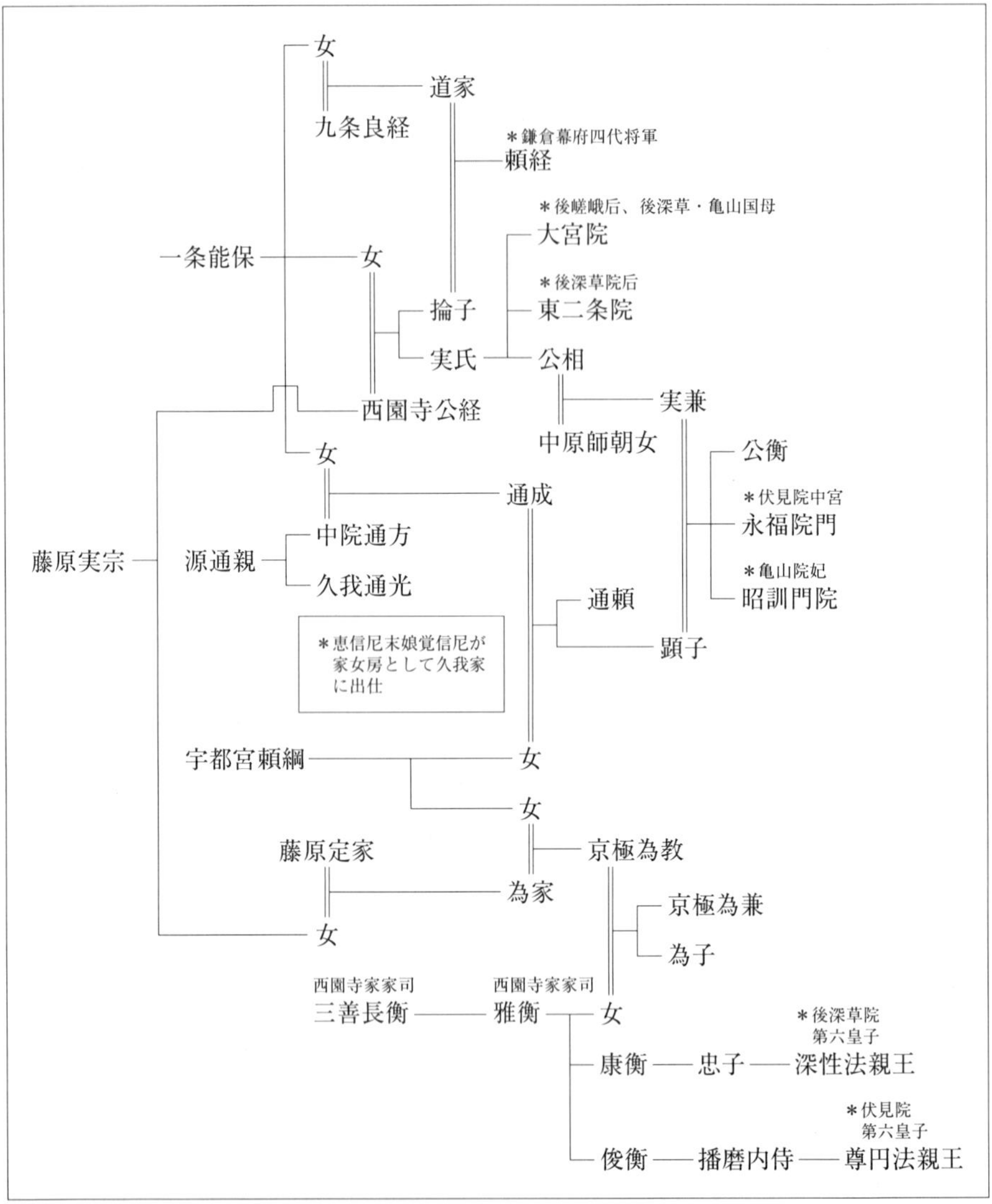

図３　西園寺家家・西園寺家家司三善氏・九条家・中院家・宇都宮氏をめぐる婚姻関係

ない。いつもこころを通わせていたいということもできないことを心苦しく思っている」とある。のちの消息には、「あなたの子供のことも本当に聞きたいとおもっている。この世で今一度みたり、みられたりということはあるのだろうか。わたしはまもなく極楽に往生するだろうが、そこでは何でも明るく見ることができるので、必ず念仏をして共に極楽に往生して逢おう」と書かれている。

若くして自分から離れ、遠く京都に住む覚信尼を思う、晩年の恵信尼の母心がひしひしと伝わってくる。「父親がついている」とはいえ、このような思いをもった母親が、まったく庇護のない未知の世界に簡単に娘を送り出せるだろうか。それだけに末子覚信尼を取り巻く京都での状況を考えると、父親鸞の出自である日野氏だけではなく、母方の三善氏の持つ人的関係の重要性がことさらに浮かび上がってくるのである。

恵信尼自身が京都に基盤を持つ三善氏の出身であったことが、のちに末娘覚信尼を京都に向かわせ、京都における本願寺の形成に大きく寄与するものであったといえよう。

(1) 今井雅晴「親鸞と九条家領常陸国小鶴荘」(『年報日本史叢』、二〇〇四年)。
(2) 『官職秘抄』、『職原抄』。
(3) 所功「続群書類従未収本『三善氏系図』考」(『塙保己一記念論文集』温故学会、一九七一年)。
(4) 三島義教『初代問注所執事　三善康信――鎌倉幕府の組織者――』(新風書房、二〇〇〇年)。
(5) 注(3)に同じ。
(6) 『鎌倉遺文』五一一〇〇号。
(7) 『玉葉』治承三年一月一八日条。
(8) 『玉葉』安元三年六月一八日条。
(9) 『平安遺文』三二八七号。
(10) 『兵範記』保元元年五月一九日条。

(11)『玉葉』寿永三年二月二八日条。
(12)『山槐記』仁安二年三月一日条。
(13)『山槐記』治承三年二月二三日条。
(14)『玉葉』文治六年四月二六日条。
(15)『玉葉』正治二年六月二八日条。
(16)『明月記』建仁三年一〇月一九日条。
(17)『鎌倉遺文』一四四八号。
(18)『鎌倉遺文』五〇九四三号。
(19)『鎌倉遺文』七七六号。
(20)『兵範記』仁安二年一月三〇日条。
(21)『兵範記』承安元年一二月八日条。
(22)『玉葉』安元二年一月二九日条。
(23)『鎌倉遺文』七二一七号、一七五二二号。
(24)『鎌倉遺文』二四六二五号。
(25)岩田茂樹「滋賀・西勝寺の阿弥陀如来立像について――建仁三年銘像内納入品にともなう新出作例――」(『佛教藝術』二〇四、一九九二年)。
(26)『兵範記』仁安三年三月二三日条。
(27)『玉葉』治承三年一月一八日条。
(28)『猪隈関白記』建永元年一一月三日条。
(29)『鎌倉遺文』四〇三〇号。
(30)龍粛『鎌倉時代　下』(春秋社、一九五七年)。
(31)『承久記』。
(32)『吾妻鏡』承久三年五月二一日条。

(33)『鎌倉遺文』六七六〇号。
(34)『鎌倉遺文』六七八〇号。
(35)『鎌倉遺文』六八一五号。
(36)『鎌倉遺文』六八三九号。
(37)『公衡公記』弘安一一年正月三日条、弘安一一年二月一九日条。

国司	任官期間	そのほかの任官等	備考
土佐介 備前権介	治安2年(1022) 長元6年(1033)	算博士	
			＊三善雅頼子
阿波介	康平3年(1060)	主計助	
美濃介 越後介 越前介 土佐介 備前権介 備後介 淡路守 播磨権介	寛徳2年(1045) 寛治2年(1088) 天喜2年(1054) 天喜4年(1056) 康平3年(1060) 治暦2年(1066) 延久元年(1069) 延久4年(1072) 承暦2年(1078)	算博士・主税助・大外記	＊三善雅頼子
豊後守	承暦3年(1079)	諸陵允・算准得業生	
土佐権介	寛治8年(1094)	算博士・主税権助	＊三善為長子
筑後介 伯耆介 長門介 但馬介 佐渡守	康和元年(1099) 永久2年(1114) 永久4年(1116) 保安4年(1123) 天治2年(1125)	元東市佑・明法博士・大蔵大輔・大判官	
美作少掾 尾張介	承徳元年(1097) 永久5年(1117)		
河内守(史巡)	大治2年(1127)		
丹後少掾	長治2年(1105)	算得業生	
若狭掾 大和守	嘉保元年(1094)		
		出納・問者生	
		中宮少属	

表1　三善氏の任官状況一覧

氏名	名前に見える通字			外記 在職期間	六位史 在職期間
	為	康	衡		
雅頼					
為時	●			万寿元年(1024)～長元元年(1028)	
為忠	●				
為長	●			治暦3年(1067)～延久3年(1071)	
国経					
季信				承暦4年(1080)～永保3年(1083)	
雅仲				寛治元年(1087)～寛治2年(1088)	
信貞				永長元年(1096)～康和元年(1099)	
為兼	●				
盛兼					康和2年(1100)～康和4年(1102)
遠貞					
為倫	●			長治2年(1105)～嘉承2年(1107)	
兼仲					天永元年(1110)～永久元年(1113)
季兼					天永2年(1111)～天永3年(1112)
為景	●			永久4年(1116)～元永元年(1118)	
貞良					永久4年(1116)～元永元年(1118)

国司	任官期間	そのほかの任官等	備考
		算得業生・隼人佑	
尾張介 越後介 越前権介	永久5年(1117) 天治元年(1124) 大治5年(1130)	諸陵頭・算博士	＊越中国射水郡出身 ＊三善為長養子
大和守	保安2年(1121)	大蔵大輔・明法博士	
薩摩守(史巡)	保元元年(1156)		
大隅守	治承2年(1178)		
筑後守(史巡)	保元2年(1157)		
山城介 長門介	保延3年(1137) 久寿2年(1155)	算博士・諸陵頭・記録所寄人	＊三善為康猶子
		修理右宮城判官	
山城介	康治元年(1142)		
丹波少掾	康治元年(1142)		
能登大掾	康治元年(1142)		
因幡掾	康治2年(1143)	算得業生	
下総介(外記巡) 大隅守	久安4年(1148) 寿永元年(1182)	元造酒佑	
		元因獄正・文殿衆	＊関白藤原基実家文殿衆
山城介	久安3年(1147)	元雅楽允・皇后宮権大属・出納	
日向介	仁平3年(1153)	文殿衆	＊関白藤原基実家文殿衆
美作権介	仁平2年(1152)		
山城介	保元元年(1156)		
山城守(外記巡)	建久9年(1198)	関白家所司・主水佑	＊関白藤原忠通家所司 ＊寿永3年(1184) 摂政藤原基通使者として関東下向
		諸陵少允　算挙・記録所寄人・造東大寺次官	
筑後守(史巡)	保元2年(1157)		

恵信尼と同時代を生きた三善氏（樋川）

氏名	名前に見える通字			外記 在職期間	六位史 在職期間
	為	康	衡		
信仲				元永元年（1118）～元永２年（1119）	
為康	●	●		保安３年（1120）	
信久					
行仲					保安３年（1122）～保安４年（1123）
為継	●			大治４年（1129）～大治５年（1130）	
行政					天治元年（1124）～大治３年（1128）
盛康		●			天承元年（1131）～保延元年（1135）
行康		●		保延３年（1137）	
惟康		●			永治元年（1141）～康治元年（1142）
盛栄					康治元年（1142）
宗親					
教任					
光康		●			
為行	●			久安元年（1145）～久安４年（1148）	
成重				久安２年（1146）～久安５年（1149） 永暦元年（1160）	
康光		●		久安３年（1147）	
兼康		●			久安２年（1146）～久安５年（1149）
良康		●			仁平元年（1151）～仁平３年（1153）
滋盛					
広行					久寿２年（1155）～保元元年（1156）
信成				保元元年（1156）～保元２年（1157）	
為信	●			保元元年（1156）～保元３年（1158）	
行政					

国司	任官期間	そのほかの任官等	備考
肥後大掾	平治元年(1159)		
尾張権介 能登介 土佐介 山城守	長寛2年(1164) 承安元年(1171) 安元2年(1176) 正治2年(1200)	算博士・主税権助	＊藤原忠親家人 ＊三善行康子
		出納・中宮少属・鎌倉幕府問注所執事	＊三善康光子
		出納・和泉国久米多寺隆池院領主	
筑後守(史巡)	建久9年(1198)	造東大寺判官	
下総介(宿官)	嘉応元年(1169)	図書少允	
			＊藤原忠親家人
日向権介	治承3年(1179)	元内膳典膳	
山城介	仁安3年(1168)	弾正少忠・文章生試	
豊前介	仁安3年(1168)		
周防介(宿官)	安元2年(1176)	西市佑・算准得業生・造東大寺次官・常陸国三宮吉田社預所	
山城介	承安3年(1173)	算道挙・学生正六位上・西市佑　算挙	
山城介	安元2年(1176)	勘解由主典　使奏	
越後介	治承元年(1177)		＊恵信尼父(為教)
武蔵権守	治承3年(1179)		
			＊父・史大夫康定
山城介	養和元年(1181)	東市佑	
		算博士	＊西園寺家家司 ＊三善行衡子
壱岐守	承久2年(1220)	元内膳典膳	

氏名	名前に見える通字			外記 在職期間	六位史 在職期間
	為	康	衡		
為任	●			保元3年(1158)～平治元年(1159)	
長基					
行衡			●	永暦元年(1160)	
康信		●			永暦元年(1160)～応保2年(1162)
仲政					応保2年(1162)～永万元年(1165)
惟長					長寛元年(1163)
章定					仁安元年(1166)～嘉応元年(1169)
尚光					仁安2年(1167)～嘉応元年(1169)
為清	●			仁安3年(1168)	
頼行				仁安3年(1168)	
知行					
清信					承安元年(1171)～安元2年(1176)
有康		●			承安3年(1173)
宗康		●		安元元年(1175)～安元2年(1176)	
忠康		●			安元2年(1176)
為則	●				
盛俊					
弘康		●		養和元年(1181)～寿永元年(1182)	
助道				養和元年(1181)～寿永元年(1182)	
友経					養和元年(1181)
長衡			●	寿永2年(1183)～元暦元年(1184)	
済光				元暦元年(1184)	
為重	●			建久2年(1191)～建久7年(1196)	

国司	任官期間	そのほかの任官等	備考
(越後目代)	建仁3年(1203)	中宮少属・中宮権大属・宜秋門院主典代・元大夫属	*宜秋門院院司
(止史巡)	建永元年(1206)	文章生試 修理右宮城判官	*建久6年(1195) 右大史三善仲康東大寺大仏供養行事賞を譲り、三善信重を従五位上に叙す
肥後権守	建久9年(1198)		
大和守(史巡)	安貞元年(1227)		
		皇太后宮大属	
筑後介 大和守	建仁3年(1203) 寛喜3年(1231)		
山城介	元久元年(1204)		
豊後介	元久2年(1205)		
		修理右宮城判官	
			*三善長衡子
越中大掾 日向介 大和守 対馬守	承元3年(1209) 建暦元年(1211) 貞永元年(1232) 嘉禎3年(1237)	鎌倉幕府評定衆	*称矢野 *三善康信孫・大舎人行倫子
			*父大隅守信重
		修理右宮城判官	
加賀守	寛喜元年(1229)	民部少丞・右兵衛尉・鎌倉幕府問注所執事・評定衆	*称町野 *三善康信子、京都において没
阿波権守	嘉禎元年(1235)	玄蕃允・民部少丞・鎌倉幕府問注所執事・評定衆	*称太田 *三善康信子

氏名	名前に見える通字			外記 在職期間	六位史 在職期間
	為	康	衡		
仲親					建久元年（1190）～建久 5 年（1194）
仲康		●			建久 3 年（1192）～正治 2 年（1200）
仲弘					建久 6 年（1195）～正治元年（1199）
宗仲					
忠光					正治 2 年（1200）～建仁 2 年（1202）
長盛					正治 2 年（1200）～建仁 2 年（1202）
為俊	●			建仁元年（1201）～建仁 3 年（1203）	
成清					建仁元年（1201）～建仁 2 年（1202）
仲重					
資直					建仁 2 年（1202）～元久 2 年（1205）
業信					建仁 3 年（1203）～承元元年（1207）
宗清					元久 2 年（1205）～承元 3 年（1209）
行明				承元元年（1207）～承元 2 年（1208）	
倫重				承元 3 年（1209）～建暦元年（1211）	
能行				承元 4 年（1210）	
知国					承元 4 年（1210）
重継				承久 3 年（1221）	
信直					承久 3 年（1221）
重兼					貞応元年（1222）
康俊		●			
康連		●			

国司		そのほかの任官等	備考
	任官期間		
筑前介 対馬守	延応元年(1239) 建長3年(1251)	兵庫允・鎌倉幕府評定衆	*称矢野 *三善倫重子
備後守	寛元2年(1244)	民部少丞・元左兵衛尉・鎌倉幕府問注所執事・評定衆	*三善康俊子
伊勢権守(民部宿官)	康元元年(1256)	民部少丞・元左兵衛尉・民部大丞・鎌倉幕府問注所執事・評定衆	*称太田 *三善康連子
美作守	弘安3年(1280)	勘解由判官・鎌倉幕府問注所執事・評定衆	*三善康連子
隠岐守	弘安6年(1283)		
壱岐守	弘安6年(1283)	玄蕃允・鎌倉幕府評定衆	
加賀守	弘安8年(1285)	民部少丞・鎌倉幕府評定衆	*三善康持子
		左衛門尉・大炊寮供御院預	
			*三善時連子

恵信尼と同時代を生きた三善氏(樋川)

氏名	名前に見える通字			外記 在職期間	六位史 在職期間
	為	康	衡		
倫長				嘉禎3年(1237)～延応元年(1239)	
康持		●			
信幸					建長2年(1250)～康元元年(1256)
有康		●			康元元年(1256)
康宗		●			
重能					文永11年(1274)～弘安2年(1279)
康有		●			
盛時					
倫経					
政康		●			
久広					正応4年(1291)～永仁5年(1297)
秀綱				正和5年(1316)～文保2年(1318)	
遠久					正和5年(1316)～元応2年(1320)
匡賢					正中2年(1325)
康貞		●		元亨2年(1322)～嘉暦元年(1326)	
親信				嘉暦3年(1328)～元弘2年(1332) 元弘2年～建武元年(1334)	

註：平安中期以降の任官状況について、続群書類従完成会『外記補任』・続群書類従完成会『官史補任』・続群書類従完成会『国司補任』・『大日本史　15表2』・『群書類従』所収「関東評定衆伝」より作成。(参考)井上慶隆「恵信尼の父三善氏について」(『日本歴史』484、1988年)

「本願寺」成立の再考

林　蕙如

はじめに

鎌倉新仏教の宗祖らの没後、その墓所は宗派の本山へと発展した。法然の墓所から知恩院、親鸞の墓所から本願寺が成立した。日蓮の埋骨地である身延山ものちに久遠寺に発展した。しかし、法然も日蓮も墓所の所在地は彼らの晩年の居住地でもある。在世の間からその土地は修行地であり、門弟が彼らを訪問し、教えを仰ぐところとなっていた。それに対して、親鸞の墓所は親鸞の娘の居住地に建てられ、存命中の親鸞とはゆかりのない土地である。その成立と発展は知恩院や身延山久遠寺と違う過程と課題を抱えた。

本願寺の成立について、これまで多くの研究がなされている(1)。大半の研究は本願寺が本山であることを前提とし、覚如による本山化活動として論じられてきた。覚如が二五歳の時に著した『報恩講式』にはすでに親鸞の法灯血脈を継ぐ正統性が主張され、本願寺教団誕生の準備、そして不動の地位を築くためのイメージアップが意図されているといわれている(2)。だが、覚如に本願寺を頂点とする教団を組織する意図があったとしても、その教団の発展と本願寺の寺院化を同一視してはいけない。本山である以前に、本願寺は寺院として成立しなければならない。寺院としての本願寺が成立しないと本山化のスタートラインにすら立てない。ここでは敢えて教団発展の事を措き、本願寺の草創から覚如が留守職を勤めた頃までに本願寺は寺院としてどのように成立して、どんな変化を遂げたのかについて再考察し、初期本願寺の性格を解明してみたい。

一　大谷廟堂の創建と相続相論

弘長二年(一二六二)一一月二八日、親鸞が九〇歳の高齢で洛中で入滅した。翌日、東山の延仁寺で荼毘に付され、鳥部野北辺の大谷に埋葬された。墓標として石塔が建てられた。

その没後一〇年、文永九年(一二七二)の冬、親鸞晩年の身辺の世話をしていた末娘覚信尼と親鸞の東国門弟との協力で覚信尼の居住地に親鸞の遺骨と石塔を移し、さらに六角の小堂を建てた。その位置について『親鸞伝絵』に「東山西麓鳥部野北、大谷の墳墓をあらためて、同麓より猶西、吉水の北辺に」[3]と記されている。その土地は本来覚信尼の夫小野宮禅念の所有地である。正嘉二年(一二五八)、覚信尼と結婚する以前に小野宮禅念が八〇貫文でその土地を買得した。手継証文からみると、その地は以前から三間二面の家屋があり[4]、おそらくそのまま禅念一家の住まいとなった。親鸞の墓所はその土地の一角に構えられた。いわゆる「大谷廟堂」である。

文永一一年四月に禅念が手継証文をそろえて、土地を覚信尼に譲った。その譲状に「おほたにのやちのほんけむ五まいまいらせ候。このふみをてつきにてたのわつらひあるまし〳〵候。一みやうはうにはゆつりたはうたはしは御心にて候へし。ゆめ〳〵へちのわつらひあるへからす候なり」(大谷の家地の本券五枚まいらせ候。この文を手継ぎにて他の煩ひあるまじく候、一名坊にはゆづり給う給はじは、御心にて候べし、ゆめゆめ別の煩ひあるべからず候なり)とあり、「一みやう」には「ゆいせんか名」という傍注がある。土地を禅念の実子・当時九歳の一名坊(唯善)に譲るかどうかは覚信尼の一存に任すと述べた。

禅念没後の翌年、建治三年（一二七七）に大谷廟堂の永久存続のため、覚信尼が東国門弟に敷地を寄進する意を伝えた。そして、下総国佐島の常念をはじめ、常陸国高田の顕智や布川の教念らに寄進状を預けた。「専修寺文書」の覚信尼寄進状には「かくしん一この、ち、このところをあいつかんすゐ〳〵の人、ほんけんをたいして、しそむたりといふとん（ママ）、ゐ中の御とうきやうの御心ゆかすして、こゝろにまかせてうりもし、又いらんなさんともからは、はやくふけうにそせられて、さいくわにをこなはるへし」[5]（覚信一期の後、このところを相継ん末々の人、本券を対して、子孫たりと言ふとも、田舎の御同行の御心ゆかすして、心に任せて売りもし、又違乱なさん輩は、早く奉行に訴せられて、罪科に行なはるべし）、さらに「もしこの御めうたうあつかりて候はんするあまかすゐ〳〵の物とんも、このちをうりもし、七にもをきて候とん、ゆめ〳〵もちゐられ候はて、このふみをもんそとして、ゐ中の御とうきやうたちの御はからいにて、をさへてくけふけへそせうをいたして、御はかのちになさるへし、そのうへ、へちのさいくわにもをこなはるへし」（もしこの御廟堂預かりて候はんする尼が末々の者共も、この地を売りもし、質にも置きて候とも、ゆめ〳〵用いられ候はで、この文を文書として、田舎の御同行たちの御計らいにて、抑えて公家武家へ訴訟を致して、御墓の地になさるべし、その上、別の罪科にも行なはるべし）とある。もし廟地を売ったり質入れしたりする人が現われれば、たとえそれが覚信尼の子孫であっても訴訟を起こすようにと再三に述べた。

敷地を東国門弟に寄進したと言っても、実際に覚信尼とその家族がそこに居住していて、廟堂の管理は当然のように覚信尼が担っていた。ただ、廟堂の管理についても、寄進状に「しんらん上人の御てしたちの御心にかないて候はんものをは、この御はかところをあつけたひ候て、みさはくらせられ候へし」（親鸞上人の御弟子たちの御心に適いて候はん者をば、この御墓所を預け給ひ候て、みさはくらせられ候べし）とあるように、覚信尼没後は東国門弟の心に適う人に廟堂の管理を預けるようにと任免権は東国門弟にあると明言した。さらに、境相論にそなえて、寄進状には手継証文を「この御はかあいつきて候はんするあまかこにあつけをきて」（この御墓相継て候はんする尼が子に預け置きて）と手継証文を「相続した尼が子」に預けるようにと書かれている。廟堂管理者の選出は覚信尼の子孫からと限定した。弘安三年（一二八〇）一〇月二五日付の寄進状にも同じ旨が書かれ、覚信尼のほか、禅念の実子で当時まだ一二歳の一名丸（唯善）と、覚信尼と先夫日野広綱との息子専証（覚恵）も判を押した。この敷地は本来覚信尼一家の居住地という私的空間を中心とした屋敷地であった。この寄進により、そこの居住者である覚信尼一家が所有者から管理者として廟堂に附属するものとなった。一隅に建てられた親鸞の墓所が中心となり、居住用屋敷も含めて東国門弟の公有空間に転換したのである。

弘安六年（一二八三）一一月に、喉の病を患った覚信尼が東国門弟宛の書状に「十一月十八日よりのとのやまひをし候て、（中略）さてハこのしやう人の御はかの御さたをハせんせうハうに申をきさふらふなり」[6]（一一月一八日より喉の病をし候て、（中略）さてはこの上人の御墓の御沙汰をば、専証房に申置き候なり）とあり、廟堂の管理を長子の覚恵に委ねたい意を門弟に伝えた。

弘安八年、覚信尼が亡くなった。四七歳となった覚恵が廟堂の管理を継いで、息子の覚如とともに大谷廟堂の敷地内に居住している。歳の離れた異父弟唯善はそれより先に大谷を出て、仁和寺相応坊の守助僧正の弟子となっている。ちなみに、その五年後、正応三年（一二九〇）に覚如の長男存覚が生まれ、永仁三年（一二九五）に次男従覚が生まれた。また、永仁三年（一二九五）一〇月に大谷廟堂に親鸞上人の影像が安置されるようになったとされている[7]。

若くから仁和寺に入った唯善はのちに仁和寺を出て常陸国在住の親鸞門弟唯円の弟子となった[8]。存覚が著した『常楽台主老衲一期記』によると、唯善は常陸国奥郡河和田で結婚して子を儲けたが、生活困窮のため、覚恵が大谷に呼び付けた。

永仁四年（一二九六）に大谷廟堂が禅日房良海から一〇〇貫文で南隣の土地を買得した(9)。新しく買得した土地の面積は「口伍丈奥同、南寄東西拾参丈五尺、北寄東西拾丈柒尺(10)」で、もとの大谷廟堂敷地の「口南北伍丈二尺五寸、奥南北四丈五尺、奥東拾壱丈五尺(11)」より少し広い。だが、この南地の購入にあたって、売券を唯善宛にすべきと主張した門徒がいたが、覚恵が唯善一人ではなく「門弟中」宛にすべきと主張したので、「門弟中」宛となった。その場に居合わせた唯善は甚だしく腹を立てたという。宛名を唯善にすべきと主張する門弟がいたことは、その南地を廟堂の敷地としてではなく、唯善の居住地として買い与えると考える人がいたと言えよう。唯善もそう考えていたに違いない。『常楽台主老衲一期記』には「北之敷地闕少、被レ加二南敷地一者可レ宜之由、唯公於二門弟中一連々被二相語一之間、夏比奥郡人々有二上洛一及二沙汰一(12)」とある。大谷廟堂の敷地が狭いので南隣の土地を購入するよう東国門弟に相談したのはそもそも唯善自身である。そして、夏頃に上洛して南地の購入を実行した常陸国奥郡の門弟は唯善と縁のあるものだと考えられる。

その後、南地が唯善一家の居住地となったが、唯善はただ廟堂の敷地内に住まいを構えるだけではなかった。『常楽台主老衲一期記』に「同行参二御堂一之後、必先参二北殿一参二南殿一」とあり、以来、門弟が親鸞影堂を参拝した後、必ず北地に住む覚恵と南地に住む唯善を訪れたという。禅念の実子である唯善は覚信尼の寄進によって敷地相続の可能性は断たれたが、覚信尼の息子として廟堂管理者候補の一人ではある。異父兄覚恵が廟堂の管理を相続したが、帰洛を機に唯善は積極的に東国門弟との関係を構築し、廟堂の運営にも関わろうとしていたと考えられる。まだ少数かもしれないが、唯善を支持する門弟もいた。

正安三年（一三〇一）、親鸞の外孫にあたる源伊律師が大谷廟堂の所有を主張するのに対して、唯善は安堵の院宣を求めようとした。同年一二月の「唯善申状案」には、

僧唯善謹言上

欲㆔早任㆓由緒相伝道理㆒、下㆓賜安堵院宣㆒、被㆔停㆓止源伊律師等非分競望、大谷坊地㆒間事

右件坊地者、親父禅念相伝私領也、（中略）唯善為㆓一子㆒之間、相伝管領以来、云㆓坊地㆒、云㆓影堂㆒、已送㆓数十ヶ年廻之星霜㆒者也、（以下略）(13)

とあり、自分は禅念の一人子として大谷廟堂の敷地と廟堂を受け継いで数十年と称し、安堵の院宣を求めようとした。『常楽台主老衲一期記』に正安三年の冬に鹿島の長井道信が大谷廟堂を訪れた時「唯公称㆑有㆓禅念坊譲状㆒、宛㆓唯公身㆒被㆔掠㆓賜院宣㆒之由有㆓其聞㆒、随而被㆑構㆓管領之所存㆒歟(14)」と、唯善が禅念の譲状を所有していると称して院宣を申請すると告げたことが書かれている。

翌年、覚如が覚恵の使者として東国に赴き、唯善横領問題を解決するため東国門弟に訴訟資金を勧進した。同年二月一〇日、「親鸞上人門弟御中」宛に後宇多院の院宣が下付された(15)。院宣には「所詮任㆓尼覚信置文㆒、門弟等沙汰、不㆑可㆑有㆓相違㆒候」とあり、覚信尼の寄進状に従って廟堂管理者の任免は門弟が決めると書かれている。順性・直信・鏡願・妙性ら鹿島門弟を中心に常陸鹿島や南庄・武蔵国の門弟二一名が「然者、如㆓日来㆒、覚恵御房御影堂之御留守、更不㆑可㆑有㆓相違㆒(16)」と、覚恵が廟堂の御留守であることを再確認する連署状を出した。

しかしながら、唯善が院宣を申請するきっかけとなった源伊の大谷廟堂所有権主張については『常楽台主老衲一期記』をはじめ、覚恵側の史料にはまったく触れられていない。東国門弟と覚恵父子の行動はあくまでも唯善を対象としている。源伊による競望は実際に発生したかどうかははっきりしない。唯善の院宣申請の行動も鹿島の長井道信が知っていて、覚恵が知らなかったということにも違和感を覚える。源伊との競望事件が本当に発生したとしたら、唯善がそれに対して安堵院宣の申請という対策を打ち出す前に、覚恵が源伊競望事件を知らなかったとは考え難い。覚恵は源伊競望事件を知った上で、覚恵や東国門弟が直接に対処するのではなく、代わりに唯善が安堵の院宣を申請する処置を取ることもありうると考えられる。そうだとすれば、覚恵から源伊の事件

に対する行動がないことも、長井道信が話すまで唯善の院宣申請を知らなかったという不自然さも説明できる。要するに、覚恵は唯善が源伊競望事件の解決をするため、院宣を申請しようとしていることを承知していた。唯善がこの機に乗じて自分宛の安堵院宣を求めようとすることが予想外だっただけで、最初は覚恵や東国門弟の代理として、唯善が源伊競望事件の対処に乗り出した可能性もあると考えられる。

廟堂の「御留守」であることを再確認した連署状をもらって一か月半、覚恵は世間不定と自身の重病を理由に、覚如宛に譲状二通を作成した。二通とも正安四年（一三〇二）五月二二日付である。譲状には「しかれハ御影堂の敷地南北の文書等、弟子たるによりて覚如房に渡也。これらを帯して御影堂の留守職さらにさうゐあるへからす」[17]とあり、大谷廟堂敷地の土地証文を覚如に渡し、それらを所持している覚如が廟堂の「留守職」であると書かれている。これまでの文書では大谷廟堂の管理が任された人を「御留守」[18]と称呼していたが、ここではじめて「留守職」が用いられた。

そして、東国門弟宛に覚如相続の承認を求めるもう一通の書状を作成した。その書状には「めん〳〵へ申へく候へとも、同御事に候へハ、このふみをひとつに申候也。くに〳〵の御同行たちおなし御心に御らん候へく候」[19]とあり、東国門弟の面々に申すべきことが同じなので、一つの書状にまとめると書かれている。覚信尼は廟堂の敷地を寄進した際、同じような内容の寄進状を数通作成し、それぞれ東国門弟の指導者的立場にいる顕智や教念に預けたり、披露を頼んだりしたが、覚恵は書状一通だけで東国各地の門弟への連絡を済ませようとした。覚恵没後に起こった唯善と覚如の留守職を巡る訴訟に青蓮院が下付した下知状には、東国門弟の集合が「惣衆」と書かれている[20]。のちに本願寺に阿弥陀仏像を安置したことについて高田の順証が「惣門徒之御中」宛に申し合わせを要請する書状を出した[21]。東国門弟の間に一種の合議機関があったと言われている。それが覚恵在世の時から機能していたのではないかと考えられる。覚恵が東国門弟に出した書状には正安四年五月二二日の日付とその下に覚恵の署名と花押があるが、嘉元四年（一三〇六）一一月二日に覚恵がもう一度署名して花押を押した。

嘉元元年、同じ専修念仏者として当時「一向衆」と呼ばれていた時宗門徒による諸国横行のため、幕府が専修念仏を禁止した。唯善が東国に下り、横曾禰の木針智信をはじめ各地門弟に勧進して幕府に念仏安堵の下知状を下付させようと運動した。嘉元二年に唯善が専修寺の顕智に送った書状には、

嘉元元年九月日、被三禁制二諸国横行人一御教書偁、（中略）唯善苟依レ為二親鸞上人之遺跡一、且為レ興二祖師之本意一且為レ糺二門徒之邪正一、申二披子細一、忝レ預二免許御下知一畢。早以二此案文一、披二露于地頭方一、如レ元可レ被二興行一之状、如レ件

嘉元二年十二月廿八日　沙門唯善

顕智御房[22]

とあり、唯善は親鸞の「遺跡」として幕府に働きかけ、念仏の許可をもらったと言い、その案文を在所の地頭方に披露したら元通り念仏法会を行うことができると書かれている。唯善が積極的に公武との交渉に関わったことからは彼が自分の大谷廟堂における立場を有力にしたいとの意図がうかがえる。

嘉元四年（一三〇六）一一月、唯善と覚恵・覚如父子の大谷廟堂を巡る争いが再び発生した。『常楽台主老衲一期記』には「今年唯善房騒乱漸更発、霜月之比大々上受二重病一御平臥之最中、奉レ乞二御影堂鎰一嗷々之間、竊逃出令レ移二住衣服寺一給了[23]」とあり、覚恵が重病で臥床した際、唯善が御影堂の鍵を要求した。覚恵と覚如は大谷を退出し、衣服寺に移住したという。衣服寺は二条朱雀にある覚如の亡き妻、存覚の生母播磨局の父教仏が住した寺である。翌年四月一二日、覚恵は衣服寺で入滅した。

延慶元年（一三〇八）、鹿島の順性が浄信、高田の顕智が善智、和田の信寂が寂静を使者として上洛させた。『常楽台主老衲一期記』に「各々申云、以二巨多之料足一申二改院宣一、門弟多年致二管領一之処、唯公一向押領、被

レ置二山僧等於北殿之間一、門弟等参入且有レ憚」[24]とあり、三人の使者は唯善が多額の金銭で院宣を申し改め大谷廟堂を横領し、さらに比叡山の山僧を北殿に配置しているので門弟らの参入を妨げていると批判した。ここで東国門弟が覚如と協力して、唯善の横領を朝廷に訴えた。

従来の研究では、東国門弟と覚如は唯善が御影堂の鍵を奪って、廟堂を横領したことを理由に力を合わせて唯善への訴訟を起こしたとされてきた。それについて神田千里氏は違う見解を提示した。神田氏はのちに覚如が留守職に就任する際、東国門弟に一二箇条誓約が書かれている懇望状を提出したことに着目した。覚如が懇望状を提出するのは唯善に准ずるとされ、懇望状は一種の請文として留守職に就任する際の必要条件の一つとなっている。唯善も懇望状を提出したことがあり、東国門弟はいったん唯善の留守職就任を承認したとされている。そうすると、東国門弟が唯善を排除しようとしたのは唯善が懇望状の誓約に叛いたためであり、覚如とはまったく別の理由に基づいたと論じられている。[25]この事件を決着させた青蓮院下知状にも「唯善懇望状」が言及されており、唯善が門弟に懇望状を提出したことは明らかである。唯善が留守職に就任したのはおそらく覚恵の重病中だと推測される。[26]唯善が御影堂の鍵を要求して、覚恵父子が廟堂を退出せざるを得なくなったことは覚如にとっては唯善の不法占領であったが、唯善にしてみればあくまでも留守職の交代だったと考えられる。その後、唯善が大谷廟堂を質入れしたことから見ると、土地証文も唯善に渡したことがわかる。

延慶元年（一三〇八）一一月末に覚如側が検非違使庁から安堵の庁宣を得たが、唯善が不服のため、重ねて伏見院の勅裁を求め、最後は大谷廟堂敷地所在の本所である青蓮院[27]の裁許を仰ぐこととなった。青蓮院の下知状は次の通りである。

表書云　親鸞上人門弟子御中　　法眼泰任奉

追申
本願主覚信之素意、専為全上人之影堂云々。而相論之最中、唯善潜渡影像遺骨於他所之条、太以不レ可然之間、急可返渡之由、度々被仰下畢。可被存知之由、同被仰下候也。

本所御下知状案

親鸞上人門弟覚如等与唯善相論、影堂幷敷地等事。両方申趣雖多子細、所詮、如財主尼覚信寄進状者、可為上人門弟進退旨分明也。随而唯善可相伝領掌之由、竊雖申賜　院宣、門弟等捧覚信寄進状等、申披子細、預二代　勅裁、蒙使庁裁許畢。唯善猶押領之条、不可遁違勅之科。就中背亡母覚信之遺誡、入置敷地於質券之条、招不孝之咎者歟。唯善有亡父禅念之後状、頻雖申子細、令懇望門弟等之状等已以歴然也。以禅念之後状可破覚信之寄進状者、唯善何可令懇望門弟等哉。加之、以関東御下知雖申子細、彼御下知全非影堂敷地相論之上、唯善為門弟等之代官令申沙汰之条、両方所進之前後状等炳焉也、非唯善自専之証歟。又号門弟等者、僅五六輩擯出之族也、更非惣衆之由唯善雖申之、顕智・順性・明性・性証・信寂以下、門弟等数千人令散在諸国之上、覚信寄進状・唯善懇望状以下・二代　勅裁使庁成敗状等、皆以帯之、為惣衆之条、不可有御不審之由、令申之条、非無其謂歟。早任本願主覚信之素意、為門弟等之進止、可専祖師之追孝可令興行仏法。於覚信之子孫等之許否者、宜在門弟等之意歟者。依青蓮院法印御房御気色、執達如件

延慶二年七月十九日　　　法　眼判奉

親鸞上人門弟等御中(28)

下知状本文の冒頭では覚信尼の寄進状に従い、大谷廟堂敷地が東国門弟による進止であることを認めた。唯善

が安堵の院宣を賜わっても、門弟等は覚信尼寄進状に基づく二代勅裁と検非違使庁宣を預かっている。唯善の横領は違勅に当たる。さらに、唯善が覚信尼の遺言に背いて敷地を質入れしたのは不孝だと批判した。そして、唯善が禅念の譲状を有すると称しながら、門弟に懇望状を出していることとの矛盾を指摘した。唯善が提出した関東御下知（おそらく嘉元年間に下付された念仏許可の下知状）は門弟の代官として賜わったもので、敷地相論と無関係だと述べた。したがって、覚信尼寄進状・唯善自身が提出した懇望状・勅裁・検非違使庁宣を所持する惣衆、すなわち東国門弟の勝訴となる。下知状の最後で東国門弟の留守職任免権も承認したが、全体から見ると、焦点は唯善が正当な留守職か否かではなく、今回の相論はあくまでも廟堂敷地の所有権をめぐるものだとわかる。また、相論の最中に唯善が親鸞の影像と遺骨を持ち出したので、追伸で早く返還するようにと命じている。

　青蓮寺の仲裁によってようやく相論がおさまったが、相論中に唯善が影堂や石塔を破壊し、親鸞影像と遺骨を持ち出し、大谷廟堂は大きなダメージを受けた。相論後、覚如は留守職として大谷廟堂に戻りたい意向を示したが、東国門弟の使者らが「以二門徒一同之衆儀一可レ有二沙汰一」[29]と言い、東国門弟一致の承認を待たなければならないとの立場を堅持した。これは東国門弟が覚信尼子孫の留守職就任に対して慎重になったと言えるが、門弟の合議によって留守職を任命する制度の確立とも言えるのではないかと考えられる。青蓮寺下知状が下付された一週間後、覚如は東国門弟に一二箇条誓約が書かれている懇望状を提出した。さらに、翌年正月に門弟の承認を求めるため東国に赴き、その秋にようやく承認を得て帰洛し、大谷廟堂に戻った。ただ、改めて懇望状と大谷の土地証文を東国門弟に渡すように要求された。ここで一連の騒動はひとまず終了した。その年、覚如は四一歳だった。

二　寺院としての成立

寺院の成立要素には「礼拝対象」「堂舎」「住僧」がある。堂舎の様式・規模に関係なく、対外的には寺号を名乗り、「寺院」として認識されなければならないと考えられる。

唯善との相論中に大谷廟堂が破壊され、親鸞影像と遺骨が持ち出されたが、延慶三年（一三一〇）に下野国高田の顕智を中心に新たな親鸞影像の造立と残存遺骨の復旧安置を完成した。顕智没後、奥州安積の法智らの働きによって応長元年（一三一一）には影堂や庵室が再建された。だが、建武三年（一三三六）に足利尊氏上洛の戦火に遭い、本願寺は焼失した。暦応元年（一三三八）一一月、高田の専空と三河国和田の寂静の協力で、三六貫文で買得した他所の旧堂を移築して本願寺を再興した。『常楽台主老衲一期記』には暦応二年に覚如が御堂の南局に、長子存覚が北局に、次子従覚が後戸の脇に移住したと書かれている。[30]この堂の形式は明らかでないが、廟堂創建時のような六角堂ではなくなったようだ。

一方、延慶三年に正式に留守職に就任してから、覚如は早速自分こそ親鸞の正統であることを表明する行動を見せた。同年一一月末、親鸞の命日を迎える前、親鸞の寿像である鏡御影を改修し、覚如自ら記した讃文を取り付けた。翌年、その鏡御影を携えて越前大町の如導に『顕浄土真実教行証文類』を講じた。

正和元年（一三一二）の夏、奥州安積の法智の勧めで大谷廟堂が「専修寺」の寺号額を掲げた。秋になると、比叡山より以前から禁止された「専修」という文字を寺号にしてはいけないと抗議されたので、「専修寺」の寺号額が撤去された。元亨元年（一三二一）二月、覚如が起草して鎌倉幕府に提出した愁申状の冒頭に「本願寺親鸞上人門弟等謹言上」[31]とある。同年二月三〇日付の本所である妙香院の挙状案にも「本願寺親鸞上人門弟等申専修念仏興行事」[32]とある。「本願寺」という寺号の史料上初見は弘安一〇年（一二八七）八月二九日付「三尊寺本願寺敷地境界契状[33]」であるが、その後しばらくの間「本願寺」という寺号が史料に見られなかった。元亨元年から再び現われるようになったのは覚如の寺院化活動の一環として用いられたからだろう。さらに、覚如が嘉暦元年（一三二六）に著した『執持鈔』の冒頭には「本願寺聖人仰云」とあり、元弘元年（一三三一）に著した『口伝鈔』の冒頭には「本願寺鸞聖人」とある。親鸞に「本願寺」という寺号を冠し、本願寺を教団の中心とする意図がうかがえる。だが、初期本願寺の関連文書を見てみると、永仁四年（一二九六）に南地を買得した際の証文に初めて「親鸞上人御影堂[34]」という称呼が見られてから、「親鸞上人御影堂」と書かれているものがほとんどと言える[35]。また、延慶二年（一三〇九）七月一九日付青蓮院下知状の最後の「可ㇾ令三興二行仏法一」に「可ㇾ専二祖師之追孝一」という傍注があるように、親鸞の「ハカ寺」として認識され続けてきた。それは覚如が対外文書において正式に「本願寺」と名乗っても変らなかったと言える。

　高田専修寺第七世順証が「惣門徒」に宛てた書状がある。その本文に、

一、定専坊主の時、大谷の坊主御みゑひをかたわらへうつし申候て、本たうには阿みたを立申候へきと候しを、
　定専さいさん御申候によん《ママ》て、うちをかれて候に、いま又かやうに御はからひ候間、せん師の御申のことく歎申候へとも、御もちひなく候、いかやうに候へきやらん、たんかう申たく存候、専空坊主も大谷のか丶る大事をは、御申あわせ候けるとそ承候間、その御いしゆをそむき候はしと令申候、（以下略[36]）

とある。専修寺第五世定専の時、大谷の坊主（覚如か、その孫善如か）が親鸞影像を傍らに移し、本堂に阿弥陀仏像を安置しようとしたが、定専の反対によって実現できなかった。いままた同じようなことが起こったので順証が門弟らに談合を求めた。この書状は無年紀で一一月二〇日という日付しかないが、順証が専修寺住持だったのは康暦二年（一三八〇）から明徳元年（一三九〇）の間であり、本願寺では善如晩年から綽如初期にあたる[37]。順証をはじめ東国門弟が反対の声をあげたが、結局そのころから本願寺に阿弥陀仏像が安置されるようになった

と言われている。定専・順証をはじめ東国門弟が本願寺の阿弥陀仏像安置に反対したのは、本願寺の寺院化・本山化を阻止するためとされている。

ところで、ここでは書状の「大谷の坊主御みゑひをかたわらへうつし申候て、本たうには阿みたを立申候へきと候しを」とあるところに注目したい。この書状では「影堂」ではなく、「本たう」（本堂）という寺院の中心建築の称呼が書かれている。その本堂の真ん中に祀られているのは親鸞影像である。親鸞影像はまさしく本願寺でもっとも重要な礼拝対象であり、実質上の「本尊」とも言えると思われる。親鸞影像を傍らに移し、本堂に阿弥陀仏像を安置するという本願寺が起こそうとする行動から見ると、反対されたのは阿弥陀像の安置というより親鸞影像を傍らに移すことではなかったかと推論される。また、覚如の時期の名号本尊が現存しており、当時から祀られていたといわれている。親鸞は木像より絵像、絵像より名号を尊重していた。真宗の道場では名号本尊が特に重要視されている。本願寺に阿弥陀仏の木像がなく、名号本尊しか祀られていなくとも真宗寺院として不足はないと考えられる。あえて阿弥陀仏像を安置しようとしたのは、宗外の人から見ても寺院として認知されるように、寺院としての形式を整えるためと推測される。

本願寺文書に元弘二年（一三三二）と三年、二年連続で覚如に宛てた本願寺と久遠寺を御祈禱所とし、留守職を安堵する令旨がある。本願寺が寺院として一定の地位に立ったことを示している。元弘二年の令旨は次の通りである。

本願寺幷久遠寺可為御祈禱所由事、先度已被仰下了、随則親鸞上人影堂敷地、門弟等進止幷彼留守職事、任證文道理、可令全管領給者、依宮将軍令旨、執達如件、

元弘二年六月十六日　　　　左少将（花押）

謹上　中納言法印御房(38)

元弘三年の令旨は次の通りである。

本願寺幷久遠寺可為御祈禱所由事、先度已被仰下畢、随則親鸞上人影堂敷地、門弟等進止、幷彼留守職事、任證文之道理、可令全管領給者、依宮将軍令旨、執達如件、

元弘三年六月十六日　　左少将判

謹上　中納言法印御房[39]

（傍点は筆者による）

二通の文書は一年の差があるが、いずれも六月一六日付で内容もほとんど一致している。元弘二年の令旨について、本願寺所蔵の「留守職手実公験等目録」[40]ではそれを兵部卿宮護良親王が発したものとし、『大谷本願寺通紀』では鎌倉宮将軍守邦親王からとしている[41]。後醍醐天皇の皇子である尊雲法親王が還俗して護良と名乗り始めたのは元弘二年一一月である。その後、護良親王が挙兵のため、畿内諸寺社に祈禱と兵力召集の令旨を発した。令旨では最初は護良親王を「二品親王」「大塔二品親王」と称呼し[42]、元弘三年五月、幕府滅亡後から「将軍」「宮将軍」と称呼するようになった[43]。本願寺所蔵の二通の令旨には護良親王がほかの寺院に発したものと同じように左少将隆貞の判があり、留守職安堵の文句を除けば文面も類似している。元弘三年の令旨は護良親王が発したものだと思われるが、元弘二年のものは護良親王の令旨としては時期が早すぎて、「宮将軍」という言葉にも違和感を覚える。だが、鎌倉幕府の末代将軍である守邦親王が出した安堵状としても執権北条守時の判がなく、政所を通していないこの文書は不自然と言える。

さらに、元弘元年に後醍醐天皇は討幕運動が露見したため、都から脱出した。それを受けて、鎌倉幕府が後伏見上皇の皇子である皇太子を擁立した。光厳天皇である。翌年三月に後醍醐天皇が隠岐へ流刑となり、四月末に年号を「正慶」と改めた。一三三二年は四月末以降、後醍醐天皇派にとっては元弘二年のままだが、幕府派にとっては正慶元年となった。幕府が下した文書ももちろん「正慶元年」が用いられている[44]。したがって、本願寺所蔵の元弘二年令旨は護良親王からのものだと考えがたいが、守邦親王からでもないと考えられ、元弘三年の令

旨をもとに作った偽文書ではないかと推論される。偽造する意図はまだ検討を要する。

また、護良親王は元弘二年・三年に勝尾寺や清水寺など有力寺院をはじめ、京畿の諸寺社に祈禱の令旨を多数発した。それは護良親王が幕府との対抗のなかで一種の同盟関係を構築しようとする意図があったと思われる。覚如にとっては、令旨によって留守職が安堵されたことは東国門弟の干渉を排除するのに大きな意味を持っていたと言えよう。兵力を持たず、まだ弱小とも言える本願寺にこのような令旨が下付されたことは、覚如が日野家を通じて公家とつながっていたためかもしれない。

なお、令旨に本願寺とともに祈禱所とされた久遠寺について、『大谷本願寺通紀』では洛西の葛野郡にあり、正和三年(一三一四)に覚如によって創建されたとされている。[45]『常楽台主老衲一期記』によると、建武三年(一三三六)に本願寺が焼失したため建武四年春から覚如はしばらく久遠寺に居住していた。[46]『慕帰絵詞』には覚如が観応元年(一三五〇)に久遠寺に参詣したとき詠んだ歌二首が書かれている。暦応二年(一三三九)一一月二八日付覚如置文にも留守職相続に関する箇所には本願寺と久遠寺が書かれている。[47]

元亨四年(一三二四)四月六日、本願寺の本所である妙香院の慈慶門主が、本願寺敷地は門弟が進止するが、留守職は覚信尼の子孫が相伝し、門弟等が干渉してはいけないという下知状を下付した。前述の元弘三年六月一六日付護良親王令旨、さらに建武元年五月九日と康永元年(一三四二)一二月二四日には青蓮院からも留守職が安堵された。妙香院門主の下知状のより所となる弘安三年(一二八〇)一〇月二六日付の覚信尼置文は覚如が東国門弟の留守職任免権を排除するために作成した偽文書であるのはすでに明らかにされている。[48]それは覚如が義絶した長男・存覚の留守職就任の道を断ち切るためと言われているが、東国門弟の干渉を排除し、留守職そして本願寺の宗内地位の向上を図る意図もうかがえる。

ところで、初期本願寺の経済基礎は創立当初から東国門弟の懇志によって支えられてきた。指導者的な立場にある信海・顕智・光信の三人が弘安三年（一二八〇）一一月一一日に東国門弟らに宛てた書状には毎月二七日に大谷廟堂で行われる念仏法会の費用をきちんと覚信尼に届けるようにと書かれている。(49)弘安六年一一月二四日付覚信尼最後状に「たハたけももたす候へハゆつりおく事もなく候。たゝいかうゐ中の人〳〵をこそ、たのみまいらせ候へハ、あまかさふらひしにかはらす御らんしはなたれす候へかしとおほえて候」(50)（田畑も持たず候へは譲りおく事もなく候。ただ一向田舎の人々をこそ、頼みまいらせ候へば、尼が候ひしに変らず御覧し放たれず候へかしと覚えて候）とあり、覚信尼一家は相続できる領地もなく、東国門弟に頼るしかないと述べた。『常楽台主老衲一期記』によると、正和三年（一三一四）冬、存覚は覚如の命を固辞しきれず、留守職の就任を承諾したが、引き継いだ財産は絹一疋と用途一〇〇疋しかなく、越年すら難しい。歳末の二八日に法智から当年の燈明料五〇〇疋が送られてきて、ようやく越年できた。(51)また、本願寺の堂宇は二度も大破したが、二度とも東国門弟の協力によって再建することができた。

覚如が本願寺の東国門弟離れを図り、寺院化を進める中、門弟の本願寺参詣も少なくなってきた。当時、関東では高田の専修寺などが本山的存在であり、三河の信者まで高田詣を行った。(52)京畿とその近辺では仏光寺が勢力を広げた。覚如が建武四年（一三三七）に著した『改邪鈔』の最後の一段に、

一、至極末弟の建立の草堂を称して本所とし、諸国こぞりて崇敬の聖人の御本廟本願寺をば参詣すべからずと諸人に障碍せしむる、冥加なきくわだてのこと(53)

とあり、信者が本山である本願寺に参詣せず、末弟が建立したところに参詣したことを嘆いて、本願寺への参詣を促した。康永三年（一三四四）に出した「六箇条禁制」には「遠国御直弟京都以外御本寺無レ之事」とあり、京都の本願寺以外に本山がないことを強調している。これらは仏光寺や専修寺への批判でもある。寺領を持たない寺院にとって参詣者の志納金が一大財源となる。本願寺も例外ではないはずだが、門弟の参詣が減少するにつ

れて資金難に陥ったこともしばしばある。覚如の布教活動と本願寺の参詣者誘致は、実は表裏一体と言える。だが、中世において寺院を訪れる参詣者には、その宗派の信者のみならず、その寺院の霊験をもとめてご利益を期待する「一般人」が多くいる。そのような宗外の「一般人」こそ布教の対象者である。

仏光寺は名帳・絵系図を用いて布教に成功し、大勢の参詣者を集めた。専修寺には親鸞以前すでに祀られている霊仏がある。覚如は生涯親鸞法門の正統と自任し、本願寺の本山地位の確立に尽くした。そのため、俗信仰や新たな布教方法を厳しく否定し、自分が説く教義を親鸞に付して、本願寺の親鸞尊重を固守してきた。覚如の著作がしばしば伝写されたことからみて、彼の教化活動は成果がなかったとは言えない。だが、寺院経営の面から見て参詣者誘致の成果は芳しくなかったのも確かである。覚如没後六〇年余、応永二〇年(一四一三)堅田の法住が本願寺に参詣した際、境内に参詣者もなく寂寂としていたという(54)。参詣者の少ない状態は覚如以降も続いていた。

おわりに

大谷廟堂の永久存続のため、覚信尼は敷地を東国門弟に寄進し、廟堂管理者の任命権も東国門弟に委ねた。それは大谷廟堂を「家」の相続論理から離脱させたかったからであるに違いない。しかしながら、息子の覚恵・唯善と言い、孫の覚如と言い、いずれも廟堂を相続する「家」と見なした。廟堂に対して東国門弟とは違う認識を持っていた。覚如にいたって、東国門弟の留守職任免権を否定することに成功し、留守職は完全に家の相続論理に戻った。

暦応二年(一三三九)一一月に覚如は留守職の相続者を指定する置文を作成した。覚如以後の善如や綽如も晩年に留守職を息子に譲る置文を残した。覚如期に阿弥陀仏像がなくても本願寺は親鸞血統者による親鸞本尊の寺院として成立した。逆に言うと、留守職の「家」である本願寺を教団の中心にするため、親鸞血統者の正統性と崇高性を保つために、本願寺においては親鸞崇拝が最高原則でなければならなかった。

蓮如以前の本願寺はこれまで弱小とされ、布教が成功したとは言いがたいと思われている。だが、近年の研究ではそれが基盤となったからこそ蓮如期に教団が飛躍的な発展を成し遂げたと評価されている。寺院経営の観点から覚如とその後の善如・綽如・巧如・存如を再評価する必要もあると思う。今後の課題として残したい。

（1）八〇年代以前には重松明久氏の『覚如』（吉川弘文館、一九六四年）や赤松俊秀氏・笠原一男氏編纂の『真宗史概説』（平樂寺書店、一九六六年）があり、本願寺の成立過程を概観した。宮崎圓遵氏の『初期真宗の研究』（永田文昌堂、一九七一年）では親鸞影像の制作や本尊安置といった初期本願寺に関する諸問題を個別に論じた。九〇年代には神田千里氏の『一向一揆と真宗信仰』（吉川弘文館、一九九一年）があり、本願寺が教団本山であるという先入観を捨て本願寺留守職と東国門弟の関係について再考察した。二〇一〇年に出された本願寺史料研究所編纂の『増補改訂　本願寺史』（本願寺出版社）は、これまでの主な研究をまとめた通史である。

（2）新保哲『親鸞・覚如・才市』（晃洋書房、一九九二年）、一一一頁。

（3）石田充之・千葉乗隆編『真宗史料集成』一（同朋舍、一九七四年）、五二九頁。

（4）本願寺所蔵「大谷北地手継」文書のうち、嘉禎三年（一二三七）七月一三日付「源氏女祖母御前ニ売券案」には「相副三間屋一宇於件地」とある。延応元年（一二三九）八月一五日付「小河氏女字姫御前ニ売券案」にも「加参間弐面屋壱宇」とあり、禅念が土地を買得する前にすでに家屋が建てられていたことがわかる。正嘉二年（一二五八）七月二七日付「平氏女奉沽却禅念御房券案」には家屋の有無について言及していないが、その冒頭に「沽却　屋地壱処事」とあり、この土地に屋敷が建てられていたに違いない。また、ここでは前掲『真宗史料集成』一に所載の史料による。

（5）建治三年一一月七日付「覚信尼大谷敷地寄進状」（平松令三編『真宗史料集成』四、同朋舍、一九八二年）。以下特に断りがない場合、覚信尼寄進状を引用する箇所はすべてこれによる。

（6）弘安六年一一月二四日付「覚信尼最後状案」（前掲『真宗史料集成』一）。

(7) 宮崎圓遵「『親鸞伝絵』の撰述について」(前掲註1宮崎書)。
(8) 「親鸞聖人門侶交名牒」(前掲『真宗史料集成』一、一〇〇五頁)。
(9) 前掲『真宗史料集成』一、八六五頁。また、件の南地購入について、『常楽台主老衲一期記』には正安元年(一二九九)と書かれているが、この売買の証文である本願寺文書「良海沽却于善信上人遺弟中状」の日付は永仁四年(一二九六)七月一七日である。
(10) 永仁四年七月一七日付「良海沽却于善信上人遺弟中状」(前掲『真宗史料集成』一)。
(11) 正嘉二年七月二七日付「平氏女奉沽却禅念御房券案」(同右)。
(12) 前掲『真宗史料集成』一、八六五頁。
(13) 「専修寺文書」正安三年一二月日「唯善申状案」(前掲『真宗史料集成』四)。
(14) 前掲註(12)と同じ。
(15) 正安四年二月一〇日付「正安の院宣案」(前掲『真宗史料集成』一)。
(16) 正安四年四月八日付「門弟等連署状案」(同右)。また、門弟の在住地は前掲「親鸞聖人門侶交名牒」による。
(17) 前掲『真宗史料集成』一、九七二頁。
(18) たとえば、正安四年四月八日付「門弟等連署状案」には「御影堂之御留守」とある。また、弘安三年一〇月二五日付「覚信尼大谷敷地寄進状」には「御るすし候ハんするあまかことも」とある。
(19) 正安四年五月二二日付「覚恵下遺門弟中状案留守職事」(前掲『真宗史料集成』一)。
(20) 延慶二年七月一九日付「青蓮院下知状案」にも文保二年一一月一三日付「青蓮院下知状再度下附案」にも「惣衆」という言葉が見られる(同右)。
(21) 専修寺文書「順証書状」(前掲『真宗史料集成』四)。
(22) 嘉元二年一二月二八日付「唯善書状」(前掲『真宗史料集成』一)。
(23) 前掲『真宗史料集成』一、八六八頁。
(24) 同右、八六九頁。
(25) 前掲註(1)神田書、二六頁。

(26) 前述の通り、覚恵はすでに正安四年(一三〇二)に覚如に留守職の譲状と大谷廟堂の土地証文を渡し、東国門弟にも覚如の留守職承認を求める書状を出した。だが、覚如の相続が認められたかどうかは実ははっきりしていない。覚信尼の寄進状には留守職を覚信尼の子孫と限定していたが、覚如はもちろん、唯善も相続できる一人である。これまでの唯善の行動から見ると、病中の覚恵が留守職を息子に譲る手配を行ったように、唯善も次期留守職を目指して何か行動を起こしたのではないかと推測される。したがって、覚恵が覚如に譲状を渡したと言っても、必ずしも東国門弟が覚如の相続を承認したとは限らない。東国門弟がどのような手順を踏まえて留守職を決定したのかもまだ議論の余地がある。そもそも覚恵・覚如父子と唯善それぞれの背後には違う門流の東国門弟支持者がいる。両者の相論と東国門弟間の門流対立との関係もあわせて考えなければならない。

(27) 大谷廟堂は妙香院領法楽寺の敷地内にあり、妙香院の本所は青蓮院である。

(28) 延慶二年七月一九日付「青蓮院下知状案」(前掲『真宗史料集成』一)。

(29) 『常楽台主老衲一期記』(同右、八七一頁)。

(30) 同右、八七六頁。

(31) 元亨元年二月日付「本願寺親鸞上人門弟等愁申状」(同右)。

(32) 二月三〇日付「妙香院挙状案」(同右)。

(33) その契状に「三尊寺敷地西堺与本願寺敷地東堺傍示事、(中略)而本願寺前屛参尺弐寸伍分作入于三尊寺領畢」とある(前掲『真宗史料集成』四)。

(34) 前掲註(10)と同じ。

(35) 元亨元年に「本願寺」という寺号が再び史料にあらわれた後も、元亨四年四月六日付「本所妙香院門主御下知状」や建武元年(一三三四)五月九日付「青蓮院家令旨」といった文書に「親鸞上人影堂」と書かれている。

(36) 前掲註(21)と同じ。

(37) 善如が康応元年(一三八九)二月二九日に入滅し、息子の綽如が留守職に就任した。

(38) 『鎌倉遺文』三一・七六三。

(39) 同右、三二・二八二。

(40)前掲『真宗史料集成』一、九七七頁。
(41)『大谷本願寺通紀』(妻木直良編『真宗全書』二二 史伝部、藏經書院、一九一四年)、二五八頁。
(42)『鎌倉遺文』三一九三二・三一九三七・三二一四三など。
(43)同右、三二一四六・三二一七八・三二二〇五など。
(44)『鎌倉遺文』三一七五四の関東下知状は正慶元年五月二七日付である。また、『鎌倉遺文』三一九〇七の鎌倉将軍家政所下文は正慶元年一二月一日付である。
(45)前掲『真宗全書』二二、一九頁。
(46)前掲『真宗史料集成』一、八七五頁。
(47)同右、九八〇頁。
(48)前掲註(1)神田書、三一頁。
(49)弘安三年一一月一一日付「信海等、念仏衆に告状」(前掲『真宗史料集成』一)。
(50)前掲註(6)と同じ。
(51)『常楽台主老衲一期記』(前掲『真宗史料集成』一、八七二頁)。
(52)貞治三年(一三六四)に作成した『三河念仏相承日記』に三河より高田に参詣した七人が書かれている。
(53)親鸞聖人全集刊行会編『定本親鸞聖人全集』四(法藏館、一九六九年)、一七一頁。
(54)『本福寺跡書』(笠原一男・井上鋭夫校注『蓮如・一向一揆』岩波書店、一九七二年)、一八九頁。

真宗史における善鸞伝私考

御手洗隆明

はじめに

浄土真宗は親鸞の「遠忌」[1]を契機とし、その実像と教えを問い直すことで未来を開くという共通の認識を、言わば遠忌史観を持ってきた。今回の七五〇回忌（二〇一一年）においても、親鸞に関心を寄せる人々は、宗派や宗教の枠組みを超えて探究の足跡を刻んだ。その一つが各地で開催された親鸞を主題とする展覧会である[2]。

東西本願寺などが後援する展覧会が全国を巡るなか、親鸞ゆかりの地では郷土色豊かな「親鸞展」が開催された。「坂東本の里帰り」と銘打ち、親鸞自筆の『教行信証』六冊を勢揃いさせた茨城での『親鸞』展は、『三河念仏の源流』展とともに浄土真宗の源流がまさしく「東国」にあることを想い起こさせ、東京での『法然と親鸞』展は、関東に遺された初期真宗の面影を復元し、真宗史に新たな一頁を加えている[3]。

親鸞は東国の仏者である。ところで、真宗各派が東国での親鸞行実に注目するようになったのは江戸時代のことらしい[4]。その嚆矢は、光教寺顕誓（本願寺第八代蓮如の孫、一四九九～一五七〇）が関東伝来の親鸞伝を記した『反古裏書』（『反古裏』一五六八年）[5]である。また、西本願寺で厳修された三五〇回忌（一六一一年）の記録に、現在は東本願寺にのみ伝わる「坂東曲」(坂東節)が初めて史料上に現れるが、[6]これは東西分派後初の遠忌という契機において、坂東など東国に伝わる真宗像が再認識された一例と考えられる。[7]その一方で、時代からの影響を受け、また要請されて生まれた真宗像もあったのではなかろうか。[8]特に近代以降に語られた真宗像・親鸞像の影響をもっとも強く受けた人物が、親鸞の息男善鸞(慈信)であったといえよう。現代でも、特に親鸞晩年を課題とした真宗の書において、この父子の相克にふれないものはない。

本稿では、この慈信房こと善鸞についての問い直しを試みたい。問い直す、といっても先行研究を網羅して批判的に問うのではない。また、最近の義絶状や義絶自体の有無についての論争に加わるものでもない。七五〇回忌とその後に向けた動きには、例えば義絶状の真偽を問うにとどまらず、真宗聖教として認められてきた親鸞の著述そのものを再検証しようという動きもある。[9]そのような情況であるのだが、ここで試みることは、これまで積み重ねられてきた真宗史における善鸞伝をたどることで、何か忘れられていることはないのか、何か付け加えることはないのかを探ることである。そのために、真宗史について近代的な考証が始まる以前の情況はどのようなものであったのかについて、一度時代を戻して検証し、問題を提起したものである。

一　史実としての善鸞像

(1)　善鸞の史料

昭和の終戦後から一九七〇年代にかけての論考には、親鸞の思想的展開の契機として、善鸞の存在を想定するものが少なくない。[10]「善鸞義絶状」など父親鸞の消息類や本願寺伝来の史料を手がかりとするのである。まず戦後から研究が本格化し、親鸞七〇〇回忌(一九六一年)に頂点を迎え、そして現在まで共有されている真宗史の成果による善鸞の行実[11]について概観しておきたい。

慈信房善鸞（生没年不詳）は親鸞の嫡男とされ、在京の門弟でもあった。建長四年（一二五二）頃より関東門弟間に生じた造悪無碍などの異義を是正するために、父の名代として関東に下ったという。しかし、父の期待に反してさらなる混乱を招いた。その経緯は定かではないが、自分だけが父より正しい教えを聞いたと主張し、本願第十八願をしぼめる花に喩え捨てさせ、門弟の弟子を奪い、在地領主に接近し、有力門弟と対立し鎌倉幕府への訴訟におよんだという。事情を知った親鸞は、建長八年（康元元＝一二五六）五月二九日付で義絶状と義絶通告状（後述）を発し、善鸞を五逆謗法の者として義絶し、門弟たちに周知させたというのである。

この事件について、初期の親鸞伝である本願寺第三代覚如の『御伝鈔』は全くふれず、もう一つの親鸞伝とされる『親鸞聖人御因縁』[12]にも善鸞は登場しない。覚如の伝記である従覚（覚如次男）編『慕帰絵詞』（一三五一年、以下『慕帰絵』）と乗専（同門弟）編『最須敬重絵詞』（一三五二年、以下『最須絵』）が、善鸞の関東での行状と親鸞・善鸞父子のエピソードを伝えるなかで若干ふれる程度である（後述）。

ところで、善鸞自身の著述や自筆[13]は遺されておらず、善鸞側から見ると、坪井九馬三氏が提唱した「一等史料」（出来事のあった当時・当地で当事者が作った史料[14]）は皆無である。善鸞に関する史料は、戦前に山田文昭氏[15]があげた数通の親鸞消息と覚如伝二本、後世に製作された系図等が知られる程度であるが、ここでこれらの史料を整理しておきたい。

第一に、建長八年と認められている二通の親鸞消息がある。いわゆる「善鸞義絶状」「義絶通告状」（『行実』[16]一八三〜九頁）であるが、これのみが義絶事件に関する直接史料である。親鸞伝としては一等史料であるが、親鸞の自筆が無いため問題となっている[17]。

第二に、親鸞が義絶前後数年間に発給した善鸞宛の、あるいは彼が登場する消息がある。推定[18]建長七年（一二五五）九月二日付善鸞宛消息（『行実』一六一頁）、同一一月九日付善鸞宛消息（同一六四頁）・推定建長八年正月九日付真浄宛消息（同一七四頁）の三通がそれにあたる。これも自筆が遺されていない。

第三に、事件との関連が推定できる消息である。代表的なものは、推定建長七年九月二日付念仏之人々宛消息（同一五九頁）、推定建長八年七月九日付性信宛消息（同一九〇頁）、同年次不明性信宛消息（同一九三頁）である。この第二・第三の史料により、義絶にいたる経過、また善鸞側と性信側とで起こったとされる鎌倉訴訟事件などが読みとられてきた。これらを含め、善鸞に関係する親鸞消息に自筆は遺されていないし、年月日が明記された消息も少ない(19)。

第四に、覚如の伝記に登場する善鸞についての記述である。『慕帰絵』第四巻第一段（『集成一』九三一～二頁）・『最須絵』第五巻第一七段（同九六一～三頁）がそれであるが、巫女などと行動した善鸞を両絵詞とも「門流の義にちがひてこそ振舞はれけれども（中略）かれらをたすけんとにや、あやしみおもふものなり」（『慕帰絵』）、「かれらをみちひかんとする大聖の善巧にもやありけん」（『最須絵』）と説明し、悪い意味には解釈していない。この『慕帰絵』の絵相(20)は囲炉裏を囲む親鸞・善鸞父子とそれを目撃した門弟顕智を描くなど、覚如伝の製作者たちは善鸞の存在を伝えているのだが、覚如やその長男存覚の自筆の著作にも、また恵信尼ら親鸞一族の書状類にも善鸞は登場していない。これは何を意味するのであろうか。

第五に、『尊卑分脈　内麿公孫』（南北朝時代、『行実』二九三頁）、実悟編『日野一流系図』（一五四一年、同二九七・三〇〇頁）などの系図類がある。

第六に、善鸞の伝記・伝承を記した寺院縁起などがある。実悟編『蓮如上人御一期記』九八、真宗山元派本山証誠寺の縁起である『為本記』（江戸末期、『集成四』所収）、『山元山略縁起』（同前）があり、『相模国風土記稿』「弘徳寺」(21)なども該当し、坪井分類では五等史料、もしくは等外に当たる。

このように、善鸞と同時代と認められる史料は少なく、彼自身が直接遺した証言は皆無に等しい。父親鸞を含め、彼について記した人々の証言から人物像を読みとるしかないため、さまざまな解釈が可能であり、異義者であるが故に自由な論評が許されている。次に、これらの史料においてどのような善鸞像が浮かび、構築されていったのかをたどってみたい。

（2）関東下向

『慕帰絵』に「慈信房元宮内卿公善鸞」、『日野一流系図』に「善鸞　宮内卿、遁世号慈信房」（『行実』三〇〇頁）とあることなどから、善鸞は初め「宮内卿」、のちに「慈信」と号し、善鸞を名としたとされる。親鸞が名づけたと考えられてきたが、これを疑問視する見解もある(22)。父である親鸞が「慈信」とのみ記すことを理由に、義絶事件当時は「善鸞」の名はなかったとし、慈信房が関東下向後に親鸞の子であることを強調するために自ら「善鸞」と名乗ったというのである。

善鸞の生没年について、証誠寺の寺伝は承元元年生・建治三年没（七一歳、一二〇七～七七、『集成四』七六三・七六五頁）とし、本願寺派玄智の『大谷本願寺通紀』巻四は建保五年生・弘安九年没（七〇歳、一二一七～八六）、また一説に正応五年没（八一歳、一二九二、『集成八』四一九頁）と伝える。善鸞は京都生まれである可能性があり、また父と越後や関東でともに行動した証拠はない(23)。これは親鸞の末娘覚信尼が関東生まれであり（『行実』一〇九頁）、父の没後も廟堂建立などで関東門弟の支持を集めていたのとは対照的である。

善鸞は父の代理として京都より関東に下向したことは、善鸞宛消息の「慈信坊のくだりて」（『行実』一六五頁）、また「初は聖人の御使として坂東へ下向し」（『最須絵』）が証拠とされている。下向の時期は建長初期と推定されているが、使者としての目的は、建長三年（一二五一）頃から激しくなった関東親鸞門流の動揺への対応にあったという。その頃、法然在世時より専修念仏宗団内に潜在的問題としてあった有念無念・一念多念の争論、造悪無碍・賢善精進の異義、また教団外からの神祇不拝的態度への非難が強まり、善鸞には特に造悪無碍の異義を是正し、各門流の動揺を静めることが父より期待されたと考えられている(24)。こうして関東に入った善鸞は常陸国奥郡を中心に活動したらしい。

（3） 善鸞の活動

建長七年と推定される消息によると、諸神諸仏を侮り造悪無碍を主張する一部門弟に領主層が念仏禁止に動く気配があるとの善鸞の報告に対し、親鸞はこのような異解を重ねて誡め、動揺しないよう諭している。親鸞は政治権力の弾圧は「ようあること」と達観していたが、念仏者自身が教えを誤解することは無視できず、善鸞に念仏共同体を内部から破壊する「師子の身中の虫」を警戒するよう強く指示した。ところが、やがて不信感を抱きはじめ、推定建長八年正月九日付真浄宛消息（『行実』一七四〜五頁）を送った頃、善鸞が自分のみが父の正意を口伝されたと主張し、『唯信鈔』等の聖教が虚偽であると触れ回っていることを知った時、その主張は自分の意に反するとし、「きはまれるひがごと」という言葉を息子に向けているが、ここでも善鸞自身は断罪されず、親鸞の悲歎の矛先は信仰が揺らいだ門弟たちに向けられている。

ところで、この真浄宛消息に「鎌倉にながいして」とあるが、これは善鸞が門弟たちを「造悪無碍の輩」として、鎌倉幕府に訴えた事件として理解することが多い。門弟たちとの対立が、善鸞が性信等親鸞門流の指導者を諸神諸仏を謗《そし》る造悪無碍の者として、六波羅探題・鎌倉幕府に訴えるという事態にまでなったとするのである。ここまでが建長八年正月までの出来事として推察されている。

（4）善鸞「義絶」

その約半年後の建長八年五月二九日、親鸞は義絶状と義絶通告状を発した。筆者は、当時の「義絶」という制度に社会的責任の回避という意味があったことを踏まえ、親鸞が義絶という手段で善鸞を退けたことは「擬制的義絶」ではないかと考えた。[25] 善鸞の言動を一括して「そらごと」であると門弟間に披露し、また親鸞自身の身の潔白を証明するには、「義絶」という手段が最も効果的であったのであろう。[26]『最須絵』は「後には法文の義理をあらため」「聖人も御余塵の一列におぼしめさず」（『集成一』九六一頁）と、親鸞は善鸞が真宗の教義を変えようとしたため退けたと伝えている。

その背景として、当時の初期真宗（関東の親鸞門流）の実態は、廃立の徹底した専修念仏宗団ではありえず、[27] 横曾根門徒は基盤である真言宗の信仰のまま、鹿島門徒なら鹿島信仰のまま、本願他力の念仏に帰依していたのであり、親鸞もそれを認めていたが、その矛盾が善鸞の代に噴出したのである。親鸞に帰依したとしても、実際に指導するのは門流の指導者たる有力門弟であった。このような情況で、善鸞が親鸞の名代としての役割を果たそうとすれば、また彼が関東に馴染みがなかったとすれば、門弟たちとの対立は避けることはできなかったのである。

その後の善鸞であるが、山伏・巫女の首領となりながらも「無碍光」の名号を捨てていなかった（『集成一』九三一、九六二〜三頁）。そこに親鸞の正統としての善鸞の自認がうかがえるのではないか。事実、善鸞が息男如信と形成したとされる常陸国大山門徒・陸奥国大網門徒の多くはのちの本願寺教団にも組み込まれ、現在にいたっている。善鸞は確かに真宗の教線を広げたのであるが、しかしそれは本願他力の念仏を伝えたものでない以上、親鸞は決して認めなかった。浄土真宗の法を護るために善鸞を退けたのだが、門弟たちに生じた本願第十八願への疑惑へ応答する使命が父である親鸞に残された。そのことがこの事件前後より親鸞の著述活動が活発になった理由なのである。

二　伝承のなかの善鸞像

ここまで、先行研究が浮かびあがらせた、現代の視点から見た善鸞像をたどってみた。次に時代を近世初期、真宗史が史書として記されるようになった時代に移し、この時に知られていた善鸞像とその後の展開をたどっておきたい。

（1）近世初期の善鸞像

最初の本格的な真宗史書とされる『反古裏書』は善鸞についてふれていないが、同時代の願得寺実悟（蓮如の一〇男、一四九二～一五八四）は『日野一流系図』、『蓮如上人御一代記』（実悟記）に次のように記す。

宮内卿、遁世号慈信房(28)
善鸞
母同上、「~~依上人不孝無相続義~~」（墨抹消）

九の八先師上人
一、坂東御修行の時、鎌倉近き所に善鸞の御坊跡あり。柳茂りてたしかならす、かゝる処を御通ありしに、善鸞は聖人御不孝《けう》ありしなれはとて、御坊跡の柳の梢をも御覧あるましとて、一二三里の間御笠《カサ》（ママ）をかたふけられ○《ついに》御覧せられさりしとそ仰らる。聖人の《へ》御不孝をふかくかなしみ給し事なり。(29)

文中の「先師上人」とは蓮如のことである。善鸞の坊舎跡が鎌倉付近にあったが、蓮如は善鸞の「不孝」を嘆かわしく思い目を向けなかったという。実は蓮如は「唯善事件」（一三〇九年）で覚如と対立し相模国の鎌倉常葉に去った唯善（親鸞の孫、一二六六～一三三八）と善鸞を混同したと思われるのだが(30)、蓮如伝が伝えた善鸞の負のイメージが後世に与えた影響は小さくはないと思われる。このようにして、「邪道をこと、する御子」「不孝無相続」「善鸞は聖人御不孝ありし」という善鸞についての負のイメージが続いたまま、江戸時代に入ったのであろう。

では、この善鸞像が近世から近代に到達するまでの過程について、今一度先行研究を参照しながら義絶状が広く知られた大正時代を目標にたどっておきたい。

最初に、東西本願寺学僧の真宗史書を見ると、本願寺派知空（一六三四～一七一八）の『御伝照蒙記』（一六六四年）[31]、大谷派恵空（一六四四～一七二二）の『叢林集』巻八（一六九八年）[32]などが親鸞の一族として善鸞の名前のみを記しているが、特に解説は加えていない。江戸後期、善鸞に注目した大谷派了祥（一七八八～一八四二）は『異義集』（一八二七年以降）において、『血脈文集』などの親鸞消息や宗内外の史書を用いて善鸞の行状を詳細に述べている。了祥は『歎異抄聞記』（一八四一年）で、『歎異抄』第二章の背景に善鸞の異義事件があったことを見通した学僧としても知られる。

了祥は善鸞を「陰陽道・秘事法門」・真言立川流・造悪無碍等の立場にあり、「知識だのみ」等々の邪義の「その本たるべし」者とし、「本願称名を捨て」た「外道別解」と断じ、「いづれ慈信房は『正統伝』にも、吾祖臨末の時顕智の吹挙あるも、対面をゆるしたまはざるよし見ゆ」と、親鸞が善鸞を決して許さなかったことを述べている[33]。この見解は、特に東西本願寺において江戸後期に宗学研究が体系化・固定化され、同時に教学上の絶対的な権威・信仰の統制権が確立し、やがてその行使として「異安心事件」が発生していったこと[34]と無関係ではないと思われるが、この了祥の善鸞像は、『歎異抄』の研究[35]とともに特に近代以降に強い影響を与えたのである。

（2）『正統伝』の影響

ここで、了祥が採りあげている高田派良空（一六六九～一七三三）の『高田親鸞聖人正統伝』（以下『正統伝』、一七一五年）が伝える善鸞像を見ておく。『正統伝』はいうまでもなく近世親鸞伝を代表する書であり、それまで主流であった『御伝鈔』を注釈する形式のものとは違い、親鸞の年齢に従って編年体で記述した伝記である。

祖師流罪勅免ありて関東に坐時は、真岡判官代兵部太輔三善為教の息女朝姫《あさひめ》給仕して、男子慈信房善鸞、男子明信、男子益方、男子有房、女子弥女等を生す。聖人御帰洛の時は母と共に関東に止まれり。善鸞初めは御弟子なり、後に高田住持職の事に就て聖人を恨み、種々の邪義を企つ。これに由て一生御勘当也。〔中略〕後に彼偽あらはれて、聖人御門弟へ慈信房勘当の消息をつかはしたまへり。〔中略〕

満九十歳〔中略〕顕智御そは近く参て、御存命めてたきうちに、関東の慈信房も登られさふらふやうに申下たくこそ存さふらへと連りに申す。聖人、彼者にくしとて隔るにあらす、面りに我法の讐なるを知なから、由なき徒事をも申ものかなと、便なくのたまひしかは、顕智重て申出ことも得すしてやみぬ。(36)

『正統伝』は、善鸞は関東で生まれ、父の帰洛には同行せず母（恵信尼）と関東にとどまったが、父が高田専修寺住職を門弟真仏に譲ったことを恨み、また「関東鎌倉等の事々」などで「偽を飾りて」いたことが発覚し、「一生御勘当」(37)されたということを、親鸞七〇歳代までの出来事として記し、最後まで勘当を解かれなかったと伝えている。

親鸞の名代として京都から下ったとする本願寺の伝承は採用せず、「種々の邪義」を説明することもないが、父より退けられた者という負のイメージは変えていない。また、現在では義絶事件の期間とされている建長年間には、善鸞についての記載はない。文中の「慈信房勘当の消息」は「御門弟」宛てとあるから義絶通告状を指すと思われ、高田専修寺伝来の善鸞義絶状を良空がみた形跡は『正統伝』にはうかがえない。

良空は『正統伝後集』（一七二二年）でも東本願寺を論敵とし、高田専修寺の正統性を主張するのであるが、「事実」を編年体で語るという『正統伝』の方法は東西本願寺にも受け容れられていった（塩谷二〇一一b）。その一つが、大谷派恵旭の『宗祖世録』（一七八一年）(38)であり、『正統伝』よりの強い影響がうかがえ、寛保二年

（一七四二）に起筆したという。

宗祖七十一歳〔中略〕。この歳善鸞（慈信房と号す。宗祖の子なり。三善氏の所生なり）、鹿島より高田に至り（下毛の地にあり）、将に専修寺に入らんとし、真仏及び徒、之を沮む。信（慈信）と真（真仏）に隙あり。両党角立し、宗祖門中、大騒然す。宗祖、これを聞き、歎きいわく、豈に謂うところの師子身中の虫に非ざらんや。〔中略〕

宗祖七十三歳〔中略〕。この歳善鸞、関東より京へ往き、宗祖に見える。〔中略〕

宗祖七十五歳〔中略〕。この歳善鸞の讒により、関東高弟、更互に相疑い騒動離乱す。宗祖これを聞き歎きいわく、なげかわしきや、予を亡ぼすは予の門人なり。獅虫の誡め、なんぞこれを思わざるや。

宗祖七十六歳〔中略〕。この歳慈信の譖り露白す。宗祖関東高弟十有余人を召し至り、師弟会議し、騒乱を鎮治す。〔後略〕[39]。

ここでも親鸞七〇歳代前半の問題として、高田専修寺継職などで善鸞が関東門流を混乱させたことを親鸞が「師子身中の虫」と断じ、何らかの処分があったことを示唆しているが、それを『正統伝』のように「勘当」とはしていない。ここで恵旭は、かつて親鸞が消息で善鸞に教えた「師子の身中の虫の師子をくらふがごとし」（『行実』一六三頁）の教訓を、善鸞を批判する言葉として記している。

この見解は大谷派深励（一七四九～一八一七）にも見えるのだが[40]、ここでも善鸞と「師子身中の虫」とを結びつけていることに注意しておきたい。親鸞の消息類に見える異義・異解の問題が関東門流全体を揺るがし、その時期を親鸞七〇歳代後半から八〇歳代に比定し、その頂点が建長八年の善鸞義絶であると見るような歴史観はまだ現れてはいない。

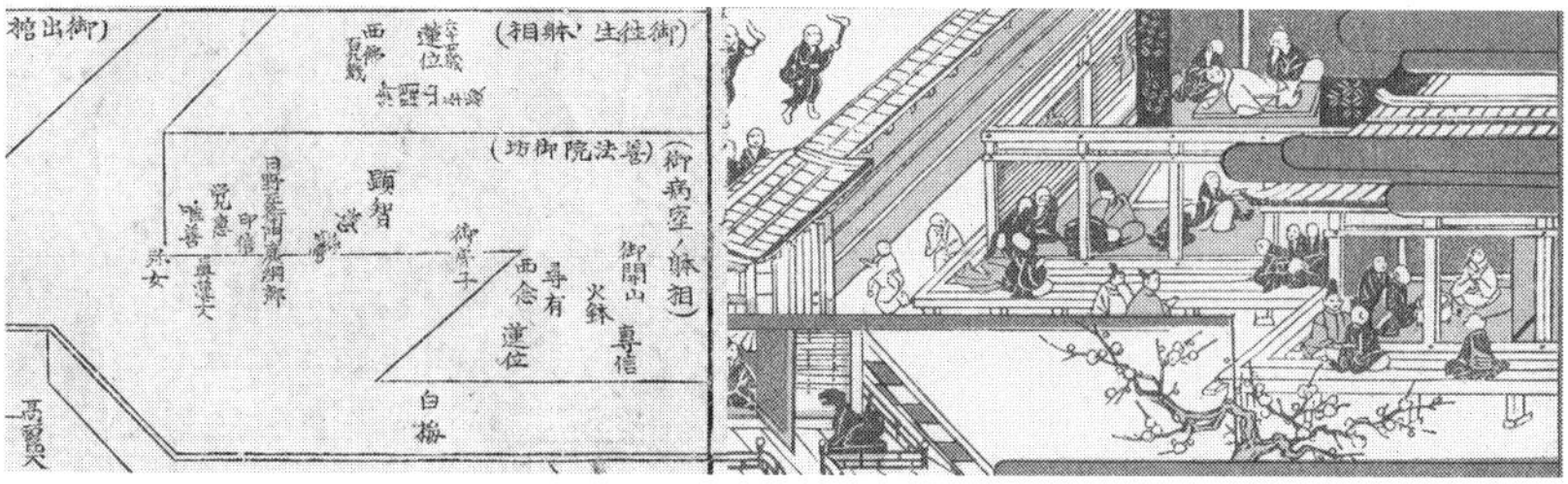

桶谷家蔵『御絵伝』

（3） 民衆の求めた父子像

また、大谷派粟津義圭（?～一七九九）が一般に向け講述した『御伝鈔演義』（一七七九年）は、親鸞入滅前の場面を次のように物語る。

何ほど我子が不便でも。大切の門徒にはかへられぬと御意なされて。なか〳〵御ゆるしはなかりた。所謂大義には親を滅すの段ぢや。世間並でいへは。日比はたしなみの好同行でも。可愛孫や子に迷ふては。うろたへるが多ひに。上人は大切な御子をすてゝ末の世の我等が為に御法義を守らせられた[41]。

死を目前にした親鸞が、子息善鸞への想いを残しながらも「我が子が不便でも大切な門徒にはかえられぬ」と肉親よりも御同行を重んじる姿を描き出している。弥陀如来の来現とされながらも、肉親の問題で心を痛める親鸞の生き様は、真宗門徒たちに浄土真宗をより身近なものとしたのであろう。

時代は少し下がるが、近年発見された江戸後期の作とされる『御絵伝』（富山県旧福光町桶谷家蔵）「第六　御往生段」には、親鸞臨終に立ち会うことを許されず、顕智のそばで泣き伏す善鸞が描かれている[42]。『御伝鈔』（親鸞伝絵）は善鸞に全くふれないが、ここではその善鸞を親鸞入滅の絵相と指示図（上図絵相の中央柱付近）に登場させている。最後まで息子を許さなかった父の心の内に想いを馳せた、真宗門徒の心情がうかがえる場面である。

（4）二つの善鸞像

最後に神田信久（寿海、一八〇八～六二）の『大谷嫡流実記』（一八四五年）を見ておきたい。信久は大谷派長徳寺の門徒である。

善鸞　同上〔祖師聖人〕御男　御同母〔玉日恵信尼公〕号善永寺　号慈信房[43]　又号宮内卿　越前四ケ本寺の内清水頭五分一毫摂寺の開基とす〔中略〕善鸞法師　祖師聖人御帰洛の後　内実深秘の故在て　聖人に御勘気を蒙り給ふ　夫一向専念の真宗御弘通に付　雑心を捨離し給ふなり　末世の門徒等に専雑を明らかに分別せしめんため　御父子御密意の尊慮より　永く御勘気を蒙り給へり　聖人御終焉の御末期に至り　再三御免の歎願し給へども　御許容なく御目通りもし給はずと云り〔中略〕善鸞法印入寂は三月廿一日也〔後略〕[44]

恵信尼を玉日と同一人物とする伝承は近世親鸞伝に多く、信久は「恵信尼」が帰洛せず関東で教化を続け、常陸国稲田で没したと伝えるが（『行実』三九二～四頁）、善鸞については出雲路派本山毫摂寺の開基とする寺伝を記す。また、末法の門徒に専心雑心の分別を明らかにするために、父子合意の上で雑心をよそおい、わざと「御勘気」を蒙ったと、『慕帰絵』等が伝える善鸞像を記している。父により退けられるという事態はあったかもしれないが、それは『正統伝』がいう「一生御勘当」のような厳しいものと考えてはいなかったようである。

ここまで、江戸初期から幕末にいたるまでの善鸞のイメージをたどってきた。義絶状が公開される大正初期まで、善鸞についての評価は、

一、室町時代以前より伝わる「邪道をこと、する御子」「不孝無相続」と批判されながらも「大聖の善巧」「御親子御密意」があったとする好意的な評価。

二、『正統伝』により流布された「一生御勘当」、許されざる者とする評価。

主にこの二つの善鸞像が大きく対立することなく共存していたと思われるが、善鸞が玉日姫や山伏弁円などの

ように一冊の書の主役になることはなかったようである。

江戸時代、近世真宗史における善鸞像には、秘事法門や真言立川流といった非真宗的な傾向があり、関東門流を混乱させ、あるいは父親鸞から勘当を受けたというような負のイメージが確かにあったが、そのことが父の思想を揺り動かすような深刻なものであったという見方はされていなかった。このような情況が、親鸞と浄土真宗そのものを巻き込んで大きく動き出すのは、やはり史実の探究による近代の親鸞伝研究が始まる明治以降、特に善鸞義絶状の発見を待たねばならなかった。

三　義絶状の公開

（1）義絶状の存在

高田派秀諦（一七八〇〜一八五四）製作の『下野流高田衆教目録』には、

〇聖人御真筆御書一通

聖人慈信房善鸞上人へ賜御消息也。御勘当御書也〔中略〕顕智上人真筆。高田御宝蔵に有。[45]

と見えるから、高田派は少なくとも江戸期文政年間（一八一三〜三一）には義絶状の存在を確認されていたはずであるが、その内容を含め宗外に伝わった形跡は見当たらない。

明治三三年（一九〇〇）、高田専修寺は義絶状の存在を初めて公表したという。[46] 同四一年（一九〇八）一一月に下野専修寺を訪れた大谷派の佐々木月樵は、すでに高田本山専修寺に移された宝物類の目録を拝見し、「顕智筆、聖人より慈信房善鸞に与へらるゝ返翰の写　建長八年六月二十七日判」と参詣記に記している。[47]

ここで月樵は主に『正統伝』によって善鸞と高田専修寺との因縁を述べ、「慈信房善鸞の不正義と破門」などの事情を伝える史料として性信宛義絶通告状と『慕帰絵』第四段をあげるが、善鸞の行状については従来の見方を踏襲し、「如何に盛んに彼が一道の先達として其教を弘めつ、あらせられしかを察知すべき也」とするのみで、事件の年時などの考証はしていない。月樵が参詣記を『親鸞聖人伝』として刊行したのは親鸞六五〇回忌（一九一一年）の前年であるが、善鸞の異解を伝道活動上の方便的行為とする江戸期以来の見解は、時代が大正になってからも残っていたのである。(48)

（2）近代的考証の始まり

大正一〇年（一九二一）、本願寺派の梅原真隆氏は、高田派より提供を受けた「慈信房義絶の御消息」影写の翻刻と写真を発表し(49)、同年、中澤見明氏(50)も義絶状を見た上で見解を発表した。この年は西本願寺で『恵信尼消息』（恵信尼書状類）の所在が確認された年(51)でもあり、この発見により明治末より起こったいわゆる「親鸞抹殺論」が否定されたことは有名である。(52)

同じ頃、義絶状が公開され、その年時が義絶通告状とともに建長八年（康元元＝一二五六）五月二九日と認められた。義絶状は大正末には早くも『意訳真宗聖典』など真宗聖教に収録されるが(53)、この聖典を歴史面で解説した橋川正氏(54)は「坂東に残した一子慈信房善鸞が修験道に影響をうけ」邪義を唱えたため義絶にいたった経緯を「父子義絶の書状」にそって述べている。時代が昭和になると、山田文昭氏（山田一九二八）が善鸞異義事件の基本史料を示した上で事件の全体像を復元している。文昭の善鸞像は了祥『異義集』の影響を受けたものだが、真宗史の史料採否の姿勢とともに異義事件の大枠として承け継がれ続けている。

戦後を迎え、親鸞を非権力的立場の者とする七〇〇回忌(55)の宗祖像と相反するように、善鸞を国家権力に従属する律令仏教へ回帰させる反動勢力として位置づけられていったのである。そして、現在において浮かびあがっている善鸞像については、先にたどった通りである。

結びとして

ここまで、現在・近世真宗・義絶状の公表という視点で善鸞像をたどってきた。最初に現在の善鸞像をたどったのは、同時代の公家の日記や文書といった宗外史料には見えない「慈信房善鸞」が史実として探究されてきた足跡をうかがうためである。善鸞自身の証言が伝わらない以上、父親鸞の消息類によらざるをえないのだが、善鸞を通して親鸞と初期真宗の実像が浮かびあがってくることに気づかされる。

次に近世真宗史における善鸞像をたどった。近世親鸞伝、いわゆる伝承史料において語られている善鸞のイメージと、義絶状公表以前の善鸞像を確かめることが目的であった。今回うかがった限りであるが、善鸞についての負のイメージは幕末から明治・大正へと承け継がれるのであるが、「異義者」として存在感を強めた背景には、義絶状の発見とともに、『歎異抄』の影響もあるのではなかろうか。

今回は善鸞義絶状の考察にはおよばなかったが、この問題は親鸞自筆が発見されない以上、決して終わることのない問題である。しかし、最近の研究でいくつかの方向性が示されているように思う。その一つは、書状に記されている言葉などを手がかりに、同時代の資史料を徹底的に調査することである。本来の目的に到達できなくても、その時代の一端を解き明かすことに貢献できる。これは歴史学の専門家にしか成し得ない課題である。

義絶状にはその真偽性に加え、止まったままの問題がある。いうまでもなく、この消息を顕智が書写した背景にある「唯善事件(56)」との関連である。顕智が何を想起して義絶状を書写したのか、まだ回答は示されていない。唯善事件を考証することが善鸞事件の解明につながるのである。

さらに、善鸞と唯善が登場する『慕帰絵』『最須絵』について、両絵詞の製作に深く関わると想定される存覚の問題がある。善鸞・唯善・存覚、この三人は伝道の場で成果をあげながらも父や一族と対立し、信心が異なる者として退けられたという点で共通する。善鸞事件など初期真宗の事件を解明するには、その事件を受けとめた人々の行動と思索を解き明かすことが、最も確実な方法であろう。

最後に、善鸞を五逆謗法の者として退けた親鸞が、浄土真宗の教学思想として五逆謗法者の救いを、特に晩年に問題としていたことを忘れてはならない。親鸞がこの問題を記した、坂東本『教行信証』改訂部分の筆跡はこの頃のものとされる。これは主に真宗教学の課題である。親鸞と善鸞、この父子の存在が専門分野を超えた共通の場所を創りだしているのである。

善鸞像は、父親鸞のそれとともに時代の情況を反映して、特に善鸞を許さなかった親鸞を評価しようという志向において形成されている。善鸞にも親鸞同様に、史実としての像と伝承された、あるいは研究の積み重ねにおいて導き出された人物像という、二つの善鸞像があるはずなのだが、その実像が不確かであるゆえに、父との対比において常に批判され、また自由に論評される存在であった。善鸞を退けたのち、門弟から疑問を寄せられた親鸞はそれに応答し、最晩年にもかかわらず多数の著述を成した。子が、父の思想をより鮮明にするという関係が現在においても続いているとするならば、善鸞は父親鸞の「名代」としての役割を、浄土真宗八〇〇年の歴史において果たし続けているのである。

（※引用文の漢文は書き下しに、片仮名は平仮名に改めた。またルビ等は一部略した）

（1）　一般に、故人に対する一三年忌以上の五〇年忌、一〇〇年忌などの遠い年忌法要のこと（『広辞苑第六版』）。また仏教諸宗が宗祖や中興の祖の遺徳をたたえるため、五〇年忌以後五〇年ごとに勤める年忌法会のこと（『日本国語大辞典』）。浄土真宗史で、親鸞の遠忌法要（御遠忌・大遠忌）が確実に史料上に出現し、世間に知られたのは永禄四年（一五六一）の三五〇回忌と考えられる（『一六・一七世紀イエズス会日本報告集第三期第一巻』同朋舎、一九九七年、四〇三頁）。

（2）浄土真宗本願寺派『本願寺展』（朝日新聞社、二〇〇八年）、真宗大谷派『東本願寺の至宝展　両堂再建の歴史』（朝日新聞社、二〇〇九年）、『親鸞展』（テレビ朝日映像他、二〇一〇年）。

『三河念仏の源流――高田専修寺と初期真宗――』（朝日新聞社・岡崎市美術博物館、二〇〇八年）、『親鸞――茨城滞在二〇年の軌跡――』（茨城県立歴史館、二〇〇九年）、『親鸞展　生涯とゆかりの名宝』（朝日新聞社・京都市美術館、二〇一一年）、『親鸞と妙安寺――そして、知られざる上州の真宗門徒――』（群馬県立歴史博物館、同前）、『法然と親鸞　ゆかりの名宝』（朝日新聞社・東京国立博物館、同前）他。また、下野国高田（現栃木県真岡市）については『図説にのみやの歴史』（二宮町史編さん委員会、二〇〇九年）がある。

（3）津田徹英「親鸞の造形――その姿とかたち――」（『法然と親鸞展』図録）、作品解説二九五頁および真宗教団連合『親鸞展』図録作品解説二二二頁。

主に南関東に伝わる合掌する親鸞坐像に初期真宗の親鸞像を読みとる見解は近年特に有力である（今井雅晴「親鸞聖人坐像（千葉県野田市関宿・常敬寺蔵）について」、『親鸞の水脈』八、二〇一〇年／草野顕之『シリーズ親鸞第六巻親鸞の伝記――『御伝鈔』の世界』筑摩書房、二〇一〇年、二八～三〇頁）。

（4）塩谷菊美『語られた親鸞』（法藏館、二〇一一年）二〇六頁以降（以下塩谷二〇一一a）。

（5）『真宗史料集成』第二巻（同朋舎出版、一九九一年再版、以下『集成』）。

（6）「高祖聖人三百五十年忌日之記」（『本願寺史料集成　慶長日記』同朋舎出版、一九八〇年）二一三頁。

（7）堅田修『真宗史考叢』（文栄堂、二〇〇七年）三二九頁。

（8）拙稿「「坂東曲」伝説の一考察」（『宗教研究』三五九、日本宗教学会、二〇〇九年）参照。

その後、親鸞越後流罪時の故事に由来するとの見解が、すでに六五〇回忌の年に紹介されていることを知った（『遠忌大観』中外日報社、一九一一年、二三四頁）。

（9）この問題も古く、また新しい問題である。『親鸞聖人御消息集』広本・同略本、『親鸞聖人血脈文集』『末灯鈔』といった「集成本」に収録された消息類を、史料的検討を加えた上で慎重に取り扱う必要性が再三指摘されてきたにもかかわらず、結果的には親鸞の手になるものとして無批判に認め、初期真宗教団や親鸞の思想そのものを考察してきた歴史がある（永村眞「「消息」と「聖教」――親鸞による東国教化の一齣――」、大金宣亮氏追悼論文集刊行会『古代東国の考古学』慶友社、二〇〇五年）。

(10) 森龍吉「「自然法爾」消息の成立について」（『史学雑誌』六〇―七、一九五一年）、赤松俊秀『親鸞』（吉川弘文館、一九六一年）、重松明久『中世真宗思想の研究』（吉川弘文館、一九七三年）など。

(11) 善鸞についての先行研究は、山田雅教「善鸞事件をめぐる研究史」（『高田学報』九一、高田学会、二〇〇三年、以下山田二〇〇三）、本願寺史料研究所『増補改訂本願寺史』第一巻（本願寺出版社、二〇一〇年、以下本願寺二〇一〇）などにおいて集約されている。後註(17)の藤井淳氏の論考とともに多くの示唆を得た。

(12) 『御因縁』は『御伝鈔』より早く成立した可能性が指摘されている（塩谷菊美「解題」、『大系真宗史料伝記編一　親鸞伝』四五一頁、法藏館、二〇一一年、以下塩谷二〇一一b／塩谷二〇一一a、三〇四頁）。

(13) 平松令三氏は「鏡御影」の賛銘は善鸞筆ではないかと推察している（平松令三『高田学報別冊　親鸞とその美術』高田学会、二〇一〇年、二四～二五頁）。

(14) 坪井九馬三『史学研究法』（早稲田大学出版部、一九一三年）。草野顕之氏は伝承史料再評価の立場から親鸞伝史料採否の規準としている（「親鸞聖人伝再考」、『真宗教学研究』二六、真宗教学学会、二〇〇五年）。

(15) 山田文昭「親鸞聖人及その教団」（一九二八年初出、のち『現代仏教名著全集』第七巻所収、隆文館、一九七八年、以下山田一九二八）。

(16) 真宗大谷派教学研究所『親鸞聖人行実』（東本願寺出版部、二〇〇八年、以下『行実』）。教学伝道研究センター『浄土真宗聖典全書二　宗祖篇上』（本願寺出版社、二〇一一年）七六五・八七四頁。

(17) 近年では今井雅晴氏が初期真宗の情況を踏まえた上で偽作論を主張している（『親鸞と東国門徒』吉川弘文館、一九九九年、二二五頁以下）／「善鸞（義絶事件）・如信について」、『宗学院論集』八三、浄土真宗本願寺派宗学院、二〇一一年）。

これに対して、平松令三（『親鸞の生涯と思想』吉川弘文館、二〇〇五年、以下平松二〇〇五）・平雅行（「善鸞の義絶と義絶状」、大谷大学真宗総合研究所『親鸞像の再構築』筑摩書房、二〇一一年）の両氏が反論し、本願寺派（本願寺二〇一〇）もこれを支持している。また、藤井淳氏は親鸞在世中に義絶の事実はなく、親鸞没後に善鸞と対立した門弟によって義絶関係の消息類が作成されたと論じる（「慈信房善鸞上人義絶問題について」、『宗教研究』三六三、二〇一〇年／『別冊太陽　日本のこころ一八二　名僧でたどる日本の仏教』平凡社、二〇一一年、八四～八七頁）。

(18) 消息類の年時推定については研究者によって見解が異なる場合が多く、検証が続けられている。森章司「書簡に見る親鸞と慈信房善鸞」（『東洋学論叢』二八、東洋大学文学部、二〇〇三年）、常磐井和子「末灯鈔を読み解く（一～一〇）」（『高田学報』八七～九六、一九九九～二〇〇八年）、安藤弥「関東門弟　親鸞消息にみる門弟の動向」（同朋大学仏教文化研究所『誰も書かなかった親鸞　伝絵の真実』法藏館、二〇一〇年）など。

(19) 親鸞消息とされている書状類は四三通あるが（『行実』「御消息対照表」）、自筆と認められている一一通のなかで年月日が自筆で明記されたものは、建長七年一〇月三日付「かさまの念仏者のうたがひ問われたること」一通のみである。

(20) 真宗史料刊行会（小山正文）『大系真宗史料特別巻　絵巻と絵詞』（法藏館、二〇〇六年）八六頁。

(21) 『新編相模国風土記稿』第三巻、二一七頁（『大日本地誌大系』第二一巻、雄山閣、一九五八年）。

(22) 平松二〇〇五、六一頁以下および井上円『宗祖と越後』（真宗大谷派高田別院、二〇〇七年）二七頁。
しかし、親鸞自身も「親鸞」の名の由来については語っていない。この名がもし自称であるならば、慈信房は父に習って「善鸞」と名乗ったとしても不思議はないと思う。

(23) 今井雅晴「越後の親鸞と恵信尼」（『上越市史　通史編二中世』上越市、二〇〇四年）。

(24) 北西弘「親鸞とその教団」（『日本仏教史Ⅱ中世篇』平樂寺書店、一九六七年、一〇七頁）。

(25) 石井良助『日本法制史概説』（創文社、一九七八年、初版一九四八年）三五二頁参照。
義絶によって、善鸞は「将来に互つて家を継ぎ得ず、親の財産を相続し得ざるに至るが」、他方義絶した親鸞もまた「義絶により子の犯罪に縁座することを免れ」たと想定した。

(26) 拙稿「初期真宗と善鸞」（『大谷大学大学院研究紀要』一〇、一九九三年）。

(27) 今井雅晴「善鸞と初期真宗教団」（桜井徳太郎編『日本宗教の正統と異端』弘文堂、一九八八年）。関東初期真宗教団について筆者が直接参考にしたのはこの論文である。

(28) 『行実』三〇〇頁、『法然と親鸞展』図録一五二頁・作品解説三一九頁。

(29) 真宗史料刊行会（上場顕雄）『大系真宗史料　文書記録編七　蓮如法語』（法藏館、二〇一二年）一〇四頁。
稲葉昌丸『蓮如上人行実』（法藏館、一九四八年）では『実悟記』を史料名とする。この書は江戸時代の蓮如伝や語録に大きな影響を与えた。

(30) 細川行信『真宗成立史の研究』(法藏館、一九七七年)一二七～一二八頁。これに対し、蓮如は同じ相模国厚木にある善鸞遺跡(飯山弘徳寺)を通過した可能性も指摘されているが(山田二〇〇三)、遺跡そのものが、『慕帰絵』が伝える覚如と善鸞が「相模余綾山中」で遭遇したとの記事を素材にした江戸時代の案出である可能性も考えられる。

(31) 真宗史料刊行会(塩谷菊美)『大系真宗史料伝記編二 御伝鈔注釈』(法藏館、二〇〇八年)二四三頁。

(32) 恵空『叢林集』巻八(一六九八年、『集成』第八巻、二八九頁)。

(33) 妙音院了祥『異義集』巻一(『続真宗大系』第一九巻、国書刊行会、三二一～三六頁)。

(34) 安冨信哉『『教行信証』への序論』(東本願寺出版部、一九九七年)二二頁。

(35) 細川行信「『歎異抄』の研究」『真宗教学史の研究』(法藏館、一九八一年)。

(36) 真宗史料刊行会(塩谷菊美)『大系真宗史料伝記編一 親鸞伝』(法藏館、二〇一一年)一七九・一九五・二一六頁。

(37) 高田派第一〇代真恵『十六問答記』の「当流上人の御子にも奥郡の慈心房といふひとは、一生御勘当候て仏法伝授なく候」(一四九四年、『集成四』四一頁)に拠ったものであろう。この背景には本願寺に対する対抗意識があるという(山田二〇〇三)。

良空は善鸞よりもその息男である本願寺第二代如信に関心があったようで、善鸞を関東に滞在させ続けたのも、如信が親鸞や京都と縁遠いことを印象づけるのが目的であったのかも知れない。『正統伝』での如信の師匠は顕智である。

(38) 三河国蓮成寺の恵旭(生没年不詳)は、寛保二年(一七四二)より三〇年をかけ『宗祖世録』を著わした。諸国を巡り収集した資史料は安永二年頃焼失に遭うが、同五年(一七七六)に完成させたという。本書は天明元年(一七八一)に江戸成満寺の深諦が開版した(『真宗全書』第六七巻解題二頁、『日本人名大辞典』参照)。

恵旭が本書で親鸞に「宗祖」の尊称を冠していることは異色である。深励は「祖師聖人年譜」においては「宗祖」を「祖師」に置き換えている。なお、東本願寺が公に「宗祖」の語を用いるようになるのは時代が明治となり、大師号宣下請願が本格化してからのことと思われる。

(39) 『宗祖世録』(一七八一年、『真宗全書』第六七巻、二一二～二一八頁)。

(40) 享和二年(一八〇二)、東本願寺は親鸞五五〇回忌(一八一一年)に向け、学寮諸師を動員して親鸞への大師号宣下請願を開始した。その時に香月院深励が作成したという「調書」が、深励筆「祖師聖人年譜」（外題「結網再治」、大谷大学図書館蔵）に関係すると思われる。

(41) 真宗史料刊行会『大系真宗史料伝記編二　御伝鈔注釈』四一六～四一七頁。

(42) 太田浩史『民衆の中で成長した親鸞伝』（真宗大谷派大福寺、二〇〇八年、初出『ねんりん』一六、南砺市郷土 Wiki. http://nanto.wiki.fc 2.com/）。

(43) 善鸞が「善永寺」と号したとあるが、これも江戸期に現れた伝承とされ、現在でも東京都内に善鸞創建を伝える本願寺派善永寺が遺されている（熊田順正「善鸞の伝記について――特に伝説的史料について――」、『龍谷教学』三五、龍谷教学会議、二〇〇〇年）。

同様に善鸞との因縁を伝える遺跡寺院に神奈川県厚木市飯山の本願寺派弘徳寺があり、善鸞墓などが遺る。なお、『大谷遺跡録』や『二十四輩順拝図会』等は弘徳寺と善鸞の因縁にふれていない。これは当時の善鸞に対する負のイメージと、この因縁や寺伝の成立との双方から考察する必要があろう。

(44) 神田信久『大谷嫡流実記』（『集成七』六一八～六一九頁）。

(45) 秀諦『下野流高田衆教目録』（『真宗全書』第七四巻、三五四頁）。

(46) 真宗教団連合『親鸞展　生涯とゆかりの名宝』図録（朝日新聞社、二〇一一年二刷）二二〇頁。

なお、『三河念仏の源流』図録は大正年間に松山忍明が発見・公表したとする（五二頁、岡崎市美術博物館他、二〇〇八年二版）。

(47) 佐々木月樵「野州高田に参詣するの記」（浩々洞編刊『精神界』九―一、一九〇九年）。のち『親鸞聖人伝』（平樂寺書店、一九一〇年）六六一頁以下所収。

(48) 南条文雄「見真大師年譜」（『宗祖観』大谷学士会、一九一一年）、村上専精『増訂真宗全史』（丙午出版社、一九二二年、初版一九一六年）、三二一頁以下など。

(49) 梅原真隆「慈信房義絶の御消息」（『親鸞聖人研究』七、親鸞聖人研究発行所、一九二一年）、同「義絶の御消息の影写」（同八、同前）。

(50) 中澤見明『史上の親鸞』（文献書院、のち法藏館、一九二二年）二〇〇頁。

(51) これは偶然ではなく、大正一二年(一九二三)が明治五年(一八七二)制定の「元仁元年(一二二四)立教開宗」より七〇〇年目に当たることを真宗各派が意識して動いていたことが背景としてあった。これ以降、五〇年ごとの遠忌に加え、立教開宗の年が新たな契機となったのである。

この頃に発表された倉田百三の戯曲『出家とその弟子』(大正五年)、また吉川英治「親鸞記」(大正一一年、『東京毎夕新聞』連載)は親鸞と善鸞親子の葛藤を描き出すなど、大正文学における「親鸞ブーム」は多くの日本人に親鸞の存在をより身近かにしたのである(寺川俊昭『念仏の僧伽を求めて——近代における真宗大谷派の教団と教学の歩み——(新装版)』法藏館、二〇〇一年、一七二~六頁/千葉幸一郎「空前の親鸞ブーム粗描」、『大正宗教小説の流行——その背景と〝いま〟——』論創社、二〇一一年)。

(52) 六五〇回忌の前年である一九一〇年、九州帝国大学の長沼賢海は「親鸞聖人論」(『史学雑誌』二一)において、実証史学の立場から従来の親鸞伝に疑問を示した。また、東京帝国大学の田中義成と國學院大学の八代国治が行った親鸞の存在を疑う談話が、やがて「親鸞抹殺論」として世間に伝わったという(家永三郎「歴史上の人物としての親鸞」、日本思想大系一一『親鸞』岩波書店、一九七一年)。

(53) 意訳真宗聖典刊行会『意訳真宗聖典 宗祖列祖部』(法藏館、一九二三年)六五二頁、中外出版社編『新撰真宗聖典』(中外出版社、一九二三年)七九一頁。

(54) 橋川正「真宗史要」三一頁(『真宗教義及真宗史』法藏館、一九二七年改訂再版、初版一九二四年)。

(55) 本願寺史料研究所『本願寺史 第一巻』(浄土真宗本願寺派宗務所、一九六一年)一〇一頁以下。

(56) 今井雅晴「唯善と初期浄土真宗」(『年報日本史叢』二〇〇〇、二〇〇〇年)、津田徹英「親鸞の面影——中世真宗肖像彫刻研究序説——」(『美術研究』三七五、二〇〇二年)。善鸞も唯善も京都の本願寺一族から退けられた人物である。しかし、浄土真宗全体から見ると、ともに東国で確かな足跡を遺している。

存覚、顕密寺院と修学文化

――一四世紀における唱導の報恩言説、諸宗兼学および浄土教聖教に関する一考察――（要旨）

ブライアン・小野坂・ルパート

この半世紀の間、存覚上人（一二九〇～一三七三）についていくつかの個別的な研究が行われている。しかし、中世仏教の発展や歴史的流れの中での存覚の位置づけはまだ十分に検討されているとは思われない。拙稿は存覚の執筆と顕密寺院での修学が深く結びついていた事やその関係を検討する。

存覚が顕密寺院で学んだのは若い時代であったが、その時寺院と結んだ〝縁〟を一生持ち続けたと思われる。また京都周辺では青蓮院の院家である心性院・尊勝院・十楽院、延暦寺（受戒）、園城寺、毘沙門谷証聞院（光明峰寺）で、南都近辺では興福寺の院家である発心院や西南院、東大寺（受戒）、中川成身院（東北院）で学んだことが知られているが、存覚はそれぞれの寺院で法相・天台・台密・真言密教などを学んだだけでなく、息子の綱厳を毘沙門谷証聞院で修学させたことからわかるように既成仏教寺院との関係も続いていたと思われる。

拙稿は存覚が覚如と義絶中に備後国（在国一三三七～一三三八）で執筆した複数の作品、とくに『報恩記』や『至道抄』に注目し存覚の報恩言説と既成の唱導や説話との関連を考察する。存覚が自身の著作物に幅広く大乗仏教の経典や本生譚を取り入れていたこと、とりわけ備後の時代は地方仏教信者や問答・議論の相手であった日蓮門徒の事を念頭に置きながら執筆していたことを明らかにする。さらに存覚が特に安居院流の唱導資料『言泉集』から報恩言説の影響が強く見受けられることを提示する。
この備後の時代に書かれた書物や『存覚上人一期記』および『存覚上人袖日記』などから存覚が覚如との義絶、諸宗兼学の修学、さまざまな寺院にわたるネットワーク、また大乗仏教経典の受容などによってユニークな浄土教観を持っていたことを指摘したい。一三六〇年代に存覚が執筆した『浄典目録』はその浄土教の聖教の目録として大陸大乗仏教や日本の多くの宗派の浄土教の聖教を対等にとりあげ、「旧・新仏教」の枠を超えて書かれたといえるのではないか。存覚の浄土教のビジョンや説法は「鎌倉新仏教」や「既成仏教」における浄土教の概念と違い、大陸の大乗仏教や中世日本の修学文化から作り上げられたと考えられる。

（英文は五七五〜五五九頁）

五

親鸞とその門弟

初期真宗門徒における師と弟子——門徒形成の契機として——

植野英夫

はじめに

初期浄土真宗の関東の門弟について、今井雅晴氏は関東教団と呼び、親鸞の信仰の深化、教団の歴史を研究する上で重要な意義があると定義づけられた(1)。その関東教団とは、親鸞が東国在住期には成立し、それぞれの活動の中心の地名を付した門徒の集団から成っていた。親鸞の人間的魅力が関東教団の求心力となり団結が維持されていたが、二つの事柄によって変質を遂げていったとされる。その理由の一つが親鸞の帰洛であり、二つ目が善鸞異義事件と念仏訴訟事件であるという。関東という地域に立脚したこの初期親鸞門流の捉え方については同意するものの、門弟らの実相についてさらに掘り下げるべき余地があるように考える。

初期門徒の実相を考察するにあたっては、時期を区切り、段階的な推移をみる必要があると考える。今日までの初期真宗史の研究には厖大なものがあるが、史料の少なさから、ややもすれば後世に成立した史料に依拠して叙述せざるをえないことがあり、同時代の史料を丹念に読み解く作業の必要性を痛感する。例えば『歎異抄』であるが、親鸞思想研究では「聞書き」という作成の目的・時期に照らして慎重に扱うべきではないかと思う。

本稿では、親鸞と門弟らの間で交わされた消息を中心に、親鸞と門弟の関係について新ためて問い直してみたい。親鸞が門弟らに認め伝えた法然像、弟子像、念仏者集団像、そして門弟らが描いていた師としての親鸞像など、帰洛後に門弟らの間で頻発する疑義・異義の中で、それらがどのように推移したかをたどってみる。そして門徒の実相を消息から改めて読み解き、のちに独自の展開をみせていく門徒の形成が何を契機としていたかについても考えたい。

一　親鸞消息にみる師と弟子

親鸞は師と弟子についてどのように捉えていたのか。この点について詳しく分析された黒田義道氏の論考を引用し確認したい(2)。

黒田氏は、「教え導く者」と「教えられ導かれる者」という「師弟」の関係を中心にすえた捉え方が「師」であり、教え導く者の方向の「善悪」を問題にするのが「善知識」であるとしている。浄土教においては、「同行」の立場でありながら、人の信仰における決定的重要局面で導き手となるのが善知識であると規定された。その上で、親鸞の消息からは、この基本的な原意にたち、「師」と「善知識」を使い分け、それを同朋に読み聞かせている態度がみえると指摘されている。

つぎに念仏せさせ給ふ人〳〵の事、弥陀の御ちかひは、煩悩具足の人のためなりと信ぜられ候は、めでたきやうなり。たゞし、わるきものゝためなりとて、ことさらに僻事をこゝろにもおもひ、身にも口にもまふすべしとは、浄土宗にまふすことならねば、人〳〵にもかたる事候はず。おほかたは、煩悩具足の身にて、こゝろおもとゞめがたく候ながら、往生をうたがはずせんと、おぼしめすべしとこそ、師も善知識もまふす事にて候に、かゝるわるき身なれば、僻事をことさらにこのみて、念仏の人〳〵のさはりとなり、師のため

にも、善知識のためにも、とがとなさせ給ふべしと申事は、ゆめ〳〵なき事也。[3]（傍線は筆者、以下同）

善鸞異義の動揺の中で認められ、『御消息集』広本第九通九月二日付けの念仏人々御中宛てに出された消息である。年次は善鸞義絶の前年、建長七年（一二五五）と比定される。[4]

前出の「師も善知識も」について、親鸞の主張を裏づける文脈で使われていることから、「師」は法然、「善知識」は法然の下の同行である聖覚や隆寛を意味している。後出の「師のためにも、善知識のためにも」は、親鸞の主張と反対し実際に造悪無碍をおこす者の主張を表現する中で使われていることから、「師」は親鸞門下の単位門徒集団の主宰者、「善知識」はその門徒集団内の同行で、指導的な立場にあるか、その門徒集団に属するものからみると入門のきっかけを与えたり、導いてくれた人物を指すという。

次に黒田氏がとりあげなかった消息から、親鸞は師法然をどのように記しているかを確認したい。

二　親鸞消息にみる師法然

まず、消息において、親鸞が師法然をどのように表現したかを確認する。

『末灯抄』第二〇通　建長四年八月一九日付け「方々よりの御こゝろざしのものども」

「法然聖人」

『末灯抄』第一九通　（建長四年）「御ふみ、たび〳〵まいらせさふらひき」

「法然聖人」「故聖人」

『末灯抄』第二通　建長七年一〇月三日付け「かさまの念仏者のうたがひとわれたる事」

「聖人のおほせごと」

『御消息集』広本第七通　（建長八年＝康元元）七月九日付け性信宛て「六月一日の御文」

「故聖人の御とき」

『御消息集』広本第一三通（建長八年）性信御坊宛て「くだらせたまひてのち、なにごとか」

「聖人の廿五日の御念仏も」

『善性本御消息集』第七通（正嘉年間）専信宛て「おほせ候ところの往生の業因は」

「たゞ仏にまかせ給へと、大師聖人のみことにて候へ」

『末灯抄』第七通（正嘉二年）一二月一五日付け浄信宛て「如来の誓願を信ずる心のさだまる時」

「しかれば如来の誓願には義なきを義とすとは、大師聖人の仰に候き」

『御消息集』第一八通（正嘉二年比定）一二月一五日付け慶西宛て「諸仏称名の願と申」

「義なきを義とすとこそ、大師聖人のおほせにて候へ」

『末灯抄』第六通　文応元年一一月一三日付け乗信宛て「なにによりも、こぞ、ことし」

「故法然聖人は浄土宗のひとは愚者になりて往生す」

消息に使われている法然の呼称は、建長八年七月九日以前は「法然聖人」「聖人」「故聖人」であったが、正嘉元年一一月以降は文応元年のものを除くと「大師聖人」となっている。これは偶然なのだろうか、意識的な使い分けではないのだろうか。

「大師」とは、一般に、①偉大なる師、人を教え導く師、②釈尊のこと、③高徳の僧の敬称、④謚号の一つの意味がある。[5] ここでの「大師」は、①の意味で使われていることは明らかであろう。朝廷からの謚号ではなく、私《わたくし》の敬称として付しているのである。[6] 後年になるが、覚如は、『御伝鈔』において、親鸞を「上人」、法然を「大師聖人」と使い分けており、覚如の次男従覚は、『末灯抄』を編んだ抄の冒頭に「本願寺親鸞大師御己証、并辺州所々御消息等類聚鈔」と記し、ともに私《わたくし》に「大師」の尊称を付している。つまり親鸞消息における法然呼称の使い分けの理由としては、親鸞にとって師法然への信仰の深まり、敬慕の念の高まりがあったのではないかと考えられよう。

なお、親鸞は、『教行信証』『高僧和讃』では、「本師聖人」「源空聖人」「本師源空」「源空ひじり」の使用が主である。ただし、『正像末和讃』第五六首において、「三朝浄土の大師等　哀愍摂受したまひて　真実信心すゝめしめ　定聚のくらゐにいれしめよ」と、天竺・震旦・和朝の浄土の先師を「大師」と呼んでいる。また『高僧和讃』では、草稿本では震旦・和朝の僧の首題・尾題で「和尚」とあったのを、「大師」と修正したものもある。消息だけではなく、他の自著でも先師への尊称に変化があったことを裏づける。

三　「大師聖人」称の時期

親鸞は晩年に自らのまたは浄土先師の著述の書写を頻繁に行っている。建長八年（康元元＝一二五六）から正嘉元年（一二五七）にかけては、師法然の事蹟を集成した『西方指南抄』を書写している。

『西方指南抄』上巻・末　康元元年一〇月一三日書写
『西方指南抄』中巻・末　一〇月一四日書写
『西方指南抄』下巻・本　一〇月三〇日書写
『西方指南抄』下巻・末　一一月　八日書写
『西方指南抄』上巻・末　康元二年　一月　一日校合
『西方指南抄』上巻・本　一月　二日書写
『西方指南抄』中巻・本　一月　二日校合

『西方指南抄』において「大師聖人」として法然が表されている箇所が一箇所ある。それは中巻末に所収される「源空聖人私日記」である。

園城寺長吏法務大僧正公胤、為法事唱道之時、其夜告夢云。

源空為教益　公胤能説法
感即不可尽　臨終先迎摂
源空本地身　大勢至菩薩
衆生教化故　来此界度度

此故勢至来見名大師聖人、所以讃勢至言無辺光、以智恵光普照一切故、嘆聖人称智恵第一、以碩徳之用潤七道故也。弥陀動勢至為済度之使、善導遣聖人整順縁之機定知、十方三世無央数界有情・無情、遇和尚興世初悟五乗済入之道、三界・虚空・四禅・八定・天王・天衆、依聖人誕生、忝　抜五衰退没之苦、何況末代悪世之衆生、依弥陀称名之一行、悉遂往生素懐、源空聖人伝説興行故也。仍為来之弘通勧之。

南無釈迦牟尼仏　南無阿弥陀如来
南無観世音菩薩　南無大勢至菩薩
南無三部一乗妙典法界衆生平等利益[7]

これは三井寺公胤の夢告一件である。公胤が法事の唱導の夜に、「源空為教益　公胤能説法　感即不可尽　臨終迎摂　源空本地身　大勢至菩薩　衆生教化故　来此界度度」の夢告を受ける。法然も本地は勢至菩薩であり、衆生を教化するために現世にわたってきた。このために、法然を「大師聖人」と名づける。無辺光・智恵光を普く照らすため智恵第一と称し、優れた徳で国中を潤す故である。阿弥陀は勢至菩薩を動かし済度の使いとして善導を遣わし、聖人（法然）に出会う機縁を整えた。確かに知るのである、あらゆる世界、すべてのものが和尚に出会ってこの世に興った。ここに初めて全ての者が等しく救われる道を悟るのである。全ての世界、全ての者、天部の神も、聖人の誕生によって、死ぬ前の苦しみ抜くことができることを。末代悪世の衆生は阿弥陀如来の名を称える称名一行によって、法然聖人の教えが盛んになることで、全ての者が往生の素懐を遂げるのである。このように夢に出たのはこの教えを弘めるためである。「南無釈迦牟尼仏　南無阿弥陀如来　南無観世音菩薩　南無大勢至菩薩　南無三部一乗妙典法界衆生平等利益」

公胤は法然の『選択本願念仏集』を読みそれを批判する書『浄土決疑鈔』を著わしたが、のちに法然の法門を聞き帰依したと伝える顕密僧である。この公胤夢告は「私日記」の巻末にあるもので、法然往生の次に位置する。公胤の夢に現れたのは、『古今著聞集』によれば法然その人である(8)。夢告を受けた公胤は法然を「大師聖人」と名づけ、その遺徳を鑽仰しているのである。

「私日記」は、嘉禎三年（一二三七）ないし仁治二年（一二四一）を上限、康元元年（一二五六）を下限として成立したとされる。作者については、源智系、信空・湛空系、いずれとも決しがたく、それら各系統の一次的伝記資料を参照して成立したものという評価が与えられている(9)。このことからすると、親鸞は、帰洛後も法然門流の同朋との交流があり、新たに編纂された法然伝記を取り寄せ閲覧・書写していたことがわかる。

このように消息にみる「大師聖人」使用は、『西方指南抄』書写の時期と一致している。つまり、「源空聖人私日記」を閲覧したことによって、法然の遺徳を一層篤くする尊称「大師聖人」に出会ったのである。それまで「聖人」と敬ってやまなかった親鸞は、さらに「大師聖人」の呼称を使い、門弟に法然の教えを説いたのである。

四　門弟消息にみる師と弟子

親鸞消息とよばれる史料群には、門弟が書いたものが四点残っている。それは、①『善性本御消息集』第九通の（正嘉元年）一一月一日付けの専信発の「一　或人云、往生の業因は」、②同第三通の（正嘉二年）一二月一二日付けの浄信発の「一　無碍光如来の慈悲光明に摂取せられまいらせ候ゆへ」、③『末灯抄』第一四・一五通の（正嘉二年）一〇月一〇日付け慶信発の「畏申候」およびその勘返状に添えられた④『善性本御消息集』第五通の一〇月二九日付け蓮位発の「この御ふみのやう、くわしくまふしあげて候」である。

①に親鸞をさす言葉はない。内容は、「或人云」っている「義なきがなかの義となり」について、専信は無明であり煩悩に覆われているとして、説の当否について尋ねている。

②にも親鸞をさす言葉はない。内容は、「不退の位」「如来とひとし」についての浄信の理解が記され。「このやうをおほせかぶり給ふべく候。恐々謹言」と結んでいる。

③は、慶信が自分の信心をまとめたものを親鸞へ書き送り批評を依頼したものである。親鸞は慶信の文章の一部を添削し、余白に返事を認めている。親鸞が加筆した手紙に蓮位がその経緯他を認めそれを添えて慶信へ送っている。門弟が法門についてどのような問い合わせをしていたか、具体的にうかがい知ることのできる貴重な史料である。なお、慶信は「下野高田住」（『親鸞門侶交名牒』妙源寺本他）とされ、手紙の時期は正嘉二年（一二五八）の一〇月と比定されている。

慶信は宛所に親鸞の名を記していない。「進上聖人ノ御許へ　蓮位御房申させ給へ」とし、親鸞の傍に常随給仕している蓮位に手紙の趣きを申し上げてくださいと託している。まずこの形式に慶信の親鸞へ深い尊敬の念があることが示される。そして慶信は「聖人」と尊称している。蓮位添状には、患っていた親鸞が蓮位に代筆を命じたものの、「御自筆はつよき証拠におぼしめされ候ぬとおぼえ候」とて、親鸞の自筆の返信を求める慶信と、それを忖度して親鸞に添削・返事を願い出た経緯があり、両者の間に「聖人」への強い尊敬の念があることがうかがえる。

慶信の問い合わせた本文中には「師主」と「知識」が使われている。ここで、その意味について考えたい。

自無始廣《曠》劫以来、過去遠々ニ、恆沙ノ諸仏ノ出世ノ所ニテ、自力ノ《大》𦬇心オコストイヱドモ、サトリ《自力》カナハズ、二尊ノ御方便ニモヨヲサレマイラセテ、雑行雑修・自力疑心ノオモヒナシ。無碍光如来ノ摂取不捨ノ御アワレミノ故ニ、疑心ナク、ヨロコビマイラセテ、一念《マデノ》スルニ往生定テ、誓願不思議ト心得候ヒナン《ム》ニハ、聞見ル《候》ニアカヌ浄土ノ御《聖》教モ、知識ニアイマイラセントオモハンコトモ、摂取不捨モ、信モ、念仏モ、人ノタメトオボエラレ候。今、師主ノ○《御》教ニヨリテ《ヘノユヘ》、心ヲヌキテ、御コヽロムキヲウカヾイ《聞名ニイタルマデ》候ニヨリテ、願意ヲサトリ、直道ヲモトメエテ、正シキ真実報土ニイタリ候ハンコト、此度一念ニトゲ候ヒヌル、ウレシサ、御恩ノイタリ。其上、弥陀経集義ニ、オロ〳〵明ニオボヘラレ候。然ニ世間ノソウ〳〵ニマギレテ、一時、若ハ二時・三時オコタルトイエドモ、昼夜ニワスレズ、御アワレミヲヨロコブ業力バカリニテ、行住座臥ニ、時所ノ不浄ヲモキラハズ、一向ニ金剛ノ信心バカリニテ、仏恩ノフカサ、師主ノ御トク《恩徳》ノウレシサ、報謝ノタメニ、タヾミナヲトナフルバカリニテ、日ノ所作トセズ。

左脇の点は親鸞が消した文字で、右脇の文字は親鸞が書き加えた文字である。ここでは親鸞添削前の内容に着目し、慶信自身の信仰のあり様をみることとする。

無始曠劫の遠い遠い過去以来、世に出られた諸仏のもとで、悟りを得ようと自力の菩提心を起こしましたが、悟りを得ることはできませんでした。釈迦・阿弥陀二尊の導きにもよおされて、雑行・雑修をする思いも自力で善を積もうという思いもなく、本願を疑う心もありません。阿弥陀如来の摂取不捨の御慈悲の故に、本願を疑う心なく、喜んで一声を称えると往生が定まり、阿弥陀如来の誓願の不思議だと心得るようになりまして、何度聞いても見ても飽きることのない浄土の御教えも、よき指導者（知識）に会わせていいただきたいと思うことも、摂取不捨も、信も、念仏も、人のためであると思われます。今、師匠の教えによって、心をふるいおこして、御教えのおもむきを伺いましたので、本願の意味を理解し、正しく近い道を求めることができ、正しい真実浄土へ往生するということを、この度一声の念仏によって遂げることができました、その嬉しさ、阿弥陀の御恩のおかげです。その上、『弥陀経義集』でだいたい明らかに理解できます。しかるに、世間のあわただしさに紛れて、一時、又は二時、三時と念仏を怠ることもありますが、昼夜に忘れず、御慈悲を喜ぶ阿弥陀の本願力ばかりで、行住坐臥、時間や場所の不浄も選ばず、一向に堅固な信心ばかりで、仏恩の深さ、師匠の御徳の嬉しさに、報謝のために、ただ阿弥陀の御名を称えるばかりでいて、これを日々の日課とはいたしません(10)。

慶信は手紙の冒頭に、「信心ヲヨロコブ人ヲ、如来トヒトシト、同行達ノノタマフハ、自力ナリ。真言ニカタヨリタリ」といって批判する者の存在を書いており、そこから「如来トヒトシ」「信心ヲヨロコブ」ことへの自分なりの解釈と親鸞の教えをこのように理解しています、という内容を記している。

最初に登場する「知識」は、阿弥陀の誓願にふれて往生が定まった者は、浄土の教え、知識に会いたいと思うこと、摂取不捨、信、念仏、これらはすべて人のために振り向けるものである、と。次に、師匠の教えによって、願意をさとり、真実報土にいたらんことを一念で遂げることができたと述べる。そして、阿弥陀の慈悲、師匠の御徳の嬉しさから報謝の念仏をしている、ただし日々の日課とはしていない。

この慶信が使っている「知識」「師主」は誰をさすのか。その前に、まず慶信の弟子としての立場を確認したい。慶信の問い合わせに対しての親鸞の返信に添えられた蓮位添状からは、慶信は覚信の子であると考えられている。覚信は、建長八年(康元元)四月に親鸞へ「信の一念」「行の一念」の違いについて問い合わせをしており(『末灯抄』第一一通)、これに対し親鸞は、「いのち候はゞ、かならず〱のぼらせ給べく候」と親愛の情を示している。蓮位添状には、覚信は「信心たがわずしておはせられて候」と最後まで信心堅固の念仏者であったこと、「みもとにてこそ、おはり候はば、おわり候はめとぞんじて」親鸞のもとに上洛し、そこで往生を遂げたことが記される。蓮位が書き記したこの内容を読みあげ、間違いがないか親鸞に確認をとったところ、「ことに覚信坊のところに、御なみだをながさ」れたという。親鸞と覚信の間には師弟の深い関係があったことをのぞかせる。

念仏の布教においては、法然門弟の大胡小四郎隆義と実秀がそうであるように、親子で念仏者になっている例が多い。覚信・慶信が居住したと伝える下野国高田を拠点とした高田門徒では、建長八年に三河国で「念仏ヲ勧進」したところ、権守殿とその子袈裟太郎が顕智聖に帰依したなどの例もある。

こうした覚信の信心堅固、親鸞への深い敬慕の念、慶信の阿弥陀の慈悲、念仏の喜びを記す態度から推して、「師主」は親鸞その人をさすことは間違いないであろう。では、「(善)知識」はどうか。この箇所は、浄土の教え、知識、摂取不捨、信、念仏等を「人のため」に振り向ける、それが念仏であるという慶信の理解を示している。つまり往生決定した念仏者の一般的な正しい姿の理解を記しているものである。となれば、この「知識」は浄土宗の一般的な「よき教え導く者」という指導者をさすものと考えられる。

五　異義事件と「大師聖人」

先に、親鸞は消息において、正嘉元年一一月以降は法然を「大師聖人」と尊称していることを指摘したが、その理由については触れていなかった。しかし多くの先学が指摘されている通り、それは門弟間におこる異義の問題であった。「大師聖人」と書かれた消息は、どれも「正定聚に住す」「弥勒とおなじ位」「諸仏と等し」「義なきを義とす」の教えを説くものである。

森龍吉氏は、以前から著書に記していた言葉にもかかわらず、善鸞異義のさなかに限って、造悪無碍の制誡にかえて「正定聚」「諸仏等同」が消息の中で強調されていることを明らかにされた(11)。赤松俊秀氏は、これらの消息は、善鸞の異義によって激しく動揺した念仏者集団に、得信者としての自覚を与え邪義におちいるのを防いだ効果があったと説明された[12]。一方で、末法の実相をいよいよ痛感し、はからいを一切捨てた自然法爾という極地へたどり着いたとする。松野純孝氏は、善鸞異義によって親鸞は、親鸞という「人」から独立した「法」としての同朋・同行を説かざるをえなくなったと分析された[13]。異義事件の中で、親鸞が強調した「諸仏等同」が門弟の動揺を鎮める効果があったとする見方は一致している。

親鸞が「諸仏等同」を説く消息に「大師聖人」と記したのは、法然の正しい教えに改めて立ち戻ろうとする考えからではなかったか。親鸞自身は師法然を勢至菩薩の化身と信じていた（恵信尼消息第三通）。弟子が師を尊崇するのは、法を授かった者の自然な在り様である。こうした法然を敬う親鸞の態度は、当然門弟らにも伝わり、「聖人」としての親鸞が敬慕されるのである。このように、親鸞消息に見える「師」表現の変遷は、親鸞が、門弟が直面する現実的課題に当たるため動揺を鎮め安心を獲得することを目的に強調したことを示すものであった。

ところで千葉乗隆氏は、異義事件を契機として、門弟の結束が強固となり、異解への批判によって教法の顕揚と正意の安心の伝持ということに注意が払われることになったと言い、一方では、正法を護持する努力は法脈相承を重視し師説に随順する知識尊崇の気を醸成し、知識帰命への発展の危険性も孕んでいたことを指摘されている[14]。この指摘は重要で、その後の門徒の展開や、門徒の主宰者（＝開基）、または指導者への知識帰命の出発点であったと考えられる。つまり、親鸞の「諸仏等同」の強調が、門徒の結束を強め、門徒内の指導者ごとの独自の活動へと広がっていくことにつながるのである。

六　消息にみる門徒の実像

ここで、親鸞消息から読み解ける各門徒の実態について確認しておきたい。

（1） 地域性

・鹿島、なめかたのひと〴〵のあしからんことをば（『末灯抄』第一六通）
・奥郡におはします同朋の御なかに（同前第一八通）
・かしま・なめかた・南の庄、いづかたにもこれにこゝろざしおはしまさんひとには、おなじ御こゝろに、よみきかせたまふべく候（同前第二〇通）
・鹿島・行方そのならびのひと〴〵にも、このこゝろをよく〳〵おほせらるべし（『親鸞聖人御消息集』略本第一通）

これらの表現から、親鸞は門弟を郡あるいは庄単位で把握し、また、そうした一定範囲の集団単位で親鸞の消息が回覧・読み聞かせされていることがわかる。

（2） 儀礼・道場

聖人の廿五日の御念仏も、詮ずるところは、かやうの邪見のものをたすけん料にこそまふしあはせたまへ（『御消息集』略本第八通）

消息に見える唯一の儀礼と思われる。二五日は法然の命日であり、門弟は毎月二五日に集まって念仏を唱えていた。この場合の念仏は阿弥陀如来の本願である念仏を授かったという感謝・報謝の念仏よりも追善の念仏の意味合いが強かったのではないか。

集まったのは、「道場」（『歎異抄』第一三条および『三河念仏相承日記』）であろう。道場には儀礼の中心となる本尊のようなものはあったのだろうか。

親鸞の著書に『尊号真像銘文』がある。尊号とは本願成就の名号、真像は浄土教先師の影像であり、銘文はその名号と真像を鑽仰するさいの経釈文である。ここで説かれる先師の影像として、大勢至菩薩、龍樹菩薩、婆藪般豆菩薩、曇鸞和尚、善導和尚、皇太子（聖徳太子）、源信、源空聖人、聖覚和尚がある。これらの真像（絵像）が実際に懸用されて、そこに記される銘文を唱えられたと考えられる(15)。

（3）聖教・法語

しるしおほせられて候ふみの候、しるしてまいらせ候也

（前出（正嘉二年）一〇月二九日付け蓮位筆慶信宛て添状）

法語として門弟に与える「しるし」が、親鸞（ここでは随従している蓮位）の手元に用意されていることを示している。同じ内容の疑義の問い合わせが頻繁に到来していることをうかがわせる。

なお、この添状に係る慶信の消息は、前掲のように漢字片仮名交じりで書写されている。親鸞の門弟においては、法語である聖教は漢字片仮名交じりで書写されている。漢字平仮名交じり文で記述されている。漢字の傍には片仮名で読み仮名を付けて書写される。つまり、慶信は、最初から親鸞の添削を加えたものがそのまま法語となるように片仮名で記述したとされる。読んだ親鸞の感想として「すべてこの御ふみのやう、たがはず候とおほせ候也」が述べられるほど、慶信は己の法門理解に一定の自信があり、そこへ「つよき証拠」の親鸞自筆が加えられる聖教を手にすることを望んでいたのではないか。こうした慶信の行動は、決して慶信に限られるものではなかったろう。頻繁に寄せられる門弟からの消息は、異義の頻出する実情を示す一方で、この機会に聖教を所有し読み聞かす「善知識」たらんとした志向があったことも示している。

また、親鸞自筆の聖教からさらに進んだ段階のものが、師の教えをそのまま記した聞書きであろう。

又、真宗のきゝがき、性信坊のかゝせたまひたるは、すこしもこれにまふして候やうにたがはず候へば、う

れしう候。真宗のきゝがき一でうはこれにとゞめおきて候。

（『血脈文集』第二通（建長八年）五月二九日付け性信房御返事）

念仏訴訟事件の一方の主役であった性信は『真宗のききがき』を著わし、それを親鸞に送り「すこしも違はず」という最高の評価を得ている。一帖は親鸞の手元にとめおきとあるので、おそらくは他にも書写されて閲覧・読み聞かせに使われたものと考えられる。

この『真宗のききがき』を送った消息で性信は、異義者の哀愍房が善鸞の教えを受けて書いた『唯信抄』も送ってきている。これについては、

この唯信抄のかきたるやう、あさましく候へば、火にやき候べし。

と焼却処分すべしと強い口調で命じている。門弟の間では、親鸞から聞いた内容を自分でまとめた聞書き、または親鸞から与えられた聖覚・隆寛の著書の著書などを利用して布教を行っていた。哀愍房の『唯信鈔』もそうした実態に適合した態度ではあったといえる。哀愍房は「親鸞がふみえたる」と喧伝もしており、親鸞消息が布教においては聖教として強力な武器であったこともうかがえる。

龍口恭子氏は、こうした仮名・片仮名を多用した和語聖教は、今まで仏法にふれたことのない人にも、直接会って（面授）伝え、公開を原則として行き渡らせることのできるよう、親鸞がたどり着いた布教の手法であったとする[16]。したがうべきであろう。

（4）経済

念仏者集団の経営はどのような経済的基盤に立っていたか。

・又御こゝろざしのぜに三百文、たしかに〳〵かしこまりてたまはりて候

（『末灯抄』第一一通）

・銭貳拾貫文、慥々給候　（同前第一七通）

・方々よりの御こゝろざしのものども、かずのまゝにたしかにたまはりてさふらふ　（同前第二〇通）

・護念坊のたよりに、教忍御坊より銭二百文、御こゝろざしのもの、たまはりてさふらふ。先に念仏のすゝめもの、かた〴〵の御なかよりとて、たしかにたまはりて候き　（『御消息集』広本第八通）

・さては御こゝろざしの銭、五貫文、十一月九日、給て候　（『御消息集』広本第一一通）

・人〴〵の御こゝろざし、たしかに〳〵たまはりて候　（専修寺蔵真蹟）

これらは、京にいる親鸞が東国の門弟から銭を受領したことを記した箇所である。平松令三氏は、「念仏のすすめもの」は個人的懇志であり、「方々よりのこころざし」は個人を超えて組織の存在を考えないわけにはいかないと指摘されている[17]。この銭は師親鸞の元へ届けられているものだが、念仏者集団・道場の維持にも用いられたと考えられる。

（5）入門

おほぶの中太郎のもとには「九十なむ人」（『御消息集』広本第一一通）の弟子がいたが、それら念仏者が入門するきっかけとはどのようなものであったのか。

むさしよりとて、しむしの入道どのとまふす人と、正念房とまふす人の、おほばんにのぼらせたまひて候と、おはしまして候。みまいらせて候。御念仏のこころざしおはしますと候へば、ことにうれしう、めでたふおぼへ候。御すゝめと候。かへす〴〵うれしう、あはれに候　（『血脈文集』第四通）

これは消息に見える唯一の入門をほのめかす事例かと思われる。鎌倉での念仏訴訟が落着し、ある武士が京都大番役で上京したさいに親鸞を訪ね、そのことを性信へ伝えた消息の冒頭である。親鸞の書き様から、しむしの入道と正念房との出会いは初めてらしいことがうかがえる。二人が訪ねたきっかけは性信の「御勧め」があったからだという。また、二人は「御念仏のこころざし」を親鸞へ渡している。性信は横曾根門徒の開基で、鹿島神宮の神官大中臣氏の出身であると伝える[18]。念仏訴訟事件では善鸞に対し門弟の実質的な指導者として指揮を執った人物である。御家人に専修念仏を勧める人物として不審はないといえる。しむしの入道殿にとっては性信が善知識であったのである。

このゑん仏ばう、くだられ候。こゝろざしのふかく候ゆへに、ぬしなどにもしられ申さずして、のぼられて候ぞ。こゝろにいれて、ぬしなどにもおほせられ候べく候（専修寺蔵真蹟）

ゑん仏房は念仏の志深く、主人に内緒で上洛してきた。田舎へ帰るので、丁寧にとりなしていただきたい、と親鸞は真仏へ書き記している。真仏は高田門徒の開基で、常陸国真壁郡の武士椎尾氏の出身と伝える[19]。ゑん仏房の主人は、真仏と同じく在地の領主層と想定できる。

性信と真仏の事例からは、武士同士が親鸞の念仏・信心について情報を交わしていること、そして、その情報が領地内の下位層の者へと伝わり、親鸞の教えや面授を渇仰する者が出てくる状況が生まれたといえるだろう。

（6）門徒内の指導者

念仏行によって門徒内での指導者・善知識になる場合、どのような手続きがあったか。

まず、親鸞から「御身の料さだまれり」、念仏の理解について「少しも違はず」といった許し・認めがあったことは先に述べた。また、慶信のように親鸞直筆の聖教を得ることで、自分の理解を他人へふりむける態度・志向があったことも上述の通りである。

しかし、法然以来の伝統にのっとた手続きを踏むには、正しく教えを受けた者へは「決定往生の徴」を伝授することであろう。親鸞の肖像画と聖教の書写を許すことである[20]。これは親鸞が法然から『選択本願念仏集』の書写、真影の図画を許され、「南無阿弥陀仏、往生之業、念仏為本」の内題、「釈綽空」の名を与えられた経験にならう行為であった。具体的な実例は、建長七年の高田門徒の専海が、『教行信証』の書写と「安城の御影」の図画を許可されている事例[21]、横曾根門徒の性信が、「真文」と「本尊」（法然の御影）を預かった事例がある[22]。

（7） 異義者

・北の郡にありし善乗房といひしものに、つゐにあひむつる丶ことなくてやみにしをばみざりけるにや

（『末灯抄』第一六通）

・善知識をおろかに思ひ、師をそしるものおば、謗法のものと申也。おやをそしるものおば五逆のものとまふすなり。同座をせざれと候也。されば、きたのこほりに候しぜんじょうばうは、おやをのり、善信をやう〳〵にそしり候しかば、ちかづきむつまじくおもひ候はで、ちかづけず候き

（同前第一九通）

・さては念仏のあひだのことによりて、ところせきやうにうけたまはりさふらふ。かへす〴〵こ丶ろぐるしくさふらふ。詮ずるところ、そのところの縁ぞつきさせたまひさふらふらん。念仏をさへらるなんどまふさんことに、ともかくもなげきおぼしめすべからずさふらふ。念仏とゞめんひとこそ、いかにもなりさふらはめ。まふしたまふひとはなにかくるしくさふらふべき。余のひと〴〵のおなじこ丶ろならずさふらふらんも、ちからおよばずさふらふ（中略）そのところの縁つきておはしましさふらはゞ、いずれのところにてもうつらせたまひさふらふておはしますやうに御はからひさふらふべし

（『御消息集』広本第一一通）

前二つは、親鸞が常陸国にいたころ、凡夫だからといって盗みや人殺しを厭わない旨を言い募っていた善乗房に対した自分の態度を改めて思い出してほしいと消息差出人へ認めた返事である。三つ目の史料は、念仏者同士

の異義の件で、念仏を止めようとする人々を頼りとすることなく、縁が尽きたそこの所から移るよう図らってくださいと真浄宛ての返信である。

親鸞は、法然門下時代に異義者と諍論することを禁じた起請文に署名している[23]。諍論だけでなく異義者へ近づき睦《むつ》まないという態度を貫き、それを門弟へ示しているといえる。今井雅晴氏は、本願ぼこりに対してなれむつむなと遠ざけていることは真の問題解決にはならないとされる[24]。

親鸞門流では、聖教の公開、読み聞かせによって教えを共有していた。こうした慣行と、異義者を隔絶、該地を離れるという態度を、親鸞は、

善導の御をしへには、悪をこのむひとをば、つゝしんでとをざかれとこそ、至誠心のなかにはをしへをかせおはしましてさふらへ　（『末灯抄』第一六通）

という善導の教えで矛盾なく順守すべきものと理解していたと考えられる。しかし、門弟らにとっての理解は、親鸞ほど徹底したものではなかったことが、消息全般からみてとることができる。

七　門徒形成の契機——まとめにかえて——

これまで親鸞消息を基本に、親鸞・門弟のそれぞれの師と善知識、法然像をみてきた。親鸞の場合は、師を法然、門徒の主宰者に、善知識を法然門下の高足、門徒内における指導者として使い分けており、門弟の慶信は、師は親鸞、善知識は一般的な浄土宗の先師をさしていたことを確認した。

親鸞の師法然の表現をみてみると、「聖人」から、正嘉元年一一月以降は「大師聖人」と尊称し使い分けをしている傾向を確認した。この変化は、善鸞異義、念仏訴訟事件に由来するものであり、親鸞自身の信仰の深化を示す一方で、動揺する念仏者集団を鎮め、本来の教えに立ち還らせる意味があったと考えられる。

善鸞異義は、「慈信一人に、夜、親鸞が教えたる」法門を鼓吹し、それまでの直弟らが相承していた「本願をば萎める花にたとえ」、念仏者をまどわせた事件である。この事件を中心に集中して制作されたものに尊号（名号）がある。[25] それまで堅固な信心を獲得していると思われていた門弟が次々と離れていき、経において末法では念仏謗法の発生が予定されていることを知っていたとはいえ、親鸞は一層思索を深めるとともに、大師聖人法然への鑽仰も増していったのである。称名念仏だけでなく、門弟の信をつなぎとめる、念仏を表象化したものが望まれたためであると考える。[26] 法然から親鸞への真影の伝授も、師親鸞の表象化である。そうした親鸞の門弟への働きかけが、師・善知識への随順・絶対視を生み出す契機となったものと考えられる。

金龍静氏は、蓮如以前の浄土真宗について、各門徒はそれぞれ門祖・開基を違え、師匠という善知識のもとに結集し、個人間の法脈相承に依拠する独自の活動を展開しており、一宗としての教団たりえていなかったと指摘し、各地に門徒が割拠している状況から本願寺教団となる史的展開について、宗祖・本尊・公的認可に視座を据え、たいへん説得力のある枠組みを提示された。[27] 確かに、親鸞滅後の関東の門徒は、大谷廟堂留守職継承、唯善事件、存覚義絶など、初期真宗史の画期では、それぞれ独自の布教・信仰を展開したことが注目されてきた。[28] この点についても、師と弟子の関係の推移をみることで、各門徒の独自展開の意義を再検討できるのではないかと考える。

（1）今井雅晴「親鸞と関東教団」（『真宗重宝聚英　第四巻　親鸞聖人　絵像・木像・絵伝』同朋舎出版、一九八八年）。

（2）黒田義道「親鸞に見る『師』と『善知識』――『御消息』を中心に――」（『龍谷大学大学院文学研究科紀要』二七、二〇〇五年）から引用。他に、同「初期真宗の教団指導者像」（『印度学仏教学研究』五四―一、二〇〇六年）を参照。

（3）本稿での親鸞消息は、日本古典文学大系『親鸞集・日蓮宗』（岩波書店、一九六四年）から引用。

（4）本稿での年次比定は、教学研究所編『親鸞聖人行実』（真宗大谷派宗務所出版部、二〇〇八年）による。なお、善鸞異義をめぐる先学については、山田雅教「善鸞事件をめぐる研究史」(『高田学報』九一、二〇〇三年)を参照し、研究者によって事件とそれに関わる史料の年代比定に違いはあるが、消息の前後関係については誤差の範囲として本稿では扱うものとする。

(5) 中村元『仏教語大辞典』(東京書籍、一九八一年)から引用。

(6) 私の敬称については、岡村周薩編纂『真宗大辞典』(永田文昌堂、一九七二年改訂版)の「大師号」を参照。

(7) 親鸞聖人全集刊行会『親鸞聖人全集　輯録篇一』(法藏館、一九六九年)から引用。

(8) 『第日本史料』第四編一四冊の建保四年閏六月二〇日条。

(9) 中井真孝「『源空聖人私日記』の成立について」(『法然伝と浄土宗史の研究』思文閣出版、一九九四年、初出は一九八四年)、中野正明「『西方指南抄』の成立について」(『法然遺文の基礎的研究』法藏館、一九九四年、初出は一九九一年)、田村圓澄「法然伝の諸問題」(伊藤唯真・玉山成元編『日本名僧論集第六巻　法然』吉川弘文館、一九八二年、初出は一九五一年)、足立幸子「『西方指南抄』における源空像——「私日記」を中心として——」(『印度学仏教学研究』四三—一、一九九四年)。

(10) 多屋頼俊「慶信と親鸞と蓮位」(同『親鸞書簡の研究』法藏館、一九九二年、初出は一九五六年)を主に参照し、阿満利麿『親鸞からの手紙』(筑摩書房、二〇一〇年)も参考とした。慶信消息の意義については、熊田順性「『如来とひとし』と門弟の異義——特に『真言にかたよりたり』(慶信上書　高田専修寺蔵)について——」(『東洋大学大学院紀要』三九、二〇〇二年)、永村眞「『消息』と『聖教』——親鸞による東国教化の一齣——」(大金宣亮氏追悼論文集刊行会編『古代東国の考古学』慶友社、二〇〇五年)、同「親鸞聖人の消息と法語——主に高田専修寺所蔵自筆「消息」を通して——」(『高田学報』九四、二〇〇六年)を参照。

(11) 森龍吉「『自然法爾』消息の成立について」(千葉乗隆・幡谷明編『日本仏教宗史論集第六巻　親鸞聖人と真宗』吉川弘文館、一九八五年、初出は一九五一年)。

(12) 赤松俊秀『親鸞』(吉川弘文館、一九六一年)。

(13) 松野純孝『親鸞——その生涯思想と展開過程——』(三省堂、一九五九年)。

(14) 千葉乗隆「親鸞門弟の教団形成」(千葉乗隆・細川行信編『日本名僧論集第七巻　親鸞』吉川弘文館、一九八三年、初出は一九六〇年)。

(15) 幡谷明「尊号真像銘文について」(『真宗重宝聚英　第六巻　拾遺古徳伝絵、法然上人絵・絵像・絵伝、善導大師絵像』同朋舎メディアプラン、一九八八年)を参照し、初期真宗の本尊・御影については山田雅教「弥陀と真影――中世の専修念仏者の礼拝対象と祖師信仰――」(『高田学報』九五、二〇〇七年)を参照。

(16) 龍口恭子「親鸞における教えの伝授――面授口決・漢文聖教・仮名聖教――」(『真宗研究会紀要』四〇、二〇〇八年)。

(17) 平松令三『親鸞』(吉川弘文館、一九九八年)。

(18) 今井雅晴『親鸞と東国門徒』(吉川弘文館、二〇〇三年)。

(19) 平松令三『親鸞真蹟の研究』(法藏館、一九八八年)。

(20) 中村生雄「聖典と肖像の伝授――親鸞の「選択付属」をめぐる〈仏法〉の意味――」(『日本文学』三五四、一九八六年)。

(21) 安城市歴史博物館『特別展　親鸞聖人の原点　安城御影』(二〇一〇年)。

(22) 古田武彦『親鸞思想――その史料批判――』(冨山房、一九七五年)。

(23) 「七箇条起請文」(石井教道『昭和新修法然上人全集』平樂寺書店、一九五五年)。

(24) 今井雅晴『親鸞と浄土真宗』(吉川弘文館、二〇〇三年)。

(25) 『真宗重宝聚英　第一巻　名号本尊』(同朋舎メディアプラン、一九八八年)。

(26) 早島有毅「本尊としての十字名号の宗教的立場とその成立意義――高田専修寺蔵黄地十字名号を中心素材にして――」(同編『親鸞門流の世界――絵画と文献からの再検討――』法藏館、二〇〇八年)。

(27) 金龍静「一向宗の宗派の成立」(浄土真宗教学研究所・本願寺史料研究所編『講座蓮如　第四巻』平凡社、一九九七年)。

(28) 横曾根門徒の動向については、拙稿「鎌倉後期南北朝期における横曾根門徒の動向――東国親鸞教団展開史の研究――」(『茨城県史研究』五八、一九八七年)を参照。近年の成果としては、飛田英世「鎌倉後期北下総を中心とする真宗の展開――親鸞没後の門徒の動向を探って――」(『茨城県立歴史館報』三八、二〇一一年)、『佛光寺の歴史と文化』編集委員会編『佛光寺の歴史と文化』(法藏館、二〇一一年)所収の諸論考等を参照。

〔付記〕本稿を成すにあたって、浄土教学院・浄土宗制作「宗祖法然上人八〇〇年大遠忌記念　浄土宗全書検索システム」と、東京大学史料編纂所制作「大日本史料総合データベース」を活用した。

親鸞門弟中における「沙門」と「沙弥」

山田雅教

はじめに

親鸞の門弟たちはいくつかのグループを構成し、それは後に「門徒」と呼ばれるようになったが、その門徒には、それぞれ特徴があったことは周知の通りである。そうした特徴に関して宮崎圓遵氏は、史料上に現れた用語を用いて、横曾根門徒は「沙門」、鹿島門徒は「沙弥」、高田門徒は「聖」、荒木門徒は「上人」と、それぞれの性格を規定することができると述べられた(1)。この論は提示されてから久しいものがあるが(2)、以降、こうした方面を深化させた研究は、管見の範囲では現れていないように思われる。

そこで本稿では、このうち横曾根門徒の特徴とされる「沙門」と、鹿島門徒の「沙弥」について論じることにしたい。

横曾根門徒のリーダー性信は、一八世紀に成立した『報恩寺開基性信上人伝記』によれば、鹿島神宮の神官であった大中臣氏の出身とされる(3)。一方、鹿島の信海(順信)も鹿島神宮の大宮司一族の出自であった可能性が高いという(4)。つまり、両者はともに鹿島神宮に関係が深いと考えられるのだが、親鸞の弟子となってからは、前者は「沙門」、後者は「沙弥」と称したのである。これは、横曽根門徒と鹿島門徒は似たルーツではあるが、それぞれの立脚基盤は異なるものがあった、ということを反映していると考えられる。その違いは、どのようなものであったのだろうか。

小考では、中世における「沙門」と「沙弥」の一般的なありようを考察しつつ、(5)親鸞の門弟中におけるそれぞれの特色を考えていくことにする。

一　「沙門」の名乗り

まず「沙門」であるが、横曽根門徒と考えられる人物で「沙門」と明記されるのは、現在のところ次の四例が知られている。

・坂東本『教行信証』化身土巻末奥書

弘安陸癸未二月二日釈明性譲預之

沙門性信（花押）

・三重県四日市市中山寺蔵『教行信証』化身土巻奥書(6)

于時正応四年五月始之、同八月上旬終功畢

勧進沙門性海

・埼玉県行田市長福寺蔵阿弥陀如来座像墨書銘(7)

武州騎西郡糯田郷六角堂

阿弥陀像一体　大檀那沙門唯信

正慶元年壬申正月十一日造始

同癸酉十月下旬奉修造也

・茨城県茨城町円福寺蔵阿弥陀三尊像のうち阿弥陀如来立像左足枘墨書銘(8)

阿弥陀如来初度之造立者、徳□（治）丁未二年霜月十八日　供養同日也

本願聖人能一沙門道秀三十三歳

供養導師沙門性雲五十一歳

洛陽醍醐三宝院門徒内大臣僧都久我大臣

一同也

性信はもちろんのこと、性海、唯信そして性雲も横曾根門徒と考えられ、ともに「沙門」と称している。「沙門」とはいうまでもなく、出家した者の総称である。その意味では、性信ら横曾根門徒が沙門を名乗るのは自然なことと思われるが、宮崎圓遵氏の指摘の通り、親鸞をはじめ初期真宗においては、この名乗りは他に例がない。

ところが、他の法然の門流では、沙門を名乗った者は多く見られる。元久元年（一二〇四）の「七箇条制誡」は法然の自筆が現存する数少ないものの一つであるが、法然はそこにみずから「沙門源空」と署名している。法然の門弟たちも、たとえば顕密仏教から指弾を受けた一念義の行空や安楽房遵西は「沙門」と称されていた（『三長記』元久三年二月三〇日条）。源智は、法然の報恩のために発願した阿弥陀如来像の造立願文に「沙門源智敬白」と書いている(9)（『鎌』補五九九）。弁阿聖光は『末代念仏授手印』で「法然上人口決沙門弁阿」としており、良忠の『選択伝弘決疑鈔』には「沙門良忠述」とある。西山派証空は建暦元年（一二一一）に磯長叡福寺に舎利を奉納したが、その容器の側面には「沙門証空」と刻まれている(10)（『鎌』補五八四号）。

沙門を名乗ったのは法然の門流ばかりではない。それに異を唱えた側もそう名乗っている。「興福寺奏状」を

草したといわれる貞慶は笠置山の勧進状を「笠置寺沙門貞慶奉唱」と書き始めているし(『鎌』補一九六号)、明恵の『摧邪輪』には「華厳宗沙門高弁卒爾草之了」とある。この他、重源は「造東大寺勧進沙門重源」と称し(『鎌』六〇六号、補一三〇号など)、叡尊は「西大寺沙門」であった(『鎌』九三四五号など)。いわゆる鎌倉新仏教の祖師といわれる人物でも、道元は「入宋伝法沙門道元」と称し(『正法眼蔵』嗣書)、日蓮は「本朝沙門日蓮」(『顕謗法抄』など)とか「沙門日蓮」(『顕仏未来記』など)と記している。

このように中世においては、沙門の名乗りは宗派を問わず通規なものであったといえるが、では親鸞は、なぜ師匠にならってそう名乗るということをしなかったのであろうか。

そもそも「沙門」という語は、経典中に見える用語である。浄土経典でいえば『無量寿経』巻上に「時有二国王一、聞二仏説法一、心懐二悦予一、尋発二無上正真道意一、棄レ国捐レ王、行作二沙門一、号曰二法蔵一」とあるように(『真宗聖教全書』一、六頁)、文字通り出家した行者を「沙門」と呼んでいる。

『無量寿経』巻下の三輩段には、上輩ということに関して、

捨レ家棄レ欲、而作二沙門一、発二菩提心一、一向専念二無量寿仏一、修二諸功徳一、願レ生二彼国一

(『真宗聖教全書』一、二四頁)

とあるが、これを異訳である『平等覚経』と『大阿弥陀経』の文章と比べてみると、『平等覚経』巻三では、

当去レ家捨二妻子一断二愛欲一行作二沙門一、就二無為道一当作二菩薩道一、奉二行六波羅蜜経一者、作二沙門一不三当虧二失経戒一、慈心精進不二当瞋怒一、不下当与二女人一交通上、斎戒清浄心無レ所二貪慕一、至精願欲レ生二無量清浄仏国一

(『真宗聖教全書』一、一〇九頁)

とあり、『大阿弥陀経』巻下では、

当去レ家捨二妻子一断二愛欲一行作二沙門一、就二無為之道一当作二菩薩道一、奉二行六波羅蜜経一者、作二沙門一不レ虧二失

経戒一、慈心精進不二当瞋怒一、不下当与二女人一交通上、斎戒清浄心無レ所二貪慕一、至誠願欲三往二生阿弥陀仏国一

（『真宗聖教全書』一、一六一頁）

と述べられている。両者とも極めて類似した表現である。『無量寿経』において、家を捨て欲を棄て沙門となって功徳を修するという表現であったことが、具体的にはどのようなことを意味しているのかが、これらによって知られよう。その中で重きが置かれているのは、妻子を捨てて愛欲を断じる、女人と交わらないということである。このことは中輩に関しても、『無量寿経』に「不能行作沙門」とあるのを、『平等覚経』では「不レ能下去レ家捨二妻子一断二愛欲一行作中沙門上」とし、『大阿弥陀経』でも同じ表現がなされている。

考えてみれば、出家するということはまさにこのようなことである。「沙門」を名乗るには、出家者としては当然のことながら、こうしたことを順守する覚悟が必要であろう。法然は、一生不犯の清僧であった。であれば、「沙門源空」と署名するのも何ら不思議ではない。しかし弟子の親鸞は、公然と妻子を有している。これでは親鸞は、「沙門」を名乗れまい。

このことは裏を返せば、「沙門」を名乗った性信ら横曾根門徒は、妻帯していなかった可能性が高いということになるであろう。性信の後継者となったのは証智尼であるが、証智は性信の娘であるともいわれ、また妹であるともいわれているという[11]。しかし、沙門たる者は妻帯しないものであるということであれば[12]、少なくとも証智が性信の娘であるとの説は成立しがたいといわざるを得ない。

また、先に引用した円福寺蔵の阿弥陀三尊像には「醍醐三宝院」云々とあったが、横曾根門徒の中にはそのように真言宗との関係が深い者もいたということである[13]。こうした関係は、横曾根門徒が「沙門」であったからこそ、とは考えられないだろうか。

二　真宗における「沙弥」のイメージ

次に、「沙弥」について考えてみよう。京都市徳正寺と大阪市慧光寺、そして石川県林西寺に所蔵される光明本尊には、「沙弥信海偈」というものが記されている。

沙弥信海伝（偈）、如来出世本意者、唯以二真実一説二本願一、五濁悪世時（ママ）群生海、応レ信二如来真実言一、十方三世無量恵、同体一如无二一如一、至（ママ）二智工一善悪和合、一智円満道平等

（『真宗重宝聚英』第二巻、六六頁）

この出拠を尋ねれば、前半は「正信偈」に「如来所以興出世、唯説弥陀本願海、五濁悪時群生海、応信如来如実言」と、類似した表現が見える。後半は曇鸞の『讃阿弥陀仏偈』に次のような文がある。

十方三世無量慧　同乗二一如一号二正覚一
二智円満道平等　摂化随レ縁故若干

（『真宗聖教全書』一、三六五頁）

親鸞はこれを『教行信証』真仏土巻に引用し（『真宗聖教全書』二、一三六頁）、また『浄土和讃』讃弥陀偈讃の中で次のように詠んでいる。

十方三世の无量慧　おなじく一如に乗じてぞ
二智円満道平等　摂化随縁不思議なり

（『真宗聖教全書』二、四九一頁）

「沙弥信海偈」を記す光明本尊はいずれも一六世紀の制作とされるものであり、この偈がはたして本当に信海に由来するものであるのかどうか、若干の史料的な問題点もないわけではない。しかし、時代が下がってから、あえて当時としては傍流と考えられる鹿島門徒の祖を持ち出して来て、こうした偈を偽造する必然性もないであろう。信海には『信海聞書』と仮題される書もあり、そこでは、天親の『浄土論』に示された五念門に関する釈が展開されている(14)。その内容は知識帰命的な傾向が強く、親鸞の思想を正確に継承したものとは言い難いとされ

[15]るが、ともあれ信海はこうした教学書を著せる力を有していたわけである。「沙弥信海偈」からは、信海の教学的な実力と深い信仰をくみ取ることができると評価されている[16]。

しかし、このような「沙弥信海偈」の考察からでは、信海その人の思想信仰の程はうかがえても、鹿島門徒が「沙弥」と称したことに関しての諸事情や背景といったことは見えてこない。ほかに「沙弥」という言葉は、信海の弟子順性が、正安四年（一三〇二）と推定される卯月一五日付の覚如宛順性書状（本願寺文書）に「沙弥順性」と署名しているが、これとて鹿島門徒が確かに「沙弥」を称したことの例証にはなるものの、その実態は明らかにはならない。

真宗で「沙弥」といえば、一般には覚如の『改邪鈔』第三条に見える次の文章のイメージが強いであろう。

つねの御持言にはわれはこれ賀古の教信沙弥この沙弥の様禅林の永観の『十因』にみへたりの定なりと云云。しかれば、縡を専修念仏停廃のときの左遷の勅宣によせまし〳〵て、御位署には愚禿の字をのせらる。これすなはち僧にあらず俗にあらざる儀を表して教信沙弥のごとくなるべしと云云　（『真宗聖教全書』三、六七〜六八頁）

親鸞は、私は賀古の教信沙弥と同類の者である、と常々語っていたという。それを覚如は、親鸞が「愚禿」と称し「非僧非俗」を標榜したことと関連させて、文章をつづっている。教信沙弥は、親鸞にとっていわば理想的人格であったとされる[17]。

教信は、播磨国賀古のあたりに妻子とともに住み、人に雇われ労働することで日々の糧を得ていたが、一生の間昼夜休まず称名念仏し、貞観八年（八六六）八月一五日に浄土往生した。そしてその往生に先立って、勝尾寺の勝如のもとを訪れ、一年後に勝如が往生することを告げたと伝えられる。『日本往生極楽記』で初めてとりあげられた教信という人物は、『改邪鈔』でも書名が出ている永観の『往生拾因』にいたって、重要な意味を賦与されるようになったといわれる[18]。すなわち『往生拾因』では、第一因「広大善根故」の中で教信の行実がとりあげられ、しかもそれは、身の浄不浄や心の専不専に関係なく、称名を絶やさないならば必ず往生できることの代表者として「如㆓彼播州沙弥教信等㆒之其仁也」と、その名があげられているのである（『大正新脩大蔵経』第八四巻、九三頁）。

『往生拾因』には「雖㆓在家沙弥㆒、前㆓無言上人㆒」と、教信は在家沙弥であったが無言上人（＝勝尾寺の勝如）に勝っていたとも記されている(19)。ここに「在家沙弥」という言葉が見えるが、もともと「沙弥」とは、十戒を受けてから二百五十戒の具足戒を受けるまでの、まだ一人前の僧となる前の段階の者をいう。しかし日本では、正規の手続きを経ていない出家者、あるいは出家の行を全うせずに妻帯している者も多く、それは「在家沙弥」と呼ばれている。親鸞が具足戒を受けたかどうかは史料がなく不明であるが、妻帯していたことからすれば、この在家沙弥の範疇に入りそうである。

親鸞が教信を理想的な念仏者と仰ぎ、かつ、みずからも在家沙弥のように妻帯していたのであれば、親鸞は「(在家)沙弥」を名乗ってもおかしくないのではないか、と思われてくる(20)。しかし、親鸞はそうは名乗らなかった。それはどのような理由からなのであろうか。また、鹿島門徒の「沙弥」は、こうした教信沙弥のイメージで考えてよいのだろうか。

三　「沙弥」の実態

鎌倉遺文フルテキストデータベース（東京大学史料編纂所）で検索すると、「沙門」は四〇九件がヒットする。しかし、この中には「毘沙門」とあるものも含まれているので、これを除くと、二九〇の用例があることになる。一方、「沙弥」はこの数をはるかに超え、一九九七件が検出される。この著しい数の違いがどこに起因するのかといえば、一つには「沙弥」という語が、相続や土地の売買に関係した文書に多く見られるからである。その最も早い例は、建久元年（一一九〇）の「沙弥西因畠地売券」である（『鎌』四九〇号。補一〇二号もほぼ同文）。
この文書には、沙弥西因が父から相伝した畠地を中臣遠忠に売り渡したことが記されている。

沽却　私領畠地事

合貳段者此内東壹段者、在原姉子処分畢

在左京八条三坊六坪丑刁角自東参肆段目

四至限東小路　限南残地際目
限西他領　限北買入領

右件畠、元者沙弥西因之自二親父席丸之手一相伝私領也、年来領掌更無二他妨一、而依レ有二要用一、限二直米貳拾斛一、春日執行正預従四位下中臣遠忠朝臣沽却既畢、但於二本公験一処分帳等者、依レ有二類地一、不レ能二副渡一、故面毀破畢、仍為二後代証験一、放二新券文一之状、如レ件

建久元年庚戌十月晦日　沙弥（花押）

これとは逆に、沙弥は土地を購入することもあった。次の文書には、沙弥尼浄阿弥陀仏が購入した田地を東大寺の世親講に寄進したことが記されている（『鎌』五〇〇四号）。

奉上　水田事

合壹段貳拾肆歩者字藤森

在大和国平群郡西郷坂門拾（拾ノ誤ナルベシ）条肆里卅坪内

四至在本券之面

右、水田者、沙弥尼浄阿弥陀仏「法名空智」所二買得一私領也、而為下臨終正念、往二生浄処一、見レ仏聞レ法、即至二不退一、慈父・非（ママ）母・親友、知識決定、当上レ証二無上菩提一、施二納東大寺世親講一世俗料畢、仍副二本券一、勒二新券文一之状如レ件

嘉禎二年六月十五日　　尼浄阿弥陀仏（花押）

このように沙弥が土地の相続や売買に関与している例は、枚挙にいとまがない。沙弥は土地を相続し、それを売買できる身分であったことが分かる。一方「沙門」は、こうした文書には登場しない。文献の上からは、「沙門」と「沙弥」の違いは、こうした点に最も顕著にうかがえる。

では、親鸞はどうか。親鸞は、父から相続した土地や財産を所有していた形跡がない[21]。在家沙弥がすべて土地を所有していたのかというと、その確証はないが、親鸞は、少なくとも以上のような中世によく見られた沙弥のあり方からは外れていることになる。

『鎌倉遺文』からうかがえる「沙弥」の特徴として、もう一つ、たとえば次のような文書をあげることができる（『鎌』八六七号）。

「備後大田事」
前右大将家政所下　備後国大田庄（世羅郡）官等
　補二任地頭職一事
　　沙弥善信
右人、補二任彼職一之状、所レ仰如レ件、庄官宜二承知一、敢勿二違失一、以下
　建久七年十月廿二日　　安主清原（実成）在判
令大蔵丞藤原（頼平）在判　　知家事中原（光家）
別当兵庫頭中原朝臣（広元）在判
　散位藤原朝臣（二階堂行政）

ここでは、沙弥善信が備後国大田荘の地頭に補されている。善信とは三善康信の法名で、彼は幕府の要職に

あった。[22]沙弥の中には、こうした社会的に勢力がある者もいたのである。沙弥が就いていた役職はこの他、「預所」(『鎌』一〇六号など)、「政所」「執行」(『鎌』一〇七号など)、「名主」(『鎌』一一二四号など)、「公文」(『鎌』一六二二号など)、「守護代」(『鎌』一六八八号など)、あるいは「御家人」(『鎌』七五一九号など)などさまざまである。

つまり「(在家)沙弥」は、単に在家にありつつ仏道を歩む者というのではなく、土地などの私的財産も有し、中には権力を手中にして有力役職に就き得た者もあった、ということである。

こうした中世の沙弥の実態は、前節で述べた教信沙弥のイメージとはかなり異なるものである。『改邪鈔』では「愚禿」と「非僧非俗」のみが強調されており、そこから受ける印象は清貧な感じである。教信の実生活はみずからの労働によって糧を得ていたのであるが、ここから、田畠を持たなかったというイメージも導き出される。[23]

さて、鹿島門徒の実像は、両者のどちらに近いのであろうか。

実は宮崎圓遵氏は、鹿島門徒の「沙弥」については、『改邪鈔』にはまったく言及しておられない。氏は、中世の武士が仏教に帰依して剃髪して法体となりながら、在俗と同様の生活を続けた姿を念頭に置いておられるのである。[24]この考察は的を射たものであると思われる。鹿島門徒が武士であったかどうかはともかく、ここに教信沙弥のイメージを持ち込まないほうがよいのであろう。

つまり、鹿島門徒が「沙弥」と称したのは、彼らが中世の沙弥の実態に合致した存在であったためと考えられる。他の沙弥と同じく、鹿島門徒も土地を所有していた可能性が高いといえるし、社会的な地位も教信のイメージとは程遠く、決して低いものではなかったと考えたい。

四　鹿島門徒と横曾根門徒の経済基盤

正安三年（一三〇一）、鹿島門徒の流れをくむ長井の道信は、新しい法然伝の撰述を覚如に依頼すべく、上洛した。その願いに応えて覚如が草したのが、『拾遺古徳伝』九巻である。現存するのは次の五本であるが、その縦の寸法は次の通りである。(25)

茨城	無量寿寺蔵	残欠一巻	三九・四センチ
茨城	常福寺蔵	九巻	四一・八センチ
新潟	西脇家蔵	残欠一巻	三九・一センチ
	諸家分蔵	残欠元一巻	四一・三センチ
和歌山	真光寺蔵	断簡一軸	四一センチ

いずれも四〇センチ前後と、かなり大きいサイズである。小山正文氏はこのことに関して、門徒に絵巻を見せつつ詞書を拝読した、つまり絵解きが行われていたことを想定しておられる。ここで考えてみたいのは、こうした大型の絵巻を作るためには多額の費用が必要なはずであるが、鹿島門徒はそれをどのようにして調達したのか、という問題である。無量寿寺蔵本の一部は、知恩院蔵『法然上人行状画図』（四十八巻伝）にも関わった絵師と画風が酷似するといわれている。(26)無量寿寺は言うまでもなく鹿島門徒の本拠である。鹿島門徒には、そうした一流絵師に作成を依頼するだけの財力があったということである。

鹿島門徒に関連した親鸞の消息のうち、建長四年（一二五二）二月二四日付のものには、次のように記されている（『末灯鈔』第二〇通）。

方々よりの御こゝろざしのものども、かずのまゝにたしかにたまはりさふらふ。明教房ののぼられてさふらふこと、ありがたきことにさふらふ。かた〴〵の御こゝろざし、まふしつくしがたくさふらふ。明法御房の往生のこと、おどろきまふすべきにはあらねども、かへす〴〵うれしくさふらふ。鹿島・なめかた・奥郡、かやうの往生ねがはせたまふひと〴〵の、みなの御よろこびにてさふらふ（『真宗聖教全書』二、六八九頁）

ここには、明教房が懇志を持って上洛したことに対する謝辞が述べられている。それは、鹿島・行方・奥郡の門徒からの志であった。おそらく親鸞は、みずから生活費を稼ぎ出すことはなく、生計のすべてを門徒からの志に頼っていたものと思われるが、鹿島門徒はその生活を支える一助を担っていたといわれる(27)。

以上のような鹿島門徒の潤沢と思える経済基盤がどこに由来していたのかといえば、それは、前節で考察したようなこの門徒の「沙弥」としてのありようそのものであったのではないだろうか。すなわち、鹿島門徒たちはみずからの土地を所有し、社会的な立場が高い者もいて、豊かな生活を送っていたのではないかと思われるのである。その中から、親鸞への志や『拾遺古徳伝』の作成費用を充分捻出できたのではないか。

一方、横曾根門徒も、たとえば嘉元元年（一三〇三）に横曾根門徒である木針の智信が唯善のために三〇〇貫を拠出したことからうかがえるように（『存覚一期記』一四歳嘉元元年条）、経済力はあったようである。しかし、「沙門」である横曾根門徒は土地を所有していなかったと考えられ、鹿島門徒と同じような資金調達ができたとは考えにくい。

埼玉県加須市龍蔵寺の所蔵になる阿弥陀如来立像の胸部内部には、次のような墨書銘がある(28)。

奉造立阿弥陀如来　一体

大勧進性信上人御門弟別当唯信（花押）

仏師　武州慈恩寺大進（花押）

画工　上野国江田明信（花押）

同　同国　板倉信証（花押）

ここに唯信という名が見えるが、これは第一節で言及した埼玉県行田市の長福寺蔵阿弥陀如来座像にあった唯信と同一人物である可能性が高いとされている。その唯信は、龍蔵寺蔵の阿弥陀如来像造立にあたって、「勧進」を行っていることがわかる。親鸞への東国門徒からの志は、「御こ、ろざしのもの」と「念仏のす、めもの」の二種類があり、前者は門徒個人の懇志、後者は勧進による志であるとされる。(29)唯信は、まさにこの後者の手法で阿弥陀如来像を造る費用を調達しているのである。前述した木針の智信も、みずからが拠出した三〇〇貫のほかに、勧進によって数百貫を集めている。

では、そうした勧進に結縁した人々はどのような者であったのか。それはもちろん、一般庶民が多かったであろうことは容易に想像できる。しかしたとえば、法然門弟の源智が発願した阿弥陀如来像の例を見てみると、その結縁交名の中には公家や武士など有力者の名も交じっている。(30)これと同様なことが横曾根門徒の勧進にもあったのではないか、ということも考えてみる必要があるように思われる。次の史料を見てみよう。

第一節で言及した茨城町円福寺の阿弥陀三尊像には、引用した墨書銘の続きに次のようにある。

大日本国帝王後嵯峨天皇、曾孫禅林寺法王、御孫新院、御子、将軍家者常盤井《トキワ井》院御子親王也
副将軍者相摸入道平貞時
当摸《（ママ）》守平師時
供養日同極《（カ）》月一日

御嵯峨天皇や亀山上皇、後宇多上皇、後二条天皇、鎌倉八代将軍久明親王、そして北条貞時、師時と、そうそうたる名が連ねられている。(31)これは、何の関係もなくこうしたことが書かれたのではあるまい。横曾根門徒の性海による『教行信証』出版の際に得宗被官平頼綱の名が見られるのは、そこにつながるルートを性海が持ってい

たからであろう[32]。円福寺の阿弥陀三尊像の墨書銘も、それと同じではないだろうか。横曾根門徒が天皇や上皇と直接関係があったとは思われないが、そうした政治的権力者へとつながってゆく何らかの関係があったことを示唆するもののように思われるのである。

つまり、横曾根門徒の勧進に結縁した者の中には、源智の場合と同じく、公家や武士などの政治的有力者もいたのではないか。言葉を換えれば、横曾根門徒の経済基盤は、そうした有力者の外護に依っていた側面が多分にあるのではないだろうか。

このように横曾根門徒の経済基盤を考えると、かの善鸞事件でなぜ性信だけが訴えられたのかが了解されてくる。善鸞は「余の人を強縁として念仏ひろめよ」（正月九日付真浄宛親鸞消息、『親鸞聖人御消息集（広本）』第一二通）と説いたとされ、その「余の人」とは一般的には、領家や地頭、名主などの世俗的権力者を指すとみられている[33]。善鸞は権力者と関係が深かったというわけであるが、横曾根門徒もまた政治的有力者と関係があったならば、両者の利害関係は重なっていたことになるからである[34]。

おわりに

以上、横曾根門徒の「沙門」と鹿島門徒の「沙弥」について考察を重ねてきた。両者はかなり性格が異なることが明らかになったと思われる。

「沙門」を名乗る横曾根門徒は、出家者としての性格を強く有し、妻帯せず、土地も所有していなかった可能性が考えられる。一方、鹿島門徒は、中世における「沙弥」に見られる特性に合致した存在であったと思われる。在家であるのはもちろんのこと、土地を所有し、経済的にも豊かだったのであろう[35]。それゆえ、親鸞への志や『拾遺古徳伝』の制作費用を捻出することができたと考えられる。ちなみに親鸞は、「沙門」にも「沙弥」にも該当せず、よってそうした名乗りをすることはなかったのである。

鹿島門徒と権力者とのつながりを示す史料は、現在のところ見出されていない。他方、横曽根門徒は『教行信証』の出版をはじめ、有力者と関係が深かったようである。したがって、外護を仰いだ者の浮沈いかんによって、横曽根門徒の勢力は流動的なものであったと考えられる。その証拠に、証智のあと報恩寺の住持が誰であったのかということに関しても諸伝があり、確定していない[36]。この時期、報恩寺が必ずしも安定していなかったことを示すものであろう。時代が下がって、蓮如と同世代の報恩寺蓮崇は、下総相馬氏の出身とされる[37]。この頃も横曽根門徒は権力者との関係が深かったことがわかる。

宮崎圓遵氏がとりあげられたのは、「沙門」と「沙弥」のほかに、高田門徒の「聖」と荒木門徒の「上人」がある。残る「聖」と「上人」の考察は、後日を期すことにしたい。

(1) 宮崎圓遵「親鸞聖人と関東の門弟――聖人の在関時代を中心として――」(著作集第二巻『親鸞の研究(下)』思文閣出版、一九八六年)。
(2) 右論文の初出は一九八二年発行の『龍谷教学』一七。
(3) 今井雅晴『親鸞と東国門徒』(吉川弘文館、一九九九年)、一一一頁。
(4) 同右書、五三頁。
(5) 以下、『鎌倉遺文』からの引用は『鎌』としてその文書番号を記す。検索には、鎌倉遺文フルテキストデータベース(東京大学史料編纂所)を利用した。
(6) 『親鸞と妙安寺――そして、知られざる上州の真宗門徒――』(群馬県立歴史博物館、二〇一一年)、四七頁にカラー図版が収載されている。
(7) 図版は前掲註(6)書、四八頁、並びに『真宗重宝聚英』第三巻、一一八頁。また、小山正文「初期真宗門侶の一考察」(『親鸞と真宗絵伝』法藏館、二〇〇〇年)も参照。地名は「糯田郷」とした。

（8）図版は『真宗重宝聚英』第三巻、一一四～一一七頁に掲載。墨書銘は、今井雅晴「性信坊関係史料（続）」（『茨城大学人文学部紀要（人文学科論集）』二〇、一九八七年）。また後藤道雄・今井雅晴「茨城・円福寺の阿弥陀三尊像について――初期真宗在銘木像の一例――」（『MUSEUM』四五六、一九八八九年）も参照。引用した中に見える人物名のうち、性雲という名は性信の弟子として交名牒に見えるが、道秀は伝未詳とされる。

（9）玉桂寺旧蔵、二〇一〇年に浄土宗の所蔵となった。図版は、京都国立博物館編『法然　生涯と美術』（NHK・NHKプロモーション・京都新聞社、二〇一一年）、一三二頁などに所収。

（10）大阪市立美術館編『聖徳太子ゆかりの名宝――河内三太子：叡福寺・野中寺・大聖勝軍寺――』（NHK大阪放送局・NHKプラネット近畿・読売新聞大阪本社、二〇〇八年）、一六七頁。

（11）前掲註（3）今井書、一一七頁。

（12）中世においては妻帯していた僧が多数いたことは周知の通りである。平雅行氏はその例として、安居院澄憲・仁和寺性助・東大寺尊覚の三名をあげているが（『歴史のなかに見る親鸞』法藏館、二〇一一年、五六～五八頁）、いずれも「沙門」とは名乗っていない。これが中世における通規の用法だと思われるが、例外的な事例も存する。たとえば、本願寺綽如と巧如は譲状で「沙門」と称している（本願寺史料研究所編『増補改訂　本願寺史』第一巻、本願寺出版社、二〇一〇年）。また、覚如が奥書を書いた『上宮太子御記』の表紙には「沙門宗昭」とある。本願寺系でなぜ「沙門」という語が使われたのか、あるいは、こうした用例は他にも存するのかといったことは、今後の課題としたい。

（13）今井雅晴「横曾根の性信」（『東国初期真宗研究』一、二〇〇三年）。なお、今井氏はこの中で、「沙門」は天台宗での出家者を示す用語であるとされるが、それに限定されないことは既述の通りである。空海も「沙門」を名乗っていた。

（14）この五念門の釈は、談義本『三心三信同一事』の中に組み込まれて巷間に流布した（織田顕信「浄勝寺本『信海聞書』について」『真宗教団史の基礎的研究』法藏館、二〇〇八年）。

（15）黒田義道「初期真宗における知識帰命説の成立について――『信海聞書』を手がかりに――」（『真宗研究会紀要』三六、二〇〇四年）。

（16）前掲註（3）今井書、六九頁。

（17）栗原行信「教信沙弥ノ定」（『親鸞教学』二二、一九七三年）。

(18) 佐々木令信「沙弥教信説話について」(『真宗研究』二五、一九八一年)。
(19) 渡辺貞麿『教信沙弥と往生人たち』(真宗大谷派宗務所出版部、一九九五年)、八三頁。
(20) 実際、親鸞を「沙弥」と位置づけている研究もある。山田文昭「黒衣の聖者」(『親鸞大系』歴史篇第二巻、法藏館、一九八八年)、梅原隆章「沙弥の親鸞」(『親鸞大系』歴史篇第三巻、一九八八年)など。
(21) 平松令三『親鸞』〈歴史文化ライブラリー37〉(吉川弘文館、一九九八年)、二九頁。
(22) 永原慶二「大田荘」(『講座日本荘園史』9「中国地方の荘園」吉川弘文館、一九九九年)。
(23) 註(17)に同じ。
(24) 註(1)に同じ。
(25) 前四本は、小山正文「『拾遺古徳伝絵』の成立と展開」(『親鸞と真宗絵伝』法藏館、二〇〇〇年)。寸法は採寸者によって若干の違いがあるようで、ここでは梅津次郎『絵巻物残欠の譜』(角川書店、一九七〇年)所載の寸法によった。真光寺蔵本は、小山正文「真宗絵巻・絵詞の成立と展開」(『大系真宗史料』特別巻「絵巻と絵詞」、法藏館、二〇〇六年)。
(26) 相澤正彦「無量寿寺本拾遺古徳伝の絵師と関連して――知恩院本四十八巻伝の絵師と関連して――」(『古美術』七三、一九八五年)。
(27) 前掲註(3)今井書、六〇頁。
(28) 今井雅晴「性信坊関係史料――初期真宗教団史の一側面――」(『茨城大学人文学部紀要(人文学科論集)』一九、一九八六年)。図版は、前掲註(6)書、四九頁。また『真宗重宝聚英』第三巻、一〇七頁。文献により若干の文字の異同がある。
(29) 宮崎圓遵「伝親鸞作聖徳太子講式について――初期真宗における太子尊崇の一意義――」(著作集第七巻『仏教文化史の研究』思文閣出版、一九九〇年)。
(30) 伊藤唯信「玉桂寺阿弥陀仏造像結縁交名にみる法然教団」(著作集Ⅰ『聖仏教史の研究(上)』法藏館、一九九五年)。
(31) 註(8)に同じ。
(32) 平頼綱は一般に『教行信証』出版の外護者であったとされるが、菅原多喜夫「『教行信証』開板前後の親鸞教団」

（『寺院史研究』一一、二〇〇七年）では、スポンサーであったのではなく平頼綱の公認のもとで出版が行われた、としている。いずれにしても性海は、平頼綱と何らかの接触を持ったと考えられる。

（33）「余の人」についての解釈はさまざまなものがある（拙稿「善鸞事件をめぐる研究史」『高田学報』九一、二〇〇三年）。

（34）近年、平松令三氏は、いわゆる善鸞義絶状の従来の読みの誤りを指摘された（平松令三「善鸞義絶事件の根本的再検討」『親鸞の生涯と思想』吉川弘文館、二〇〇五年）。従来は「この世に、いかにしてありけりともしらぬことを」と読まれていた部分は、「このせにいかにしてありけり」つまり「この銭いかにしてありけり」と読まれるべきだといわれるのである。善鸞事件には何らかの金銭問題もからんでいたということで、善鸞が性信を訴えたというのも同じ背景があるように思われる。親鸞は消息の中で、善鸞が「念仏者のものにこゝろえぬは性信坊のとが」（七月九日付性信宛、『親鸞聖人御消息集（広本）』第七通）と主張したと述べているが、実際の裁判はそうした思想的あるいは異義問題もさることながら、政治的経済的な側面もあったのではないだろうか。

（35）親鸞門弟中において「沙弥」を称したのは、鹿島門徒のほかに、洛中の門弟である沙弥尊蓮と沙弥宗綱がいる。『交名牒』において、なぜこの両名だけ「沙弥」を冠して、鹿島門徒にはそうした記載をしなかったのかは不明であるが、この二人は洛中の門弟の中でも土地を有するなど、他の門弟とは異なる特性を有していたために、「沙弥」が冠されたのであろう。なお、一般に尊蓮は日野信綱、宗綱はその子広綱であるといわれるが、これに関しては異論もある（小山正文「親鸞の俗姓――司田純道説をめぐりて――」『親鸞像の再構築』第一輯、大谷大学真宗総合研究所、二〇〇八年）。

（36）前掲註（3）今井書、一六六頁。

（37）同右書、一七三頁。

佛光寺発展の意義――了源・存覚を中心として――

楠　正亮

はじめに

浄土真宗史においては、蓮如以降について語られることが多い。まるで、親鸞亡き後蓮如の登場まで、浄土真宗の教えが全く広まっていなかったかのようである。たしかに本願寺は、蓮如登場まで小さな勢力にすぎなかった。しかし、親鸞が亡くなり蓮如が登場するまで、約一五〇年の開きがある。その間、浄土真宗の教えが全く広まっていなかったわけではない。浄土真宗の教えは、広く深く着実に広まっていたのである。

親鸞が京都に帰ってから後、関東の門弟たちはそれぞれに弟子・末弟を育てていた。それらの有力な門弟たちを囲む集団が各地に生まれ始めていたが、全体を統括する組織はなかった。有力な門弟を中心とする集団が、それぞれ独立の小教団として分立し、個別の小教団の群生状態となっていたのである。それら有力門弟の小教団は、高田門徒・横曾根門徒・鹿島門徒・荒木門徒などと呼ばれ、それぞれに教線を拡大し、成長していた。

そういった状況の中、親鸞の曾孫にあたる覚如が本願寺を開く。親鸞の遺骨を納めた廟堂を、寺院化したのである。

それまで親鸞の子孫たちは、留守と呼ばれる廟堂の管理者にすぎなかった。廟堂の土地も建物も門弟たちの共有であり、親鸞の血統を引いてはいたが、門弟たちを指導する教団の中心であるということはなかった。生活も門弟たちからの寄進によって成り立っており、門弟たちに対して非常に弱い立場だったのである。

覚如はこうした自分の弱い立場を克服し、本願寺を中心として、門徒集団全体を統括する立場を目指す。しかし、覚如の考えは門弟たちの強い反発をまねき、実現しなかった。多くの門弟たちは覚如に従わず、寄進も途絶えがちになり、本願寺はさびれていく。

本願寺がさびれていく中で、最も早く教団として確立し、発展したのが佛光寺である。

佛光寺を開いたのは、了源である。了源は、もと武士の家人であったが、京都に来て佛光寺を開く。浄土真宗の教えは関東で受けていたようで、鎌倉甘縄の明光のもとで入道していた。

了源は上洛後、覚如の長男である存覚の教学指導を受ける。存覚は了源の求めに応じて、聖教を新しく起草したり、書写したりして与えた。了源は存覚の指導のもと、布教活動を進めていったのである。了源の活発な布教活動と、存覚の教学指導により、佛光寺は発展した。また、名帳や絵系図が民衆に受け入れられ、さらに佛光寺は発展する。中世において最大の勢力を誇っていたのは、佛光寺であった(1)。

時代は下るが、本願寺と佛光寺の様子を、『本福寺由来記(2)』は次のように伝える。

御本寺様（本願寺）ハ人セキタヘテ、参詣ノ人一人モミエサセタマハス。サヒサヒトスミテオハシマス。カカルトコロニ、応永二十年ノ比、シルタニ仏光寺コソ、名帳エケイツノ比ニテ、人民クンシフシテ、コレニコソル。

こうした状況が一変するのは、蓮如の登場によってである。いうまでもなく、蓮如は本願寺を大勢力に育てあげた。しかし、すべての門徒を、新しく布教によって獲得したわけではない。それまでに存在していた門弟たちの教団を吸収、統合していったという面も大きい。その中でも最大のものが、時の佛光寺住持経豪の本願寺帰入である。経豪は多くの末寺・門弟を引き連れ、蓮如のもとに入った。佛光寺はその後も存続していくが、その勢力は著しく減少する。本願寺は蓮如以降浄土真宗の中心となり、現在にいたる。そのため研究も本願寺から見たものが中心で、佛光寺についてはあまり語られてこなかった。

しかし、浄土真宗史を個別の教団史としてではなく全体として見た場合、佛光寺を抜きにして語ることはできない。佛光寺の発展がなければ、その後の浄土真宗の様子もかなり違っていたはずである。

その佛光寺発展の基礎を築いたのが、了源と存覚である。この両者の活動を見ながら、同寺発展の意義について論じていきたい。

一　佛光寺の草創と発展

（1）　佛光寺の草創

佛光寺の発展は了源に始まる。了源は関東から京都に来て、佛光寺をひらいた。その了源の出自については、あまりよく分かっていない。『存覚一期記』(3)によれば、六波羅探題南方北条維貞の家人、比留維広の中間で弥三郎と称していたという。

了源は、元応二年（一三二〇）、大谷の覚如のもとを訪れる。『存覚一期記』同年条に、「仏光寺空性初参」とあるのが、そうである。浄土真宗の教えは関東で受けていたようで、阿佐布門流である鎌倉甘縄の明光の弟子であった。了源は覚如に法門の指導を願い、覚如は長男の存覚に命じて了源を指導させることにした。これ以後、了源は存覚の教学指導を受け、布教を行っていく。

了源は元応二年、大谷初参の時、すでに一寺建立の考えを持っていたようである。了源はこの年、聖徳太子像を造立し、山科に堂宇の建立を計画して、勧進を始めた。

了源は、わずか三年後の元亨三年（一三二三）、山科に一寺を建立する。これがのちの佛光寺である。当初は覚如の命名によって、興正寺と称していた。

了源は勧進を始めてわずか三年で一寺を建立しているが、勧進だけで一寺を建立できるとは思えない。そこには有力な外護者があったと考えられる。主人であった、比留維広の援助があったとも指摘されている(4)。しかし筆者は、佐々木英彰氏の指摘にもあるように(5)、了源を援助し、興正寺建立をなしとげたのは、関東の門弟たちであったと考えている。

元応二年に了源が造立した聖徳太子像は現在、佛光寺本山に安置されている聖徳太子像であることが確認されている。昭和九年の調査のさいに発見された胎内文書によって、そのことが証明され、太子像の頭部に納められていた白骨は、阿佐布門徒の中心であった、了海のものであることも確認された。了源は、了海の遺骨の分与に預り得た高弟であった、といえるであろう。

また、当時親鸞の墓所である廟堂の費用は、関東の門弟たちが出し合っていた。廟堂の留守就任が門弟たちに認められなかった覚如が、廟堂を離れて別に一寺を建立しようとしたとき、勧進の対象に考えたのも、関東の門弟たちであった。

その当時、京都やその近辺における真宗門徒の力はまだまだ微弱であった。了源は、了海の遺骨の分与に預り得た高弟であり、阿佐布、甘縄の門徒たちを動かし、援助をかちとるだけの声望と信頼とを備えていたのであろう。

元徳二年（一三三〇）、この年までに山科の興正寺は京都汁谷に移転し、存覚の命名によって、名を佛光寺と改めている。

覚如が命名した興正寺の寺名をわずか数年で廃止し、存覚が佛光寺と改めて命名したのはなぜであろうか。平松令三氏は「本願寺末脇門跡興正寺開基以来諸留書」と題する書類に注目し、名前を改めたのは了源が覚如から破門されたからだとしている。[6]なぜ了源が覚如に破門されたのかということであるが、これには了源と存覚の深い関係があげられる。

了源は、存覚の教学指導を受けていた。覚如は存覚を、元亨二年(一三二二)に義絶している。しかし、覚如が興正寺と命名するのは、その翌年の元亨三年であるから、了源は当初、覚如と良好な関係であったとみるべきである。しかし、存覚義絶後も、存覚と了源の親交は深くなるばかりであった。

こうした両者の関係を見た覚如が、了源も破門し、興正寺の寺号をとりあげてしまったのではないか。こうしたなかで、了源は新しい寺号が必要となるわけであり、そこで存覚に佛光寺という名を付けてもらったのであろう。この後、覚如は佛光寺を激しく批判していく。

了源は、その後建武二年(一三三五)、伊賀の山中で布教中凶徒に襲われ、五十二歳で亡くなる。了源は亡くなるが、その後の佛光寺は衰えるどころか、ますます発展していく。

(2) 佛光寺の布教

佛光寺は了源の活発な布教活動により、大きく発展する。ではその布教活動とは、いったいどういったものであったのだろうか。

了源は、絵系図序題の「一流相承系図」[7]や『一味和合契約状』[8]の中で、自らが荒木門徒の流れをくむ、阿佐布門徒の法系を受け継ぐものであることを強調している。

荒木門徒とは、関東において初期に成立した門徒集団の一つで、中心人物は源海である。武蔵国荒木(現埼玉県行田市荒木町）を拠点としたため、そう呼ばれている。この荒木門徒の特徴は、絵伝の製作に力を入れ、独特な唱導や絵解きを行ったところにある。

唱導とは、仏法を説くに当たって、一般民衆に分かりやすいように、多く因縁を混じえて大衆化したもので、いわば大衆に対して仏教を演説することである。荒木門徒では、『親鸞聖人御因縁』というものが、盛んに唱導されていた。

また絵解きとは、絵図を掲げて仏法を説くものである。言葉によって口から耳に伝えるばかりでなく、絵図によって目にも訴えるもので、一種の視聴覚伝道と呼べるものである。絵解きは、文字も分からないような教養の低い人々をも対象に行う、当時のきわめて庶民的な催しであった。荒木門徒は、絵解きに使われる、絵伝の製作に力を入れていた。

了源は存覚の教学指導の下に布教を展開するが、その布教は、荒木門徒の伝統を受け継ぐ絵解きが中心であったと考えられる。従来の絵伝のほかに、佛光寺で多く製作され絵解きに用いられたものに、光明本尊がある。

佛光寺の光明本尊は、中央に「南无不可思議光如来」と九字名号を大きく書き、そして左右に六字名号と十字名号、釈迦如来と阿弥陀如来を描いている。向かって左には古代インド、中国の高僧を描き、右には日本の人々を描いている。下方に聖徳太子とその侍臣、その上方に源信和尚以下の先徳諸師像が描かれている。日本における浄土教の創始者源信から始まって、法然・親鸞を経て、荒木門徒の流れを示し、その光明本尊を製作安置している寺院または道場の開基にいたるまでの、師資相承を描いている。

この光明本尊の絵解きに用いられたのが、存覚の著わした『弁述名体鈔』(9)である。『本福寺跡書』(10)に、その様子が見える。

ソノ比、大谷殿様ハ、至テ参詣ノ諸人カツテオハセス。シカルニ、汁谷仏光寺名帳絵系図ノ比ニテ、人民雲霞ノ如コレニ挙。耳目ヲ驚スノ間、法住モマイリテミントセシニ、仏光寺ノ弟、西坊イハク、コレハイツカタヨリノヲカタカタソト。江州堅田ノ者ニテ候。チト聴聞ノノソミ候トアリシカハ、サラハトテ、弁述名体鈔ヲ談セラル。

荒木門徒は、絵伝を用いた絵解きを重視していた。その伝統を受ける佛光寺の布教も、視覚に訴える方法を重視していたのであろう。絵解きは、文字も分からないような人々も対象に行われる、当時のきわめて庶民的な催しであった。

これらのことから、当初佛光寺は、絵解きによる布教を通して発展していったと思われる。了源の民衆の心を巧みにつかむ布教により、佛光寺は大きく発展する。了源の門弟は、摂津・河内・山城・近江・伊賀・伊勢などに広がった(11)。

門弟たちが増えていく中で用いられたのが、名帳であり、絵系図である。佛光寺といえば名帳・絵系図といわれるほどその名は有名であるが、当初から布教に用いられていたわけではない。

佛光寺教団が発展して門徒の数が多くなってくると、各地に門徒の集団が続々と生まれてきた。その結果、それらの集団間で、弟子の争奪に基づくトラブルが発生してきたようである。その問題の発生を防止し、解決しようとして書かれたのが、了源の『念仏相承血脈掟書』(12)である。ここからも、この問題が当時多かったことがうかがわれる。『念仏相承血脈掟書』の標題には、「念仏相承ノ血脈ヲタタシクスベキ条々(13)」とあり、弟子の争奪防止には、師資相承の明確化がもっとも必要だと考えられたようである。名帳や絵系図も、同じ目的をもって作られたものであった。

名帳とは、坊主と門徒の師弟関係、法の流れを人名で書き、それを線でつなぐことにより表したものである。絵系図は名帳を発展させたかたちで、法の流れを肖像で描き、その間を朱線で結ぶことで表したものである。

絵系図製作の趣旨を述べた序題にはまず、

予カススメヲウケテ、オナシク後世ヲネカヒ、トモニ念仏ヲ行スルトモカラ、ソノカスマタオホシ、（中略）先年名字ヲシルシテ系図ヲサタムトイヘトモ、カネテイマコノ画図ヲアラハストコロナリ

とあり、門徒の数が多くなったので、名帳や絵系図を作ったことが分かる。

そして、製作の目的はその後に、

カツハ次第相承ノ儀ヲタタシクセシメンカタメ、カツハ同一念仏ノヨシミヲオモフニヨリテ、現存ノトキヨリソノ画像ヲウツシテ、スエノ世マテモソノカタミヲノコサントナリ

とあり、ここでも師資相承の明確化がはかられている。つまり名帳や絵系図は、門徒集団間の弟子争奪防止の目的をもって作られたものであり、門徒たちを統制し組織するための実用的な名簿であった(14)。

では、門徒の名簿を肖像画入りの名簿、つまり絵系図としたのはなぜだろうか。絵系図序題によれば、「念仏を一緒に唱えることのよしみ、あるいは信心を同じくする因縁によって肖像画を並べ、それを今生のみならず後生までの片身にしよう」ということである。

つまり肖像画を列ねることは、お互いの連帯感を強固にするものだったのではないか。単に名前だけでなく、自分の肖像が描かれるというのは、心理的にその集団への参加意識を高めるものであっただろう。

絵系図は、門徒集団において連帯強化策として、心理的効果をねらって創案されたものといえる(15)。しかし、絵が用いられた理由は、それだけではないと思う。そこにはやはり、荒木門徒の伝統が流れている。

荒木門徒は絵伝の製作に力を入れ、絵解きを用いた布教を行っていた。絵を用いるといった発想は、やはり荒木門徒からの伝統をぬきにしては考えられない。また絵を用いるというのは、庶民に分かりやすいというのもあっただろう。目的は、門徒争奪防止のための名簿であり、連帯強化策として心理的効果をねらって創案された

ものであったが、絵を用いた背景には、荒木門徒の伝統が流れている。名帳や絵系図は、教団側の必要によって作られたものであった。ではなぜ、『本福寺由来記』にみられるように、民衆に広く受け入れられたのであろうか。

筆者は、それはやはり心理的なものであったと思う。我々でも、自分が所属している組織の名簿に名前が入っていると、うれしいというか、安心感が得られるであろう。集団の中で自分が確認でき、安心するのである。絵系図のように絵入り、現在ならば写真入りであると、そういった気持ちはなお一層深くなるのではないか。名帳や絵系図が民衆に受け入れられた理由は、集団に参加することの喜びや安心感にあったといえる。

二　了源と存覚

佛光寺の発展に大きな役割を果たしたのが、存覚である。佛光寺は了源の活発な布教活動と、存覚の教学指導により発展した。

了源と存覚の親密な関係は、元応二年（一三二〇）、了源が大谷の覚如を訪れたときから始まる。覚如は長男の存覚に了源の指導を命じ、以後、了源は存覚の教学指導を受ける。この時、存覚は三一歳、了源は三六歳であった。年が近いせいもあったであろう。二人の間柄は、実に緊密である。『存覚一期記』には、「其後連々入来、依所望、数十帖聖教或新草或書写」とあり、存覚が了源のために多くの聖教を執筆したり、書写したりして与えたことが分かる。

『浄典目録』(16)によれば、存覚が了源のために執筆、あるいは書写したものは、『持名鈔』『浄土真要鈔』『弁述名体鈔』『破邪顕正申状』『諸神本懐集』『女人往生聞書』である。

『弁述名体鈔』は、『本福寺跡書』(17)にみられるように、光明本尊の絵解きに用いられたと考えられるものである。

また『諸神本懐集』は、真宗における神祇に対する立場を明らかにしようとしたものであり、『女人往生聞書』は、罪深いとされていた女人が往生するためには、阿弥陀仏の本願によるほかないことを説いたものである。これらは、直接の布教の場において、了源を助けるものであったに違いない。実際の布教において出てくる疑問、問題に答えるものであっただろう。京都に来てから後の、了源の活発な布教は、存覚の教学指導の下に展開されたのである。

了源自身も『一味和合契約状』(18)の中で次のように述べ、

カネテハ坂東ヨリモ相承セス、関東ヨリモタマハラスシテ、了源カ発起トシテ、アラタニ所持スル聖教少々コレアリ、イワユル浄土真要鈔、諸神本懐集、持名鈔、破邪顕正ノ申状等ナリ、コレラノ書籍ニイタリテハ、アル当流ノ覚者ニアツラヘテ

これらの聖教類を授けられたことが分かる。「アル当流ノ覚者」とは、存覚のことである。

元亨二年（一三二二）、存覚は覚如に義絶され、廟堂の留守職も剝奪される。そして大谷の地からも退去した存覚を迎え入れたのは、了源であった。以後、了源は存覚一家の生活を支えている。

元亨三年（一三二三）、奥州から帰京した存覚は、了源が山科に建立した寺（興正寺）に入る。その翌年には、子の愛光が生まれている。「在所仏光寺也」とあることから、了源の寺で出生したことが分かる。その後、嘉暦二年（一三二七）に、了源は存覚一家のために住坊をも建てた。

元徳二年（一三三〇）に、存覚は了源の寺の彼岸会の導師を勤めた。この一年前に、寺は山科から東山汁谷の地に移転し、存覚の命名によって寺号を佛光寺と改めている。名を改めたのは、了源が覚如から破門され、寺号もとりあげられたからである。存覚は寺の移転により、居所も佛光寺内に移していたが、佛光寺が火災のために焼けたので、東国へと出発した。『存覚一期記』には、「着甘縄願念誓海」とあり、存覚は鎌倉甘縄の誓海のもと

に身をよせたことが分かる。了源は誓海の孫弟子である。よって、これは了源の依頼によるものであろう。その後も存覚は、主に佛光寺に住んでいたようで、建武元年（一三三四）佛光寺再興の開眼供養に列席し、三男光威丸も佛光寺で誕生している。

了源は、存覚の生活をずっと支えていた。それは、了源が存覚に教学指導を受けていたからに他ならない。しかし、存覚を支えるということは、了源にとっても大きな決心だったはずである。覚如に義絶された存覚を迎え入れるということは、自らも覚如と対立していく可能性をはらんでいる。事実その後、了源も覚如と対立、破門され、興正寺という寺号もとりあげられるわけである。しかし、それでもなお存覚を支えていったということは、それほど存覚に対する感謝、尊敬の念が強かったということではないだろうか。了源と存覚の間柄は実に緊密で、実践力と行動力の卓越した了源を、存覚が教義面から補佐するというかたちである。

存覚はまた、了源の師である明光も指導している。明光は、はじめ鎌倉甘縄にいたが、いつのころか備後山南地方に来て、教線を拡大していた。

『存覚一期記』暦応元年（一三三八）条に、「於備後国府守護前、与法花宗対決了、御門弟依望申」とあり、存覚が備後の国府におもむき、法華宗徒と対論したことが分かる。このころ明光門下の慶円らが、備後山南を拠点として、活発に動いていた。一方、法華宗もまたこの地に進出しており、争いになったようである。存覚は門徒の強い希望により、悟一と名を変え、法華宗徒との対論にのぞんだ。討論の結果、存覚は法華宗徒を破り、そのため真宗がいよいよ繁昌したと伝えられている。

存覚は備後に滞在中、明光系の人々の求めに応じて書物を著わし、明光派教団の人々を指導している。『顕名鈔』は明光の所望に応じて著わしており、明光も指導を受けていたことが『存覚一期記』から分かる。その他、『決智鈔』『報恩記』『至道鈔』『選択註解鈔』『歩船鈔』『法華問答』などを、明光の弟子たちの求めに応じて著わしている。また、広島県の光照寺に伝えられている、法然・親鸞の各絵伝裏書は、宮崎円遵氏によって存覚筆と認められている。(19) このように存覚は、了源・明光や、その師誓海とも交流があり、その教学指導を行っていたのである。

ここで考えられるのが、絵系図序題の創案者の問題である。絵系図の冒頭には、必ず製作の目的を述べた序題がある。その序題の創案者については、古くから、了源説、明光説、関東において成立したとする説などさまざまな説があった。その中で平松令三氏は、佛光寺本山本・滋賀県妙楽寺本・山南光照寺本・宝田院本の四本の序題が同筆であり、しかもその筆跡が存覚であると指摘され、存覚創案説をとなえられた。(20) そして現在では、この存覚創案説が支持されている。

これまで見てきたように、存覚は了源、明光系のどちらの人々とも深い関係をもち、教学指導を行っていた。序題の筆跡が同じ四本のうち、光照寺本と宝田院本は、備後の明光系の人々に伝わってきたものである。了源は明光の弟子であるし、了源と明光の教団が緊密な関係であったことは分かるが、了源が教学指導を受けていたのは存覚である。また、明光も存覚に指導を受けている。そのため、了源か明光のどちらかが創案したということはないと考える。関東創案説も同様である。

了源と明光、両方の教団に指導できる人は、存覚しかいなかった。それは『存覚一期記』『浄典目録』を見れば、明らかである。門徒争奪等の問題に直面した了源や明光が協議し、絵系図というかたちを作り、序題を存覚に創案してもらったのだろう。絵系図の内容には、荒木門徒の伝統が受け継がれていると思われる点があり、絵系図すべてが存覚の創案によるものとは思えない。あくまで存覚は序題を創案しただけ、と考えている。

佛光寺は、了源らの活発な布教活動によって、大きく発展する。そしてその陰には、存覚の存在があった。存覚の協力がなければ、佛光寺の姿もまた大きく変わっていたに違いない。

三　佛光寺発展の意義

初期真宗史において、佛光寺の発展は、非常に大きな意味をもつものである。佛光寺の活動により、浄土真宗の教えが広く民衆の中に根付いていった。佛光寺の発展が、その後の蓮如に始まる、浄土真宗のさらなる発展につながっていったと考えている。

しかし、佛光寺が正当な評価を受けてきたかというと、決してそうではない。むしろ佛光寺は、異端の教説を説いたために繁栄したといわれてきた。それは、覚如が著わした『改邪鈔』によるところが大きい。

覚如は『改邪鈔』の一条と二条で、佛光寺の名帳と絵系図を批判している[21]。

一、今案ノ自義ヲモテ名帳ト称シテ祖師ノ一流ヲミタル事

一、絵系図ト号シテ、オナシク自義ヲタツル条、謂ナキ事

つまり名帳や絵系図を、自義・異端であると批判しているのである。また覚如は、「名帳ト号シテソノ人数ヲシルスヲモテ往生浄土ノ指南トシ仏法伝持ノ支証トス」や、「名帳勘録ノ時分ニアタリテ往生浄土ノ正業治定スル」とし、名帳や絵系図を「極楽往生の通行切符[22]」であるとして、批判している。

しかしそれは、絵系図の序題にも、了源の著作にもみられない。これまでみてきたように、名帳や絵系図は、門徒争奪防止のための名簿であり、連帯強化策として心理的効果をねらって創案されたものである。極楽往生を約束するものではない。平松令三氏も「序題の子の文言のなかには、極楽往生への通行切符というような意図が含まれている、とは思われない[23]」と述べられて、『改邪鈔』による批判を否定されている。

『改邪鈔』は、書かれた当初、まったく流布もせず、読まれもしなかった。『改邪鈔』がさかんに持ち出されるようになったのは、約一五〇年後の蓮如の時代以降である。

覚如が『改邪鈔』を著わし、佛光寺を批判した背景には、当時の本願寺の状況がある。

本願寺を開いたのは、親鸞の曾孫にあたる覚如である。覚如は、親鸞の墓所であった廟堂を寺院化し、浄土真宗の本所たろうとして活動した。それは、本願寺中心主義といえるものである。しかしその考えは門弟たちの強い反発をまねき、本願寺はさびれていく。

それまで廟堂は、関東の門弟たちの共有とされていた。親鸞の子孫たちは、留守と呼ばれる、単なる廟堂の管理人にすぎなかったのである。廟堂の維持はもちろんのこと、その生活も、関東の門弟たちの寄付によっていた。親鸞の子孫たちは、関東の門弟たちに対して、非常に弱い立場だったのである。

また、覚如は廟堂の留守就任を、関東の門弟たちにすんなりとは認めてもらえなかった。そこで、覚如は『懇望状』と呼ばれるものを提出し、やっと留守就任を認めてもらっている。『懇望状』は、門弟たちの意志にそむかない、その処置にそむかないなど、門弟たちの意志のままに従属するという意味の、きわめて屈辱的な立場にたっての約束であった。留守にはなれたものの、覚如の立場は門弟たちの意志に左右される、非常に不安定なものであった。

こうした状況の中で覚如は、門弟たちの意志に左右される留守ではなく、各地の門徒集団を統一し、指導する立場に立とうとする。これ以後の覚如の行動は、本願寺中心主義であった。

覚如は各地の門徒集団を統一し、自らがその頂点に立つために、廟堂を本願寺に発展させ、三代伝持の血脈を強く主張した。三代伝持の血脈とは、浄土の教えが法然・親鸞・如信と正しく受け継がれ、それを覚如が受け継いでいるということである。覚如はそれに加え、血統の相承も強調している。これは親鸞・覚信尼・覚恵・覚如と続く親鸞の子孫であることに加え、廟堂の留守を、覚信尼・覚恵・覚如と受け継いできたことを強調するものである。覚如は、法統も血統も自らが正しく受け継いでいると主張し、教団における自己の地位の理論的根拠としたのである。しかし、覚如の本願寺中心主義は、門弟たちの強い反発をまねく。関東の門弟たちにとって、廟堂は師、親鸞の墓所であり、大切な場所であった。廟堂の建立も維持も、門弟たちの寄付でまかなわれていた。その廟堂を勝手に寺院化し、しかも門徒たちの本所たろうとした覚如の行動は、門弟たちには受け入れられないものだったのである。親鸞への尊敬の念はあったが、親鸞の子孫であるからといって、立場が上だということもなかった。三代伝持の血脈にしても、関東の直弟子たちは、直接親鸞の教えを受けているわけである。自分たちも正しく教えを受け継いでいると、当然考えていただろう。よって、覚如の行動に反発したのである。

その結果、本願寺に参詣する門徒たちは少なくなり、寄付もとだえがちになった。本願寺は、各地の門徒集団の本所たろうとしたため、直接布教を行った形跡は見られない。本願寺の直接の門徒というのは、いなかったのであろう。門弟たちの寄付がなくなり、それに代わる経済組織を持たなかった本願寺は、さびれていく。

本願寺だけでは、浄土真宗の発展はなかった。それは、覚如の思想や行動を見れば、明らかである。覚如はなんとか佛光寺の発展を止めようと、『改邪鈔』を著わし、佛光寺を厳しく批判する。しかし、佛光寺の発展を止めることはできなかった。佛光寺は了源の死後も、『本福寺由来記』に見られるように、ますます発展していくのである。

佛光寺は、浄土真宗の教えを広めるという点で、大変大きな役割をはたした。それはまた、了源や存覚の存在があってこそである。浄土真宗の教えが広まっていく過程には、こうした人々の活動があったことを、忘れてはならない。

佛光寺はその後、経豪の代になり、多くの末寺・門弟を引き連れ、蓮如のもとに参入する。蓮如の本願寺は教線を拡大していたとはいえ、まだ新興の教団である。そこに大勢力の佛光寺が参入することは、蓮如を大いに助けるものであっただろう。金龍静氏は、「室町期は佛光寺系（旧荒木系・明光系を含む）が七〜八割、残りを本願寺系・高田系・三門徒系などが占めていた。戦国初期に、百人の新興蓮如教団の中に、百人の佛光寺系の集団が参入。その旧佛光寺系の人々は、長年にわたる伝道教化の実績を有していた(24)」とされており、非常に分かりやすい。

本願寺の、その後の発展は言うまでもない。しかしそれには、佛光寺が大きな役割を果たしていた。佛光寺は、浄土真宗発展の大きな基礎を築いていたのである。

おわりに

現在でも浄土真宗といえば、蓮如以降の印象が強い。親鸞や蓮如、一向一揆などについてはよく知られているが、それ以前、佛光寺については、一般的にほとんど知られていない。まるで蓮如の登場以前は、浄土真宗がまったく広まっていなかったかのようである。たしかに蓮如の登場とその布教は、浄土真宗に大きな影響を与え、現在にいたっている。しかし、蓮如の本願寺教団が急速に大きく発展できたのは、基礎があったからである。その浄土真宗発展の基礎を築いたのが佛光寺であり、了源・存覚であった。方向性は違えど、本願寺を開いたという点では、覚如もそうである。蓮如の活動は、そうした先人の努力の上に成り立っているのである。

佛光寺は浄土真宗の中で、もっとも早く教団として確立し、発展した。それは、了源が民衆の心をつかむ布教をしたからであり、その活動を支えたのが存覚である。覚如も本願寺を開くが、門弟たちの反発をまねき、本願寺は寂《さび》れていく。佛光寺は、浄土真宗が発展していく上で、大きな役割を果たしたのである。

本願寺は蓮如以降、浄土真宗の中心となり、現在にいたっている。そのため浄土真宗史も、本願寺から見たものが中心であった。本願寺史であれば、それでよいかもしれない。しかし、浄土真宗の歴史として見た場合、それでは十分とはいえないであろう。佛光寺の発展を正当に評価し、浄土真宗史の中に位置づけていくことが、全体の流れを見ていく上で重要であると考えている。

（1）金龍静「総論」（『佛光寺の歴史と文化』法藏館、二〇一一年）四頁。
（2）『本福寺由来記』（『真宗史料集成』第二巻、同朋舎、一九八三年）六六一頁。
（3）『存覚一期記』（『真宗史料集成』第一巻、同朋舎、一九八三年）八七一頁。以下の引用はすべて『真宗史料集成』第一巻より。
（4）熊野恒陽『了源上人　その史実と伝承』（白馬社、二〇〇五年）四七〜四八頁。
（5）佐々木英彰「初期真宗の開展と佛光寺教団」（『佛光寺の歴史と教学』法藏館、一九九六年）五二〜五三頁。
（6）『真宗史料集成』第四巻（同朋舎、一九八三年）二八〜二九頁。
（7）「一流相承系図」（『真宗史料集成』第四巻）六五九頁。以下の引用はすべて『真宗史料集成』第四巻より。
（8）「一味和合契約状」（『真宗史料集成』第四巻）五七二頁。
（9）『弁述名体鈔』（『真宗史料集成』第一巻）八五六頁。
（10）『本福寺跡書』（『真宗史料集成』第二巻）六三一頁。
（11）草野顕之「佛光寺了源と存覚」（前掲註1『佛光寺の歴史と文化』）七五頁。
（12）『念仏相承血脈掟書』（『真宗史料集成』第四巻）五七三〜五七六頁。
（13）前掲註（12）に同じ。
（14）平松令三「絵系図の成立について」（『真宗史論攷』同朋舎、一九八八年）一三一頁。
（15）同右、一三四頁。
（16）『浄典目録』（『真宗史料集成』第一巻）一〇三四頁。
（17）前掲註（10）に同じ。
（18）前掲註（8）に同じ。

(19)宮崎円遵「親鸞伝絵の竪幅絵伝」(『宮崎円遵著作集　第二巻　親鸞の研究(下)』永田文昌堂、一九八六年)三〇八頁。
(20)平松前掲註(14)論文、一三八頁。
(21)『改邪鈔』(『真宗史料集成』第一巻)六五四～六五五頁。以下の引用はすべて『真宗史料集成』第一巻より。
(22)平松令三「関東真宗教団の成立と展開」(前掲註14書)八九頁。
(23)平松前掲註(14)論文、一三五頁。
(24)金前掲註(1)論文、二一一頁。

六

浄土真宗の展開

本願寺歴代宗主の伝道――善如期から存如期を中心にして――

髙山秀嗣

はじめに

宗祖親鸞の「七五〇回大遠忌」を迎え、今、あらためて、日本仏教研究全体の中で真宗史が顧みられる時を迎えている。[1]

本稿では、日本宗教史の立場から、本願寺教団の第四代善如（一三三三～一三八九）、第五代綽如（一三五〇～一三九三）、第六代巧如（一三七六～一四四〇）、第七代存如（一三九六～一四五七）の四代にわたる宗主の伝道に焦点を当てていく。[3]

これまでの本願寺教団史においては、親鸞が開いた浄土真宗が、覚如（一二七〇～一三五一）と存覚（一二九〇～一三七三）によって展開され、蓮如（一四一五～一四九九）期に大きく発展するとされてきた。その見方には、先にあげた四代から七代の宗主の相貌や活動がやや軽視されているような観もある。しかし、蓮如の時期における教団発展の基盤が、この四者が主導した時期である一四世紀から一五世紀前半にかけて、すでに準備されていたと見ることもできるのではないだろうか。[4]

本稿では、この連続する四代の宗主と、当時、本願寺の教線が伸展していた北陸という地域に着目する。すなわち、彼らが教団を主導した期間において、本願寺が具体的にどのような布教活動を展開し、その営為が真宗史やひいては宗教史に対してどのような意義を有するものであったのかという点について検討を行ってみたい。

一　善如にいたるまでの本願寺

本願寺第三代としての覚如の生涯は、まさに本願寺を独立させるための一生であった。そのため覚如の立場としては、東国門弟や他宗派との関わりを強く意識せざるをえなかった。その路線は緩やかに推移したため、覚如は北陸に新たな可能性を探ろうとしていく[5]。覚如および息子存覚と大町如導（如道）の関係が、本願寺と北陸が関わりをもった初めであると考えられる[6]。

存覚の生涯を振り返って記された『存覚一期記』から、関連する記事を見ておこう。

廿二歳、応長元（一三一一年）、五月之比、大上（覚如）御下向越前国、則奉扈従畢、廿余日御居住大町如道許、奉伝受教行証（『教行信証』）之間、依御与奪、予大略授之畢[7]

覚如は存覚とともに、北陸に赴き、真宗の伝統聖教であった『教行信証』を如道に伝受し、正統な教義の伝達を行うことにより、如導集団の本願寺への帰入を図っていった[8]。

つまり覚如は、「本願寺教団確立のため、親鸞聖人の配流によって結縁された北陸の地に着目し、ここに教線の伸張をはかるべく、まず越前の地に触手をのばすことになった。すなわち、この地には早くも高田系の念仏は流入してはいたものの、まだ関東や東海地方のように教勢を固めていなかったため、ここに本願寺の教勢の突破口を見出された」と見ることができる[9]。

覚如は、本願寺を発展させるためには、各地の門弟の目を本願寺に向けさせる必要があると感じていた。この覚如によって本願寺が教団の体裁を整備し、それに存覚が教学的な裏打ちを与えた面もある。覚如の息子である従覚は、兄の存覚に対する遠慮もあり、正式な継職は行わず、本願寺第四代は従覚の長子である善如によって継承されたとされる。観応二年（一三五一）、覚如の死に伴い、一九歳で第四代を継いだ善如は、存覚と従覚によって補佐され、宗主職の責務を全うした。

善如は、覚如の本願寺中心主義を知悉しており、当時の社会にいかにして本願寺の地位が認識されていくかという点について心を砕いていた。

善如は、存覚から教義的な指導を受けることが多く、親鸞の徳を讃歎するための『嘆徳文』執筆を存覚に依頼している。また、存覚の死後『存覚法語』を写伝しており[10]、覚如以降の北陸進出の流れを受け継いだことが考えられる。その折には、存覚に方法を尋ねることもあったのではないだろうか。実際に善如は、継職時、若年であったことからも叔父の存覚を学問的に信頼しており、本願寺が向かう方向性についても存覚と相談したこともあったと思われる。

北陸への志向は覚如が有したものであったが、当時の情勢を踏まえて、将来を見すえた上で北陸に教線を展開することは存覚も大いに賛同するところであった。実際に、「越中には覚如の子存覚がきて布教し、水橋門徒ができ、その信徒は越後の柿崎あたりにもおよんだ」[11]。その思いは、善如の活動に反映されていったのである。また同時に善如は、京都の本願寺としての地歩固めも行っていく。時系列的に確認しておくならば、次のようになる。

延文二年（一三五七）、本願寺が勅願寺となる。

永和元年（一三七五）、綽如に譲状を与えて退隠。

永徳元年（一三八一）、祖堂修理を行い、本願寺を整備。

善如の時代は、「善如上人、綽如上人両御代のこと……両御代は威義を本に御沙汰候し由」[12]という時であった。本願寺としての独自路線の開拓を目指すとともに、善如の時期は対外的な折衝も行われている。特に、覚如以降の比叡山との関わりが、善如の時期に深まりを見せていった。ただし、比叡山と直接競合しない範囲での親鸞門流の取り込みは、善如によって着手されたと考えることができよう。

覚如と存覚の父子は、学僧としても真宗史に大きく名を残している。彼らの教学を受け継ぎ、適切に発展させ、教学史に覚如と存覚の位置づけを成し遂げたことも、善如および善如期の成果の一つであろう[13]。

応安八年（永和元＝一三七五）、善如四三歳の時に、息子の綽如宛てに「譲状」が出されている。

大谷本願寺別当職等事
右任代々相伝之旨、以時芸阿闍梨（綽如——引用者註）可為別当職也……
応安八年乙卯二月廿八日　権少僧都俊玄（善如——引用者註）[14]

この「譲状」が出された後、一四年後の康応元年（一三八九）、善如は五七歳で死去する。続く、綽如の時期に本願寺の北陸教線は飛躍的な発展を見せる。

二　綽如と北陸

北陸へと目を向け、その方向に大きく舵を取ったのが第五代の綽如である。善如の息子である綽如は、京都における本願寺教勢を発展させるために、北陸を梃子としての展開を見出したと考えられる。

綽如は、永和元年、善如から譲り状を受けて第五代を、二六歳で継承する。ここで綽如の事績を概観してみよう。たとえば綽如の事績を紹介した文章に次のようなものがある。

綽如上人の御時より御堂衆に下間名字の人をなされ、鎰取と申て開山聖人の御厨子の役人にて候る由候[15]

綽如は、御堂衆・鎰取役・都維那などの諸役を本願寺に設置し、寺院としての体裁を整備しようと試みた。[16] 先述したように、綽如は「威儀を本に御沙汰」(『実悟旧記』)した宗主であったが、これは本願寺の社会的位置を高めるためになされた行動であったと見ることもできる。

綽如の功績は、北陸に教線を展開し、教線の基点となる寺院である瑞泉寺を建立したことによって示されている。

綽如上人越中国井波と云所に一宇御建立、号瑞泉寺、是亦勅願寺也。後小松院の御宇明徳元年の比造立なり。初は同き国杉谷といへる所に居らしめ在す。諸家より学匠文者のむね崇敬せしかは勧《ママ》行威儀をむねとし給と也[17]

ここからしばらく、本願寺が教団としての橋頭堡である瑞泉寺を建立した頃の事情についてたどっていきたい[18]。

先述したように、北陸にすでに目を向けていた本願寺にとって、北陸の宗教状況は決して望ましいものではなかった[19]。当時は、浄土系諸派をはじめとして、さまざまな宗派が混在しており、その状態は本願寺にとって希望する方向に展開する可能性は、それほど高くなかった。つまり、本願寺のもとでの真宗の統一という路線とは異なった在地の状況があったのである。

そのため、宗主となった綽如は、北陸に本願寺関係寺院を建立することによって、基点とし、この寺院を中心に教線を広げていこうとするのである。

瑞泉寺建立の頃を物語る「賢心物語」は、その時のことを次のように記す。

綽如上人京都より、野尻へ御下向候のよし……杉谷慶善と申仁、本来はいつくの人候や、野尻に居住候て、かの仁、東山殿へをりをり上下をも申され候つるか、慶善をたよりに御沙汰候て、御下向ありて野尻にすこし御座候つるか、仏法修行には、あまりに里中はあしきものと仰られ、杉谷の儀、慶善何とそ有縁ありて申上られ候つるか、すなはち慶善御供申され、杉谷を御覧せられ、やかて一宇を御とりたて、御籠居と云々……かのみちを御とをり候時、一宇をも御建立あらは、しかるへき勝地と、御心におほしめし候[20]

ここでは、杉谷という場所が瑞泉寺のもととなっているとされている。[21] また、瑞泉寺に残る堯雲の「勧進状」は、寺の名前の由来についてもふれている。

去明徳初暦季陽下旬、暫辞上都之塵累、遥赴北陸之辺邑……爰先得一勝地。即越中国都波郡山辺郷内、以此処称井波……蓋於此地在霊水、故称瑞泉寺……

明徳元年（一三九〇）八月　勧進沙門堯雲敬白[22]

こうして一四世紀末になって、本願寺の北陸展開は本格化し、ついに教線の中核となる寺院を越中井波に創設するにいたったのである。[23] またこの瑞泉寺建立には、在地の協力があったことが考えられ、[24] 徐々にではあるものの本願寺の教線が北陸に根づきつつあったことも示されている。

引き続き、応永一〇年（一四〇三）、綽如の三男周覚（一三九二～一四五五）が越前荒川に興行寺を建立。応永一四年（一四〇七）、綽如の次男頓円（一三八七～一四四七）が越前藤島に超勝寺を建てている。

綽如は、長男である光太麿（後の巧如）に至徳元年（一三八四）に第一回の「譲状」を与えた。

大谷本願寺寺務職事

右当寺住持、任去応安八年二月二八日御譲状旨、全住持畢、而今以老少不定之身、遼遠之境……[25]

この譲状には、「遼遠之境」とする記述があり、北陸に赴くことが述べられている。[26] 綽如は病気がちであったと見え、その生涯で三度にわたり、巧如に譲状を与えている。

その一方で、綽如は北陸方面への布教を専らにした。さらに、越前の道性に親鸞影像を裏書きして授与するなど、北陸門徒とのつながりを終生大切にしている。明徳四年（一三九三）四月二四日に、四四歳で死去。

本願寺・瑞泉寺関係図（『瑞泉寺誌』二一五頁より転載。一部改変）

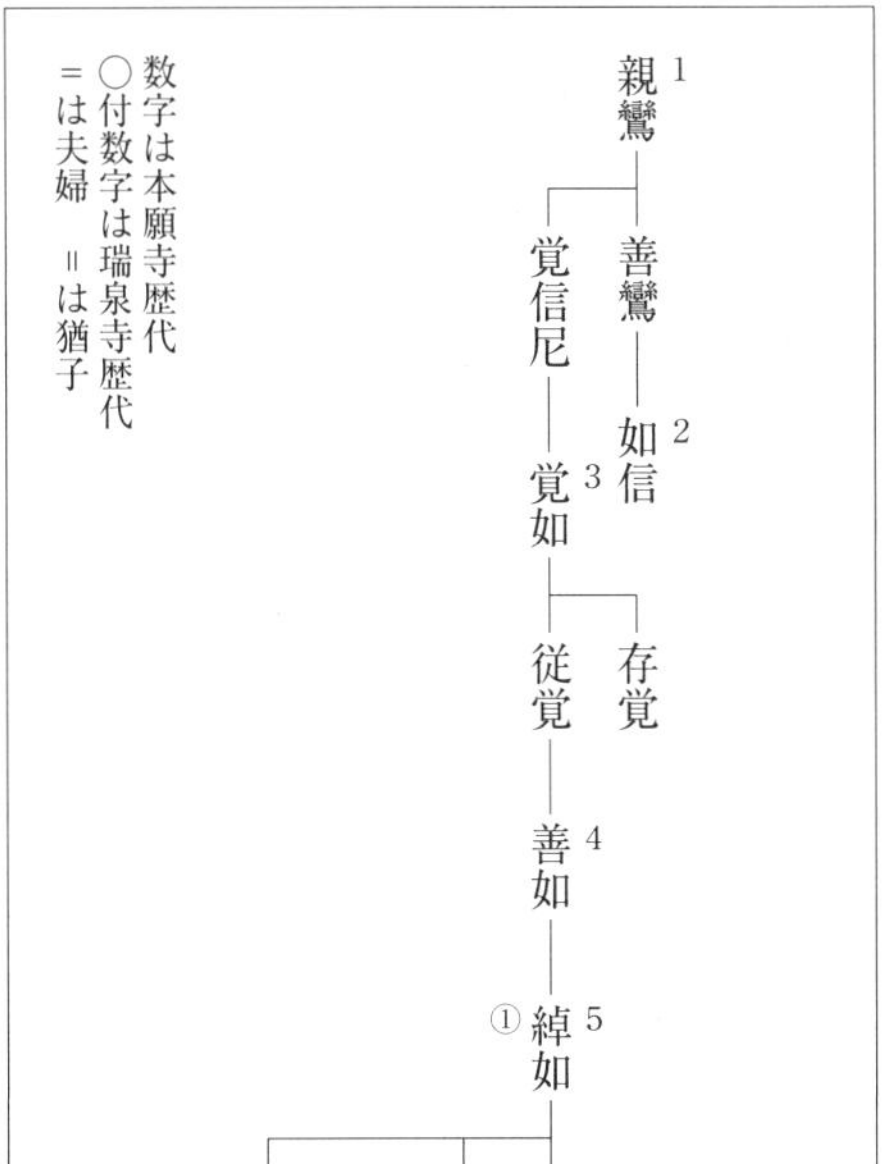

本願寺の瑞泉寺重視の姿勢は、宗主と瑞泉寺歴代の血縁関係の濃厚さによってもよく示されている。実際に、この瑞泉寺が本願寺と深く関わるようになるのは、綽如没後のことである(27)。この時点で本願寺の手によって、基点となる寺院が成立していたことは、北陸のその後の宗教状況を大きく変革する可能性をもっていたといえる。

三　巧如と存如、そして蓮如へ

巧如は、明徳四年四月二二日、綽如より第三回の譲状を受け、綽如の死に伴い、第六代宗主を継職する。

綽如による路線を受け継いだ第六代巧如は、北陸を重視し、この地の教線を開拓することに意欲を燃やしていった(28)。

さらに、本願寺所蔵の聖教を各寺院に下付することによって、教線を確固たるものにしようと試みた。巧如の時期に聖教書写が急速に発展し[29]、その延長上に、存如以降の聖教下付が導かれていったのであると考えられる。

巧如は、瑞泉寺の復興にも着手している。瑞泉寺建立後、綽如は「彼寺にしはらく御座候つる、と申伝候」とされるほどにこの寺を重視したものの、巧如期初めには、「其後住持なくて、御留守の御堂衆はかり三、四人侍りし也」という状態になっていた[30]。

先述したように興行寺や超勝寺が建立されたのは、巧如の頃であり、瑞泉寺を基点として北陸各地に教えを広めようとしたのが、巧如であったといえよう。

すでに聖教下付などの活動を通して、北陸の寺院を本願寺と密接に結びつけつつあった巧如にとって、先代の綽如が開いた瑞泉寺は期待の賭けられる寺院であったといえる。

後に巧如は、自ら「証定閣（巧如——引用者註）は四月より越中瑞泉寺に被住、秋まで在国候べき所存にて候。徒然可思食遣候[31]」と、瑞泉寺に赴いている。この時期は確定していないが、存如が宗主を継職した晩年のことであるとするならば、存如期への橋渡しとして、瑞泉寺が再び脚光を浴びたと見ることができよう。

また如乗が、瑞泉寺に派遣されたのは、永享一〇年（一四三八）と推定されている[32]。「賢心物語」にも、「巧如上人の御代に、二俣の開山如乗を東山殿よりつれ申され、当寺（瑞泉寺——引用者註）へ御下向ありて、当寺の御住持にすえ申され候」とある[33]。

このような経緯を経て、瑞泉寺を中心とした本願寺の北陸教線のおおよその確立が見られるのである。北陸重視の姿勢は、他の真宗諸派と本願寺との路線の違いを明確に打ち出すことにつながったと思われる。また、北陸は覚如の時点ですでに本願寺との関わりを有し、以後の歴代宗主は、北陸経営を本願寺の重点政策と位置づけていた。

綽如により核となる寺院が創立され、巧如は聖教下付によって本願寺と各寺院を結びつけていく。その中で北陸の門弟集団が次第に拡大していき、次の存如によるさまざまな施策となっていった。

巧如は、永享八年（一四三六）、存如への譲状を書き、永享一二年に六五歳で死去する。(34)

第七代存如は、本願寺の中心を京都とする意識を明確に持ちつつも、北陸重視の姿勢も保ち、三帖和讃の開版や聖教書写を行い、次代の蓮如へのステッピングボードとなった。(35)この背景には、北陸をさらに本願寺と関係づけるとともに、本願寺独自の形式を取ることによって、他宗派との差違化を図るという姿勢が見られるようである。

本願寺が阿弥陀堂と御影堂の両堂を建て、門徒による参拝受け入れ体制を整えたのも、この存如の頃である。(36)これによって各地の門徒が、京都の本願寺を参拝することが可能となり、覚如以来の念願でもあった本山としての威容が、存如の時期におおよその完成を見せていく。(37)この頃に、門弟集団の統合が次第に図られていったこと、本願寺に布施を行うシステムが整備されていったことを意味するであろう。(38)

存如が宗主であった蓮如の幼少期の困窮は、実際に教団としての整備途上であったことからも、ある程度までは事実であると考えられるものの、この両堂建立に伴う、財政緊縮の影響があったとする見方もある。(39)

存如は、北陸を中心としながらも信濃にまでいたる教線を伸展させ、本願寺に帰参した、あるいは関わりをもった寺院に対して、多くの本尊や聖教の下付を行った。こうした聖教下付は、右筆としての蓮如にも着実に継承されていった。(40)

存如自身が出した「消息」も残っている。(41)

当年なんどは内々御上洛も候哉と待入候。御老体之御事にて候間、いかがと覚候。あわれあわれ今一度は御上洛も候て、造作之式をも候らんじ候へかしなんど覚候。我等も病者になり候て、今生にては可下向事不可

叶候間、今一度見参申度念願仕事候[42]

ここからは、存如と門徒の間の深い交流が偲ばれるとともに、こうした交流を通じて、教義の伝承なども行われていたであろう。蓮如の「御文章（御文）」が、北陸で活発に執筆されていく下地は、存如までの時点ですでに準備されていたのである。

一方、瑞泉寺に派遣された存如の弟である如乗は、嘉吉二年（一四四二）に、二俣に本泉寺を建て、北陸の基盤をいっそう確かなものにしていく[43]。この背景には、存如による北陸重視の姿勢があったことが考えられる。本願寺の路線展開の中で、北陸各地にいくつもの寺院を建立し、教線を拡張しようとしていたのである[44]。

また存如と蓮如は、宝徳元年（一四四九）に父子で北陸に下向している。この時存如は、加賀で荻生門徒および福田門徒を教化している[45]。この北陸下向は、北陸門徒に対する、宗主候補である蓮如の顔見せという一面ももっていたのではないかと考えられる。この活動も、当時の本願寺による北陸重視の姿勢をよく示している。

蓮如期以前の本願寺教団機構が最終的に整備された時期は、存如期であったと考えられる。蓮如の布教活動のための基盤は、歴代宗主によって準備されていたと見ることも可能であろう。

これは蓮如の到達の意義を、広く真宗史および日本史の観点からあらためて捉え直すことにもなるに違いない[46]。覚如と存覚による北陸教化から、蓮如が宗主となってからの吉崎上陸までの間は、一〇〇年ほどであった。しかしこの時間こそが、本願寺が北陸に確固たる地盤を築くための準備期間でもあった[47]。北陸を大きな基点として、東国集団との交流もなされ、さらに蓮如期の教団意識の形成も成し遂げられていったのである[48]。

おわりに

北陸は、中世真宗教団の発展にとって、重要な位置を占め続けている。現在も「真宗王国」と称される真宗信仰の熱心な北陸地方は、蓮如上陸以前からすでに本願寺教団の教線が大きく伸びていた。特に本稿で述べてきた、連続する四代の宗主は、北陸での伝道や拠点形成に力を入れ、その活動は以降の真宗史や中世史を形成する一つの重要な要素ともなっていく。

このような歴史的経緯と本願寺の関係性を有する北陸は、蓮如期以降、ますます重要な地域として、全国化していく本願寺教団の一大拠点となっていったのである。

本論で検討してきた時期においては、北陸は京都とほぼ同様の位置を教団内において占めており、単に教線の拡大や新たな信者の獲得に止まらず、教団の有力な経済基盤として作用し、本願寺を公に支え続けていたと考えられる。

実際に、覚如以降の本願寺が社会から認識されていくためには、京都に加え、北陸という地域が必須条件であった。北陸からの多大な後援を受けることで、本願寺が教団として独立する契機にもつながっていったといえよう。つまり、四代にわたる宗主の準備期間、および北陸における伝道があったからこそ、蓮如以後の本願寺教団の急激な発展があったのだと見ることもできる。

日本宗教史の中で、本願寺をはじめとした真宗諸派が果たしてきた役割にはさまざまな側面がある。その存在感は、中世以降、近世から近代を経て、現代にまで及び続けている。歴史を適切に振り返ることは、同時にその歴史から多くを学び取ることでもある。

次の宗祖八〇〇回大遠忌に向けての取り組みも始められている。歴代宗主によって発展してきた浄土真宗の将来は、着実に積み重ねられた伝道の歴史をもとに、展望が開かれている。

・『集成』＝『真宗史料集成』（同朋舎）
・『真聖全』＝『真宗聖教全書』（大八木興文堂）
・『寺史』＝『増補改訂　本願寺史・一』（本願寺出版社、二〇一〇年）
・『寺誌』＝『井波別院　瑞泉寺誌』（瑞泉寺、二〇〇九年）

（1）もちろん、今井雅晴氏（今井『親鸞と東国門徒』吉川弘文館、一九九九年・今井『親鸞と浄土真宗』吉川弘文館、二〇〇三年）をはじめとした、新視点や切り口の提示により、真宗史研究は着実に進展してきた。なお、拙著『中世浄土教者の伝道とその特質――真宗伝道史研究・序説――』（永田文昌堂、二〇〇七年）も参照されたい。また、近年の『増補改訂　本願寺史・一』（本願寺出版社、二〇一〇年）も最新の成果を反映させており、さまざまな角度からの取り組みによって、本願寺教団の歩みが日本の歴史上に適切に跡づけられてきたと評価することも可能である。ただし、本稿で扱う一四世紀頃の本願寺を取り巻く環境および歴代宗主の北陸伝道については、従来の真宗史や本願寺教団史においては、後述する宮崎圓遵氏の研究を除けば、やや重点が置かれていない傾向にあったとも考えられる。

（2）当時の本願寺住職を「宗主」と称するのは、『本願寺史・一』（浄土真宗本願寺派、一九六一年）・『増補改訂　本願寺史・一』の使用法に準ずる。

（3）善如の宗主在住期間は一三五一年～一三七五年　↑　覚如の死去
綽如の宗主在住期間は一三七五年～一三九三年
巧如の宗主在住期間は一三九三年～一四三六年
存如の宗主在住期間は一四三六年～一四五七年　↓　蓮如が継職（参考『寺史』）

（4）宮崎圓遵氏は、「存如上人時代の本願寺にはすでに可なりの興隆の兆があつたばかりでなく、存如上人の御事蹟には蓮如上人の教化施設の有力な基盤を形成したものがあつたと考うべき点がある」と述べている（宮崎『存如上人芳躅』存如上人五百回忌法要事務所、一九五六年、二頁）。
なお、蓮如当時の関東地方における門徒の動向については、前掲註(1)今井『親鸞と浄土真宗』（二一〇～二一二頁）に整理されている。

（5）宮崎圓遵氏は、「東国門徒にその意志の理解されなかった上人（覚如――引用者註）は、新しい自主的な基盤（北陸

——引用者註)を築いて、以てその抱負を実現せんとした」と述べている(宮崎「初期本願寺教団における北陸教線の発展」『宮崎圓遵著作集・四』思文閣出版・永田文昌堂一九八七年、初出は一九三一年、二〇七頁)。

(6) なお、高田門徒系の和田信性(本覚寺開基)も、この時期に本願寺と関わったとする指摘がある(参考 浅香年木『小松本覚寺史』真宗大谷派本覚寺、一九八二年、一四頁)。

(7) 『集成・一』八七〇頁。

(8) 「覚如は宗祖遺跡巡遊のために北陸道を歩いており、この折の帰依者も少なくはない」と、井上鋭夫氏も述べている(井上『本願寺』講談社、二〇〇八年、一四〇頁)。

(9) 網田義雄『補訂 越前真宗誌』(法藏館、二〇一一年、六一頁)。

(10) 参考『寺史』三五六~三五七頁。

(11) 富山県史編纂委員会編『富山県の歴史と文化』(青林書院、一九五八年、九七頁)。参考 土井了宗・金龍教英編著『目でみる越中真宗史』(桂書房、一九九一年、五頁)。『存覚袖日記』にみる「水橋門徒」の文言が、浄土真宗と越中の関係を示す初見であるとされる(同書三頁)。

また、「もとは関東系の浄土真宗の法門に属していた水橋門徒だが、本願寺三世覚如の長子存覚により本願寺系に加えられたのである。なお水橋門徒は親鸞の妻で越後に残った恵信尼の系統に属するかもしれない」とする見方もある(深井甚三ほか編『富山県の歴史』山川出版社、一九九七年、一〇九頁)。

(12) 「蓮如上人一語記」(『集成・二』四五九頁)。このことは、善如の「譲状」に「寺役以下無懈怠」(『寺史』三五八頁)との文言があることによっても証されるであろう。

(13) 「本願寺において木仏の安置を図ったのは、覚如宗主が寺号を公称し、影堂の寺院化が進行する宗主の晩年か、あるいは善如宗主の時代である。ところが、この件は、高田門徒の拒否にあって挫折し、やがて善如宗主の晩年か、綽如宗主の時代に実現したもののようで、ここに本願寺は名実ともに寺としての形態を整えるにいたった」(千葉乗隆『本願寺ものがたり——大谷廟堂から京都本願寺まで——』本願寺出版社、一九八四年、八九頁)。

(14) 「善如譲状」(『寺史』三五八頁)。

(15) 「本願寺作法之次第」(『集成・二』五六四頁)。

(16)「当時の本願寺において、法要儀礼が整備されつつあることがうかがわれる」とある(『寺史』三六七頁)。また、「鎰取役を設けたことは、留守職が原初的意味から文字通り本願寺住持へ転成してゆくことを具体的に示すものといえる」との見方もある(『本願寺史・一』一九六一年、二五七頁)。

(17)『反古裏書』(『集成・二』七四四頁)。

(18)瑞泉寺については、『井波町史・上』(井波町、一九七〇年、二〇七〜二九二頁)に詳しい。参考『寺誌』・千秋謙治『瑞泉寺と門前町井波』(桂書房、二〇〇五年)。
また、スタンレー・ワインスタイン氏は瑞泉寺について、「本願寺と提携する末寺を創立するという宗派に伝統的な型の手段にも従った……覚如以後の本願寺は……北陸地方に、本願寺の影響を打ち立てようと大いに努力した。重要な橋頭堡は、綽如が明徳元(一三九〇)年に越中国で瑞泉寺を建てた時に開始され、瑞泉寺は本願寺の関門末寺となった」と位置づけている(ワインスタイン「蓮如」『室町時代――その社会と文化――』吉川弘文館、一九七六年、三九三頁)。

(19)「綽如上人のご教化以前の越中の地は、親鸞聖人が越後国府へ流罪の道筋にあたり水橋などに門徒衆が形作られつつありました。また時衆や法然上人門下の人々など、お念仏とのご縁があった人々も少なくなかった」と、当時の状況が述べられている(『寺誌』二四頁)。

(20)『富山県史・史料編Ⅱ』「古記録」(富山県、一九七五年、六四〜六五頁)。同じく「賢心物語」(同書「古記録」六六頁)には、「当流北国の開山は当寺(瑞泉寺――引用者註)なりと、蓮如上人をりをり被仰候と也」とする記述もある。瑞泉寺は北陸の拠点であると本願寺からも認識されており、それは巧如以降の本願寺と瑞泉寺の縁戚関係の深さによっても知られる(「本願寺・瑞泉寺関係図」参照)。

(21)参考 井上鋭夫『一向一揆の研究』(吉川弘文館、一九六八年、二七九頁)。

(22)寺野宗孝『綽如上人伝』(越中真宗史編纂会高岡事務所、一九四三年、一〜二頁)。参考 前掲註(21)井上書、二七七〜二七八頁。

(23)瑞泉寺建立当初については、「建立事情からして、いくらか本願寺に優先権があるものの、汎浄土宗諸門流の人々の共有坊舎たる性格を帯びたものだったのではなかろうか……汎浄土宗諸門流とのかかわりの中から進出の第一歩が始まったと見なす方が自然であろう」とする見方もある(『富山県史　通史編Ⅱ　中世』[金龍静氏執筆部分]富山県、一九八四年、七二一頁)。当初から本願寺と関わりの深かった瑞泉寺が、歴代宗主の度重なる梃子入れに応じて、本願寺の北陸教線の中核となったと見ることができる。

(24)参考『寺史』三六四頁。宮崎圓遵「初期本願寺教団における北陸教線の発展」(『宮崎圓遵著作集・四』思文閣出版・永田文昌堂、一九八七年、初出は一九三二年、二一六頁)。

(25)『寺史』三六〇~三六一頁。

(26)参考『寺史』三六一頁。「越中の杉谷慶善を頼りに、野尻へと下向し、ここ(瑞泉寺近辺——引用者註)に居住したのは至徳元年ころであろう」とする見解もある(『寺誌』二五頁)。

(27)この背景としては、当時の北陸がいまだ真宗だけで語ることが困難な状況であったからであろう。つまり、浄土宗や時宗などの浄土教系の諸宗派が乱立しており、瑞泉寺の建立は本願寺の教線開拓にはつながったものの、まだ真宗あるいは本願寺だけで統治するには時期が早かったためであると考えられる。

また綽如の子どもが北陸に進出した理由として、草野顕之氏は、「京都にいたのでは本願寺一門の生活基盤というものが充分に築けない。そこで、そういう情況のなかで生活基盤を求めて北陸を目指していくという方向性が生まれてきたのではないか」と想定している(草野「北陸における本願寺一門の動向」『加能史料研究』一七、二〇〇五年、五頁)。

(28)参考　井上『本願寺』九六頁。

(29)参考『寺史』三七三頁。巧如期にはその宛先が少数の寺院に限定されていたようであるが、「聖教と親鸞絵伝の授与は、巧如宗主の時代に北陸から越後にかけて、本願寺の布教伝道が行われていたことを物語るものである」とされる(『寺史』三七七頁)。

(30)『本願寺作法之次第』(『集成・二』五八四頁)。

(31)『真聖全・五』七三六頁。「永享八(一四三六)年三月二八日に巧如は「譲状」を書き、瑞泉寺に下向している」とする見方もある(『寺誌』二五頁)。

(32)参考　前掲註(27)草野論文、五頁。

（33）『富山県史　史料編Ⅱ』「古記録」六六頁。また、「如乗による瑞泉寺再興とは、巧如—如乗によるもの」との見方もある（久保尚文『勝興寺と越中一向一揆』桂書房、一九八三年、一六頁）。
（34）「巧如宗主の御影は遺品が少なく、しかもそれが北陸に伝存しているというのは、巧如宗主と存如宗主がともにこの地方を重視したことと関係があるのであろう」と推測されている（『寺史』三八五頁）。
（35）「綽如宗主や巧如宗主は北陸地方を訪れて教化を行い、以後の本願寺教団の拠点となる寺が創始されている。存如宗主もまたこの路線を踏襲し、北陸を重視したようである」（『寺史』三八三頁）。宮崎圓遵氏も、「存如の業績には蓮如の教化施設の一つの基盤を形成したものがあった」とする（宮崎「存如時代の本願寺」『宮崎圓遵著作集・四』思文閣出版・永田文昌堂、一九八七年、初出は一九四九年、一四一頁）。
（36）「本願寺における御堂建立の工事は永享一〇（一四三八）年のことであったと推定される」（『寺史』四〇八〜四〇九頁）。参考　宮崎圓遵「本願寺の本尊安置と両堂の整備発展」『宮崎圓遵著作集・四』思文閣出版・永田文昌堂、一九八七年、初出は一九六一年、一二八頁）。
また、「阿弥陀堂は文献としてはここに至って初めて見える」とされる（『寺史』四〇三頁）。当初の御堂の規模は、「存如上人の御時は、本堂の阿弥陀堂はたた三間四面、御影堂は五間四面にてそ侍りける」というものであった（『集成・二』五一一頁）。
（37）この「本願寺造営にあたり、かねて縁由のあるこの井波地方の門徒を強化する必要もあり、巧如は如乗を連れて井波瑞泉寺にはいったもの」とする見方もある（『井波町史・上』二六九頁）。
（38）このことは、蓮如が継職して間もない「寛正二年（一四六一）の二〇〇回忌法要は、親鸞に「宗祖」が冠されたはじめての「本山」遠忌法要であった」とする金龍静氏の見解を裏打ちするものでもあろう（金龍静「真宗史の中の本願寺史」『親鸞聖人七五〇回大遠忌記念　本願寺展』朝日新聞社、二〇〇八年、一四頁）。
つまり、存如期の後半には、両堂整備から本願寺の本山化が明確に打ち出され、教団というかたちでの統合が京都に収斂するようになっていたことを物語っている。
（39）『寺史』四一〇頁。また平松令三氏は、本願寺に参詣の人びとが集まっていなかった理由について、「末寺を管理し統括すること、それが本願寺の本山本寺としての仕事である。末寺の管理統括ということだから民衆はその中には出てこない」と述べている(平松「蓮如上人の書写聖教と本願寺伝統聖教」『龍谷教学』三二、一九九七年、一三三頁)。

(40) この見方は、蓮如期において「教団」が成立したとする金龍静氏の見方にもつながるものであると考えられる(参考 金龍静「一向宗の宗派の成立」『講座蓮如・四』平凡社、一九九七年、二九六頁)。

(41) 参考『真聖全・五』七三六~七三七頁。

(42) 『真聖全・五』七三七頁。

(43) 蓮如は、「巧如・存如の開拓した一家衆寺院に蓮如の子を配置し、蓮如の一門として捉えなおす策をとっている。出発点となったのは二俣本泉寺であ」るとされる(前掲註6浅香書、四四頁)。

(44) 『石田殿西光寺由緒記』(西光寺、一九六八年)によれば、「宝徳三年四月、本願寺第七世存如上人北陸御巡化の砌り、丹生郡石田村に一宇を建立せられ(一四五一)、西光寺と御名付けになりました」とある。参考 前掲註(9)網田書、一〇一頁。

(45) 井上『本願寺』一六〇頁。

(46) 宮崎圓遵氏は、蓮如継職以前の「書写には、存如に代《(ママ)》って筆を執ったことが多かった」としている(宮崎「真宗書誌学上における蓮如の地位」『宮崎圓遵著作集・六』思文閣出版・永田文昌堂、一九八八年、初出は一九四九年、四七〇頁)。参考 高山秀嗣「蓮如における伝道実践」(『親鸞の水脈』六、二〇〇九年、四八頁)。

(47) 宮崎圓遵氏は、「南北朝から室町時代初期に至るおよそ百年であるが、当時真宗では諸派分立の傾向が強く、本願寺はむしろ孤立し、京畿では仏光寺派に圧迫され勝ちであった。そこで、明徳元年(一三九〇)綽如は越中井波に瑞泉寺を開いて、北陸に本願寺の教線を伸展しようとしたのを初め、巧如・存如等も加賀越前地方に下り、また滞在したばかりでなく、その子弟を在住せしめて、教化につくすところが多かった。かくて本願寺にも漸興の兆が現れるが、ことに存如の教化は著しかったようで、彼が門徒に授与した宗典その他がかなり現存しているし、阿弥陀堂と御影堂の両堂がならびたつ現代本願寺の規模も、この時代にできたようである」と述べている(宮崎圓遵「本願寺の歴史」『宮崎圓遵著作集・四』思文閣出版・永田文昌堂、一九八七年、初出は一九八〇年、九~一〇頁)。参考『井波町史・上』二六二~二六三頁。

(48) 参考 金龍静「一向宗の宗派の成立」(『講座蓮如・四』平凡社、一九九七年、三〇八頁)。

「御文」にみる専修念仏言説の一特質

神田千里

はじめに

応仁・文明の乱の時期に活躍し、本願寺中興の祖として知られ、第八代住持とされる蓮如が信心決定による阿弥陀仏への専一的帰依を説き、それ以外の諸仏・諸神への帰依を「雑行」として退けたことはひろく知られている事実である。そしてその一方で蓮如は、他者の諸仏・諸神への信仰を門徒が批判することを禁じたこともまたよく知られている。たとえば次のような「御文」である。

文明六年二月一七日「御文」（稲葉昌丸編『蓮如上人遺文』法藏館、一九三七年、五四号、一七九頁、以下「御文」の引用はこれにより、『遺文』五四、一七九頁のごとく略記）

そも〳〵いま聴聞するとをりをよく〳〵心中におさめをきて、他門の人にむかひて沙汰すべからず。また路次大道にても、我々が在所にかへりても、あらはに人をもはばからず、これを讃嘆せしむべからず。つぎには守護・地頭方にむきても、われは他力の信心をゑたりといひて疎略の儀なく、いよ〳〵公事をまたくすべし。またもろもろの仏神等をもをろそかにかろしむることなかれ。……（傍線引用者、以下同）

一方で阿弥陀仏への専一の信仰を説きながら、他方では、自ら雑行として退ける他人の信仰を軽んじてはならない、と主張することは、現代の我々から見るとあきらかに矛盾しているかに思われる。蓮如の、この「矛盾」に関して、最も明快な説明をしておられるのは笠原一男氏である。「本願寺にしてみれば、かれらの門徒が、旧い宗教勢力と摩擦をおこすことは、さけなければならないのである。……旧仏教諸宗、神社はまだかなりの勢力をもっている。……その背後に支配者層との結び付きをもっている」から、旧仏教勢力との摩擦をさけるために、このように説いたというのである。(1)

言い換えれば、「諸神・諸仏」の信仰を旨とする寺社勢力との政治的妥協である、ということになる。そしてこれ以外の説明は今までなされて来なかったように思われ、(2)筆者もまたそのように考えて来た。ところでこうした見解の背景には、真宗を「旧仏教」「神道」などとは本質的に対立する宗教と捉える認識がある。たとえば顕密体制論の「正統」と「異端」という把握に代表されるように、この両者の間に共存できない対立的関係をみる見解はこれまで大方の支持を得てきた。

しかし一方こうした見方が、当該期にみられた仏教諸派間の関係の現実とは乖離していることも否めない。たとえば戦国期に隆盛となった本願寺が依然山門延暦寺と良好な関係を保っていたことは否定しえない事実であり、蓮如期に起きた山門と本願寺との対立も、私見によれば思想の次元で捉えることは不適切である。(3)

そこで本稿ではこの一見矛盾する双方が、蓮如の言説のなかでは、どのように論理的一貫性をもっているかを、その言説の次元で探ってみることにしたい。(4)蓮如が門徒に対して展開している論理の一貫性を前提として検討する、いわば思考実験によって、この時代に真宗門徒の間では一般的なものと認識されていた、信仰の論理の一端がみえて来はしないか、というのが筆者のささやかな期待である。

一　凡夫・本地垂迹・専修念仏

（1）凡夫の視点

まずきわめて初歩的なところから確認したい。蓮如が「雑行」の否定を説いたのは、罪障深く愚かな「末代」の我ら「凡夫」との自己認識に基づき、救済を希求するという立場からであり、諸仏菩薩・諸宗を否定すべきものと考えたからではなかった。次の「御文」をみてみたい。

文明九年一〇月「御文」（『遺文』九五、二八〇～二八一頁）

諸宗の教門、各別にわかれて、宗々にをいて大小権実を論じ、あるひは甚深至極の義を談ず。いづれもみなこれ経論の実語にして、そも〳〵また、如来の金言なり。されば、あるひは機をと〻のへてこれをとき、あるひは時をかゞみてこれをおしへたり。いづれかあさく、いづれかふかき、ともに是非をわきまへがたし。かれも教、これも教、たがひに偏執をいだくことなかれ。説のごとく修行せば、みなこと〴〵く生死を過度すべし。……修せず行ぜずして、いたづらに是非を論ぜば、たとへば目しゐたる人のいろの浅深を論じ、耳しゐたる人の、こゑの好悪をたゞさんがごとし。たゞすべからく修行すべきものなり。いづれも生死解脱のみちなり。しかるに、いまの世は末法濁乱のときなれば、諸教の得道はめでたくいみじけれども、人情劣機にして観念観法をこらし、行をなさんことも、かなひがたき時分なり。これによりて末代の凡夫は弥陀大悲の本願をたのまずは、いづれの行を修してか、生死を出離すべき。このゆへに、一向に不思議の願力に乗じて、一心に阿弥陀仏を帰命すべきものなり。

すなわち諸宗はいずれも修行すれば生死を離れることができる「如来の金言」で、簡単に浅深を論じるようなものではないので、たがいに「偏執」してはならないが、現代は「末法濁乱」の時代で人の根機（宗教的資質）

が劣っているために「弥陀大悲の本願」にすがる他「生死を出離」する道がない、だから「一心に阿弥陀仏に帰命」すべきこと、言い換えれば「雑行」を否定することが必要なのだというのである。

他にも「当流の中において、諸法・諸宗を誹謗すること然るべからず。いづれも釈迦一代の説教なれば、如説に修行せばその益あるべし。さりながら、末代我らごときの在家止住の身は、聖道諸宗の教へに及ばねば、それを我頼まず、信ぜぬばかりなり」(文明六年正月一一日「御文」、『遺文』五〇、一六八頁)「十方三世の諸仏の悲願にもれて、棄て果てられ」た「我ら如きの凡夫」が「諸々の雑行を棄て」るべきこと(文明六年三月中旬「御文」、『遺文』五六、一八三〜一八五頁)など、同趣旨のものがみられる。「末代」の「凡夫」という痛切な自己認識を前提に「雑行」の否定が説かれる以上、この自己認識を有しない者に対して「雑行」を否定し、その放棄を促すことは、論理的にはありえないことになろう。

(2) 弥陀と諸神・諸仏は一体

次に阿弥陀と「諸神・諸仏」とは別物ではない、と蓮如が説いていることが注目される。蓮如においては、いわゆる本地垂迹の論理によって、阿弥陀仏と「諸神」とは一体のものとされていた。次の御文がある。

文明六年正月一一日「御文」(『遺文』五〇、一六七頁)

まづ神明と申は、それ仏法において信もなき衆生の、むなしく地獄におちんことをかなしみおぼしめして、なにとしてもこれをすくはんがために、かりに神明とあらはれて、いさゝかなる縁をむすびて、それをたよりとして、つゐに仏法にすゝめいれしめんための方便に、神とはあらはれたまふなり。しかれば、今の時の衆生において、弥陀をたのみ信心決定して、念仏を申し、極楽に往生すべき身となりなば、一切の神明はかへりてわが本意とおぼしましまして、よろこびたまひて、念仏の行者をまもり守護したまふべきあひだ、とりわき神をあがめずとも、たゞ弥陀一仏をたのむうちにみな一切の神はこと〴〵くこもれるがゆへに、別してたのまざれども、信ずるいはれのあるがゆへなり。

大変有名な御文であるが、これが存覚の『諸神本懐集』の論理をほぼそのまま踏襲していることは明白である。[5] 蓮如が「名人」と仰ぎ（「実悟旧記」九三、稲葉昌丸編『蓮如上人行実』法藏館、一九二八年、二五六、九三頁、以下『行実』二五六、九三頁のごとく略記）、「大勢至の化身」（同前二四二、『行実』四〇五、一三四頁）「釈迦の化身」（同前二四四、『行実』四〇七、一三四頁）と呼んだという存覚に忠実に依拠したものである。

他にも「南無阿弥陀仏の内には、万善諸行、恒沙無数の功徳・法門・聖教さらに残ることもなく、またあらゆる諸神・諸仏菩薩も悉く籠れるなり」（文明六年二月一七日「御文」、『遺文』五四、一七七頁）、「一切の神も、仏と申すも、今この得るところの他力の信心一つを取らしめんがための方便に、諸々の神、諸々の仏として現れ給ふ謂れなればなり。しかれば一切の仏・菩薩ももとより弥陀如来の分身」（文明六年五月一三日「御文」、『遺文』五九、一九二頁）との表現をあげることができる。

こうした、いわば諸仏・諸宗が同一であるとする言説は、日本中世にはかなり広くみられるものだったと考えられる。鎌倉時代には無住によって仏法の八四〇〇〇の法門は一つに帰入することが主張され、[6] 戦国期にも、たとえば後述するように、法華経の教説と弥陀の教説とが同一とする観念を始め、諸宗を同一と見る観念が見られる。[7] とくに真宗とは衝突もあったことで知られる法華宗の、中心的経典である法華経について、これが念仏宗の教説と本来同一であるとの観念は鎌倉時代から日本にあった。そして蓮如もまた「御文」の中でこの点に言及していることが知られる。

文明九年九月二七日「御文」（『遺文』九三、二七二〜二七三頁）

諸仏の本願をくはしくたづぬるに、五障の女人、五逆の悪人をばすくひたまふことかなはず、ときこへたり。

これにつけても、阿弥陀如来こそひとり無上殊勝の願をおこして、悪逆の凡夫、五障の女質をば、われたすくべき、といふ大願をばおこしたまひけり。ありがたしといふもなをおろかなり。これによりて、むかし釈尊、霊鷲山にまし〳〵て、一乗法華の妙典をとかれしとき、提婆・阿闍世の逆害をおこし、釈迦韋提をして安養をねがはしめたまひしによりて、かたじけなくも霊山法華の会座を没して、王宮に降臨して、韋提希夫人のために浄土の教をひろめまし〳〵しによりて、弥陀の本願このときにあたりてさかんなり。このゆへに法華と念仏と同時の教、といへることはこのいはれなり。

このような見解は早くから本願寺教団にあり、存覚の『法華問答』『決智鈔』にすでにみることが出来る。(8)また一六世紀に著された『法華経直談抄』にも「弥陀法華本来一体なることなり……当時念仏申す人は法華は別の物と心得るなり。法華ばかり読む人は念仏は簡ぶなり。大いなる錯りなり」（巻第一本・一七）と述べている点は、先の「御文」と通底している。また『法華問答』にも引用された「昔在霊山名法華、今在西方名阿弥陀」という慧思のものとされる偈は『真盛上人往生伝記』にもみえ、(9)さらに謡曲や狂言にも引用されるなど広く知られていた。(10)こうした言説が現代から見て、いわゆる専修念仏の観念に合致するものか否かは措くとしても、同時代の仏教に関する言説の中で、とくに違和感を引き起こすようなものではなかったと考えられる。

このようにみて来ると、蓮如が「雑行」を否定する理由は、たんに阿弥陀信仰にのみ価値があり、それ以外は誤りであるという、たとえば宗教改革期のキリスト教信仰にみられるような、排他的「一神教」のような理由ではないことが推測される。

（3）雑行否定の理由

それでは蓮如が「雑行」の否定を説いた理由は何か。「御文」の文面からみる限り、阿弥陀仏への帰依は、他の諸教を顧みずに専念しなければ救済は実現しないというものであった。言い換えれば教義上の選択ではなく、専念の度合い、信仰の深さの問題として「雑行」の否定が説かれていたのである。次の「御文」をみてみたい。

文明五年一二月一三日「御文」(『遺文』四三、一五二〜一五三頁)

さて雑行といふはなにごとぞなれば、弥陀よりほかのほとけも、またその余の功徳善根をも、また一切の諸神なんどに今生にをいて用にもたゝぬせゝりごとをいのる躰なる事をみな〳〵雑行ときらふなり。かやうに世間せばく阿弥陀一仏をばかりたのみて、一切の功徳善根、一切の神ほとけをもならべて、ちからをあはせてたのみたらんは、なを〳〵鬼にかなさいぼうにて、いよ〳〵よかるべきか、とおもへば、これがかへりてわろきことなり。されば外典のことばにいはく、忠臣は二君につかへざれ、貞女は二夫にまみえず、といへり。仏法にあらざる世間よりも、一心一向にたのまではかなふべからず、ときこえたり。また一切の月のかげはもとひとつ月のかげなり、ひとつ月のかげが一切のところにはかげをうつすなり。……されば、阿弥陀一仏をたのめば、一切のもろ〳〵のほとけ、一切のもろ〳〵のかみを一度にたのむにあたるなり。これによりて、阿弥陀一仏をたのめば、一切の神も仏もよろこびまもりたまへり。

わざわざ「二君」に仕えない「忠臣」、「二夫」にまみえない「貞女」という「外典」の言説を引用しているように、蓮如は少なくともこの「御文」において、教義的典拠に言及してはいない。これを政治的妥協とみる余地ももちろんあろうが、念仏修行のひとつの方法の提示と捉える余地もあるように思われる。この「御文」の後段の部分では、先ほどみた諸宗同一観によりながら、阿弥陀への専一的帰依も結局は「諸神・諸仏」に帰依することにもなる、と述べているのだから、「諸神・諸仏」の信仰上の価値を否定していないことは明らかであり、その上であえて「雑行」の否定を説いているからである。

したがって蓮如は専修念仏と諸宗派との共存を前提としつつ、あえて阿弥陀一仏への帰依と「雑行」の否定を説いたと考えられよう。あえて「雑行」を退けるのは「世間」の忠孝や貞節以上の専念が必要だからである。こうした専念を説いた前提として、「末代」の「凡夫」という自己認識があるらしいことはたやすく想像できる。そこで次に、その専念の内実について、引き続き蓮如の言説を探ってみたい。

二 「愚者」の念仏と「仏法三昧」

（1） 外相に法流の姿をみせず

蓮如の「御文」を通覧していて、しばしば見かけるのは、門徒に対し、念仏者として外部に自己主張せず、むしろ内面の信仰を隠せ、という言説である。

文明七年一一月二一日「御文」（『遺文』八四、二五一〜二五二頁）

自国・他国より来集の諸人にをひて、まづ開山聖人のさだめおかれし御掟のむねをよく存知すべし。その御ことばにいはく、たとひ牛盗人とはよばるとも、仏法者・後世者とみゆるやうに振舞べからず。また、ほかには仁義礼智信をまもりて、王法をもて先とし、内心にはふかく本願他力の信心を本とすべきよしを、ねんごろにおほせさだめおかれしところに、近代このごろの人の仏法しりがほの躰たらくをみおよぶに、外相には仏法を信ずるよしを人にみえて、内心にはさらにもて当流安心の一途を決定せしめたる分なくして、あまさへ相伝もせざる聖教をわが身の字ぢからをもてこれをよみて、しらぬゑせ法門をいひて、自他の門徒中を経廻して、虚言をかまへ、結句本寺よりの成敗と号して、人をたぶろかし、物をとりて当流の一義をけがす条、真実々々あさましき次第にあらずや。

他にも「人ありて曰く、我身はいかなる仏法を信ずる人ぞ、と相尋ぬることありとも、しかと当流の念仏申す者なりとは答ふべからず。只何宗ともなきものなり、念仏ばかりは尊きこと、と存じたるばかりなるものなりと答ふべし」（文明一五年一一月二二日「御文」、『遺文』一一五、三四七頁）というものもある。さらに真宗の掟は「他宗にも世間にも対しては、我が一宗の姿を露はに人の目に見えぬやうに振舞へるをもて本意」とするとして、「わざと人目に見えて一流の姿を顕はして、これをもて我が宗の名望のやうに思ひて、ことに他宗をこなし貶めんと思」う近頃の「当流念仏者」に見られる傾向を批判し、それは「聖人の定めまし〳〵たる御意に深く相背」くとして「牛を盗みたる人とは言はるとも、当流の姿を見ゆべからず」との言葉を親鸞のそれとして引用している（文明六年七月三日「御文」、『遺文』六四、一九九頁）。

この点は『栄玄記』にも、「路次大道我々の在所なんどにても、露はに人をも憚らずこれを讃嘆すべからず」「もとより聖人の御掟にも、仏法者気色・後世者気色みえぬやうに振舞へ、とこそ仰せ置かれ候へ」（『行実』七一六、二二六七頁）とみえ、蓮如期以降の本願寺教団のなかでは、上記引用の「御文」で説かれたことは、一般的に知られた言説であったと思われる。なぜ門徒が自分自身の信仰を他者の前で明らかにしてはならないのだろうか。「御文」の言説の中でまず目につくのは宿善・無宿善に関するものである。

蓮如は、人は宿善（前世に積んだ善業）により信心を得るもので、人の説法の力により信心を得させることは出来ないのだから、相手の機（宗教的能力）を見定めず、宿善・無宿善の区別なく法を説いてはならない、と説いていた。次の「御文」をみよう。

文明九年三月日「御文」（『遺文』八六、二五五〜二五六頁）

それ真宗一流の信心のひとゝをりをすゝめんとおもはゞ、まづ宿善無宿善のいはれをしりて仏法をば讃嘆すべし。されば、往古より当流門下にその名をかけたるひとなりとも、過去の宿縁なくば信心をとりがたし。まことに宿善の機はおのづから信心を決定すべし。それに、無宿善の機のまへにをいて、一向専修の名言をさきとし、正雑二行の沙汰をするときは、かへりて誹謗のもとゐとなりぬべし。この宿善無宿善のふたつの道理をこゝろえずして、手びろに世間者をもいづくをもはゞからず、勧化をいたすこと、もてのほかの当流のおきてにあひそむけり。……まづ王法をもて本とし仁義をもて先として、世間通途の義に順じて、当流安心をば内心にふかくたくはへて、外相に法流のすがたをも、他宗他家にそのいろを見せぬやうにふるまふべし。

「無宿善の機」に信心を与えることはできないが故に、それをあえて勧化する試みは、信心獲得は宿善によるのみという他力の信心そのものを否定するものとなろう。「他力の大信心を獲得するも、宿善開発の機によりてなり。さらに我らが賢くして起こすところの信心にあらず、仏智他力の方より与へ給ふ信なり」（文明八年七月二七日「御文」、『遺文』八五、二六五頁）とあるように、勧化の有無と信心獲得とは本質的に別だからである。そしてまた、蓮如は「謗法」を仏法者にあるまじきことととして戒めていた。「諸宗・諸法を誹謗すること、大いなる誤りなり。その謂れ、既に浄土の三部経に見えたり。又諸宗の学者も念仏者をば強ちに誹謗すべからず。自宗・他宗ともにその咎逃れがたきこと、道理必然なり」（文明七年七月一五日「御文」、『遺文』八三、二四九頁）とある通りである。無宿善の機に「一向専修」「正雑二行」を説くことは他力の信心への無理解による上に「誹謗の基」ともなるが故に、門徒が自分自身の信仰を明示することを戒めていたのだと考えられる。

蓮如はさらに、覚如の『改邪鈔』を引用して「七箇条の御起請文には、念仏修行の道俗男女卑劣の言葉をもて、なまじひに法門を述べば、智者に笑はれ愚人を迷はすべしと云々」と述べ（文明四年二月八日「御文」、『遺文』一五、八〇頁）、「卑劣の言葉」により法を説くことを戒めている。自分自身の撰述に関してすら、「殊には愚闇無才の身として、片腹痛くもかくの如き知らぬ似非法門を申す事は、且は斟酌をも顧みず、只本願の一筋の尊さばかりのあまり、卑劣の此の言葉を筆にまかせて書き記しをはりぬ。後に見る人の誹りをなさゞれ」（文明九年一二月二日「御文」、『遺文』九七、二八九頁）と書き添えるほどであり、「道俗男女」が自分自身の信仰を他者にむけて論じることそれ自体、無条件に是認してはいなかったと考えられる。
すなわち「雑行」の否定と一体である他力の信心に基づくならば、諸神・諸仏の否定はもちろん、公然たる信仰表明すら自制すべきであるという論理を「御文」からうかがうことができよう。そこには自らの信仰を思想として、公然と表明することが想定されていないかにさえみえる。それでは他力の信心の信仰的営為は、「御文」にどのように示されているのであろうか。以下この点を「末代」の「凡夫」との自己認識と共に、「当流聖人の一義は、殊に在家止住の輩をもて本とする」(文明一二年六月一八日「御文」、『遺文』一〇五、三一〇頁)という「在家止住」の自己認識に注目しつつ考えていきたい。

（2） 教学の学問の批判

右の点から「御文」の言説で注目されるのは、教学に関する学問、学匠の学問と後生の救済につながる信心とは別であるという言説である。

名塩本「御文」(『遺文』一七三、四七一頁)

それ八万の法蔵をしるといふとも、後生をしらざる人を愚者とす。たとひ一文不通の身なりといふとも、後世をしるを智者とすといへり。しかれば当流の心はあながちにものをしりたり、又聖教をよむ人なりといふとも、一念の信心のすがたをしらざる人はいたづら事なり、としるべし。

信心と聖教などに関する学問とは別であるという認識は、蓮如期の本願寺教団では一般的だったらしく、加賀国の門徒として知られる菅生の願生が、僧侶が聖教を読んでいるのを聞いて「聖教は殊勝に候へども、信が御入なく候間、尊くも御入なき」(「実悟旧記」一五〇、『行実』三一二、一〇八頁)と言い放ったという逸話がある。蓮如がこれを聞いて件の僧侶、すなわち荻生の蓮智を呼んで再教育したところ、願生は今度は「今こそ殊勝に候へ」とありがたがったという（同上、『行実』同上、一〇九頁）。

蓮如もまた「仏法者は法の威力にてなるなり、……されば仏法をば学匠・物知りは云ひ立てず、只一文不知の身も、信ある人は仏智を加へらる丶故に、仏力にて候間、人が信をとるなり。この故に聖教読みとて、しかも我はと思はん人の、仏法を云ひ立てたることなし、……仏より言はせらる丶間、人が信をとる」（「実悟旧記」一七四、『行実』三三七、一一六頁）と述べたと伝えられる。ここに見えるように、信心は仏から与えられるものである故に、「学匠」「聖教読み」の力で与えることは叶わないものとされていたのである。

こうした聖教・学問軽視の思考は、蓮如期以前の真宗門徒の間にもみられ、聖教すなわち浄土三部経よりも『正信偈』『和讃』を尊重するという振舞いが知られている。たとえば存覚の『破邪顕正鈔』には「阿弥陀経ならびに礼讃をもて外道の教と名付けて、地獄の業なりと称し、我が流に用ひる和讃をば往生の業なりと号する由の事」（集成一、七三七頁）という真宗門徒の行動が記されているし、『愚闇記』には「愚禿善信と云ふ流人の作したる和讃を謡ひ、……阿弥陀経も読まず、六時礼讃をも勧行せず、ただ男女行道して六字の名号ばかり唱へ……」（集成四、七一九頁）との批判がある通りである。

「御文」にも「先ずこの面々の仏法方の心得の趣は、仏法者とは見ゆべからずと勧化して、……和讃・正信偈ばかりが肝要ぞと云ひて、仮初にも本書選択集なんどを読む人をば、又《(文)》沙汰と号してこれを偏執し、又浄土三部経なんどを仮初にも道場に置きたる人をば誹り……」（『柳本御文集』、集成二、三一六頁、『遺文』［九］、五二八頁）とあり、鎌倉期の傾向が真宗門徒の間に依然存続していたことがうかがえる。次もまた同様であろう。

文明一二年八月二三日「御文」（『遺文』一〇六、三一二～三一三頁）

我身をたすけ給へるいはれをとき給へる浄土三部経なれども、これを堪能の機は訓ごゑにもせめてよむべき道理とも思はず、あまさへ、古は仏前に三部経をおく人をさえ、雑行之人なりといひ侍べりき。今も其機類相のこる歟、……又和讃正信偈ばかりを本として、三部経をば本とは思はず、たま〳〵も志ありてよむ人をばあながちに遍執《偏執》せり。……つねの人の覚悟には、三部経といふことをもしらねども、たゞふかく聖人の仰せを信ずるこそ肝要よ、あらむつかしの三部経の文字沙汰や、といへり。これ又大なる本説をしらぬ、ゐせ人のいへることばなり、くれ〴〵信ずべからず。

蓮如教団の中にも、それ以前からの、聖教・教学を軽視する風潮は依然存在していたことがうかがわれる。蓮如はこうした倒錯した学問批判は退けるものの、学問と他力の信心とは別であるとの観念は是認し、当時の門徒たちとも共有していたと考えられる。

いわゆる談義本をみても、真宗は教学の学問とは別であるとの認識は、頻繁に見出すことができる。たとえば『一宗行儀抄』には「殊に念仏宗は学問をせざる宗なるに、構へて総じて知り立てして、智者に顔を守られ候な」（集成五、三〇頁）、『一向専修心得集』には「広学尽才の人なればとて用ふべからず。愚癡無智の者なればとて軽くすべからず。……弥陀の本願だにも違はず置き給はゞ、何によらず用ふべし」（巻第四、集成五、四七二頁）とある通りである。学問と信心とは別、という真宗門徒らにひろくみられた思考の中で、蓮如の教説も考える必要があろう。

それでは何故信心と学問とをことさらに分けるのであろうか。「御文」の中では明確に出て来ないが、蓮如に従った篤信の門徒として知られる越中国赤尾の道宗が記した『道宗覚書』に「仏法をもつて人に用ひられ候はんと思ひ候事はかへす〴〵あさましき事にて候。その心出来候はゞ、仏法信は、たゞ此の度後世の一大事を助かるべきためばかりにてこそ候へと思ひ候て、翻し候べき事」（笠原一男・井上鋭夫校注『蓮如・一向一揆』〈日本思想大系一七〉、岩波書店、一九七二年、四六四頁）とあるのが注目される。『栄玄記』にも、吉崎に参集した「坊主衆」に対し、蓮如が「鉦を叩き、門々を念仏を申して歩く」「念仏を売」る行為はするなと訓戒した際、僧侶らが「畏まりて候」と答えたところ、「その念仏を売る者と云ふは各々が事よ……真実の信もなくてあらうずる坊主分は鉦を叩き、念仏を売りて歩く者と同じ」と僧侶らの自覚を促したとの逸話がある（七、『行実』七〇一、二六〇〜二六一頁）。

いずれも現世の地位や生業のために、信心に基づかない仏法の営為を行うことを否定している点で共通している。しかも先に見た「柳本御文集」にあるように教学の学問を軽視する傾向は「仏法者とは見ゆべからず」との原則に基づいていたことが推測できる。とすれば、学問の軽視と、前節でみた公然たる信仰表明の自制とは密接な関係にあったことが想定できよう。いずれも在家信徒の立場からの言説であることが予想されるのである。

（3）問う人々と「仏法三昧」

上記のような教学の学問への批判は、教義を理解していると自認して他人に説くことを批判するという言説にも現れている。たとえば「抑此の比、当国他国の間に於て当流安心の趣、事の外相違して、皆人ごとに我はよく心得たりと思ひて、更に法義に背く通りをも、強ちに人に相尋ねて、真実の信心をとらんと思ふ人少なし。これ誠に浅ましき執心なり」（文明七年二月二五日「御文」、『遺文』七七、二三二頁）「誰の輩も、我はわろきと思ふ者は一人としてもあるべからず。これしかしながら聖人の御罰を蒙りたる姿なり……一人ずつも心中を翻さずは、永き世奈梨に深く沈むべきものなり」（文明七年四月二八日「御文」、『遺文』七八、二三四頁）などがみられる。

これに対して蓮如は理解しえたとの独善的な自認を排し、他人に問うことを求めた。「仏法の由来を障子・垣越しに聴聞して、内心にさぞとたとひ領解すといふとも、重ねて人にその趣をよく〳〵相尋ねて、信心の方をば治定すべし。そのまゝ我が心に任せば必ず〳〵誤りなるべし」（文明一六年一一月二一日「御文」、『遺文』一一七、三五二頁）。こうした言説は、いわゆる談義本にも見える。『安心最要抄』には「されば我が心愚者にして、なまじりなる似非法門をもて、人に語り勧めんよりは、只我一人よく信心決定せんこと、かへす〴〵肝要なりと思ふべし、またたとひ、我はよく聞き分けたりと思ふとも、よく善知識、また良き同行に近づきて、尋ね問ひ奉るべきものなり」（集成五、九〜一〇頁）とあり、先の蓮如の言説が真宗諸教団の中で一定の広がりをもって受容されていたことがうかがえる。

教学の学問を、本質的に信心とは別物として、否定的にみる考え方は、仏法の知識を他人に伝道するよりも、「善知識」「良き同行」に尋ね問うことにより多くの価値を置く考え方、いわば愚者の自覚に基づいたものとみることが出来る。先に見た、自らの信仰を外部に公然と表明することを自制するよう説くこととあわせて考慮すれば、徹底して在家の立場に立ったものと想定することもできよう。このように見る時、初期の門徒たちの逸話の中に、こうした実践をうかがわせるものが、いくつか目につく。

まず存如の代からの門徒である、近江国金森の道西（善従）に関するものである。

「実悟旧記」一三四（『行実』二九七、一〇三頁）

ある人善《（金森善従）》の宿所へゆき候ところに、履をも脱候はぬに、仏法のこと申かけられ候、又ある人申され候は、履をさへぬがれ候はぬに、いそぎかやうには何とて仰候ぞ、と人申ければ、善申され候は、出息は入ルをまたぬ浮世なり、若、履をぬがれぬ間に死去候はゞ、いかゞし候べき、と申され候。たゞ仏法のことはさしいそぎ申べき由、仰られ候。

「仏法のこと」を四六時中最重視し、自らが死ぬ前に信心を獲得することを求めて問い続けるという、まさに救済のためのみの求道の姿勢をものがたるものである。また同じ近江国の初期の蓮如の門徒である安養寺幸子坊に関するものもみられる。

「実悟記」三七（『行実』四五二、一六一頁）

蓮如上人越前国吉崎の御坊に三ケ年御座の時、昼夜仏法の一義よりほか他事なかりしに、手原《（安養寺）》の幸子坊に蓮如上人御尋ありけるは、これの一義は仏法三昧と見たる歟、又世間三昧と見たる歟、と御尋ありければ、幸子坊申されけるは、世間三昧とみえ申たると申されければ、事の外に御感ありける。其比昼夜仏法までにて御入候たるだにも、世間三昧と御沙汰候。今の時節は中々浅間敷候事にて候、との沙汰のみにて候。

蓮如が吉崎にいた頃の門徒たちは「昼夜仏法の一義よりほか他事なし」、すなわち文字通り「仏法三昧」の日々を送っていたとされている。しかし幸子坊はその様子がどのように見えるかを蓮如から尋ねられた時、言下に「世間三昧と見え申」すと言い切った。蓮如はその言葉を「殊の外」感心して聴いたという。幸子坊は蓮如が吉崎にいた折「大津の躰たらく」が「まことにもて正躰なき」ことを憂い、蓮如に「それ当流といふは仏法領なり」と記す有名な「御文」を所望した（文明七年四月二八日「御文」、『遺文』七八、二三六頁）ことでも知られる、初期の近江門徒である。次の逸話もまた幸子坊のものである。

「実悟記」三八（『行実』四五三、一六一～一六二頁）

山科の御坊には蓮如上人御座候、大津の御坊に順如上人まし〳〵し比、皆人々両所へ年始には早々御礼に被参候けるに、幸子坊は山科より大津へ被参、又法敬坊は大津より山科へ帰られけるに、相坂《（逢坂）》山中にて両人出会て、法敬坊の御慶御満足といはれければ、幸子坊云、我等に左様の公界の礼儀は不入候、一言成共、御恩の方難有旨可承由、申されて通られけり。各尤と被申けり。昔の仏法者は加様に一言も徒なることなく、仏法ばかりなり。尤是まなぶべき也。

山科本願寺に蓮如がおり、大津近松の「本願寺」（『拾塵記』、集成二、六〇九頁）に順如がおり、本山が併存しかねない情勢の中で、当時門徒たちは年始の挨拶には両方へ詣でることになっていた。その頃、山科での挨拶を済ませて大津へ向かう幸子坊と、大津での挨拶を済ませ山科へ向かう法敬坊の二人が近江国逢坂の山中で出会った折、新年の挨拶をした法敬坊に対して幸子坊は「我らに左様の公界の礼儀はいらない、一言でも仏法の御恩のありがたさを承りたい」と述べたという。「公界の礼儀」すなわち世間の慣習を無視した仏法者独自の世界に生きようとする姿を幸子坊の逸話にみることができよう。

また徒らに睡眠を取ることも禁物との認識が共有されていた。「御文」の中には、日中眠気を覚えたことを、「生死の海に浮かび出たるその甲斐もな」いと嘆く門徒に対して「睡眠の起こり候へばとて、いたく悲しくも思はず」と述べる「京都の御一族」（本願寺一族）の若衆を、「あまりに御心得の届き候はぬ」ことと、「唯除睡時、恒憶此事」という観無量寿経の言葉を引いてたしなめるものがある（文明五年五月日「御文」、『遺文』二三、一〇〇～一〇三頁）。先ほど引用した『道宗覚書』にも「誤っても、睡を働き、眠り臥せり候て、此の一大事を思ひまいらせず、徒に暮らし候まじき事」（前掲『蓮如・一向一揆』四六四～四六五頁）との文言がみえ、睡眠時間さえ切り詰めるような「仏法三昧」が行われていたことをものがたっている。

教学の論争や、学問的論説以外の側面で、信心獲得のために、上記のような「仏法三昧」の修行が行われていたことがうかがえるが、こうした実践がおそらく蓮如の、「雑行」否定を念仏への専念であると説く言説の背景となっていたであろうことは想像にかたくない。

さらにいえば、真実の信心のあり方をひたすら人に問い、決して理解しえたとの自認に安住してはならないという言説は、親鸞の教説の特質とも密接に関わっていた可能性もある。親鸞の説く信心決定は、言葉は平易でも内実は難解とされる。どのような確信にいたることが往生の叶うほどの信心決定なのか、という基準は示されていないからであり、そのために、たとえば「一味の信心」という門徒集団の合議が重視されたと考えられる(11)。同様にひたすら問うことを求める言説もこの点と密接に関わっているように思われる。そしてその言説に対応するような実践を行った門徒たちも確かに存在したのである。

結びにかえて

真宗の教義は西欧のキリスト教のような「一神教」との類似で語られることが多い。そのため「諸神・諸仏」を否定しない蓮如の言説は、政治的妥協とみられてきた。しかし一方この真宗の把握は「鎌倉新仏教」概念の枠内にあり、その「鎌倉新仏教」概念は、明治期プロテスタントが提示した祖師像が、原勝郎「東西の宗教改革」により学問的に整理されて成立したものであることが大隅和雄氏により明らかにされている[12]。

したがって蓮如の言説を政治的妥協と見る見解は、明治期のプロテスタント思想の枠内のものともいえる。このようにみた時、蓮如自身の位置づけは別であったと見る余地がありはしないか、という疑問から本稿は出発した。不十分な検討ではあるが、蓮如の「信心為本」「雑行」の否定は、反「旧仏教」、反神祇信仰、西欧的「一神教」という文脈ではなく、むしろ在家信徒の側に立った、「末代」の「凡夫」の自覚、学問とは区別された信心の希求という文脈で捉えるべきものであり、僧侶としてではなく「仏法三昧」を行ずる在家門徒たちが輩出して行く動向に対応した言説であったと考えることができる。そしてこの点は蓮如教団の隆盛を考える上で、少なからず重要な要素であるかに思われる。

もっともこのような在家の「仏法三昧」が蓮如以後の、戦国期の本願寺教団の主要な特質となっていったかどうかは別問題である。むしろ実悟の回想に「今の時節は中々あさましき」「昔の仏法者」という表現が見えることを考慮すれば、この側面は逆に衰退していったとみる余地もあろう。こうした点は今後の課題として残るものである。

（1）　笠原一男『一向一揆の研究』（山川出版社、一九六二年）、八六頁。

（2）たとえば峰岸純夫氏は「柔軟でしたたかな蓮如の苦心」「真宗に対する、非難・攻撃に乗ぜられないための防禦的方策」と述べられており（同「一向一揆の構造」『中世社会の一揆と宗教』東京大学出版会、二〇〇八年、初出一九七六年、三一〇・三一二頁）、ほぼ同趣旨の見解である。

（3）寛正六年（一四六五）の山門の本願寺に対する攻撃も、幕府の支持を背景に発展する本願寺教団と、これを警戒する山門との宗派間対立とみられる（拙稿「中世の宗論に関する一考察」大隅和雄編『仏法の文化史』吉川弘文館、二〇〇三年、二三八頁）。

（4）近年、末木文美士氏により、必ずしも対立的ではない「中心」と「周縁」という関係で、いわゆる「旧仏教」と念仏・禅などの関係を規定する、「十宗体制論」という見方が提起されている（末木文美士「顕密体制論以後の仏教研究――中世の諸宗論から――」『日本仏教綜合研究』六、二〇〇八年）。こうした見方に立つ時、蓮如の「諸神・諸仏」の攻撃を戒める言説もまた、政治的妥協以外の視点からみることも出来るように思われる。

（5）存覚『諸神本懐集』には「オホヨソ神明ハ、信心アリテ浄土ヲネガフヒトヲヨロコビ、道念アリテ後世ヲモトムルモノヲマモリタマフナリ」（大隅和雄校注『中世神道論』〈日本思想大系一九〉、岩波書店、一九七七年、一九五頁）「ソモ〳〵、ワガ朝ノ神明ノ本地ヲタヅヌレバ、オホクハ釈迦・弥陀・薬師・弥勒・観音・勢至・普賢・文殊・地蔵・龍樹等ナリ。コノ諸仏菩薩、コトニ弥陀ヲ念ゼヨトオシヘ、ヒトヘニ西方ノ往生ヲス、メタマフ。垂迹ノ本意、マタヒトシカルベケレバ、イヅレノ神明カコレヲソムキタマハンヤ。……弥陀ノ教門ヲモテ、釈尊ノ本懐トス。釈尊ニ帰セントオモハヾ、弥陀ヲタノミタテマツルベキナリ」（同上、一九九頁）とある。

（6）大隅和雄「弱者の人間洞察・無住一円」（『中世思想史への構想』名著出版会、一九八四年、初出一九七三年）、一四二頁。

（7）拙稿「中近世日本の在来宗教とキリスト教――「天道」思想を中心に――」（深沢克己編『ユーラシア諸宗教の関係史論――他者の受容、他者の排除――』勉誠出版、二〇一〇年）、六四頁。

（8）『法華問答』には「モシ法華ノ深意ヲシラハ、モハラ弥陀ヲタフトフヘシ。ユヘイカントナレハ、……古徳ノ頌ニ、ムカシ霊山ニアリテハ法華トナツク、今西方ニアリテハ弥陀トナツケタテマツル、娑婆ニシテハ称シテ観世音トス。三世ノ利益オナシク一体ナリトイヘリ。伝教大師ノイハク、ハシメ妙法蓮華経ヨリ、ヲハリ作礼而去ノ文ニイタルマテ一一ノ文字ハ殊妙ノ理ナリ。ミナコレ西方ノ阿弥陀仏ナリトイヘリ。カクノコトクノ解釈ヲミルニ、法華ト弥陀トマタク一体異名ナリ」（石田充之・千葉乗隆編『親鸞と初期教団』〈真宗史料集成一〉、同朋舎、一九八三年、八一九頁、以下『真宗史料集成』は、集成一、八一九頁のごとく略記）と述べられ、『決智鈔』にも「諸経ノナカニ法華ノスクレタルコトハ、文ニアリテアキラカナリ。……滅後下根ノ衆生ハ機分ヲヨヒカタキニヨリテ、……仏願ノ強縁ニ託シ弥陀ノ浄土ニ生シテ、カシコニシテ無生ノサトリヲヒラクヘシトス、ムルナリ。……カ、ル劣機ノタメニ出離ノ要道トナルハタ、念仏ノ一行ナリ、コノマヘニハカノ一代ノ諸経ミナ念仏ノ一門ニ帰シテ、コレマタ念仏一乗トイハル、ナリ。……」（集成一、七六九～七七〇頁）とある。なおこの点に関しては永村眞「真宗と余乗――存覚の著作を通して――」（『日本女子大学大学院文学研究科紀要』一六、二〇一〇年）も参照されたい。

（9）色井秀譲・十河泰全・西村冏紹編『訳注真盛上人往生伝記』（天台真盛宗宗学研究所出版部発行・百華苑発売、一九七二年）、二九四頁。

（10）拙著『宗教で読む戦国時代』（講談社、二〇一〇年）、七四頁。

（11）拙稿「蓮如の実像」（浄土真宗教学研究所・本願寺史料研究所編『講座蓮如』第一巻、平凡社、一九九六年）、一三五～一三六頁。

（12）大隅和雄「鎌倉仏教とその革新運動」（『中世仏教の思想と社会』名著刊行会、二〇〇五年、初出一九七五年）、九七～九八頁。

蓮如の善知識観——中世真宗教学における教導者観の展開——

黒田義道

はじめに

蓮如は、今日の本願寺系浄土真宗教団の基礎を固めた人物として著名である。真宗教学史においても蓮如の存在は重要で、その代表的著作である「御文章（御文）」は、教化に有効であったばかりでなく、後の真宗教学にも大きな影響を与えた。

本論では、蓮如の教導者観を善知識を中心に真宗教学史的視点から取り上げたい。ここでいう教導者とは、師や善知識と呼ばれる導き手のことである。師と善知識との区別は、ともに人を導く存在であることから、しばしば曖昧にされる。けれども、両者はもともと異なる意味の語であり、無批判に同一視することのないよう、注意が必要である(1)。

師と善知識の相違は次のように指摘できる。師は弟子を教え育てるものである。対義語が弟子であるように、師とは導く者と導かれる者という、いわば縦の関係に基礎づけられた語である。師という語だけでは、その教導者が何を教えどのような方向に導くのかはわからない。また、師資相承というように、一般に相承は師の語を用いて示される。一方、善知識とは単に知識とも言い、仏の正道を教示しすぐれた利益を与える者をいう。対義語が悪知識であるように、友人・知人の意味での「知識」であることを前提とした、いわば横の関係に基礎づけられた語で、同行性を帯びている。(2)友人・知人である上で、導きの方向の善悪を問題にしているのである。善知識と呼ばれる場合は、善なる方向に導く知識ということであり、浄土教においては行者の救いが決定する重要な場面に現れている。(3)本論で論じようとする蓮如の「善知識観」とは、「師観」とは区別された善知識観である。

中世真宗の教導者観について、真宗教学史的視点からの考察は、管見の限り多くないようである。本論では、蓮如の善知識観を明らかにし、その特色を示したい。

一　親鸞・覚如・存覚の善知識観

（1）蓮如における覚如・存覚の位置

親鸞・覚如・存覚は、いずれも蓮如の教学に大きな影響を与えた。蓮如は信心正因・称名報恩を繰り返し説いた。これは覚如の教学を継承するもので、(4)親鸞の教義の特色を強調することにより、浄土異流と浄土真宗の相違を明確化する主張である。また蓮如の『正信偈大意』は存覚の『六要鈔』の解釈を承けており、(5)「御文章」にも、存覚の著述に見られる表現が巧みに織り込まれている。(6)

まず、蓮如の前提として親鸞以下三者の教導者観について、別稿(7)をもとに略述しておきたい。

（2）当事者的か第三者的か

まず善知識を論ずる立場について述べたい。親鸞は一人の行者として善知識を論じようとする。一人ひとりの獲信に即して見る視点に立つのであり、いわば獲信の当事者としての立場から理解しようとするのである。(8)一方、覚如・存覚は、第三者的に善知識を論じようとしている。

親鸞は、善知識を、ある行者を獲信へと導いた教導者と見る。善知識とは真実信心の行者の現世利益として明らかになるのであり、自力念仏の行者には明らかになっていないものとするのである。善知識は信心を得た個々の行者が獲信の当事者としてそれぞれに仰ぐべきものだ、というのが親鸞が善知識を論ずる立場である。なお、親鸞にとって法然は善知識であったが、親鸞が法然の教えを人々に勧めるのは、法然を阿弥陀仏の選択本願を開顕した師であると見たからであろう。

こうした親鸞の立場は、覚如・存覚には継承されなかった。ともに現前の親鸞門流への教学的対応を課題とした覚如・存覚は、善知識を個々の行者の獲信とは切り離し、導きの方向を基準にして善知識を定義していく。覚如は阿弥陀仏の本願真実を説いて行者に信心を得させようとする教導者を善知識と見る。存覚は善知識を柔軟にとらえ、阿弥陀仏の本願真実を説く者のみならず、その教えを聞かせる縁になる人まで含めて善知識と示している。覚如も存覚も、ある教導者の導きの方向が「善」（阿弥陀仏の本願真実）なるものであれば、その教導者は善知識であるというのである。覚如・存覚は、いわば善知識を認定する立場に立ち、第三者的視点で善知識を論ずるのである。ところが、このような視点で善知識を認定すると、必然的にその善知識から教えを受ける行者の中に、信心を得る者と得ない者が出る。これは親鸞においては起こりえない事態である。覚如・存覚はこれに説明を必要とし、行者の宿善の有無によって解釈したのである。

（3）師による相承と善知識による相承

次に相承観について述べたい。相承とは導く者から導かれる者へと教えが承け伝えられていくことをいう。前述のように一般に師の語を用いて示される。親鸞と覚如はこれを踏襲するが、存覚には善知識の語を用いながら相承を示す例がある。

親鸞は『教行信証』の「正信偈」や『高僧和讃』において、七高僧を示して相承を表しているが、それらの高僧は師の語を用いながら示されている。親鸞において相承の教導者は、あらゆる人々が普く仰ぎ、その教えを受けるべき存在である。覚如は、師の語を用いて三代伝持を示し、自身が正当な法脈を継承していることを主張している。法然を曾祖師、親鸞を祖師、如信を先師と呼び分けている。

ところが存覚は、師と呼ばれる教導者の導きの方向が、阿弥陀仏の本願力による救いである場合、師と善知識との区別を曖昧にしている。存覚は『浄土真要鈔』に、

釈尊善導《シヤクソンセンタウ》　コノ法《ホフ》ヲ　トキアラハシ　タマフトモ　源空親鸞《クエンクシンラン》　出世《シユチセ》シタマハスハ　ワレラ　イカテカ　浄《シヤウ》土《ト》ヲ　ネカハン　タトヒマタ　源空親鸞《クエンクシンラン》　世《ヨ》ニイテ　タマフトモ　次第相承《シタイサウシヨウ》ノ　善知識《センチシキ》　マシマサスハ　真実《シンシチ》ノ信心《シンシム》ヲ　ツタヘカタシ(9)

と示して、釈尊以来の相承を示し、釈尊・善導・法然・親鸞・次第相承の善知識を示している。同書の中で法然を「ワカ朝ノ　善知識　黒谷ノ　源空聖人」(10)とも呼んでいる。善知識の語を用いながら相承を示していることは明らかである。

二　蓮如の善知識観の特色

ここからは蓮如の善知識観を考えていきたい。まず、蓮如のものとして確実視されている「御文章」から、善知識（知識）の用例を集めると、次の①〜⑨を挙げることができる。

①文明四年（一四七二）二月八日（『遺文』第一三通）(11)

②文明四年二月八日（『遺文』第一五通）

③文明五年八月廿二日（年号は文明四年の誤り。『遺文』第一六通）
④文明五年九月下旬第二日（『遺文』第三〇通、一帖目第一五通）
⑤文明六年五月廿日（『遺文』六〇通、二帖目第一一通）
⑥文明六年十月廿日（『遺文』七三通、三帖目第六通）
⑦文明八年七月廿七日（『遺文』八九通）
⑧文明十年九月十七日（『遺文』一〇二通）
⑨文明十一年十一月日（『遺文』一〇三通）
いずれも文明年間の「御文章」である。

蓮如がこれらの「御文章」を書いた時期の動向を見ると、①②の「御文章」の前年、文明三年（一四七一）に越前吉崎に移り、精力的な教化を始めた。文明五年（一四七三）には『正信偈和讃』を開版している。北陸にはもともと本願寺の教線が及んではいたが、吉崎には多くの門徒が群集するに至った。その結果、在地の諸勢力との摩擦が生じ、文明六年（一四七四）には一向一揆が加賀の守護大名富樫氏の争いに加わっている。蓮如はこの翌年、吉崎を退去し畿内に戻り、文明一〇年（一四七八）に山科に坊舎の建立を始めた。

①〜⑨の「御文章」に見られる用例を概観すると、三つに分類できる。第一は阿弥陀仏の本願力の救いを示し真実信心を得るよう勧める者を善知識とする例（①②④⑤⑥⑦）、第二は蓮如自身の家族の往生に際して、無常のありようを善知識とする例（③⑧）、第三は知識帰命を否定したいために、その名目を示す時に用いる例（⑤⑨）である。第三は、蓮如の善知識観を示すものではないので、今、問題にすべきは第一、第二の例である。

このほか、蓮如の門弟や子孫のまとめた蓮如の言行録にも、しばしば善知識の語が現れる。しかしそれらは蓮如の後にまとめられていったものであるので、ここでは「御文章」に絞って検討していきたい。

（一）　真実信心を得るよう勧める者を善知識とする例

（1）　善知識の定義

はじめに、阿弥陀仏の本願力の救いを示し真実信心を得るよう勧める者を善知識とする用例を見ていきたい。まず、蓮如が善知識をどのように定義しているのかを確かめ、次いで善知識と合わせて宿善が示される例の意図、さらに蓮如が善知識を論ずる立場を検討する。

④⑥の「御文章」を見ると、ともに『無量寿経』の本願成就文にある「聞其名号」を解釈する中に善知識が現れている。

④には二問答が設けられる。まず宗名について論じ、次いで「在家止住のつみふかき造悪の根機」が弥陀の願力によって往生することを示す中で、善知識が次のように出る。

その名号をきくといへるは、南無阿弥陀仏の六字名号を有名無実にきくにあらず、善知識にあひてそのおしへをうけて、この南無阿弥陀仏の名号を南無と帰命すれば、かならず阿弥陀仏のたすけたまふ、といふことゝろなり

「『無量寿経』に「その名号を聞く」とあるのは、南無阿弥陀仏の名号をいい加減に聞くのではなく、善知識にあってその教えを受けて、六字の名号を「南無」とたのみにすれば、必ず阿弥陀仏はお助けくださるという意味である」。ここでは、名号の実義を教える教導者が善知識と示されている。

⑥では、名号の六字について解釈し、その名号を聞くことを示す中、善知識が次のように説かれている。

その名号をきくといふは、たゞおほやうにきくにあらず、善知識にあひて南無阿弥陀仏の六の字のいはれをよくきゝひらきぬれば、報土に往生すべき他力信心の道理なり、とこゝろえられたり

表現は異なるが、善知識が名号の実義を聞かせる教導者として示されていることは④と同じである。

さらに⑦に目を向けると、まず摂津・河内ほか四カ国の門徒が覚如の『改邪鈔』に依るなどして仏光寺門徒を攻撃することなどが「不思議の勧化」と厳しく止められ、次いであるべき信心が明らかにされる。その中、「正信偈」の「憶念弥陀仏本願」以下四句を解釈して次のようにある。

宿福深厚の機は生得として弥陀如来の他力本願を信ずるに、さらにそのうたがふこゝろのなきがゆへに、善知識にあひて本願のことはりをきくよりして、なにの造作もなく決定の信心を自然としてうるがゆへに、正定聚のくらゐに住し、かならず滅度にもいたるなり。これさらに行者のかしこくしておこすところの信にあらず、宿縁のもよほさるゝがゆへに、如来清浄本願の智心なりとしるべし。しかれば、いま他力の大信心を獲得するも、宿善開発の機によりてなり。……いまこの至心信楽欲生の三信をえてのうへには、つねに仏恩報尽のためには称名念仏すべきものなり

「過去世の善根が厚い者は、善知識に遇って阿弥陀如来の本願のことわりを聞くと、おのずと信心が決定し、正定聚の位に住し、かならずさとりの果に至る。これは行者が賢いからおこすことのできた信心なのではなく、過去世の因縁がそうさせるのだから、その信心は阿弥陀如来の本願の智慧心だと知るべきである。……いま信心を得たからには、つねに仏恩報謝の念仏を申すべきである」。ここでは善知識は「本願のことはり」を教える教導者として出ている。

本願の成就は名号の成就そのものである。④⑥⑦では相互に表現は異なっていても、本願力の救いを示し真実信心を得るよう勧める者が善知識と呼ばれているといえる。⑤には、善知識について、

善知識といふは、阿弥陀仏に帰命せよ、といへるつかひなり

とある。蓮如の善知識の定義を端的に示すものである。

(2) 宿善と善知識を示す意図

蓮如は⑤の「御文章」で、「宿善・善知識・光明・信心・名号」の「五重の義」を示している。これについては古くから多くの研究がある。[12] そしてこの五重の義と、先に引用した⑦の「御文章」には共通点が指摘されている。⑦には、光明の名目は出ないものの、五重の義に即して、宿善、善知識、信心、称名の展開が示されているのである。[13]

「御文章」には随所で宿善やそれに類似する語の用例があり、善知識の用例よりも多いほどである。[14] 先に引用した⑦にも「宿福深厚の機は……」、あるいは「宿縁のもよほさるゝが……」という言葉が見られた。「宿福」「宿縁」と宿善は、獲信につながる過去世の善き因縁を示す点で、同じ意味である。⑦には、信心とは宿縁の催促によっておこされるがゆえに如来の智慧心であると説かれている。すなわち過去世の因縁は阿弥陀仏の調熟のはたらきとして捉えられているといえる。

ここからは、宿善と善知識がともに示される⑤⑦を中心に、蓮如の善知識説示の意図を考えたい。

⑤は、十劫安心と知識帰命を批判するものである。「十劫の昔に正覚を得た阿弥陀仏が衆生の往生をすでに定めておられるのであり、それを忘れないのが信心である」という十劫安心に対し、蓮如は十劫安心に帰命なきことを指摘し、「他力の信心のいわれをよく知らなければ往生できない」と批判している。さらに知識帰命を取り上げて、次のように述べている。

また、あるひとのことばにいはく、たとひ弥陀に帰命すといふとも、善知識なくばいたづらごとなり。このゆへに、われらにをいては善知識ばかりをたのむべし、と云云。これもうつくしく当流の信心をえざる人なり、ときこえたり。

抑善知識の能といふは、一心一向に弥陀に帰命したてまつるべし、とひとをすゝむべきばかりなり。これによりて五重の義をたてたり。一には宿善、二には善知識、三には光明、四には信心、五には名号。この五重の義成就せずは、往生はかなふべからず、とみえたり。されば、善知識といふは、阿弥陀仏に帰命せよ、といへるつかひなり。宿善開発して善知識にあはずは、往生はかなふべからざるなり。しかれども、帰するところの弥陀をすてゝ、たゞ善知識ばかりを本とすべきこと、おほきなるあやまりなり、とこゝろうべきものなり

「弥陀に帰命すると言っても善知識がなくてはならない。だから善知識だけを信ずるのだ」という知識帰命説に対して、善知識の役割を「一心一向に阿弥陀仏に帰命するべきだ」と人に勧めるばかりであると示している。そして五重の義を示し、これが成就しなければ往生不可であるとする。往生に善知識が重要であることを述べつつ、帰命の対象を善知識とすることの誤りを指摘しているといえる。

蓮如がこの「御文章」で教誡しようとした知識帰命説の実態は必ずしもはっきりしない。けれども十劫安心と同時に出されているから、両者が結びついている可能性が高い。十劫安心では衆生の往生が定まっていると知的に理解して「信心」とする。そこでは阿弥陀仏の役割は衆生の往生を決めた時点で一往は済んでいるのであり、衆生においては阿弥陀仏よりも、往生の決定を教える善知識に帰命すべきだと主張されたものと推測できる。蓮如はこれに対し、善知識は「阿弥陀仏に帰命せよ」と勧める者であると繰り返している。帰命の対象を示すとともに、善知識の役割を明らかにする説示である。

また、蓮如は五重の義が成就しなければ往生不可であるとする。けれども、蓮如が往生の正因を信心と見ていたことは疑いない。同じ⑤にも、

当流には、他力の信心をもて凡夫の往生を先とせられたる

とある通りである。五重の義についても第四の信心を中心に見るのが適当である。前三つの宿善・善知識・光明

は、信心を得る縁となるもの、第五の名号は信心に必ず具足する称名念仏である。[15] 蓮如は行者の求道、獲信から信心相続の姿までを示し、その中における善知識の位置づけも示しているのである。

⑤で蓮如は、善知識の役割を明確にすることにより、知識帰命を廃した。知識帰命説においては、善知識の意義は帰命の対象として極めて重い。そうした門徒たちに対して、蓮如が善知識を五重の義の一つと位置づけた意図は、真宗における善知識の意義を知識帰命に対して相対的に小さく示すためであったと見ることができる。

こうした意図は、⑦にも共通している。前述のように、蓮如はこの「御文章」で、仏光寺門徒を『改邪鈔』などに依って攻撃することを止めていた。蓮如は、宿善を仏の調熟として強調し、相対的に善知識の役割を軽く扱って、仏光寺門徒を教化しようとする門徒、すなわち仏光寺門徒に対して「善知識」とならんとする門徒を止めているのである。ここで蓮如が宿善などとともに善知識を出す意図は、善知識の役割を限定することにあったといえる。

蓮如は、阿弥陀仏の調熟の力が強いから、宿善開発した者は善知識から本願の道理を聞くと簡単に自然に真実信心を得るとしている。善知識の役割が大きいからその教えを受けた行者が信心を得るのではないのである。⑤⑦からうかがえるのは、善知識を誇大に評価する者に対して、善知識の意義を小さく示し、知識帰命や無理な教化を止めたいという蓮如の意図である。

（3）　善知識を論ずる立場

先に覚如・存覚が善知識を論ずる立場について略述した。その中で、両者が善知識を第三者的立場で論じていることを紹介した。そしてその立場から善知識を定義すると、同じ善知識から教えを受けても信心を得る行者と得ない行者が出るという事態が生じ、それは行者の宿善の有無によって説明されることを述べた。

今少し補足すれば、宿善と善知識とを絡めた説示がされる場合、善知識は第三者的に見られているといえる。すなわち、宿善の有無による信不信の説明があるということは、ある善知識からともに教えを受ける行者に信不信の別が生じていることを示している。この場合、善知識は、教えを受ける行者の信不信に関係のない定義方法によって善知識と認定されていることになる。これは善知識と個々の行者の獲信が切り離された見方である。覚如・存覚が善知識を第三者的に論ずる立場は、まさしくこれにあたる。Ⓐ善知識を第三者的立場で示すこと、Ⓑ同じ善知識に教えを受けた行者の中に信不信の両方が出ること、Ⓒ宿善の有無による信不信の説明、これらⒶⒷⒸは互いに密接な関係にある。ⒶゆえにⒷ、ⒷゆえにⒸであり、逆もまた然りである。

これまで見てきた⑤⑦の「御文章」にも宿善と善知識が出されていた。蓮如は善知識を第三者的立場から論じたと考えられる。そしてこれは、宿善を述べない④⑥も含めて検討した蓮如における善知識の定義とも矛盾しない。蓮如は、本願力の救いを示し真実信心を得るよう勧める者を善知識とするが、勧めた結果、行者が信を得たか得ていないかは、善知識の定義そのものには関係がない。蓮如は覚如・存覚と同様、善知識を個々の行者の獲信と切り離し第三者的に論じているといえる。

蓮如は、ある善知識から教えを受けた者の中に信心を得る行者と得ない行者が出る、という事態に、現実に直面していたようである。実際のところは、不心得な「善知識」が不適切な教えを説いたり、教えを押しつけたりしていたものと思われる。

文明九年三月日付「御文章」(『遺文』第八六通、三帖目第一二通)[16]を見ると、人々に教えを説く心得が次のように示されている。

当流の実義は、まづわが安心を決定して、そののち人をも勧化し、聖教をもよむべし。それ真宗一流の信心のひとゝをりをすゝめんとおもはゞ、まづ宿善無宿善のいはれをしりて仏法をば讃嘆すべし。されば、往古より当流門下にその名をかけたるひととなりとも、過去の宿縁なくば、信心をとりがたし。まことに宿善の機はおのづから信心を決定すべし。それに、無宿善の機のまへにをいて、一向専修の名言をさきとし、正雑二行の沙汰をするときは、かへりて誹謗のもとゐとなりぬべし

「まず自身が信心を得て、教化はその後である。真宗の他力信心の概略を人に勧めようと思ったら、宿善を考えて仏法を讃嘆しなければならない。昔からの真宗の門徒であるとしても、宿善なき人は信心を得られない。宿善開発した者は自ずから信心決定する。無宿善の機を相手に正雑二行を論ずれば、かえって誹謗を受けるもとになる」。これに類似した説示は文明九年丁酉正月八日「御文章」（『遺文』第九〇通、四帖目第一通）にも見られる。ここでも相手の宿善の有無を考えずに真宗の信心を勧めた結果、「真宗の正義」が「あひすたれたり、ときこえたり」とある。

これらの「御文章」はいずれも世俗の権力や世間一般と真宗門徒との摩擦を念頭に示されている。文明九年前後には、無理な教化を「善知識」として行おうとする門徒があり、その教化は必ずしも成功せず、摩擦の一因になっていたとみられる。そのような事態を、その教化を受ける者の宿善の有無によって理解しようとするのである。

（4）覚如・存覚からの継承

ここまで、④⑤⑥⑦の「御文章」を中心に検討してきた。蓮如は、第三者的視点に立って、阿弥陀仏の本願力の救いを示し真実信心を得るよう勧める者を善知識としていた。善知識にあいながらも信を得る者と得ない者の相違を宿善によって説明する。これらは、覚如・存覚からの継承といえる。特に①②の「御文章」は覚如の『口伝鈔』『改邪鈔』の抜き書きである。これは善知識に関しては主に覚如に依っていることを示すものであろう。

また、蓮如には善知識を宿善などとともに示して、善知識の意義を、むしろ小さく評価することが意図されている場合があった。これは蓮如における善知識説示の特色といえる。

（二） 無常のありようを善知識とする例

（1） 見玉尼の往生

さて、続いて③⑧の「御文章」を検討していきたい。いずれも蓮如が肉親との死別に接して記したものである。まず③は蓮如の四子、見玉尼の往生に際してのものである。その概略をまとめると次のようになる。「見玉尼はかつて浄華院の門徒であったが、不思議の宿縁によって真宗の信心を得、それをたいへんよろこんでいた。文明二年に母の妹で継母にもあたる蓮祐尼が往生し歎いていたところ、さらに翌年には姉、如慶尼が亡くなった。文明四年五月には悲しみのあまり病気になり、八月、無常の風に誘われて往生した。荼毘に付した夜、見玉尼の往生を示すような夢を見た。荼毘に付す前には往生間違いなしと思える瑞相があった」。これに続いて次のようにある。

> この比丘尼見玉このたびの往生をもて、みな〳〵まことに善知識とおもひて、一切の男女にいたるまで、一念帰命の信心を決定して、仏恩報尽のためには念仏まふしたまはゞ、かならずしも一仏浄土の来縁となるべきものなり

「見玉尼の往生を、皆が善知識と思って、すべての男女にいたるまで、信心決定して、仏恩報尽の念仏を申したならば、必ず阿弥陀仏の浄土に往生する縁となるであろう」。蓮如は見玉尼を善知識とせよといっているのではない。その往生という事態そのものを善知識として、信心を得ることを勧めている。

(2) 如勝尼の往生

③の「御文章」に類似する例が⑧である。これは蓮如の三度目の妻、如勝尼の往生に際してのものである。ここには二つの善知識の用例が出る。第一は如勝尼が蓮如の四男蓮誓(光闡坊)を臨終の善知識と見なして称名したことを紹介した例である。第二は如勝尼往生の無常のありさまを善知識と示すものである。今、問題は後者である。

この「御文章」についても概略をまとめると次のようになる。「無常は誰もが逃れがたく、人間の生ははかないものである。去る八月一七日に如勝尼が産後の経過が悪く亡くなった。如勝尼は応仁の乱で牢人の身となったところ、縁あってこの五、六年の間、私蓮如とともに過ごした。やがて信心決定し、常にそれを人々に語っていた。死期を悟って臨終の時には後生の一大事のみを述べ、また光闡坊を呼び寄せて、善知識との思いをなして称名した。生前の振る舞いを思い出すと、柔和で忍耐強く、誰にでも同じように接した。これを思い出すと、早世する定めであったのかと思えて、悲しくも尊くも思う」。これに続いて次のようにある。

されば、これにつけても女人の身は、いまこのあへなさあはれさをまことに善知識とおもひなして、不信心の人々はすみやかに無上菩提の信心をとりて、一仏浄土の来縁をむすばんとおもはん人々は、今世後世の往生極楽の得分ともなりはんべるべきものなり

「だから、女性は、いまこの落胆して悲しい思いを、善知識であると思って、不信心の人々は速やかに信心を得るべきである。阿弥陀仏の浄土に往生する縁を結ぼうと思う人々は、現生と後世の利益を得るであろう」。ここでも蓮如は如勝尼を善知識としているのではない。如勝尼の往生に接しての気持ちを善知識と思って、信心を得るように勧めるのである。

③⑧では、いわば無常のありようそのものが善知識とされているといえる。これは蓮如特有の見方である。蓮

如は見玉尼・如勝尼の人物像と往生のありさまを細やかに記している。そこから蓮如の悲しみを読み取るのは容易である。けれども、悲歎の表明はこの二つの「御文章」の目的ではない。人々に信心を得るよう勧めるのが目的である。二人の往生はその縁となっているのである。ここに示される善知識は生身の人間して存在する教導者ではない。けれども、人々が信心を得る重要な縁として、無常のありようを善知識と呼んだものと考えられる。

(3) 家族への執着

さて、蓮如の無常観形成の背景について、近親者の往生が指摘されている。[17] 蓮如は家族に執着し、妻や子女をとても大切にしたとされる。[18] 無常を善知識とする蓮如の見方も、無常観とともに蓮如自身の体験にもとづいて示されたものと思われる。見玉尼の往生までの二年余りの間に、蓮如は次々と近親者を亡くしている。蓮祐尼、如慶尼のほか、第一〇子妙意尼、第一四子了忍尼である。妙意尼は一二歳、了忍尼は七歳であった。蓮如は、ある人の往生が残された人の心にいのちのはかなさを感じさせることを痛感した。同時にそのような人の心が、信心を得る重要な縁となること実感していたものと思われる。

蓮如は⑤の「御文章」などで第三者的な善知識定義を行う。一方で、自身の体験をもとに、信心を得る縁となるものを非人格であっても善知識と位置づけている。法に遇う縁として善知識を幅広く考えていたことがうかがえる。

三　蓮如の相承観

(1) 親鸞から直接蓮如へ

ここまで蓮如の善知識観について、覚如・存覚からの継承といえる点を述べたが、特に存覚と蓮如の間には大きな相違点もみられる。すなわち、存覚は「次第相承の善知識」のように相承を善知識の語も用いて示すのに対し、蓮如にはそうした例がない点である。

「次第相承の善知識」に類する表現を「御文章」に求めると、次のような例がある。信心と報恩の称名を示すのに続いて、

かたじけなくもこの法を三国の祖師先徳の次第相承して、われら凡夫にをひてねんごろにとききかしめたまふは、まことに曠劫多生の宿縁のもよほすところなり。これすなはち、別して開山聖人のこの法をときひろめたまはずは、われら迷倒の凡夫道法までも、このたびの報土往生の本意をたやすくとぐべきや、とおもふべきものなり

（年紀不明・『遺文』第一五九通）

と示す。「この法を三国の祖師・先徳が次第相承して、凡夫に説かれるのはまったく宿縁の催すところである。特に親鸞聖人がこの法を説かれなかったら、われら凡夫は往生できないであろうと思うべきである」。概ねこのような意味である。このうち先徳の内容に親鸞以降の教導者も含むか否かを考えてみると、文明一二年（一四八〇）八月二三日付「御文章」が注意される。

聖人教行信証六巻をつくりても、三国の祖師先徳相承して浄土の教をおしへ給ふ、恩徳のふかき事をひきのせ、ことに仏恩窮尽なるおもむきをねんごろに仰せられたり

（『遺文』第一〇六通）

「親鸞聖人は『教行信証』を作って、三国の祖師・先徳が相承して浄土の教を教えられた恩徳の深いことを載せられ、仏恩のふかいことを懇ろにおおせられた」。この文においては、「祖師先徳」全体で七高僧など三国の高僧を指すと考えるのが自然である。これを見ると、先徳には親鸞以降の教導者は必ずしも含まれていない。

では蓮如は、親鸞以降、自身に至るまでの相承をどのように見ていたのであろうか。ところが蓮如はこれについて具体的にはほとんど何も述べていない(19)。この点は三代伝持を示した覚如とも異なり、自身の承ける法脈を積

極的に示していないのである。

蓮如はそれよりも親鸞一人を強調している。たとえば文明七年五月二八日付「御文章」では親鸞への信心と報恩を勧める中、次のようにある。

夫聖人の御入滅はすでに一百余歳を経といへども、かたじけなくも目前にをいて真影を拝したてまつる。又徳音ははるかに無常の風にへだつといへども、まのあたり実語を相承血脈して、あきらかに耳の底にのこして、一流の他力真実の信心いまにたへせざるものなり。

（『遺文』第八二通、三帖目第九通）

「親鸞聖人の入滅から（一二）百余年が過ぎたといっても、目前に真影を拝している。その声は時間を過ぎているといっても、まのあたりにその真実の言葉を相承血脈し明らかに耳の底にのこして、他力信心が今に至るまで絶えていない」。親鸞の真影を拝し、まのあたりに相承するといっても、直接親鸞から教えを聞くわけではない。そこには親鸞の教えを説く誰かがいたはずである。けれどもそれをことさら出さずに信心を得ることを勧め、親鸞への報恩謝徳を強調している。いわば親鸞からの直接の相承が述べられているのである[20]。

蓮如が「御文章」で祖師という語を用いた場合、その多くは親鸞を示している。蓮如は祖師親鸞以降、自身や同時代の門徒たちの承ける相承を問題にしないのである。蓮如において、浄土真宗の相承は、釈尊から七高僧を経て親鸞に至る。親鸞から先は、正しい信心を得ている限り、いわば親鸞から直接の相承とさえ見ていたと考えられる[21]。親鸞から後の相承について、蓮如は師・善知識いずれによっても語ることがない。これは蓮如の一つの特色である。

（2）　祖師親鸞への回帰

これにはどのような背景があるのであろうか。蓮如が本願寺を継職して間もなく行ったのは本願寺からの非真宗的要素の排除であった。『実悟旧記』に以下のようにある。

善如上人綽如上人両御代の事前住上人仰られ候。両御代は威儀を本に御沙汰候し由、仰られ候。然ば今に御影に御入候由仰られ候、黄袈裟黄衣にて候。然ば前々住上人御時、あまた御流にそむき候本尊以下、御風呂のたびごとにやかせられ候(22)

実悟が兄実如から聞いた話である。「善如・綽如の頃には天台宗の威儀を重視していた。それによって善如・綽如の御影はともに黄袈裟・黄衣の姿であった。蓮如は真宗にそぐわない本尊などを仏具などを洗う風呂のたびに焼いた」。つまり蓮如はそれまでの本願寺のありかたに対して批判的だったのである。蓮如は主に父存如から真宗の法義を学んだとみられるが、蓮如にとって、自身の受ける法義の正統性を述べるという点では、本願寺の歴代を相承に挙げるのは好ましいことばかりではなかったといえる。

蓮如が親鸞以降の相承を示さなかったことは、そのまま門徒の目を親鸞に集中させることにつながったと思われる。複数の教導者を媒介とするのではなく、祖師としての親鸞の絶対性を強調することになったのである。

小結

終わりに、本論の要点をまとめておきたい。

蓮如は、善知識を阿弥陀仏の本願力の救いを示し真実信心を得るよう勧める者とした。善知識をこのように論ずる立場は、第三者的なものであり、これは覚如・存覚の立場を継承するものであった。蓮如は、覚如・存覚と同様に、同じ善知識から法を聞きながら、信心を得る行者と得ない行者がいるという事態を、行者の宿善によって説明している。

一方、蓮如に独特の見方もある。知識帰命や無理な教化に走る門徒を止めるために善知識の意義を相対的に小さく示そうとする例があることを示した。また、無常のありようを善知識と示したことや、親鸞と自身との間を結ぶ相承を語らず、祖師としての親鸞のみを強調したことは、蓮如の善知識観、教導者観の特色といえる。

(1) 拙論「親鸞にみる「師」と「善知識」――「御消息」を中心に――」(『龍谷大学大学院文学研究科紀要』二七、二〇〇五年)。
(2) 『摩訶止観』には善知識の種別として、外護・同行・教授を挙げる(大正蔵四六、四三a)。
(3) 『観無量寿経』には中品下生以下の者が臨終に善知識の教えを受けて往生するさまが説かれている。
(4) 梯實圓「蓮如上人における信心と称名」(『蓮如大系』第二巻、法藏館、一九九六年)。
(5) 教学伝道研究センター編『浄土真宗聖典(註釈版)第二版』(本願寺出版社、二〇〇四年)、一〇二〇頁。
(6) 菅野隆一「『御文』その言説の成立――存覚のことばと蓮如のことば――」(浄土真宗教学研究所編『蓮如上人研究 教義篇二』永田文昌堂、一九九八年)。
(7) 拙論「親鸞における導き手の考察――師と善知識の異同をめぐって――」(浅井成海先生古稀記念論集『日本浄土教の諸問題』永田文昌堂、二〇一一年)、同「真門釈における善知識について」(『宗学院論集』八三、二〇一一年)、同「覚如の指導者観」(『印度学仏教学研究』五六―一、二〇〇七年)、同「覚如と存覚の相承観――師による相承と善知識による相承――」(『浄土真宗総合研究』六、二〇一一年)、同「存覚の教導者観」(『印度学仏教学研究』六〇―二、二〇一二年)参照。
(8) ただし、親鸞の「御消息」についてはその限りではない。前掲註(1)拙論参照。
(9) 真宗聖典編纂委員会編『浄土真宗聖典　原典版』(本願寺出版社、一九八五年)、一〇〇五頁。
(10) 同右、一〇〇三頁。
(11) 「御文章」のテキストは、稲葉昌丸編『蓮如上人遺文』(法藏館、一九三七年。『遺文』と略称する)により、これに付された通数を示した。真偽の判定も本書による。なお、「帖内御文章」にもある「御文章」は、参考までに「帖・通」も併記した。

(12) たとえば『真宗叢書』第一巻「真宗百論題集　上」、「五重義相」の項。桐溪順忍『講座真宗の安心論題』(教育新潮社、一九八三年)、一七二頁以下に諸説の簡潔なまとめがある。
(13) 山本攝「蓮如上人の宿善論」(『行信学報』九、一九九六年)。
(14) 「御文章」における類本をどのように整理するかで、用例の数え方には変化が生じる。たとえば、山本攝は前掲註(13)論文の中で、「御文章」の中に「宿善」の用例を四八例、「宿縁」の用例を二二例数えている。
(15) 内藤知康『御文章を聞く』(本願寺出版社、一九九八年)。
(16) 「五帖御文章」の三帖目第一二通には、「文明八年正月廿七日」の年紀がある。しかし『遺文』によれば、三帖目第一二通は、「文明九年三月日」付「御文章」の明らかな修正文であり、年紀について疑問が残るとされる。今は「文明九年三月日」付「御文章」に従った。
(17) 矢田了章「蓮如上人における無常の意味とその背景」、霊山勝海「蓮如上人の無常観」。ともに浄土真宗教学研究所編『蓮如上人研究　教義篇Ⅱ』(永田文昌堂、一九九八年)所収。
(18) 今井雅晴『親鸞と本願寺一族——父と子の葛藤——』(雄山閣、一九九九年)、一三六頁。
(19) 「先師」の語によって存覚を示す例(『遺文』第九四通)、存如を示す例(『遺文』第八七通、第一〇四通)がある。前者は『教行信証大意』の著者として挙げたもの、後者は父の往生した年齢と自身の年齢を比べて感慨を述べたもので、両者ともに相承を述べることを意図したものとは考え難い。
(20) 「まのあたり実語を相承血脈して」を「相承されてきた実語を聞いて」の意で理解する場合もある。けれどもそのように読むと、わざわざ真影を拝することが直前に示されている意図が理解しにくい。また、山田雅教「弥陀と御影——中世の専修念仏者の礼拝対象と祖師信仰——」(『高田学報』九五、二〇〇七年)に、「本願寺の御影堂は、時代を飛び越えて親鸞と〈面授〉し、その法を聞くことを再現し、信心を判定してもらう場」であったという指摘があることにも注意したい。
(21) 蓮如が「親鸞・蓮如連座御影」を二〇余幅授与していることにも注意したい(『増補改訂本願寺史　一』本願寺出版社、二〇一〇年、四二六頁)。この連座像は、親鸞から蓮如への相承を示している。
(22) 稲葉昌丸編『蓮如上人行実』(法藏館、一九四八年)、一一一頁。

天文期加賀における「超・本両寺体制」の再検討——超勝寺の動向を中心に——

大溪太郎

はじめに

文明・長享の一揆以来、加賀の「郡」は加賀三ヶ寺（賀州三ヶ寺＝若松本泉寺・波佐谷松岡寺・山田光教寺）を擁立した「三ヶ寺体制」をとり、本願寺の権威に服しつつ支配を行っていた。(1)しかし加賀三ヶ寺は享禄四年（一五三一）の内紛「享禄の錯乱」で、藤島超勝寺・和田本覚寺（超・本両寺）を中心とする勢力に敗れて没落した。その後の加賀は両寺が一揆を指導する「超・本両寺体制」に移行し、この体制は天文一五年（一五四六）に金沢御堂（御坊）が成立する頃まで続くことになる。

かつて新行紀一氏が、加賀は享禄の錯乱を境に、「門徒領国」から教権と密着した「本願寺領国」へ転換したと指摘したように、加賀一向一揆の歴史におけるこの体制転換の意味は大きい。(2)しかし、史料に恵まれた天文期の一揆体制が加賀一向一揆の典型として活発に論究される一方で、その体制が成立するまでの本願寺と一揆との関係の変遷が捨象されやすい面もあった。(3)たとえば、金沢御堂が「加賀三ヶ寺を排除することを前提として、惣国与力の形で」建立された、(4)あるいは、加賀坊主衆・門徒衆の統制権が「暫定的に」超・本両寺に委任されたといわれるとき、[5]約一五年間の「超・本両寺体制」時代の意義は軽視されているといわざるを得ない。
亨禄の錯乱には、蓮如・実如宗主期の親族団筆頭格の加賀三ヶ寺を、同じく一家衆の超勝寺と、[6]その「異名同体」[7]の大坊主本覚寺が、本願寺の支援を受けて倒したという側面があり、また本願寺が「超・本両寺体制」を御堂による直接的支配というかたちで解消したことの意味もあわせて問われなければならない。一向一揆研究において本願寺と一揆との関係が常に課題とされるなかで、両者の「媒介項」[8]の変遷はその求心力を解く鍵となるはずである。
ここで、本願寺が一家衆による統制そのものを否定したのではなく、超・本両寺は「郡」および坊主衆の統制と対外的軍事指揮の両面において、「擬制的一門」としての役割を担ったとする金龍静氏の指摘は重要である。[9]金龍氏の論は「郡」「組」の機能を多角的に検討したもので、超・本両寺の「擬制的一門」という位置づけも理解しやすい。ただし、一揆の統括者としての「一門」の役割とは何であり、「擬制的」とはいかなる点を指すのかをさらに明確にする必要があろう。また、浅香年木氏が指摘する、世俗的な一揆の運営は「郡」、教団としての坊主衆・門徒衆の統括は超・本両寺という権限の分担が、それほど明瞭なものであったのかも問い直されなければならない。[10]
本稿では、限られた紙幅の中で「超・本両寺体制」の歴史的意義を考えるため、天文期の超勝寺の動向を中心とするいくつかの論点を再検討し、「擬制的一門」超勝寺が果たした媒介項としての役割と限界を明らかにしていきたい。

一　超勝寺・本覚寺と加賀

光教寺顕誓（蓮如四男蓮誓の孫）の『反古裏書（反故裏書）』によれば、本覚寺は三河出身で高田専修寺系の

「和田ノ信性」が越前和田荘に設けた道場に由来するが、信性亡きあとの家督争いのなか、本願寺巧如の弟頓円を擁立した門徒団が超勝寺を分立させたと伝えられる。この伝承には疑問も強いが、親鸞の血筋に連なる「貴種」の権威によって双方の門徒団の結束が強化され、本願寺に接近する何らかの出来事があったとみられる。両寺はこれ以降それぞれ教線を拡大するが、特に本覚寺は越前・加賀のみならず越中や飛騨にも門末を有する巨大寺院となり、一方で荘官職の獲得などを通じて国人・地侍としても成長を遂げた。他方、超勝寺は、巧如の要請によって加州坊主衆が「大略与力」したとも伝えられるように、本願寺一家衆としての権威を帯びつつ加賀方面へ勢力を伸ばした[11]。

しかし蓮如宗主期に瑞泉寺や「連枝」の加賀三ヶ寺が基盤を固めると、超勝寺の権威は次第に低下していく。実如が永正一六年（一五一九）に制定した「一門一家の制」では、三ヶ寺など「連枝」の嫡流が上位の「一門」となり、その他は「一家衆」とする序列化がなされた。永正一〇年（一五一三）の時点で、超勝寺は「末の一家衆」と呼ばれる地位に甘んじていた[12]。天文年間においてもこうした待遇は変わらず、たとえば天文一〇年（一五四一）二月に本願寺で催された観能での超勝寺実照（実顕息）の序列は二七人中二一番目であり、同一六年（一五四七）にも、実照が帰参して一家衆格とされた興正寺などと並んで「末之一家衆」と呼ばれている例が見える[13]。

超・本両寺は、永正三年（一五〇六）の九頭竜川の合戦で越前・加賀の一向一揆が朝倉氏に大敗すると、加賀へと追われた。ここにはすでに両寺の強い勢力基盤があり、超勝寺は江沼郡の林に、本覚寺はおそらく石川郡内に拠点を構えて、三ヶ寺にとっての脅威となった。永正一五年（一五一八）には、詳細は不明ながら本泉寺蓮悟と本覚寺蓮恵が激しく争論し、後者が実如に一時破門される事件もあったとされる[14]。

木越祐馨氏は、巧如時代における超勝寺への「与力」体制が、天文一七年（一五四八）の四郡衆による超勝寺襲撃（後述）まで有効だったとみる[15]。しかし超・本両寺の越前退去や享禄の錯乱を経るなかで、その継続を自明のこととは見なせない。また三ヶ寺の場合とは異なり、「郡」によって主体的に超・本両寺の擁立が行われた様子はない。

なお、「和田超照寺」と誤記する史料があるほど「異名同体」の印象が強い両寺だが、越前退去以前の親密性についてはそれほど明らかではない(16)。天文五年（一五三六）には「超勝寺幷加賀越前両国坊主衆惣門徒中」が証如に、本覚寺は超勝寺末寺であることの確認を求めたことがあった(17)。その後の動きは特に見られないが、北陸においても両寺の権威には明確な差があり、超勝寺自身も時にそれを強調する一定の緊張感が存在したことにも注意すべきである。

二　大小一揆論再考

次に、享禄の錯乱の背景を検討するが、まず大一揆方として参戦した白山宮の『白山宮荘厳講中記録』の記述を引用しながらその展開を確認していきたい。

> 享禄四辛卯壬五月九日ニ、依二本願寺□（下）知之悪一、超勝寺ト若松・蓮谷（波佐谷）・山田・清澤、一国同心シテ諍論シ、既超勝寺成敗段也、然ハ超勝寺・本覚寺一致シテ本願寺方ヲ成、山内へ取ノカル、也、此時国衆陣ハ長嶺ニテ、山内衆ト取合也、其後一国同心ニテ、夏中山内諸口ヲ留也、又蓮谷ヲ為二山内一放火シ、坊主ヲ虜捕後、九人生厓也、同年七月、本願寺ヨリ、下間人数率シ下、同廿三日、澄祝法印奉馮當山へ出、則清澤放火スル也、此時金剱宮幷寺家・在家焼失也、若松・富樫二郎殿・国長衆数百人牢人スル也（後略）(18)
>
> （返り点は筆者、以下同）

享禄年間（一五二八～三二）に入って、本願寺では坊官下間（筑前）頼秀が武家寺社本所領への取次を差配し、これに手を結ぶ超勝寺と加賀三ヶ寺・清沢願得寺との対立が激化して「本願寺下知之悪」と見なされる混乱状態となった。享禄四年（一五三一）閏五月に三ヶ寺方は「一国同心シテ」超勝寺成敗を決定した。「本願寺方」をなす超勝寺・本覚寺は能美郡の山内に籠もったが、七月に本願寺から頼秀の弟（備中）頼盛および三河坊主衆の率いる軍勢が派遣されると、超勝寺方が優勢となって三ヶ寺・願得寺はそれぞれ滅亡あるいは隣国へ亡命し、守護富樫稙泰や「国長衆」など小一揆方の主立った者も越前などに逃れた。その後一〇月には、小一揆方を支援する越前・能登・越中の守護勢力が加賀を攻めたが不調に終わり、翌天文元年（一五三二）八月にも加賀牢人が江沼郡に討ち入ったものの敗退した。[19]

享禄の錯乱の背景については、かつて井上鋭夫氏と北西弘氏を中心に「大小一揆論争」[20]が展開され、加賀一向一揆の性格や本願寺権力のあり方との関連でさまざまな論点が提示された。それらは天文期の加賀の支配体制への評価と直結するものであり、本節で筆者の立場を明確にしておきたい。

古くは顕誓の『今古独語』や『反古裏書』に依拠して、下間頼秀・頼盛兄弟の野心と超・本両寺の悪逆を強調するのが通説であった。このうち、証如を後見する顕証寺蓮淳（蓮如六男）のもとで下間頼秀の進めた武家領知行の差配が三ヶ寺や「郡」の長衆の不満を生んだ点は、他の史料からも傍証される。しかし井上氏は当事者である顕誓の著作への依存を批判し、宗主交代に伴う本願寺一家衆の血縁上の権威の変動と、畿内における政情との関係に重きを置く見解を提示した。すなわち、実如から証如への継職にともなって実如の兄弟のうち蓮淳のみが新宗主証如の外祖父として権勢を強め、超勝寺実顕も蓮淳との姻戚を介して宗主への接近を遂げた。一方、将軍家・細川氏を中心とする紛争の中で、証如・蓮淳・下間兄弟の本願寺と超勝寺が細川高国方から晴元方に接近したのに対し、隣国守護勢力とともに高国方としての立場を保った三ヶ寺が宗内で孤立したことも大きな要因とされた。[21]

一方、北西氏は井上氏を厳しく批判して、対立の主因を大一揆派・小一揆派それぞれを構成する勢力の「在地の土地形態」の違い、両派の「階級」の違いに求めた。すなわち、本役押領と領主権侵害を進める下間兄弟と超・本両寺の「本願寺方」は、下級所有権を求める中小名主層・門徒農民（「在所衆」）と結びついて大一揆を形成し、三ヶ寺は荘園領主の領有権を擁護する国人・土豪層を中心とした「国衆」「さばき衆」と結んで小一揆を形成したという。(22)『天文日記』などに超・本両寺および下間方と名主百姓層との経済的利害の近似が見られることは事実だが、天文期の状況をもって錯乱以前の対立構図を説明する方法論はかねてより批判を受けてきた。(23)

北西氏の大小一揆論の重要な根拠は、先に示した『白山宮荘厳講中記録』で小一揆方に「国衆」「国長衆」という集団が現れることであった。そのうえで「一国同心シテ諍論シ」という部分を「国衆等一国同心して、大一揆方に対抗した」と解釈しているが(24)、先の引用部二行目の「国衆」とは、小一揆方に「一国同心」したという事情を踏まえたうえでの表現で、特定の階層を意味するものではない。また、小一揆方として多数の「国長衆」が牢人となったからといって、大一揆方にそうした階層が存在しなかったとは限らない。同史料から読み取れることは、当初は「一国同心」した小一揆方に対して超勝寺方が劣勢であり、下間率いる本願寺勢の下向を機に、傍観していた者や小一揆方の一部が雪崩を打って「本願寺方」すなわち大一揆方に転向して、勝敗が決したという展開であろう。

一方、「在所衆」「さばき衆」という階層概念の根拠とされたのは『天文日記』の記述である。「在所衆」の台頭については、下間頼盛が賀茂社領河北郡金津荘を「人ニトヤラン、在所ヘトヤラン、やりたるとて違乱」し、その後も同荘内七ヶ所の跡職に関する折紙が当事者や組旗本のほか「在所」へ出されたことが例示されている。(25)一方、「さばき衆」については、証如が同荘内狩鹿野（苅野）における百姓の年貢滞納に関して、本願寺に上番中の「彼在所さはき候仁」四名に対処を指示したが、翌日には「さはき候衆」が下国を渋ったという記事から措定されたものである。(26)しかしこれらの記述は、いずれも「在所衆」「さばき衆」といった階層の存在を具体的に示すものとはいえず、また「在所さはき候仁」と「在所」が対立関係にあったと断定する根拠にも乏しい。さらにいえば、先に挙げた「国長衆」のほかにも、『天文日記』だけでも「郡」「組」「在所」それぞれの段階の「長衆」の存在が見出せるから、この「さばき衆」を単純に「国衆」と読み替えることには無理がある[27]。

このように北西説では、前提となる諸概念自体が天文期の限られた記述から措定され、演繹的に大小一揆に関する史料の解釈に援用されていた。したがって、二項対立的な「在地形態」「階級」に基づく構図の設定は、大小一揆の背景説明として問題があるだけでなく、天文期の権力構造の分析としても慎重に扱う必要があるのではないだろうか。

三　小一揆派の跳梁と没落

享禄の錯乱の翌年、本願寺と畿内の一向一揆は細川晴元と争ったが、山科本願寺を焼かれる結果となった。その後、証如は晴元および将軍足利義晴との和平を指向し、下間兄弟は失脚して天文四年（一五三五）には大坂本願寺を退去した。翌年に本願寺が晴元・義晴それぞれと和睦すると、加賀を中心とした諸国で下間兄弟の「押領」した武家寺社本所領を回復する動きが活発化することになる。しかし加賀の各所では依然として小一揆派の影響力が強く残っており、享禄・天文の乱をもって即座に超・本両寺主導の支配体制が確立したのではなかった。竹間芳明氏は文明・長享一揆以来の有力国人、洲崎氏・河合氏の動向を検討して、彼らが錯乱後も超勝寺などと肩を並べて活動し、郡・組に依然として大きな影響力を及ぼしていたことを指摘している[28]。

『賀越闘諍記』では享禄四年（一五三一）一〇月に小一揆方の「賀州牢人河合藤左衛門尉、洲崎」らが討死したとされる[29]。しかしその後裔と推定される洲崎兵庫や河合八郎左衛門が加賀から越中にかけて引き続き活動し、組の「悪行人」成敗や、彼らの押領した所領の申付については、証如さえその動向を無視できずにいた。また、超勝寺が別心衆「ふるや彦四郎」の芝原市目代跡職をその子息に与えたところ組旗本の鈴与五郎左衛門と争論になり、河合が後者を支持して証如から有利な裁定を引き出した例もあった(30)。

しかし天文六年（一五三七）に小一揆派が本覚寺等を襲撃した「若松方相働」への関与で、洲崎・河合らの没落は決定的になる。洲崎は同年八月に石川郡の組旗本高橋新左衛門が生害となった件への関与が推定され、一二月には河北郡から別心衆鈴見長門との関係を上申された(31)。両人はその後、飛驒の照蓮寺の黙認のもとに上洛し、山城守護代木沢長政や将軍側近、山門、西国の尼子氏にいたるまで、さまざまな人脈を頼って赦免運動を行ったがかなわなかった(32)。天文七年（一五三八）六月に下間頼秀が、翌年七月に頼盛が殺害されると、その間隙を突くように尼子氏から洲崎・河合両人の赦免勧告がなされ、また同年一〇月には越前勢と洲崎の加賀乱入の動きが報告されているから、彼らの立場も基本的に旧小一揆派とみて良いであろう(33)。

こうした洲崎の没落を受けて、賀茂社をはじめとする諸領主は「押領」された所領への知行申付を要求した。また、前節で触れた河北郡金津荘・狩鹿野をめぐる賀茂社と在所との紛争では、同所に影響力をもつ大坊主木越光徳寺に繰り返し対処が命じられていたが、「若松方相働」を経た天文六年（一五三七）冬以降には、光徳寺は無法を行う存在として訴えられ、証如も「曲事」と断じて郡が同荘を処置するよう指示した。同所では過去の「光徳寺　洲崎同名押領」が指摘されるとともに、証如は彼らが没落したことを理由に賀茂社への申付を決定している(34)。すなわち享禄の錯乱以後も、洲崎や光徳寺など旧来の指導者の影響下での在所百姓による違乱が引き続き起こっており、証如もこうした小一揆派の国人・大坊主を通じた統制を避けては通れなかった。超・本両寺が「郡」「組」の新たな指導者層を背景とした支配体制を確立させるには、少なくとも「若松方騒動」を経て彼らが没落するのを待たねばならなかった。

四　在地における超勝寺と国人の動向

顕誓の『今古独語』にあるように、享禄の錯乱の一因は超・本両寺が下間兄弟による在地での「押領」に荷担したことであった(35)。乱後の両寺は加賀の統括者として郡を指導する立場となる一方で、在地では武家寺社本所領に対する「押領」「違乱」を繰り返し、それに関して本願寺や幕府・諸権門との緊張関係もたびたび生じていた。このうち、『天文日記』ほかの史料に頻繁に登場する北野社領江沼郡富墓荘《とみつかのしょう》の事例を通して、在地における超勝寺の「違乱」の実態と、それを取り巻く諸勢力との関係を検討してみたい。

富墓荘は柴山（芝山）荘とも呼ばれたが、奉公衆である国人柴山（芝山）氏の「押領」が進行し、寛正二年（一四六一）に「柴山知行」の状況となって北野社祠官の松梅院禅予を悩ませていた。柴山氏の圧迫は続き、長享元年（一四八七）には「柴山九郎左衛門尉」が「当所名主沙汰人中」とともに幕府から年貢納入を命じられている。一方、同荘本役をめぐって松梅院と対立する北野社別当の曼殊院（竹内）門跡は同荘の直務を指向していた(36)。

享禄の錯乱後も同荘をめぐる松梅院と曼殊院の対立は続いた。松梅院は本願寺から、下間頼盛を奏者として富墓荘ほか三ヶ所の申付を獲得し、頼盛が没落すると下間（周防）頼信（頼順）を通じて「柴山」への折紙を獲得した(37)。これに対して朝廷は、天文五年（一五三六）四月に曼殊院に「富墓庄」の本役を、高辻長雅に「富墓庄号柴山」の知行を安堵した(38)。ところが細川晴元は蓮淳を通じて、加州北野社領を同社密乗院の進退とするよう証如に依頼し、証如は断り切れず「富墓」ほかの計八ヶ所を同院に申し付けた。ただしこの時点で「柴山」は松梅院の進退という証如の認識に変化はない(39)。一方で幕府は本願寺と「当所名主百姓中」宛に、密乗院の競望を退け、曼殊院へ年貢を納入するよう指示し(40)、紛争は「富墓」「柴山」の関係への認識の違いも相まって一段と錯綜していった。

こうしたなかで曼殊院は、同年一二月に富墓荘における「超勝寺違乱」という状況を証如に提示し、幕府奉書を背景に直務を要望した(41)。密乗院と曼殊院への対応が矛盾する可能性に気付いた証如は、「領主と百姓との間にての事」として判断を留保しようとした(42)。翌年五月に曼殊院が重ねて違乱停止を求めると、証如は「御領事超勝寺令二違乱一由驚入存候」と違乱の事実を認定し、八月には年貢を超勝寺から取るように「在所」へ書状を下して、幕府を後ろ盾とする曼殊院の要望に応えた(43)。しかし結果としては、天文一二年（一五四三）にいたっても超勝寺のもとでの在所の違乱は止まなかった。この年、幕府は本願寺と「江沼郡組中」に対して、富墓荘において「為二超勝寺所行一、柴山八郎次郎康職無レ謂令二闕所一、混二彼等内徳以下一違乱云々」、すなわち柴山康職が超勝寺の威を借りて闕所を名目に違乱を行っていると指摘し、これを退けるよう命じた(44)。曼殊院からの訴えに対して、証如も申付の姿勢を一応示すものの、直務は確立しなかったとみられる(45)。

一方、室町殿御台料所「芝山」としての同荘の知行は天文六年（一五三七）までに柴山氏から奉公衆杉原七郎晴盛に切り替えられたが(46)、超勝寺の違乱はここでも進行していた。同一二年九月、「富墓」に関する曼殊院の訴えと相前後して、将軍内書を携えた杉原も超勝寺違乱に対する申付を求めて本願寺を訪れた(47)。旧知行の回復を目指す柴山氏は間違いなくこの件にも関与していたであろう。証如は超勝寺が今後「柴山庄」に介入しないよう放状を出し、杉原も納得の様子を示した(48)。しかし、杉原はほどなく奉公衆朝日左衛門尉晴長の違乱による年貢不納を訴えており、やはり在所への申付は貫徹していなかった(49)。

それでは、このように超勝寺の影響力のもと、在所で「違乱」「押領」を繰り返したのはどのような者たちだったのだろうか。

朝日氏は一向一揆以前から富墓荘と隣接する江沼郡八田荘（加納八田荘）・額田荘で中院家の支配を圧迫して

いた。朝日時長が両荘を競望するなか、文明九年（一四七七）には本願寺門徒の「郡一揆」が守護方の押妨に荷担しており、朝日氏と本願寺門徒とが状況に応じて連携して活動していたと推測される。(50)

天文年間の朝日晴長の動向としては、享禄の錯乱で没落した江沼郡の遊行門徒内藤某が同郡の小一揆派有力者であった黒瀬左近四郎の帰国にあわせて帰住しようとしたところ、奉公衆の「朝日ト申者」に阻止されたという一件が見える。(51)錯乱で勝者となった朝日は、小一揆派の跡職の掌握を進めていたのであろう。幕府は加納八田荘・額田荘における朝日の競望を退けたが、違乱は止まず、中院通為は下国して百姓請の動きに対抗すべく、超勝寺への直札と、「百姓中」への折紙を証如に依頼した。(52)中院は天文八年（一五三九）にも家領知行保障のために「超勝寺父子」への折紙を所望しており、(53)ここでも超勝寺の影響力を背景とした朝日と百姓らによる在所の掌握が進行していたことが分かる。ただし、その朝日も石川郡福富保で百姓の年貢未進に苦しむと、証如の申付を求めており、(54)本願寺の威光に頼る領主としての顔を見せる場面もあった。

次に柴山氏に関しては、『賀越闘諍記』において享禄四年（一五三一）に越前へと落ちた「賀州牢人」として江沼郡の「柴山」の名があることから、(55)小一揆方として没落し、先述のように「芝山」の知行を失ったと考えられる。しかし天文六年七月に北野社松梅院が賀州に同社遷宮の要脚を求めた書状の宛名には、「柴山八郎二郎」および「黒瀬左近四郎」の名が見える。(56)黒瀬左近四郎は享禄四年に越前へ退いた後、牢人衆・朝倉勢の加州出陣のさいに寝返って帰国を果たしたとされ、柴山康職もこの時に帰国して江沼郡内に定着したのであろう。(57)

ところで『天文日記』には、「柴山」「小浜」が白山長吏澄祝を通じて証如に詫言するという記事がある。白山長吏は享禄の錯乱で大一揆方に属して戦ったが、証如が強い不快感を示すのにもかかわらず両人の詫言を繰り返し伝えた。(58)しかし、天文六年八月頃の「若松方相働」にさいして白山長吏の弟平等坊の別心が発覚し、小浜左京亮も別心して白山長吏に討伐を受ける事態となった。(59)証如は同年一一月に白山長吏に対し、「柴山、小浜両人之儀」について、「去秋之働」を考えれば両人の詫言は受け入れがたく、「向後御遠慮肝要候哉」と通告した[60]。井上鋭夫氏はこの「柴山」を柴山康職と判断し、小浜が三ヶ寺との友誼を回復して本覚寺に対抗したため成敗されたのに対し、柴山は「今や超勝寺内と号して富墓荘の押領をすすめて」いたと指摘した[61]。しかし小浜が別心発覚後すぐに討たれ、柴山がそれと正反対の行動をとったのであれば、一二月にいたって両人に一括して赦免不可の処分が示されたことは不自然に思われる。確実なのは、柴山がこの時「別心」に加わらなかったものの、その態度が証如の不審を晴らすに足るものではなかったことである。

以上の検討から、超勝寺が在所百姓とともに進めた武家寺社本所領の違乱には、奉公衆の身分をもつ国人も深く関与していたことが確認できる。そのさいに超勝寺は、朝日晴長のような大一揆派だけではなく、柴山康職のように証如が赦免を拒否し続けた旧小一揆派をも抱えこみ、自らの名のもとに活動させることを憚らなかった。武家寺社本所領の領主権を擁護することで、幕府や諸権門、守護勢力との関係を取り結んだ加賀三ヶ寺とは対照的である。金龍静氏は宗主の代理たる一門(加賀三ヶ寺)の消滅が、本願寺の統制強化以上に「郡」「組」の自治的活動の余地を生んだとする[62]。しかし、幕府・朝廷の指示に従順な本願寺を尻目に、統制の弛緩を謳歌していたのは、むしろ「擬制的一門」と見なされる超・本両寺のほうではなかっただろうか。

五　金沢御堂成立の背景

「超・本両寺体制」に抵抗する武力闘争も、「若松方相働」を頂点として鎮静化していった。天文八年(一五三九)と同一二年(一五四三)には越前から加賀への乱入の報があり、四郡・山内・超勝寺・本覚寺に対処が命じられたが、いずれも大事となった様子はない[63]。

しかし天文一五年(一五四六)に金沢御堂が成立するとともに、「超・本両寺体制」は終焉に向かう。御堂には同年一〇月二九日に本願寺から本尊・御影・名号および堂衆・番衆が下り、一一月九日に七高僧・皇太子が下って荘厳を整えた[64]。石清水八幡宮社領の石川郡西泉・能美郡山上郷・同郡三ヶ荘の「公用算用状」にある「ミたうたてられ候、於石河惣国中ふしん」の記述から、御堂建設が天文一四年（一五四五）には行われていたことが知られている[65]。近年の研究では、普請の主体が加賀全体ではなく郡規模の「石河惣国中」であったと強調される傾向があるが[66]、先の一節を「石河において惣国中ふしん」と読むことに無理はないから、あえて主体を石川郡に限定する必要はない。

なぜ本願寺は超・本両寺が統制する加賀に新たに御堂を建て、加賀「惣国」を与力として直接支配に乗り出したのであろうか。御堂創建の背景を直接示す材料は乏しいが、創建前後に超勝寺への反抗が続発していることに注目したい。『天文日記』の記事から、金沢への本尊等下向と同日に「江沼郡錯乱」への対処が行われ、天文一七年（一五四八）八月に「徳田」「富岡」らが超勝寺を襲撃し、同寺が退去を余儀なくされたことが知られている[67]。

この事件について、金龍静氏は〔超勝寺〕対〔江沼郡・徳田組・本願寺直参衆〕の対立構図を想定し、御堂創建にともなう体制転換の中で、江沼郡・能美郡の直参衆が超・本両寺の統制の排除を図ったものとした[68]。しかし近傍の直参衆の上番が停滞したからといって、彼らが襲撃に参加したとは限らず、直参身分を獲得した者たちが本願寺に処断される危険をおかして「郡」衆や徳田らと結託することも不可解である。浅香年木氏は逆に、郡の自治権を弱められる一揆衆が本願寺に反抗したものとするが[69]、そうだとすればこのタイミングで超勝寺が標的となる理由が明確ではない。

実従（蓮如一三男）の『私心記』にも目を配ると、この騒動は、天文一五年前後から一七年にかけての一連の事件であることが分かる。まず、一五年九月末に江沼郡へ「一嶋」「秋森」が乱入して討死する一方、制禁の

「徳政」が行われたことが注進される。一〇日ほど経って超勝寺が上洛し、その翌日には対処のための人員が「北国」へ下されている。[70]このうち「一嶋」は天文八年(一五三九)末に「具足懸」に関して争論を起こした江沼郡の有力者一嶋新兵衛である。[71]証如はこの「江沼郡曲事」について石川・能美・河北の三郡のみに書状を下しているから、江沼郡衆の相当部分が関与していたと思われる。[72]金沢への本尊や堂衆・番衆の下向がそれから一か月と経たずに実行され、七高僧・皇太子影像が後になってから送られた経緯には緊急性が感じられる。むろん御堂建設は数年の準備期間を要したものであろうし、本尊下向は宗祖報恩講の一一月二八日を見据えた時期でもある。しかし、不穏な情勢の中であえて下向が決行されたことには、加賀教団の引き締めという目的もあろう。

加賀の「錯乱」はこれでも沈静化せず、天文一六年(一五四七)四月一日にも山内での「取合之事」が注進され、このあと八月二〇日になって藤丸・動橋・河崎・作見の四人を除く「江沼惣中」が赦免されたとある。[73]ところが翌一七年八月には「徳田縫殿助」「富岡新五郎」を首謀者とする超勝寺襲撃が発生したのである。この一件に関して『私心記』では「超勝寺へ四郡衆云々」としており、超勝寺の退去という結果から考えても、襲撃勢力は相当の広がりをもっていたと思われる。[74]また、徳田・富岡の両人は、「去年」詫言をしたが下国するとほどなく超勝寺へ攻撃を行い、今度重ねて襲撃してきたと指摘されているから、不穏な状態が前年以来引き続いていたことも明らかである。[75]

この騒動の首謀者である徳田縫殿助は、「とくたくミ」[76]と別称される能美郡山上組の旗本であった。天文五年(一五三六)には、妙法院領能美郡北白江荘の知行申付に関して、本願寺・能美郡・超勝寺とともに「徳田方」へ幕府奉書が出され、[77]加州慈寿院領においては「河合幷徳田」が年貢無沙汰を主導するなど、[78]徳田は在地で強い影響力をもっていた。また翌六年に証如が加賀四郡へ下間兄弟誅罰の指示を下したさいには、それを受領すべき郡寄合に山上組幹部が全く出席せず、同組が一時破門されたこともある。[79]宗主命令の無視ともいえるこの一件に組旗本の徳田が無関係であったとは考えられないから、能美郡で超・本両寺への統制一元化に根強い抵抗があり、徳田もそれに深く関わっていたことがうかがえる。証如が徳田・富岡誅罰を命じた二度目の書状は四郡のうち能美郡には出されておらず[80]、同郡の相当部分が彼らに加担していたとも推測される。

ところで、先の石清水八幡宮社領「公用算用状」には、金沢御堂の普請と並んで、「超勝寺火事礼ニ何之御領よりもにあいニ参候」とする三貫文の支出が載っている[81]。『天文御日記』は天文一四年分を欠くため、これが単なる火事か、あるいは何らかの事件性を含むものなのか、詳しい事情を知る手がかりは見当たらない。ただし、西泉・山上郷・三ヶ荘の「何之御領よりもにあい」、すなわち石川郡・能美郡にまたがる他家の各所からそれぞれ見舞いを出すほどの火事であったことは確かである。そうであるならば、金沢御堂創建の前後に超勝寺が十全なかたちで存在しなかったか、あるいは惣国挙げての御堂普請の最中に超勝寺再建も決行されるという、容易ならざる状況が出現していたことになる。

これらの事情から推して、御堂創建にともなう体制変化の予感が加賀の争乱を引き起こしたというより、天文初年から「超・本両寺体制」下で加賀四郡に内在し続けてきた問題が顕在化したため、本願寺は超・本両寺に代わる加賀統制の拠点を設けざるを得ないと判断したのではないだろうか。

むすびにかえて

本稿の検討を通じて、以下の諸点を明らかにできたと思われる。第一に、享禄の錯乱の主因は経済的利害や「階級」の対立構図よりも、畿内での政治状況と連動した本願寺教団内の対立関係に求められる。第二に、天文六年頃まで小一揆派の国人・大坊主の影響力は無視できず、超・本両寺による一元的な統制が目指されるのはそれ以後のことである。第三に、超勝寺は名主百姓層と結んで在所の掌握を進めたが、そこには大一揆派・旧小一揆派を問わずに国人層をも抱きこんでおり、一揆の統制を担う傍らで、自らの利害に基づいて行動する在地大坊主としての姿を露わにしていた。第四に、「郡」「組」には超・本両寺による一元的統制を貫徹させようとする本願寺の方針への根強い抵抗があり、金沢御堂創建に相前後してその矛盾が噴出することとなった。

このように考えるとき、超・本両寺への統制の委任は、享禄の錯乱においてすでに予定されていたというより、天文初年の権力の空白のなかで選択されていったものといえる。しかし、そこから金沢御堂体制への移行もまた、本願寺がいったんは「超・本両寺体制」の確立を試み、あくまで「擬制的」一門以上にはなりえないその限界を認識したからこそ、視野に入ってきたのではないだろうか。

（1） 享禄の錯乱以前の加賀一向一揆に関する筆者の立場については、拙稿「加賀三ヶ寺と一向一揆の展開」（『親鸞の水脈』二、二〇〇七年）、同「実如『加州御教誡御書』に見る永正・大永年間の加賀一向一揆」（『親鸞の水脈』四、二〇〇八年）。

（2） 新行紀一「一向一揆」（歴史学研究会・日本史研究会編『講座日本史三　封建社会の展開』東京大学出版会、一九七〇年）二五九頁。

（3） 川崎千鶴「加賀一向一揆の展開――内部構造の変質を中心に――」（峰岸純夫編『本願寺・一向一揆の研究』吉川弘文館、一九八四年、初出は一九六九年）、藤木久志「一向一揆論」（歴史学研究会・日本史研究会編『講座日本歴史四　中世二』東京大学出版会、一九八五年）、石田晴男「戦国期加賀における『郡中』について（下）」（『仏教史学研究』三一、一九八八年）、神田千里「加賀一向一揆の展開過程」（『一向一揆と戦国社会』吉川弘文館、一九九八年、初出は一九九四年）など。ただしこれらは天文期の加賀のみに問題関心を限定した論文ではない。

（4） 遠藤一「『本願寺法王国』論への一視点」（北西弘先生還暦記念会編『中世社会と一向一揆』吉川弘文館、一九八五年）九五頁。

（5） 浅香年木『北陸真宗教団史論　小松本覚寺史』（能登印刷、一九八三年）一一一頁。

（6）本願寺親族団の呼称について、本稿では永正一五年（一五一八）の「一門一家の制」における「一門」「一家衆」に関する記述を除き、総称として「一家衆」を用いる。
（7）前掲註（5）浅香書、二頁。
（8）前掲註（3）神田論文、二一一頁。本願寺自体を一揆内部に位置づける同氏の視点は重要である。
（9）金龍静「『卅日番衆』考」（名古屋大学文学部国史学研究室編『名古屋大学日本史論集　上巻』吉川弘文館、一九七五年）、同「加賀一向一揆の構造」（『一向一揆論』吉川弘文館、二〇〇四年、初出は一九七七年）。
（10）前掲註（5）浅香書、一〇一頁。
（11）前掲註（5）浅香書、第一・二章。『反古裏書』（堅田修編『真宗史料集成　第二巻』同朋舎出版、一九七七年）七五四～七五五頁。
（12）『反古裏書』七四六～七四七頁、日野照正「中世本願寺一家衆と鎰役――特に一家衆の諸問題について――」（平松令三先生古希記念会編『日本の宗教と文化』同朋舎出版、一九八九年）。ただし勝興寺実玄・願得寺実悟・願証寺実恵は例外的に一代限りの一門とされた。一家衆の区分・序列の根拠については、日野論文のほか、森岡清美『真宗教団と「家」制度』（創文社、一九六二年）、草野顕之「戦国期本願寺一家衆の構造」（前掲平松令三先生古希記念会編書）などの議論がある。
（13）『天文御日記』天文一〇年二月七日・同一六年七月一〇日条（北西弘編『真宗史料集成　第三巻』同朋舎出版、一九八三年）。以下、『天文』と略記し、天文の元号を省く。
（14）前掲註（5）浅香書、第三章二。前掲註（1）拙稿「実如『加州御教誡御書』に見る永正・大永年間の加賀一向一揆」二七～二九頁。
（15）木越祐馨「金沢御堂創建の意義について」（山本信吉・東四柳史明編『社寺造営の政治史』思文閣出版、二〇〇〇年）八四～八五頁。
（16）金沢市史編さん委員会編『金沢市史　通史編一』（金沢市、二〇〇四年）五九〇頁。
（17）『天文』五年一〇月二日条。
（18）『白山宮荘厳講中記録』（加能史料編纂委員会編『加能史料　戦国Ⅷ』石川県、二〇一〇年）二六八～二六九頁。

(19) 前掲註(16)『金沢市史　通史編一』五八八～五九三頁。
(20) 一般に「大小一揆」という場合、享禄の錯乱と、その背景にある三ヶ寺派と反三ヶ寺派との対立状況全体を指す。どちらの勢力をそれぞれ「大一揆」「小一揆」と呼ぶかは史料によって異なるが、研究上は反三ヶ寺派を「大一揆」とする用法が定着している。
(21) 井上鋭夫『一向一揆の研究』(吉川弘文館、一九六八年)第五章第四節。金龍静氏は、宗主の代替わりごとに変動する系譜上の序列と、「一門一家の制」で固定化された序列との構造的な矛盾も指摘する(富山県編『富山県史　通史編二』富山県、一九八四年、八〇九～八一〇頁)。
(22) 北西弘『一向一揆の研究』(春秋社、一九八一年)第二編第四章。
(23) 前掲註(9)金龍論文「加賀一向一揆の構造」八六頁など。
(24) 前掲註(22)北西書、三三四頁。
(25) 前掲註(22)北西書、三三五～三三九頁、『天文』五年三月二九日・同六年三月四日条。
(26) 前掲註(22)北西書、三三八～三三九頁、『天文』五年九月二五日・同月二六日条。
(27) 『天文』七年八月一六日・同八年一二月一九日・同一二年五月一八日条。
(28) 竹間芳明「北加賀国人の検討」(『竜谷史壇』一二五、二〇〇六年)。
(29) 『賀越闘諍記』(大桑斉編『大系真宗史料　文書記録編一二』法蔵館、二〇〇七年)八九頁。
(30) 前掲註(28)竹間論文、三九～四四頁。
(31) 『天文』六年八月二八日条・同年一二月一八日条。
(32) 前掲註(28)竹間論文、四九頁。
(33) 『天文』八年八月一四日・同年一〇月七日条。
(34) 『天文』六年一二月一九日・同月二二日・七年二月八日・同年九月七日条。同八年一〇月二四日条に「前木越下」とする上番単位が見えるから、光徳寺はこれ以前に門末を剥奪されている。
(35) 『今古独語』(前掲註11『真宗史料集成　第二巻』)七二〇頁。
(36) 「富墓庄」「柴山村」(『日本歴史地名大系第一七巻　石川県の地名』平凡社、一九九一年)。山田雄司校訂『北野社家

日記　第七』（続群書類従完成会、二〇〇一年）一〇六～一〇七・一一五頁。

(37)『賀州本家領謂付日記』天文三年二月二九日条（前掲註18『加能史料　戦国Ⅷ』）、同四年一一月七日条（加能史料編纂委員会編『加能史料　戦国Ⅸ』石川県、二〇一一年）。

(38)天文五年四月六日後奈良天皇綸旨（前掲註37『加能史料　戦国Ⅸ』、曼殊院文書）、同月二三日後奈良天皇綸旨案（同上、京都御所東山御文庫記録）。

(39)『天文』五年五月二一日・同年八月一二日・同月二八日・同年一〇月一三日・同年一一月一九日条。

(40)天文五年閏一〇月一〇日・同月一三日室町幕府奉行人連署奉書（前掲註37『加能史料　戦国Ⅸ』、曼殊院文書）。

(41)『天文』五年一二月一八日条。

(42)『天文』六年四月二三日条。

(43)『天文』六年五月一〇日・同月二一日・同年八月六日条。

(44)天文一二年九月二二日室町幕府奉行人連署奉書（日置謙編『加能古文書』金沢文化協会、一九四四年、曼殊院文書）。

(45)『天文』一二年一〇月九日・同月一五日条。

(46)『天文』六年四月四日・同八年一二月五日条。

(47)『天文』一二年九月一九日条。

(48)『天文』一二年九月二〇日・同年一〇月一〇日・同月一一日条。

(49)『天文』一二年一二月二四日条。

(50)「八田庄」「額田庄」（前掲註36『日本歴史地名大系第一七巻　石川県の地名』）。『十輪院内府記』文明九年二月六日・同月二九日条（加能史料編纂委員会編『加能史料　戦国Ⅰ』石川県、一九九八年）。

(51)『天文』六年二月七日・同年一二月一五日・同月一六日条。

(52)天文六年三月八日室町幕府奉行人連署奉書（前掲註37『加能史料　戦国Ⅸ』、中院家文書）、『賀州本家領謂付日記』天文六年五月二二日条（同上）、『天文』六年五月二二日条。

(53)『天文』八年九月二三日条。

(54)『天文』九年七月一日・同一〇年五月二七日条。

(55) 前掲註(29)『賀越闘諍記』九一頁。
(56) 『北野社家引付』天文六年七月五日松梅院禅光書状案（前掲註37『加能史料　戦国Ⅸ』）。なお山田雄司・山澤学校訂『北野社家日記　第八』（八木書店、二〇一一年）では前者を「柴山四郎二郎」とする。
(57) 『天文』六年二月七日条。『賀越闘諍記』（前掲註29『大系真宗史料　文書記録編一一』所収の内閣文庫本では天文元年、前掲註18『加能史料　戦国Ⅷ』所収の前田育徳会経閣文庫本では天文三年の出来事とする）。
(58) 『天文』五年八月二二日・同年一〇月九日・同年一一月二九日・同年一二月一七日・同六年二月九日条。
(59) 『天文』六年八月二八日条。
(60) 「証如上人書札案」天文六年一二月三日（前掲註13『真宗史料集成　第三巻』）、『天文』六年一二月三日条。
(61) 前掲註(21)井上書、四七四頁。
(62) 前掲註(9)金龍論文「加賀一向一揆の構造」八六頁。
(63) 『天文』八年一〇月七日・同一二年六月一七日条、『私心記』天文一二年六月一六日条。
(64) 『天文』一五年一〇月二九日・同年一二月九日条。金沢御堂については、前掲註(15)木越論文、浅香年木「若松坊から金沢坊へ」（前掲註4北西弘先生還暦記念会編書）、竹間芳明「金沢御堂の再考」（『加能史料研究』一一、一九九九年）などの論考がある。
(65) 「加賀国西泉等公用算用状」天文一四年分（金沢市史編さん委員会編『金沢市史　資料編二』金沢市、二〇〇一年）三一一～三一三頁。
(66) たとえば前掲註(16)『金沢市史　通史編一』六三九頁、前掲註(15)木越論文、五七頁。
(67) 『天文』五年一〇月二九日・同一七年八月一八日・同年九月五日条。
(68) 前掲註(9)金龍論文「『卅日番衆』考」四七一～四七四頁
(69) 前掲註(5)浅香書、一一一頁。
(70) 『私心記』天文一五年九月二九日・同年一〇月九日・同月一〇日条。川崎千鶴氏は「加賀門徒圧迫のため門徒から徴発された番衆が下された」とするが（前掲註3川崎論文、一〇三頁）、天文一七年の錯乱での下向が「番衆二人」であることから類推して、戦闘部隊ではなく使者としての派遣であろう。

(71) 前掲註(9)金龍論文「『卅日番衆』考」四七二頁。
(72) 『天文』一〇年一〇月二九日条。
(73) 『私心記』天文一六年四月一日条、『天文』同年八月二〇日条。
(74) 『天文』一七年八月一八日・同年九月五日条、『私心記』天文一七年八月一九日条。
(75) 『天文』一六年八月二〇日・同一七年八月一八日条。
(76) 『天文日記』年未詳記事(前掲註37『加能史料　戦国Ⅸ』、二七頁)。
(77) 『天文』五年九月二八日・同年一〇月二日条。
(78) 『天文』五年閏一〇月二八日条。
(79) 『天文』六年七月九日・同年一〇月二五日・同年一一月一五日・同月二八日・同年一二月二八日条。このさい能美郡は成敗を躊躇し、対処は超勝寺に命じられていた。
(80) 『天文』一七年九月五日条。
(81) 前掲註(65)「加賀国西泉等公用算用状」。

北方地域と浄土真宗

佐々木馨

はじめに

北海道における現在の仏教寺院数を宗派別にみると、平安時代の旧仏教と鎌倉時代の新仏教に二大別される。すなわち、前者は天台宗寺院が一七か寺、真言宗寺院が二四九か寺の都合、二六六か寺であり、後者は、寺院数の順に従えば、時宗が一か寺、臨済宗が二六か寺、浄土宗が一四〇か寺、日蓮宗が三〇二か寺、曹洞宗が四三五か寺、浄土真宗が一〇〇八か寺の都合、一九四八か寺である。その他三六か寺を含めた統計は、二二一四か寺となる。

したがって、北海道の総寺院数の二二一四か寺の内訳は、旧仏教に対し、鎌倉新仏教が約九割を占めており、いかに新仏教系の布教伝道が功を奏したかがうかがえよう。その新仏教系の一九四八か寺のうち、浄土真宗が一〇〇八か寺と五二%を占めている。この圧倒的な数を独占している浄土真宗の派別の内訳をみると、本願寺派が三六四か寺、大谷派が五〇八か寺、高田派とその他が一三六か寺となっており[1]、大谷派の優位を確認できる。

このように、北海道仏教寺院の総数二二一四か寺のうち、大谷派と本願寺派を中心にする浄土真宗の寺院が四六%に相当する一〇〇八か寺を占めている。この事実をもって、一般に北海道は「真宗王国」と評される。この「真宗王国」と呼ばれる所以は、近代に入ってからの本格的移民による所が大きいことは、多言を要すまい。その最も象徴的な営みが「本願寺街道」の開削であることも人のよく知るところであろう。

すなわち、別の名を「有珠新道」あるいは「虻田越道路」とも称される「本願寺街道」は、虻田→喜茂別・中山峠→定山渓を経て札幌へいたる国道二三〇号線のことをいう。この大事業の発端は、明治二年（一八六九）、東本願寺が明治政府に出願した「新道切開・移民奨励・教化普及」の三項目にわたる蝦夷地開拓構想にあった。翌三年、若干一九歳の新門跡の現如上人（大谷光瑩）は、一八〇余人の僧侶を連れて京都を出発し、七月に函館に到着後、直ちに開削へと取りかかり、先住のアイヌ民族等の協力を得ながら、延べ五万五三〇〇人の労力と、一万八〇五七両の経費を投じて、明治四年一〇月に延長一〇三キロの突貫工事を完成させた。この難工事が「夏は毒虫におそわれ秋は餓狼と戦い、樹かげに露をしのぎ石を枕し、雪をしとねとして、千辛万苦よく功をなせり」（『北海道通覧』）と伝えられるのも、想像に難くない。

この近代北海道の開拓のシンボルでもある「本願寺街道」が浄土真宗の大谷派（東本願寺）によって成し遂げられた一大事業であることに、私たちは開拓と仏教との関わりと同時に、浄土真宗の旺盛な開拓精神を観察することが出来る。まさに、北海道が「真宗王国」と称される所以である。

浄土真宗が北海道開拓史の中に「真宗王国」として君臨したのは、近代に入ってからであるが、本稿では、その原点ともいうべき中世における浄土真宗の教線発展を実証的に跡付けたいと思う。結論を先取していえば、中世の浄土真宗の本願寺教団は北方地域の開教の魁ではなく、他の宗派が先行していた。その周辺の事情を踏まえつつ、真宗の開教前夜について眺めてみることにしよう。

一　浄土真宗の北方伝道の前夜

古代北辺の「みちのく」は、中央の華夷思想にもとづき「夷」の地として辺境と見なされていた。古代国家が北辺の「エミシ」の和人化を目して推進したのが、他ならぬ坂上田村麻呂の「蝦夷征討」であった。桓武新政の一環として推し進められたこの事業の結果、田村麻呂将軍を創建者とする堂社が日本北端の「外浜」の地に一四社も建立されたと『新撰陸奥国誌』は伝える。田村麻呂を開基とする堂社は、桓武天皇と最澄との法交を背景にしたものであり、その宗派は勿論、天台宗であった。(2)

あらためていうまでもなく、最澄は小乗仏教的な南都仏教に対して徹底的な批判を展開し、ついには比叡山の延暦寺に大乗戒壇院を設立し、もって平安仏教界に新風を吹き込んだ。その無類の情熱的な布教心は、東国はもとより、遠く「みちのく」まで及んだ。その一例を、弘仁三年（八一二）最澄に仮託して草された次の「長講法華経後分略願文」の中に検証してみよう。

敬白す。冥顕の衆、諦かにこの願文を聴きたまえ。（中略）。普ねく願わくは、東山道（中略）陸奥十五郡和賀大神等、慈波大神等、出羽九郡一切の神鬼の霊（中略）我が施す功徳に因りて、永く業道の苦を離れ、おのおの威光増益し、同じく善知識となり、恒に日本国を護せんことを。（中略）

弘仁三年歳次壬辰四月五日　　　求法釈最澄記(3)

場所比定に諸説があるとはいえ、広義にいえば、諸国の神仏に護国を祈願したこの願文には「陸奥」「出羽」の国名に如実に示されるように、「東国」と「みちのく」地域も含まれていることは紛れもない事実である。最澄に仮託してまでも、「東国」と「みちのく」を祈願対象にしようとした延暦寺を核とした天台宗文化の意気込みをそこに感じる。

師説を継承し、この天台宗文化の灯を「東国」「みちのく」にまで伝播させたのが最澄の高弟の慈覚大師円仁（七九四～八六四）である。延暦寺第三世座主にして天台宗山門派の祖としても知られる円仁は、入唐して天台密教の礎を築いた点で天台宗史上に名高い。

この円仁の布教実践は、「山上・洛下、畿内近国のみならず、化導は遥か東夷のすみかを過ぎ、利生は遠く北狄の境に及ぶ。いわゆる出羽立石寺、奥州松島寺等なり(4)」というように、畿内近国はもとより、出羽・奥州の地にまで及んだ。

天台宗文化の東国への伝播は、このように祖師最澄の仮託文の願文に始まり、高弟円仁に継承されたのであるが、天台宗と東国との仏教的な関係性は、この二人にとどまらなかった。

一つは、九世紀に限定した場合の天台座主のポストに占める東国出身者の優位性である。『天台座主記』（『群書類従』四）によると、初代の義真、二代の円澄、四代の安慧、七代の猷憲というように、七人中五人までを東国出身者が占めている。

さらにもう一つは、天台宗の地方布教の拠点ともいうべき天台別院を東国に次々に建立していったという事実である。すなわち、嘉祥三年（八五〇）に上野聖隆寺（『日本文徳天皇実録』）、天慶五年（八八一）に信濃国伊那郡観音寺、陸奥国安積郡弘隆寺（『日本三代実録』）がそれである。この九世紀の後半に集中した東国への進出を受け、一〇世紀には出羽国にも天台別院が建立されていた。次の『僧妙達蘇生注記』の一文により、それを確認してみることにしよう。

出羽国山本郡に在る天台別院の別当持法師は天台座主僧命の弟なり。かの増命存生の日、かの寺の別当に成し置かれ、頗る懺无きこと有り。よりて百年の内辛苦するところなり(5)。

第一〇代の天台座主を務めた増命の弟・持法が出羽国山本郡にある天台別院の別当に任じられていたというの

である。ここに、九世紀に始まった天台宗の東国地域への進出が一〇世紀にいたってもなお継続していることを読み取れよう。

こうしてみれば、古代東北の仏教界は、桓武天皇の平安新政を象徴するように、蝦夷征討の坂上田村麻呂と天台宗の最澄―円仁師弟を中心軸に展開し、その現実的な実践面を天台別院が跡付けるという形で推移していったといえる。言葉をかえていえば、宗派的には、古代東北の仏教界は間違いなく、天台宗を基調とする天台宗の文化圏に属していたのである。

前の堂社と同じく『新撰陸奥国誌』のなかに仏教寺院の建立状況を検討すると、平安時代には本覚寺（今別町）と常福院（横内）の二か寺、鎌倉時代には西光院（青森市浪岡）と蓮華寺（青森市本町）の二か寺が確認できる。以下、順にその沿革を紹介すると、浄土宗の本覚寺は、天元年間（九七八～八三）に恵心僧都源信の創建と伝え、真言宗の常福院は唐僧の円智僧都の開山と伝えている。

先に、外浜の古代堂社は天台宗の色彩が濃厚であることを指摘したが、実はこの天台宗的な特性は、この浄土宗や真言宗の二か寺にも認められる。

源信（九四二～一〇一七）は、古代仏教史上、『往生要集』を著わし、浄土教の礎を築いた仏教者であるが、彼の修学の場はあくまでも比叡山の延暦寺であったのであり、その意味で宗派的には天台宗に属する。したがって、天元年間に源信が創建した時の本覚寺は天台宗として始まり、その後に浄土宗に回収したと考えるのが仏教史的に自然である。

一方の真言宗の常福院を開いたのは唐僧の円智と伝えるが、この円智なる人物も『津軽一統志』の伝える次の「大聖不動明王」と「深沙大権現」の史料から天台宗の僧侶であると考えられる。

すなわち、前者の「大聖不動明王」の沿革ではこう伝える。「此山《（古懸山）》往昔、円智《（唐僧）》上人阿遮羅を開基す。俗に呼びて阿婆羅となし、古へ三千房を置く（原漢文）」。

また後者の「深沙大権現」の来歴について「当国は日本の艮にあたるの間、往古、比叡山を移して、三千坊を置く。いわゆる阿遮羅千坊と、十三の獄千坊、神宮寺阿遮羅千坊也（原漢文）」と伝える。

この両者を重ね合わせると、円智上人が開基となった阿遮羅は、天台宗の比叡山を移動させたものであり、円智上人が開いた常福院は、したがって、当初天台宗に属していたと推定される。

こうしてみれば、古代外浜における仏教寺院にも、堂社と同じく天台仏教が大きな影響を与えていたのである。

次に、鎌倉時代に建立されたと伝えられる浄土宗の西光院と日蓮宗の蓮華寺について眺めてみよう。『新撰陸奥国誌』は前者について「岩垣金光が建暦年中に草創せる浄土の寺院」と伝え、後者については「其初は駿河国蓮永寺の僧日持と云る僧此所に法華庵と云る庵室を結て住けるか開祖と云伝れとも来歴詳ならす」と伝える。

西光院の開創を突如、金光上人による浄土宗布教ととらえると、その史実性を疑う向きが多分にある。しかし、本覚寺を創建したとされる恵心僧都源信が、浄土教の思想的原点である主著『往生要集』を著わし、金光上人の師法然にとってもそれが教学史上の指南書であることを考えれば、次のような『法然上人行絵図』（巻四八）の一文もそう荒唐無稽ではなくなる。

> 石垣の金光房は、上人法然称美の言を思うに浄土の法門闇奥にいたれることをしりぬべし。嘉禄三年（一二二七）上人の門弟を国々へつかはされし時、陸奥国に下向。ついにかしこにて入滅。

思うに、法然は一方では、天台浄土教の礎を築いた源信の東国伝道のことを偲びつつ、また一方では、鎌倉新仏教の魁としての民衆教化を自認して、弟子金光を嘉禄三年、陸奥国に送り出したのである。法然と東国社会とのつながりをこのように、天台浄土教の中核者源信との関係性のなかでとらえるなら、金光による西光院の草創の蓋然性も高まる。

それではもう一方の日蓮宗の蓮華寺の場合はどうであろうか。ここでも、単独に日持を引き出すだけでは史実性の説得はかなり難しい。日持の蓮華寺の開創にとっても、たとえば、彼の祖日蓮自身が鎌倉仏教者としては、異例といえるほど北方地域に関心をもっていたという、日蓮の北方観を日持の布教伝道の前提にすることが不可欠である(後述)。

それと同時に、日蓮による日蓮宗の開宗の原点には、最澄の天台宗の復興という強い使命感が横たわっていたことも看過してはならない。

日持による蓮華寺の創建をこのように、宗祖日蓮自身の北方社会への関心と、天台宗の復興という仏教史的背景をもとに考えれば、その史実的な蓋然性は高まる。

既述したように、鎌倉仏教の東国への第一陣は、三大宗派そのものではなく、親鸞の師法然が開いた浄土宗であり、その担い手は、金光上人であった。三大宗派の浄土真宗が東国と関わりをもっていることを立証するのは『親鸞聖人門弟交名牒』であり、このなかに東国出身者として、如信・無為子・唯信・是信・本願らが名を連ねている。

永平寺の曹洞宗も、やはり玉泉寺の了然法明が羽黒山方面に教化したといわれる[6](豊田武編『東北の歴史』上巻)。

また、三大宗派の日蓮宗も日持が北辺伝道のおり蓮華寺を開創したことは既述のとおりである。その祖日蓮にあっては、他の仏教者に看取されない独自の北方観があった。次の『日蓮遺文』の一節がその証左である。日蓮は、「みちのく」と夷島の北方地域を鎌倉幕府の代官として領有する「蝦夷管領」安藤氏に関して次のような一文を認め残していた。

(1)ゑぞは死生不知のもの、安藤五郎は因果の道理を弁へて堂塔多く造りし善人也。いかにとして頸をばゑぞにとられぬるぞ(7)。

(2)去文永五年の比、東には俘囚をこり、西には蒙古よりせめつかひつきぬ。日蓮案シテ曰ク、仏法ヲ不信なり。定て調伏をこわれんずらん。調伏は又真言宗にてぞあらんずらん。かく法華経はめでたく、真言はをろかに候に、日本のほろぶべきにや、一向真言にてあるなり(中略)真言をもって蒙古とえぞとをでうぶくせば、日本国やまけんずらん(8)。

(1)が伝えるように、日蓮の眼には、安藤氏は、因果の道理をわきまえて堂塔を多く造った善人と映った。この多くの堂塔とは、とりもなおさず、既述した平安期以後に建立された天台宗系の宗教施設群であったと解される。

このように、堂塔を造った善人の安藤氏ではあるが、(2)の伝える文永五年の俘囚の反乱により、えぞに殺害されてしまう。

このような、日蓮に固有な北方観を継承した高弟日持であってみれば、その北辺伝道に向かう蓋然性もおのずと高まろう。

以上のように、鎌倉新仏教は浄土宗を魁として三大宗派を中心に東国社会と関わりをもっているが、一遍の時宗も注目すべき動向を示している。すなわち、弘安三年(一二八〇)、「賦算遊行」の一環として、祖父河野通信の墳墓を詣ずべく、陸奥国江刺郡にまで旅の足を伸ばしている。

こうしてみれば、鎌倉新仏教の中の「反体制仏教」と見なされる浄土宗・浄土真宗・曹洞宗・日蓮宗と「超体制仏教」の時宗の五宗は、国家権力の外なる教団として、北辺地域と関わり合っていたことになる。残る一宗の臨済宗は、私見によれば、鎌倉幕府の「武家的体制仏教」の雄として、真言密教と連絡しつつ「禅密主義」を推進していた(9)。

翻って思うに、鎌倉新仏教六宗の中で、鎌倉時代において最も北辺伝道に遅れをとっていたのが浄土真宗であったように考えられる。この浄土真宗が生まれ替わったように北辺に大々的に布教伝道を展開するのは、戦国期に入ってからである。

二　浄土真宗の本格的布教

京都を舞台として応仁元年（一四六七）から文明九年（一四七七）の一〇年にわたって展開し天下を二分した応仁の乱は、多くの伝統的な公家文化を地方へと分散させる結果となった。仏教文化もその例外ではなかった。この京都から中国地方ないし北陸地方への文化流出は、やがて一種の文化における玉突き状態を引き起こし、北陸地方の加賀一向勢力や本願寺教団などは、積極的な北方伝道を実践した。本願寺教団によるその北方伝道の具体的な様子を次に紹介してみよう。

まず、その魁ともいうべき秋田浄願寺の初代の弘賢の事跡からみてみる。「藤原姓菊池氏弥高山菊池院浄願寺系譜」によれば、俗名菊池次郎武弘と号した初代弘賢は南北朝の争乱の中で陵遅を余儀なくされた。菊池家の前途を思って菩提心を起こすこととなり、「蓮如上人を慕い奉って、徒弟」となる。ついで深く宗義を伝えるべく出家得度し、師恩を負って昵近するにいたるや、文明三年（一四七一）、

於越前国吉崎蒙師命、為法門弘通下向奥羽留夷地、明応八己未年建立於夷地松前上国一宇治号浄願寺、是夷地当宗開基也(10)。

というように、本願寺八世の蓮如（一四一五～九九）の師命を蒙って、法門弘通のため奥羽と夷島の北方地域に下向することとなる。弘賢は明応八年（一四九九）、上ノ国に夷島の中世浄土真宗寺院たる浄願寺を建立した。

この弘賢が文亀三年（一五〇三）に遷化した後を二代の了明、三代の了専と継ぐが、了専の永正中（一五〇四

〜一二〇）に、上ノ国から引き上げ秋田土崎湊に移住した。了専も布教伝通に勤め、檜山浄明寺をはじめ弘前・波岡・鰺ヶ沢などに諸寺を起立した。

本願寺の蓮如に始まる北方伝道は、このように弘賢の浄願寺を拠点に展開したが、この伝道戦略は蓮如の第八子の実如（本願寺九世）にも当然、継がれた。たとえば、次の実如が弘賢に下賜した「方便法身尊像」と了明に付与した「親鸞聖人御影」はその何よりの証左である。

大谷本願寺釈実如（花押）

文亀元年辛酉十二月廿八日

方便法身尊像

夷嶋松前津

願主釈弘賢

釈実如（花押）

永正十一年甲戌三月廿八日

大谷本願寺親鸞聖人御影

夷嶋松前

浄願寺常住物也

願主釈了明

また、本願寺と浄願寺との法的な絆の強さは、本願寺住持から浄願寺累代の住持（ただし初代了賢と三代の了専を除く）に下付した次の「浄願寺住持法名状」にも十分うかがうことができる。

法名
釈了明
永正二年十一月十八日
釈実如(花押)

法名
釈了乗
天文十五年八月廿四日
釈証如(花押)

浄願寺二代の了明と四代の了乗に始まるこの「法名状」は一紙に連続して書き込まれたもので、その点、実に稀有な事例とされる。逆にいえば、それだけ本願寺の北方伝道の最前線としての浄願寺に寄せる期待の大きさを知ることができる。

浄願寺は、北奥羽と夷島に教勢を張りめぐらせる有力寺院として、「夷島浄願寺」とも通称されていたことが、「自出羽国秋田湊左衛門佐入道為先年返錦来、夷嶋浄願寺事付也」(11)の一文からも判明する。この一文は同時に、「夷嶋浄願寺」が秋田屋形安東堯季(秋田湊左衛門佐入道)からの「蝦夷錦」を、石山本願寺法主の証如に届けていたことも示している。時に天文一五年(一五四六)のことである。このことはとりもなおさず、「夷嶋浄願寺」が秋田湊の湊安東氏と石山本願寺との間の仲介役になっていたことに他ならない。ここに、一六世紀中葉における北方の政治と宗教世界に占める夷嶋浄願寺の大きさをうかがうことは、そう困難ではない。

次に、酒田浄福寺の来歴の中に、石山本願寺の北方伝道の実相を観察してみることにしよう。浄福寺の寺伝によると[12]、開基は俗名を菊池武邦と号し、子細あって蓮如上人へ参集して弟子となり、法名を明順と名乗ったと言い、秋田浄願寺開基の弘賢と兄弟であるという。

弘賢と同じく、この明順もまた石山本願寺の蓮如の師命を受けて北辺の伝通に赴いた様子について、寺伝はこう伝えている。

文明ノ頃、大谷一乱ニ付、蓮如上人越前吉崎ニ趣カセ玉フ時、明順モ供奉シマイラセテ彼地ニ至ル、于時同五年癸巳秋ノ頃、上人明順ヘ仰セラルルニハ、我既ニ五十有九年ノ春秋ヲ経テ祖師鸞聖人ノ徳風四海ニオヨホサント思ヘドモ、出羽・奥州・夷松前ノ津ハ別テ遠国ナレハ下向ノ事、甚難成、何卒予カ為名代、汝彼ニ趣キ真宗ノ法流、益々辺鄙郡ニ弘通セシメ、我カ生涯ノ本意ヲ達スヘシト心ヲ至誠ニハケミ、早ク下向シテ勧化セシムヘキ由仰付ラル。

明順はこのように、蓮如上人の名代として、蓮如の「生涯ノ本意」を果たすべく、出羽国庄内の浄福寺を建立することになった。弘賢が夷島浄願寺を開創した二年後の文明五年（一四七三）のことであった。それは、石山本願寺の北辺開教の師命を拝した菊池一族の弘賢・明順兄弟による一大宗教実践の結晶でもあった。

本願寺教団の北辺伝道を伝える三つ目の寺院造営は外浜油川の法源寺であり、それは、蓮如の八子の実如のときである。

「法源寺由緒書」[13]には、こう伝える。

当時開基者文明一三年辛丑歴、外浜油川ニ而沙門敬了、実如上人御筆九字名号以開基仕候、其後二代祐春、京本願寺開山親鸞聖人御影奉預候節、京都於本願寺、法源寺儀者津軽草分遺処古跡之由、被聞召分、則礼盤三牌之御真影ト申候而、不及御当地申、隣国ニ無之御真影、初而御下向被遊、（後略）

法源寺はこのように、文明一三年（一四八一）、沙門敬了が実如上人の九字名号をもって本尊として開基した中世寺院である。蓮如―実如と続く石山本願寺教団が、北辺への開教に新たな教線的活路を見出そうとする息吹をこの法源寺の事例からも感得できよう。石山本願寺の実如上人による北辺油川への布教は、この法源寺だけに止まらず、円明寺の造立にも及んでいた。「法涼山円明寺起」[14]には、その様子を次のように伝えている。

夫レ当時開闢ハ、沙弥念西房宗慶法師(中略)俗名号下間右近佐宗時、一九秋投大谷本願寺九世実如上人而剃除鬢髪(中略)明応八己酉暦(中略)於外ノ浜油川建立一宇、普ク弘ム他力摂生之旨趣、(後略)

外浜油川の地に、前の法源寺につぐ浄土真宗寺院として円明寺が、実如上人の率いる本願寺坊官の下間氏に連なる下間右近佐宗時(念西坊)によって開創されたのである。

こうしてみれば、本願寺教団は蓮如上人の治世下に弘賢兄弟による夷嶋浄願寺と酒田浄福寺の開創を皮切りに北辺伝通が始まり、それを実如上人が継承する形で、外浜の油川に法源寺と円明寺造立したことになる。

本願寺教団がなぜ、油川の地に二か寺も続けざまに寺院建立したのであろうか。それは、他でもなく、一五世紀末葉の油川は、「日の本将軍」安東氏の従前の拠点十三湊に代わる奥大道の終着点であると同時に、夷島渡航の拠点でもあったからである。中世の油川はまさしく北方の一大港湾都市であった。この交通の要衝の地・油川に、実如率いる本願寺教団は北方布教の一大拠点として法源寺と円明寺を造立したのである。

それでは、本願寺教団の魁として建立された夷島浄願寺が秋田土崎港に転出したあと、夷島中世の浄土真宗はどのように推移したのであろうか。次に、節を改めて、これを検証してみることにしよう。

三　浄土真宗と夷島

浄土真宗が本願寺教団を通して中世夷島を含め北方地域に初めて教線を拡張したのは、既述のように、蓮如の師命を受けた弘賢による夷島浄願寺の建立に始まる。明応八年(一四九九)のことである。その浄願寺が先住のアイヌ民族との不如意な関わりでもあったのだろうか、永正年間（一五〇四〜二〇）に秋田土崎港に移住し、夷島における浄土真宗は一時期、不在の時期を迎える。

しかし、北方地域への積極的な伝道を「みちのく」に展開していた本願寺教団が、夷島への布教に関心を寄せないことは、勿論なかった。蓮如の後を嗣いだ実如の世に、「みちのく」と同様に教線の拡張を夷島にも展開した。松前に所在する西立山専念寺の創立がそれである。その様子を次に寺伝に検証してみることにしよう。

開基真徳ハ本願寺第九世実如法主ノ弟兼俊法師ノ孫、奥州遊化ノ時、蝦夷島福島郷知内村ヨリ西北三里ヲ隔テ、真藤寺ト云ヘルアリ、真徳茲ニ錫ヲ留メ真宗ヲ弘通ス、時ニ館主蠣崎若狭守季広松前氏四世、館檜山郡上国勝山ニアリ、天文元年（紀元二一九二）館ヲ徳山ニ移ス、真徳ニ帰依シ請シテ徳山（後福山ニ改ム）字荒町ニ一宇ヲ創立ス、維天文二発已ナリ、真徳（天文五年卒ス）嗣子ナシ、依テ季広ノ四男真勝ヲ以テ養子トス、天文五年当山第二世住職トナル、天正二甲戌年二月十七日本山ヨリ売貫代ノ本尊ヲ申受タリ（御裏書顕如法主）(15)。

これによれば、専念寺の開基は本願寺九世実如の弟兼俊の孫に当たる真徳なる人物であり、この真徳が「みちのく」遊化と夷島布教の折、知内に所在した真藤寺を足がかりに真宗の弘道を開始したという。上ノ国勝山に拠った和人政権の嚆矢となった蠣崎季広が徳山（今の松前）に移転する際、真徳も知内から請じられて帰依されることとなり、天文二年（一五三三）専念寺の創立となったという。

この縁起が物語るように、松前専念寺の建立も、本願寺教団の北方伝道の一環として位置づけられることは、前の「みちのく」の場合と軌を一にする。ただ相違するのは、専念寺の場合、本願寺一〇世証如の治世下という一点であり、ここに本願寺教団の北方伝道における「みちのく」と夷島の地域的一体性を確認する。

ただし、開基の真徳に子がなく、その後住に蠣崎季広の四男真勝が就いたことは、「みちのく」の場合には見られない夷島的な展開である。すなわち、政治権力の中枢の一族が専念寺の二世に入ったということは、蠣崎政権と専念寺の政権一如の関係のみならず、蠣崎政権を背景にした専念寺と本願寺の関係強化および専念寺と「みちのく」との地域的関係性の進展にも陰陽に影響を与えることは必定である。

現に、二代住職の真勝は天正二年(一五七四)に本願寺一一世の顕如より壱貫代の本尊を下賜され、寺院の設備充実に余念がない。この本山との密接な結びつきが後述の松前藩と東本願寺(大谷派)との一体性の前提となっていることは、火を見るより明らかである。

この蠣崎政権という政治権力を後盾にもった専念寺は、今度は「みちのく」の浄土真宗の世界に対して新たな展開を見せることになる。「みちのく」浪岡の玄徳寺の建立がそれである。その玄徳寺の沿革はこう伝えられる。

玄徳寺　本村の北の方西側にあり昶映山と号す、弘前法源寺末山真宗なり、天正十四年丙戌松前専念寺の弟子永信と云ふ僧の開基なりと云ふ、法源寺に伝わる所は法源寺の開祖敬了、文明十三年油川一字を草創し二代祐春天正十年に当対に遷る、(後略)(16)

これによれば、浪岡の玄徳寺の開基は紛れもなく、松前専念寺の永信であり、その創建は天正一四年(一五八六)である。ただこの玄徳寺の二代祐春の時に油川から浪岡に移住している。それが玄徳寺の創建の四年前の天正一〇年である。それでは、この油川法源寺の浪岡移転と永信による玄徳寺の創建とはどのように関連するのであろうか。いささか謎めいている。これを解くには、前引史料の続きを紹介しなければならない。少し冗長になるが、次に引用してみることとする。

三代祐念が時、津軽為信、油川村奥瀬善九朗を襲んとて当所まて出馬ありしに、祐念これに党し(中略)同宗の念西坊も一味し種々周旋し油川平定して、為信大浦より堀越に移る時、祐念もともに堀越に移るへき由なりしか、檀中帰依深く引移延引せしかは、色々解諭し為信に預て堂舎は残し置き祐念のみ堀越に引移れり、依て堂守を置き末庵とて堂守子孫にて相襲き、堀越の玄徳寺、後弘前に移り大会山と称し、当所の玄徳寺は昶映山と号し寺号は替す、山号のみ改て二ケ寺に分れたる趣、(17)

これによれば、油川法源寺の二代祐春の時の天正一〇年に浪岡に移住し、玄徳寺の原形たる末庵の造営を始めたものの、三代祐念が油川平定を断行した津軽為信の挙に尽力し、あまつさえ、堀越・弘前へと移住をくり返した。しかし、浪岡の末庵に対する檀中の帰依が深く堂舎は残し置くことに決したという。ここにいたって、初めて、松前専念寺の永信による天承一四年の玄徳寺の創建の謎が永解する。すなわち、天正一〇年に始動した浪岡玄徳寺の創建が、三代祐念の堀越移住で頓挫する一方で、檀中の帰依が深かったところに、松前専念寺の永信の出番が訪れたのである。

このように、松前専念寺は「みちのく」の油川—浪岡における浄土真宗の動向にも目配りをして、天正一四年の玄徳寺の建立に関与することになったのである。

ここに、私たちは津軽海峡をまたいだ浄土真宗寺院間のネットワークの強靭さに改めて瞠目する。

四　近世蝦夷地の浄土真宗

中世蝦夷の浄土真宗が、浄願寺の移住後、専念寺を中心に展開したことは、前述した通りである。それが近世の松前藩政下において、どう推移していくかを見ることを通して中世的特質も逆に鮮明になると考えられるので、概観ではあるが、松前藩政期の浄土真宗を少し追跡してみることにしよう。

松前藩は日本最北端の藩として、江戸幕藩体制の一角に組み込まれたが、石高なき藩であるのと同時に、アイヌ民族との独占的交易に経済基盤を求めていた点において、優れて特異な藩であった。この特異な点は参勤交代の軍役においても、参勤年次を「三年一勤」にするなど本州諸藩と比べて、甚だ例外的な側面があった。かといって、軍役を免除されているわけでもなかった。

では、江戸幕府が厳禁とした「新寺建立」についてはどうだろうか。この点こそ、まさに松前藩に特例を許容した最たるものであった。

幕府の蝦夷地直轄を機にした文化元年（一八〇四）の「蝦夷三官寺」の建立がその何よりの証拠である。これは幕府自らが「新寺建立の禁」を破った宗教政策であった。幕府は蝦夷地の有珠に善光寺（浄土宗）、様似に等澍院（天台宗）、厚岸に国泰寺（臨済宗）の直轄寺院を三か寺造営したのである。

幕府の直轄以前の松前藩の前期藩政期においても、実はその「新寺建立の禁」は形骸化しており、藩は道南の和人地を中心に六三か寺の新寺建立を許容していた。幕府の直轄後の後期松前藩政期においても蝦夷地を中心に六三か寺もの新寺建立を認めていた。こうした新寺造営の現実自体、松前藩の例外的側面であった。

それでは、この特異な近世松前仏教の世界にあって、浄土真宗はどう推移していたであろうか。松前藩の近世仏教は、結論的にいえば、第一に、中世寺院を地方本寺にして、和人地と蝦夷地に末寺を造成していった点に特質がある。第二の特質として、蠣崎政権の国法触頭であった曹洞宗の法幢寺がそのまま松前藩主の菩提寺として仏教界に君臨する一方、これまた蠣崎氏の祈禱面を一手に担っていた真言密教の阿吽寺が松前藩の仏教的世界を掌握していた点が指摘できよう。

そして、第三の特質として、中世の専念寺と蠣崎氏との政教一如の関係性が近世の松前藩政期にも継承され、浄土真宗のなかでも大谷派（東本願寺）が独占的に教線を張りめぐらさせていたことがあげられる。次の一節はその事情を明瞭に伝える。これは明和七年（一七七〇）に西本願寺が蝦夷地での末寺造営を幕府に申し出た際の「口上書」である。(18)

西派末寺ヲ設立セントシタルモ領主ノ圧スル所、又ハ専念寺ノ拒ム所トナリ、遂ニ松前家ノ領内ニ於イテハ西派末寺ヲ建立スルコト得サリシ。

近世松前藩においては、浄土真宗の大谷派の専念寺が領内を牛耳っていたのであり、西本願寺が蝦夷地に初めて進出したのは、幕府の蝦夷再直轄期の安政三年（一八五六）、堀川乗経による函館本願寺別院の建立の時である。このように、東本願寺の専念寺は松前藩主の権力をバックにしながら、近世を通して、着々と末寺を造成していった。その数は一七か寺に及ぶ。

すなわち、①西教寺（文禄二年）、②浄応寺（寛永七年）、③掛所順正寺（承応二年、のちの函館浄玄寺＝函館東本願寺別院）、④掛所相沼専念寺（元禄二年、のちの蓮花寺）、⑤円通寺（宝永五年）、⑥掛所戸切地専念寺（享保元年、のちの東光寺）、⑦札狩村道場、⑧大野村道場、⑨砂原村道場、⑩落部村道場、⑪掛所熊石妙選寺（享保三年）、⑫掛所吉岡専念寺（享保元年）、⑬江良町村道場（享保一九年）、⑭掛所乙部専念寺（宝暦一〇年のちの専得寺）、⑮掛所江差専念寺（明和二年のちの順正寺）、⑯掛所上国専念寺（明和三年、のちの清浄寺）⑰掛所石崎専念寺（明和七年、のちの法香寺）

このように、松前城下の専念寺は松前藩主の保護と東本願寺のバックアップを背景に急速に末寺を一七か寺も造立していったが、『北海道寺院沿革誌』によると、③の掛所順正寺（のちの函館の浄玄寺・東本願寺函館別院）も幕末にかけて一〇か寺の末寺を造営している。これが、江戸幕府の蝦夷直轄を契機にしての教線発展であることは容易に推定されよう。

幕府の蝦夷地直轄により箱館奉行所が設置された「箱館」の地が、開港を通して従前の松前三湊と通称された「松前・江差・箱館」の三湊体制から抜け出し、一躍、世界史的な近代港湾都市に発展するに及び、城下松前の伝統的寺院群も何かと危機感を抱くようになる。この危機感ないし不安感は専念寺といえども同列であったに相違ない。

それでは城下寺院は、幕府の傘下にある箱館の諸寺院や西本願寺あるいは蝦夷三官寺の教線発展を、ただ手をこまねいてみていたのであろうか。もちろんそうではない。

そもそも、幕府の安政二年（一八五五）の蝦夷地再直轄化を機に、「蝦夷地者御国内之藩屏、殊ニ外国江接壌し居候ニ付、万一之義有」之候節、御国惣体之憂ニ相成候間、上下一統ニ而其憂を荷ひ、全州之力を併せ、一時ニ御取開相成候より外有」之間敷」という幕藩国家全体を挙げての蝦夷地開拓が緊急の政治的課題となってきていた。その開拓の主たる担い手として、諸藩の武士・町人・百姓が見込まれ、各自に開拓に伴う援助金を給するというのであった。

この開拓政策の報を得て、いち早くそれを実践に移そうとしたのが、じつに教勢的に劣勢の極地に追い込まれている城下寺院であったのである。言葉をかえていえば、城下寺院は己れの劣悪なる境涯を、蝦夷地開拓策を先取りして克服せんとしていたのである。この窮余の一策ともいうべき、城下寺院の蝦夷地開拓の声とはこうである。

> 西蝦夷地之内江拙僧共自力を以庵室一宇宛取結弘法作善相営、天下泰平、国土安隠之祈願専ら相勤、且者御法度之切支丹宗門等勿論相改、常々夷人ニ至迄勧善懲悪之教論仕度奉存候（中略）檀家之者江茂夫々申諭田畑開発者不及申、樹木植立等ニ至迄丹誠為致度、又者山道険岨之場所柄ニ者石像等茂安置為致、左候得者有信之者共自与屯致し末々村落ニ茂相成候半々、自然御開発之趣意ニ茂相叶。[19]

この一文は、幕府の蝦夷地再直轄の二年後の安政四年、城下寺院の法源寺と龍雲院が、江差の正覚院によびかけて連名で箱館奉行所へ提出した嘆願書である。一読してどうであろうか。まず前段である。前に引いた幕府による武士・町人・百姓を主体とした蝦夷地開拓構想は、開拓者に援助金を支給するものであったが、城下寺院のそれは自力によるというものである。それに続けて、新庵の建立は天下泰平・国土安穏につながり、あわせて対キリシタン禁制の役割にもなると主張しているのである。この主張は、幕府権力が常に神経を費やし続けてきたアイヌ民族の風俗教化の要を、見事に読み込んだ分析であるといってもいい。

いよいよ後段に眼を転じよう。この部分こそが、前引した幕府の蝦夷地開拓構想を城下寺院の独自の論理で強調した箇所である。すなわち、新庵が建立された暁には、檀家に田畑を開かせ、樹木の植立はもちろんのこと山道には石像も安置した村落をつくり上げるのであるから、幕府の開拓構想にもかなおう、という論理である。

この寺院建立の論理は、松前藩における従前の人口の定住を待って新寺を建てるという常道を逆転させた形になっているが、寺院と檀家との結託によって村落を形成しようと構想した点は、幕府の開拓構想にもない優れて寺院的論理である[20]。

この構想が幕府の蝦夷地開拓政策を先取りしたものであるとはいえ、城下寺院の積年にわたる苦境の克服、窮余の一策として打ち出され、ひいては近代の屯田政策にも相通うものであることに注目したい。

このように、城下寺院の苦境は浄土真宗の専念寺といえども、共有する時代危機感であったに相違ない。専念寺を中核とする北海道の浄土真宗にも、装いも新たな近代的対応が求められようとしていた。

五　北海道の開拓と浄土真宗

明治初年の「神仏分離」に端を発した廃仏毀釈運動は、近世期に葬式仏教化を通して国民宗教と化した仏教寺院にとって、まさしく「冬の時代」の到来を意味していた。ところがこの運動も、神道の国教化と天皇制の普及定着を目指した教部者による教導職の推進を通して、仏教寺院も神道界とともに「体制宗教」の一翼を担うこととなって、大きく転換する。

前にみた東本願寺による北海道開拓の象徴ともいえる明治二年の「本願寺道路」の開削大事業は、まさしく、そうした仏教寺院の近代的変容の中の命運をかけた事業でもあった。この「本願寺道路」の大事業を通して、東本願寺が自らのよって立つ基盤を見出したことは間違いない。北海道浄土真宗の歴史において、既述のように、中世~近世は東本願寺に属す松前専念寺を中心に彩られ、西本願寺が北海道への教線進出を許されたのは、安政三年の堀川乗経による函館本願寺別院の建立以後のことである。その意味で、同一の宗旨とはいえ東本願寺派に比べて西本願寺派の劣勢は歴然としていた。

長いその真宗史において、西本願寺派が北海道開拓政策を真正面にすえて、開拓と仏教布教(開教)との一体化を提唱したのは、明治二五年(一八九二)のことであった。少し長い引用になるが、小稿の北方地域と仏教の関わりを統括する上でも有益であるので、紹介したい。

それは、その名もずばり『北海道宗教殖民論』(21)であり、著者は阪本柴門と片岡政次、この二人は「例言」によれば、「北海道ニ移住シ親シク見聞経験ヨリ得タル所論ヲ鋤犂ノ閑ニ執筆」したという。本書の冒頭にはこの時代の浄土真宗本願寺派に名を馳せた僧侶の赤松連城の「弁言」がある。

本書の構成は、右の「弁言」「緒論」に始まり、「北海道状況」「北海道開拓ノ必要」「北海道開拓ノ振起セサル理由」「北海道開拓ノ振起スルノ方法」「北海道開拓殖民ニ宗教ヲ必要トスルコト」を述べた上で、「緒論」に相当する「北海道ニ宗教殖民ヲ実施スルコト」を末尾に配して、次のように説く。

宗教植民策ハ北海道開拓ニ必要ニシテ、実ニ今日ノ急務ナリトス。彼ノ移民タルモノ多少進取ノ企テアルヲ以テ、業務上遭遇スル失望ト失敗トヲ感スル度ヲ減シ、此企図ヲ阻喪セス徐ロニ成功ヲ期セシムルハ、宗教ノ力能ク為ス所ト雖モ、拓地殖民ハ国家ノ事業ニシテ、其目的、国利民福ヲ企図スルニ他ナラス。故ニ、我北門ノ鎖鑰タル北海道拓地殖民ハ、天府ノ金庫タル。其実ヲ挙クルニ止マラス、兼ネテ辺防ノ一端ヲナス者ナレハ、其宗教ハ国家ナル感念ヲ信者ニ与フルニ非サレハ、最モ不可ナリ。且ツ、当道殖民ハ真個ニ国防上ノアルモノナレハ、護国ノ精神ヲ涵養スルノ宗教ナラサルヲ得ス。吾人ハ、以上ノ性質ヲ具フル宗教ニシテ信仰心ヲ堅固ニシ、移民ノ感情ヲ損ハサルモノナラシメハ、其宗教ノ耶蘇教タリ、回々教タリ、仏教タルハ問フ所ニアラスト雖モ、若シ、吾人カ謂フ所ノ要素ヲ具備セサル宗教ナランカ、仮令熱心ニ宗教殖民策ノ必要ヲ論スルモ、決シテ賛成スル能ハス。又希望スル所ニアラス。然ラハ、移民ヲシテ護国ノ精神ヲ発揚振起シ、以テ敵愾心ヲ旺盛ナラシムルノ宗教ハ、思フニ仏教ニ如クモノナカルヘシ。移民感情ヲ傷ハス。之レカ信仰ヲ厚フシ一致団結、事ニ耐エシムルモノハ仏教ニ及フモノナカルヘシ。実ニ、我農民等ハ仏教以外ノ宗教ハ、之ヲ邪宗視シ、此感念ハ現時ノ農民ニ遺伝深染シテ、未タ脱セサルモノナレハ、仏教ヲ以テ彼等ヲ統御スルハ、事実上最上最好方便ナリ。否、道理上ヨリ推論スルモ、吾人ハ現世界ニ存スル宗教中、最高等ノモノト信スルモノナリ。或医学博士ハ、神経衰弱症ヲ予防スルニ、仏教ヲ以テ精神ヲ鍛錬スル必要ヲ実験上ヨリ論セシ如ク、吾人モ拓地殖民ニ仏教ノ必要ナルヲ認ムルモノナリ。而シテ、仏教ハ多年我国ニ於テ信奉セラレ、古来ヨリ我国ノ進歩ヲ扶助促進シタルハ、歴史上著名ナル事実ナリ。嶮ヲ夷ニシテ道ヲ通シ、河ニ架スルニ橋ヲ以テシ、或ハ深山幽谷ヲ跋渉シ、清泉又ハ鉱泉ヲ発見シテ、飲料若クハ医療ノ便ヲ与ヘ、或ハ諸種ノ植物ヲ栽培調理シテ、食料トナスカ如キ布教済度ト共ニ、我国民ノ幸福ヲ指導シテ怠ラス。俚俗ノ所謂ル解ラヌ事ハ、和尚ニ問ヘトハ、往昔仏者カ我国民ヲ先導指教シテ怠ラサリシヲ、証明スルニ足ルヘシ。此クノ如クニ、仏教ト我国民トハ、親密ノ関係ヲ有シ、一ニハ祖先伝来仏恩ニ浴スル。小民等ハ仏教ノ他又宗教ナキナリ。サラハ、宗教殖民策ヲ計画セントセハ、仏教ニ拠ラサルヲ得ス。又仏者モ、其先覚者等ハ粉骨韲身シテ、我国民ヲ今日ノ文明ニ誘導シ、国利民福ヲ興起シタル偉績、世人ノ洽ネク知ル所ニシテ、全国至ル処我人民ハ仏教徒ニ非サルナシ。然ルニ、今ヤ教徒ハ衣食住ニ窮スルニ方テ、之レカ救済ノ任ニ当リ慈悲ヲ施シ、以テ恒産アル良民タラシムルモノハ、仏者ニアラスシテ誰カアラン。仏者ハ自己カ信奉スル宗旨ニ従ヒ、国家百年ノ為ニ、自己カ教徒ノ窮民ヲ移殖シ、我富源ナル北海道ヲ開拓スルハ、護法護国ノ精神ニ適フモノニアラスヤ。然ラハ、教徒ヲ救済シ一ニハ国家ノ富強ヲ企図スル有識ノ士ト共ニ、大イニ奮発シ慈善ノ趣意ニ基キ、殖民費ヲ募集シ、或ハ布教費ノ一部ヲ割キテ、北海道拓地殖民ヲ計画奨励セハ、吾人ノ信スル所ノ成算ヲ得ルヤ、敢エテ難キニアラサルヘシ。而シテ、其成績ヲ世上ニ広告センカ。仮令、人情ハ故卿(郷)ヲ去リ、新土ニ転スルヲ厭フト雖モ、利益ノ故卿(郷)ニ幾倍シ、安楽ノ生活ヲ得ルノ事実アランカ。祖先墳墓ノ地ト雖モ、猶、弊履《やぶれぞうり》捨ルカ如ク、接武シテ移住スルニ至ルヘシ。此ニ於テカ北海道ノ開拓振起シ、我富源ノ実挙リ、真ニ我日本ノ金庫タル名称ヲシテ、空シカラシメサルヲ得ヘキ也。

阪本と片岡は「移民ヲシテ護国ノ精神ヲ発揚振起シ、以テ敵愾心ヲ旺盛ナラシムルノ宗教ハ、思フニ仏教ニ如クモノナカルヘシ」といった上で、仏教とは、「一致団結」の精神性、神経衰弱の予防性、社会事業上の救済性において、いかに優れているかを列挙してみせたのである。

その上で、章末にいたり、この仏教の至上性を仏教者に呼びかける。「北海道開拓」への参画は護法護国の精神にかなうものである。そしてまた北海道の開拓が振起すれば、わが国の「富源ノ実」もあがり北海道がまさしく「我日本ノ金庫」となるのだ、と。

『北海道宗教殖民論』はまさしく、宗教の中でも仏教によって精神を完全武装した宗教移民にもとづいてこそ、遅々として発展をみせない北海道開拓も初めて達成されると説いた「宗教殖民」論あった。北海道を舞台に誕生したこの『北海道宗教殖民論』こそ、北方地域における「開拓と開教」をセットにして展開した殖民論である。

むすびに代えて

ここに、前近代人の眼からみた「北方地域の開拓」に関するメッセージがある。それは他でもなく、『海国兵談』で知られる林子平（一七三八〜九三）の『三国通覧図説』の一説である。そこには小稿が既述した「北方地域の開拓と宗教」のなかの「開拓のあり様」について論評が吐露されている。少し冗長となるが紹介しよう。

天平宝字ノ頃迄、奥羽ノ両州ハ王化ニ服セサリシ国也。然ル故ニ京家ニテハ奥羽ノ人ヲハ真ノ蝦夷と心得テ外国人ニ等キアツカイナリキ。此故ニ東征ノ役止コトナカリシ也。天平宝字ノ頃、恵美朝揭等漸ク桃生郡ノ辺マテ切従ヘテ鎮府ヲ宮城郡ニ造営シテ蝦夷ノ押トセラレタリ。其比、石碑ヲ城門ノ前ニ建テ去蝦夷国界一百二十里ト記シテ今ノ桃生郡ノ辺ヨリ南ヲ日本ノ地トシ北ヲ夷地ト定メラレタリ。是古ノ蝦夷国界也。其ヨリ四十余年ノ後、桓武帝ノ延暦中ニ征東将軍坂上大宿禰田村麿、大ニ征伐シテ終ニ多賀城ヨリ、小道八百四十里、今道一百四十里北ノ方、南部ノ大間、津軽ノ外ガ浜迄、服従セシメテ海ヨリ南ヲ日本ノ地トシ北ヲ夷地ト定メラレタリ。是中コロノ蝦夷国界也。又其後六百七十余年ヲ経テ、後花園帝ノ嘉吉三年（一四四三）、武田太郎源信広、海ヲ越テ蝦夷国へ乱入シ、終ニ地ヲ得コト小道四百二十里、今道七十里、是即チ今ノ松前也。此松前ノ北ノ限リヲ熊石ト云、多賀城ヨリ熊石マテ小道一千三百二十里、今道二百二十里也。是今ノ蝦夷国界ニシテ日本風土ノ限リトスル也。

林子平は「夷」と日本人の住む境界を「蝦夷国界」と捉えて、その「蝦夷国界」が「古」→「中コロ」→「今」と、年代とともに北へ北へと北進すると伝えている。

桃生郡を「古ノ蝦夷国界」とする古代律令国家は、それを坂上田村麻呂の征夷事業を通して、外浜を境とする「中コロノ蝦夷国界」とした。和人の本格的渡道をみた一五世紀から江戸時代にかけて、北海道の南部は松前・江差の和人地形成により、熊石の境を「今ノ蝦夷国界」とするにいたる。(22)

この「蝦夷国界」の北進は文字通り、北方地域における和人の開拓そのものの歴史に他ならない。小稿はこの開拓の歩みを浄土真宗を中心にしながら仏教の布教＝「開教」とセットで跡づけてきた。

そこから明らかになったことは次の諸点である。一つに「みちのく」における酒田の浄福寺、油川の法源寺と円明寺の開教には、蓮如を中心とした本願寺教団の北方伝道の戦略が存在したこと。二つに、この「みちのく」における本願寺の伝道に先んじて北方布教の魁となったのは夷島の浄願寺であったこと、そしてこの浄願寺は秋田土崎湊に移住したあとも「夷島浄願寺」として本願寺教団の北方伝道の中継ぎ寺院として君臨していたこと。三つに、浄願寺の移住後における夷島の浄土真宗を担ったのも、やはり本願寺教団の北方伝道の一翼として建立された夷島の専念寺であり、この専念寺は津軽海峡をまたいで、浪岡の玄徳寺の創建にも関わるなど広域なネットワークを形成していたことを垣間見た。

四つに、夷島の専念寺は時の政治権力の中枢を占めていた蠣崎政権とも密接な「政教一如」の絆を築いており、この絆はそのまま近世の松前藩政にも継承された。その結果、専念寺は東本願寺の北方有力寺院として、西本願寺の布教進出を全面拒絶する強固にして独占的な伝道方針を貫き通した。

そして、五つに、近代の神仏分離政策により一時、「冬の時代」を余儀なくされた専念寺と東本願寺も明治三年の北海道開拓と一体となった「本願寺街道」の開削という一大事業を媒体に、再び東本願寺教団の仏教力を顕示してみせた。この東本願寺による先導的な北海道開教に対して、西本願寺がようやく一矢を報いたのは、明治二五年の『北海道宗教殖民論』の提唱においてであった。

今日の北海道仏教寺院の約半分に近い四六%を浄土真宗が占め、文字通り「真宗王国」を形成している現実をみるにつけ、その原点は一五世紀を中心にした本願寺教団による「中世的殖民」政策にあったことを改めて確認する。この中世的原点をより現実の開拓と開教の中に展開したのが近世と近代の松前専念寺の布教的伝道であった。とりわけ、明治期の東本願寺による「本願寺街道」の開削と西本願寺の『北海道宗教殖民論』の提唱は、浄土真宗をして北海道における「真宗王国」たらしめたことを再確認して小稿を閉じたいと思う。

(1)『北海道宗教大鑑』(広報、一九六四年)。
(2)拙稿「外浜の宗教世界」(青森市史編纂室編『新青森市史』通史編第一巻、原始・古代・中世、二〇一一年)。
(3)『新青森市史』資料編2、古代・中世(二〇〇五年)。
(4)『私聚百因縁集』(古典文庫)。
(5)前掲註(3)書。
(6)豊田武編『東北の歴史』上(吉川弘文館、一九六七年)。
(7)「種々御振舞御書」(立正大学日蓮教学研究所編『昭和定本　日蓮聖人遺文』、一九五三年)。
(8)「三三蔵祈雨事」(前掲註7『昭和定本　日蓮聖人遺文』)。
(9)拙著『中世仏教と鎌倉幕府』(吉川弘文館、一九九七年)。
(10)新編弘前市史編纂委員会編『新編弘前市史』資料編1古代・中世編(一九九六年)。
(11)『證如上人日記』天文一五年七月廿三日条。
(12)「篠葦山浄福寺由緒記」(酒田浄福寺所蔵)。
(13)「法源寺由緒書」(法源寺所蔵原本)。
(14)「法涼山円明寺起」(弘前市立図書館所蔵、「八木橋文庫」)。
(15)『北海道寺院沿革史』(時習館、一八九四年)。
(16)『新撰陸奥国誌』(みちのく叢書11、国書刊行会、一九六八年)。
(17)同右。
(18)前掲註(15)に同じ。
(19)「法源寺公宗用記録」(『松前町史』史料編　第一巻、一九七四年)。
(20)拙著『北海道仏教史の研究』(北海道大学出版会、二〇〇四年)。
(21)『北海道宗教植民論』(文求堂、一九八二年)
(22)拙著『アイヌと「日本」——民族と宗教の北方史——』(山川出版社、二〇〇一年)。

今井雅晴先生履歴年譜

昭和17年（1942）8月3日　東京生

〔学　歴〕

昭和44年（1969）4月　東京教育大学大学院文学研究科修士課程日本史学専攻入学

昭和48年（1973）3月　同右修了

4月　東京教育大学大学院文学研究科博士課程日本史学専攻入学

昭和52年（1977）3月　同右修了、文学博士の学位を授与される

学位論文名「時宗成立史の研究」

〔職　歴〕

昭和52年（1977）4月　茨城大学人文学部助教授就任

昭和61年（1986）10月　茨城大学人文学部教授昇任

昭和63年（1988）3月　アメリカ・テンプル大学客員研究員（文部省在外研究員）　～昭和63年8月

平成4年（1992）3月　中国・北京日本学研究センター客員教授　～平成4年7月

5月　中国・清華大学を訪問

6月　中国・天津社会科学院にて講演

同月　中国・北京大学を訪問
9月　アメリカ・プリンストン大学客員教授　~平成5年1月
同月　アメリカ・フィラデルフィア美術館客員研究員　~平成5年8月
10月　アメリカ・コロンビア大学にて講演
平成5年（1993）2月　アメリカ・プリンストン大学客員研究員　~平成5年3月
同月　アメリカ・ペンシルヴァニア大学にて講演
3月　アメリカ・ハーヴァード大学にて講演
平成6年（1994）3月　アメリカ・プリンストン大学にて講演
平成8年（1996）2月　アメリカ・プリンストン大学にて講演
3月　アメリカ・ヴァージニア大学、同コロンビア大学、同ペンシルヴァニア大学、同ハワイ大学を訪問
同月　中国・清華大学を訪問
4月　筑波大学歴史・人類学系教授転任
10月　アメリカ・コロンビア大学、同プリンストン大学、同ペンシルヴァニア大学で講演
平成9年（1997）3月　スロヴェニア・リュブリャーナ大学にて講演
同月　ドイツ・ルール大学、同ケルン大学を訪問
8月　アメリカ・コロンビア大学、同プリンストン大学、同ハーヴァード大学、同ペンシルヴァニア大学、同ハワイ大学を訪問
平成10年（1998）3月　アメリカ・スタンフォード大学にて講演

平成11年（1999）8月　カナダ・ブリティッシュ＝コロンビア大学を訪問
3月　スロヴェニア・リュブリャーナ大学客員教授
同月　オーストリア・ウイーン大学を訪問
同月　ドイツ・ケルン大学を訪問
8月　アメリカ・ハワイ大学を訪問
平成12年（2000）4月　筑波大学大学院歴史・人類学研究科長併任　〜平成13年3月
9月　アメリカ・コロンビア大学客員教授　〜平成12年11月
同月　アメリカ・プリンストン大学にて講演
10月　アメリカ・イリノイ大学、ミシガン大学にて講演
11月　アメリカ・カリフォルニア大学サンタ・バーバラ校、同カリフォルニア大学バークレー校、同ハーヴァード大学、同イェール大学にて講演
平成13年（2001）4月　筑波大学第二学群日本語・日本文化学類長併任　〜平成18年3月
8月　ドイツ・ケルン大学を訪問
平成14年（2002）5月　トルコ・ボアジチ大学を訪問
9月　アメリカ・プリンストン大学にて講演
10月　アメリカ・コロンビア大学にて開催された神道国際学会で発表
同月　アメリカ・ペンシルヴァニア大学にて講演
平成15年（2003）10月　フランス・リヨン第三大学を訪問
平成16年（2004）7月　中国・大連大学にて開催の「日本・言語文化研究国際フォーラム」にて講演

4月　筑波大学大学院人文社会科学研究科（歴史・人類学専攻）教授移行（国立大学の法人化に係る筑波大学の改組による）

平成17年（2005）7月　中国・大連大学にて開催の「大連の筑波大学」にて講演

同月　中国・大連民族学院にて開催の「中日対訳と異文化コミュニケーション」にて講演

12月　台湾・国立政治大学で開催の「日本語教育と日本文化研究」国際シンポジウム及び「東北アジア文化講座」で講演

平成18年（2006）3月　筑波大学を定年退職

4月　筑波大学国際交流アドヴァイザー就任　～平成19年8月

5月　スロヴェニア・リュブリヤーナ大学にて講演

6月　韓国・清州大学で開催の日本語教育学会にて講演

同月　韓国・教員大学にて講演

10月　東京・西新橋に真宗文化センターを設立、所長に就任

平成19年（2007）2月　台湾・政治大学客員教授　～平成19年3月

9月　ウズベキスタン・タシケント国立東洋学大学客員教授　～平成19年10月

同月　ウズベキスタン・サマルカンド外国語大学にて講演

10月　ウズベキスタン・世界経済外交大学にて講演

平成20年（2008）3月　オーストラリア・シドニー大学にて講演

4月　真宗大谷派・宗宝宗史蹟保存会委員　～現在

4月　台湾国立政治大学客員教授　～平成20年5月

平成22年（２０１０）5月　台湾・台湾大学にて開催された東アジア文化交渉学会にて発表
同月　台湾・政治大学にて講演
7月　台湾・政治大学にて開催の二〇一〇世界日本語教育大会にて発表
9月　浄土真宗本願寺派・中央仏教学院（通信教育）講師　～現在
10月　エジプト・アインシャムス大学客員教授　平成22年～12月
11月　エジプト・カイロ日本文化センターにて講演
平成23年（２０１１）4月　エジプト・アインシャムス大学客員教授
4月　エジプト・カイロ日本文化センターにて講演
10月　エジプト・アインシャムス大学客員教授　平成23年～11月
10月・11月　エジプト・カイロ日本文化センターにて講演

今井雅晴先生業績目録

昭和48年（1973）8月「房総地方における時宗教団の展開」『千葉県の歴史』第八号（千葉県）
昭和49年（1974）5月「時宗と地蔵信仰」『日本文化史学への提言』（弘文堂）
同月「日蓮・一遍および叡尊」『日蓮宗の諸問題』（雄山閣）
8月「藤沢清浄光寺『薄念仏会』考」『時宗研究』第六五号（時宗文化研究所）
昭和50年（1975）10月「一遍智真の遺戒の教団史的異義」『仏教民俗研究』第二号（仏教民俗研究会）
昭和51年（1976）1月「初期時衆の発展と宿について」『古代中世の社会と民族』（弘文堂）
2月「道鏡」「道真」「一遍」『日本宗教史の謎』上（佼成出版社）
同月「南北朝初期における小早川氏の信仰」『瀬戸内海地域の宗教と文化』（雄山閣出版）
3月『日本名僧辞典』（共著、東京堂出版）
6月「初期時衆における知識帰命について」『日本仏教』第三七号（日本仏教研究会）
9月「一遍智真の参籠」『仏教民族研究』第三号
12月「一遍智真の鎌倉入りの意義」『地方史研究』第一四四号（地方史研究協議会）
昭和52年（1977）8月「一遍智真と捨身往生」『日本仏教史学』第一二号（日本仏教史学会）
昭和53年（1978）5月「一遍『真縁上人御返事』の再検討」『時衆研究』第七六号

7月「一遍智真の善光寺参籠の意義」『日本宗教の複合的構造』（弘文堂）
11月「時宗における宗観念の展開」『日本仏教』第四六号
同月「西山証空の名号観と一遍智真」『浄土宗の諸問題』（雄山閣出版）
12月「鎌倉仏教と戒」『仏教史学研究』第二一巻第二号（仏教史学会）
同月「時宗文書にみる『藤沢』」『藤沢市史研究』第一三号（神奈川県藤沢市）

昭和54年（1979）3月「法燈国師伝説考」『禅宗の諸問題』（雄山閣出版）
同月「一遍上人の熊野参籠」『時宗教学年報』第七号（時宗教学研究所）
同月「水戸神応寺と時宗・遊行三十一第他阿普光」『茨城県史研究』第四〇号（茨城県）

昭和55年（1980）5月「弘安七年夏の京都における一遍」『日本文化史研究』（笠間書院）
6月「初期時宗教団の一考察」『三浦古文化研究』第二七号（三浦古文化研究会）
12月「清浄光寺蔵『佐竹義久判物』考」『藤沢史研究』第一四号
同月「東国仏教に関する覚書」『仏教の歴史と文化』（同朋舎）

昭和56年（1981）3月「佐竹氏と時宗教団」『茨城県史研究』第四六号
7月「絵巻物の史料的価値」『日本人の宗教の歩み』（大学教育社）
8月『時宗成立史の研究』（吉川弘文館）
10月「瀬戸内海と初期時宗集団」『地方史研究』第一七三号

昭和57年（1982）2月『日本名僧論集　重源・叡尊・忍性』（共編著、吉川弘文館）
12月「時宗「解意派」に関する考察」『仏教史学研究』第二五巻第一号

昭和58年（1983）2月「遊行五代他阿弥陀仏安国について」『藤沢市史研究』第一六号

3月「戦国時代の岡本氏」『大子町史研究』第一一号（茨城県大子町）
同月「金沢文庫本『播州法語集』に関する考察」『茨城大学人文学部紀要〈人文科学論集〉』第一六号（茨城大学人文学部）
同月「踊り念仏の板碑」『時衆研究』第九五号
5月「託何『条条行儀法則』について」『時衆研究』第九六号
8月「踊り念仏の板碑・補論」『時衆研究』第九七号
同月「中世時宗史研究の動向」『日本仏教』第五八号
10月「瀬戸内海地域と初期時宗教団」『瀬戸内社会の形成――海と生活』（雄山閣出版）
同月「常陸国畑田氏の氏寺について」『史学通信』第九号（茨城大学人文学部史学教室）
同月「庶民仏教の元祖」『庶民と歩んだ僧』日本人の仏教8（東京書籍）
同月「古寺への訪れ」『寺院の歴史と伝統』日本人の仏教9（東京書籍）
同月「仏像と信仰」『常陽芸文』第七九号（常陽芸文センター）
11月「踊り念仏と一遍に関する二、三の問題」『日本仏教史学』第一八号
昭和59年（1984）2月「宗教史史料としての『一遍聖絵』」『時衆研究』第九九号
同月「遊行七代他阿弥陀仏托何『東西作用抄』について」『時宗教学年報』第一二号
3月「一遍『六字無生死』の板碑」『藤沢市史研究』第一七号
同月「中世における陣僧の系譜」『茨城大学人文学部紀要〈人文科学論文集〉』第一七号
同月「戦国時代の岡本氏・補論」『大子町史研究』第一二号
11月『日本仏教史論集　一遍上人と時宗』（共編著、吉川弘文館）

昭和60年（1985）3月「遊行十二代尊観法親王伝説考」『江戸の芸能と文化』（吉川弘文館）
12月「『二十四輩規格』（那珂郡那珂町阿弥陀寺蔵）について」『茨城県史研究』第五三号

7月「平安後期の聖と仏像」『歴史公論』第一一六号（雄山閣出版）
10月「一遍の活動と思想の展開」『時宗史研究』第一号（時宗史研究会）
同月「中世史における時宗の役割」『遊行の美術』（特別展図録、神奈川県立博物館）
11月『中世社会と時宗の研究』（吉川弘文館）
12月「『関東往還記』及び同前記」『日本仏教史学』第二〇号
同月「特別展「遊行の美術」に寄せて」『神奈川県立博物館だより』第一八巻第二号

昭和61年（1986）1月　解説・柳宗悦著『南無阿弥陀仏』（岩波文庫）
3月「性信坊関係史料」『茨城大学人文学部紀要〈人文科学論集〉』第一九号
同月『茨城県史・中世編』（共著、茨城県）
5月「遊行の宗教者」『大系　仏教と日本人　遊行と漂泊』（春秋社）
6月「佐竹氏と仏教」『常陽芸文』第四九号
7月『瓜連町史』（共著、茨城県瓜連町）
8月「遊行上人と物詣」『論集・日本仏教史5　室町時代』（雄山閣出版）
11月「北条時政の信仰（上）」『仏教史学研究』第二九巻第二号

昭和62年（1987）1月「茨城の禅宗」を『茨城新聞』に連載（～一九八八年五月、全四四回）
4月「横曾根報恩寺の成立と性信・證智」『地方史研究』第二〇六号
同月「アメリカに渡った清音寺の仏像と山門」を『茨城新聞』に連載（全一一回）

同月「続・性信坊関係史料」『茨城大学人文学部紀要〈人文科学論集〉』第二〇号
5月「北条時政の信仰(下)」『仏教史学研究』第三〇巻第一号
同月「近世の遊行回国」『時宗史研究』第二号
6月「北条政子と栄西」『三浦古文化研究』第四一号
7月「前橋妙安寺所蔵の坂東報恩寺関係文書」『古文書研究』第二七号(日本古文書学会)
同月「妙安寺と報恩寺」『妙安寺一谷山記録・寺宝』(群馬県前橋市)
8月「初期時宗教団と伊勢神宮」『地方史研究』第二〇八号
10月「戦国時代の横曾根報恩寺と證了」『茨城県史研究』第五九号
昭和63年(1988)3月「続々・性信坊関係史料」『茨城大学人文学部紀要〈人文科学論集〉』第二一号
6月「親鸞と関東教団」『真宗重宝聚英　第四巻』(同朋舎)
9月「戦国時代の時宗と芸能」『論集・日本仏教史6　戦国時代』(雄山閣出版)
10月「善鸞と初期真宗教団」『日本宗教における正統と異端』(弘文堂)
平成元年(1989)3月「アメリカの一遍上人研究と『遊行上人縁起絵』」『時宗教学年報』第一七号
6月「続・茨城の禅宗」を『茨城新聞』に連載(~一九九〇年五月、全四三回)
7月「大和田重清日記にみる文禄二年の時衆」『常総の歴史』第四号(崙書房)
9月『一遍辞典』(編著)(東京堂出版)
10月「報恩寺蓮宗に関する考察」『仏教史学研究』第三二巻二号
同月「中世の時宗教団と伊勢国」『三重――その歴史と交流』(雄山閣出版)
11月「近世初期の坂東報恩寺」『日本の宗教と文化』(同朋舎)

平成2年（1990）

同月「アメリカに渡った常北町・清音寺の仏像と山門（上）」『茨城県史研究』第六三号

1月「北条義時と寺社および大蔵薬師堂の草創（上）」『鎌倉』第六三号（鎌倉文化研究会）

3月「フィラデルフィア美術館の日本禅画」『日本仏教史学』第二四号

同月『茨城県史料・中世Ⅲ』（共著、茨城県）

同月『友部町史』（共著、茨城県友部町）

同月『小栗氏と小栗伝説』（共著、茨城県協和町）

同月「アメリカに渡った常北町・清音寺の仏像と山門（下）」『茨城県史研究』第六四号

5月「北条義時と寺社および大蔵薬師堂の草創（下）」『鎌倉』第六四号

6月『親鸞再発見』（共著、草求舎）

11月「鎌倉の佐竹氏」『三浦古文化研究』第四八号

平成3年（1991）

3月「フィラデルフィア美術館の懸仏」『日本仏教史学』第二五号

同月「親鸞と順信および無量寿寺の成立」『鉾田町史研究・七瀬』第一号（茨城県鉾田町）

同月『茨城県史料・中世編Ⅳ』（共著、茨城県）

10月「常陸大山の親鸞と真宗門徒」『茨城県史研究』第六七号

同月「平頼綱とその周辺の信仰」『仏教史学研究』第三四巻第二号

11月『鎌倉新仏教の研究』（吉川弘文館）

平成4年（1992）

3月「鹿島門徒の展開と無量寿寺」『鉾田町史研究・七瀬』第二号

6月『中世を生きた日本人』（学生社）

9月「関東における親鸞の足跡」『親鸞と蓮如』（朝日新聞社）

平成5年（1993）3月『美和村史』（共著、茨城県美和村）

同月『協和町史』（共著、茨城県協和町）

同月「横曾根門徒の盛衰」『宗教』第三一巻一一号（教育新潮社）

6月「時房流北条氏と時衆」『鎌倉時代における文化伝播の研究』（吉川弘文館）

平成6年（1994）3月「美術館とボランティア――フィラデルフィア美術館を訪ねて――」を『茨城新聞』に連載（全二回）

同月『捨遺古徳伝絵』（茨城県鉾田町）

9月「親鸞とその家族」を『茨城新聞』に連載（～一九九六年一〇月、全五〇回）

平成7年（1995）2月「一遍と妻　法然と恋人」『大乗仏典』月報二八

4月「書評・追塩千尋著『中世の南都仏教』」『週刊読書人』第二〇七九号（読書人）

6月『如信上人』（真宗大谷派東京教務所）

11月『日本の奇僧・快僧』（講談社現代新書）

同月「遊行の誕生」「一遍上人の遊行と一向俊聖」『時衆の美術と文芸――遊行聖の世界――』（山梨県立美術館等の特別展図録、東京美術）

同月「新しい救いを説く僧たち」『図説　茨城県の歴史』（河出書房新社）

平成8年（1996）2月『日本史A――現代からの日本史――』（高等学校日本史教科書、共著、東京書籍）

4月「ハワイを訪ねて」を『茨城新聞』に連載（全二回）

8月「法兄養叟宗頤」「森女」『国文学　解釈と鑑賞』「特集■風狂の僧・一休――その実像と虚像」第六一巻第八号

平成9年(1997)3月　『茨城の禅宗』(筑波書林)
6月　『茨城県の歴史』(共著、山川出版社)
7月　『親鸞　絶望を希望に変えた思想』(日本実業出版社)
9月　「親鸞の家族の信仰」『日本歴史』第五九二号(吉川弘文館)
同月　「下剋上と蓮如の同朋思想」『産経新聞』(九月七日号)
11月　「一遍――放浪する時衆の祖」(三省堂)
12月　「善鸞と浄土真宗(上)」『年報日本史叢』一九九七(筑波大学歴史・人類学系)
平成10年(1998)2月　「鎌倉時代の浄土真宗と時衆」『蓮如上人研究　教義篇Ⅰ』(永田文昌堂)
同月　「蓮如と北関東の浄土真宗」『講座　蓮如』第六巻(平凡社)
3月　「関東教団の木像本尊」『教学研究所紀要』第六号(浄土真宗教学研究所)
5月　「蓮如と宗教勢力の和と抗争の軌跡」『鉄人蓮如』(世界文化社)
7月　「寺院の形態と性格」「鎌倉幕府の仏教政策」「室町幕府の仏教政策」「金閣・銀閣の創建と文化」『日本仏教史　中世』(吉川弘文館)
8月　『親鸞とその家族』(自照社出版)
9月　「書評・佐藤弘夫著『神・仏・王権の中世』」『史境』第三七号
10月　「猿島門徒と妙安寺」『茨城県史研究』第八一号
12月　「善鸞と浄土真宗(中)――恵信尼の出自・信仰と信連房の信仰――」『年報日本史叢』一九九八(筑波大学歴史・人類学系)
平成11年(1999)3月　『捨聖　一遍』(吉川弘文館)

同月『親鸞と東国門徒』（吉川弘文館）
5月「親鸞はどのように継承されたか　覚如・直系子孫の本願寺教団形成」『AREA Mook
親鸞がわかる』（朝日新聞社）
同月「一遍　人びとを惹きつける念仏聖」『国文学　解釈と鑑賞』「特集　中世文学（鎌倉期）
にみる人間像」第六四巻第五号（至文堂）
8月『アメリカに渡った仏教美術』（自照社出版）
同月『親鸞と本願寺一族』（雄山閣出版）
11月『親鸞面授の人々』（共編著）（自照社出版）

平成12年（2000）3月「西行の和歌と〝捨てる〟思想」『駒沢大学仏教文学研究』第三号（駒澤大学仏教文化研
究所）
4月「西行と一遍の『捨てる』思想」『心』（武蔵野女子大学）
7月『親鸞と蓮如の世界』（筑波書林）
同月『スロベニア・リュブリャーナ大学の日本研究専攻』（編著、筑波大学日本語・日本文化
学類）
12月「唯善と初期浄土真宗」『年報日本史叢』二〇〇〇（筑波大学歴史・人類学系）

平成13年（2001）3月「初期浄土真宗と東国門徒」『真宗学』第一〇四号（真宗学会）
3月『岩井市史　通史編』（茨城県岩井市）
4月『ニューヨーク・コロンビア大学の日本研究』（編著、筑波大学日本語・日本文化学類）
11月「恵信尼の下妻での夢に関する考察」『千葉乗隆博士傘寿記念論集』（法藏館）

12月「仏教と神道の共存――中世の巫女・遊女・尼の役割から考える――」『年報日本史叢』二〇〇一（筑波大学歴史・人類学系）

平成14年（2002）2月『日本の宗教と芸能』（筑波大学日本語・日本文化学類）

3月「如信の子と孫の活動――初期浄土真宗史の一側面――」『日本文化研究』第一三号（筑波大学大学院博士課程日本文化研究学際カリキュラム）

同月「覚如と唯円と初期浄土真宗」『歴史人類』第三〇号（筑波大学歴史・人類学系）

同月「鎌倉時代の信仰をめぐる破壊と創造」『自然・人間・文化――破壊の諸相――』（筑波大学大学院人文社会科学研究科歴史・人類学専攻）

同月「越後における晩年の恵信尼」『史境』第四四号（歴史人類学会）

同月『日本の歴史概論――国際交流の観点から――』（筑波大学日本語・日本文化学類）

7月『親鸞の家族と門弟』（法藏館）

同月『スロベニア・リュブリャーナ大学と筑波大学――大学間交流協定の成果――一九九七年～二〇〇二年』（編著、筑波大学日本語・日本文化学類）

同月『中世仏教の展開とその基盤』（編著、大蔵出版）

9月『イスタンブール・ボアジチ大学の日本語講座』（編著、筑波大学日本語・日本文化学類）

12月「戦国時代の神と仏――唯一絶対の神（仏）の到来――」『年報日本史叢』筑波大学歴史・人類学系）

同月「北野神社について」『筑波大学附属図書館特別展「学問の神」をささえた人びと――

北野天満宮の文書と記録――』（筑波大学附属図書館）

平成15年（2003）1月『鎌倉時代の人物群像』（筑波大学日本語・日本文化学類）

3月「浄土真宗史における父と息子」『歴史人類』第三一号（筑波大学歴史・人類学系）

同月「二十四輩とゆかりの寺々」第一回『自照同人』第一五号（連載 ～第五一号・第三六回）

同月「日米文化交流史の一研究――フィラデルフィアを舞台として――」『日本文化研究』第一四号

同月「曾根の性信」『東国初期真宗研究』第一号（東国初期真宗研究会）

同月『一遍と中世の時衆』（大蔵出版）

同月『日本文化と国際交流』（編著、筑波大学日本語・日本文化学類）

7月『日本語・日本文化学類教員の外国研究と教育』（編著、筑波大学日本語・日本文化学類）

同月『親鸞と浄土真宗』（吉川弘文館）

9月「親鸞の信仰と家族――妻恵信尼・息子善鸞」『信道講座』第八四号（真宗大谷派名古屋別院）

10月『日本文化と神道』（編著、筑波大学日本語・日本文化学類）

同月『世界の日本語教育――日本語・日本文化学類出身者の活躍――』（編著、筑波大学日本語・日本文化学類）

同月『日本語教育と国際交流』（編著、筑波大学日本語・日本文化学類）

11月「東国の親鸞と二十四輩」『親鸞』（週刊朝日百科・仏教を歩く五、朝日新聞社）

平成16年（2004）1月「『一遍聖絵』第四巻第一段の「狂惑」についての再検討」『日本浄土教の形成と展開』（法藏館）

同月「一遍のことば」「代々の「遊行上人」が発展させた時宗」『一遍』（週刊朝日百科・仏教を歩く一二、朝日新聞社）

同月「親鸞聖人「六角堂の夢告」について――平安・鎌倉時代の社会から考える――」『顕真館公開講演集』（りゅうこくブックス一〇四特別号、龍谷大学宗教部）

2月『フランス・リヨン第三大学の日本研究』（編著、筑波大学日本語・日本文化学類）

3月『室町時代の人物群像』（筑波大学日本語・日本文化学類）

同月『遊行の捨聖　一遍』（編著、吉川弘文館）

同月「親鸞と性信――板倉町宝福寺の性信上人座像をめぐって――」『文化財調査研究誌・波動』第八号（群馬県板倉町教育委員会）

6月「二九歳の親鸞聖人――六角堂参籠・法然上人・恵信尼公――」『真宗教学研究』第二五号（真宗教学学会）

同月「歎異抄の唯円」『信道講座』第九六号

同月「一遍と女性」『国文学　解釈と鑑賞』「特集■女性と仏教」第六九巻六号

8月『親鸞と恵信尼』自照社出版

11月『対訳―世界の文化と日本　I』（編著、筑波大学日本語・日本文化学類）

12月「親鸞と九条家領常陸国小鶴荘」『年報日本史叢』二〇〇四（筑波大学人文科学研究科）

同月『中国・大連と日本研究』（編著、筑波大学日本語・日本文化学類）
平成17年（2005）2月「特論Ⅰ　越後の親鸞と恵信尼」『上越市史　通史編2　中世』（新潟県上越市）
同月「書評・市川浩史著『日本中世の歴史意識』」『週刊読書人』第二五七五号
3月『続・日本の宗教と芸能』（編著、筑波大学日本語・日本文化学類）
同月『対訳―世界の文化と日本　Ⅱ』（編著、筑波大学日本語・日本文化学類）
同月『筑波大学第二学群日本語・日本文化学類開設二十周年記念シンポジウム「発信」――日本語・日本文化学類教育の展望』（編著、筑波大学日本語・日本文化学類）
同月『奥羽地方における宗教勢力展開過程の研究』（研究代表者、平成一二年度～平成一五年度科学研究費補助金〈基盤研究（B）（2）〉研究成果報告書）
6月「日本語・日本文化学類の国際交流」『筑波フォーラム』第七〇号（筑波大学）
同月「親鸞聖人と東国門弟」『名古屋教学』第一四号（真宗尾張同学会）
9月「『歎異抄』の悪人正機説をめぐって」『史境』第五一号（歴史人類学会）
11月『中国大連の筑波大学――日本語・日本文化学類の出張講義――』世界の中の筑波大学Ⅰ（編著、筑波大学日本語・日本文化学類）
12月「わが心の『歎異抄』」①『同朋』第五七巻第一〇号（連載　～第五八巻第三号・⑥、真宗大谷派出版部）
同月「親鸞聖人と悪人正機説」『なごや　ごぼう』第四七四号（真宗大谷派名古屋別院）
平成18年（2006）1月『関東における親鸞聖人（上）』（真宗大谷派東京教務所長）
2月『対訳―世界の文化と日本　Ⅲ』（編著、筑波大学日本語・日本文化学類）

3月『スロベニア・リュブリャーナ大学の筑波大学――日本語・日本文化学類の出張講義――』世界の中の筑波大学Ⅱ（編著、筑波大学日本語・日本文化学類）
11月「『教行信証』紀行　執筆の足跡を訪ねて」『親鸞聖人と『教行信証』の世界』（法藏館）
12月「筑波山の信仰と文化」『シンポジウム筑波山ルネッサンス』（筑波大学人文社会科学研究科）

平成19年（2007）1月「親鸞聖人ものがたり」第一回『同朋新聞』第六〇〇号（連載　～第六三六号・第三六回まで。真宗大谷派宗務所）
同月『関東における親鸞聖人（中）』（真宗大谷派東京教務所長）
4月「親鸞の手紙に出る地名　第一回　笠間」『親鸞の水脈』創刊号（真宗文化センター）
5月「現代における文化財の役割」（茨城県文化財保護協会）
7月『わが心の歎異抄』（東本願寺出版部）
9月「親鸞聖人歴史紀行」第一回『安穏』創刊号（連載　年二回刊行　～第一〇号・第一〇回まで。浄土真宗本願寺派）
10月「親鸞の手紙に出る地名　第二回　北の郡（こおり）」『親鸞の水脈』第二号（真宗文化センター）
同月「親鸞と高田」『親鸞の水脈』第二号（真宗文化センター）
11月『恵信尼消息に学ぶ』（東本願寺出版部）
12月「史実と伝承の聖人像」『史実と伝承の聖人像』（教学伝道研究センターブックレット一五　教学シンポジウム記録・親鸞聖人の世界（第一回）、浄土真宗教学伝道センタ

同月 「聖典ゆかりの土地と人々～親鸞聖人関東教化の足跡～」① 『季刊せいてん』第八一号（連載　～第九三号・一三　浄土真宗本願寺派教学伝道研究センター）

同月 『日本文化の歴史――対訳：日本語・ロシア語――』（ウズベキスタン・タシケント国立東洋学大学日本語講座、筑波大学中央アジア国際連携センター）

平成20年（2008）1月 『関東における親鸞聖人（下）』（真宗大谷派東京教務所長）

2月 「『歎異抄』とその時代」『大法輪』第七二巻第二号（大法輪閣）

3月 『日本文化の歴史――対訳：日本語・ロシア語――』を国際協力機構（JICA）の資金助成にて再版

4月 『親鸞と如信』（自照社出版）

同月 「中央アジア・ウズベキスタンの極楽浄土」『親鸞の水脈』第三号（真宗文化センター）

同月 「親鸞の手紙に出る地名　第三回　鹿島」『親鸞の水脈』第三号（真宗文化センター）

6月 『茨城と親鸞』（茨城新聞社）

7月 『親鸞聖人と東国の人々』（公開講演会講義録一四、札幌市大谷派寺院連盟）

10月 「台湾・台北の東本願寺跡」『親鸞の水脈』第四号（真宗文化センター）

同月 「親鸞の手紙に出る地名　第四回　なめかた（行方）」『親鸞の水脈』第四号（真宗文化センター）

平成21年（2009）3月 「関東の親鸞聖人と山伏弁円」『中央仏教学院紀要』第一九・二〇合併号

同月 「親鸞をめぐる人々」第一回 『自照同人』第五〇号（連載　～第六七号・第一八回）

同月「五箇山の親鸞座像（富山県南砺市・称名寺蔵）」『親鸞の水脈』第五号（真宗文化センター）

同月「台湾・台北の西本願寺跡」『親鸞の水脈』第五号（真宗文化センター）

同月「親鸞の手紙に出る地名　第五回　常陸国」『親鸞の水脈』第五号（真宗文化センター）

4月『四十二歳の親鸞――越後出発から関東への道――』「関東の親鸞シリーズ」①、真宗文化センター）

5月「関東での布教」『親鸞』（別冊太陽「親鸞聖人七百五十回大遠忌記念」、平凡社）

同月「わたしと親鸞」『中国新聞　五月一日』

6月『現代日本の文化と社会――対訳：日本語・ロシア語――』（ウズベキスタン・タシケント国立東洋学大学日本語講座、筑波大学中央アジア国際連携センター

7月「関東の親鸞聖人――その生活と信仰――」『京都女子大学宗教・文化研究所だより』第四九号（京都女子大学宗教・文化研究所）

9月「筑波山の麓に伝わる親鸞絵伝（茨城県つくば市常福寺蔵）」『親鸞の水脈』第六号（真宗文化センター）

同月「中国・大連の東本願寺跡」『親鸞の水脈』第六号（真宗文化センター）

同月「親鸞の手紙に出る地名　第六回　奥郡」『親鸞の水脈』第七号（真宗文化センター）

同月「よきひとの仰せ」『ひだご坊』第二四二号（真宗大谷派高山教務所）

10月「親鸞と唯円（上）」『南御堂』第五六六号（真宗大谷派難波別院）

同月『親鸞聖人と東国の人々』（「歴史を知り、親鸞を知る」❶、自照社出版）

同月　『四十二歳の親鸞・続――関東の住所――』（「関東の親鸞シリーズ」②、真宗文化センター）
同月　『恵信尼さまってどんな方？』（「歴史を知り、親鸞を知る」❷、自照社出版）
11月　「親鸞と唯円（下）」『南御堂』第五六六号（真宗大谷派難波別院）
12月　『親鸞の風景』（監修）茨城新聞社
平成22年（2010）1月　「親鸞と息子善鸞」『ともしび』第六八七号（真宗大谷派教学研究所）
2月　対談「フロンティア精神で関東を目指した宗祖親鸞聖人」『南御堂』第五七〇号（寺川俊昭氏と対談、真宗大谷難波別院）
同月　「新しい親鸞像のために」『平成二一年度特別展　親鸞――茨城滞在二〇年の軌跡――』（茨城県立歴史館）
3月　「関東の親鸞聖人」『九州龍谷短期大学仏教文化』第一九号
4月　「下野と親鸞」①（『下野新聞　四月三日』連載　～平成二三年一〇月三日、全七五回）
同月　「親しみやすい人間像」（「親鸞展」に寄せて、『東京新聞　四月二七日』）
同月　「旅の途上で現代的意義を考える　親鸞没後750年を前に」（「親鸞展」に寄せて」『産経新聞　四月三〇日』）
同月　『四十四歳の親鸞――さまざまな門弟たち――』（「関東の親鸞シリーズ」③、真宗文化センター）
同月　『親鸞展』（巡回展「親鸞展」図録・監修　講談社・テレビ朝日）
同月　『親鸞めぐり旅』（監修　講談社）

6月「親鸞聖人の関東時代とその意義(上)」『おやま　ごぼう』第三一二号(真宗大谷派金沢別院)

7月「親鸞聖人の関東時代とその意義(下)」『おやま　ごぼう』第三一三号(真宗大谷派金沢別院)

同月『二十九歳の親鸞聖人』(「歴史を知り、親鸞を知る」❸、自照社出版)

8月「親鸞聖人と息子の善鸞――現代の観点から――」『南御堂』第五七六号(真宗大谷派難波別院)

9月『四十六歳の親鸞――さまざまな門弟たち・続――』(「関東の親鸞シリーズ」)④、真宗文化センター)

同月『知っておきたい　名僧のことば事典』(共編　吉川弘文館)

同月「親鸞聖人坐像(千葉県野田市関宿・常敬寺蔵)について」『親鸞の水脈』第八号(真宗文化センター)

同月「中国の浄土教から日本の浄土教へ――慧遠から親鸞まで――」『親鸞の水脈』第八号(真宗文化センター)

同月「流行語「歴女」と「仏女」にみる現代社会の動き――大河ドラマ「天地人」「龍馬伝」から「阿修羅展」「親鸞展」まで」『親鸞の水脈』第八号(真宗文化センター)

同月「「人間親鸞」を実感」(「親鸞展」に寄せて、『茨城新聞　九月二四日』)

同月　対談「作家と歴史家で明かす越後・関東の親鸞像」『南御堂』第五七七号(「親鸞とその時代に学ぶ」上、五木寛之氏と対談、真宗大谷派難波別院)

10月　対談「作家と歴史家で明かす越後・関東に親鸞像」『南御堂』第五七八号（「作家とその時代に学ぶ」下、五木寛之氏と対談、真宗大谷派難波別院）
同月「報恩講に寄せて（上）――親鸞聖人と覚如上人――」『なごや　ごぼう』第五三二号（真宗大谷派名古屋別院）
11月「報恩講に寄せて（下）――親鸞聖人と存覚上人――」『なごや　ごぼう』第五三三号（真宗大谷派名古屋別院）

平成23年（2011）1月「信仰を超えて　現代人の心にも衝撃」（「親鸞展」によせて、『茨城新聞　一月一日』）
2月「親鸞聖人稲田草庵とその環境」『親鸞教学』（大谷大学真宗学会）
同月『エジプト　アインシャムス大学に赴任して』（編著、自照社出版）
3月「善鸞（義絶事件）・如信について」『宗學院論集』第八三号（浄土真宗本願寺派宗學院）
4月『四十九歳の親鸞――承久の乱のころ――』（「関東の親鸞シリーズ」⑤、真宗文化センター）
同月「親鸞の息子善鸞の評価を考え直す」『心』第三〇集（武蔵野大学）
同月「現代日本人の心情とその伝統的背景――五木寛之氏の小説『親鸞』をめぐって――」『親鸞の水脈』第九号（真宗文化センター）
6月「3日からの「親鸞展」に寄せて」（『信濃毎日新聞　六月一日』）
8月『親鸞聖人稲田草庵』（「歴史を知り、親鸞を知る」❹、自照社出版）
同月『親鸞聖人ご旧跡ガイド』（監修　本願寺出版社）
9月「親鸞聖人の関東布教と覚如上人・存覚上人への影響」『信道』二〇一〇年度（真宗大谷

派名古屋別院維持財団）
同月「親鸞と成然、そして妙安寺」『親鸞の水脈』第一〇号（真宗文化センター）
12月「感謝、信じることの大切さ（「親鸞展」に寄せて）」『西日本新聞　一二月二日』
平成24年（2012）2月『エジプト　アインシャムス大学に赴任して（続）』（編著　自照社出版）
3月『五十二歳の親鸞――教行信証の執筆――』（「関東の親鸞」シリーズ⑥、真宗文化センター）
4月『下野と親鸞』（自照社出版）
同月『関白九条兼実をめぐる女性たち』（「歴史を知り、親鸞を知る」❺、自照社出版）

編集後記

筑波大学名誉教授今井雅晴先生は、二〇一二年八月三日に古稀の寿を迎えられる。本書は、今井先生にお祝いとして献呈させていただくものである。本書を先生に献呈させていただくことにより、先生の学恩にいささかなりとも報いたいと念ずる次第である。

今井雅晴先生は、一九七七年に東京教育大学大学院博士課程を修了し、文学博士を授与された後、茨城大学に赴任された。一九九七年には筑波大学に移られ、歴史・人類学研究科長や日本語・日本文化学類長などの要職を歴任されつつ、研究・教育に邁進された。

研究者としての先生は、毎年数冊のご著書を出版されるなど、大変精力的であった。先生は、新たな史料を調査・蒐集して精緻な解釈を加え、その上で独自の視点から論じることにより、これまでの通説を次々に書き換え、常に日本中世宗教史研究を先導されてきた。

また、教育者としての先生は、演習の際の発表内容や論文についてはもちろんのこと、話し方、文字の書き方、日常生活のあり方にいたるまで、細部にわたって厳しい中にも暖かみのある指導をして下さった。そうした背景には、先生ご自身が厳しく身を律してこられたことがあると推察される。今井先生の研究および教育に対する大変熱心なお姿には、多くの学生が影響を受けた。そのおかげで、受講生は、大学をはじめとする各種教員、研究員、学芸員、公務員などとして活躍することができているといえよう。

また、先生は、日本のみではなく海外にも広く目を向けられ、コロンビア大学やプリンストン大学をはじめとする海外の大学で客員教授をつとめられ、諸国の学生が日本文化に対する認識を深めるのに多大な貢献をされた。また、その成果を必ず本としてまとめられたことは、日本文化を学ぼうとする海外の学生のみならず、海外で日本語を教える日本人学生にとっても大変役立っている。

そして、筑波大学ご退職後には、真宗文化センターを設立され、現在にいたるまで同センターの所長をつとめられている。また、引き続き各地で講演活動をされ、ご研究の成果を分かりやすく社会に開陳されているほか、客員教授として台湾の国立政治大学やエジプトのアインシャムス大学に赴任されるなど、海外での研究・教育活動も積極的に行なわれており、幅広く精力的にご活躍されている。このようなことから、本書には、海外で日本研究を行なっている方々からもご寄稿いただくことができた。

二〇一一年および二〇一二年には、親鸞の七五〇回忌として、親鸞や浄土真宗に関わる展示が各地で行なわれ、多くの書籍が出版されている。そうした中、親鸞や浄土真宗の研究に再度注目が集まり、新たな視点での研究・見直しが進められている。本書もその一翼を担い、親鸞や浄土真宗の研究の進展に少しでも貢献できれば望外の喜びである。

今井先生と関係の深い、第一線で研究されている方々に原稿の依頼をしたところ、幸いなことにみな快諾していただき、このように出版することができた。これも、ひとえに今井先生のご人徳によるものである。ご多用にもかかわらず、ご寄稿いただいた執筆者の方々には、さまざまにご協力いただき、お礼申し上げる。また、このような書を出版することをお許し下さった今井先生には改めて感謝申し上げるとともに、今後における先生の益々のご活躍を祈念したい。

二〇一二年三月吉日

今井雅晴先生古稀記念論文集編集委員会　山田雄司

阿部能久

小山聡子

Shinran's Hermeneutics of Entry into Religious Awareness

Dennis Hirota

Introduction: Hedgehog and Fox

In a lecture to elite high school students in Tokyo one hundred years ago, the novelist Natsume Sōseki took up the theme "Imitation and Independence" (模倣と独立, 1913).[1] He urged his audience—the future leaders of the nation—to cultivate a resilient spirit of independence and not merely imitate the West, and in order to offer concrete illustration, he plucked from the expanse of Japanese history a single example of such independence, pointing to the figure of Shinran. Although Sōseki underscored Shinran's frank and open abandonment of traditional Buddhist precepts and conventional norms by taking a wife and eating meat, from the overall content of his somewhat meandering lecture, I suspect it was the Shinran of *Tannishō*, a work only recently introduced to a broad general readership, that he specifically had in mind.[2] At present still, it is probably an image of Shinran like Sōseki's that remains most vivid in the contemporary imagination.

Shinran himself, however, projects a very different self-awareness in his writings. Throughout his life he maintained that his own literary work and propagational activity were intended only to transmit and elucidate the teaching of his master Hōnen. Shinran's own usage of the term *Jōdo shinshū* 浄土真宗, later applied to the institution stemming from his tradition, attests to this intention, for he himself employs it to indicate "the true essence of the Pure Land way" and to refer precisely to what he learned from Hōnen and understood to be the core of his master's message. Thus he states, alluding to Hōnen's catchphrase, "selected Primal Vow" 選択本願 (*senjaku* [or *senchaku*] *hongan*):

Genkū, clearly understanding the sacred scriptures,
Turned compassionately to foolish people, both good and evil;
Establishing, in this isolated land, the teaching and realization that are the true essence of the Pure Land way (*jōdo shinshū*),
He transmits "the selected Primal Vow" (*senjaku hongan*) to us of the defiled world.
("Shōshin nembutsu ge," CWS I：73, SSZ II：46, and *Jōdo monrui jushō*, CWS I：309, SSZ II：450)

In a letter, Shinran concisely reiterates this identification: "The selected Primal Vow (*senjaku hongan*) is the true essence of the Pure Land way (*jōdo shinshū*)" 選択本願は浄土真宗なり (*Mattōshō* [*Lamp for the Latter Ages*], Letter 1, CWS I：524, SSZ II：658). Further, in the "Postscript" to *Kyōgyōshō monrui*, he states concerning Hōnen's *Senjakushū*: "The crucial elements of the *true essence* [of the Pure Land way] (*shinshū*) and the inner significance of the nembutsu have been gathered into this work" (CWS I：291, SSZ II：202)『選択本願念仏集』は……真宗の簡要、念仏の奥義、これに摂在せり.[3] We see here Shinran's clear identification of his own central concerns with those of his teacher.

The dissonance between these assessments of Shinran's originality or independence—the modern view and Shinran's own—may resonate with a certain asymmetry in the general image of his career. On the one hand, when embarking on his path of *Jōdo shinshū*, the key—by his own repeated testimony—was his personal encounter with Hōnen, followed by his sojourn of six years at Yoshimizu as a relatively inconspicuous disciple among Hōnen's numerous and diverse following. Even when propagating the teaching on his own in the far-off Kantō region decades later, he established the practice of observing the monthly memorial day of Hōnen's death in his congregations. On the other hand, we imagine him largely isolated in the closing period of his life, when he chose to return to Kyoto. He parted from his disciples and his following in the Kantō region at about the age of sixty-three, and also from his wife, Eshin-ni, at about the same time or shortly after. His last years

are darkened by his concern over the suppression by local authorities of the congregations he had established in Kantō, his disappointment in followers who later abandoned or misinterpreted his teaching, and the betrayal of trust by his own son Zenran, necessitating Shinran's disownment of him. Virtually all his works—beginning with the completion of *Kyōgyōshō monrui*—and all his extant letters date from the final third of his life in Kyoto, with many written expressly to resolve misunderstandings among his now distant followers. Though again, as in his youth, residing in the capital, this time Shinran appears displaced from the most active centers of the burgeoning nembutsu movement.

Why, precisely, is it that, despite the remarkable independence evinced in his life and thought, even in his old age Shinran never ceased to look back to the time when, as a young monk, he took refuge in Hōnen's teaching and heard the master's words directly? At the same time—taking the opposite perspective—why, despite the readily acknowledged importance of Hōnen to him, does Shinran offer in his writings only a highly constricted account of Hōnen's Pure Land message? Hōnen was one of the most broadly erudite and widely respected scholar-monks of his day. He actively sought, in his study of scriptural texts and in his interaction with Buddhist scholars, to gain the most comprehensive knowledge of the tradition available to him. He participated in discussion sessions with monks of various Buddhist schools and was also deeply experienced as a practitioner, as is confirmed by his diary of contemplative visions, which Shinran included in his important compilation of Hōnen's writings and recorded words, *Saihō shinan shō*『西方指南抄』.

In general outline, Shinran's evocation of Hōnen the person, particularly in his hymns, corresponds to the charismatic figure of legend, at once enormously learned, and yet willing and able to speak cogently to people of all walks of life, whether scholar-monk or lowly layperson :

The supreme virtues of [Hōnen-bō] Genkū's wisdom and practice were such

That even the teachers in the various schools of the Path of Sages
All turned to him for guidance and revered him
As master of the diamondlike precepts embodied in the one-mind.
Emperors and ministers venerated him,
And the ordinary people in the capital and the countryside revered him.

Genkū emanated a radiance
Which he always revealed to his followers,
Without discriminating between the wise and ignorant
Or between those of high station and low.
(*Kōsō wasan*, Hymns 103, 106, 110 ; CWS I : 388, SSZ II : 513-514)

Shinran, himself seasoned with twenty years of serious study and practice on Mount Hiei, was certainly in a position to absorb much in knowledge and insight regarding Buddhist teachings and practices from Hōnen. Further, of Hōnen as teacher, Shinran writes in a hymn :

Through countless kalpas and innumerable lives,
We did not know the strong cause of liberation ;
Were it not for our teacher [Hōnen-bō] Genkū,
This present life also would pass in vain.

To encounter a true teacher
Is difficult even among difficult things ;
There is no cause for endlessly turning in transmigration
Greater than the hindrance of doubt.
(*Kōsō wasan*, hymns 101, 109 ; CWS I : 387-388, SSZ II : 513)

Shinran's veneration for Hōnen and his work can scarcely be understated, and appears greatly to exceed what might be expected from mere appeal to authority.

Nevertheless, despite Hōnen's breadth and significance, and Shinran's

considerable capacity for reception and his earnestness, what Shinran sought to communicate to his own followers of Hōnen's teachings—as recorded in his writings—appears surprisingly focused. The situation even calls to mind the contrastive Western typology of thinkers or cultural figures as hedgehog and fox. The ancient Greek poet Archilochus states in a fragment: "The fox knows many things, but the hedgehog knows one big thing."[4] Shinran's portrayal in his writings of Hōnen's teaching suggests that, while the master was broadly learned and magnanimous and sought out by persons of all levels of society, what Shinran learned from him became, in his mind, compressed above all into a mode of apprehending the Buddhist path rather than any particular doctrinal formulation. It is this mode of apprehension, experienced through Hōnen's guidance, that formed the core of his thinking for the rest of his life, including the late years in relative isolation.

Hōnen's Words in *Kyōgyōshō monrui*

To consider a major example of the issue I am raising, let us turn to Shinran's quotation of *Senjakushū* in *Kyōgyōshō monrui*. There, Shinran describes Hōnen's *magnum opus*:

> It is easily understood by those who read it. It is a truly luminous writing, rare and excellent; a treasured scripture, supreme and profound. (CWS I : 291, SSZ II : 202)

Shinran prefaces this praise by speaking reverently of receiving permission from Hōnen to make a copy of *Senjakushū*, and also notes that "myriads of people received the master's teaching, but whether they were closely associated with him or remained more distant, very few gained the opportunity to read and copy this book" (CWS I : 291, SSZ II : 202).

After Hōnen's death, however, the work was published and widely disseminated. It was at this point in particular that denunciations from a broad Buddhist perspective were brought to bear on it; the harsh attacks in several works of Myōe are well known. It has long been asserted by scholars

that Shinran's intent in *Kyōgyōshō monrui* was to respond to criticisms of *Senjakushū* like those of Myōe. Nevertheless, in his own writings, Shinran quotes little of *Senjakushū*, and *Kyōgyōshō monrui* includes only two brief passages, far less than from, for example, the Tang Pure Land master Shandao, who exerted a decisive influence on Hōnen and who is extensively quoted in *Senjakushū*, or any of the other major masters.

Shinran quotes the two passages together to conclude the historically-ordered series of proof-texts elucidating true practice 真実行：

Senjaku hongan nembutsu-shū compiled by Genkū states:

> Namu-amida-butsu: as the act that leads to birth in the Pure Land, the nembutsu is taken to be fundamental. ("Chapter on Practice," § 67, CWS I：53, SSZ II：33)

Further it states:

> If you desire to free yourself quickly from birth-and-death, of the two excellent teachings leave aside the Path of Sages and choosing, enter the Pure Land way. If you desire to enter the Pure Land way, of the two methods of practice, right and sundry, cast aside all sundry practices and choosing, take the right practice. If you desire to perform the right practice, of the two kinds of acts, true and auxiliary, further put aside the auxiliary and choosing, solely perform the act of true settlement. The act of true settlement is to say the Name of the Buddha. Saying the Name unfailingly brings about birth, for this is based on the Buddha's Primal Vow. ("Chapter on Practice," § 68, CWS I：53, SSZ II：33)

One explanation for the lack of quotation from Hōnen outside of these two passages is that Shinran assumes in his own readers knowledge of the entire *Senjakushū*. The passages that appear in *Kyōgyōshō monrui*—the epigraph ("Chapter on Practice," § 67) and the concluding section from the end of *Senjakushū*'s last chapter ("Chapter on Practice," § 68)—are said to be intended as a kind of alpha and omega of the entire work, emblematic of the whole.[5)]

Nevertheless, if one is writing a defense, is it not useful to refer directly to arguments and passages in the work in order to elucidate them? Moreover, while quotation of *Senjakushū* occurs appropriately in the exposition of the nature of the nembutsu in "Chapter on Practice," Shinran's work goes on, without further reference to Hōnen, to present distinctive treatments of other concepts basic to his thought in chapters on *shinjin*, realization, the true Buddha and Pure Land, and transformed buddhas and lands. Further, if *Senjakushū* is indeed "easily understood," as Shinran states, one might wonder why the work needed defense in the first place. All these considerations raise questions about the relation of Shinran's writings and Hōnen's teaching.

The basic answer, I believe, is that Shinran's manner of exposition—presenting the core of Hōnen's teaching but with scant textual reference to it—stems from his perception that simply extending the argumentation set forth in *Senjakushū* or seeking further grounds for Hōnen's teaching through scholastic debate would not achieve the goal of clarifying the vital significance of the nembutsu path that his master had forged. The essential problem was not in grasping or further elucidating Hōnen's radical logic or its straightforward conclusions. The serious reader of Hōnen's words would find them "easily understood." Rather, what was necessary was to communicate the transformed apprehension of the Buddhist path that lay at the heart of Hōnen's message. It was this that Shinran heard in Hōnen's words in his encounter with his master and that he sought to convey to the readers of his own compositions. It required not an extension of Hōnen's argumentation, but rather, Shinran determined, an innovative mode of exposition that revealed the core of Hōnen's realization.

In order to investigate further Shinran's strategy for clarifying Hōnen's work, let us turn to his account of his original, transformative encounter with his teacher.

Shinran's Quest

In the postscript to *Kyōgyōshō monrui*, Shinran declares: "I, Gutoku Shinran, disciple of Sakyamuni, discarded sundry practices and took refuge in the Pri-

mal Vow in 1201" (CWS I : 290, SSZ II : 202). The story of Shinran's descent from Mount Hiei and his turn from Tendai practice to Hōnen's nembutsu teaching is well known. His retreat at Rokkaku-dō temple in Kyoto and the revelation in dream from Shōtoku Taishi are vividly recorded in a letter of his wife Eshinni to their daughter :

> Departing from the mountain monastery, your father [Shinran] secluded himself at Rokkakudō temple, undertaking a one-hundred day retreat of prayer concerning the afterlife. In the predawn of the ninety-fifth day, Prince Shōtoku formed a message and Shinran received it from the manifested bodhisattva. At once, in that predawn, seeking to encounter the relatedness that would salvage his afterlife, he went to see Master Hōnen.... (*Eshinni shōsoku*, SSZ V : 104)

The abrupt opening of the narrative with departure introduces a liminal prelude. Despairing of his praxis in monastic life, Shinran boldly abandons the security of his lengthy career on Mount Hiei and enters an indeterminate interim world. The urgency of his quest is unmistakable, however, and after more than three months, he finally receives a message from Kannon Bodhisattva, in his manifestation as Prince Shōtoku, the founder of the temple. Neither the content of the revelation nor its connection with Shinran's subsequent decision to seek out Hōnen is treated as relevant or made explicit. Emphasis is placed, instead, on Shinran's swiftness in setting off to inquire of Hōnen, immediately venturing out in the pre-dawn dark, surely a sign of the palpable exigency of his situation. It appears that perhaps the uncertainty in Shinran's mind when going into retreat concerns not simply general guidance regarding "the afterlife," but more specifically, whether or not to seek out Hōnen. The bodhisattva's appearance is itself taken to be an affirmative sign in response to this hesitancy.

There follows, as the narrative underscores, a second one-hundred day period, in some sense recapitulating the first :

> Again, *just as in his secluding himself at Rokkaku-dō temple* for one-hundred days, again for one hundred days, whether rain or shine, regardless of any urgent circumstance, he sought out Hōnen. And of the problem of the afterlife, Master Hōnen simply taught wholeheartedly the path that leads all persons equally—whether good or evil—out of samsaric existence.... (SSZ V : 104-105)

Eshinni reiterates the word "again" (*mata*), and once more suggests an nebulous world of undefined light and dark. As before, she emphasizes the unremitting sense of urgency—overriding any other possible concern—sustained since the departure from Mount Hiei. In these ways, the narrative clearly treats the two one-hundred day periods as not only serial but also parallel.

Further, the revelation obtained again appears direct and immediate. Hōnen's teaching in response to Shinran's inquiry (Eshinni identifies it throughout her narrative as "the problem of the afterlife") is reported to be uncomplicated: "Hōnen simply taught wholeheartedly the path that leads all persons equally—whether good or evil—out of samsaric existence." This corresponds to the content of *Tannishō* 2, which may be seen as a parallel record of essentially the same event, given as Shinran's words: 'Beyond receiving and entrusting myself to the words spoken by a good person, "Just say the nembutsu and be saved by Amida," nothing whatsoever is involved' (SSZ II : 774).

We can assume that, in general outline, the narrative set forth in Eshinni's letter is based on and reflects Shinran's own memory and self-understanding; surely he related to his wife and to others the story of his own entrance into Hōnen's Pure Land path. (It appears that in her letter, Eshinni is also writing from the perspective of her own participation in Hōnen's following, which perhaps even preceded that of Shinran.[6]) We are justified, therefore, in inquiring into the significance of Shinran's grasp of the two events that he sees as leading to his conversion to Hōnen's nembutsu teaching—his retreat at Rokkaku-dō and his period of visitation to Yoshimizu —as in some sense analogous one-hundred day periods, depicted in the same

mold. No doubt these two fixed periods were embarked upon as expressions of firm resolve to confront the matter of deepest concern, "encountering the relatedness" (縁にあひ) that would resolve the matter of life and death. But even beyond this, they are conceived in Shinran's description as somehow overlaid. We must ask why this is so.

In structure, the two one-hundred day periods follow the same pattern of (i) an extended quest, (ii) the abrupt occurrence of revelation or guidance from without, and (iii) an immediate, decisive new settling of orientation. They both lead toward the same ultimate end of entry into Hōnen's following. The two periods differ, however, in the weight given the three phases or elements of the pattern. In the retreat at Rokkaku-dō, there is a sense of a long preparatory span of intense silence and prayer (*inori*) broken by the manifestation and message of Kannon. In the period of visitation to Hōnen, the quest takes the form of dialogue or questioning and intellectual deliberation, which culminates in a moment of stillness upon entrance into a newly oriented world. In one sense, the two periods tend toward mirror images of each other, with opposing emphases, but together leading to the final resolution of Shinran's quest.

It is precisely in taking these two periods together that Shinran seeks to disclose the mode or paradigm of awareness that lies at the heart of what he understood himself to have learned most centrally from Hōnen. Moreover, this pattern of thought may be found manifest is other features of Shinran's writings. It characterizes his representation of his master's teaching, his attempt not to broaden or amplify it but to contextualize or foreground his master's presentation, and his conception of the Pure Land Buddhist path itself.

In order to illuminate this paradigm of thought, we must turn first to the end-point that Shinran reaches in the narrative of his refuge in the Pure Land path, and then to his other representations of Hōnen's teaching in his writings.

Shinran's Initiation : The Saying and the Said

The process of Shinran's endeavor "to encounter the relatedness that would salvage his afterlife" leads to the decisive settlement for him of Hōnen's teaching. Shinran's forceful statement of this is recorded, in similar terms, in Eshinni's letter, in *Tannishō* 2, and in another record, *Shūjishō*, composed by Shinran's great-grandson Kakunyo, as well. Below are the three passages :

> [At that time I saw that] Shinran received and settled upon this [path], so that whenever he heard people denounce Hōnen for one reason or another, he would say, "To that place where the Master goes—whatever people say, even though some declare that he is certain to end in an evil state of existence—so be it for me, for I know myself one who has erred through world after world and life upon life." (*Eshinni shōsoku*, SSZ V : 105)

> Whether the nembutsu is truly the seed for being born in the Pure Land, or whether it is karma that causes one to fall into hell, I know not at all. Even in the instance that I have been deceived by Master Hōnen and, by saying the nembutsu, end up plunging into hell, I will have no regrets whatsoever. The reason is this. It is the person who could have attained Buddhahood by endeavoring in other practices who would surely regret having been deceived if he fell into hell because of saying the nembutsu. But my existence is such that [fulfilling] any practice is beyond reach, so it is clear that hell is my settled dwelling whatever I might do. (*Tannishō* 2, SSZ II : 774)

> For myself, I have no idea whether I am bound for the Pure Land or for hell. The late Master Hōnen said, "Just come wherever I may be." Having received these words, I shall go to the place where the late Master has gone, even if it be hell.
>
> If I had not encountered my good teacher in this life, foolish being that I am, I would surely fall into hell. But receiving the instruction of

> the Master, I have heard Amida's Primal Vow and received the truth (*kotowari*) of being grasped, never to be abandoned. Thus, though it is difficult to part from samsara, I have parted from samsaric existence and will decidedly be born in the Pure Land. (*Shūjishō*, SSZ III, 38)

The possible relationship among these three passages, particularly the first as the basis for the third, has been suggested, but according to Eshinni's letter, Shinran would utter these words whenever he heard Hōnen or Hōnen's teaching being denounced. We would expect, therefore, that he spoke them in various situations and that they were heard by many of those around him.

Shinran's pronouncement of his personal outlook appears brusque, as though intended to terminate any scholastic or intellectual debate over the efficacy of the nembutsu path. The alternative would be, of course, an attempt to explain and justify Hōnen's nembutsu teaching in doctrinal terms in order to bring the critic to some understanding. We must ask why Shinran would refuse to do so. After all, he states in a letter:

> Master Shandao states decisively: "At the time when the five defilements increase, those who doubt and revile [Amida's Vow] are numerous. . . ." As is often the case, the people who are trying to obstruct the nembutsu are the manor lords, bailiffs, and landowners in the local areas; there are reasons for this. We should not criticize them in one way or another. Teachers of the past have stated that practicers of the nembutsu should act with compassion for those who commit such obstruction, feel pity for them, and earnestly say the nembutsu, thereby helping those who seek to hinder them. (*Go-shōsoku shū*, Letter 4, CWS I : 563-564, SSZ II : 701)

If people of the nembutsu are to "help those who seek to hinder them," why should Shinran repeatedly declare to critics of Hōnen's teaching his ignorance of the effectiveness of the Pure Land path? This appears particularly puzzling, since in his letters Shinran consistently relates the attitude of show-

ing compassion toward persecutors and critics specifically with Hōnen and his instruction :

> Therefore you should not disparage the teachings of other Buddhas or the people who perform good acts other than nembutsu. Neither should you despise those who scorn and slander people of nembutsu ; rather, you should have compassion and care for them. *This was Honen's teaching.* (*Mattōshō*, Letter 2, emphasis added, CWS I : 527, SSZ II : 660)

> Since the nembutsu practice held on *Master Hōnen's memorial* day, the twenty-fifth of each month, is also in the end *for the sake of saving such people* of wrong views, you should say the nembutsu together, earnestly desiring to save those who slander the nembutsu. (*Go-shōsoku shū* 8, emphasis added, CWS I : 570, SSZ II : 710)

For Shinran, it was Hōnen who, through his compassionate efforts in instruction in the face of persecution from the highest religious and political authorities, effectively disseminated the path of nembutsu in Japan, thereby leading all of this island country to liberation. Why, then, when doubters abound in the world, should Shinran refuse to participate in reasoned debate?

Further, the narrative of Shinran's encounter with Hōnen raises another question. Eshinni scrupulously notes the prolonged period of Shinran's daily atendance at Yoshimizu, which she herself may have witnessed. How can it be that the single phrase, "Just say the nembutsu and be saved by Amida," conveys the content of daily discussions of the nembutsu path over more than three months? If one hundred days were required before he himself "received and settled upon this path," why is he so brief even with those among his own followers who harbor uncertainties?

This discrepancy between Shinran's extended phase of intense instruction in Hōnen's teaching—occurring between experienced monks already well-versed in Pure Land texts and Tendai Pure Land practices—and his terse description of what he heard is not simply a peculiarity of the Eshinni's

account. It may be said to be reflected in Shinran's treatment of Hōnen and his writings in his own works, as we have noted earlier. To outline one means of understanding this apparent incongruity I will borrow a distinction set forth by the twentieth-century French philosopher Emmanuel Levinas between the *Saying* (*le Dire*) and the *Said* (*le Dit*).

Levinas's fundamental concerns may be said to be the deconstruction of the modern notion of the self as autonomous subject grasping objective reality and the clarification of the dimension of the ethical at the roots of self-awareness. To achieve these ends, he engages in a phenomenological analysis of the "face-to-face" encounter of self and other, which he states occurs prior to all our thinking and conceptualization. In other words, the actual event of encounter with another as genuinely *other*—that is, not subsumed or dominated within the conceptual realm of the self—precedes any comprehension, which is a form of integration into our own world of thought and feeling. Thus, being in relation with the other is originally prior to and irreducible to ordinary apprehension. It occurs in the situation of speech breaking into our world—in summons and hearing—but without the other appearing or being grasped and represented. This interruption of the "vocative" Levinas calls "religion"—the locus in everyday life of what is genuinely transformative.

By distinguishing the Saying from the Said in the occurrence of speech, Levinas seeks to isolate and thus highlight the disruptive event of the vocative and accusative that stands prior to any conceptual content within the totality of the subject's grasp. Thus, he states:

> True, one can show how and why a Saying must be the Saying of a Said, the exchange of information corresponding to "vital necessities." But the Saying without the Said, a sign given to the Other (*Autrui*), is not appended, as information, to a prior "experience" of the Infinite, as though there could be an experience of the Infinite. In the Saying, by which the subject, driven out, leaves its clandestinity, the Infinite comes to pass.[7] ("Truth of Disclosure and Truth of Testimony")

The Saying that is the call of the other is in itself the occurrence of the Infinite that breaks through the sameness of the self.

I invoke Levinas's distinction here because I believe it may be used to illuminate the significance of the two, interfused aspects of Shinran's conversion sketched in the narrative in Eshinni's letter. "Saying" as the calling of the Infinite as other prior to any conceptual content (Levinas) may be viewed as analogous, in Pure Land terms, to an event of inconceivable Other Power emerging in a person's existence without first being subsumed within the world as apprehended by the self. Hence, it disrupts and undermines one's attachments to one's own capacities to oversee the world. Further, as Levinas asserts, the Saying stands prior to and transcends the Said. In Shinran's conversion narrative, it is represented as the period of patient waiting and listening in prayer (*inori*) in the Rokkakudō temple hall abruptly broken by the manifestation of Prince Shōtoku-Kannon Bodhisattva with an unspecified message. It is a Saying without a Said, a Saying in which the very occurrence immediately interrupts. At the same time, it inaugurates the parallel hundred-day period of inquiry at Hōnen's residence, one of intense dialogue, questioning, and instruction. In the narrative, these two periods are separated out as two phases, but they lead to a single conclusion, set forth in all three records: "Having received these words, I shall go to the place where the late Master has gone, even if it be hell." If the concern is with "encountering the relatedness" to resolve the issue of one's life and death, the embrace of falling into hell as solution may startle us as self-contradictory, but it precisely indicates the dimension of the Saying that circumscribes and contextualizes the machinations of the self.

Further, just as with the Saying and the Said, the two narrative phases are in actuality inseparable; "a Saying must be the Saying of a Said." If, in Shinran's narrative, the appearance or manifestation (*jigen*) of Prince Shōtoku is imagined as a downward vertical movement breaking into the world of everyday experience, then the dialogical exchange with Hōnen might be said to take place on a horizontal line of continuity within the sphere of conceptual thought and understanding. Shinran's narrative indicates that the one

hundred day period of instruction from Hōnen is in fact rooted in and permeated by the prior inconceivable and transcendent summons, and at the same time it is the instruction that brings forth our hearing and that informs our experience of the call. For this reason, the two dimensions are properly compressed into the command as Shinran receives it: "Just say the nembutsu and be saved by Amida" (*Tannishō* 2, SSZ II : 774).

The two phases of Shinran's conversion—the one hundred day retreat concluding with revelation and the one hundred days of instruction that crystallize into explicit summons and response—are fused at the intersection of vertical and horizontal vectors. As Shinran states in *Jōdo monrui jushō*:

> "Even one thought-moment" [*naishi ichinen*, from the passage on the fulfillment of the eighteenth vow in the *Larger Sutra*] refers to the ultimate brevity and expansion of the length of time in which one attains the mind and practice [i.e., *shinjin* and nembutsu] that result in birth in the Pure Land. (CWS II : 298, SSZ II : 445)

In Shinran's thought, both the Saying and the Said, the call and its contextualizing narrative, are embodied in the Name. The Name itself is the summons of the Buddha, and it is a person's enactment of the Buddha's wisdom-compassion as response. As we will see below, this motif of intersection characterizes Shinran's representation, in his own writings, of Hōnen's nembutsu teaching.

For Shinran, Hōnen's *Senjakushū* stands complete and lucid. It is "a truly luminous writing, rare and excellent"希有最勝の華文, establishing the truth and reality of the vocal nembutsu as the authentic Buddhist path for our times. There is little need, therefore, to expand or extend the arguments it puts forward. Nevertheless, it is also widely misconstrued. What is necessary, in Shinran's view, for a genuine understanding of Hōnen's Pure Land Buddhist path, is the resolution of the hermeneutic problem of how to read it, and this can be accomplished through deconstructing all perspectives that truncate Hōnen's argument and enframe it within the affirmation of the self.

The fusion of the two phases in Shinran's narrative of conversion provides a formulation of this work. This fusion was crucial in his own entrance into the Pure Land path through his encounter with Hōnen, and it is reflected in his presentation of his master's teaching throughout his writings.

Quoting Hōnen: Shinran's Phenomenology of Entry into Religious Awareness

As we have seen, the two passages of *Senjakushū* directly quoted in *Kyōgyōshō monrui* (see p. 6 above), from the opening and close of the work, are understood to epitomize Hōnen's Pure Land thought *in toto*. They occur in Shinran's work together, however, to be read as a pair, so that they manifest two movements or intersecting dimensions of a unified religious awakening. One movement is the direct, immediate working in Amida's Name (§67), and the other is a process of dialectical selection and rejection performed by the practitioner en route to refuge in Hōnen's Pure Land teaching (§68). Thus, the governing issue is precisely that taken up in Eshinni's letter: the nature and significance of entrance into the nembutsu path. By juxtaposing these two passages, Shinran seeks to evoke the truth of Hōnen's message as he apprehended it at the time of his initial encounter with the master and thereafter maintained throughout his life. The juxtaposition indicates that this apprehension involves a shift from being rooted in traditional Buddhist notions of practice and conventional social norms to a stance of enlightened wisdom active as the Name. For Shinran, this shift in the hermeneutic stance of engaging the teaching lies at the heart of Hōnen's path, and for the ignorant being, may be delineated not lineally, but only as effected as the intersection of two inseparable movements.

The dialectical movement is a deconstructive process operative within the horizons of ongoing life. It is at work in the compelling reasoning Hōnen employs in establishing vocal nembutsu as an independent Buddhist path, the single path appropriate for our historical age, far removed from the enlightened presence of Sakyamuni Buddha. Thus, the second passage Shinran quotes may be seen to summarize the basic *argument* of the whole. We see

clearly in it Hōnen's thoroughgoing logic of selection and rejection—of taking up, on the one hand, and putting aside (*sashioku*), on the other—that is the hallmark of his discursive method. Hōnen directs this razor-like dialectic of selection/rejection (*senjaku*) toward tracing a progressive path from a commonsense stance within the traditional Buddhist system of values to the perspective of the Buddha's compassionate action. This shift entails a gradual stripping away of presuppositions about the capabilities of the self to bring oneself toward the genuine source of the realization of enlightenment:

> Of the two excellent teachings leave aside the Path of Sages and choosing, enter the Pure Land way. . . . Of the two methods of practice, right and sundry, cast aside all sundry practices and choosing, take the right practice. . . . Of the two kinds of acts, true and auxiliary, further put aside the auxiliary and choosing, solely perform the act of true settlement.

As a progression of commitments in narrowing polarities, each step at once advances the practitioner on the path of liberation and opens onto a further selection to be determined. Thus, the passage traces a process of movement, through several stages, from the stance of traditional Buddhist attitudes to entrance into Hōnen's path of vocal nembutsu based on Amida Buddha's eighteenth vow. Hōnen's development of a dialectical logic of selection/rejection, asserted to have been already adopted in the past by Amida, Sakyamuni, and the other Buddhas, and now to be acknowledged by beings, provided Hōnen with the radically innovative tool by which to argue for the absolute distinctiveness and unique appropriateness of the nembutsu of the Primal Vow. That is, Hōnen's conception of Other Power turns on the distinction of self-power and Other Power as differentiating the nembutsu that is in accord with Amida's eighteenth vow from all other forms of praxis taught and transmitted in Buddhist tradition. This setting aside of every other kind of practice prescribed in Buddhist scriptures surely represents an epochal reconception of the nature of praxis itself and a transformation of perspec-

tive in Buddhist life.

The second aspect of entry into Hōnen's Pure Land path is expressed in the epigraph to *Senjakushū*, which embodies in slogan-like form the core of Hōnen's teaching: "Namu-amida-butsu: as the act that leads to birth in the Pure Land, the nembutsu is taken to be fundamental."[8] The Name is root and wellspring that manifests the working of reality or wisdom-compassion in a person's existence at every step of the advance toward awakening.

Thus, in Shinran's understanding, Hōnen's guidance possesses a twofold dynamic. On a discursive level of intellectual deliberation, a horizontal vector of dialectical reasoning moves steadily to eliminate ego-centered prejudices and anachronistic valuations. This is Hōnen's logic of *senjaku* or selection/rejection, which reflects his mastery of Buddhist teachings and his skill in communicating the Pure Land path. But it is not that this reasoning can proceed solely within the framework of our ordinary perspectives. Shinran's encounter with Hōnen moves through a span of one hundred days of query and doctrinal instruction, but the paradigm of this encounter is given in the Rokkakudō retreat, where three months of silent waiting in patient prayer is met by sudden revelation. This breaking into our awareness from beyond its horizons is a second, vertical vector, arising from the reality of Buddha's enlightenment and both intersecting and enabling the first. That is, Hōnen's teaching moves his listeners toward a rupture of their accustomed world, which not only allows for the functioning of the Primal Vow, but also in fact is brought about from the outset by it. The rejection of self-power can progress only on the basis of an interruption—by what is genuinely other—of our ordinary thinking and the presuppositions that inform the world of our attachments. For Shinran, Hōnen's teaching operates along these two vectors at once.

The necessary fusion of the two passages from the opening and the close of *Senjakushū* is indicated not only by their placement together in "Chapter on Practice," but also by the concluding comment that Shinran adds immediately following, which characterizes the nembutsu thematized in the two passages together by adopting an additional term from *Senjakushū*

("not-directing," *fu-ekō*) :

> Clearly we know, then, that the nembutsu is not a self-power practice performed by foolish beings or sages; it is therefore called the practice of "not-directing virtue [on the part of beings]" ("Chapter on Practice," § 69, CWS I : 53, SSZ II : 33).

In Chapter 2 of *Senjakushū*, Hōnen draws five contrasts between two kinds of practice directed toward birth in the Pure Land: that centered on Amida Buddha (right practice) and that centered on other buddhas and bodhisattvas (miscellaneous practice). The former is characterized by intimacy with, nearness to, and uninterrupted mindfulness of Amida Buddha, while the latter is characterized by remoteness and distance from the Buddha, with only intermittent contact. Further, miscellaneous practice requires that the practitioner deliberately direct any merit toward birth in the Pure Land, while those of the right practice of saying the nembutsu need not direct merit because all necessary practice is already embodied in the Name of Amida.

Shinran does not, like Hōnen's other disciples, follow the master in employing Shandao's notion of the three relations (*san'en*, 三縁) between the person of right practice and Amida Buddha. This teaching states that when a person calls the Name, Amida hears it; when a person bows in reverence, Amida see her in his heart; and when a person constantly thinks on the Buddha, Amida is aware of it. Instead of these powerful images of reciprocal interpersonal relatedness, Shinran reinterprets Hōnen's fourth contrast mentioned above, "not directing merit." For Shinran, this is not simply a matter of all necessary practice being already encompassed in the Name of Amida, so that no practice other than nembutsu is required. Rather, a person's not accumulating and directing merit toward attainment of birth is the negative face of openness to Amida's active working, the Buddha-mind turning itself over to and pervading the existence of the person. "Not directing merit" (*fuekō*) in Hōnen's dialectical teaching points toward Shinran's affirmative reinterpretation as Amida's directing (*ekō*) the awakened mind of truth and re-

ality to beings in the form of realization of *shinjin*. This is the fusion of horizontal and vertical movements in Shinran's presentation of Hōnen's teachings in his own writings. Because the event of encounter occurs at the juncture of these two vectors, it may be said both that the horizontal movement allows for the occasion of emergence and that the vertical movement enables the moment of encounter. Hōnen's logic of selection/rejection appears to emphasize the temporal and intellectual process of advance toward taking refuge in the nembutsu, but at the same time, Shinran seeks to reconstrue the entire process within the activity of the Buddha's vow.

In Shinran's view, it is easy to misinterpret Hōnen's doctrinal elaboration of the teaching by failing to release oneself to its dynamic, seeking instead to grasp it within the coordinates of ordinary value judgments and reasoning. When this happens, one is apt to fall into a merely abstract, intellectual grasp given to doubts and such quandaries or indulgences as those surrounding the debate over once-calling and many-calling. From the stance of entry into the path, it is possible to perceive the working of the vow at each point leading to actual encounter. It is from this perspective that a genuine grasp of Hōnen's teaching can occur.

Shinran's Hermeneutics of Entry

As we have seen, Shinran does not attempt to elucidate Hōnen's teaching merely by reaffirming or supplementing its arguments of particular issues.[9] Rather, his effort is fundamentally hermeneutical. He seeks to reestablish its overall contours and meaning—to bring it back into focus at a time when it appears to be widely misunderstood—by contextualizing it in a way that draws forth its transformative core. This involves reasserting an encompassing framework, one perhaps not immediately apparent to those lacking the opportunity to face the master directly. This framework is the working of awakening or suchness (as Amida Buddha, vow, Name) that enables the event of encounter with the nembutsu.

Thus, unlike Hōnen's dialectical logic that advances the divesting of alternatives, Shinran's logic is characterized by the simultaneity or superposi-

tion of polarities. It may be said to be dialectical in that, while linking opposites, it preserves an inner tension without moving toward simple synthesis or resolution. Shinran's distinctive and profound concern with dimensions of contracted and expanded time stems from this logic of simultaneity and oppositional force.

This is not to say that Hōnen's pattern of abandonment and adoption is absent from Shinran's writings, but it is exceedingly rare. No doubt the closest parallel in Shinran to Hōnen's words in the quotation from "Chapter on Practice" is the passage known as "turning and entering through the three Vows" (*sangan tennyū*; this term, however, is not Shinran's):

> Thus I, Gutoku Shinran, disciple of Sakyamuni, through reverently accepting the exposition of [Vasubandhu,] author of the *Treatise*, and depending on the guidance of Master [Shan-tao], departed everlastingly from the temporary gate of the myriad practices and various good acts and left forever the birth attained beneath the twin sala trees. Turning about, I entered the "true" gate of the root of good and the root of virtue, and wholeheartedly awakened the mind leading to the birth that is noncomprehensible.
>
> Nevertheless, I have now decisively departed from the "true" gate of provisional means and, [my self-power] overturned, have entered the ocean of the selected Vow. Having swiftly become free of the mind leading to the birth that is noncomprehensible, I am assured of attaining the birth that is inconceivable. How truly profound in intent is the Vow that beings ultimately attain birth! ("Chapter on Transformed Buddhas and Lands," § 68, CWS I : 240, SSZ II : 166)

Much has written about this passage, which is virtually unique in Shinran's own writings in tracing a process of passage from self-power to Other Power modes of engagement with the teaching in personal terms. It has given rise to a variety of attempts to locate the conversions to the "true gate" and "ocean of the selected Vow" at specific points in Shinran's career. Thus, while

the *Senjakushū* passage sets forth a formal, abstract sequence of decisions or choices any Buddhist practitioner can navigate in arriving at refuge in Hōnen's nembutsu path, Shinran's own "confessional" version possesses existential concreteness. Here I note three qualities relevant to our concerns with Shinran's evocation of the encounter with the teaching: it is spoken of —perhaps it can only be spoken of—from the perspective of already having come to stand within "the ocean of the selected Vow"; the process of engagement is enabled by Amida's vows themselves; and Shinran repeatedly employs spatial imagery of turning and entering to characterize the process. For the sake of brevity, I will focus here on the spatial imagery (gate, turning and entering, attaining birth beneath trees, ocean, etc.), which is largely absent from Hōnen's passage. Shinran employs it to evoke the condition of the nembutsu practitioner in the present. In other words, he represents stages along the path not as a series of doctrinal choices, but in terms of states or conditions characterized by particular mindsets and worldviews. The person of the nembutsu comes to occupy a certain kind of world. Moreover, it is not a person's own decision that can move one from one orientation to another, for it requires the capacity not to expand or incorporate, but rather to fundamentally displace one's horizon and enter another. This capacity must in itself arise from without; ultimately, it must occur as the working of the primal vow. We do find a usage of spatial imagery similar to Shinran's in a third passage from *Senjakushū* in *Kyōgyōshō monrui*, one not given as a quotation but adapted in *Shōshinge*:

> Return to this house of transmigration, of birth-and death,
> Is decidedly caused by doubt.
> Swift entrance into the city of tranquility, the uncreated,
> Is necessarily brought about by *shinjin*. (CWS I : 73, SSZ II : 46)

The passage on which these lines are based, from Hōnen's "Chapter on the Three Minds," reads: "Know that with doubt one remains in the house of birth-and-death; with faith one is able to enter the city of nirvana"当知生死

之家以疑為所止涅槃之城以信為能入. Shinran reproduces this passage together with the two above (§67and§68, "Chapter on Practice") in *Songō shinzō meimon* as the words of Hōnen expressing his teaching on altar-scroll portraits him. For Shinran they form a triptych or set of three aspects of entry into the world of *shinjin*. The first expresses the underlying, enabling working of wisdom-compassion; the second, a dialogical process of encounter with the teaching; and the third, the transformation or conversion from a condition labeled "doubt" to realization of *shinjin*.

Shinran's exposition turns finally on indicating the locus, in both spatial and temporal terms, at which the activity of enlightened wisdom-compassion and a person's samsaric existence intersect. For himself, this was the point of engaging Hōnen, and however else this intersection might occur, there is a suggestion in Shinran's writings of the impact of personal encounter both to disrupt and to guide. In "Chapter on Shinjin," §33, he quotes the *Nirvana Sutra*:

> [T] here are two kinds of *shinjin*: one is to believe that there is enlightenment, and the other, to believe that there are people who have attained it. This person's *shinjin* is belief only that enlightenment exists and not that there are people who have attained it. Therefore it is called "imperfect realization of *shinjin*." (CWS I : 100, SSZ II : 63)

An abstract grasp of doctrine by itself is inadequate; one must come to know directly and immediately there are those of attainment. This implies a living, personal encounter.

Hōnen's Teaching in Shinran's Writings

Perhaps the most striking and often quoted statement from Hōnen in Shinran's later writings, from the final two decades of his life, is, "No working is the working" (*gi-naki o gi to su*). In his writings in Japanese, particularly his letters, Shinran not only repeatedly quotes this paradoxical phrase, but expressly attributes it to his teacher. To give several examples:

Other Power is the entrusting of yourself to . . . the Primal Vow of birth through the nembutsu, which Amida selected and adopted from among all other practices. Since this is the Vow of Tathagata, Hōnen said: "In Other Power, no working is true working." "Working" is a term connoting calculation. Since the calculation of the person seeking birth is self-power, it is "working." Other Power is entrusting ourselves to the Primal Vow and our birth becoming firmly settled; hence, it is altogether without one's own working. (*Mattōshō*, Letter 2, CWS I : 525, SSZ II : 658-659)

Know that *shinjin* is the true intent of the Pure Land teaching. When one has understood this, then as our teacher Master Hōnen declared, "Other Power means that no working is true working." "Working" [that is negated] is the calculating heart and mind of each practicer. As long as one possesses a calculating mind, one endeavors in self-power. You must understand fully the working of self-power. (*Songō shinzō meimon*, CSW I : 520, SSZ II : 602-603)

Other Power means that no working is true working. "Working" is the practicer's calculating and designing. Tathagata's Primal Vow surpasses conceptual understanding; it is the design of the wisdom of Buddhas. It is not the design of foolish beings. . . . Thus, the great teacher Hōnen said, "No working is [true] working." My understanding has been that nothing apart from this realization is necessary for the attainment of birth into the Pure Land; therefore, what others may say is of no concern to me. (*Mattōshō*, Letter 7, CWS I : 533, SSZ II : 667)

"Other Power" means that there is no room for the slightest particle of calculation on the part of the practicer. For this reason, it is said that no working is true working. The great master [Hōnen] said, "Beyond this, nothing need be said. Simply entrust yourself to the Buddha." (*Goshōsoku shū, Zenshō-bon*, Letter 7, CWS I : 574, SSZ II : 715)

We see from these examples that Shinran seeks repeatedly to communicate to his followers the “true significance of the Pure Land path” (*jōdoshū no seii* 浄土宗の正意) by referring to these words of Hōnen.

This phrase came to be widely used in the nembutsu movement stemming from Hōnen, though with varying interpretations. In the case of Hōnen, it appears to have been employed most frequently in relation to the nembutsu, to express, through its seemingly paradoxical surface, that (i) the nembutsu teaching is precisely such as not to require a profound intellectual comprehension of its doctrinal underpinnings or justification, and those who regard such understanding as essential in fact exclude themselves from its reach by clinging to their own powers ; and (ii) the performance of vocal nembutsu should be undertaken precisely without concern about the qualities of one's performance—length of time, occasion and circumstances, number of utterances, mental attitude—for practitioners with such concerns in fact fail to entrust themselves to it. To take examples of similar usage that may illumine the meaning of the phrase from *Ichigon Hōdan*『一言芳談』:

> To speak deeply about the meaning of the nembutsu is, on the contrary, a sign of shallowness. Even though your reasoning not go deep, if only your aspiration is deep, you are certain to attain birth.

> The way to say the nembutsu lies in having no “way.” If you just say it earnestly, without taking account of your conduct or the good and evil of your heart, you will attain birth.[10]

It appears that paradox is used to impress upon listeners the radical, transformative significance of Hōnen's Pure Land path by highlighting the inherently self-contradictory character of all forms of human endeavor to engage the nembutsu.

In relation to our concerns in this article, we note here simply that Shinran shifts the force of the expression and discloses its affirmative meaning by employing it to characterize not nembutsu practice in itself or its doc-

trinal rationalization, but its embodiment of Other Power—not the stance of the practitioner alone, but as contextualized within the working of Buddha.[11] In this way, Shinran brings the phrase into alignment with the pattern of Hōnen's teaching as he encountered and received it directly from the master, as seen in the various phases depicted in his words and writings. *Gi-naki o gi to su* becomes the compressed expression of the intersection of vectors, negative and affirmative, so that the very stripping away of ego-attachment in religious endeavor and the resulting condition in the present come to be seen, perhaps most clearly in retrospect and in self-reflection, as themselves the activity of wisdom-compassion.

Abbreviations

CWS Dennis Hirota et. al., trans. and ed., *The Collected Works of Shinran*. Kyoto: Jōdo Shinshū Hongwanji-ha, 1997. 2 volumes.

SSZ *Shinshū shōgyō zensho*. Kyoto: Ōyagi Kōbundō, 1941.

Tannishō The translations from *Tannishō* are adapted from the two translations in Dennis Hirota, trans., *Tannishō: A Primer*. Kyoto: Ryukoku University, 1982. Also see CWS I: 661-682.

1) Natsume Sōseki, "Mohō to Dokuritsu," in Miyoshi Yukio, ed., *Sōseki bunmei ronshū*, (Iwanami Bunko, 1986).

2) Based on other passages in Sōseki's essay. See my book *Asura's Harp: Engagement with Language as Buddhist Path* (Heidelberg: Universitätsverlag Winter, 2006).

3) In "Postscript"「後序」to *Kyōgyōshō monrui* (*Ken jōdo shinjitsu kyō gyō shō monrui*, 『顕浄土真実教行証文類』*A Collection of Passages Revealing the True Teaching, Practice, and Realization of the Pure Land Way*), stated in regard to Hōnen's *Senjakushū*『選択集』(*Senjaku* [or *Senchaku*] *hongan nembutsu shū*, 『選択本願念仏集』*Passages on the Nembutsu Selected in the Primal Vow*).

4) Quoted in Isaiah Berlin, *The Hedgehog and the Fox: An Essay on Tolstoy's View of History* (New York: Simon and Shuster, 1963), p. 1.

5) We should also note Shinran's considerable energy in compiling a major early collection of Hōnen's writings, *Saihō shinan shō*, which includes shorter works, letters, responses to questions, and records of spoken words. These works also do not ap-

pear directly as quotations in Shinran's writings, but surely his intent is that they be preserved and read.

6) I follow the reading of Imai Masaharu, who has pointed out that the verb forms employed by Eshinni indicate that she directly witnessed these encounters and suggests that she herself had already been a member of Hōnen's following at the time. See Imai Masaharu, *Shinran to Eshinni*, (Kyoto : Jishō Shuppan, 2004).

7) In Adriaan T. Peperzak, Simon Critchley, and Robert Bernasconi, eds., *Emmanuel Levinas : Basic Philosophical Writings*, (Bloomington and Indianapolis : Indiana University Press, 1996), p. 104.

8) There is a slight difference between Shinran's quotation and the most widespread version of Hōnen's text, representing perhaps some authorial variation in choice among synonyms. The common text has "foremost" (*saki*, 先) and Shinran's copy has "fundamental" (*hon*, 本). Although basically indistinguishable in meaning, Shinran's *hon* is appropriate to the central meaning he emphasizes in Hōnen's expression.

9) It is said that Shinran's treatment of *bodhicitta*, for example, is a direct response to Myōe's criticisms of *Senjakushū*. This may well be the case, but it should also be noted that the structure of Shinran's discussion replicates in form the logic of intersection and of spatial "worlds" of apprehension that we have been examining in this article. There is a crossing of two pairs of bipolar terms—"lengthwise"-"crosswise" and "departing"-"transcending"—to form four quadrants or categories of Buddhist path in relation to the mind aspiring for enlightenment (*bodaishin, bodhicitta*).

10) Dennis Hirota, trans., in *Plain Words on the Pure Land Way : Words of the Wandering Monks of Medieval Japan* (Kyoto : Ryukoku University, 1989). The original text may be found in Miyasaka Yūshō, ed., *Kana hōgo shū, Nihon bungaku taikei*, volume 83 (Iwanami Shoten, 1964), p. 189.

11) While *gi-naki o gi to su* is used in regard to nembutsu in *Tannishō* 10, in Shinran's own writings its topic is Other Power, and it is not used to characterize nembutsu directly.

* An earlier version of this essay has appeared in Japanese translation in Bukkyō Daigaku hen, *Hōnen Bukkyō to sono kanōsei* (Kyoto : Hōzōkan, 2012).

Shinran's Rejection of Deathbed Rites

Jacqueline I. Stone

In 1259 and 1260, famine and disease devastated Japan's eastern provinces. Shinran (1173-1262)—later revered as the founder of Jōdo Shinshū, or the True Pure Land sect—wrote to his follower Jōshin-bō expressing sorrow that so many people, old and young, had died. Then he added, "Personally, I attach no significance to the manner of one's death, good or bad. Those in whom faith is established have no doubts; therefore they dwell in the company of those certain to be born in the Pure Land (*shōjōju*). And for that reason, their end is auspicious, even if they are foolish and ignorant."[1] Jōshin-bō had perhaps seen fellow believers die of hunger and sickness, and Shinran's letter reassured him that, because of their faith, those people had nonetheless been born in the Pure Land of the Buddha Amida (Skt. Amitābha, Amitāyus). But at the same time, his words—"I attach no significance to the manner of one's death, good or bad"—ran contrary to religious attitudes of the day. For many of Shinran's contemporaries, nothing in life was more significant than one's manner of leaving it. Only those who died peacefully, with their minds focused on Amida or some other buddha or bodhisattva, were believed to escape saṃsāra, the miseries of deluded rebirth, and achieve birth in a pure land (*ōjō*). Once born in a pure land, one's enlightenment was assured, so in effect liberation itself depended on one's mental attitude at the end. For Shinran, however, efforts to control one's dying thoughts in order to reach the Pure Land were incompatible with his insight that salvation—ōjō—occurs, not as the consequence of human striving in reliance on one's own efforts (*jiriki*), but solely through reliance on the power that is "Other" (*tariki*), that of Amida's original vow to save all who place faith in him. Shinran's dismissal of the need for correct mental focus in one's last moments

was radical and profoundly counter-intuitive, even within the exclusive nenbutsu movement. In this essay I first seek to illuminate Shinran's distinctive position by contrasting it with that of the mainstream Pure Land thought of Japan's Heian (794-1185) and Kamakura (1185-1333) periods and with the teachings of Shinran's teacher Hōnen as well as other exclusive nenbutsu figures. I then return to Shinran's dismissal of the significance of one's manner of death as an expression of his absolute reliance on Amida's vow and also touch on the question of how thoroughly his followers accepted it.

The Last Moment in Mainstream Pure Land Thought

The idea that one's dying thought influences one's next rebirth predates the historical Buddha and is found in most Indian religions, Buddhism included.[2] In the Mahāyāna, it developed in connection with aspirations for birth in the superior realms of buddhas and bodhisattvas, especially Amida's Land of Bliss (Skt. Sukhāvatī, Jpn. Gokuraku) said to lie in the western quadrant of the universe. We find this idea in the *Contemplation Sūtra*, which says that Amida, together with his holy assembly, will descend in welcome (*raigō*) to receive devotees at the moment of their death and escort them to his pure land. This sūtra promises that even the most evil persons, if they encounter a good teacher who instructs them at the time of death so that they are able to sustain ten consecutive thoughts of Amida and chant his name, shall, with each thought, erase the sins of eight billion kalpas and be born in the Pure Land.[3]

In Japan, this idea was popularized by the Tendai scholar-monk Genshin (942-1017) in his famous *Ōjō yōshū* (Essentials of Birth in the Pure Land). In this work Genshin explained how deathbed practice should be conducted so as to ensure right mindfulness at the last moment (*rinjū shōnen*).[4] Genshin drew on the vinaya commentary of the Chinese master Daoxuan (596-667), who had described how dying monks were purportedly treated at the Jetavana monastery in Śrāvastī in India.[5] The dying, Daoxuan says, should be removed to a separate structure called the Hall of Impermanence (*mujōin*), where the sight of their possessions and familiar surroundings will

not arouse thoughts of worldly attachment. There, a buddha image should be installed, and a cord woven of five-colored threads should be tied to its hand. The dying person should be made to sit or lie down facing west and to hold the other end of the cord, to help generate thoughts of following the Buddha to his pure land. Flowers should be scattered and incense burnt, to create a dignified atmosphere. Genshin also cited the Chinese Pure Land teachers Daochuo (562-645) and Shandao (613-681) on advice to the *zenchishiki* (Skt. *kalyāṇamitra*, literally "good friend"), or spiritual guides in attendance at the deathbed. These persons should protect the dying from worldly distractions and monitor their dying visions, which were thought to presage one's rebirth realm. If the dying report seeing flames or other frightful images, the *zenchishiki* should assist them to perform repentance. Above all, they should chant together with the dying to ensure that they complete the final ten nenbutsu. Genshin himself recommended that dying persons visualize Amida Buddha descending in welcome with his attendant bodhisattvas and enveloping them with his radiant light; by so doing, he says, they will eradicate all their past misdeeds. Genshin also quoted the *Dazhidu lun* (Treatise on the Perfection of Wisdom), which says that "one's last thought at death outweighs the practice of a hundred years" and maintained that the nenbutsu chanted at the moment of death possesses a far greater power than it does at ordinary times.[6)]

The form of deathbed practice that Genshin described was put into practice by a group of his fellow Tendai monks called the Twenty-five Samādhi Society (Nijūgo zanmai-e), formed in 986, who vowed to assist one another in chanting nenbutsu at the time of death. Their practices were adopted at other monasteries and then spread to lay devotees, first among the aristocracy and then across social levels. Scholar-monks of various lineages composed similar instructions for deathbed rites, accomodating Genshin's instructions to the practices and teachings of their particular school. The ideal of a mindful death was celebrated in a genre of religious literature known as *ōjōden*, accounts of men and women believed to have been born in Amida's Pure Land. The subjects of these biographies invariably die calmly,

chanting the nenbutsu and facing west, toward Amida's Pure Land. Dying in this exemplary fashion was considered both the immediate cause for achieving ōjō and a proof that it had occurred. As additional evidence, wondrous signs at the time of death—such as purple clouds rising in the west, music heard in the air, unearthly fragrance in the death chamber, or unusual preservation of the body—were often reported, not only in hagiographic literature such as ōjōden, but also in courtier diaries and other historical documents.[7)]

Belief in the power of one's last thought meant, as the *Contemplation Sūtra* says, that even the most ignorant or sinful person, by chanting the name of Amida at the end, could be born in his pure land. But by the same principle, no matter how earnestly one might have practiced throughout life, a single wrong thought at the last moment could send one plummeting down into the hells or other evil realms. The circumstances of one's death are difficult to control, and people worried that accident, sudden death, senility, or excruciating pain might rob them of the opportunity to chant nenbutsu at the end, condemning them to miserable rebirths. Such anxieties were expressed, if not generated, by didactic tales on the theme of otherwise holy men defeated by a single delusory thought at the end. In one such story, a devout monk, contrary to all expectation, fails to achieve the Pure Land and is reborn a snake because, even while chanting his last nenbutsu, he happens to notice a vinegar jar on the shelf and dies wondering who will inherit it.[8)] Bad deaths exacerbated the grief of relatives and associates, who feared for their deceased's postmortem fate. A religious teacher whose death fell short of the mark might even become a target of criticism, especially if he headed a new and controversial religious movement. The Tendai cleric Jien (1155-1225) wrote in his diary that there had been "nothing remarkable" about the death of Hōnen (1133-1212), founder of the independent Jōdo or Pure Land sect, and that his ōjō was therefore "by no means a certain thing."[9)] *Nomori no kagami*, a late thirteenth-century treatise on poetics attributed to Minamoto no Arifusa, similarly criticized the death of Ippen (1239-1289), founder of the mendicant Pure Land order known as the Jishū, saying that not

only was there no sign of Amida's descent, but Ippen's body was in such a dreadful state that his disciples had to hurry to cremate him before others could see it.[10] People of Heian and Kamakura Japan offered prayers, copied sūtras, made pilgrimages, dedicated Buddha images, and performed all sorts of meritorious acts in hopes of achieving a death with correct mental focus. Belief in the power of one's last thought undeniably gave hope that even the most ignorant or sinful persons, by chanting the name of Amida at the end, could be born in his Pure Land. But it also inspired considerable anxiety about what would happen if one's last moments did not go as planned.

Hōnen's Teachings on the Last Moment

How was the ideal of "right mindfulness at the last moment" received in the exclusive nenbutsu (*senju nenbutsu*) movement? This movement was initiated by Hōnen, who denied the need for traditional disciplines such as precept-keeping, meditation, and study, and instead promoted the chanted nenbutsu as the only practice suited to the capacities of all men and women in the degenerate Final Dharma age (*mappō*). This was not his own arbitrary choice, Hōnen said; Amida Buddha himself had selected the invocation of his name as the practice according with his original vow and the sole act upon which ōjō depends. Hōnen was deeply committed to this practice and chanted sixty or seventy thousand nenbutsu a day. But what mattered most in chanting, he taught, was an underlying spirit, not of amassing merit through one's own efforts, but of faith in the transcendent "Other Power" (*tariki*) of Amida's compassionate vow. This attitude of utter trust in the Other Power of Amida's vow seems at odds with efforts to control and direct one's last thoughts through the ritual means of deathbed practice. Yet the ideal of dying in a state of right mindfulness was deeply entrenched in the religious culture of medieval Japan, and Hōnen struggled to reconcile it with his emphasis on *tariki*.

Hōnen's absolutizing of the invocational nenbutsu had several important consequences for his understanding of the last moment. First, it led him to deny the conventional idea that the deathbed nenbutsu possesses a particu-

lar efficacy transcending that of ordinary times. Because the nenbutsu is the sole practice according with Amida's vow, he said, it is always fully endowed with all of Amida's merits. "What difference could there be between the nenbutsu at ordinary times and the nenbutsu at the time of death?" Hōnen asked. "Should one die while chanting nenbutsu as one's ordinary practice, then that is the deathbed nenbutsu, and should one's deathbed nenbutsu be prolonged, that becomes the nenbutsu of ordinary time."[11] This understanding led him to reconceive the causality of the *raigō* from an "Other Power" perspective. Conventional wisdom held that the practitioner's pure mental focus at the moment of death is what causes Amida and his attendants to descend in welcome. For Hōnen, however, it was the other way around: Amida comes to welcome the dying because of the nenbutsu that they have chanted all along, and it is Amida's appearance before the dying that enables them to dwell in right mindfulness, filled with joy and reverence, all thoughts of worldly attachment driven from their minds.[12]

In short, Hōnen understood the deathbed nenbutsu, less as a matter of exerting control over one's last moments, than of entrusting oneself to Amida's compassion. For that reason, he sometimes deemphasized some of the ritual aspects of deathbed practice, especially in his later writings.[13] In response to his followers' questions, he said that one need not form Amida's-meditation mūdra (*jōin*) at the time of death, as the *gasshō* gesture would suffice, nor did one have to hold the five-colored cords or even face a buddha image; the crucial thing was simply to chant the nenbutsu.[14] Hōnen is said to have refused on his own deathbed to take hold of the cord fastened to the hand of the buddha image, saying, "That is people's usual way of practice, but it is not necessarily appropriate for me."[15] He also said that one need not even have a *zenchishiki* or spiritual guide in attendance during in one's last hours. In a famous letter, Hōnen declined a request from the nun Shōnyo-bō (d. 1201), a daughter of the retired emperor Goshirakawa, to serve as *zenchishiki* at her deathbed, as he had just embarked on an intensive nenbutsu retreat. "You should abandon desire for a *zenchishiki* who is an ordinary worldling and rely on the Buddha as your *zenchishiki*,"[16] he told her.

And for warriors dying on the battlefield, Hōnen taught that simply to utter the nenbutsu at the last moment would be sufficient.[17]

However, Hōnen did not actively reject traditional deathbed conventions, such as withdrawing to die in a special practice hall where a buddha image is enshrined. He himself even served on occasion as spiritual attendant at the deathbed of his disciples and lay patrons.[18] More significantly, his stance of wholehearted reliance on Amida's vow in no way altered for him the decisive nature of the last moment and the need to be chanting the nenbutsu at that time. He admonished:

> Even though you may have admirably accumulated the merit of the nenbutsu over days and years, if you should meet with some evil influence at the time of death and in the end give rise to evil thoughts, you will lose [the opportunity of] birth in the Pure Land immediately after death and be swept away to suffer in the currents of saṃsāra for another lifetime or two....Constant diligence in chanting nenbutsu is the only way to be sure of ōjō.[19]

He is even said to have remarked: "Sometimes one dies from choking on food while eating. You should chant 'Namu-Amida-butsu' whenever you chew and 'Namu-Amida-butsu' whenever you swallow."[20] Thus in Hōnen's thought a tension remains between his spirit of reliance on Amida's original vow and his insistence on the need to be chanting nenbutsu in one's final moments.

Deathbed Practice among Hōnen's disciples

After Hōnen's death, his following split into a number of lineages emanating from his leading disciples. All Hōnen's followers stressed salvation through faith in the power of the Amida's vow, expressed in the chanting of the nenbutsu. But they divided along a spectrum of interpretation. At the conservative end were those who stressed cultivating faith through cumulative nenbutsu chanting up until the end of life and also recommended supporting

practices, such as sūtra recitation, meditation, or precept observance, subsuming these traditional disciplines within a *tariki* interpretive framework. At the other end was a more radical group that stressed a sudden transformative experience of salvation through faith, which they held to be Amida's gift and not an effort exerted by the believer.[21)]

As one might expect, the conservative faction insisted upon the importance of deathbed practice to ensure that devotees were chanting the nenbutsu at the time of death. We see this, for example, in writings of the Chinzei lineage, beginning with Hōnen's immediate disciple Benchō (a.k.a. Ben'a or Shōkō, 1162-1238), who spread Hōnen's teachings in Kyushu. Benchō adhered closely to the precedents laid down by Shandao, Genshin, and others. He writes: "One should set up before the sick person a buddha image and that individual's personal sūtra, being sure to attach the cords, ready lamps, burn incense, and provide flowers. Without fail one should strike the chimes and chant the nenbutsu, waiting for the dying person's breath to cease and for Amida and Kannon to come in welcome."[22)] Benchō seems to have understood these conventions as observances that Hōnen himself had mandated.

Benchō's successor Ryōchū (a.k.a. Nen'a, 1199-1287) compiled a set of instructions for deathbed practice (*rinjū gyōgisho*) from the standpoint of the exclusive nenbutsu, one of the first works of this kind to be written in vernacular Japanese. Titled *Kanbyō yōjin shō* (Admonitions in Caring for the Sick), this work contains detailed instructions for nursing and encouraging the terminally ill and became enormously popular, even outside Pure Land circles. It also reflects the same tension that we see in Hōnen's teaching between absolute reliance on Amida's vow and the importance of one's last nenbutsu. Attendants should assure the dying that, because of their prior devotion, Amida will surely come for them at the time of death, and they will receive the Buddha's protection, enabling them to dwell in right mindfulness at the final moment. Without the power of Amida's vow, Ryōchū says, ordinary worldlings like ourselves would have no hope of birth in the Pure Land. But for that very reason, he maintains, it is essential to be chanting the nenbutsu at the end. No matter how terrible the pains of dying, one must not

become distracted even for an instant. One's entire lifetime of nenbutsu practice has been solely for the sake of this crucial moment, so how could one relax one's efforts now? To slip up at the last moment would mean falling back into the samsaric realms. Attendants should chant continuously to ensure that the dying person hears the Buddha's name and do all in their power to keep him or her conscious, alert, and able to chant the ten final nenbutsu.[23)]

For conservatives like Benchō and Ryōchū, deathbed rites to ensure right mindfulness at the end remained crucial. But what about the more radical among Hōnen's followers, those who stressed, not the cumulative momentum of daily practice, but union with Amida Buddha in the nenbutsu of the present moment? This position was represented by the Seizan lineage, initiated by Hōnen's disciple Shōkū (1177-1247). Shōkū and his followers had their base among the Kyoto aristocracy, and Seizan teachings show strong influence of medieval Tendai original enlightenment doctrine (***hongaku hōmon***). Based on his own understanding of Other Power, Shōkū held that the nenbutsu was not a practice initiated by the believer but Amida Buddha's own act of uniting the believer with himself. In chanting the nenbutsu with this understanding, Shōkū taught, one enters a nondual realm in which linear time collapses, and Amida's primal vow to realize buddhahood and the salvation of the devotee are both realized simultaneously. Similar ideas of the immediate realization of ōjō, each with its own emphasis but all involving a radical overturning of the mind that relies on self-power, occur in the teachings of Shinran; the Jishū leader Ippen, who, though not in Hōnen's direct lineage, had studied for a time with some of Shōkū's disciples; and Ippen's successor Ta'a Shinkyō (1237-1319). None of these teachers denied the conventional notion of birth in Amida's western Pure Land at the time of death, which they anticipated as a real event. But they saw that future birth as grounded in a transcendence of self in union with Amida, in which ōjō is realized in the faith of the present moment.[24)]

One might expect that these figures embracing some version of the "immediate ōjō" idea would, like Shinran, reject the need for deathbed practice, but this seems not to have been the case. Or at least, we find no explicit

statement to that effect. Shōkū said, "In being embraced by the Buddha, there is no distinction between the moment of death and ordinary time. As far as ōjō is concerned, the moment of death and ordinary time are one."[25] However, this remains a theoretical statement, and it is not clear whether or not it translated into a rejection of deathbed observances. Among teachers of "immediate ōjō," only Shinkyō of the Jishū left detailed comments on how to approach the time of death.[26] Shinkyō taught that for nenbutsu practitioners, now is always the moment of death. "Since the moment of death and ordinary time are not separate, they are not two.... Nonetheless, since you may expect to die at some point, it is vital to continue chanting nenbutsu being constantly mindful that one's [thought at the] last moment will be determined by this present one," he said.[27] Here we see that, while Shinkyō embraced the idea of nondual realization of ōjō in the present moment, that conviction in no way cancelled out for him the need for continual nenbutsu chanting to prepare for the time of death. Shinkyō's emphasis on the absolute power of the nenbutsu led him, like Hōnen, to abridge many of the outward formalities of deathbed practice. Even the warrior cut down on the field of battle, he said, could be born in the Pure Land as long as he chants the name of Amida, even once, before dying.[28] Shinkyō also dismissed the significance of good and evil omens accompanying a person's death; as long as a person died chanting the nenbutsu, then he or she had achieved birth in the Pure Land.[29] The crucial thing, however, was that one did indeed have to "die chanting the nenbutsu," and on this point Shinkyō remained uncompromising. He admonished, "Never, ever conclude that someone reached the Pure Land if he failed to voice the nenbutsu at the time of death."[30] As Shinkyō's example shows, embracing the idea that ōjō is realized in the present moment by no means necessarily entailed rejecting the necessity of the final nenbutsu.

Nevertheless, some exclusive nenbutsu practitioners were, like Shinran, beginning to question the need for deathbed rites in light of the teaching of reliance solely on the Other Power of Amida's vow. Ironically, we know of them chiefly through Benchō, who recorded their views in order to repudi-

ate them. For example (Benchō writes), someone asks: When assailed by the pains of death, ordinary practitioners are disturbed in body and mind and will find it hard to concentrate on Amida. Can't such people achieve ōjō simply by virtue of the nenbutsu they have chanted all along, without a deathbed rite? Benchō retorts that preparing for the last thought is the most essential business of one's lifetime; those who do not chant the nenbutsu at the end do not reach the Pure Land. One who chants the nenbutsu earnestly in life will surely be able to carry out the deathbed practice. Besides, he adds, the whole spirit of the question is misguided; a serious practitioner, in keeping with the virtue of assiduousness (*virya, shōjin*), will strive to do more, not less.[31] Someone else asks: Isn't the presence of a *zenchisihki* redundant for exclusive nenbutsu practitioners, whose ōjō is already assured? Here Benchō counters by noting that Hōnen himself acted in the capacity of *zenchishiki* for his followers. Dispensing with a *zenchishiki*'s help at the time of death is like trying to fly without wings or cross the sea without a boat. "A bold warrior," Benchō says, "in subduing the enemy, makes use of a bow and arrows as well as a sword... a *zenchishiki* is like a great general who arouses the conditions for ōjō." Should one's mind become disoriented at the end, a *zenchishiki* can help one to practice repentance and thus clear away karmic hindrances at the final moment.[32]

Benchō seems to have been especially distressed by "a certain faction" among nenbutsu practitioners who maintained that, no matter how someone dies, as long as he or she chanted the nenbutsu in life, that person has achieved ōjō. He counters:

> A good death is when [the pain of] the last illness abates, so that the dying do not suffer but pass away as though falling asleep, with a composed mind and palms pressed together, having said "Namu-Amidabutsu" as their final words. Or, if purple clouds gather, or if the dying see radiant light or behold a transformation buddha, that signals birth in the Pure Land in the upper grades.... A bad death is when they thrash about, spit blood, or become deranged before dying... All such persons

fall into the three evil paths.[33]

It is irresponsible, Benchō says, to suggest that people who die in agony or in a state of mental confusion have achieved the Pure Land. While we do not know who Benchō was criticizing, the particular position that he rejects here sounds remarkably similar to Shinran's.

Whether they stressed cumulative nenbutsu practice over time or transformation through faith in the nenbutsu of the present moment, the majority of Hōnen's disciples and others influenced by him, like Hōnen himself, emphasized the nenbutsu as absolute. For that reason, they denied any qualitative distinction between the nenbutsu of ordinary time and the nenbutsu of the final moment. Yet precisely because they saw the nenbutsu as absolute, they retained the conviction that one's ōjo in some way depended upon chanting it at the time of death. Thus a tension remains in their teachings between absolute reliance on the power of Amida's vow and the decisive importance of one's last nenbutsu. Scholars have often assumed that Hōnen's exclusive nenbutsu doctrine gave its followers greater confidence in achieving ōjō than that held by their Heian predecessors or those identified with the Buddhist mainstream. Kasahara Kazuo, for example, writes that, before the emergence of the exclusive nenbutsu, "People practiced with the slender hope that, by revering many buddhas and bodhisattvas and engaging in multiple practices, they could perhaps be saved by the Buddha's compassion. They were not able to practice with the conviction that that Buddha would certainly save them. They did not have the self-confidence that arises from single practice."[34] But as long as ōjō still hinged in some sense on the nenbutsu at the time of death, it seems unlikely that the exclusive nenbutsu teaching in and of itself would have been sufficient to alleviate fears about one's last moments.

Shinran's Rejection of Deathbed Practice

Shinran took as his starting point the recognition of human sinfulness and the utter impossibility of extricating oneself from delusion and attachments; even one's good deeds, in his estimation, are tainted by the egocentric calcu-

lation (*hakarai*) that they will rebound to one's credit. But when one abandons all efforts to ensure salvation through one's own virtues and entrusts oneself wholeheartedly to Amida, one is seized by the Buddha's compassion, never to be let go, and faith arises in one's heart. In that moment of entrusting oneself to the power of Amida's vow, Shinran said, one directly achieves birth in the Pure Land (*sokutoku ōjō*). Such persons, who have realized the adamantine mind of faith, experience the "spontaneous raigō" (*ji raigō*) ; that is, Amida and his holy assembly—a vast throng of transformation buddhas and bodhisattvas—surround and protect them, not just at the moment of death but at all times and places.[35] For Shinran, as for other exclusive nenbutsu teachers, the immediate realization of ōjō did not negate birth in the Pure Land as a cosmological destination, which occurs at the time of death. But in his thinking, what guaranteed birth in the Pure Land in the next life was trust in Amida's vow in the present and not one's own efforts in nenbutsu chanting up until the final moment. This conviction led Shinran to the radical step of rejecting deathbed practices altogether. "When faith is established, one's attainment of the Pure Land is also established ; there is no need for deathbed rituals to prepare one for Amida's coming," he wrote.[36] Individuals in whom faith has arisen dwell at the stage of those whose birth in the Pure Land is certain ; thus they are in effect "equal to buddhas."[37] For such persons, any subsequent nenbutsu were uttered solely in gratitude to Amida for a salvation that, in essence, had already been achieved. Whether or not one chanted it at the moment of death was not a crucial issue.

In fact, Shinran said those who await Amida's coming only at the moment of death are not yet fully established in faith. That criticism would have applied to most people of his time, who believed that whether they reached the Pure Land or fell back into the samsaric realms would be determined by their thoughts at the last moment. Shinran allowed that, by the merit of having chanted Amida's name, even people such as these might achieve ōjō at the end of life with the aid of a spiritual guide. But in the meantime, he said, lacking true faith, they must live with anxiety about their salvation, continually anticipating the moment of death.[38]

In sum: Like Hōnen himself, other teachers of exclusive nenbutsu, despite their individual doctrinal emphases, stressed the importance of ongoing nenbutsu practice up until the time of death in order to align oneself with the salvific power of Amida's original vow. They emphasized the nenbutsu as absolute, and for that reason, a tension remains in their approach between trust in Amida's compassion and the need to be chanting the nenbutsu at the final moment. In contrast, what Shinran absolutized was less the chanted nenbutsu itself than the spirit of reliance on *tariki*, and in that shift, the tension dissolves: only faith matters, one's manner of death does not. There is an elegant simplicity, a thorough-going consistency, in Shinran's teaching on this matter, which extends the implications of reliance on Other Power far beyond where others were willing to take it.

Shinran's attitude toward deathbed practice seems to resonate with a personal experience he had in 1231, when he was about fifty. A letter written by his wife Eshinni records that, at that time, Shinran fell seriously ill. In his fever and pain, he found himself unconsciously reciting the text of the *jing* or *Larger Pure Land Sūtra*, which he had memorized in his youth. But then he reflected that the faith given by Amida together with the nenbutsu is complete and perfect in itself and lacks nothing that would need to be supplemented by chanting sūtras. At that point Shinran recognized in himself the stubborn human tendency to attempt to control one's fate through the self-assertion of personal striving. Once this thought occurred to him, he stopped reciting the sūtra, and soon after his fever broke.[39] We can only speculate whether or not this experience may have shaped his later rejection of deathbed rites. In any event, Shinran's utter trust in the salvific power of Amida's vow gave him the courage to relinquish those efforts, so widespread in his day, to control the manner of one's dying and also dispelled for him the anxieties that those efforts entailed.

After Shinran's Death

For those who shared Shinran's faith, his rejection of deathbed practice would have alleviated fears about whether or not one would be able to focus

one's mind on Amida and chant the nenbutsu at the moment of death. One would expect that his followers should have welcomed it. Yet hints in the historical record suggest that not all of Shinran's followers were able to accept his view that one's manner of dying has no soteriological significance. Shinran himself lamented in a personal letter that it was beyond his power to correct fellow practitioners who say they await the coming of Amida at the final moment—indicating that, at least for some, this view remained deeply entrenched.[40] *Tannishō* lists, as one of the "deviations" that arose among followers after Shinran's death, the idea that chanting the nenbutsu at the time of death erases the sins of prior lifetimes and thus enables birth in the Pure Land. *Tannishō* dismisses concern with eradicating sins as a lingering reliance on self-power ; one is saved, not by the eradication of sin, but by the compassion of Amida's vow, which embraces one from the very moment that faith first arises.[41] Yet the very fact that Yuien-bō, the compiler, found it necessary to address this issue suggests that the deathbed nenbutsu may still have been valued by some within the early Shin community. Shinran's great grandson Kakunyo (1270-1351), the third Honganji patriarch, upheld Shinran's position, writing that "attaining birth in the Pure Land by the nenbutsu has nothing to do with whether one's death is good or bad."[42] But Kakunyo's biography of Shinran makes a point of describing him as dying in an exemplary manner: "He lay down on his right side with his head to the north, facing west, and breathed his last, chanting the nenbutsu."[43] It is also suggestive that Kakunyo's son, the Shin evangelist Zonkaku (1290-1373), made a copy of Ryōchū's *Kanbyō yōjin shō*, a text emphasizing the salvific power of the final nenbutsu in a way quite contrary to Shinran's position.[44] While further research would be needed to establish the point, perhaps some minimal form of deathbed observance, such as facing west and chanting Amida's name as described in Shinran's biography, may have been performed in Shin circles, although—like Shin funerals—schematized in a way that stressed reliance on Other Power and not the efforts of the devotee.[45]

Even for those who shared Shinran's view, good deaths among fellow believers may still have carried a profound emotional impact and seemed to

legitimize their faith. Shinran himself was not immune to this response. He once lavishly praised as a sign of exemplary faith the death of a follower, Kakushin-bō, who at the end chanted the nenbutsu and died peacefully with his hands pressed together.[46] Shin orthodoxy holds that that ōjō is assured from the moment that faith first arises and one is enveloped by the power of Amida's compassion, never to be abandoned. But not until the moment of death does one actually go to the Pure Land. Thus even though, in Shinran's teaching, ōjō does not depend upon it, an exemplary death still held attraction as a conclusion befitting a life of faith.

1) *Mattōshō* 6, *Shinran chosaku zenshū* (hereafter *SCZ*), ed. Kaneko Daiei (Kyoto: Hōzōkan, 1964), 588.
2) Franklin Edgerton, "The Hour of Death: Its Importance for Man's Future Fate in Hindu and Western Religions," *Annals of the Bhandarkar Institute* 8, part 3 (1926-1927): 219-49.
3) *Guan* *wuliangshou jing, T* no. 365, 12: 346a.
4) In *Genshin, Nihon shisō taikei* (hereafter *NST*) 6, ed. Ishida Mizumaro (Tokyo: Iwamani Shoten, 1970, 206-17). For a partial English translation of Genshin's instructions, see James C. Dobbins, "Genshin's Deathbed Nembutsu Ritual in Pure Land Buddhism," *Religions of Japan in Practice*, ed. George J. Tanabe, Jr. (Princeton: Princeton University Press, 1999), 166-75.
5) See Koichi Shinohara, "The Moment of Death in Daoxuan's Vinaya Commentary," in *The Buddhist Dead: Practices, Discourses, Representations*, ed. Bryan J. Cuevas and Jacqueline I. Stone (Honolulu: University of Hawai'i Press, 2007), 105-33.
6) *Ōjō yōshū, NST* 6: 290-91. The *Dazhidu lun* reference is at *T* no. 1509, 25: 238b.
7) For more detailed background, see Jacqueline I. Stone, "By the Power of One's Last Nenbutsu: *Deathbed Practices in Early Medieval Japan*," in *Approaching the Land of Bliss: Religious Praxis in the Cult of Amitābha*, ed. Richard K. Payne and Kenneth K. Tanaka (Honolulu: University of Hawai'i Press, 2004), 77-119, and the Japanese sources cited there.
8) *Konjaku monogatari* 20: 23, *Shin Nihon koten bungaku taikei* 36, ed. Komine Kazuaki (Tokyo: Iwanami Shoten, 1994), 273-75.
9) *Gukanshō, Nihon koten bungaku taikei* 86, ed. Okami Masao and Akamatsu Toshihide (Tokyo: Iwanami Shoten, 1967), 295.

10) *Nomori no kagami, Gunsho ruijū* (hereafter *GR*) no. 484 (Tokyo: Zoku Gunsho Ruijū Kanseikai, 1939-1943), 27 : 481a.

11) *Nenbutsu ōjō yōgi shō, Shōwa shinshū Hōnen Shōnin zenshū* (hereafter *HSZ*), ed. Ishii Kyōdō (Kyoto: Heirakuji Shoten, 1955), 686 ; see also *Sanjin ryōkan oyobi gohōgo*, 453.

12) *Gyakushū seppō, HSZ* 276. See also *Hōnen Shōnin goseppō no koto*, 168-69 : "Ōgo no Tarō Sanehide e tsukawasu gohenji," 521-22 ; "Shōnyo-bō e tsukawasu onfumi," 545 ; "Ōjō jōdo yōjin," 563-64 ; *Jōdoshū ryakushō*, 596-97 ; and "Seizanha Gyōkan Gyōei shoden no onkotoba" no. 5, 778. For discussion, see Nabeshima Naoki, "Hōnen ni okeru shi to kanshi no mondai" (1) and (2), *Ryūgaku Daigaku ronshū* 434-435 (1989) : 137-55 (esp. 146-50), and 436 (1990) : 272-99 (275-76), and Nakatomi Itaru, "Hōnen no raigōkan," *Indogaku bukkyōgaku kenkyū* 48, no. 2 (2000) : 679-82.

13) For Hōnen's understanding of deathbed practice, see Suzuki Seigen, "Rinjū gyōgi ni tsuite," *Jōdogaku* 27 (1960) : 393-419 ; Itō Shintetsu, *Nihon Jōdokyō bunkashi kenkyū* (Tokyo: Ryūbunkan, 1975), 46-65 ; and Nabeshima, "Hōnen ni okeru shi to kanshi no mondai" (1) and (2). These studies, however, stress Hōnen's rejection of deathbed formalities and do not underscore his understanding of the last moment as the point at which ōjō is determined.

14) *Ippyaku shijū gokajō mondō* 24 and 26, *HSZ* 652.

15) See for example "Gorinjū no toki monteira ni shimesarekeru onkotoba" no. 4, *HSZ* 724-25. For variant accounts, see *Hōnen Shōnin den no seiritsushiteki kenkyū*, Hōnen Shōnin Den Kenkyūkai (Kyoto: Nozomigawa Shoten, 1961), 2 : 271.

16) "Shōnyo-bō e tsukawasu onfumi," *HSZ* 545. See also *Ōjō jōdo yōjin*, 562-63, and *Ippyaku shijū gokajō mondō* no. 66, 657.

17) "Amakasu Tarō Tadatsuna ni shimesu onkotoba," *HSZ* 717.

18) See Nabeshima, "Hōnen ni okeru shi to kanshi no mondai (2)," 289-290 ; Suzuki, "Rinjū gyōgi ni tsuite," 405-6 ; and Stone, "By the Power of One's Last Nenbutsu," 112n36.

19) "Shichikajō no kishōmon," *HSZ* 814.

20) *Tsune ni ōserarekeru onkotoba, HSZ* 493. See also the very similar statement attributed to Hōnen in *Ichigon hōdan, GR* no. 840, 28b : 290a.

21) On this range of interpretation, see Mark Blum, "Kōsai and the Paradox of *Ichinengi*: Be Careful of What You Preach," *Pacific World*, third series no. 6 (2004) : 57-87.

22) *Jōdoshū meimoku mondō* 3, *Jōdoshū zensho* (hereafter *JZ*), ed. Jōdoshū Kaishū

Happyakunen Kinen Keisan Junbikyoku (Tokyo: Sankibō Busshorin, 1970-72), 10 : 418a. See also *Jōdoshū yōshū* 4 and 6, 210b-12b, 239b-40b, and *Nenbutsu myōgishū* 2, 380a-81b.

23) *Kanbyō yōjin shō*, reproduced in Itō, *Nihon Jōdokyo bunkashi kenkyū*, 447-61 ; see esp. 453-56 (articles 14-19).

24) On Shōkū and the Seizan doctrine of immediate ōjō, especially in comparison with Ippen, see Imai Masaharu, *Jishū seiritsushi no kenkyū* (Tokyo: Yoshikawa Kōbunkan, 1981), 183-90, 214-17 ; Ōhashi Shunnō, *Ippen to Jishū kyōdan* (Tokyo: Kyōikusha, 1978), 33-36 ; Dennis Hirota, *No Abode: The Record of Ippen* (Honolulu: University of Hawai'i Press, 1986), xlvi-lxvi; and Jonathan Todd Brown, "Warrior Patronage, Institutional Change, and Doctrinal Innovation in the Early Jishū," Ph.D. diss. (Princeton University, 1999), 341-48. For comparison of Ippen and Shinran's teachings on this point, see Hirota, ibid., lxxi-lxxviii.

25) *Kangyō gengibun tahitsu shō* 1, *Seizan zensho*, ed. Seizan Zensho Kankōkai (Kyoto: Bun'eidō, 1974), 4 : 267a.

26) For discussion of Shinkyō's teachings on this subject, see Brown, "Warrior Patronage," 348-50, 357-360.

27) Ōhashi Shunnō, ed., *Jishū niso Ta'a Shōnin hōgo* (Tokyo: Daizō Shuppan, 1975), 168-69.

28) Ibid., 150.

29) Ibid., 184

30) Ibid., 151 ; see also Brown, "Warrior Patronage," 332-36.

31) *Jōdoshū yōshū* 4, *JZ* 10 : 210b-211a.

32) *Jōdoshū yōshū* 6, *JZ* 10 : 239b-40b. The quotation is at 240b.

33) *Nenbutsu myōgishū* 3, *JZ* 10 : 380a-b. A similar passage occurs in Benchō's *Jōdoshū meimoku mondō, JZ* 10 : 418b-419a. Hōnen similarly criticizes persons who dismiss prayers for right mindfulness at the time of death as reflecting a lack of faith in Amida's original vow (*HSZ* 814).

34) Kasahara, *Kinsei ōjōden no sekai* (Tokyo: Kyōikusha, 1978), 70.

35) *Yuishinshō mon'i, SCZ* 539.

36) *Mattōshō* 1, *SCZ* 580 ; see also *Mattōshō* 18, 608.

37) *Mattōsho* 7 and 18, 590, 608.

38) "Songō shinzō meimon," *SCZ* 495.

39) *Eshinni shōsoku* 5, trans. James C. Dobbins, *Letters of the Nun Eshinni: Images of Pure Land Buddhism in Medieval Japan* (Honolulu: University of Hawai'i Press,

2004), 30-32. For an interesting perspective on this episode, see Koyama Satoko, "*Eshinni monjo* daigotsū ni miru Shinran no byōki to kyōten dokuju," *Nishōgakusha Daigaku jinbun ronsō* 85 (2010): 1-23.

40) *Mattōshō* 18, *SCZ* 608.

41) *SCZ* 687-88.

42) *Kuden shō* 14, *Shinshū shōgyō zenshū* (hereafter *SSZ*), ed. Shinshū Shōgyō Zensho Hensanjo (Kyoto: Kōkyō Shoin, 1936), 3: 23. Rennyo (1415-1499), famed architect of the Honganji institution, similarly upheld Shinran's position ("Onfumi," Bunmei 4 [1472], 11/27, *SSZ* 3: 406.) See also Kasahara's Kazuo's discussion of Rennyo's position in *Nyonin ōjō shisō no keifu* (Tokyo: Yoshikawa Kōbunkan, 1975), 272-76.

43) *Godenshō* 2: 6, *SSZ* 3: 653. Dobbins points to evidence in Eshinni's letters suggesting that Shinran may not have died in so peaceful and dignified a manner (*Letters of the Nun Eshinni*, 27, 122).

44) Washio Kyōdō, "Kishu Zenji sen to tsutafuru *Kanbyō yōjin shō* ni tsuite," *Bukkyō shigaku* 3, no. 8 (1913): 655-61; Suzuki Seigen, "Kanbyō yōjin shō ni tsuite," *Nihon rekishi* 139 (1960): 108-9.

45) Shin doctrine denies the efficacy of funeral and memorial services as rites of merit transfer. Because all merit comes solely from Amida, there is nothing that ordinary worldlings can do to aid the salvation of the deceased. As Buddhist funerals spread across class levels in late medieval Japan, Shin leaders adopted them, both for economic reasons and to respond to the demands of followers; still, they maintained that funerary and memorial rites are held not for merit transference but simply to honor the deceased and give thanks to Amida. This remains the official stance today. See Mark L. Blum, "Stand by Your Founder: Honganji's Struggle with Funeral Orthodoxy," *Japanese Journal of Religious Studies* 27, no. 3-4 (2000): 179-212.

46) *Mattōshō* 14, *SCZ* 604.

Eshinni in the History of Shin Buddhism

James C. Dobbins

Eshinni 恵信尼 (1182-1268?) is known in Japanese history primarily because she was the wife of Shinran 親鸞 (1173-1262), the founder of Shin Buddhism. I became interested in her three decades ago when I was doing research on Shinran's life and teachings. At the beginning my assumption about Eshinni was that she reflected the stereotypical ideal of the Japanese woman—that is, she was the good wife and the wise mother (*ryōsai kenbo* 良妻賢母). I imagined her to be devoted to her husband, respectful of his teachings, supportive of his religious activities, responsible toward her children, and modest in her behavior—in short, the perfect model for the traditional *bōmori* 坊守, or temple wife, in Shin Buddhism. I think this image of Eshinni is in fact quite prevalent in Japan today. But over the years as I have studied more about her and about the medieval world in which she lived, I have come to imagine Eshinni as much more than this. I now perceive her as a remarkable, independent, and resourceful person in her own right. It is this other Eshinni that I would like to describe here.[1)]

Our knowledge of Eshinni is quite restricted because we have so few historical sources about her. In Shinran's writings there is only one fleeting and oblique reference to her as "your mother the nun" (*haha no ama* 母のあま) in a letter to his son.[2)] Some eighty years later Kakunyo 覚如 (1270-1351), the great-grandson of Eshinni and Shinran, quoted her in his work *Kudenshō* 口伝鈔 ("Notes on Oral Transmissions") of 1331 and indicated that she was the mother of six children.[3)] And two centuries later their descendent Jitsugo 実悟 (1492-1584) listed Eshinni and her children in a genealogy of Shinran's family known as the *Hino ichiryū keizu* 日野一流系図 of 1541.[4)] After that point there are relatively few historical sources on Eshinni. Thus,

she would largely be a figure of our own imagination—the proverbial good wife and wise mother—if it were not for the discovery in the early twentieth century of a collection of her letters known today as the *Eshinni monjo* 恵信尼文書.[5] These rare and remarkable documents have opened a window for us to catch a glimpse of Eshinni's life in ways that were impossible before.

Eshinni's Letters

The Shin Buddhist historian, Washio Kyōdō 鷲尾教導(1875-1928), discovered Eshinni's letters while conducting an inventory of the archives of the Nishi Honganji in 1921.[6] This was a momentous discovery, for secular historians at the time were critical of the embellished sectarian biographies of Shinran that had come down in Shin Buddhism, and a few historians even questioned whether Shinran ever existed, or was just a myth.[7] Eshinni's letters put an end to these suspicions. They provided first-hand evidence that Shinran was a historical figure, and they described several actual events in his life: his status as a hall priest (*dōsō* 堂僧) on Mt. Hiei 比叡, his religious seclusion and revelatory dream at the Rokkakudō 六角堂 temple in Kyoto, his discipleship with the great Pure Land master Hōnen 法然 (1133-1212), and an illness he suffered while living in the Kantō 関東 region during which he decided to quit his incessant and anxious chanting of the *Larger Pure Land Sutra* (*Muryōjukyō* 無量壽經).[8] All these events have become standard material in every modern biography of Shinran, and they make Eshinni's letters perhaps the most important surviving source on Shinran's life. When I first read them many years ago, my primary concern was Shinran's biography. But after finishing them, I came away with a sense that Eshinni's own story had gotten lost amid the search for the historical Shinran. I therefore set about analyzing her letters in an effort to uncover as many insights as possible about Eshinni herself.

At this point I would like to turn to the letters themselves. Eshinni handwrote them in brushed ink on large sheets of paper. They were sent to her youngest daughter Kakushinni 覚信尼 (1224-1283) who was living in Kyoto with Shinran at the time. Most of the letters consist of one page, but a

few are longer than that. Generally, scholars agree that there are a total of ten letters in the set, plus a multipage excerpt from the *Larger Pure Land Sutra.* (A few dissenting scholars have postulated anywhere from nine to eleven letters by arranging the pages differently.[9]) The original sheets are difficult to read because the handwriting is cursive and sometimes illegible. Moreover, some words are marked out or are obscured by crumbled paper or worm holes. Notwithstanding these problems, there is a scholarly consensus today, after decades of meticulous examination, of what the letters say. From internal evidence it is possible to date them at least to the year in which they were written and to arrange them in chronological order. The first one was composed in 1256 when Eshinni was seventy-four years old and Shinran eighty-three. And the last one was written in 1268 when Eshinni was eighty-six, approximately five years after Shinran's death. Thus, the letters are a reflection of Eshinni's life during her twilight years when she was living in Echigo 越後 province far from Kyoto.[10] Based on the subject matter of the letters, they are commonly divided into three groups which, conveniently, correspond to their dating and chronological order.

The first group consists of letters 1 and 2. Both of them were written a couple of months apart in 1256, and both are legal documents known as *yuzurijō* 譲状—that is, letters of transfer or bequest. In them Eshinni granted her daughter ownership of a number of servants, or *genin* 下人. The servants were living with Eshinni in Echigo at the time, and were presumably to go to Kakushinni in Kyoto after Eshinni's death. They were apparently to be Kakushinni's inheritance from her mother. These two letters have very little personal information in them, and they were probably preserved because they were legal documents giving Kakushinni claim to these servants. Eshinni's creation of these documents suggests that she felt perfectly comfortable making decisions for her family and managing her own affairs independently.[11]

The second group in the collection consists of letters 3, 4, 5, and 6. They were all written in 1263—two of them, and probably even a third, written on the same day (2nd month, 10th day). These letters all focus on Shinran.

Eshinni apparently wrote them in response to her daughter's letter notifying her of Shinran's death. Two of the four are fairly long, and contain passages relating historical episodes from Shinran's life. These two letters are, of course, the ones most intensively studied and widely cited by Shin Buddhist historians. Overall, this group of letters reveals Eshinni's utmost reverence for her husband. That reverence is exemplified by a dream that Eshinni recounted in letter 3, in which Shinran was revealed to be a manifestation of Kannon 観音, the attendant bodhisattva of Amida 阿弥陀 Buddha. This was a revelation that Eshinni treasured all her life, which changed the way she looked upon Shinran.[12)]

The third group includes letters 7, 8, 9, and 10. These four were written between 1264 and 1268, several years after Shinran's death and during Eshinni's last few years. This group, more than the previous two, relates Eshinni's daily experiences. They describe her struggle with the afflictions of old age, including forgetfulness and chronic illness. They also express the strong bond she felt to her children, and her yearning for news of her grandchildren. All four letters also touch briefly on the hardships of famine and epidemic, and refer to servants, many of them children, who died as a result. In addition, two letters indicate that Eshinni sought to have a Buddhist monument (*sotoba* 卒塔婆) erected before she died and asked her children to complete it if she could not. In the last letter there are also brief references to the next life—specifically, to the paradise where she would soon be born and where the darkness of this world would be forever behind her. Eshinni expressed the hope that she would be reunited with her daughter Kakushinni there, since they could not meet again in this world. These four letters give us a graphic image of Eshinni herself. She comes across as an engaged and decisive matriarch even in old age and as a person of firm religious convictions.[13)]

Eshinni's Life

Next I would like to give a brief chronology of Eshinni's life, but I must offer a caveat first. Outside of her letters, we have very few reliable sources about

Eshinni, so it is a highly speculative undertaking to construct a biography of her. The primary method of doing so is to map her life story onto Shinran's. What this means is, first of all, that there are significant aspects about her life that we can only guess about. Second, because we must shape her biography around Shinran's, she may appear to be exceedingly deferential to and dependent on him. But that might not be an accurate portrayal of Eshinni. Her letters suggest that she was an intelligent, assertive, and independent-minded woman. In fact, the letters may be the only source that allows Eshinni to step out from Shinran's shadow and to appear as a real-life and accomplished individual in her own right.

There are two scholarly theories about Eshinni's origins. The first one is that her father was a mid-level aristocrat in Kyoto who was appointed to a post in Echigo province. Eshinni was thus a resident of Kyoto, but possibly spent a short time in Echigo during her early years. This theory is based on a brief reference to her father in the *Hino ichiryū keizu*, a work written two and a half centuries after she died.[14] The second theory is that Eshinni was not aristocratic, but was from a powerful local family in Echigo. It is based more on her letters themselves, and it would explain why she was willing to move back to Echigo in the last period of her life.[15] I have followed the second theory in my account of Eshinni's life, for I believe it offers the most plausible explanation of evidence and various questions surrounding Eshinni. But I hasten to add that there are blank spots and loose ends in any account of Eshinni, which make writing a biography of her historical guesswork at best.[16]

Assuming that Eshinni was born and reared in Echigo, she may nonetheless have lived in Kyoto for a period as a youth or young adult. There is a faint indication in her letters that she may have been a follower of Hōnen in Kyoto at the time that Shinran became his disciple.[17] If so, the question is how and why she came to Kyoto. Local historians of Echigo have postulated that there was a connection between the powerful imperial regent Kujō Kanezane 九条兼実（1149-1207）, who was a devoted adherent of Hōnen's teachings, and certain estates（*shōen* 荘園）in Echigo, where Eshinni's family

may have served as overseers.[18] Through this connection she may have come to Kyoto as a household attendant to an aristocratic family. If so, Eshinni may have met Shinran within the Pure Land Buddhist community that coalesced around Hōnen, and they may have become romantically involved from that time. Of course, there are some historians who assume that Eshinni met Shinran several years later, only after his banishment to Echigo.[19] Whichever the case, if Eshinni did come from a powerful local family in Echigo, it would have provided Shinran with a base of support after he was exiled there.

Shinran's banishment to Echigo occurred in 1207. It was part of a general suppression of Hōnen's teachings and religious movement. This must have been a desperate and discouraging time for Shinran. Thus, Eshinni's family would have been an important ally to him, helping to sustain him during this traumatic phase of his life. It seems certain that Shinran's relationship to Eshinni was established by the beginning of this period, for two or three of their children were apparently born within four years of his banishment to Echigo.[20] And his wife and children would become an important part of his religious identity, as a married cleric, for the rest of his life.

In 1211 Shinran was pardoned and thus free to return to Kyoto. But he remained in Echigo with Eshinni and her family. The reason given by some historians is that Shinran's master Hōnen died soon thereafter, in 1212, and thus he had no incentive to go back to Kyoto. Moreover, Hōnen had encouraged his followers not to congregate in one place, but to spread the *nembutsu* teachings.[21] But I wonder if another reason was that Shinran had become closely tied to and dependent on Eshinni's family. Around 1214 Shinran finally did move from Echigo accompanied by Eshinni and their children—not back to Kyoto, but rather to the Kantō region. The exact reason for moving there is a little puzzling, but some scholars have speculated that Eshinni's family may have had contacts or family connections in the Kantō.[22] If so, Shinran would have been beholden to Eshinni's family for helping to make this move possible too.

Shinran, Eshinni, and their family lived in the region for approximately

twenty years. Their youngest daughter Kakushinni, who was the recipient of Eshinni's letters, was born there in 1224. While residing in the area Shinran became an active proselytizer of the Pure Land teachings. The majority of his disciples lived in the region and encountered Shinran for the first time during this period.[23] It was also in the Kantō that Eshinni had her revelatory dream about Shinran, which she kept secret all her life, but revealed to her daughter after his death.[24]

Shinran finally moved back to Kyoto in the mid-1230s. By that time he had been away for almost three decades. Eshinni and their children probably moved with him.[25] During this period Shinran did not have a single long-term residence, but apparently lived at several different locations.[26] At a certain point, perhaps in the early 1250s, Eshinni and three or four of their children returned to her family's native place in Echigo province.[27] Kakushinni, however, remained in Kyoto and looked after Shinran in his old age. It was from Echigo that Eshinni sent her letters in order to stay in contact with Kakushinni.

Eshinni apparently returned to Echigo to oversee servants and property that she inherited from her family. This was an active period in her life even though she was already advanced in years. She managed the servants who cultivated her fields and looked after her household, and she also took care of several grandchildren who lived with her.[28] To all of them, she was no doubt a grand matriarch, sharing her resources and making decisions in their behalf. Eshinni also seemed to enjoy the finer things in life. She took pleasure in nice garments that Kakushinni sent from Kyoto, and she had the means to build an expensive Buddhist monument near her home.[29] These assets, however, do not mean that Eshinni eluded all hardship. Her household, especially her servants, suffered considerably in times of epidemic and famine, and once she was forced to move to another location because conditions were so severe.[30] Eshinni spent at least the last fifteen years of her life living in this way. During that time she remained in contact with Kakushinni in Kyoto, and by extension with Shinran. Though she never saw Shinran again, she clearly maintained a great reverence for him throughout this period. Eshinni

herself probably died in Echigo not long after her last letter was written in 1268.

Eshinni's Ideas About the Pure Land

Eshinni did not speak of Pure Land Buddhism much in her letters, so it is difficult to get a comprehensive picture of her views and understanding. But from the few comments she made, we can glean at least a partial image of her beliefs and religious outlook. It seems likely that the single greatest influence on Eshinni's views was Shinran. After all, she lived with him for over forty years and was exposed to his teachings and practices on a daily basis. One reason Eshinni was able to transcribe a long excerpt from the *Larger Pure Land Sutra*, which was discovered with her letters, may have been because she had heard Shinran chant it so often.[31] Hence, we should assume that Shinran had an overwhelming influence on Eshinni's religious thinking. Some people, however, when they analyze Eshinni's letters, may contend that her understanding of Shinran's teachings was imperfect because some of his ideas are not reflected in her writings. I would like to take up a couple of examples of these and explicate them from a perspective that is sympathetic to Eshinni. My premise is that Eshinni was an eyewitness and a direct recipient of Shinran's teachings and that we should presume that her views were consistent with his.

The first issue concerns Eshinni's image of the Pure Land. It seems that she had a rather simple and straightforward understanding of it as a paradise where she would be born after death. Her letters do not actually use the word Pure Land（*Jōdo* 浄土）, but rather the term paradise（*gokuraku* ごくらく or 極楽）. She envisioned it as a realm totally devoid of darkness where she would be reunited with loved ones that she longed to see. The key, according to Eshinni, for birth in paradise in the next life is to practice the *nembutsu* 念仏 in this life, intoning Amida Buddha's name.[32] Eshinni's understanding of paradise appears to be based on the classical Buddhist juxtaposition of "weariness of this tainted world"（*enri edo* 厭離穢土）and "longing for the Pure Land"（*gongu Jōdo* 欣求浄土）. This dualistic framework was a com-

mon trope in Japanese Buddhism and seems clearly applicable to the outlook that Eshinni expressed.

In Shinran's teachings we can also find a nondualistic explication of the Pure Land. Specifically, he treated it as a reality that one can experience here and now. For instance, in one of Shinran's letters he indicated that the heart of a person of faith already and always resides in the Pure Land.[33] The implication of this statement is that the Pure Land can be encountered in this very life. This nondualistic understanding is particularly appealing to us today as we seek a cogent interpretation of Pure Land Buddhism for contemporary life, especially since modern science has discredited the premodern cosmology of an otherworldly paradise. Hence, some people may see it as a failing of Eshinni that this idea does not appear in her writings. But we should not forget that Shinran himself expressed an otherworldly, after-death understanding of the Pure Land in other letters that he wrote, which would be consistent with Eshinni's view.[34] In short, he himself was not unconditionally committed to a nondualistic interpretation. It may be our own modernist bias and preference for a philosophically sophisticated view of the Pure Land that causes us to be suspicious of Eshinni's understanding. If her letters teach us anything, it is that Shinran's message is principally about living in the *nembutsu* authentically, whether or not one has a conceptualization of the Pure Land that is compatible with modern thinking.

A second issue for us to consider is the question of women's identity and status in Pure Land Buddhism—specifically, whether they are perceived as being born in the Pure Land as women. There was a long and entrenched tradition which maintained that women who aspire to birth in the Pure Land could not be born there as they are. This idea was based on Amida Buddha's thirty-fifth vow found in the *Larger Pure Land Sutra*, which indicates that, if women have faith and aspire to enlightenment and loathe their female body, then they will be assured of birth in his Pure Land and will be liberated from their female form.[35] This vow, through scriptural exegesis, became the source of the Buddhist doctrine that women cannot be born in the Pure Land as women. There have been some modern attempts to revise this in-

terpretation, construing the vow to mean that birth in the Pure Land is qualitatively different from birth in this world so that neither male nor female gender distinctions apply to it. But it is indisputable that the prevailing interpretation of the vow in premodern times was that women must undergo transformation into male form in order to be born in the Pure Land. This belief was expressed in the Buddhist concept of *henjō nanshi* 変成男子, that a female must undergo transformation into a male in order to attain highest enlightenment. Shinran himself inherited this doctrine from previous Pure Land masters, including Shandao 善導 (613-681) and Hōnen. We can find it also in a *wasan* verse that Shinran composed on this theme: "Because of the depth of Amida's compassion / He made manifest his inconceivable Buddha wisdom. / He established the vow on transformation into a male, / And promised that women would attain Buddhahood."[36]

What is noteworthy about Eshinni's letters is that no hint or suggestion of this doctrine can be found in them. Moreover, she seemed explicitly to assume that women can be born in the Pure Land without undergoing this transformation. We can see this in Eshinni's last letter where she expressed her longing to be reunited with her daughter Kakushinni in the Pure Land and urged her to intone the *nembutsu* so they would be born there together.[37] It is inconceivable to think that Eshinni expected to encounter Kakushinni as a male in the Pure Land. She had known her as a female all her life and she no doubt looked forward to meeting her again in the next life as the woman she had known.

It would seem, then, on this point that Eshinni's understanding of the Pure Land differed from Shinran's. But we should not construe this as religious ignorance or a lack of sophistication on her part. Eshinni may in fact have been aware at some level of the doctrine of male transformation, for she had been exposed to Shinran's teachings all her life. But at an existential level, as Eshinni envisioned her reunion with Kakushinni in the Pure Land, that doctrine did not ring true with what her actual experience told her. The *nembutsu* in her mind made it possible for Kakushinni and herself to be born there just as they were. Here is an example where religious realizations at a

real-world level seem to take precedence over doctrine postulations at a scriptural and exegetical level. On this issue, it could be that Eshinni understood the meaning and logic of the *nembutsu* better than Shinran did. Or, perhaps we should say that she expressed what Shinran would have said if he had put more thought into this matter.

Eshinni's Marriage

At this point I would like to return to the question of Eshinni's and Shinran's relationship and to offer a few hypotheses about their marriage. The first thing to note is that Eshinni may not have been Shinran's first wife. He may have been married previously, and even fathered a child with his first wife, all before he met Eshinni.[38] There is also some unsubstantiated speculation that Eshinni herself may have been married previously before she met Shinran.[39] The important point, however, is that, whatever relationships they may have had earlier, their tie to each other was the primary one in their lives. They produced and reared at least five children, and they lived together for over forty years, thereby entwining their lives on an immediate, day-to-day level.

The second point is that Eshinni may have been the dominant partner in their marriage in certain ways. This is exactly the opposite of what we typically assume about them. We have the image of Shinran as the wise and resolute husband and of Eshinni as the supporting spouse. But based on the structure of medieval marriages, Eshinni may have had a more influential role than we might think. The practice of marriage in medieval Japan was not the same as it is today, and it could take a variety of configurations. Without going into all the details, we can generally classify the styles of medieval marriage into wife-centered ones and husband-centered ones. If the wife and her family provided the home and most of the resources for the marriage, it could be considered wife-centered, and the wife would have considerable influence in decisions about the family. This seems to have been the case in Shinran's and Eshinni's relationship.[40] He was probably from an impoverished aristocratic family, whose circumstances had forced him to en-

ter a Buddhist monastery as a child. Eshinni, on the other hand, was probably from a well established provincial family that had substantial assets in Echigo. Her family home most likely became Shinran's base when he was banished in 1207. And he may have been dependent on their resources and connections for decades after that, especially if his move to the Kantō region was facilitated by her family's ties there.

Over the years historians have wondered why Eshinni left Shinran in old age and moved back to Echigo. Some have even speculated that it was because of family discord caused by Shinran's involvement with another woman while living in the Kantō.[41] That hypothesis has not received widespread support, though the reasons for Eshinni's separation from Shinran are still somewhat perplexing. If, however, we consider their marriage to be wife-centered, it would make Eshinni's drastic step of returning to her home in Echigo seem more rational and natural. She did not leave Kyoto because she was estranged from Shinran, but because it was in their best interest for her to assume control of her family's assets in Echigo. She was, presumably, the decision-maker of the family and Shinran would have deferred to her wisdom in these matters. It would also explain why three or four of their grown children apparently moved with her. She and her inheritance in Echigo would have been the gravitational center of the family, and thus the surprising thing would not be that she left Kyoto, but that Shinran did not move with them back to Echigo. Even while living separately, Eshinni remained in contact with him and Kakushinni in Kyoto, primarily through the letters to her daughter. She probably continued to exert an influence on them in family matters. Certainly, the first two letters in Eshinni's collection indicate that she intended to leave Kakushinni seven or eight servants as a bequest. In short, it seems that Eshinni exerted a centripetal force on the family, binding it together even though two members, Kakushinni and Shinran, were living at a distance in Kyoto.

To say that Shinran's and Eshinni's marriage was wife-centered is not to suggest that Eshinni dominated Shinran or looked down on him. On the contrary, her letters reveal that she had great reverence and respect for him

throughout her life. But comprehending the wife-centered structure of their marriage does help us understand that it was more of a reciprocal relationship than a one-way arrangement. Shinran did not dominate Eshinni, nor did she dominate him. In family matters Shinran was probably respectful of Eshinni's decisions and deferred to her good judgment. Their marriage was thus more like a partnership than we might ordinarily assume.

Eshinni's Relationship With Shinran

I would like to speculate more about the relationship between Eshinni and Shinran, for I believe that the role Eshinni played was more than just as a day-to-day manager of the family. Specifically, there must have been a religious or spiritual dimension to their relationship. They both displayed outward signs of being religious. That is, they presented themselves as a Buddhist priest and a nun—adopting a clerical name, wearing Buddhist robes, shaving their head, and carrying a Buddhist rosary, if medieval portraits of them are to be trusted—even while living a married life together and rearing a family. Moreover, if the later genealogy of Shinran's lineage is accurate, most of their children had clerical names too.[42)] This suggests that their family had a strong religious identity. It would not be unreasonable to think that the religious sensitivity of their children was inherited as much from their mother Eshinni as from their father Shinran.

In speculating on Eshinni's and Shinran's religious relationship, I would like to extrapolate from two brief events in their lives that made a strong impression on them. Specifically, these were dreams that each of them had, which they regarded as important, life-changing revelations. In the study of Shinran and Eshinni, these dreams are often cited separately, but I would like to analyze them together to explore the significance they have for their relationship.

The first dream is the one that Shinran had in 1201 before he met Eshinni. It occurred after he left the monastery on Mt. Hiei and secluded himself at the Rokkakudō temple in Kyoto in a one-hundred-day religious retreat. Eshinni alluded to this in letters 3 and 4 of her collection. In Shinran's

dream a priest appeared and presented him with a sacred verse full of religious meaning. The priest is identified in Eshinni's letter as Shōtoku Taishi 聖徳太子 (574-622), the ancient prince regent of Japan and the semi-legendary promulgator of Japanese Buddhism. Historically, Shōtoku was closely associated with and also identified as a manifestation of Kannon, the bodhisattva of compassion.[43] The verse in the dream declared that Kannon would take on the appearance of a beautiful woman, would become Shinran's female lover, would be his partner for life, and would lead him to the Pure Land at death.[44] Such female depictions of Kannon were quite common in medieval Buddhism. We know from Eshinni's letters that this dream marked a turning point when Shinran gave up his role as a monk on Mt. Hiei and became a devoted follower of Hōnen's Pure Land teachings.[45] We also know that within a few years he encountered Eshinni and took her as his wife. Shinran treasured this verse throughout his life and gave copies of it to his closest followers. It was written in classical Chinese rather than vernacular Japanese, and it resembles the type of revelatory verse that medieval Buddhist masters would bestow on their disciples as private transmissions on small strips of paper (*kirigami* 切紙).[46] Eshinni was well aware of this verse, and she apparently sent a copy of it to Kakushinni after Shinran's death.[47] Shinran himself never explained the dream in terms of the actual events of his life. But considering the role of Kannon in the verse, it is possible for us to imagine that at some point he may have associated Eshinni with this Kannon figure.

Next I would like to turn to Eshinni's dream, which is recorded in letter 3 of her collection. According to it, after she and her family moved to the Kantō Eshinni dreamed that she was attending the dedication ceremony of some Buddhist temple building at night where bright lanterns were burning all around. She noticed that there was a *torii*-like gate in front of the building and from the crossbar at the top of the gate two paintings of Buddhist figures were suspended. One had no discernable features in the face. There was only a bright light shining out from where the face would be. The other figure was fully discernable in both body and face. Perplexed by this, Eshinni asked someone who the figure was that had only light for a face. The person

responded that this was the Buddhist master Hōnen who was actually a manifestation of Amida's attendant Seishi 勢至, the bodhisattva of wisdom. Hence, the light shining from his face was a symbol of Hōnen's wisdom. Eshinni then asked who the other Buddhist figure was. The person replied that this was Shinran, who was none other than a manifestation of Kannon, Amida's other attendant and the bodhisattva of compassion. This revelation shocked Eshinni, and she immediately woke up from her dream. She later told Shinran the part about Hōnen, and he confirmed that many people had visions and revelations that Hōnen was a manifestation of the bodhisattva Seishi. But she did not tell him the part about Kannon. She kept it a secret all her life and revealed it to her daughter in one of her letters after Shinran died. Eshinni indicated that after this dream she never again looked upon Shinran as an ordinary person.[48)]

This is a fascinating pair of dreams, and of course what connects them is Kannon, the bodhisattva of compassion who appears mysteriously in the world to guide others to enlightenment in the Pure Land. In the case of Eshinni's dream, Kannon is specifically identified as Shinran and, even while living with him in a husband-and-wife relationship, she apparently regarded him as guiding her to enlightenment. In the case of Shinran's dream, we do not have an explicit identification of Kannon as Eshinni. But it is hard to believe that the idea did not cross Shinran's mind at some point. He always treasured the verse that was presented in his dream, and he shared it only with his closest followers, including Eshinni it seems.[49)] My assumption here is that Shinran and Eshinni may have considered each other a manifestation of the bodhisattva of compassion, and they may have felt drawn towards enlightenment by the very presence and company of each other. Even in the most intimate aspects of their relationship, they may have experienced through each other the compassion of the Buddha lifting them toward the Pure Land.

The significance of Eshinni's and Shinran's example is fairly profound. The common view in many forms of Buddhism is that the attachments and bonds of human relationships can be an obstacle to religious liberation. The

classic example is Śākyamuni Buddha, who left his wife and son in order to pursue enlightenment. The belief underlying this view is that true awakening can occur only if one's mental and emotional bonds to the world are transcended. Shinran and Eshinni, however, offer an alternative paradigm, one that is grounded in the principles of Mahāyāna Buddhism. Here the bonds of human relationships are treated not as an obstacle in the path of enlightenment, but rather as the very medium in which the compassion of the Buddha is manifested. This realization may have been at work in the relationship of Shinran and Eshinni. That, I suggest, may be the religious significance of Eshinni in the history of Shin Buddhism.

1）For an extended study of Eshinni in English, see James C. Dobbins, *Letters of the Nun Eshinni: Images of Pure Land Buddhism in Medieval Japan*（Honolulu: University of Hawai'i Press, 2004）.

2）*Shūi shinseki goshōsoku* 拾遺真蹟御消息, in *Shinshū shōgyō zensho* 真宗聖教全書, 5 vols., ed. Shinshū Shōgyō Zensho Hensanjo 真宗聖教全書編纂所（Kyoto: Kōkyō Shoin, 1941-1942）, 2：727. Hereafter, *Shinshū shōgyō zensho* is cited as *SSZ*.

3）*Kudenshō* 口伝鈔, *SSZ*, 3：19-21.

4）*Hino ichiryū keizu* 日野一流系図, in *Shinshū shiryō shūsei* 真宗史料集成, 13 vols., ed. Kashiwahara Yūsen 柏原祐泉 et al.（Kyoto: Dōbōsha, 1974-1983）, 7：520-521. Hereafter, *Shinshū shiryō shūsei* is cited as *SSS*.

5）The letters are also known as *Eshinni shōsoku* 恵信尼消息, *Eshinni shokan* 恵信尼書簡, and *Eshinni shojō* 恵信尼書状. See *Eshinni shojō* 恵信尼書状, *SSS*, 1：512-519.

6）For his original annotated publication of the letters, see Washio Kyōdō 鷲尾教導, *Eshinni monjō no kenkyū* 恵信尼文書の研究（Kyoto: Chūgai Shuppan, 1923）.

7）The hypothesis that Shinran never existed is known as the *Shinran massatsuron* 親鸞抹殺論. A summary of it can be found in Tsuji Zennosuke 辻善之助, *Shinran Shōnin hisseki no kenkyū* 親鸞聖人筆跡の研究（Tokyo: Kinkōdō Shoseki, 1920）, 2-7. This hypothesis is attributed to Tanaka Yoshinari 田中義成（1860-1919）and Yashiro Kuniji 八代国治（1873-1924）, though they apparently never published articles about it. See Mori Ryūkichi 森竜吉, ed., *Shinran wa ika ni ikita ka* 親鸞はいかに生きたか（Tokyo: Kōdansha, 1980）, 14-15.

8）*Eshinni shojō, SSS*, 1：513-515, letters 3 and 5.

9) For a description of other possible arrangements of the letters, see Miyaji Kakue 宮地廓慧, *Shinran den no kenkyū* 親鸞伝の研究 (Kyoto: Hyakkaen, 1968), 175.

10) For a more detailed discussion of the content of Eshinni's letters and the circumstances in which they were written, see James C. Dobbins, *Letters of the Nun Eshinni: Images of Pure Land Buddhism in Medieval Japan*, 11-15.

11) *Eshinni shojō, SSS*, 1: 512-513, letters 1 and 2.

12) *Eshinni shojō, SSS*, 1: 513-516, letters 3, 4, 5, and 6.

13) *Eshinni shojō, SSS*, 1: 516-519, letters 7, 8, 9, and 10.

14) *Hino ichiryū keizu, SSS*, 7: 520-521. This work indicates that Eshinni was the daughter of someone named Miyoshi Tamenori 三善為教. *Gyokuyō* 玉葉, the diary of Kujō Kanezane 九条兼実, states that Miyoshi Tamenori 三善為則 (a name that is identical in pronunciation, but written differently by one character) was appointed in 1178 to the post of *Echigo no suke* 越後介.

15) An example of scholarship based on this second theory is the work of the local historian of Echigo, Hirano Danzō 平野団三, "Echigo no Shinran, Eshinni no sokuseki" 越後の親鸞・恵信尼の足跡, in *Echigo Shinran to Eshinni* 越後親鸞と恵信尼, ed. Kokubu Kyōku Henshū Iinkai 国府教区編集委員会 (Kyoto: Nagata Bunshōdō, 1971), 39-200.

16) My own account differs from the version given by Imai Masaharu 今井雅晴, *Shinran to Eshinni* 親鸞と恵信尼 (Kyoto: Jishōsha Shuppan, 2004) and *Shinran no kazoku to montei* 親鸞の家族と門弟 (Kyoto: Hōzōkan, 2002), 1-26. His account is based on the theory that Eshinni came out of the aristocracy in Kyoto.

17) This hypothesis is based on a slight difference in grammatical wording that Eshinni used in her description of Shinran's encounter with Hōnen, *Eshinni shojō, SSS*, 1: 513, letter 3. For a clear and cogent explanation of this difference, see Imai Masaharu, *Shinran to Eshinni*, 43-47.

18) Hirano Danzō, "Echigo no Shinran, Eshinni no sokuseki," 83-86, 101-108, hypothesizes that Eshinni came from a powerful local family named Miyoshi 三善 that was an overseer of an estate claimed by the Kujō family in Kyoto.

19) Miyazaki Enjun 宮崎圓遵, *Shinran to sono montei* 親鸞とその門弟 (Kyoto: Nagata Bunshōdō, 1956), 36-40, and *Zoku Shinran to sono montei* 続親鸞とその門弟 (Kyoto: Nagata Bunshōdō, 1961), 24-29, is one scholar who tends toward the view that Shinran married Eshinni only after his banishment to Echigo. But Miyazaki maintains that Shinran was also married before in Kyoto to another woman.

20) Letter 5 in *Eshinni shojō, SSS*, 1: 515, indicates that Eshinni's and Shinran's son

Shinrenbō 信蓮房（also known as Myōshin 明信 and Kurizawa 栗沢）was born in 1211. Based on the *Hino ichiryū keizu, SSS*, 7：520-521, he is considered their third oldest child.

21）Miyazaki Enjun, *Shinran to sono montei*, 41.

22）The most cogent argument for this hypothesis, which is somewhat dated, is made by Kasahara Kazuo 笠原一男, *Shinran to tōgoku nōmin* 親鸞と東国農民（Tokyo：Yamakawa Shuppansha, 1957）, 151-160. Concerning this issue, also see Miyazaki Enjun, *Shinran to sono montei*, 42-43.

23）For an overview of Shinran's disciples living in the area, see Imai Masaharu, *Shinran no kazoku to montei*, 101-130.

24）*Eshinni shojō, SSS*, 1：513-514, letter 3.

25）Imai Masaharu, *Shinran to Eshinni*, 103-107, speculates that Eshinni remained in Kantō after Shinran returned to Kyoto. One indication that she may have indeed returned to Kyoto is the postscript to letter 9, *Eshinni shojō, SSS*, 1：517, in which she expressed seemingly recent familiarity with people apparently in Kyoto.

26）*Godenshō* 御伝鈔, *SSZ*, 3：650-651, 653.

27）Letter 1, *Eshinni shojō, SSS*, 1：512, was written in 1156, so Eshinni returned to Echigo sometime before that time. At least three of her children returned with her, for they are mentioned in letters 3, 4, 7, 9, and 10, *Eshinni shojō, SSS*, 1：514, 516, 518, 519.

28）The grandchildren staying with Eshinni are mentioned in letters 3 and 7, *Eshinni shojō, SSS*, 1：514, 516.

29）These items are mentioned in letters 7, 8, 9, and 10, *Eshinni shojō, SSS*, 1：516-519.

30）These unfortunate events are mentioned in letters 3, 4, 7, 9, and 10, *Eshinni shojō, SSS*, 1：514, 516, 517-519.

31）Nishiguchi Junko 西口順子, "*Eshinni shojō* shiron"「恵信尼書状」私論, *Kyōto Joshi Daigaku Shigakkai Shisō* 京都女子大学史学会史窓 48（March 1991）：204-207.

32）*Eshinni shojō, SSS*, 1：518-519, letter 10.

33）*Mattōshō* 末燈鈔, SSZ, 2：662, letter 3.

34）*Mattōshō, SSZ*, 2：673, letter 12.

35）*Muryōjukyō* 無量寿経, *SSZ*, 1：12.

36）*Jōdo wasan* 浄土和讃, *SSZ*, 2：493, verse 60.

37）*Eshinni shojō, SSS*, 1：518-519, letter 10.

38）Miyazaki Enjun, *Shinran to sono montei*, 36-40, and *Zoku Shinran to sono mon-*

tei, 24-29, is a major proponent of this thesis. He hypothesizes that Shinran was married once before in Kyoto to a woman with whom he had a child known as Sokushōbō 即生房, but she died soon afterward. Miyazaki believes that this first wife was the one erroneously identified as Tamahi 玉日, the fictive daughter of Kujō Kanezane, whom according to legend Hōnen urged Shinran to marry. Besides this theory, it seems that the prevailing view among historians is that Shinran's oldest son, Zenran 善鸞 (d. 1292), was born by another women, even though he is identified as the son of Eshinni in the *Hino ichiryū keizu, SSS*, 7 : 520-521. See, for example, Imai Masaharu, *Shinran to sono kazoku* 親鸞とその家族 (Kyoto: Jishōsha Shuppan, 1998), 97-100, and Taira Masayuki 平雅行, *Rekishi no naka ni miru Shinran* 歴史の中に見る親鸞 (Kyoto: Hōzōkan, 2011), 109-114.

39) Ōtani Yoshiko 大谷嬉子, *Shinran Shōnin no tsuma Eshinni Kō no shōgai* 親鸞聖人の妻恵信尼公の生涯 (Tokyo: Shufu no Tomo Sha, 1980), 47.

40) My analysis here of the structure and economic base of their marriage is similar to that of Imai Masaharu, *Shinran to Eshinni*, 54, 74-75, 80-81. My description of the structure of medieval marriage is an oversimplification of Takamure Itsue 高群逸枝, *Nihon kon'inshi* 日本婚姻史 (Tokyo: Shibundō, 1963), 6-11.

41) This idea was originally proposed by Kusaka Murin 日下無倫, *Kakushinni Kō* 覚信尼公 (Kyoto: Shinshū Ōtaniha Shūmusho Shakaika, 1933), 5-19.

42) *Hino ichiryū keizu, SSS*, 7 : 520-521.

43) *Eshinni shojō, SSS*, 1 : 513-515, letters 3 and 4.

44) I have followed the version of Shinran's seclusion at the Rokkakudō that appears in the *Godenshō* 御伝鈔, *SSZ*, 3 : 640. There the so-called *Nyobonge* 女犯偈, or "Verse on Making Love to a Woman," is presented as the content of the revelation. The *Godenshō* gives the date 1203 for this revelation, but I assume it refers to the same event mentioned in Eshinni's letter. Some scholars have argued that this verse may not have been the one, but rather the so-called epitaph of Shōtoku Taishi known as the *Byōkutsuge* 廟窟偈. Concerning that verse, see Miyazaki Enjun, *Shinran to sono montei*, 8-12.

45) *Eshinni shojō, SSS*, 1 : 513, letter 3.

46) Concerning this context of the revelatory verse, see Inoue Takami 井上尚実, "Rokkakudō mukoku, Saikō" 六角堂夢告, 再考, *Shinran kyōgaku* 親鸞教学 86 (December 2005) : 17-47.

47) *Eshinni shojō, SSS*, 1 : 514, letter 4. I have presumed that the verse included with this letter was the *Nyobonge* verse.

48) *Eshinni shojō, SSS*, 1 : 513-514, letter 3.

49) We know that Shinran shared the verse from the dream with his disciple Shinbutsu 真仏 (1209-1258), for it survives in a manuscript by Shinbutsu known as the *Shinran muki* 親鸞夢記, in *Teihon Shinran Shōnin zenshū* 定本親鸞聖人全集, 9 vols., ed. Shinran Shōnin Zenshū Kankōkai 親鸞聖人全集刊行会 (Kyoto: Hōzōkan, 1969-1970), vol. 4, pt. 2, pp. 201-202. This was presumably the same verse that Eshinni received from Shinran and that she sent to her daughter Kakushinni, referred to in *Eshinni shojō, SSS*, 1 : 514, letter 4.

* An earlier version of this paper was presented as a public lecture at Otani University on September 10, 2010, under the title, "Eshinni's World: Images of Pure Land Buddhism Through the 'Letters of Eshinni.'"

Zonkaku, Established Buddhism, and the Culture of Learning: Debts, Trans-lineage Study, and the Creation of Pure Land Buddhist "Scripture" in the Fourteenth Century

Brian O. Ruppert

Although a number of studies have treated specific aspects of Zonkaku's (1290-1373) thought or activity, no one has extensively studied his position within the greater history of both Pure Land lineages and medieval Japanese Buddhism, so we have little understanding of his place within the larger development of belief and practice, which were undergoing fundamental changes over the course of the thirteenth and fourteenth centuries.[1] This study begins the process of clarifying Zonkaku's position in such terms by examining his writings together with works depicting his life, such as his son Kōgon's (1334-1419) transcription of Zonkaku's words, *Zonkaku shōnin ichigo ki* (Account of the holy man Zonkaku's life), as well as Zonkaku's journal *Zonkaku shōnin sode nikki* (Daily record of the holy man Zonkaku), in order to evaluate the place of Zonkaku's religious development, belief, and practice within the context of Japanese Buddhist temple life of his day. It focuses especially on the period in Zonkaku's life when long having been disowned by his father and together with his disciples in Bingo province in 1337-1338, he remarkably wrote seven major treatises on a series of subjects. His writings of this short period encapsulate in many ways Zonkaku's views in general and offer us a window into his relationship with his immediate followers, his activities as a Buddhist master in a mode of exile, and with the larger development of his vision of Pure Land Buddhism in the Japanese isles.

Indeed, we will see that Zonkaku's religious world is closer in its character to established Buddhism than to the popular image of "new Kamakura Buddhism." Zonkaku, trained in established Buddhist sites as varied as the Nara area complexes of Tōdaiji (ordination), Kōfukuji (Hosshin'in, Sainan'in: Hossō), and Nakagawa Jōshin'in (Tōhoku'in: Shingon) and Kyoto

complexes like Shōren'in (Shinshō'in, Sonshō'in, Jūraku'in: Tendai, Tendai esotericism), Mount Hiei (Mahāyāna ordination) Bishamondani Shōmon'in (i.e., Kōmyōbuji: Shingon), and Onjōji (Tendai),[2] drew upon established Japanese Buddhist practices and discourses to create his own vision of Buddhist belief and practice.

Zonkaku, "Debts," and Preaching

Scholars and the public often associate preaching with the "new" forms of Kamakura Buddhism, employing terms such as *seppō* and *hōgo*, in which the new Kamakura thinkers and their followers spoke to needs among the populace in an increasingly unstable era. Hōnen (1133-1212), known as the founder of Pure Land lineages (Jōdo shū), is often thus seen as the first prominent preacher, who would then be followed by others, such as Nichiren. However, it is clear now that this view is based on a misguided presupposition. For one, there were specific occasions on which Buddhist clerics of previous eras, and in co-existing forms of established Buddhism, performed and thereby presented Buddhist discourses meant to edify listeners and, presumably, increase their merit in hope of future salvation. These occasions, typically *hō'e* (dharma assemblies), usually included a pronouncement (*hyōbyaku*) which was written by monks for the occasion and which presented the purport (goal) of the event.[3] Additionally, such pronouncements and related performances often included preaching that drew directly upon didactic narratives (*setsuwa*) directed at the patrons and any other member of the audience at the site of the dharma assembly. All of the liturgical-performative practices of preaching, in these contexts, were referred to under the rubric of *shōdō*, and existed in developing lineages in Tendai traditions, for example, since the monk Chōken (1126-1203) inaugurated the Agui preaching line. There were also individual monks who prominently undertook *shōdō* in the same period, such as the well-known Bengyō (1139-1200) at Tōdaiji, the preaching texts of which are held in copious quantity in Kanazawa Bunko archives.

Thus preaching practices existed in traditional Buddhism alongside the developing lineages of the Kamakura era. The effort to proselytize or other-

wise convey a Buddhist teaching to hearers through some mode of performance was, in other words, prominent for many centuries prior to the development of the newer lineages. Indeed, many associate the Buddhist discourses of indebtedness (*on, hōon*) with the preaching and texts of newer lineages such those of Pure Land Buddhism, which distinctly emphasized the debt of all to the Buddha Amida. Yet the discourse of indebtedness had a much broader and deeper development within Japanese Buddhism, as Kūkai (774-835) had written of the four debts (*shion*: parents, sovereign, living beings, the three jewels), and the discourse was alluded to in a variety of writings of the early medieval era. In fact, the discourse of the four debts and of debts more generally was very prominent in pronouncements and related other preaching texts of the period.[4)]

Zonkaku drew elaborately on didactic narratives (*setsuwa, honshōtan*) in his writings, which fits with earlier traditions of preaching practice as well as a common tradition of narrative literature within Japan at the time. For example, Zonkaku's *Hōon ki* (Account of requital of debt ; 1338) incorporates discourse from a broad set of continental Buddhist scriptures, Confucian classics, Japanese didactic tales and preaching works to offer a series of stories to emphasize the requiting debts such as to one's mother, one's father, and the Buddha, as well as to and from animals.

In *Hōon ki*, Zonkaku is very interested in comparing the extent of debt one has toward one's parents and that toward the Buddha or Buddhist master, which is an issue that was prominent in Japanese Buddhism since at least the mid-Heian era. Monks like Chōnen (938-1016) raised this question when they made their plans to leave not only their monasteries but also their aging parents (especially mothers) to travel to China ;[5)] and Agui preaching masters like Chōken expressed interest in which debt was the greatest. It was especially the scripture *Xin di guan jing* (J. *Shinjikangyō*; Visualization of the mind-ground sutra), introduced in the early 9th century, that outlined the four debts and which took note of the precedence, for example, of the debt toward the mother over that toward the father, which directly influenced Chōken's discussion in his *Shakumon hiyaku*.[6)] Zonkaku

draws repeatedly on the *Shinjikangyō* in his discussion of the debt to parents, and emphasizes that the debt is comparable to that toward the Buddha; in fact, quoting from the scripture, Zonkaku writes, "If good men or good women sacrifice the flesh of their bodies three times a day for a *kalpa* [i.e., aeon] in the effort to requite the debt to their parents, they will have not repaid even a single day of the blessings they have received" (*moshi zennanshi zennyonin no on wo hōzengatameni ichikō ni oite mainichi sanjini jishin no niku wo saite mote bumo wo yashinawan imada ichinichi no on wo hōzurukoto koto imada atawazu*; *Hōon ki* : 257-259).[7)]

With regard to the debts to one's mother, Zonkaku focuses on the story of the connection of the Seiryōji image of the Buddha Śākyamuni with Śākyamuni's visit to his mother during the rainy season, in which he taught her the Dharma in the Heaven of the Thirty-Three (J. Tōriten) out of his indebtedness to her (*Hōon ki* : 261-64). Following his presentation of the story of Śākyamuni's visit, including King Udayana's commission of an image of the Buddha, the Buddha's blessing for the image after his return at the end of the rainy season—out of compassion sentient beings in the future, final age of the Dharma (*matsudai*)—and Chōnen's eventual importation of the image to Japan , Zonkaku writes:

> This is Shaka of Seiryōji in Saga today. This numinous image also, just as the Venerable Śākyamuni climbed to heaven to requite his debts to [his mother] Māyā, appeared in order to offer benefits to sentient beings living in a land off the beaten tracks in the final age of the Dharma. It is wonderful and precious. Thus the Venerable Śākyamuni's requital of the debts to his compassionate mother, despite rising above the level of all humans and deities and realizing the incomparable status of the World-Honored, was to express gratitude for birth and affectionate nurturing and encourage common beings also to requite their debts. (263)

Zonkaku's Use of Sources

Initially, it is important to emphasize the fact that Zonkaku was engaged in

direct arguments with Nichiren lineages during this period in Bingo before the provincial governor there. Nichiren followers, along with anti-exclusive-*nenbutsu* elements on Mount Hiei—and to a lesser extent figures like yamabushi, shamanic practitioners, and Yin-yang masters—were most antagonistic towards the Pure Land groups.[8] Indeed, Zonkaku, in treating the ten main schools of Buddhism in works like *Busenshō*, was clearly responding in part to this challenge. Nichiren (1222-1282), in *Hōon shō* (Notes on the requital of indebtedness), had written that he did not see any discussion of the eight schools or the ten schools as necessary, since Tiantai master Zhiyi (538-597) had already established the superiority and inferiority of their respective teachings.[9] The fact that Nichiren had written so much on indebtedness in works concerning requital as well as the "four debts"may help us to understand better Zonkaku's commitment to writing about indebtedness extensively himself during this period, as did his seeming allusions to the Seiryōji figure.[10] We can arguably see an intentional contrast by Zonkaku in the opening of *Hōon ki* with the introductory portion of Nichiren's *Hōon shō*, when we consider that Nichiren emphasized the importance of leaving home life and, while referring to both Buddhist and non-Buddhist writings, noted that the highest requital is to reject the limitations of efforts to requite indebtedness to parents and lord.[11] Zonkaku, while also referring to both Buddhist and non-Buddhist writings, stresses that indebtedness to one's parents is the source of good actions and that the practice of the memorial rite for one's parents' bodhi is the most filial action of all (256-257).

A careful consideration of Zonkaku's use of sources early in this work, in fact, makes it clear that he drew upon Agui preaching literature, especially the *Gonsen shū* (Collection of a spring of words), edited by Tendai Agui and Jōdoshū-related figure Seikaku (1167-1235) with materials largely of his father Chōken. For example, Zonkaku's discussion of the three bounties (*sanpuku*) along with his quote from the *Bonmōkyō* (Fanwang jing; *Brahma's Net sutra*) equating the term "precepts" with gratitude (*kyōjun*), which appear within just a few lines of each other, are undoubtedly influenced by the discussion of the capacity of gratitude—here, the action of the memorial rite—

to enable birth of parents in the Pure Land and the equivalence of such gratitude with undertaking the Bodhisattva precepts outlined in the "Deceased father [rites]" section of *Gonsen shū*, where they are quoted one after the other; albeit in the opposite order of presentation, the propinquity and close reproduction of the quotes suggest a direct connection. Zonkaku does the same with his quote from Shandao's *Meaning of the Kanmuryōjukyō* (J. *Kangyō gi*), which describes parents as the greatest field of merit in society, just as the Buddha is the greatest field of merit among those who have left society (*Hōon ki* : 256-258).[12] Indeed, Zonkaku's first reference from the *Visualization of the Mind-Ground sutra*, which depicts the height and depth of indebtedness to parents, matches the beginning of a quote from the sutra in the "Gratitude verses for deceased mothers" section of *Gonsen shū*; and the quote from the sutra above about the sacrifice of children's flesh for a *kalpa* was undoubtedly derived from the "Debt to the compassionate mother" subsection within the same.[13]

However, it is also important to emphasize the rich history of Japanese didactic narratives concerning Seiryōji and its connection with indebtedness, as a further example of the broad range of sources Zonkaku drew upon from established Buddhism in Japan and continental East Asia. We can see this in the didactic tale collection *Hōbutsu shū* as well as the preaching text master-collection, *Tenpōrinshō*, in its section on the Eight *Lotus Sutra* Liturgies (*Hokke hakkō*) held at Seiryōji in 1191, where the similarities with Zonkaku's discussion are most apparent.[14] It is evident that Zonkaku drew upon a long series of intertextual references from these earlier Japanese didactic works. For example, he tells stories concerning the debts of children to their mothers from *jātaka* (J. *honshōtan*) of the Buddha's former lives and does so in ways that emphasize their connection to "karmic causation" (*innen*)—a term that had rich associations not only with Buddhist thought but also preaching practice (*shōdō*) in the medieval period.

Moreover, although it is not drawn from the *jātaka* corpus, the story of three men who had lost their father and demonstrate their filiality toward an elderly man they meet offers an example of how parental-child indebtedness

could be conceived as transcending natal connections. The tale also appeared, in similar form, in earlier works in medieval Japan.[15] First, earlier versions appeared in the tale collections *Konjaku monogatari shū* (early12th c. ; 9. 46) and *Chūkōsen* (Selected good stories, ca. 1152 ; 1. 58), but these works' versions of the tale argued only for the importance of filiality rather than any direct connection with Buddhism. The Agui preaching text *Gonsenshū* alluded to the story, but it would be the collection of the *nenbutsu*-practitioner holy man of Eastern Honshū, Jūshin, *Shiju hyaku innen shū* (Personal compilation of one hundred karmic causation [stories], ca. 1257 ; 6. 12) that seems to have informed Zonkaku's presentation most directly, since Jūshin specifically identified the "father" as Śākyamuni—effectively transforming a continental story of filial practice into an allegory of Buddha as compassionate father of the three worlds and three vehicles.[16] Zonkaku then innovated by appending the interpretation of the father by emphasizing that if we follow the Buddha's command and recite the wondrous name of Amida, we will undoubtedly win the non-retrogressive palace in the midst of the great ocean of birth and death (268-269), transforming what was originally a non-Buddhist continental tale into a Pure Land Buddhist didactic narrative.

In the second half of the work, Zonkaku turns to indebtedness to one's master and to the three jewels more largely, but we will see that he directs his discussion ultimately to promote memorial rites for parents (*tsuizen, tsuifuku*), in the form of *nenbutsu*recitation, as accomplishing not just indebtedness requital to them but, in deeper terms, Amida Buddha. He does so, moreover, through a tale about Shōtoku Taishi, whom he interprets—like Shinran—as a local trace (*suijaku*) of the Bodhisattva Kannon, one of the two main bodhisattvas accompanying Amida. Shōtoku here spends seven days and nights reciting the nenbutsu at the main hall of Shitennōji, which is described as having been understood in the world as undertaken as a memorial rite for the sovereigns Kinmei and Yōmei, but from the standpoint of his status as a trace of Kannon was undertaken to requite his profound debt to his master, Amida Buddha. After the seven days of chanting the Name,

Shōtoku explains the prayer as an effort to requite the debt but also for both sovereigns' liberation (*tokudachi*), and goes on to dispatch Ono Imoko to the Zenkōji Amida Buddha image—a living manifestation (*shōshin*) with a letter stating that he has undertaken the seven-day recitation to repay the debt to his teacher, the Venerable Amida (274-277). For Zonkaku, it is most important to recognize that the highest of realized beings, including the Bodhisattvas such as Kannon, recognize their indebtedness to the Buddha, as do the disciples of Śākyamuni as well as the wise and realized ones in this world, so ordinary beings should undertake memorial rites in order to simultaneously promote the Buddhist path and requite their debts: nenbutsu, in the form of the *nenbutsu zanmai* practice, is best for the memorial rite—and, by extension for both the requital of debt to deceased loved ones and to contribute to their liberation (278-281).

Shidō shō (Notes on the realized way), also written in this short period in Bingo, is also about indebtedness, and makes all the clearer the importance of undertaking memorial rites for parents in the effort to requite ones' debts to them.[17] It begins with a discussion of "The matter of the superlative merit of performing memorial rites for the bodhi of parents" (*Bumo no bodai no tame ni butsuji o shūsuru kudoku no suguretaru koto*) and a sentence to the effect that "Of all debts, that to parents is the greatest" (*issai no on no naka ni wa bumo no on saidai nari*). Perhaps his audience here is his larger congregation, because Zonkaku emphasizes that unfilial behavior is admonished in a whole range of scriptures, and begins by noting such examples in the Pure Land sutras. As with *Hōon ki*, however, he goes on to draw directly upon a series of other scriptures, including the *Brahma's Net sutra* (J. *Bonmōkyō*), the *Flower Garland sutra* (J. *Kegon kyō*), the *Anguttara-nikāya sutra* (J. *Zō agongyō*), and the *Visualization of the Mind-Ground sutra*, to further elaborate. For example, he draws upon the first of these sutras to stress that being "filial" toward parents and master was referred to as "precepts" to represent the perfect Mahāyāna precepts, and the last to stress that the merits of filial behavior toward parents is the same as conducting a service for the Buddha (*Shidō shō* : 252-254).

Here too, Zonkaku tells stories to make his point, and he does so in the effort to stress the direct connection between the practice of the *nenbutsu*—as a mode of memorial practice—and the requital of debt to parents: the merit produced to aid parents in their purgatorial journey in the afterlife. The act of the memorial service-in-the-form-of-*nenbutsu* is quite literally a synonym for requital of debt, *hōon*, for Zonkaku, as can be seen quite clearly also in the *Ichigo ki* account of his life, where he repeatedly referred in his later years to the annual seven-day memorial *nenbutsu* rite to Shinran as the "*go-hōon*" (august requital of debt).[18]

Zonkaku and Veneration of Ancestral Masters

Although Zonkaku would agree with Shinran that the ultimate implication of practice of the *nenbutsu* is to express gratitude toward Amida,[19] might Zonkaku's writing about indebtedness be related to that of his father, Kakunyo (1270-1351), who wrote about debts as part of his effort to interpret Shinran as an ancestral master (*soshi*)?[20] Kakunyo's work highlights the debt to Shinran, a glorification of an "ancestral master" that was increasingly common in a wide swath of Japanese lineages during the era, including the well-known example of the Nichiren lineage[21] but also of a whole series of other lineages—though, in this case, literally as well figuratively in character, since Kakunyo was Shinran's great-grandson. Veneration of the ancestral master (*soshi shinkō*) was thus not limited to the newer lineages, but had come to be increasingly prominent throughout Japanese Buddhism since the inception of Kōbō Daishi worship in the late Heian era.

Zonkaku contributed to such ancestral master veneration, writing a memorial laud to Shinran entitled *Hōon kō tandokumon* (Memorial laud for the liturgy to requite indebtedness),[22] but in his case his activities along these lines were also often undertaken in connection as well with Hōnen and what he saw as the larger Pure Land tradition, which transcended his immediate lineage. For example, Zonkaku suggested in his daily record that he copied the hagiography of Hōnen *Kurodani shijūhachi kan e-kotoba* (Visual narrative of the forty-eight fascicles of Kurodani), and it is evident that he had a copy

of the *Account of Hōnen shōnin* (*Hōnen shōnin denki*).[23] Indeed, in his daily record we see that Zonkaku, over the course of his life, continued to venerate Hōnen on a regular basis. One example that reflects quite clearly Zonkaku's understanding of the role of memorial rites as a mode of debt requital conceived of at multiple levels was his presentation of three images to a disciple, one Saidō, in 1367. One was an image of Hōnen, and the other two were of Saidō's parents. The disciple wrote the following:

> On the day of decease of the Holy Man [Hōnen], toward requiting the debt to the great ancestral master [Hōnen], the liberation of my parents as well as the flourishing of the Buddha Dharma, the benefiting of beings, self and other, and equal salvation for all in the Dharma Realm, I copy and enshrine [the images]. Child of the Buddha, Saidō[24]

A consideration of the overall contents of Zonkaku's *Daily Record* (*sode nikki*) which is similar in format to works like the fundraising monk Chōgen's (1121-1206) *Sazen shū* (Collection of good works), reveals all the more the importance for Zonkaku of veneration of Hōnen as well as other Pure Land Buddhist masters, including Shandao but also other figures of Hōnen's lineage, like Shinkū (1146-1228) and the Tendai Agui and Jōdoshū-connected figure Seikaku (1167-1235). Most of the daily record is preoccupied with recording Zonkaku's rites of establishing objects of veneration (*honzon*) throughout a series of geographical areas, and it is noteworthy that many of the examples are versions of so-called *kōmyō honzon* images, which included multiple pictorial representations of a broad set of figures of earlier Pure Land Buddhist traditions. For example, Zonkaku wrote, as the inscription to the image of the recently deceased Shōkū, that "Genkū Shōnin is the High Ancestor (*kōso*) of the *nenbutsu* in Japan/Shinran Shōnin is the Venerable Master (*sonshi*) of the transmitted lineage" (*Genkū shōnin wa mazu wagachō nenbutsu no kōso/Shinran shōnin wa sono tōryū sōjō no sonshi*). At other points, he specifically depicted the presentation of the *chūson fukashigikō*—the "miraculous light as central object of veneration"—at the center

of a composite image he established at Kinshokuji, with Hōnen to the left, Shinran and Shan-dao on the right, and indicated the additional veneration of the figures Seikaku, Shinkū, and Genshin (942-1017), quoting at length from Hōnen's masterwork *Senchaku shū* and an oath (*kishōmon*) by Hōnen.[25)]

Zonkaku's Network, Catalog of Sacred Works (Shōgyō), and the Culture of Learning

In this way, we can see that while Zonkaku participated in the development of ancestral master veneration within Pure Land lineages, he did so within the context of the larger tradition of Pure Land Buddhism which he envisioned—a tradition that included a broad array of Buddhist sutras and texts of medieval Japanese Buddhism. Moreover, his preaching clearly drew upon much earlier traditions in which notions of indebtedness were incorporated into liturgical-performative (preaching) texts and tale collections.

Zonkaku's "exile," due to having been banished (disowned) by his father Kakunyo, undoubtedly helped to promote his interaction with other Pure Land Buddhists along varied frontiers of Japanese society. During his lifetime, Zonkaku had contact with a broad range of Buddhists, as can be seen not merely through his training and ordination at multiple locations but the fact that he was the primary master supporting Bukkōji in Higashiyama, Kyoto. Zonkaku wrote four works at the request of the abbot, Ryōgen (1295-1336), clearly for use in Ryōgen's proselytizing efforts. Indeed, Bukkōji would, in fact, be a more prominent temple in terms of proselytization and pilgrimage than Honganji until the advent of Rennyo (1415-1499). Its *kōmyō honzon*, salvation registers (*myōchō*), and portrait lineage-charts (*ekeizu*), proved to be extremely appealing and helped Bukkōji to establish affiliate congregrations in a series of areas of western Honshū.[26)] The registers seem to have been inspired by Jishū lineages, and one of the works Zonkaku wrote for Ryōgen, a discussion of the Kami, is thought to have been influenced by the Jishū, albeit based originally on a Kantō tract of Hōnen's (Ryūkan) lineage.[27)] Zonkaku had at least indirect contact with itinerant holy men (*hijiri*) and may have had a connection with the prominent Zen scholar

-monk Kokan Shiren (1278-1346), author of the major biography of Japanese monks, *Genkō shakusho*.[28)]

It is important, finally, to stress that such a broad range of relationships proliferated, in part, because of the involvement of Zonkaku's family in the culture of learning (*shūgaku*), which extended beyond the Buddhist sphere. Zonkaku's great-grandfather and great-grandfather in the Hino clan were scholars in the royal court, and two of Zonkaku's adoptive Hino fathers were the scholar-tutors (*jidoku*) of sovereigns; the son of another of his Hino adoptive fathers was the immediate Kōfukuji master of Zonkaku's own teacher at Nakagawa Jōshin'in and taught Zonkaku at monthly debate practice.[29)]

Zonkaku would draw upon the broad set of Buddhist sutras and other works he studied in his youth when he began to write later in his adulthood, evidenced by common references to Confucian classics and to "non-Buddhist works" (*geten*) in many of his writings. Zonkaku would appropriate all of these to elaborate upon his vision of a larger Pure Land tradition of masters who included figures like Shandao, Genshin, Seikaku, Hōnen, and Shinran, which also necessitated his study of *yojō*, works associated with a broad cross-section of Buddhist lineages. Indeed, as Nagamura Makoto has recently noted, the study of *yojō* would become common practice among Shinshū monks in training in the Edo era, and while such training may have stopped during the late medieval period, it had its foundation in Zonkaku's approach.[30)] Moreover, while Kakunyo also studied in established Buddhist complexes and wrote of himself late in life as a "disciple of the [Kōfukuji] Ichijō'in"—albeit primarily in connection with the continued power of Kōfukuji as a temple complex—Zonkaku continued to maintain relations with established Buddhist sites where he had studied, such as the Shingon cloister Bishamondani Shōmon'in, where he sent his son Kōgon for tutelage.[31)]

One of Zonkaku's greatest innovations would be his crystallization of a broad Pure Land Buddhist vision through creation of a catalog of Pure Land Buddhist sacred works, *Jōten mokuroku* (Kōan 2. 5. 26; 1362), the first work of its kind in Pure Land lineages. The catalog, however, does not focus on sutras but on works by monks of China and Japan. It begins with a whole

range of continental works by figures like Tanluan (476-542), Huiyuan (334-416), Shandao and Daochuo (562-645) as well as the founder of Fa-Xiang (J. Hossō), Kuiji (632-682), the Tiantai patriarch Zhiyi, along with prominent precepts masters and Mādhyamika (J. Sanron) figures. Continuing on to Japan (*wachō*), the catalog includes early works by Genshin and Yōkan (1033-1111), and specifically identifies them as being respectively of Tendai and Sanron lineage. It also includes two works by Genkū Shōnin (Hōnen) and three works by Shinran Shōnin. From there, the catalog lists six works by Kakunyo under the title *senshi go-saku* (august writings of my deceased teacher) and fourteen works by himself, including an explanation in most cases of which monk requested that he write.[32] In this way, Zonkaku offered one of the first catalogs ever produced in Japan that included his own works —in this case classified, implicitly, as part of the scriptural tradition; it builds on the developing genre of sacred works catalogs that developed in medieval Japan first in established Buddhism and then, early on, at Tōfukuji (Rinzai), but it also is similar to the *Jishō mokuroku* of Raiyu (1226-1304), the influential Shingon thinker, which was the latter's catalog of his own written works.[33] Zonkaku was thus a *scriptural* author, and appropriated his scholarly training to the production of a new genre and, arguably, an incipient canon that organized the sacred works of multiple lineages as part of a broad vision of Buddhist belief and practice. Although Rennyo (1415-1499) would tout a significantly different set of doctrinal views, the notion that Japanese Pure Land Buddhist sacred works—including Rennyo's *o'fumi* letters—are examples of scripture coequal with those from the continent would continue in its prominence throughout the history of Jōdo Shinshū.

1) Although in English, James C. Dobbins' overview of the role of Zonkaku within the development of Jōdo Shinshū remains an excellent guide to certain fundamental features of his activities and thought (*Jōdo Shinshū: Shin Buddhism in Medieval Japan*, Honolulu: U. Hawai'i Press, 2002, pp. 86-93, 101-102, 106-107, 117-119). The most indepth academic study of Zonkaku's life and thought is Jérôme Ducor, *La vie du Zonkaku: religieux bouddhiste japonais du xiv siècle* (Paris, France: Editions Maison-

neuve & Larose, 1993), although it is primarily descriptive and institutional in its focus. I would like to thank Professor Nagamura Makoto for sharing his views of Zonkaku and possible avenues for research.

2) These are all noted in *Zonkaku shōnin ichigo ki*, in Chiba Jōryū, ed., *Zonkaku shōnin ichigo ki/Zonkaku shōnin sode nikki* (*Ryūkoku Daigaku zenpon sōsho* 3, Kyoto: Dōhōsha, 1982): 290-293, 302. The text offers the least information about his studies at Onjōji, saying only in its concluding section that he had trained there.

3) For a discussion of the distinction between the *hyōbyaku*texts and *ganmon* prayer texts, see Abe Yasurō, "*Hōgi hyōbyaku shū* sōsetsu," in Kokubungaku Kenkyū Shiryōkan, ed. (supervisors, Abe Yasurō and Yamazaki Makoto), *Hōgi hyōbyaku shū, Shinpuku zenpon sōkan dai jūichi* (*dainiki*). Kyoto: Rinsen Shoten, 2005. P. 606.

4) For example, Bengyō's pronouncement for a transfer of merit mass was entitled *Eko/Bumo* [*no*] *tame* (*Sennichikō*) (Kanazawa Bunko archives 318-141) and stressed the indebtedness to parents among the four debts.

5) *Honchō monzui* (*Shintei zōho kokushi taikei* 29, part 2; Tokyo: Yoshikawa Kōbunkan, 1965), pp. 334-35.

6) Tanaka Norisada, "Chūsei shōdō shiryō ni miru bosei" (*Kokugo to kokubungaku*, July, 2011): 51-52, 59-61; for the original text, see Abe Yasurō, "Ninnajizō *Shakumon hiyaku* honkoku narabi ni kaidai," in *Agui shōdō shiryō henshū* 6 (Kokubungaku Kenkyū Shiryōkan Bunken Shiryōbu, ed., *Chōsa kenkyū hōkoku* 17 [1996]: 123-157. I would like to thank Michael Jamentz of Kyoto University for the Tanaka reference.

7) *Shinshū shōgyō zensho* 3, *rekidai bu*, ed. Shinshū Shōgyō Zensho Hensanjo (Kyoto: Ōyagi Kōbundō, 2000).

8) See Zonkaku's *Haja Kenshōshō* (*Shinshū shōgyō zensho* 3), p. 155; and James C. Dobbins, *Jōdo Shinshū*, p. 89.

9) *Hōon shō*, in Ōtani Gyōkō and Sekido Gyōkai, eds., *Hōon shō no nōto* (Tokyo: Toho Shuppan, 2007), p. 21.

10) Yamada Masanori has stressed that part of the motivation for Zonkaku's writing of *Hōon ki* may have been Nichiren's writings, and also quotes from Nichiren concerning the image to back up the point. See Yamada, "Shōdō sō to shite no Zonkaku" (*Tōyō no shisō to shūkyō*18 [2001]: 79-80). However, we should note that while Nichiren mentions the story often presented concerning the image in the Indian context, he does not tie it directly to Japan or Seiryōji.

11) *Hōon shō*, op. cit., p. 12.

12) *Agui shōdō shū jōkan*, comp. Nagai Yoshinori and Shimizu Yūsei (Tokyo: Kado kawa Shoten, 1975 ; *Kichō kotenseki sōkan* 6), *Bōfu* ("Kyōyō bumo ōjō gokuraku gō"), p. 118a-119a.

13) Ibid. , 122a, 123b.

14) See *Hōbutsu shū, maki daiichi*, in *Hōbutsu shū/Kankyo no tomo/Hirasan kojin reitaku*, comp. Koizumi Hiroshi, Yamada Shōzen, Kojima Takayuki, and Kinoshita Motoichi (Tokyo: Iwanami Shoten, 1993 ; *Shin koten bungaku taikei*40), p. 12 ; and *Tenpōrinshō, hyōbyaku ni* (Go-Shirakawa jōchū), in *Agui shōdō shū jōkan*, comp. Nagai Yoshinori and Shimizu Yūsei (Tokyo: Kadokawa Shoten, 1975 ; *Kichō kotenseki sōkan* 6), pp. 232-233. *Hōbutsu shū* was authored by Taira no Yasuyori (ca. 1146-1220), and most of the items in *Tenpōrinshō* appear to have been written by the great preaching Hiei monk Chōken.

15) The earliest version to enter Japan seems to have been in the Confucian tale collection *Kong-zi zhuan*. See Imano Tooru's discussion in his edited edition of *Chūkōsen*, in Mabuchi Kazuo, Koizumi Hiroshi, Imano Tooru, eds., *Sanbōe/Chūkōsen* (Tokyo: Iwanami Shoten, 1997 ; *Shin Nihon koten bungaku taikei* 31), p. 254. Zonkaku's text mentions that its account is drawn from the scripture *Agongyō* (Skt. *Dirghāgama sutra*), but there is no direct allusion to it in the Taishō edition so it is impossible to trace the source.

16) *Shiju hyakuinnen shū* (*Dainihon bukkyō zensho*148, ed. Bussho Kankōkai ; Tokyo: Meicho Fukyūkai, 1983), p. 106a-b. Tatsuguchi Kyōko has taken note of the *Gonsenshū* account in "Zonkaku to *Hōon ki*: Sanshū gishi tan o chūshin ni," *Indogaku Bukkyōgaku kenkyū* 514 (2005) : 192.

17) *Shinshū shōgyō zenshū* 5, *shūi bu, ge* (Kyoto: Ōyagi Kōbundō, 1998).

18) See *Zonkaku shōnin ichigo ki* in Chiba Jōryū, ed., *Zonkaku shōnin ichigo ki/Zonkaku shōnin sode nikki* (*Ryūkoku Daigaku zenpon sōsho*3, Kyoto: Dōhōsha, 1982), from his 62[nd]year onwards, pp. 300-301.

19) Imai Masaharu explains Shinran's position in *Shinran to tōkoku monto* (Tokyo: Yoshikawa Kōbunkan, 1999), pp. 29-30.

20) See the discussion of Kakunyo's *Hōon kōshiki* in Shinbo Akira, "Kakunyo no Shinranzō to Honganji: *Hōon kōshiki* o chūshin to shite," in *Ōkurayama bunka kaigi kenkyū nenpō* 2 (1991) : 85-96. Also see the work itself (*Shinshū shōgyō zenshū* 3 : 650-660), including where it directly promotes the recitation of Amida Buddha's name as a means to requite the debt to the master (656-657).

21) See Nakao Takashi, *Nichiren shinkō no keifu to girei* (Tokyo: Yoshikawa Kōbunkan, 1999).

22) *Shinshū shōgyō zensho* 3, *rekidai bu*, pp. 661-664.

23) See *Zonkaku shōnin sode nikki* in Chiba Jōryū, ed., *Zonkaku shōnin ichigo ki/ Zonkaku shōnin sode nikki* (*Ryūkoku Daigaku Zenpon Sōsho* 3, Kyoto: Dōhōsha, 1982),p. 322 ; and *Zonkaku hōgo*, especially in its latter portion (*Shinshū shiryō shūsei, dai ikkan*, eds., Ishida Mitsuyuki and Chiba Jōryū [Kyoto: Dōhōsha], pp. 835-849 ; Yamada also takes note of this connection in "Shōdō sō toshite no Zonkaku" : 81. This is not to suggest, of course, that Kakunyo did not also venerate Hōnen at all, given his promotion of the biography of the master.

24) *Zonkaku sode nikki*, in Chiba Jōryū, ed., *Zonkaku shōnin ichigo ki/Zonkaku shōnin sode nikki*, ibid., p. 317. Tatsuguchi Kyōko took note of this account also in "Zonkaku Hōonki no hōon: Shōtoku taishi gosho narabi ni Zenkōji nyorai gohenpō o chūshin ni" (*Indogaku Bukkyōgaku kenkyū* 55, no. 2 [2007]) : 204.

25) Ibid., 312-315. The respective dates for these accounts are Enbun 2. 3. 1 (1357) and Jōji 4. 8. 27 (1365).

26) For a discussion of Bukkōji proselytization, see James C. Dobbins, *Jōdo Shinshū*, pp. 112-117.

27) Miyazaki Enjun, *Shinshū shoshigaku no kenkyū* (Kyoto: Shibunkaku Pub., 1988), pp. 424-432.

28) Zonkaku knew one Mujū Shiken of the Kantō, whose teacher Kakushin was a *nenbutsu* holy man who had performed the Dainenbutsu at Mount Kōya; Yamada Masanori, "Shōdōsō to shite no Zonkaku" (*Tōyō no shisō to shūkyō* dai 18 gō [2001]) : 79-80. This figure, as Yamada notes, is distinct from Mujū Ichien. Tatsuguchi Kyōko quotes from the later Shinshū record *Kankoroku*, which claims that Zonkaku was acquainted with Shiren at Tōfukuji ("Zonkaku to *Hōon ki*," op. cit. : 194).

29) See Tatsuguchi Kyōko, "*Busen shō* ni okeru jusshū: Zonkaku no shūgaku no keifu o chūshin ni" (*Indogaku Bukkyōgaku kenkyū* 57, no. 2 [2008]) : 176-178.

30) Nagamura, "Shinshū to yojō: Zonkaku no chojutsu o tōshite," *Nihon joshi daigaku daigakuin bungaku kenkyūka kiyō*16 (2009) : 73-85.

31) Yamada Masanori, "Shoki honganji kyōdan ni okeru kenmitsu shoshū to no kōryū: Kakunyo to Zonkaku no shūgaku o moto ni shite," *Bukkyōshi kenkyū* (*Ryūkoku Daigaku*) 27 (1990) : 13.

32) *Shinshū shiryō shūsei, dai ikkan*, eds., Ishida Mitsuyuki and Chiba Jōryū [Kyoto:

Dōhōsha], pp. 1033-1035.

33) Sakamoto Masahito, "Shiryō shōkai Raiyu saku *Jishō mokuroku*" (*Buzan gakuhō* 42 [1999]) : 53-70.

執筆者紹介(収録順)

今井雅晴(いまい・まさはる) →履歴年譜(527頁以下)および業績目録(532頁以下)参照

阿部龍一(あべ・りゅういち)
コロンビア大学宗教学部博士課程修了．Ph.D.(宗教学)．ハーバード大学東アジア言語文化学部教授．
「密教儀礼と顕密仏教——明恵房高弁の入滅儀礼をめぐって——」(今井雅晴編『中世仏教の展開とその基盤』大蔵出版，2002年)，「平安初期天皇の政権交代と灌頂儀礼」(サミュエル・モース，根本誠二編『奈良南都仏教の伝統と革新』勉誠出版，2010年)．

山田雄司(やまだ・ゆうじ)
筑波大学大学院歴史・人類学研究科修了．博士(学術)．三重大学人文学部教授．
『崇徳院怨霊の研究』(思文閣出版，2001年)，『跋扈する怨霊』(吉川弘文館，2007年)．

小山聡子(こやま・さとこ)
筑波大学大学院博士課程歴史・人類学研究科修了．博士(学術)．二松学舎大学文学部准教授．
『護法童子信仰の研究』(自照社出版，2003年)，「存覚と自力信仰」(『日本歴史』765，2012年)．

飛田英世(とびた・ひでよ)
國學院大學文学部史学科卒．茨城県立歴史館学芸課首席研究員．
『鹿島中世回廊——古文書にたどる頼朝から家康への時代——』(鹿島町文化スポーツ振興事業団，1992年)，「鎌倉後期北下総を中心とする真宗の展開——親鸞没後の門徒の動向を探って——」(『茨城県立歴史館報』38，2011年)

平　雅行(たいら・まさゆき)
京都大学大学院文学研究科修了．博士(文学)．大阪大学大学院文学研究科教授．
『日本中世の社会と仏教』(塙書房，1992年)，『歴史のなかに見る親鸞』(法藏館，2011年)．

Dennis Hirota(ヒロタ・デニス)
名古屋大学大学院文学研究科修了(東洋哲学)．博士(文学)．龍谷大学文学部教授．
『親鸞——宗教言語の革命者』(法藏館，1998年)，*Asura's Harp: Engagement with Language as Buddhist Path* (Universitätsverlag Winter, Heidelberg, 2006)．

田村晃徳(たむら・あきのり)
大谷大学大学院文学研究科修了．博士(文学)．親鸞仏教センター嘱託研究員．
「親鸞の一念多念観」(『真宗研究』51，2007年)，「生命の名前——鈴木大拙訳『教行信証』の一側面——」(『現代と親鸞』24，2012年)．

永村　　眞（ながむら・まこと）
早稲田大学大学院文学研究科博士課程中退．文学博士（早稲田大学）．日本女子大学文学部教授．
『中世寺院史料論』（吉川弘文館，2000年），『醍醐寺の歴史と文化財』（編著，勉誠出版，2011年）．

市川浩史（いちかわ・ひろふみ）
東北大学大学院文学研究科修了．博士（文学）．群馬県立女子大学文学部教授．
『吾妻鏡の思想史――北条時頼を読む――』（吉川弘文館，2002年），『安穏の思想史――親鸞・救済への希求――』（法藏館，2009年）

張　　　偉（チャン・ウェイ）
大東文化大学大学院文学研究科博士後期課程修了．博士（文学）．同朋大学人文学部准教授．
『野間宏文学と親鸞』（法藏館，2002年），「親鸞の「自然法爾」と老荘思想の「無為自然」」（『同朋文化』6，2011年）．

佐藤弘夫（さとう・ひろお）
東北大学大学院文学研究科博士前期課程修了．博士（文学）．東北大学大学院文学研究科教授．
『神・仏・王権の中世』（法藏館，1998年），『死者のゆくえ』（岩田書院，2008年）．

ジャクリン I. ストーン
カリフォルニア大学ロサンゼルス校大学院東洋学・仏教学研究科終了．博士（東洋学，仏教学）．プリンストン大学宗教学部教授．
Original Enlightenment and the Transformation of Medieval Japanese Buddhism（University of Hawai'i Press, 1999）, *Readings of the Lotus Sūtra*（Co-editor, Columbia University Press, 2009）．

山本浩信（やまもと・ひろのぶ）
龍谷大学大学院文学研究科修了．文学修士．浄土真宗本願寺派総合研究所研究員．
『親鸞読み解き事典』（共著，柏書房，2006年），「親鸞における新羅浄土教受容の意義――特に『無量寿経連義述文賛』の引用を中心として」（『宗学院論集』71，1999年）．

末木文美士（すえき・ふみひこ）
東京大学大学院人文科学研究科修了．博士（文学）．国際日本文化研究センター教授．
『鎌倉仏教展開論』（トランスビュー，2008年），『近世の仏教』（吉川弘文館，2010年）．

James C. Dobbins（ジェームス・C・ドビンズ）
Yale University, Ph.D.（Religious Studies）. Oberlin College, Fairchild Professor of Religion and East Asian Studies.
Jōdo Shinshū: Shin Buddhism in Medieval Japan（1989; rpt. University of Hawai'i Press, 2002）, *Letters of the Nun Eshinni: Images of Pure Land Buddhism in Medieval Japan*（University of Hawai'i Press, 2004）.

樋川智美（ひかわ・ともみ）
茨城大学大学院人文科学研究科修了．日本中世史専攻．修士(学術)．真宗文化センター会員．
「鎌倉期武家社会における婚姻の意義(上)(下)――小山・結城氏の事例による考察――」(『鎌倉』67・68，1991年・1992年)，「鎌倉期常陸国奥七郡をめぐる婚姻関係成立の意義」(『茨城県史研究』74，1995年)．

林　蕙如（リン・フェイジュ）
岡山大学大学院社会文化科学研究科博士後期課程院生．
「古代・中世における「巡礼」」(『岡山大学大学院社会文化科学研究科紀要』29，2010年)，「『山槐記』に見られる百塔参りの一考察」(『岡山大学大学院社会文化科学研究科紀要』33，2012年)．

御手洗隆明（みたらい・たかあき）
大谷大学大学院文学研究科博士後期課程修了(真宗学)．博士(文学)．真宗大谷派教学研究所研究員．
「善鸞と後期親鸞」(『真宗教学研究』23，2002年)，「相模の親鸞伝私考」(『教化研究』147，2010年)．

Brian O. Ruppert（ブライアン・小野坂・ルパート）
プリンストン大学大学院宗教学科修了．博士．イリノイ大学文学部東アジア言語・文化学科准教授．
Jewel in the Ashes: Buddha Relics and Power in Early Medieval Japan（灰の中の宝珠――中世前期の仏舎利とパワー――）(Harvard University Press, 2000)，「目録にみる中世真言密教寺院の聖教――その伝播と変遷――」(阿部泰郎編『日本における宗教テクストの諸位相と統辞法』「テクスト布置の解釈学的研究と教育」第4回国際研究集会報告書，名古屋大学大学院文学研究科，2008年)．

植野英夫（うえの・ひでお）
茨城大学人文学部人文学専攻科修了．千葉県教育庁教育振興部文化財課副主幹．
「房総半島中央部に伝わる浄土真宗史料」(『親鸞の水脈』7，2010年)，「中世末の密教僧の交衆と付法について」(佐藤博信編『中世東国の社会構造　中世東国論下』岩田書院，2007年)

山田雅教（やまだ・まさのり）
早稲田大学大学院文学研究科修士課程修了．浄土真宗本願寺派総合研究所委託研究員．
『増補改訂　本願寺史』第1巻（共著，本願寺出版社，2010年)，「大谷本願寺両堂の建立地に関する一試論」(『日本宗教文化史研究』14－2，2010年)．

楠　正亮（くすのき・しょうりょう）
筑波大学第一学群人文学類卒業．人文学士．真宗興正派興泉寺住職．
「初期真宗の展開と佛光寺教団」(『親鸞の水脈』創刊号，2007年)．

髙山秀嗣（たかやま・ひでつぐ）
龍谷大学大学院文学研究科博士課程修了．博士(文学)．東京学芸大学非常勤講師．
『中世浄土教者の伝道とその特質――真宗伝道史研究・序説――』(永田文昌堂，2007年)，「本願寺の海外布教」(柴田幹夫編『大谷光瑞とアジア――知られざるアジア主義者の軌跡――』勉誠出版，2010年)．

神 田 千 里（かんだ・ちさと）
東京大学大学院人文科学研究科博士課程単位取得退学．博士(文学)．東洋大学文学部教授．
『一向一揆と戦国社会』（吉川弘文館，1998年），『宗教で読む戦国時代』（講談社，2010年）．

黒 田 義 道（くろだ・よしみち）
龍谷大学大学院文学研究科博士課程真宗学専攻修了．博士(文学)．浄土真宗本願寺派総合研究所研究員．
「真門釈における善知識について」（『宗学院論集』83，2011年），「覚如と存覚の相承観——師による相承と善知識による相承——」（『浄土真宗総合研究』6，2011年）．

大 溪 太 郎（おおたに・たろう）
早稲田大学大学院文学研究科博士後期課程在学中．修士(文学)．
「加賀三ヶ寺と一向一揆の展開」（『親鸞の水脈』2，2007年），「実如『加州御教誡御書』に見る永正・大永年間の加賀一向一揆」（『親鸞の水脈』4，2008年）．

佐 々 木 馨（ささき・かおる）
北海道大学大学院文学研究科博士課程中退(日本史学)．博士(文学)．北海道教育大学名誉教授．
『北海道仏教史の研究』（北海道大学出版会，2004年），『日蓮の思想史的研究』（山喜房仏書林，2011年）．

中《ちゅう》世《せい》文《ぶん》化《か》と浄《じょう》土《ど》真《しん》宗《しゅう》

2012(平成24)年8月3日発行

定価：本体13,000円(税別)

編　者　今井雅晴先生古稀記念論文集編集委員会
発行者　田中　大
発行所　株式会社　思文閣出版
〒605-0089　京都市東山区元町355
電話 075-751-1781(代表)

印　刷
製　本　亜細亜印刷株式会社

ISBN978-4-7842-1636-9　C3015